ATLAS GÉOPOLITIQUE MONDIAL 2015

Direction éditoriale
Alexis Bautzmann

Coordination éditoriale
Guillaume Fourmont

Auteurs
Iris Andrieux, Pierre Blanc, Bernard Calas, Samuel Depraz,
Francesca Fattori, Guillaume Fourmont, Sylvain Guyot,
Myriam Hamache, Stéphane Héritier, Xavier Houdoy,
Tristan Hurel, Éric Janin, Xemartin Laborde, Lionel Laslaz,
Stéphanie Petit, Nicolas Ressler, Caroline Ronsin,
Mathias Strobel, Tigrane Yégavian

Conception et réalisation cartographique
Laura Margueritte

Mise en page et corrections
Mélanie Billard

Fonds cartographiques
Geoatlas (sauf mention contraire)

Couverture
Jean-Nicolas Bruel
Illustration © ktsdesign

Dépôt légal : août 2014
ISBN 9782366140200
Imprimé en France par SEPEC en mars 2015
Numéro d'impression : 13563150201

www.editionsargos.fr / www.areion.fr

SOUS LA DIRECTION DE
Alexis BAUTZMANN

COORDINATION ÉDITORIALE
Guillaume FOURMONT

ATLAS GÉOPOLITIQUE MONDIAL 2015

CARTOGRAPHIE
Laura MARGUERITTE

argos en association avec Areion™ group

SOMMAIRE

EUROPE

MOYEN-ORIENT

AFRIQUE

ASIE - OCÉANIE

AMÉRIQUES

ENVIRONNEMENT

ENJEUX INTERNATIONAUX

LES AUTEURS
de l'Atlas géopolitique mondial **2015**

Iris Andrieux
Étudiante à l'Institut d'études politiques de Grenoble ; ses recherches portent sur la Russie contemporaine et le Caucase du Nord.

Pierre Blanc
Enseignant-chercheur en géopolitique à l'École nationale supérieure des sciences agronomiques de Bordeaux-Aquitaine et à l'Institut d'études politiques de Bordeaux, il est aussi rédacteur en chef de la revue *Confluences Méditerranée*. Il dirige la collection éditoriale « La Bibliothèque de l'IREMMO » (L'Harmattan) et a publié en 2013 *Proche-Orient : Le pouvoir, la terre et l'eau* (Les Presses de Sciences Po).

Bernard Calas
Professeur de géographie à l'université de Bordeaux-III Michel de Montaigne.

Samuel Depraz
Maître de conférences en géographie à l'université Lyon-III Jean Moulin. Auteur de *Géographie des espaces naturels protégés : Genèse, principes et enjeux territoriaux* (Armand Colin, 2008).

Francesca Fattori
Diplômée de Sciences Po Paris, doctorante à l'Institut français de géopolitique (université de Paris-VIII Vincennes Saint-Denis), elle a travaillé pour l'émission *Le Dessous des Cartes* (Arte). Elle collabore au quotidien *Le Monde* comme journaliste-cartographe.

Guillaume Fourmont
Rédacteur en chef délégué des revues *Carto* et *Moyen-Orient*.

Sylvain Guyot
Maître de conférences en géographie à l'université de Limoges.

Myriam Hamache
Diplômée en langues étrangères appliquées (anglais-chinois) et de l'Institut d'études politiques de Bordeaux, titulaire d'un master en relations internationales. Elle a travaillé au Laboratoire d'études politiques et d'analyses cartographiques (LEPAC) et a été chargée de projets à la Direction des relations internationales de l'École nationale d'administration (ENA).

Stéphane Héritier
Enseignant chercheur à l'université de Lyon Jean-Monnet, membre du laboratoire Environnement, Ville, Société du CNRS. Auteur (dir.) de *Nature et patrimoine au service de la gestion durable des territoires* (MRCT du CNRS, 2009) et de, avec Lionel Laslaz (dir.), *Les parcs nationaux dans le monde* (Ellipses, 2008).

Xavier Houdoy
Doctorant à l'Institut français de géopolitique (université de Paris-VIII Vincennes Saint-Denis) ; ses recherches portent sur la politique étrangère indienne à l'égard de la Chine. En poste au Centre de sciences humaines de New Delhi (Inde), il est par ailleurs responsable cartographique du *think tank* Noria.

Tristan Hurel
Rédacteur au magazine *Diplomatie*, diplômé de l'Institut d'études politiques de Grenoble, il est spécialisé sur les thèmes de l'énergie et du Moyen-Orient.

Éric Janin
Agrégé de géographie, professeur en classes préparatoires aux grandes écoles au lycée Lakanal de Sceaux. Auteur, avec Sébastien Rauline et Thomas Snégaroff, de l'*Atlas de la France : Enjeux et défis* (Ellipses, 2012).

Xemartin Laborde
Diplômé de l'Institut français de géopolitique (université de Paris-VIII Vincennes Saint-Denis) et cartographe.

Lionel Laslaz
Maître de conférences en géographie à l'université de Savoie (Chambéry), directeur du département de géographie, laboratoire EDYTEM-UMR 5204 du CNRS. Auteur (dir.) de l'*Atlas mondial des espaces protégés : Les sociétés face à la nature* (Autrement, 2012).

Stéphanie Petit
Journaliste, elle collabore notamment à la revue *Carto*.

Nicolas Ressler
Doctorant à l'Institut français de géopolitique (université de Paris-VIII Vincennes Saint-Denis) ; ses recherches portent sur la géopolitique urbaine en Turquie.

Caroline Ronsin
Doctorante en sciences politiques à l'Institut universitaire européen de Florence (Italie) ; ses travaux portent sur les rapports des étudiants jordaniens au politique.

Mathias Strobel
Analyste en géopolitique, ancien coauteur de l'émission *Le Dessous des Cartes* (Arte), il travaille au ministère français des Affaires étrangères. Il s'exprime ici à titre personnel.

Tigrane Yégavian
Journaliste et analyste spécialiste du Proche-Orient arabe, de la Turquie et de l'Arménie. Diplômé de Sciences Po et de l'INALCO, il collabore notamment aux revues *Carto* et *Moyen-Orient*.

PRÉFACE

Une nouvelle édition…

L'actualité internationale s'est montrée particulièrement riche et inventive en conflits de toutes sortes depuis l'édition 2013 de l'*Atlas géopolitique mondial*. Sur le continent africain, ces derniers mois ont vu notamment l'émergence d'une nouvelle guerre civile en République centrafricaine (la troisième en dix ans), l'ancrage d'Al-Qaïda au Maghreb islamique (AQMI) au Sahel et la forte recrudescence d'actes terroristes de la secte Boko Haram au Nigeria et au Cameroun. Au Proche et Moyen-Orient, la paix semble une fois de plus compromise à travers le durcissement des tensions entre sunnites et chiites, l'extension du djihad depuis la Syrie en direction de l'Irak ou encore le déclenchement d'opérations militaires israéliennes d'envergures dans la bande de Gaza. En Asie, l'accroissement sensible des heurts frontaliers en mer de Chine met en perspective le poids géostratégique de plus en plus écrasant de la Chine face à ses voisins japonais, sud-coréen et vietnamien dans un contexte de recrudescence des nationalismes. L'Europe, quant à elle, est confrontée à la guerre civile en Ukraine avec, comme au temps de la guerre froide, une instrumentalisation tant russe qu'américaine du conflit qui conduit ce grand pays d'Europe centrale vers le chaos. Au-delà, c'est la relation entre la Russie et l'Occident qui apparaît fortement dégradée alors même que l'Union européenne traverse une grave crise économique et institutionnelle. Une situation qui conforte l'assise politique du président Poutine dans un pays où la désinformation et le nationalisme constituent désormais les principaux piliers de la diplomatie russe. Ces tensions grandissantes pourraient de même profiter aux États-Unis, la Maison Blanche cherchant depuis près de vingt-cinq ans un adversaire suffisamment menaçant pour incarner de manière crédible un nouvel « empire du mal » capable de relancer le complexe militaro-industriel américain et revivifier la « destinée manifeste » du pays. C'est cet environnement international que le présent atlas se propose d'explorer à travers un contenu totalement original par rapport à l'édition 2013, avec encore plus de cartes et de graphiques et une même volonté de rendre notre monde un peu plus intelligible.

Alexis Bautzmann

EUROPE

Préoccupée par la crise qui sévit sur le continent depuis 2008, l'Union européenne s'interroge sur son avenir et son modèle économique, alors qu'elle a accueilli en juillet 2013 un nouveau membre, la Croatie. Le chômage et la pauvreté, le nationalisme, la situation des jeunes sont parmi les principales préoccupations des exécutifs en place. Mais l'Europe ne se limite pas aux Vingt-Huit et il est essentiel de regarder ce qu'il se passe dans l'ancien bloc soviétique, notamment en Tchétchénie et en Ukraine.

L'Union européenne face à

Les premières élections européennes depuis l'entrée en vigueur du traité de Lisbonne le 1er décembre 2009 ont eu lieu en mai 2014 dans les 28 États membres de l'Union européenne (UE). Le scrutin, qui devait rétablir le lien politique entre les citoyens et Bruxelles, particulièrement distendu par les conséquences de la crise économique, a été marqué par l'abstention et la montée de l'extrême droite.

Le résultat des élections européennes a montré le fossé qui continue d'éloigner les citoyens des autorités de Bruxelles, notamment avec deux éléments importants : une faible participation (43 %) et, paradoxe politique par excellence, une forte présence des eurosceptiques (*cf. document 1*). Ainsi, en France, le Front national (FN) a remporté 24,95 % des voix et 24 sièges, devançant l'Union pour un mouvement populaire (20 élus) et le Parti socialiste (13), une première pour la formation de Marine Le Pen. On retrouve cette tendance au Royaume-Uni et au Danemark, où le Parti pour l'indépendance du Royaume-Uni (UKIP) et le Parti du peuple danois (DF) ont récolté le plus de bulletins (26,7 % et 24 mandats, et 26,6 % et quatre eurodéputés, respectivement), mais aussi aux Pays-Bas avec le Parti pour la liberté (PVV ; 13,32 % et quatre élus), en Hongrie avec le Jobbik (14,67 % et trois sièges) et même en Italie avec le Mouvement 5 étoiles de Beppe Grillo (21,15 % et 17 élus). Du jamais vu au sein du Parlement européen.

QUELLE INFLUENCE DU FN À BRUXELLES ?

La crise économique et les critiques de sa gestion par l'UE ont fait le lit de ce populisme, déjà en croissance dans de nombreux pays, y compris parfois avec des représentations nationales, comme en France ou aux Pays-Bas (*cf. document 2*), même si elles restent modérées (1). Ces mouvements eurosceptiques prônent notamment une sortie de l'UE et un retour aux monnaies nationales pour les États qui ont adopté l'euro. Toutefois, s'il faut s'inquiéter de leur montée en puissance, plusieurs remarques sont à prendre en considération. D'abord, ils restent minoritaires à l'échelle des 28 États membres. Les deux principaux groupes au Parlement restent le Parti populaire européen (PPE, 221 sièges sur 751) et l'Alliance progressiste des socialistes et démocrates (APSD, 191).
Ensuite, et surtout, ils sont divisés, s'opposant principalement sur des questions économiques. Ainsi, le 23 juin 2014, date limite pour constituer un groupe au Parlement européen, le FN a dû se résoudre à son échec, ne réussissant pas à réunir un minimum de 25 eurodéputés de sept pays différents de l'UE. Si le PVV néerlandais de Geert Wilders a apporté son soutien à Marine Le Pen, l'UKIP ou le DF ont préféré rejoindre un autre groupe parlementaire : tandis que le premier est la principale force d'Europe libertés

1 Qu'est-ce que l'Europe politique en 2014 ?

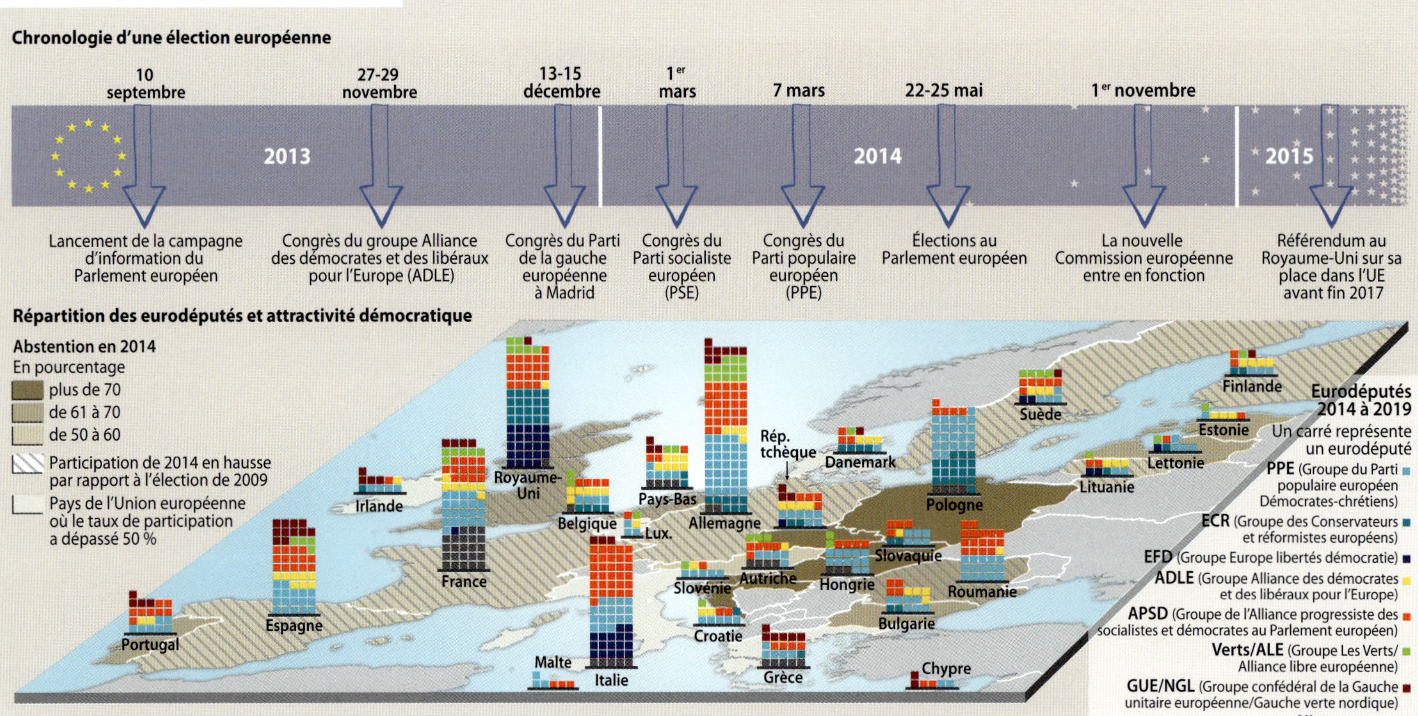

Sources : Parlement européen, 2014 ; European Elections Desk Research, Abstention and voting behaviour in the 2009 European elections, *13 novembre 2012* Carto n° 21, 2014 © Areion/Capri

la montée de l’extrême droite

démocratie (EFD) et ses 48 élus, le second a intégré les Conservateurs et réformistes européens (ECR, 70 eurodéputés), où l’on retrouve par exemple les *tories* britanniques du Premier ministre David Cameron. Si ces deux regroupements restent eurosceptiques, y compris avec des membres d’extrême droite, ils reprochent notamment au FN ses critiques du libéralisme économique et son antisémitisme.

Dès lors, que signifie pour les élus d’extrême droite être un « non-inscrit » au Parlement européen ? L’influence des 23 eurodéputés du FN – un 24ᵉ, Joëlle Bergeron, a rejoint l’EFD – sera limitée, car ils ne peuvent pas participer au système de désignation du président et des vice-présidents du Parlement, des commissions et des délégations. Ils n’ont pas non plus la possibilité de déposer des amendements ni d’assister aux réunions des présidents de groupes qui décident du calendrier législatif. Et ils n’ont pas accès à des subventions financières importantes, un groupe d’une trentaine d’eurodéputés touchant des subsides de l’ordre de 3 millions d’euros. Marine Le Pen et Geert Wilders ont néanmoins la possibilité de constituer un groupe durant leur mandat, conservant les soutiens du Parti de la liberté autrichien (FPÖ), du Vlaams Belang belge (un élu) et de la Ligue du Nord italienne (cinq), mais les deux dirigeants refusent de s’associer aux Grecs d’Aube dorée (deux) et aux Hongrois du Jobbik (trois), restés également parmi les non-inscrits, mais jugés trop radicaux.

DES ÉQUILIBRES FRAGILES

Après ces élections, force est de constater que l’image d’une « machine » bruxelloise éloignée des aspirations et de la vie quotidienne de la population perdure, alors que l’un des objectifs centraux du traité de Lisbonne était précisément de renforcer le rôle du Parlement européen et ainsi tenter de combler le déficit démocratique perçu par nombre de citoyens. Avant le scrutin, lors d’un sondage de l’Eurobaromètre réalisé en juin 2013, seulement 39 % des personnes interrogées affirment que leur voix compte et 46 % sont insatisfaites du fonctionnement de la démocratie dans l’UE.

Officiellement, la principale évolution apportée par le texte de Lisbonne est l’élection du président de la Commission européenne (poste occupé par José Manuel Durão Barroso entre novembre 2004 et juillet 2014) par le Parlement, à partir d’une proposition du Conseil européen, formé des chefs d’État des 28 pays membres. Cette mesure participe à modifier ainsi les équilibres historiques de l’UE en rendant la Commission, qui dispose de l’initiative législative, plus responsable devant le Parlement, qui contrôle en outre les dépenses de l’UE. Toutefois, la nomination, le 27 juin 2014, de l’ancien Premier ministre luxembourgeois Jean-Claude Junker (1995-2013), candidat du PPE, a généré de vives tensions. Les défis qui l’attendent sont donc importants.

Après l’entrée d’un 28ᵉ membre, la Croatie, dans l’UE le 1ᵉʳ juillet 2013, la question de la sortie ou de l’élargissement demeure centrale. En novembre 2013, les parlementaires britanniques ont voté une loi qui prévoit la tenue d’un référendum sur la sortie de l’Union ; David Cameron a proposé de l’organiser avant 2017. Dans l’ensemble de l’UE, les équilibres politiques et économiques variés complexifient la situation des États membres. Alors que la Grèce a adopté

2 La montée du populisme et du sentiment antieuropéen

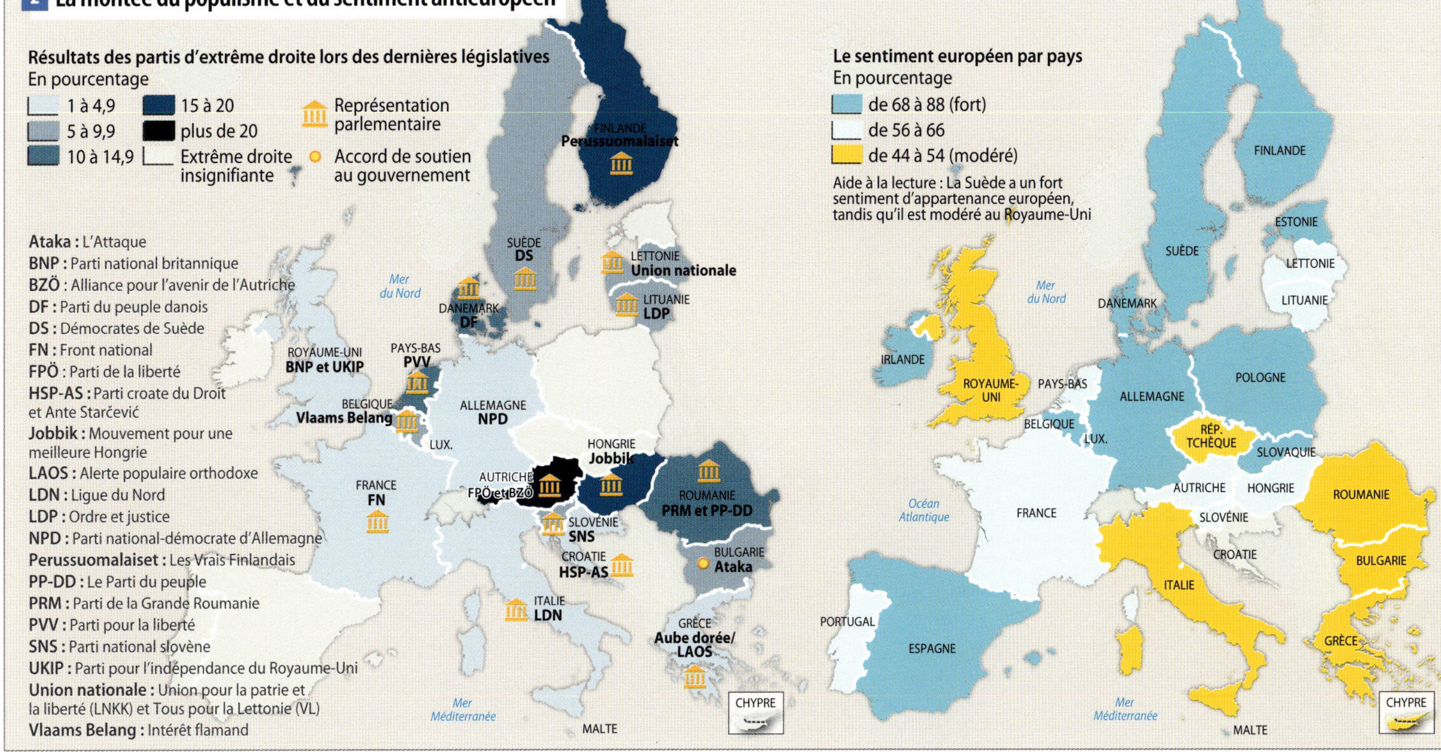

Sources : Fondation Robert Schuman, Observatoire des élections en Europe, 2013 ; Rédaction de Carto, 2013   Carto n° 21, 2014 © Areion/Capri

3 Évolution de la population européenne de 1960 à 2030

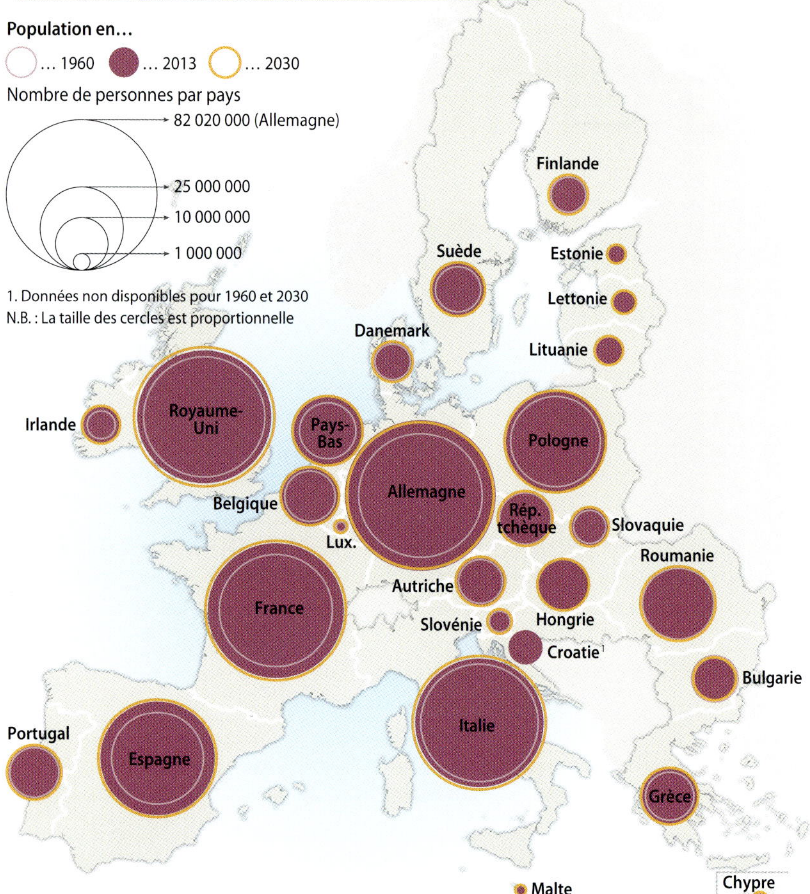

Source : Eurostat, 2013 Carto n° 21, 2014 © Areion/Capri

4 Déficit et chômage dans l'Union européenne

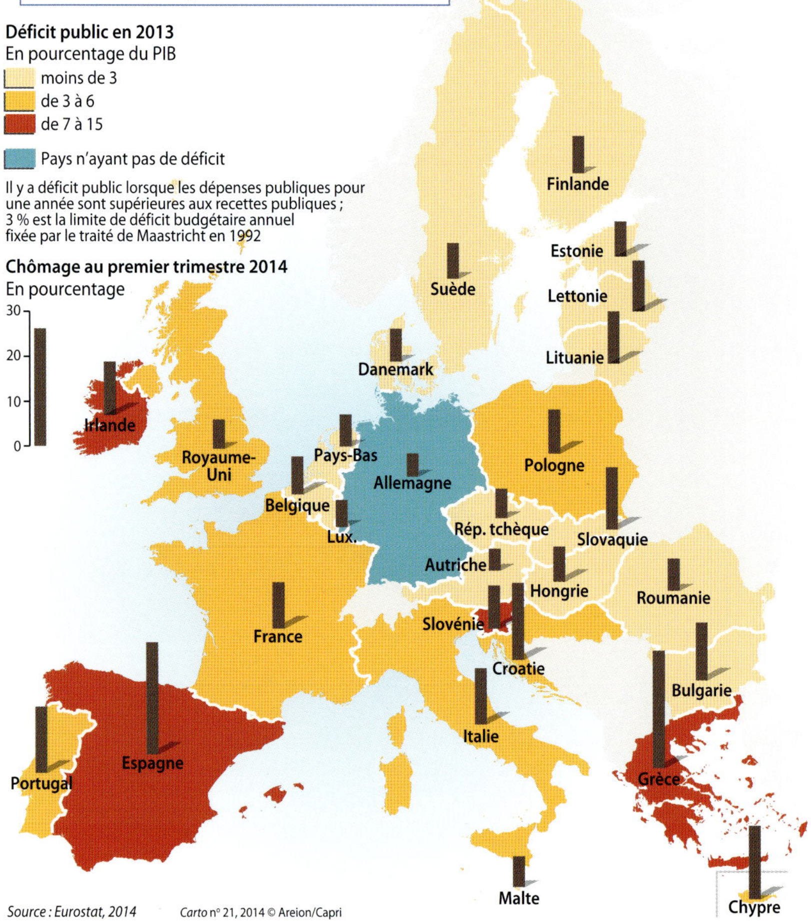

Source : Eurostat, 2014 Carto n° 21, 2014 © Areion/Capri

début décembre 2013 un nouveau budget de rigueur pour 2014, espérant voir la croissance reprendre, le résultat des élections allemandes pourrait faire évoluer sa position face à la crise économique. En effet, l'entrée du Parti social-démocrate (SPD) dans une coalition avec l'Union chrétienne-démocrate (CDU) d'Angela Merkel, si elle ne change pas radicalement les exigences d'austérité imposées aux pays en crise, devrait s'accompagner de conditions pour des plans d'investissements.

Les inégalités sont en outre importantes au sein de l'UE (*cf. cartes 4 et 6*). Un quart des Européens sont menacés de pauvreté ou d'exclusion sociale en 2012, selon des données publiées par Eurostat en décembre 2013. Certains pays sont particulièrement touchés : la Bulgarie (49,3 %), la Roumanie (41,7 %), la Lettonie (36,6 %) et la Grèce (34,6 %). D'autres sont plus épargnés, par exemple les Pays-Bas (15 %) et la République tchèque (15,4 %). Environ 19 % de la population est dans cette situation en France et en Allemagne. Dans les États moins touchés, la perspective d'un approfondissement des droits des pays plus pauvres au sein de l'UE suscite de nombreuses tensions, notamment avec la crainte de vagues d'immigration et de délocalisations menaçant leur économie. La levée en janvier 2014 des dernières restrictions d'accès à l'emploi dans les autres États de l'UE pour les ressortissants bulgares et roumains, membres de l'UE depuis 2007, a provoqué nombre de réactions inquiètes dans les pays plus stables. Parallèlement, la Commission européenne a recommandé en novembre 2013 de placer le dernier adhérent, la Croatie, en procédure de déficit excessif, sa dette publique dépassant les critères du pacte européen de stabilité et de croissance.

DÉFIS INTERNES ET EXTERNES

La stratégie « Europe 2020 », mise en place en 2010, a ainsi comme objectif principal de réduire ces inégalités en assurant le développement d'une économie « intelligente, durable et inclusive » (*cf. carte 5*). Elle se compose de différentes initiatives et plans d'investissements dans des domaines considérés comme porteurs de croissance, dont le développement durable, l'économie digitale, la formation de la jeunesse, etc. Cette stratégie devrait être renforcée par la nouvelle politique de cohésion (ou politique des régions) de l'UE, prévue pour la période 2014-2020. Elle lie l'allocation des trois fonds structurels (Fonds européen de développement régional, Fonds social européen et Fonds de cohésion) aux objectifs d'Europe 2020. Lors du précédent plan de cohésion, entre 2007 et 2013, plus de 80 % du budget était destiné aux régions les plus pauvres de l'UE, c'est-à-dire celles où le PIB par habitant est inférieur à 75 % à la moyenne européenne. La plupart d'entre elles sont dans les États d'Europe de l'Est (Bulgarie, Roumanie) et en Europe du Sud (Espagne, Grèce, Portugal).

L'objectif de convergence économique et de compétitivité au sein des frontières de l'UE s'accompagne d'une action commune dans la lutte contre l'immigration externe. Dix ans après la création de l'Agence européenne pour la gestion de la coopération opérationnelle aux frontières extérieures des membres de l'UE, Frontex, le drame de Lampedusa en octobre 2013 – plus de 360 personnes ont trouvé la mort après le naufrage de leur embarcation de fortune – a montré les limites de cette politique. Les États européens cherchent donc à combiner le contrôle de l'immigration illégale tout en permettant le sauvetage des migrants en difficulté. Ils espèrent pouvoir compter sur le dispositif mis en place début décembre 2013, Eurosur (Système européen de surveillance des frontières), qui facilite l'échange d'informations et la coordination entre les autorités nationales de gardes-frontières et Frontex.

Au-delà des difficultés internes de l'UE, la question de son rôle à l'international se pose depuis sa création et les débuts de sa politique d'élargissement dans les années 1970. Ce rôle est d'abord commercial, l'Europe cherchant à maintenir une place prépondérante dans les échanges mondiaux face à une compétition croissante, en particulier des économies émergentes. Afin d'encourager les exportations, l'Union ambitionne de mettre en place un accord de libre-échange avec les États-Unis fin 2014. En dépit des promesses, un tel traité suscite de nombreuses inquiétudes, notamment pour le maintien des normes sanitaires et environnementales européennes.

Le rôle international de l'UE est aussi politique. Afin de peser plus lourd, l'UE tente de parler d'une seule voix. Cet effort est marqué par la création de la fonction de haut représentant de l'Union pour les affaires étrangères et la politique de sécurité en 2007. Les difficultés de concilier la position de 28 pays limitent toutefois ses capacités. L'actuelle tenante du poste, Catherine Ashton, y est cependant parvenue pour faire peser l'UE dans la mise en place d'un accord sur le nucléaire avec l'Iran en novembre 2013.

Bien que l'UE reste attractive pour ses voisins, les citoyens de ses États membres lui font de moins en moins confiance. En 2012, il a fallu un prix Nobel de la paix pour rappeler aux Européens en crise le rôle historique joué par l'Union sur le continent. Tout ce qu'elle a apporté au long de son existence, participant à l'ouverture des frontières géographiques, économiques, culturelles et humaines entre les individus, voilà précisément ce que les partis europhobes ne reconnaissent pas et souhaitent remettre en question, montrant l'UE et l'autre comme des ennemis. La responsabilité de cette ascension ne doit pas retomber sur la seule crise économique, l'augmentation des voix pour l'extrême droite ne suivant pas la courbe du chômage, mais sur l'ensemble d'une classe politique démocratique appelée à se renouveler et à renouer avec les citoyens. • **G. F. et C. R.**

NOTE

(1) En France, le FN a obtenu 3,6 % des voix au second tour des élections législatives de 2012 et deux députés (sur 577). Aux Pays-Bas, le PVV a essuyé un échec au scrutin de septembre 2012, obtenant 15 mandats (sur 150), soit neuf de moins que sous la précédente législature.

5 Énergie primaire et émission de gaz à effet de serre en 2011

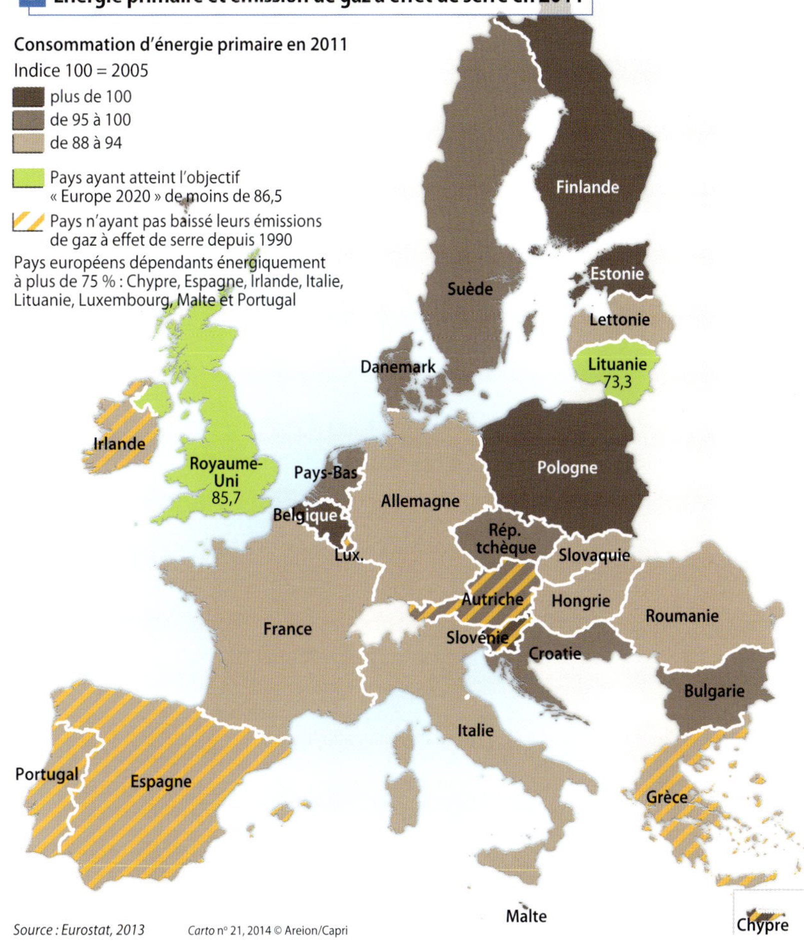

Source : Eurostat, 2013 Carto n° 21, 2014 © Areion/Capri

6 Pauvreté en Europe en 2012

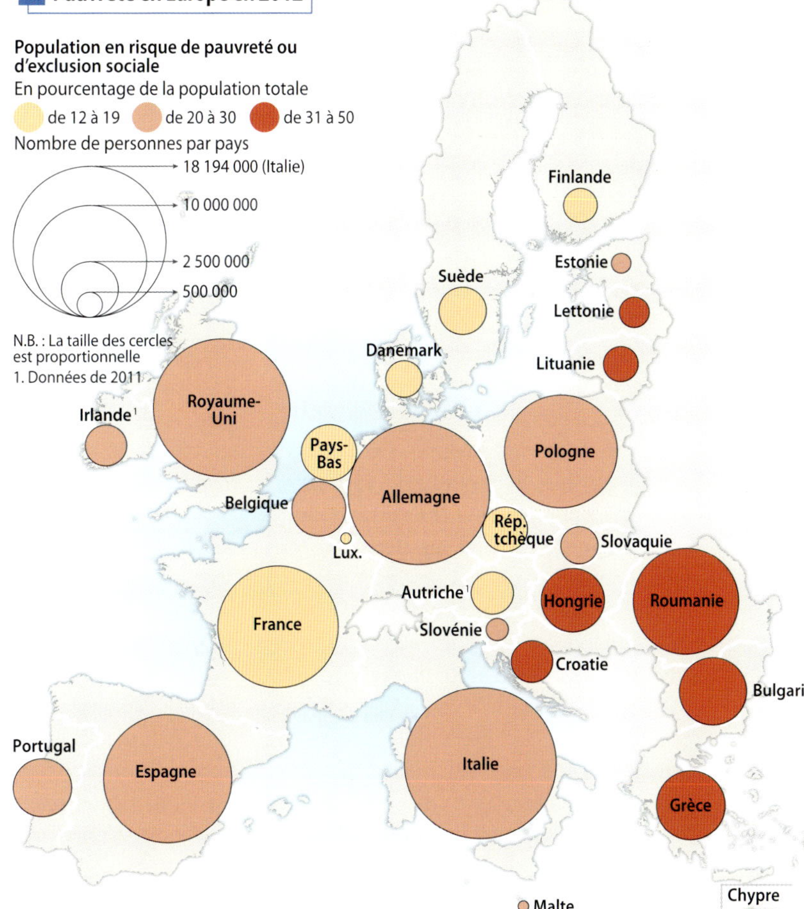

Source : Eurostat, 2013 Carto n° 21, 2014 © Areion/Capri

L'Allemagne, un « modèle » pour une Europe en crise ?

Pour de nombreux observateurs, la victoire d'Angela Merkel aux élections législatives du 22 septembre 2013 (1) a été la preuve d'une satisfaction globale des Allemands à l'égard de la santé économique de leur pays. Toutefois, l'entrée du Parti social-démocrate (SPD) au gouvernement s'apparente à une tentative de corriger certains effets néfastes du « modèle allemand ».

REPÈRES

NOM OFFICIEL
République fédérale d'Allemagne

CHEF DE L'ÉTAT
Joachim Gauck (président depuis 2012)

SUPERFICIE
357 022 km²
(63e rang mondial)

LANGUE OFFICIELLE
Allemand

CAPITALE
Berlin

POPULATION EST. 2013
81,15 millions d'habitants

DENSITÉ
227 hab./km²

MONNAIE
Euro

HISTOIRE
Héritière du Saint-Empire romain germanique (962-1806), l'Allemagne unifiée apparaît en 1871 avec la naissance de l'Empire fédéral allemand. Il disparaît à la fin de la Première Guerre mondiale et la proclamation de la République de Weimar, remplacée en 1933 par le IIIe Reich d'Adolf Hitler. Après la Seconde Guerre mondiale, l'Allemagne est divisée en deux républiques, l'une fédérale rattachée à l'Ouest, l'autre « démocratique » et dépendante du camp socialiste. La réunification a lieu en 1990

PIB PAR HABITANT EST. 2013 (EN PARITÉ DE POUVOIR D'ACHAT)
39 500 dollars

INDICE DE DÉVELOPPEMENT HUMAIN (2013)
0,920 (5e rang)

La coalition entre le groupe parlementaire Union chrétienne-démocrate (CDU)/Union chrétienne sociale en Bavière (CSU) et le SPD est le résultat des négociations pour la formation d'un gouvernement, closes en novembre 2013. Les Allemands espèrent qu'un tel exécutif parviendra à combiner différentes exigences. D'une part, une politique économique qui ne met pas en danger la baisse significative du chômage : celui-ci s'élevait à 5,2 % en avril 2014, d'après Eurostat. D'autre part, des corrections ponctuelles d'effets néfastes des réformes économiques mises en œuvre pendant les années 2000 sont attendues, le SPD souhaitant donner un objectif plus social à la coalition.

UN SALAIRE MINIMUM

Le projet phare du SPD est l'introduction d'un salaire minimum généralisé, chose acceptée par Angela Merkel dès le mois de novembre 2013. En effet, l'Allemagne ne dispose que d'une multitude de garanties salariales qui varient selon les secteurs et les lands. La précédente coalition vantait la flexibilité de ce système, qui tient compte des disparités économiques régionales, tout en encourageant le consensus. Durant la campagne, le SPD et les Verts ont toutefois rappelé qu'une partie des Allemands n'est pas couverte par ces conventions. Un salaire minimum de 8,50 euros bruts de l'heure a ainsi été adopté en mars 2014 ; il entrera en vigueur le 1er janvier 2015 (*cf. document 2*). Ce seuil profiterait aux 17 % de travailleurs qui gagnent moins que cette somme et permettrait de faire baisser les dépenses sociales de l'État, qui devait soutenir financièrement en 2010 1,4 million d'employés dont le salaire n'est pas suffisant pour vivre.

Les sociaux-démocrates cherchent aussi à endiguer certaines formes de précarité, comme l'abus de l'emploi intérimaire ou du « contrat de résultat », dans lequel le salaire dépend du travail fourni et non du nombre d'heures. Ce sont parfois leurs propres réformes de l'« Agenda 2010 », lancées par l'ancien chancelier Gerhard Schröder (1998-2005) en 2004, qui ont contribué à favoriser ces situations.

Les « minijobs » devraient moins être remis en cause. Certains experts attribuent en effet à cette mesure, qui exonère d'une grande partie des cotisations sociales et des impôts les emplois rémunérés moins de 450 euros par mois (sans limite maximale du volume de travail hebdomadaire), l'une des principales explications du « miracle économique » allemand. Une étude de 2012 montre qu'ils ont progressivement remplacé des contrats réguliers à temps plein (2). Des entreprises emploient davantage de gens, mais à des volumes horaires (et des coûts) moins élevés, plutôt qu'un nombre fixe de salariés sous contrat stable. Ainsi, entre 2000 et 2010, la masse d'heures travaillées a baissé de 53,5 milliards à 53,3 milliards d'heures, alors que les travailleurs ont augmenté de plus de 1,2 million.

À l'origine, les « minijobs » étaient censés créer un pont vers le marché du travail normal, notamment pour les chômeurs de longue durée. Ils constituent en réalité une forme de précarité dont il est difficile de sortir, particulièrement pour les femmes, qui représentent la majorité des 7,4 millions de « minijobers » en 2012, en raison d'un plus fort recours au temps partiel (*cf. document 3*). Plus longtemps on exerce un de ces emplois, plus la probabilité d'obtenir un contrat stable plus tard est faible.

UNE RÉGION SUD PUISSANTE

Le poids politique des PME et des grandes entreprises de la moitié sud du pays, principalement de Bavière, empêchera des changements de cap trop radicaux en matière de politique économique. La région concentre en effet les industries hautement performantes tournées vers les exportations et une bonne partie de l'électorat conservateur (*cf. carte 4*). La CDU peut faire valoir les évolutions les plus récentes, qui montrent que de 2010 à 2012, le taux des contrats de travail « atypiques » (précaires et temps partiel) a baissé de 22,6 % à 21,8 %.

Pour l'Europe, et notamment les pays en crise, d'éventuelles réformes pourraient s'avérer positives. D'une part, une amélioration du pouvoir d'achat outre-Rhin devrait soutenir la demande dans la zone euro (d'où viennent 37,6 % des importations allemandes). D'autre part, les augmentations de salaire aideraient à combler le fossé qu'a creusé une décennie de modération salariale en Allemagne et rétablir la compétitivité des États en récession. ●

C. R.

NOTES

(1) Aux législatives du 22 septembre 2013, le groupe parlementaire CDU/CSU est arrivé en tête avec 41,5 % des voix, devant le SPD (25,7 %), Die Linke (8,6 %), les Verts (8,4 %), le FDP (4,8 %), l'Alternative pour l'Allemagne (4,7 %), le Parti pirate (2,2 %) et le Parti national-démocrate (1,3 %). Le CDU/CSU n'a pas la majorité absolue (316), avec 311 sièges sur 631 au Bundestag.

(2) Christian Hohendanner et Jens Stegmaier, *Umstrittene Minijobs*, Institut für Arbeitsmarkt-und Berufsforschung, décembre 2012.

1 Le taux de chômage des jeunes de moins de 25 ans en 2011

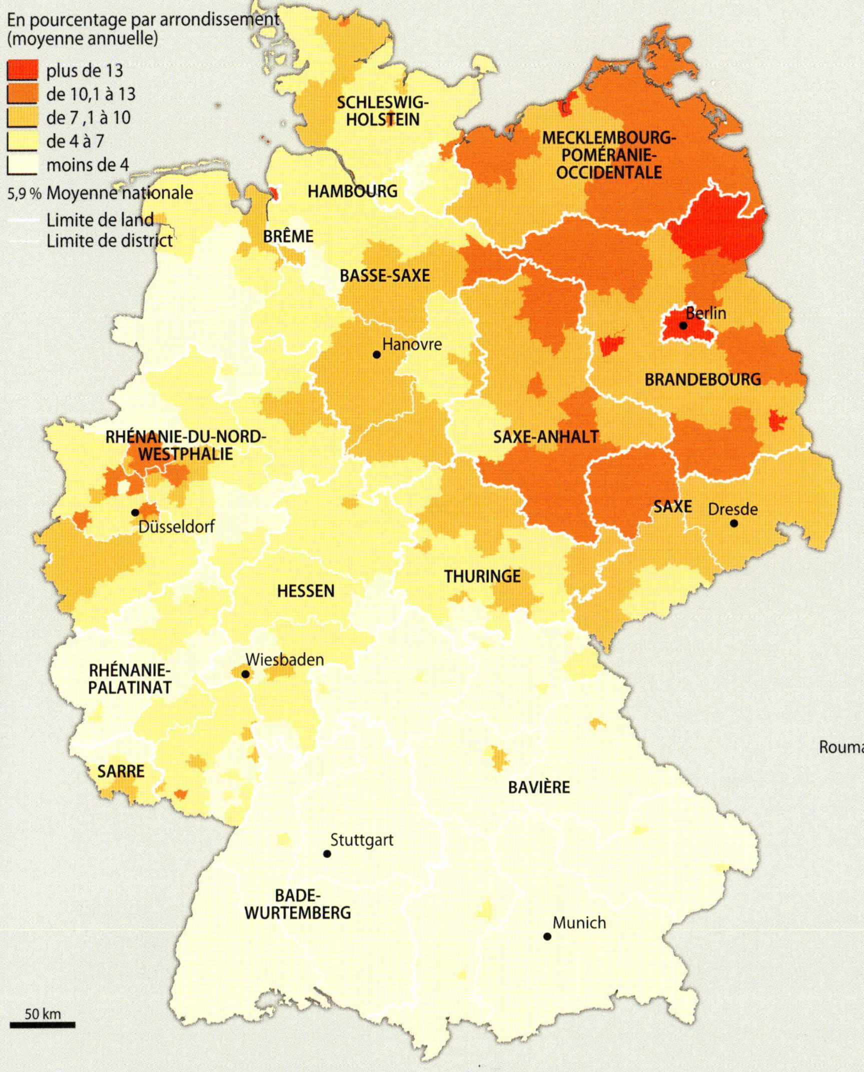

2 Minijobs et salaire minimum en Allemagne : la variable d'ajustement

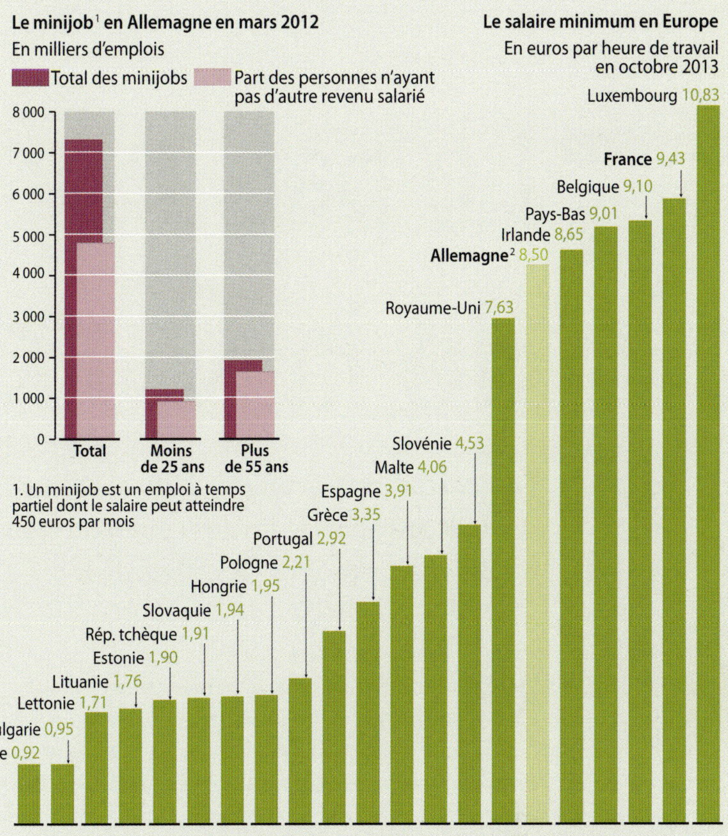

2. En Allemagne, le Conseil fédéral prévoit la mise en place d'un salaire minimum de 8,50 euros par heure

4 Allemagne : territoire économique et électoral

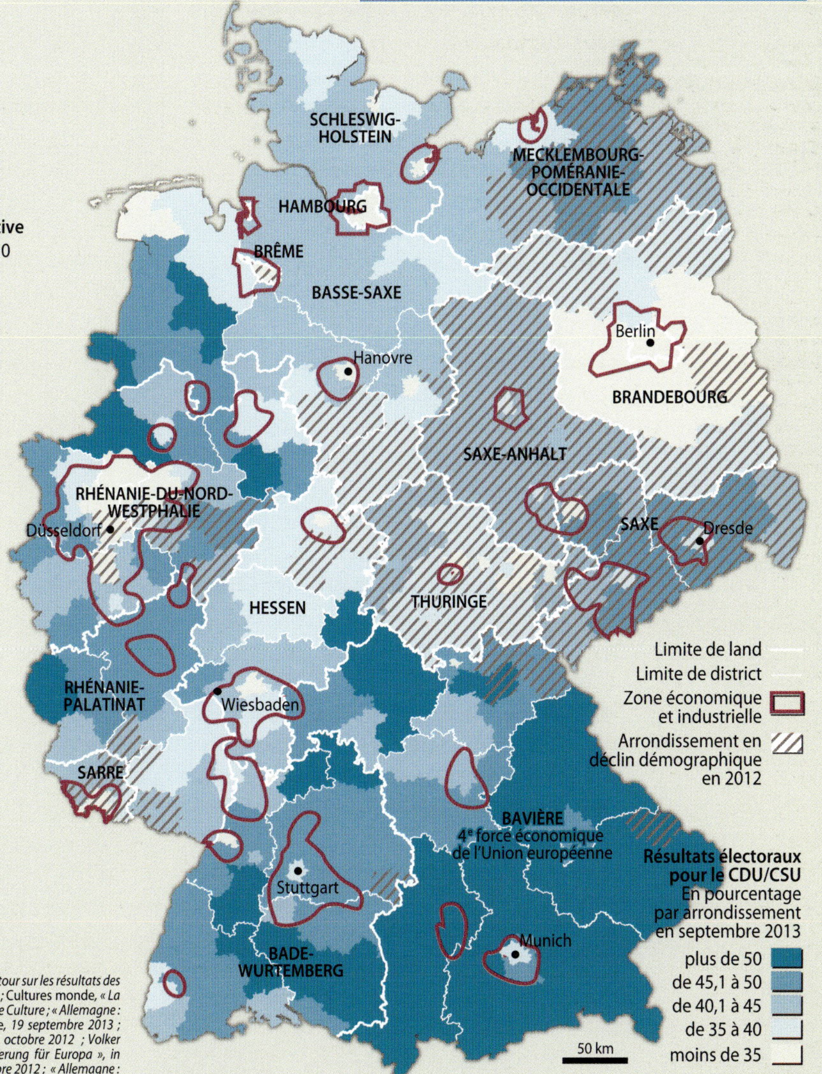

Carto n° 20, 2013 © Areion/Capri

3 La place des femmes en Allemagne

Pyramide des âges : un futur déséquilibre

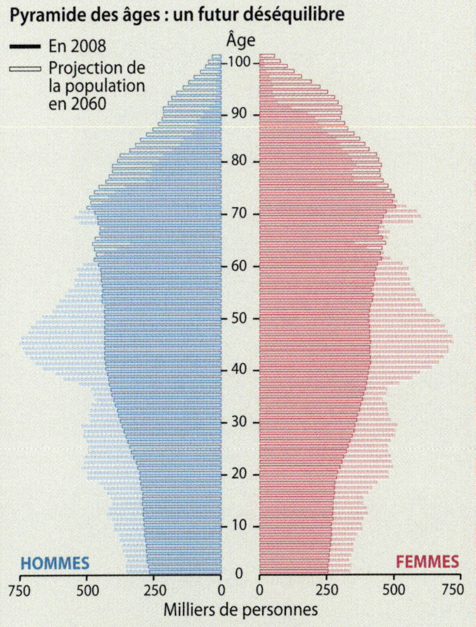

La place des femmes dans la population active

Évolution de l'inactivité des femmes

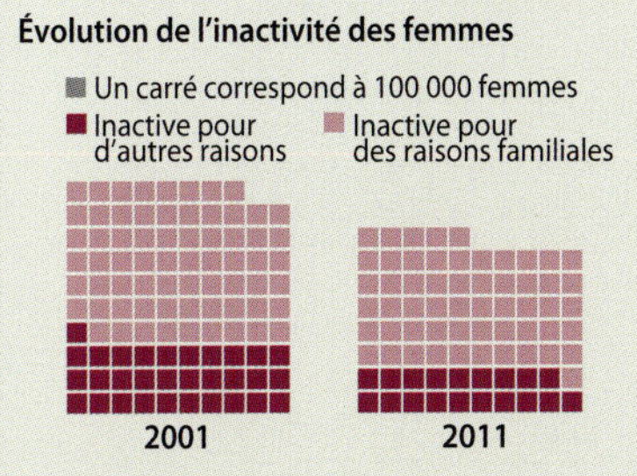

Sources : Institut des statistiques allemand, 2013 ; Jérôme Fourquet, « Retour sur les résultats des élections législatives allemandes », in Huffingtonpost, *1er octobre 2013 ;* Cultures monde, *« La réussite allemande en question », émission du 16 septembre 2013,* France Culture *; « Allemagne : La réunification inachevée », in* Le Monde, *supplément* Géopolitique, *19 septembre 2013 ; Fondation iFRAP, « Statistiques des emplois mini-jobs en Allemagne », octobre 2012 ; Volker Bode et Joachim Burdack, « Jugendarbeitslosigkeit: eine Herausforderung für Europa », in* Nationalatlas aktuell, *Leipzig: Leibniz-Institut für Länderkunde, décembre 2012 ; « Allemagne : Les défis de la puissance », in* Questions internationales, *n° 54, avril 2012*

Le pari européen de la Croatie

La Croatie est devenue le vingt-huitième État membre de l'Union européenne (UE) le 1er juillet 2013, dix-huit ans après la fin de la guerre. Néanmoins, la population de ce pays de l'ancienne Yougoslavie est plus concernée par les effets de la crise économique que par le projet communautaire.

L'entrée dans l'UE suscite beaucoup d'espoirs. En effet, elle permettra à la Croatie, en récession en 2013 (-1 %), d'avoir accès aux fonds structurels européens de cohésion. Entre 2007 et 2012, elle a déjà touché 998 millions d'euros au titre de l'aide de préadhésion ; cette somme a notamment permis la modernisation des infrastructures frontalières, le pays formant à présent la nouvelle dyade sud-est de l'UE (*cf. carte 1*).

Toutefois, l'adhésion ne fait pas tout. La prochaine étape pour Zagreb est l'intégration à l'espace Schengen, espérée en 2015. Le Royaume-Uni, l'Allemagne, la Slovénie et la France ont par ailleurs restreint l'accès des travailleurs croates à leur territoire pour une durée minimale de deux ans.

UN LONG PROCESSUS

Candidate dès 2003, la Croatie a entamé les négociations d'adhésion deux ans plus tard, après avoir relancé sa collaboration avec le Tribunal pénal international pour l'ex-Yougoslavie (TPIY), qui a mené à l'arrestation, en décembre 2005, du général Ante Gotovina, accusé de crimes contre l'humanité pour des massacres de Serbes en 1995, finalement acquitté en 2012. Espérant intégrer l'UE en 2009, Zagreb dut affronter en 2008 le blocage de la Slovénie, membre depuis 2004, en raison d'un litige territorial. Non réglé depuis la déclaration d'indépendance des deux pays en 1991, le différend porte sur la délimitation de la frontière maritime dans la baie de Piran, sur la mer Adriatique. Souhaitant disposer d'un accès aux eaux internationales, Ljubljana demande un tracé de la limite maritime dans le prolongement de la rivière Dragonja. Une commission d'arbitrage, constituée depuis janvier 2012, doit rendre son verdict d'ici à fin 2014. La lutte contre la corruption constituait l'un des domaines prioritaires de Bruxelles pour l'adhésion. Ainsi, Ivo Sanader, Premier ministre de 2003 à 2009 et artisan des négociations avec l'UE, a été arrêté en décembre 2010 pour financement illégal de son parti, l'Union démocratique croate (HDZ). Une décision lourde de conséquences lors des élections parlementaires du 4 décembre de l'année suivante. Le HDZ fut en effet largement battu, ne récoltant que 23,5 % des voix et 47 sièges sur 151,

1 L'Union européenne au 1er janvier 2014

Source : Banque centrale européenne, 2013 Carto n° 18, 2013 © Areion/Capri

REPÈRES

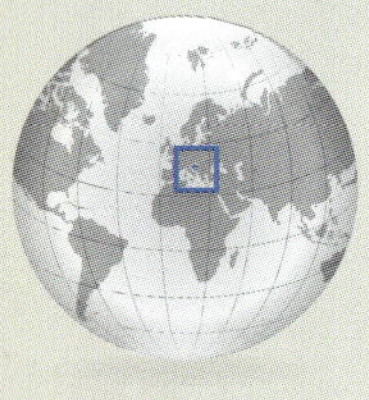

NOM OFFICIEL
République de Croatie

CHEF DE L'ÉTAT
Ivo Josipovic (président depuis 2010)

SUPERFICIE
56 594 km² (127e rang mondial)

LANGUE OFFICIELLE
Croate

CAPITALE
Zagreb

POPULATION EST. 2013
4,48 millions d'habitants

DENSITÉ
79 hab./km²

MONNAIE
Kuna

HISTOIRE
Rattachée à l'Autriche-Hongrie au XIXe siècle, la Croatie intègre le Royaume des Serbes, Croates et Slovènes en 1918. Pendant la Seconde Guerre mondiale, en 1941, le pays devient un État satellite de l'Allemagne nazie avant d'intégrer, après la libération, la République fédérative socialiste de Yougoslavie. La déclaration d'indépendance en 1991 déclenche une guerre fratricide, qui prend fin en 1995

PIB PAR HABITANT EST. 2013 (EN PARITÉ DE POUVOIR D'ACHAT)
17 800 dollars

INDICE DE DÉVELOPPEMENT HUMAIN (2013)
0,805 (47e rang)

1. Les chantiers navals ont fait partie de la négociation d'adhésion à l'Union européenne. Tous ont dû être privatisés ou mis en faillite. Ces ports représentent 11 % des exportations croates et 10 000 emplois directs

Sources : Sénat, Projet de loi autorisant la ratification du traité relatif à l'adhésion de la République de Croatie à l'Union européenne, *Rapport n° 236, décembre 2012 ; Bureau des statistiques croate,* Statistical information 2012 *; UNESCO, 2013 ; OMC,* Politiques et pratiques commerciales en Croatie, *2010*

soit 19 de moins que pendant la précédente législature. La coalition de centre gauche menée par le Parti social-démocrate (SDP) en sortit grand vainqueur, avec 40 % des suffrages et 80 mandats. À la tête du gouvernement depuis le 23 décembre 2011, Zoran Milanovic a finalisé les ultimes réformes recommandées par la Commission européenne : renforcer l'indépendance du pouvoir judiciaire, assurer la protection des minorités nationales et accélérer la privatisation des entreprises publiques. Réalisée en temps de crise, cette dernière mesure s'est avérée impopulaire : lors de l'élection de leurs 12 députés européens le 14 avril 2013, seulement 20,69 % des Croates sont allés voter, accordant six sièges au HDZ, cinq au SDP et un au Parti travailliste.

UNE ÉCONOMIE FRAPPÉE PAR LA CRISE ET DES ATOUTS

La Croatie connaissait entre 2000 et 2007 un taux de croissance annuel de 4 à 6 %, mais celui-ci a reculé de 6,9 % en 2009 et de 1 % en 2013, alors que le taux de chômage atteint 16,8 % de la population active en avril 2014, selon Eurostat. Pourtant, le pays possède de nombreux atouts, notamment touristiques (*cf. carte 2*). Sur son territoire, sept sites sont inscrits au patrimoine mondial de l'UNESCO, comme la ville de Dubrovnik. Plus de 10 millions de visiteurs étrangers se sont rendus dans cet État des Balkans en 2012, dont 70 % sont originaires de l'UE, selon des chiffres officiels. Un plan de développement touristique de 7 milliards d'euros a été adopté en février 2013 afin de renforcer le secteur. Après l'adhésion de la Croatie, les futurs élargissements ne devraient pas se produire avant les années 2020. Car si cinq États (Islande, Macédoine, Monténégro, Serbie et Turquie) ont le statut de candidat, la Commission européenne se fait plus sévère sur les conditions d'intégration. Confrontée à la crise économique et au développement d'un mouvement eurosceptique, l'UE peine à maintenir le consensus sur ses objectifs de paix, de sécurité et de prospérité sur le continent. La Croatie pourra donc s'avérer un test crucial pour Bruxelles afin de démontrer la légitimité de longues années de négociations visant à s'assurer de l'entrée d'un pays où l'État de droit est respecté. •

N. R.

REPÈRES

NOM OFFICIEL
Irlande

CHEF DE L'ÉTAT
Michael D. Higgins (président depuis 2011)

SUPERFICIE
70 273 km² (120e rang mondial)

LANGUES OFFICIELLES
Gaélique et anglais

CAPITALE
Dublin

POPULATION EST. 2013
4,77 millions d'habitants

DENSITÉ
67 hab./km²

MONNAIE
Euro

HISTOIRE
Île peuplée par les Celtes dès le VIe siècle avant Jésus-Christ, l'Irlande est déclarée sous domination anglaise en 1494. Après d'importants soulèvements en 1641 et 1798, le mouvement indépendantiste reprend de la force à la fin du XIXe siècle. La guerre de 1916 aboutit à la déclaration d'indépendance la même année, mais elle ne sera reconnue que quatre ans plus tard par les autorités britanniques, qui gardent le contrôle de l'Ulster

PIB PAR HABITANT EST. 2013 (EN PARITÉ DE POUVOIR D'ACHAT)
41 300 dollars

INDICE DE DÉVELOPPEMENT HUMAIN (2013)
0,916 (7e rang)

Irlande : réconcilier un pays et une Europe en crise

L'Irlande est officiellement sortie de la liste des pays faisant l'objet d'un plan d'aide de l'Union européenne (UE) en décembre 2013. Toutefois, encore affaiblies par la crise, les autorités de Dublin doivent relancer la croissance et l'emploi, tandis que les tensions politiques se ravivent en Uslter.

L'Irlande a assuré, entre janvier et juillet 2013, pour la septième fois la présidence de l'UE depuis son entrée en 1973. Une présidence qui est intervenue dans un contexte de désunion : le budget des Vingt-Huit pour la période 2014-2020, réduit de 11 %, a été voté en février 2013 sans réel consensus, sur fond de discorde entre l'Allemagne et la France et du poids croissant des intérêts nationaux. David Cameron a même promis un référendum d'ici à la fin 2017 sur la sortie du Royaume-Uni s'il était réélu au poste de Premier ministre. Dublin devait rétablir l'entente et la confiance des pays membres. L'une des priorités du gouvernement d'Enda Kenny, en fonction depuis mars 2011, est le combat pour l'emploi. En avril 2014, le taux de chômage des Vingt-Huit s'élevait à 10,4 % (22,5 % chez les jeunes).

LE TRAUMATISME DE LA CRISE

L'Irlande sort d'une période noire, frappée de plein fouet par la crise de la dette. Pourtant, entre 1998 et 2007, le « Tigre celte » a connu une croissance supérieure à 4 % par an (avec un record de 9,9 % en 1999) et un taux de chômage inférieur à 5 %. Ce succès économique s'explique par une agriculture performante aidée par la politique agricole commune : 73 % de la superficie du pays est concernée par ce secteur d'activité. Surtout, l'Irlande constitue une destination privilégiée pour les grandes entreprises grâce à une politique fiscale avantageuse (*cf. document 1 et carte 2*). Le taux d'imposition sur les sociétés est fixé à 12,5 %, contre 23,5 % en moyenne dans l'ensemble des membres de l'UE. Ainsi, de nombreuses compagnies ont décidé d'implanter à Dublin leur siège européen : Google ou Facebook dans l'informatique, Pfizer dans l'industrie pharmaceutique, entre autres.

La crise irlandaise a avant tout été une crise immobilière. Le fort endettement des ménages (il est passé de 111 à 250 % du revenu disponible entre 2002 et 2011) a abouti à l'éclatement d'une bulle immobilière, entraînant les banques au bord de

1 Investissements directs étrangers en 2011 : un marché florissant en Irlande

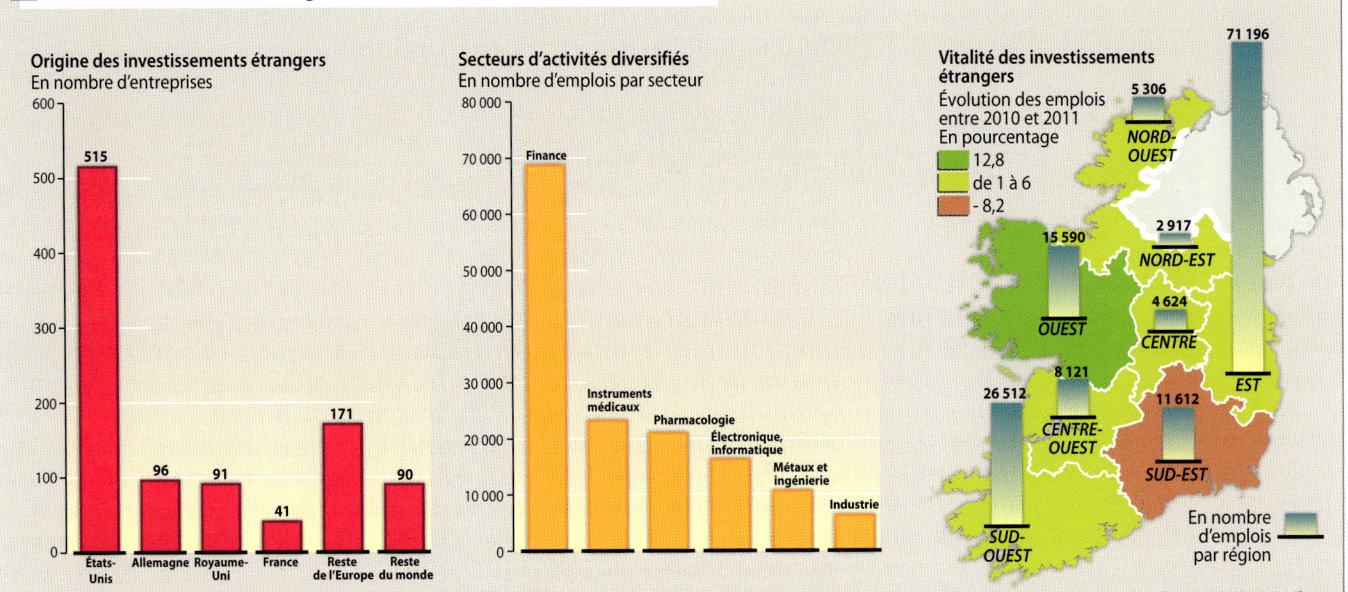

Source : Ministère du Travail irlandais, IDA Ireland annual Report and Accounts 2011, *2012*

Carto n° 16, 2013 © Areion/Capri

2 Un pays attractif face au défi de l'emploi

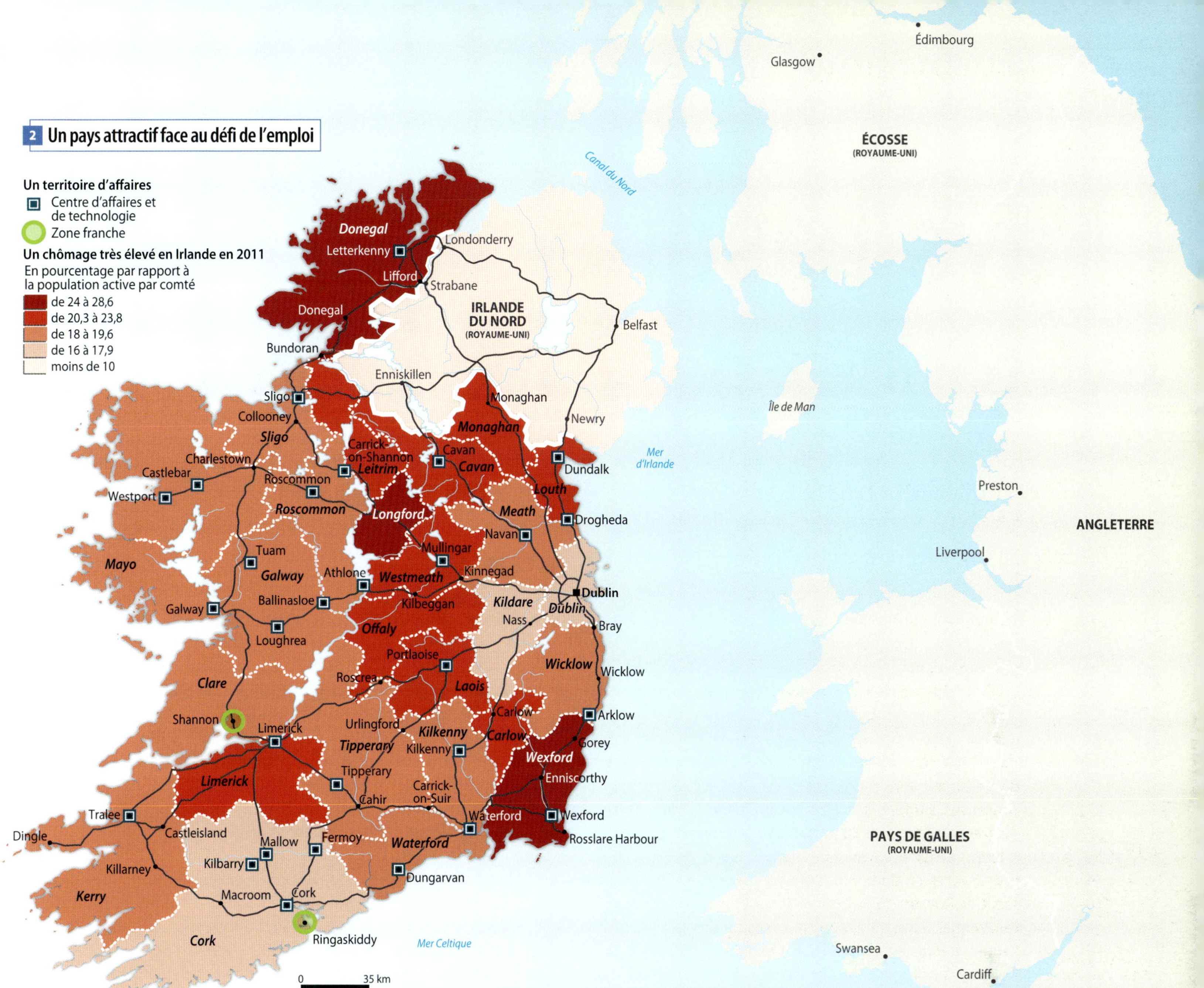

Sources : Office national des statistiques d'Irlande, 2013 ; BBC, 2013 Carto n° 16, 2013 © Areion/Capri

la faillite. L'économie a connu une récession sévère en 2008 (-3%) et en 2009 (-7%), et le taux de chômage a atteint 14,7% en 2012. En 2010, l'Irlande a bénéficié d'un plan d'aide de l'UE et du Fonds monétaire international (FMI) de 85 milliards d'euros sur dix ans. Depuis, la situation s'est stabilisée, les banques ont été recapitalisées, mais l'austérité a ralenti l'activité intérieure du pays : sa croissance est presque nulle (0,6%) en 2013. L'Irlande a appréhendé cette présidence européenne fragilisée, au point d'être encore classée dans la catégorie des PIIGS (« cochon » en anglais, regroupant le Portugal, l'Italie, la Grèce et l'Espagne pour leur exposition à l'explosion de la bulle immobilière). Or Dublin veut redevenir un modèle dans une Europe en crise et faire profiter ses partenaires de son expérience dans l'assainissement de ses finances. L'espoir d'une reprise durable a été relancé fin 2012 par la découverte d'un gisement de pétrole au large de Cork, permettant d'extraire 280 millions de barils d'une valeur de 30 milliards d'euros.

LA QUESTION NORD-IRLANDAISE RELANCÉE

La période fin 2012-début 2013 a été marquée par la résurgence de conflits communautaires en Ulster. Ainsi, le 3 décembre 2012, la mairie de Belfast, capitale de la province britannique d'Irlande du Nord, a décidé de faire flotter l'Union Jack uniquement les jours de fête importants du Royaume-Uni. Une décision qui a ravivé les tensions entre les deux clans, opposés depuis l'indépendance de l'Irlande et la séparation de l'île en deux en décembre 1921 : les catholiques, dits « républicains », favorables à la réunification, et les protestants, dits « unionistes », qui souhaitent rester dans le Royaume-Uni. Des affrontements entre protestataires et policiers ont alors éclaté, ainsi qu'en janvier et en mai 2013. Belfast est scindée en deux par les « murs de la paix » séparant les communautés, malgré les accords de paix signés en 1998, le désarmement de l'IRA en 2005 et l'établissement d'un gouvernement provincial biconfessionnel depuis 2007. Le conflit nord-irlandais, le plus meurtrier d'Europe occidentale, a fait près de 3 500 morts entre 1969 et 2011. ● **X. L.**

Pays basque : le retour victorieux des nationalistes

Le 21 octobre 2012, le Pays basque espagnol a pour la première fois élu son Parlement sans la menace terroriste, un an après l'annonce de la fin de la lutte armée par l'organisation ETA. Ce scrutin a consacré les nationalistes conservateurs et les indépendantistes de gauche d'une région riche, dans un contexte de fragilisation de l'unité de l'État espagnol déjà affecté par la crise économique.

Le Parti nationaliste basque (PNV, selon son sigle en espagnol) récupère le pouvoir en Euskadi, terme usuel pour désigner la Communauté autonome basque. Le scrutin a mis fin à près de quatre années d'un gouvernement de coalition non indépendantiste, constitué du Parti socialiste ouvrier espagnol (PSOE) et du Parti populaire (PP, conservateur). Celle-ci, qui était parvenue en 2009 à briser trois décennies de règne du PNV, n'a donc pas réussi à renouveler l'exploit, les dissensions étant trop nombreuses entre les deux formations. Dans l'impasse, le président du gouvernement régional (*lehendakari*), le socialiste Patxi López, a été contraint d'avancer de cinq mois les élections. Les non-indépendantistes ont vu leur présence au Parlement de Vitoria considérablement réduite et M. López a laissé sa place au dirigeant du PNV, Iñigo Urkullu. La fin de la violence de l'ETA a indéniablement profité aux nationalistes : les modérés conservateurs du PNV, première force politique d'Euskadi avec 27 sièges sur 75, et Euskal Herria-Bildu (EH-Bildu, soit « le grand Pays basque réuni », en français), qui fait son entrée à l'assemblée avec 21 députés (*cf. document 3*). Cette coalition est considérée comme la nouvelle Batasuna, ancienne vitrine politique de l'ETA, interdite en 2003 en raison de son soutien financier au groupe armé.

L'ESSOR DE LA GAUCHE *ABERTZALE*

Les partis nationalistes ont rassemblé 59,6 % des voix, leur permettant d'occuper les deux tiers de l'hémicycle (48 sièges). Légalisée en 2011, la coalition EH-Bildu marque le retour de la gauche radicale *abertzale* (nationaliste). Dirigée par Laura Mintegi, professeur en langue et littérature à l'université de Bilbao, elle devra préserver une cohésion fragile en raison de sa grande hétérogénéité. Si le PNV a remporté la présidence, il gouverne en minorité et doit pactiser avec d'autres partis. Refusant de s'allier avec le PSOE ou EH-Bildu, il a choisi de conclure des alliances ponctuelles.

Le succès électoral des radicaux intervient dans un contexte d'apaisement depuis que l'ETA a déposé les armes le 20 octobre 2011 (*cf. carte 4*). Rappelons que l'ultime organisation armée d'Europe occidentale a tué 829 personnes depuis sa création en 1959, aussi bien pendant la dictature de Francisco Franco (1939-1975) qu'une fois la

REPÈRES

NOM OFFICIEL
Communauté autonome du Pays basque

CHEF DE L'ÉTAT
Juan Carlos Ier (roi depuis 1975)

CHEF DU GOUVERNEMENT
Iñigo Urkullu (depuis décembre 2012)

SUPERFICIE
7 234 km²

LANGUES OFFICIELLES
Castillan et euskera (basque)

CAPITALE
Vitoria

POPULATION EST. 2012
2,2 millions d'habitants

PIB PAR HABITANT EST. 2013 (EN PARITÉ DE POUVOIR D'ACHAT)
30 100 euros

1 Le PIB par habitant par communauté autonome en 2012

Source : Institut national des statistiques espagnol, 2013

2 Le taux de chômage au 3e trimestre 2013

Source : Institut national des statistiques espagnol, 2014

démocratie rétablie en 1978. La dernière victime est un gendarme français, assassiné le 16 mars 2010. La coopération antiterroriste entre Paris et Madrid a eu raison du groupe armé, affaibli par les détentions de ses chefs militaires, l'interdiction de sa vitrine politique et l'arrêt du prélèvement de l'« impôt révolutionnaire » depuis avril 2011. En décembre 2013, quelque 700 membres de l'ETA (*etarras*) sont incarcérés, dont près de 500 en Espagne, et l'on estime qu'une cinquantaine restent dans la nature. La question du rapprochement des détenus éparpillés dans les prisons françaises et espagnoles a été l'un des thèmes de campagne privilégiés d'EH-Bildu. Une position qui divise la société basque et heurte les associations de victimes de l'organisation terroriste.

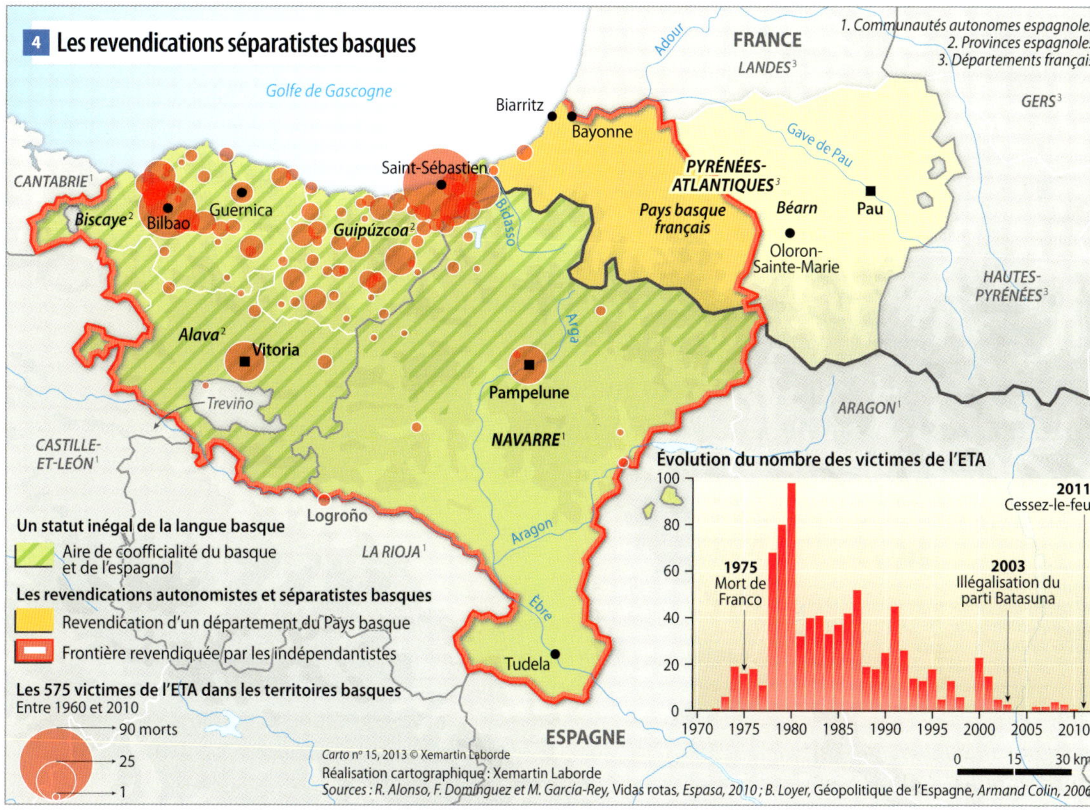

QUELLE INDÉPENDANCE ?

Cette vague nationaliste pourrait laisser croire à une hausse du sentiment souverainiste. Toutefois, une enquête de mai 2012 de l'université de Bilbao donne 45 % d'opinions favorables à l'indépendance, un chiffre stable dans le temps. Ses partisans justifient une séparation de l'État espagnol par la menace de la contagion de la crise au Pays basque, région la plus riche d'Espagne, avec un PIB par habitant de 30 043 euros en 2012 (22 735 au niveau national, *cf. carte 1*). L'Euskadi a mieux résisté par rapport aux autres communautés autonomes en misant sur des secteurs qui ont échappé à la bulle immobilière : rénovation du parc industriel et implantation d'entreprises internationales. Enfin, il peut toujours compter sur les retombées importantes du tourisme, notamment avec le musée Guggenheim de Bilbao, et celles à venir, avec la désignation de Saint-Sébastien comme capitale européenne de la culture en 2016. Cependant, le succès du PNV et d'EH-Bildu peut également s'expliquer par un vote sanction de la gestion économique de Patxi López : le taux de chômage a été multiplié par trois depuis le début de la crise en 2008, restant malgré tout le plus bas d'Espagne (15,8 % contre 25,9 % au niveau national en 2013, *cf. carte 2*). Le gouvernement sortant laisse la région avec une dette qui a explosé, passant de 500 millions à 7 milliards d'euros (soit une hausse de 0,7 % à 10,2 % du PIB).

La question d'un référendum sur l'indépendance est latente en Euskadi. Le PNV et EH-Bildu ont des visions différentes. Tandis qu'EH-Bildu en fait sa priorité, elle n'est en revanche pas celle du PNV, qui préfère se concentrer sur la gestion de la situation économique. Il s'oppose à la recentralisation des pouvoirs et réclame plus d'autonomie pour sortir l'Euskadi de la crise. La région dispose de nombreuses prérogatives, dont celle de gérer les impôts. La stratégie d'EH-Bildu est de tout faire pour obliger le PNV à organiser un référendum. La volonté de ce dernier de gouverner seul et de se passer d'une alliance avec EH-Bildu illustre la division des nationalistes. Aussi peut-on se demander si le PNV sera favorable à une nouvelle consultation. L'indépendance est également réclamée au Pays basque français, mais les souverainistes ne dépassent pas la barre des 10 %. Les élus locaux mènent un bras de fer avec Paris pour la création d'une collectivité territoriale spécifique au Pays basque, sans être pour autant ouverts à un rattachement à leurs voisins du sud. ●

X. L.

3 Résultats des élections au Parlement basque

En nombre de sièges, sur un total de 75 députés

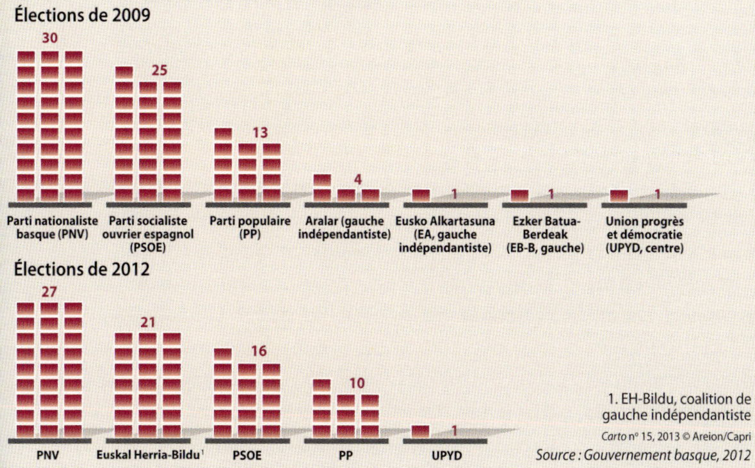

1. EH-Bildu, coalition de gauche indépendantiste

Carto nº 15, 2013 © Areion/Capri

Source : Gouvernement basque, 2012

Gibraltar : le rocher de la discorde

Le 25 septembre 2013, devant l'Assemblée générale des Nations unies, le Premier ministre espagnol, Mariano Rajoy, a déclaré que Gibraltar était « le seul territoire colonial qui reste en Europe au XXIe siècle ». Des mots surtout adressés à son homologue britannique, David Cameron, qui n'a pas l'intention de renoncer à la souveraineté sur ce petit territoire cédé à Londres en 1713.

Si les tensions diplomatiques entre l'Espagne et le Royaume-Uni ne se sont jamais vraiment apaisées au sujet de Gibraltar, elles ont atteint un niveau critique durant l'été 2013 : le 24 juillet, les autorités de ce territoire d'outre-mer britannique ont jeté 70 blocs de ciment à la mer, au nord-ouest de l'aéroport (*cf. carte*), officiellement afin de permettre la régénération de la faune marine. Pour les pêcheurs espagnols de la baie d'Algésiras, cette mesure menace leur profession, les empêchant de travailler avec des filets. Le ton est alors monté, les deux pays déplaçant le débat sur la question de la souveraineté nationale.

Considéré pendant l'Antiquité comme l'une des deux colonnes d'Hercule – la seconde correspond au djebel Moussa, au Maroc –, Gibraltar est minuscule et, en apparence, géographiquement pauvre : 6,5 kilomètres carrés, un rocher calcaire de 426 mètres de haut habité par des macaques – les seuls singes sauvages d'Europe –, aucune terre arable, 12 kilomètres de côtes. Mais il occupe un point stratégique : situé sur les routes maritimes entre l'Amérique et l'Asie, entre l'Europe et l'Afrique, le détroit du même nom voit passer chaque année 100 000 navires de marchandises ; le port de Gibraltar est le premier de la zone méditerranéenne pour l'approvisionnement en hydrocarbures de ces bateaux. Pour Londres, il est impensable de le rendre aux Espagnols. Ces derniers l'ont en effet cédé à l'Angleterre « à perpétuité » par le traité d'Utrecht (Pays-Bas) signé le 13 juillet 1713, qui mettait fin à la guerre de succession de la Couronne castillane, vacante après la mort de Charles II en 1700. Réponse de Madrid : d'abord, il s'agit d'un anachronisme, Gibraltar figurant sur la liste des territoires à décoloniser de l'ONU ; ensuite, le texte évoque la terre et non les eaux, l'Espagne ne reconnaissant aucune autre souveraineté maritime que la sienne autour du Rocher et critiquant les expansions de Gibraltar sur la mer et vers la ville de La Línea de la Concepción. Enfin, et surtout, le territoire serait une plate-forme de trafics illégaux.

CONTRÔLES À LA FRONTIÈRE

Après l'épisode des blocs de ciment, le gouvernement de Mariano Rajoy a ordonné le renforcement des contrôles. Si Gibraltar fait partie de l'Union européenne depuis 1973, date d'adhésion du Royaume-Uni, il n'est pas membre de l'espace Schengen et offre un statut fiscal avantageux (il n'y a pas de TVA sur les produits). Outre les 29 752 habitants permanents en 2011, quelque 30 000 personnes et 10 000 véhicules passent chaque jour la frontière terrestre – longue de 1 200 mètres, la plus petite du monde –, sans oublier les 500 000 touristes qui arrivent chaque année par bateau et par avion. Tous peuvent par exemple y acheter des cigarettes 40 % moins cher qu'en Espagne : en 2012, Gibraltar a importé le chiffre record de 139,5 millions de paquets, tandis que les douanes en ont intercepté 723 000 passés en fraude. Les trafics d'un territoire à un autre vont bon train. Madrid a même menacé d'imposer une taxe de 50 euros pour entrer et sortir de la possession britannique. David Cameron a dénoncé des contrôles disproportionnés et a rappelé que Gibraltar ne figurait plus sur la liste des paradis fiscaux de l'OCDE depuis 2009.

Outre ces arguments, il ne faut pas oublier que les Llanitos, nom local donné aux Gibraltariens, ne veulent pas être Espagnols. Ils l'ont clairement exprimé par deux fois, lorsqu'ils ont rejeté par référendum l'annexion au pays voisin le 10 septembre 1967 – devenu depuis jour de fête nationale – et la possibilité d'une cosouveraineté le 7 novembre 2002. Et Gibraltar représente une source d'emplois pour les 6 700 Espagnols qui y travaillent. Le Rocher fait figure de « paradis », avec une croissance de 8 % et un chômage de 2,5 % en 2012, alors qu'il culmine à 35,8 % en Andalousie. Cette dernière demande d'ailleurs à ce

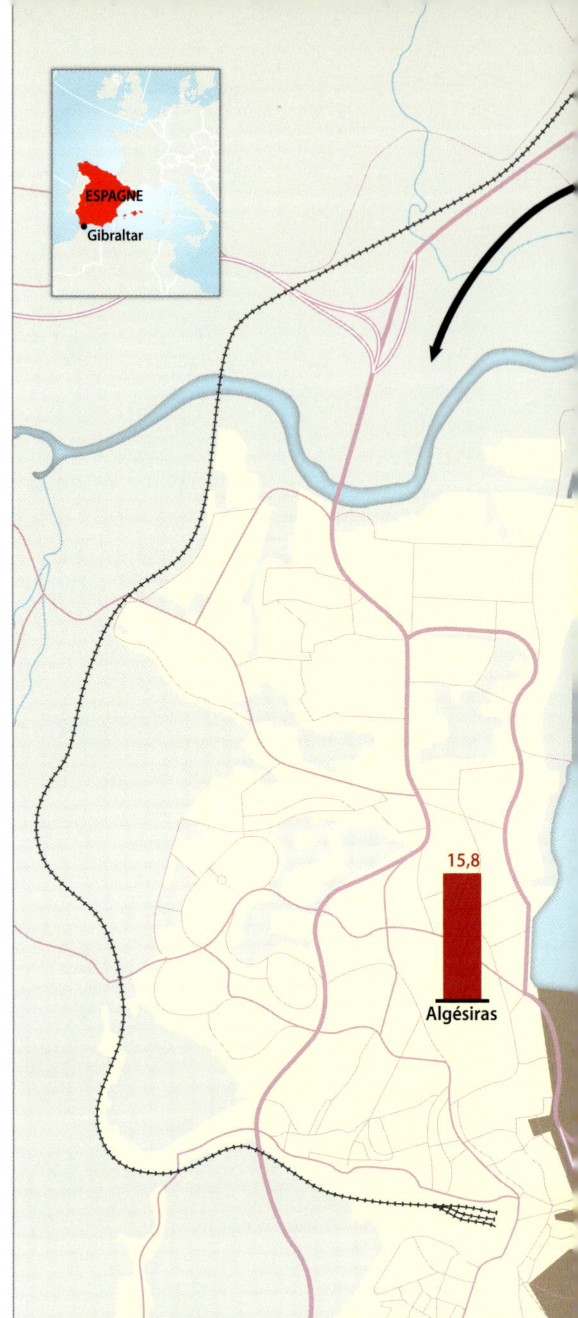

1. Un *hub* est une plate-forme d'accueil et de redistribution des conteneurs à une échelle qui peut être régionale ou internationale

2. Les ports du détroit ont livré 7,96 millions de tonnes de soutes en 2007 (dont 4,3 millions de tonnes par Gibraltar et 3,1 millions de tonnes par Algésiras)

Sources : El País, *« La expansión de Gibraltar », août 2013 ; Analistas Económicos de Andalucía, 2013 ; Nora Mareï, « Le détroit de Gibraltar dans la mondialisation des transports maritimes », in* EchoGéo, *janvier-mars 2012 ; Nora Mareï, « Le détroit de Gibraltar, fenêtre sur le monde pour l'Espagne », in* Historiens et Géographes *n° 408, 2009 ; ISEMAR, Cartographie Isemar/Le détroit de Gibraltar, mai 2008*

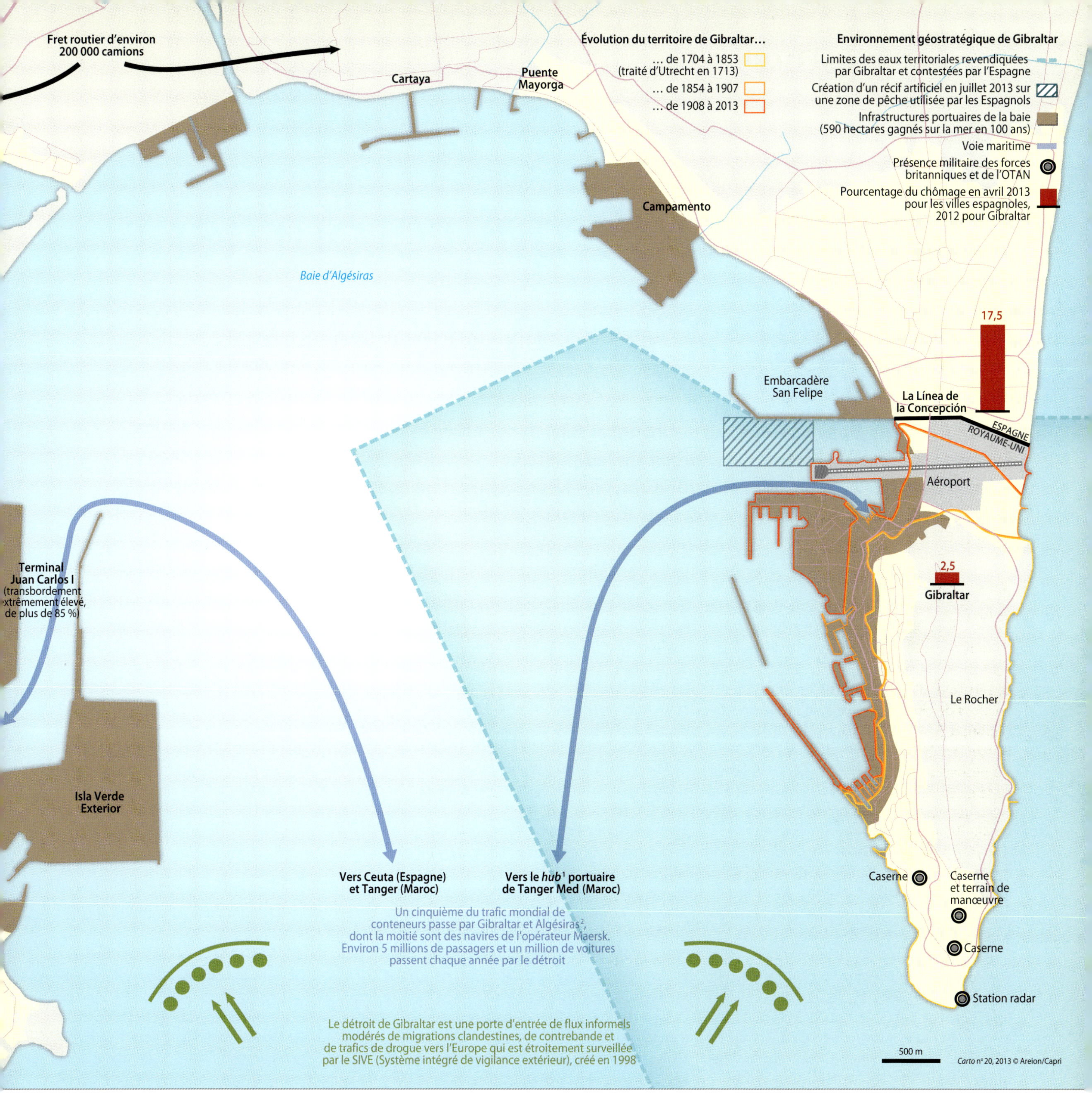

que le territoire fasse partie de sa Communauté autonome s'il devait intégrer l'Espagne. Autre aspect important : la position délicate de Madrid sur les terres à décoloniser. Si les exclaves de Melilla et Ceuta, situées sur la côte nord du Maroc, ne sont pas considérées comme telles par l'ONU, leur statut est contesté par le royaume alaouite, qui souhaite les récupérer. Les Espagnols argumentent notamment qu'elles ont été conquises, respectivement en 1497 et en 1580, et non cédées. La question touche à la souveraineté de deux États réticents à renoncer au moindre centimètre de territoire. Si les Britanniques font régulièrement des exercices militaires au large de Gibraltar, provoquant la colère de Madrid, faut-il rappeler que les Espagnols ont presque déclenché une guerre en 2002 pour récupérer un autre rocher, l'îlot Persil, de 0,15 kilomètre carré, situé à 200 mètres des côtes marocaines, inhabité et revendiqué par Rabat. Dans ce débat, le rôle de coopération dans un monde globalisé semble comme oublié. •

G. F.

REPÈRES

NOM OFFICIEL
Gibraltar

CHEF DE L'ÉTAT
Élisabeth II (reine depuis 1952), représentée par Adrian Johns (gouverneur depuis 2009)

CHEF DU GOUVERNEMENT
Fabian Picardo (ministre en chef de Gibraltar depuis 2011)

SUPERFICIE
6,5 km²

LANGUE OFFICIELLE
Anglais

POPULATION EST. 2011
29 752 habitants

MONNAIE
Livre de Gibraltar

PIB PAR HABITANT EST. 2011 (EN PARITÉ DE POUVOIR D'ACHAT)
35 589 euros

Ces jeunes qui retournent chez papa et maman…

En 2001, la sortie d'un film soulignait un important sujet de société en France. *Tanguy*, d'Étienne Chatiliez, raconte l'histoire d'un homme de vingt-huit ans qui, pourtant indépendant financièrement, refuse de quitter le cocon familial. Une décennie plus tard, la question est encore d'actualité, sauf que, cette fois, la crise oblige les jeunes à retourner chez leurs parents faute de pouvoir s'assumer.

Les moins de vingt-cinq ans sont les premières victimes de la dépression économique. Les taux de chômage enregistrés en avril 2014 par Eurostat pour cette tranche de population sont alarmants : 53,5 % en Espagne, 43,3 % en Italie, 32,9 % en Slovaquie (*cf. carte 3*). Au total, 22,5 % de ces jeunes de l'Union européenne (UE) sont sans emploi, soit 5,259 millions de personnes. Devant cette situation, encore aggravée par l'augmentation des prix de l'immobilier et du coût des études, ainsi que par des conditions professionnelles précaires, il ne leur reste qu'une solution : retourner vivre chez leurs parents, une tendance qui s'observe dans la plupart des États du Vieux Continent.

UN PHÉNOMÈNE MONDIAL

Déjà, en 2008, un rapport montrait que 46 % des 18-34 ans résidaient toujours avec leur père, leur mère ou les deux (*cf. carte 2*), les pays les plus concernés étant ceux de l'Est et du Sud de l'Europe (1). Le phénomène est depuis allé en s'amplifiant, notamment pour la tranche d'âge des 25-34 ans, c'est-à-dire des personnes ayant normalement terminé des études supérieures et étant intégrées dans la population active. Ainsi, en 2011, 11,6 % de ces jeunes logent chez leurs parents en France, 14,7 % en Allemagne, 46,3 % au Portugal ou encore 56,4 % en Slovénie, le plus haut taux enregistré. De l'autre côté de l'Atlantique, aux États-Unis, les autorités ont observé la même évolution – 11 % en 1980, 15,8 % en 2000 et 21,6 % en 2010, selon l'US Census Bureau – et parlent de la « *Boomerang Generation* » (2). Dans un pays comme l'Espagne, la crise a eu des effets immédiats sur l'indépendance des jeunes. En augmentation constante depuis 1999, le taux d'émancipation des 18-34 ans s'est arrêté avec l'explosion de la bulle immobilière, passant par exemple de 35,1 % en 2002 à 44,8 % en 2008, pour stagner ensuite et même retomber à 44,1 % en 2011. Pour beaucoup d'Européens, retourner habiter chez leurs parents est une protection contre la précarité, si bien que le phénomène ne concerne pas seulement les personnes au chômage, mais aussi celles ayant un emploi. En effet, face à la dégradation des conditions salariales, un travail ne garantit pas forcément l'indépendance financière. En espagnol, une expression est entrée dans le langage courant depuis son apparition dans la presse en 2005, celle de « *mileurista* », littéralement « milleuriste ». Elle désigne une population jeune qualifiée et diplômée mais qui, même après des années d'expérience, n'obtient pas de salaire supérieur à 1 000 euros. Les Italiens parlent de « *Generazione 1 000 euros* », les Grecs de « *Yenia ton estakosia evro* ».

L'UE attire par ailleurs l'attention sur les « NEET » (*Not in Employment, Education or Training*), c'est-à-dire les 15-29 ans n'étant insérés dans aucun système éducatif ni de formation professionnelle et qui sont donc les plus exposés à l'exclusion. Selon la Fondation européenne pour l'amélioration des conditions de vie et de travail (Eurofound), cela concerne 14 millions d'individus (3). Or cette situation a un coût important pour les États et traiter le problème de façon adéquate permettrait, selon l'institution, d'économiser 150 milliards d'euros. Les risques sont par ailleurs nombreux : isolement, criminalité, troubles de la santé, entre autres.

DES AIDES À L'INSERTION

En février 2013, l'UE a approuvé le programme d'aides « Garantie pour la jeunesse », dont l'objectif est d'encourager les gouvernements européens à offrir aux moins de vingt-cinq ans un emploi, un apprentissage ou un stage de qualité. Bruxelles a pour cela débloqué 6 milliards d'euros pour la période 2014-2020, destinés aux pays où le taux de chômage des jeunes est supérieur à 25 %. Un mois plus tard, les autorités espagnoles ont annoncé une série de mesures pour développer des formations et favoriser la création d'entreprises. En France, où 23,2 % des 18-25 ans sont sans travail en avril 2014, le gouvernement mise notamment sur les « emplois d'avenir », à destination des peu diplômés habitant dans des quartiers défavorisés. Certains experts appellent à apprendre par exemple des « modèles » danois ou allemand, où les entreprises sont plus impliquées dans l'éducation professionnelle. Le chômage des jeunes est un enjeu pour l'ensemble de la société. Il en vient même à remettre en question les modèles familiaux. Si le retour à la maison peut être vécu comme un échec personnel, les parents, eux aussi, en ont parfois assez de leurs Tanguy. En Italie, quatre femmes quarantenaires ont eu un succès inattendu en décembre 2012 en formant un groupe, les Smammas, qui chante : « Arrêtez de nous coller, les mamans n'en peuvent plus ». • **G. F.**

NOTES

(1) M. Choroszewicz et P. Wolff, *51 million young EU adults lived with their parent(s) in 2008*, Eurostat, 2010.
(2) K. Parker, *The Boomerang Generation. Feeling OK about Living with Mom and Dad*, Pew Research Center, 2012.
(3) M. Mascherini, L. Salvatore, A. Meierkord et J.-M. Jungblut, *NEETs – Young people not in employment, education or training: Characteristics, costs and policy responses in Europe*, Eurofound, 2012.

1 Les jeunes dans l'Union européenne

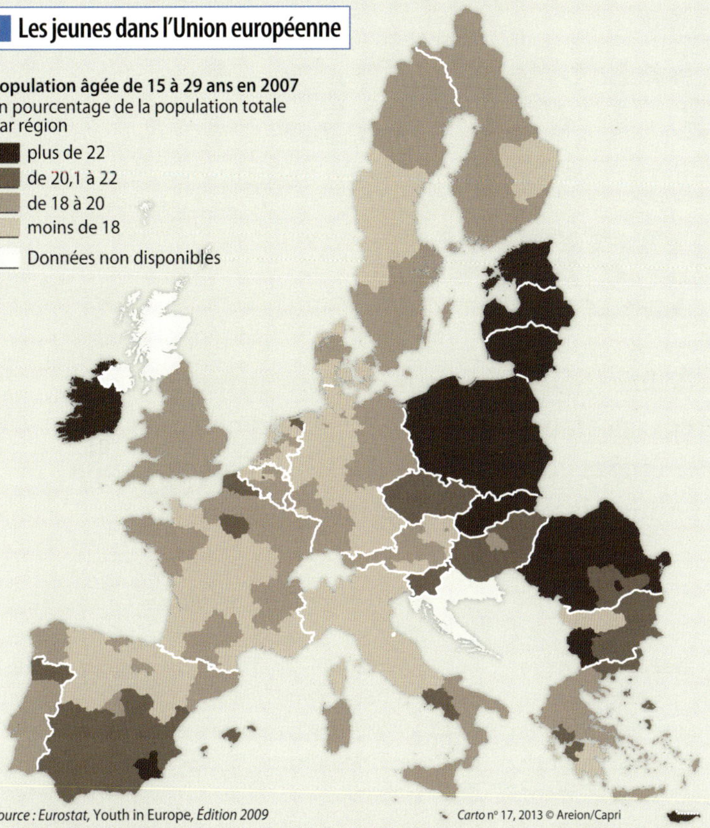

Source : Eurostat, Youth in Europe, Édition 2009 — *Carto n° 17, 2013 © Areion/Capri*

2 Le retour à la maison

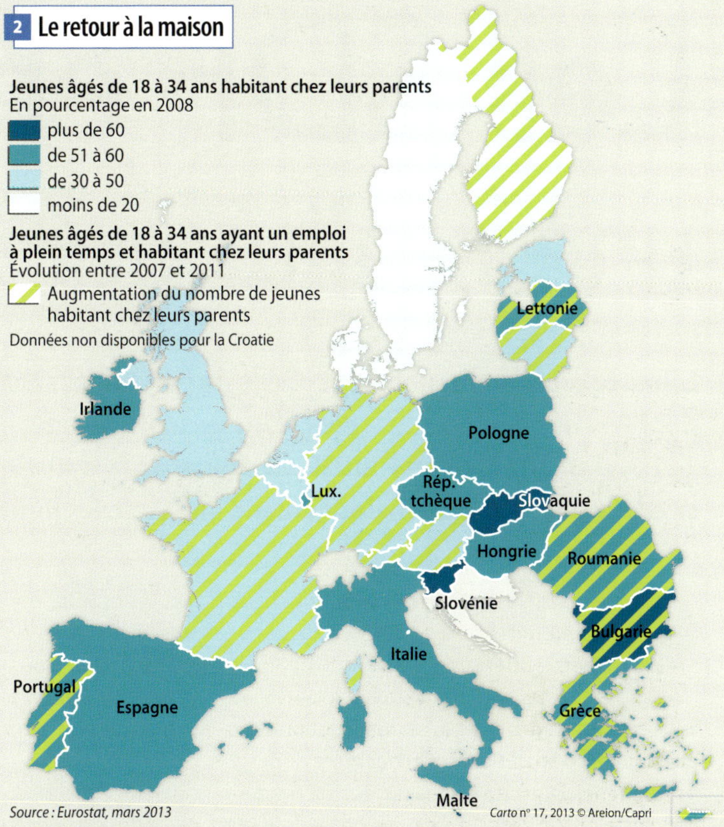

Source : Eurostat, mars 2013 — *Carto n° 17, 2013 © Areion/Capri*

3 Le défi de l'emploi

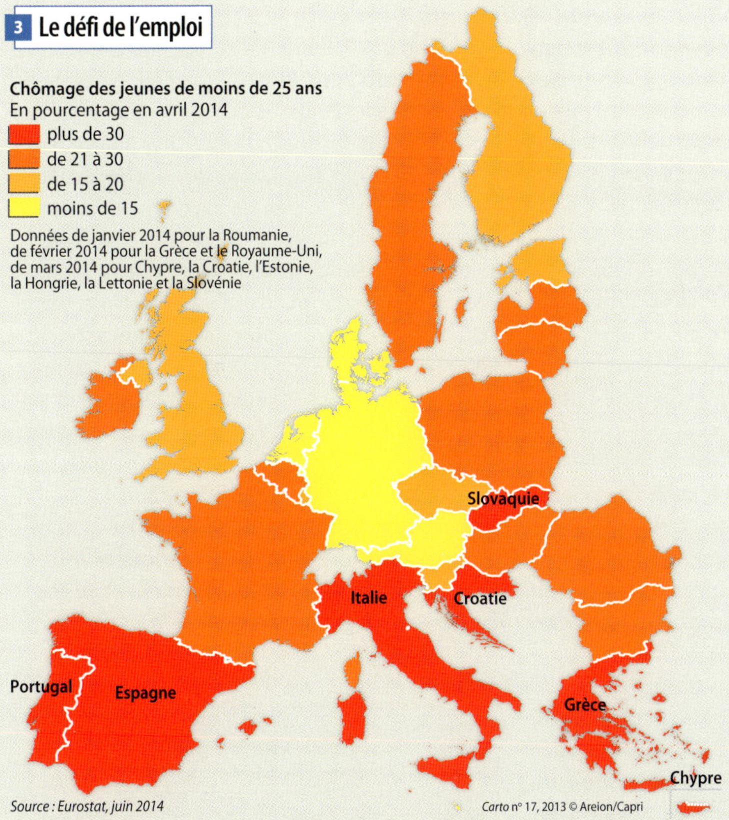

Source : Eurostat, juin 2014 — *Carto n° 17, 2013 © Areion/Capri*

4 Radiographie socio-économique des jeunes vivant chez leurs parents

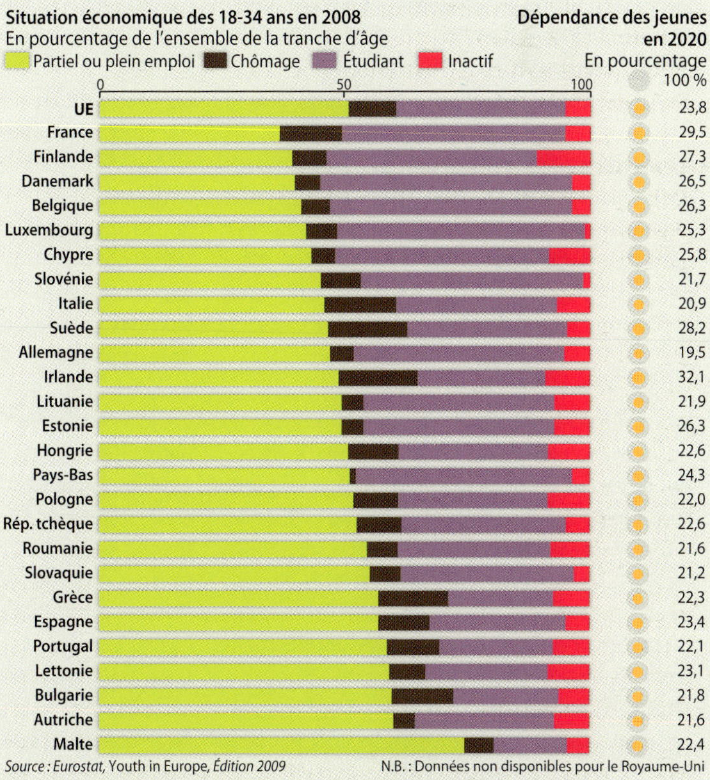

Source : Eurostat, Youth in Europe, Édition 2009 — N.B. : Données non disponibles pour le Royaume-Uni

Les SDF en France : une réalité qui s'aggrave

L'image est tristement banale. Celle de personnes sans domicile fixe (SDF) que nous croisons au quotidien dans les rues des grandes villes, dans les halls de gare, aux entrées des stations de métro... En France, elles sont 141 500 en 2012, selon l'Institut national de la statistique et des études économiques (INSEE). Cette question révèle le problème du mal-logement, ainsi que les limites des politiques publiques contre la pauvreté.

Recenser les SDF en France constitue un exercice ardu. L'absence de domiciliation pérenne, l'évolution parfois rapide du statut d'une population marginale au caractère nomade, mais aussi les insuffisances de l'appareil statistique rendent compte de cette difficulté. Depuis 2001, à la faveur de l'émergence de la question de l'exclusion sociale (et donc spatiale) d'un nombre croissant d'individus, l'INSEE et l'Institut national des études démographiques (INED) s'efforcent de comptabiliser cette population au moyen d'enquêtes ciblées. La dernière en date a été publiée en juillet 2013[1].
Pour l'INSEE, une personne est dite « sans domicile » si elle passe une ou plusieurs nuits dans un lieu non prévu pour l'habitation – on parle de « sans-abri » quand un individu dort dans la rue, sous un pont, dans un jardin public, dans un hall d'immeuble ou de gare... –, ou bien dans un service d'hébergement (hôtel ou logement payé par une association, chambre ou dortoir dans un hébergement collectif, centre d'accueil exceptionnellement ouvert en période de grand froid hivernal...).

TENTATIVE DE PROFIL DU SDF

Les résultats de l'enquête menée entre les mois de janvier et de mars 2012 révèlent l'ampleur du phénomène et confirment l'augmentation sensible du nombre de sans-domicile en France. Officiellement, ils sont donc 141 500 personnes en 2012, soit une augmentation de près de 50 % depuis 2001. Leur géographie est principalement urbaine. Les SDF vivent essentiellement dans les agglomérations de plus de 20 000 habitants (94 % du total), où ils peuvent s'adresser plus aisément aux services sociaux pouvant leur proposer des services d'hébergement ou de distribution de repas. Ainsi, ils sont majoritairement (plus de 60 %) situés en Île-de-France, le tiers d'entre eux étant localisé à Paris intra-muros (*cf. carte 3*), où des phénomènes de regroupement s'observent dans les quartiers centraux, autour des gares (principalement celles de l'Est et du Nord), ainsi qu'aux abords des bois de Vincennes et de Boulogne et du boulevard périphérique. Par ailleurs, 8 000 personnes (6 % du total) ont également été recensées dans les agglomérations de moins de 20 000 habitants et les communes rurales.
Les immigrés sont surreprésentés puisqu'ils constituent 53 % des SDF adultes, un pourcentage neuf fois plus important que celui des étrangers dans la population totale en France, en y incluant les demandeurs d'asile en centres d'accueil. L'enquête s'est particulièrement intéressée aux francophones majeurs de toutes nationalités, et vivant dans des villes de plus de 20 000 habitants. Parmi ceux-ci, un quart (26 %) ont moins de trente ans et un autre quart (25 %) sont âgés de cinquante ans et plus ; 38 % sont des femmes. Ces personnes vivent majoritairement seules (65 %) et disposent de faibles revenus ; un quart d'entre elles ont toutefois un travail régulier ou un petit boulot, faisant partie de ceux qu'on appelle les « travailleurs pauvres ». Ils sont nombreux à n'avoir jamais eu de logement (39 %). Le monde de l'exclusion touche également les plus jeunes : l'étude a recensé 30 000 enfants sans domicile, un nombre en forte progression depuis 2001.

CRISE ÉCONOMIQUE ET PAUVRETÉ

Les SDF sont le révélateur d'une question plus large qui traverse la société française : celle du mal-logement. Selon la fondation Abbé Pierre, plus de 3,5 millions de personnes en souffrent en France en 2012. Le contexte de crise économique, le déficit d'habitats sociaux et de places d'hébergement d'urgence, la précarisation des classes moyennes et l'augmentation croissante des prix de l'immobilier expliquent cette situation.
Une enquête de 2007[2] montrait que près d'un Français sur deux pensait qu'il pouvait probablement devenir un jour sans domicile, un score parmi les plus élevés dans l'Union européenne (UE). Car la France est de loin un mauvais élève en Europe (*cf. documents 1 et 2*). Rapporté à la population totale du pays, il y avait en 2010 deux fois plus de SDF en France qu'en Espagne, Belgique ou Allemagne, près de trois fois plus qu'au Royaume-Uni, quatre fois plus qu'en Pologne. Toutefois, aucun de ces États n'échappe au défi de l'indigence. En 2011, selon Eurostat, 119,6 millions de personnes, soit 24,2 % de la population, étaient menacées de pauvreté ou d'exclusion sociale dans l'UE des 27, contre 23,4 % l'année précédente. En France, cela concerne 19,3 % des habitants, un taux qui atteint 27 % en Espagne et 31 % en Grèce, deux pays fortement touchés par la crise économique depuis 2008, ou encore 49,1 % en Bulgarie, le « record » communautaire.
La question des SDF se présente donc comme un révélateur de l'efficacité ou des faiblesses des politiques publiques du logement et de l'hébergement en période de crise. •

É. J.

NOTES

(1) Françoise Yaouancq, Alexandre Lebrère, Maryse Marpsat, Virginie Régnier, Stéphane Legleye et Martine Quaglia, « L'hébergement des sans-domicile en 2012 : Des modes d'hébergement différents selon les situations familiales », *INSEE première* n° 1455, juillet 2013.
(2) Enquête BVA pour l'association Emmaüs publiée dans *L'Humanité* et *La Vie*, 22 novembre 2007.

1 Une inquiétante progression de la pauvreté

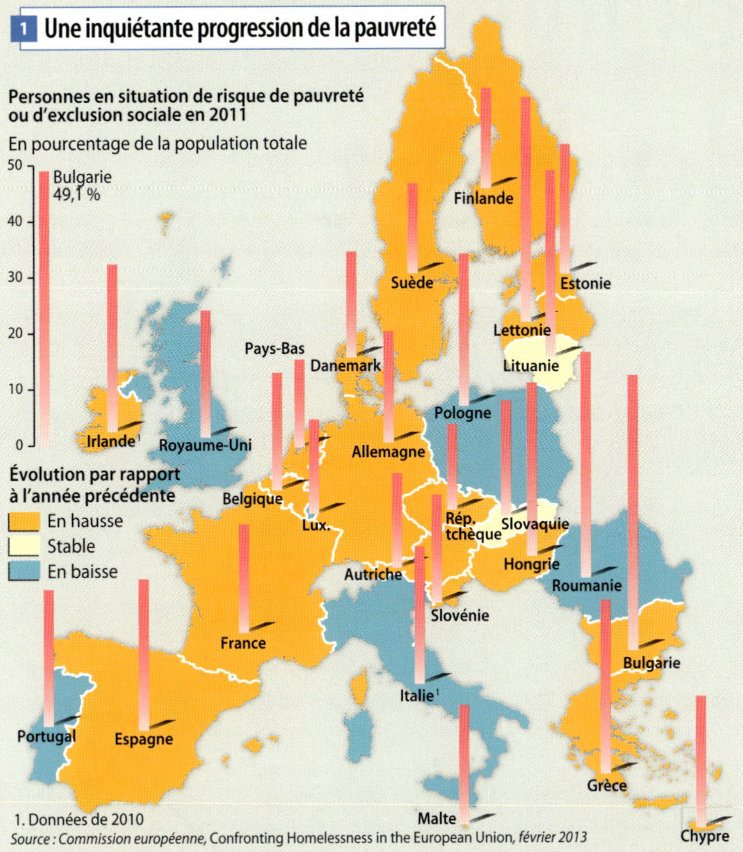

1. Données de 2010

Source : Commission européenne, Confronting Homelessness in the European Union, *février 2013*

2 Population surchargée par les frais de logement¹ et en risque de pauvreté

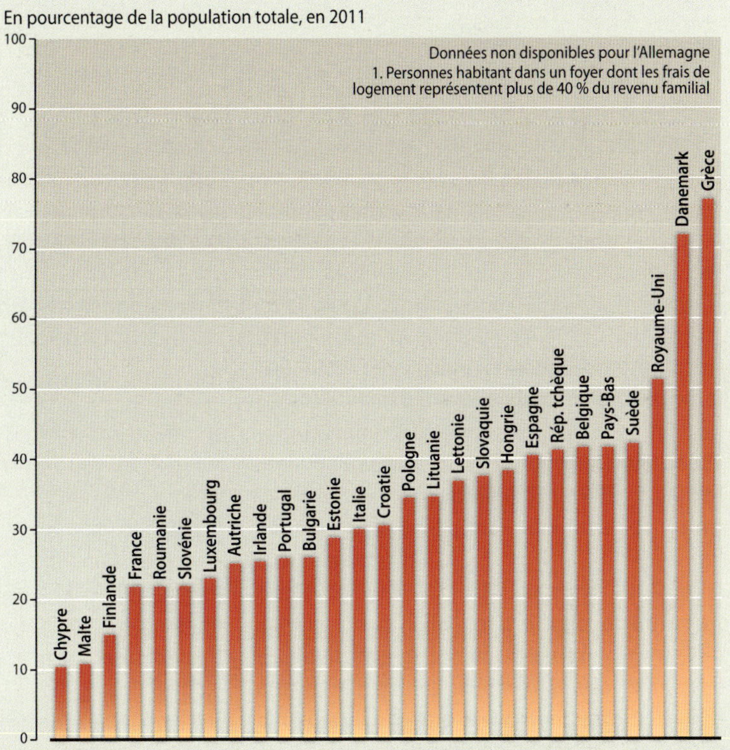

Source : Commission européenne, Confronting Homelessness in the European Union, *février 2013*

3 Paris, une capitale où la pauvreté s'étend

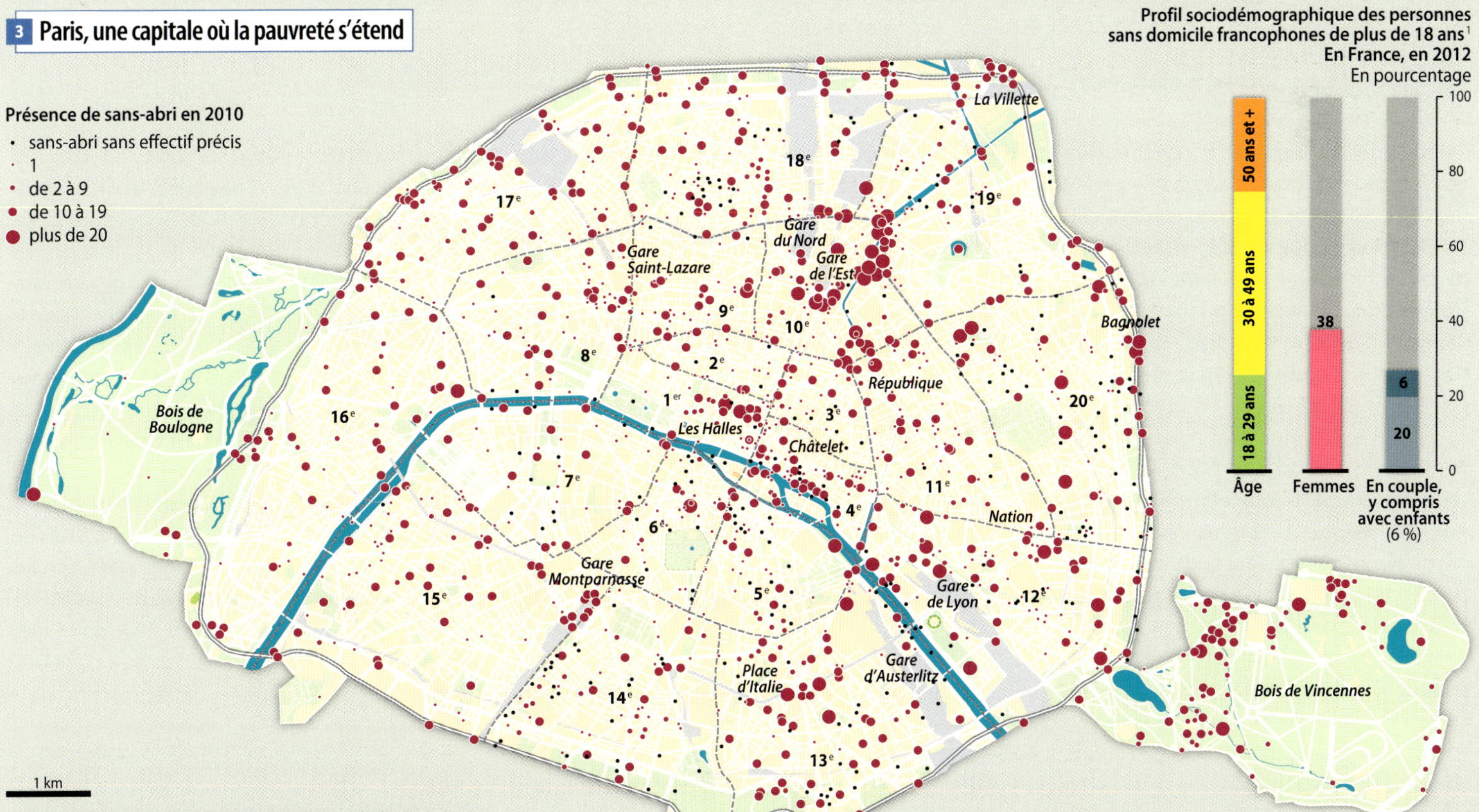

Source de signalement de personnes sans abri : Brigade d'assistance aux personnes sans abri (Police), Direction de la prévention et de la protection (Ville de Paris), Emmaüs, Aurore, Samu social, Association coordination Maraude

Carto n° 19, 2013 © Areion/Capri

1. Étude menée dans les agglomérations de plus de 20 000 habitants en France métropolitaine

Sources : APUR, Sans-abri à Paris, *janvier 2011 ; INSEE,* L'hébergement des sans-domicile en 2012, *juillet 2013*

Le défi de l'emploi informel en Europe de l'Est

La crise fait ressortir des pratiques économiques que l'on croyait disparues au sein de l'Union européenne (UE). Pourtant, bien qu'associé à la période de la transition postsoviétique, le travail non déclaré reste encore présent, notamment dans les pays intégrés en 2004 et 2007 (1).

Le travail informel dans la population active de l'Union européenne en 2011

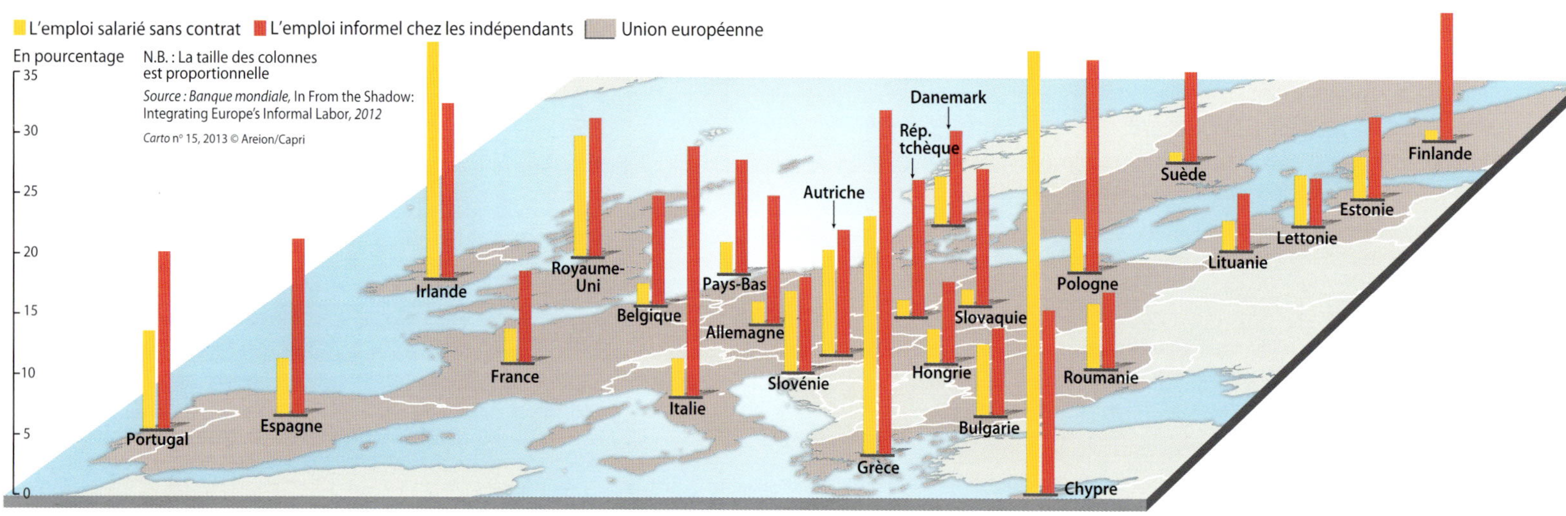

Nombre de coiffeurs, chauffeurs de taxi et ouvriers agricoles ont des pratiques les intégrant dans la catégorie de l'« économie informelle », selon la définition de la Commission européenne, soit un « travail non déclaré ou autres activités payées qui ne sont pas légales au regard de leur nature ou non déclarées aux autorités publiques ».

Dans un rapport publié en 2012 (2), la Banque mondiale s'intéresse à la situation dans l'ensemble de l'UE, et s'arrête plus particulièrement sur six pays (Bulgarie, Estonie, Lettonie, Pologne, République tchèque, Slovaquie), où le problème constitue un défi pour l'Union. Le pourcentage des travailleurs informels dans le total de la population active varie de 9,5 % en Estonie à 21 % en Pologne. Parmi ces personnes, il faut distinguer l'emploi salarié sans contrat et l'emploi informel chez les indépendants. Les taux de cette dernière catégorie, par exemple, atteignent 7 % et 17 % en Estonie et en Pologne (*cf. carte*). Par rapport à l'ouest de l'Europe, les « informels » sont majoritairement des locaux. Ainsi, la Bulgarie, la Hongrie, la Lituanie, la Pologne et la Roumanie comptent moins de 6 % d'étrangers travaillant sans contrat, alors que ce taux est de l'ordre de 15 % en Allemagne et au Royaume-Uni et monte jusqu'à 20 % en France. Ensuite, informalité ne rime pas forcément avec précarité. À l'exception de la Hongrie, le travail qualifié compte entre 40 % et 70 % du total des travailleurs non déclarés dans l'est de l'UE. Une différence avec l'Europe du Sud et de l'Ouest, où les employés illégaux sont le plus souvent associés aux travaux saisonniers ou à la restauration. Toutefois, l'emploi salarié sans contrat y reste faible, à l'exception de l'Irlande, du Royaume-Uni, de la Grèce et de Chypre.

L'Estonie fait figure de « modèle ». Elle a réduit de 19,5 % en 1998 à 7,3 % en 2004 la part de l'économie souterraine dans son PIB. Pour cela, le gouvernement a baissé la fiscalité et les protections sociales pour les amener à régulariser la situation de leurs travailleurs. Pourtant, le montant de la taxe fiscale n'est pas le seul facteur jouant sur l'économie informelle. En effet, la taille de celle-ci se révèle inversement proportionnelle à l'efficacité du gouvernement, au contrôle de la corruption et au respect de l'État de droit. Après les périodes de consensus pour la mise en place de réformes nécessaires à l'intégration dans l'UE, les difficultés internes propres à chaque pays sont réapparues et ont été accentuées par la crise. Sur les douze membres arrivés en 2004 et 2007, seules la Hongrie, la Slovénie et la Bulgarie n'ont pas vu une baisse de la confiance de leur population dans les institutions entre 2004 et 2008. Ce déficit témoigne bien que l'enjeu est la nécessaire amélioration de l'identification à un système politique de référence que Bruxelles peine à incarner. •

N. R.

NOTES

(1) Dix États ont intégré l'UE en 2004 : Chypre, Estonie, Hongrie, Lettonie, Lituanie, Malte, Pologne, République tchèque, Slovaquie, Slovénie. La Roumanie et la Bulgarie sont devenues membres en 2007.

(2) Johannes Koettl, Truman Packard et Claudio E. Montenegro, *In From the Shadow: Integrating Europe's Informal Labor*, Banque mondiale, 2012.

Mariage : tous égaux devant la loi ?

La loi sur le « mariage pour tous », autorisant une union civile entre deux personnes du même sexe, a été promulguée en France le 17 mai 2013. À l'Assemblée nationale, le vote de 329 députés pour et 229 contre avait mis un terme à d'intenses débats, relayés dans la rue par de nombreuses manifestations, ce droit ne faisant pas l'unanimité.

1 Droits et persécution des homosexuels en 2013

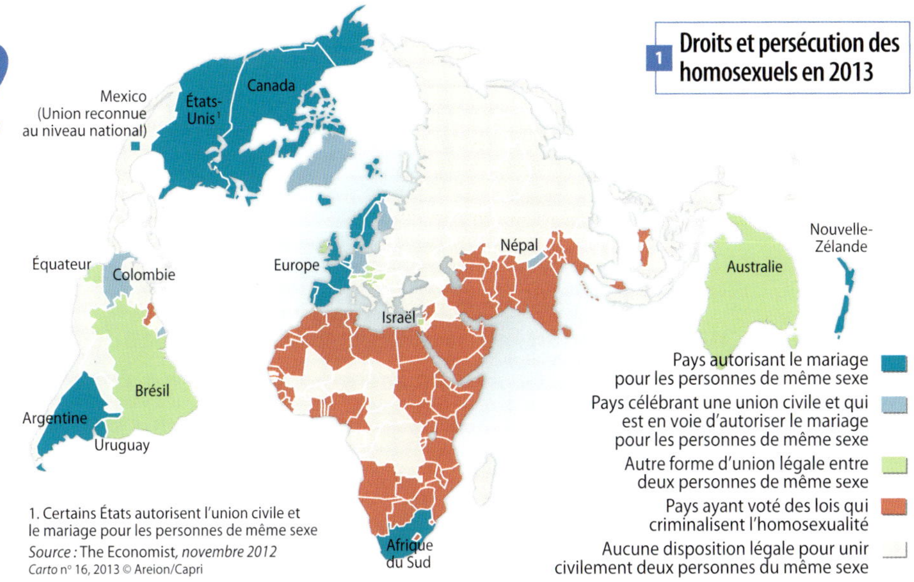

1. Certains États autorisent l'union civile et le mariage pour les personnes de même sexe

Source : The Economist, *novembre 2012*

Carto n° 16, 2013 © Areion/Capri

L'homosexualité a longtemps été considérée comme une déviance, voire un délit dans plusieurs pays, comme au Soudan et en Arabie saoudite, où toute personne reconnue coupable de relations avec un individu du même sexe est passible de la peine de mort (*cf. carte 1*). Selon l'Organisation mondiale de la santé (OMS), elle n'est plus une « maladie mentale » depuis 1990. En France, elle a été dépénalisée en 1982.

En avril 2001, les Pays-Bas ont été les premiers de la planète à légaliser le « mariage pour tous ». Au sein de l'Union européenne (UE), ils ont été suivis par la Belgique en 2003, l'Espagne en 2005, la Suède en 2009, le Portugal l'année suivante et le Danemark en 2012 (*cf. carte 2*). Les députés britanniques ont adopté le 5 février 2013 un projet de loi l'autorisant. En dehors de l'UE, la Norvège et l'Islande ont officialisé cette union respectivement en 2009 et 2010. Dans le reste du monde, le « mariage pour tous » est permis au Canada (2005), en Argentine (2009), dans certains États américains (Connecticut, Iowa, Maryland, Maine, Massachusetts, Vermont, Washington et Washington D.C.), dans le district fédéral de Mexico, en Uruguay (2013) et en Nouvelle-Zélande (2013). En France, une autre union légale entre deux personnes du même sexe est le Pacte civil de solidarité (PACS), adopté en 2000, formule juridique inférieure au mariage et qui existe également en Allemagne, au Royaume-Uni, en République tchèque, en Hongrie, en Finlande, au Luxembourg, en Slovénie, en Irlande ou en Autriche.

L'enjeu d'une union, quelle que soit sa forme, reste la possibilité pour les couples homosexuels d'adopter un enfant, faisant naître des problématiques éthiques et juridiques. En effet, du point de vue du droit, le Code civil désigne comme tuteurs d'un enfant (adopté ou non) le père et la mère. Ce débat s'accompagne notamment une réforme du livret de famille et pose la question de la filiation. Il s'agit d'expliquer à l'enfant que ses parents ont le même sexe, alors que ce n'est pas biologiquement possible. En Allemagne, une personne homosexuelle peut adopter l'enfant de son conjoint, alors que d'autres pays de l'UE, comme les Pays-Bas ou la Belgique, autorisent un couple à adopter ensemble un mineur. En ce qui concerne l'éthique, la procréation médicalement assistée implique l'impossibilité pour les enfants de retrouver leurs ascendants biologiques. La filiation naturelle est donc bouleversée et les opposants au « mariage pour tous » dénoncent le risque de « location » de ventres de mères porteuses.

Le 14 février 2013, pour la première fois en France, l'Institut national de la statistique et des études économiques (INSEE) a publié un rapport dans lequel il analyse le couple homosexuel (1). C'est ainsi que l'on apprend qu'environ 200 000 individus déclarent résider avec une personne du même sexe. •

S. P.

NOTE

(1) INSEE, *Le couple dans tous ses états*, février 2013.

2 Le mariage homosexuel en Europe en 2013

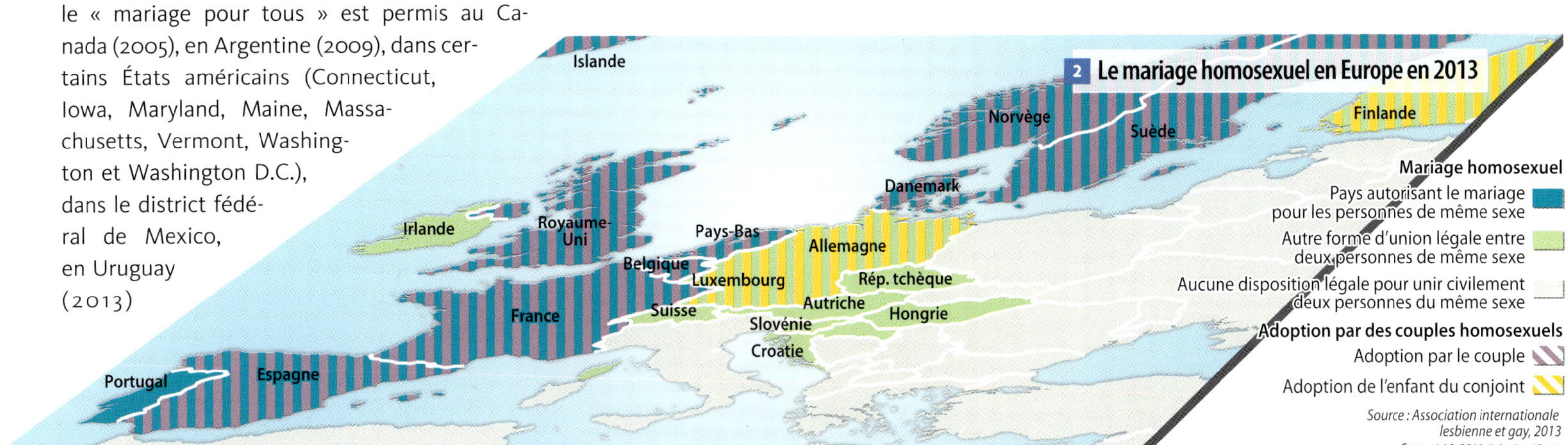

Source : Association internationale lesbienne et gay, 2013

Carto n° 16, 2013 © Areion/Capri

REPÈRES

NOM OFFICIEL
Ukraine

CHEF DE L'ÉTAT
Petro Porochenko (président depuis le 25 mai 2014)

SUPERFICIE
603 550 km² (46e rang mondial)

LANGUE OFFICIELLE
Ukrainien

CAPITALE
Kiev

POPULATION EST. 2013
44,57 millions d'habitants

DENSITÉ
74 hab./km²

MONNAIE
Hryvnia

HISTOIRE
Foyer du premier État slave oriental, la Ruthénie (Xe et XIe siècles), l'Ukraine a successivement subi les dominations des Mongols, de la Pologne, de la Lituanie, de l'Empire austro-hongrois et de la Russie tsariste. Après la révolution de 1917, le pays accède à l'indépendance, mais est envahi par l'Armée rouge en 1920 et intègre l'Union soviétique deux ans plus tard. L'Ukraine retrouve sa souveraineté en 1991

PIB PAR HABITANT EST. 2013 (EN PARITÉ DE POUVOIR D'ACHAT)
7 400 dollars

INDICE DE DÉVELOPPEMENT HUMAIN (2013)
0,740 (78e rang)

Entre Europe et Russie : une Ukraine divisée

Située sur la ligne de fracture entre l'Union européenne (UE) et la Russie, l'Ukraine est un pays en crise, un territoire divisé. Après des mois de manifestations, engagées en novembre 2013 pour protester contre la suspension d'un accord d'association avec les Vingt-Huit, le régime du président Viktor Ianoukovitch est tombé le 22 février 2014. Pour survivre, l'État doit se reconstruire politiquement et économiquement.

C'est la deuxième fois que M. Ianoukovitch quitte le pouvoir sur pression de la rue. Dix ans après la révolution orange, soulèvement contre les résultats frauduleux de l'élection présidentielle de novembre 2004 qui avait permis l'arrivée de l'opposition pro-occidentale, l'Ukraine doit à nouveau se définir. De façon symbolique, les manifestants de la place Maïdan, épicentre de la nouvelle révolution, ont acclamé, le 26 février 2014, la désignation d'Arseni Iatseniouk au poste de Premier ministre. Mais la marge de manœuvre des autorités de Kiev est limitée en raison des mouvements armés sécessionnistes dans l'est du pays, situation d'éclatement que même l'élection d'un nouveau chef d'État, le 25 mai 2014, n'a su résoudre.

La crise rappelle un schisme naturel – et entretenu par les dirigeants politiques – entre une Ukraine catholique, rurale et parlant l'ukrainien à l'ouest, et une Ukraine orthodoxe, industrielle et russophone à l'est (*cf. carte 2*). Pendant la période soviétique (1922-1991), il fallait appartenir à la seconde – l'Ukraine est le berceau historique de la civilisation russe au IXe siècle – pour avoir une chance de réussir. C'était en partie l'image que renvoyait M. Ianoukovitch, notamment en plaçant ses proches à des postes clés ; on parlait du « clan de Donetsk », du nom de sa ville natale, à l'est.

1 L'Ukraine : un pays de transit gazier

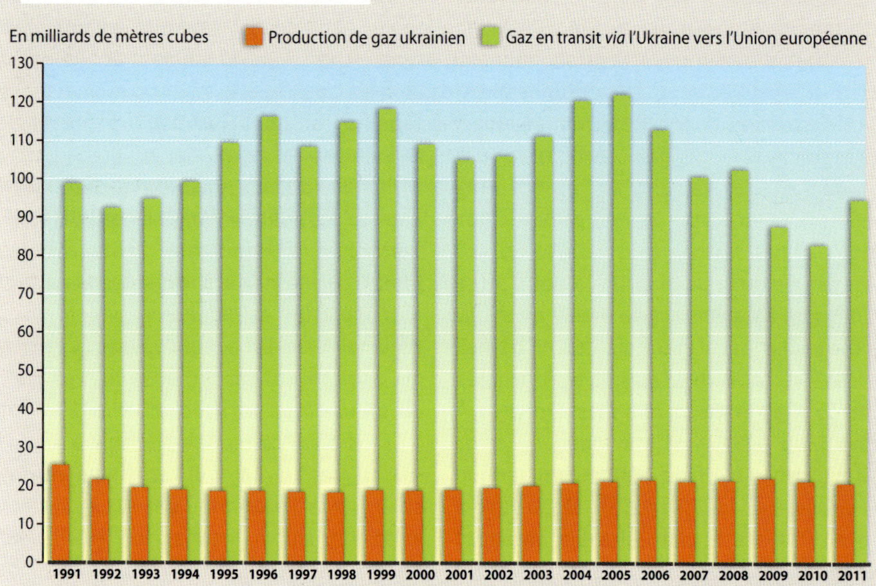

Sources : NaftoGaz, 2012 ; Agence internationale de l'énergie, Ukraine 2012 — *Carto n° 15, 2013 © Areion/Capri*

UNE UNITÉ TERRITORIALE REMISE EN QUESTION

L'Ukraine se dirige-t-elle vers une dislocation ? Si la question se pose de façon récurrente depuis la dissolution de l'Union soviétique en 1991, le pays a toujours tenu le choc. Car une Ukraine unie répond à des intérêts politiques et économiques, à la fois pour les Ukrainiens et pour les forces étrangères. L'UE, notamment ses membres d'Europe de l'Est, telles la Pologne et la Roumanie, tient à avoir un pays stable à sa frontière orientale, priorité partagée de prime abord par Moscou. D'une part, près de 65 % du gaz russe passe par l'Ukraine, soit une source de revenus de transit importante, en majorité à destination de l'UE (*cf. document 1*). D'autre part, la Russie maintient une imposante flotte militaire (environ 16 000 soldats et une quarantaine de bâtiments) à Sébastopol, port de Crimée donnant accès aux mers du Sud et permettant des interventions dans le Caucase.

Pourtant, c'est mal comprendre la stratégie de Vladimir Poutine, décidé à jouer la carte nationaliste. Ainsi, la République autonome de Crimée, cédée à l'Ukraine soviétique en 1954, a déclaré son indépendance le 11 mars 2014, puis son rattachement à la Russie sept jours plus tard. Un chemin suivi par les régions de Donetsk et de Louhansk, qui ont proclamé leur autodétermination le 11 mai, amplifiant les combats avec l'armée régulière. La Russie a envoyé des effectifs militaires (environ 50 000 hommes) le long de la frontière avec l'Ukraine, avec autorisation d'intervenir. Pour Moscou, il s'agit de maintenir une sphère d'influence

2 La partition linguistique ouest/est ukrainienne

russophone sous son contrôle et imperméable à toute influence occidentale, donc de l'OTAN et de l'UE.

Cette vision répond à des intérêts géopolitiques, sans s'attarder sur la société ukrainienne ou en la manipulant. Or, alors que les autorités de Sébastopol ou de Moscou ont dénoncé les « nazis » de Kiev, amplifiant par la même occasion les réflexes radicaux, on s'aperçoit que l'extrême droite est loin d'être la gagnante des manifestations de Maïdan. Les résultats de l'élection présidentielle du 25 mai 2014 révèlent la volonté des Ukrainiens de consolider leur unité en élisant Petro Porochenko avec 54,7 % des voix au premier tour. L'homme d'affaires pro-Maïdan s'est imposé face à Ioulia Timochenko (12,8 %), Premier ministre entre 2007 et 2010, ancienne égérie de la révolution orange, mais critiquée par la population. M. Porochenko donne l'image d'un dirigeant rassurant face à un Parti des régions, le mouvement de M. Ianoukovitch, déchiré et à des formations extrémistes minoritaires, comme Pravyi Sektor et Svoboda, dont les candidats ont obtenu à peine 1 % des suffrages. Pour les nouveaux dirigeants, le défi est donc d'abord politique afin d'afficher une union forte face à la division du pays et aux violences dans les régions orientales.

QUEL RÔLE POUR L'UE ?

Sur le plan économique, tout est à refaire. En 2013, la croissance est de 0,4 % et le PIB par habitant stagne à 7 400 dollars. La Banque mondiale place l'Ukraine parmi les mauvais élèves dans le classement *Doing Business 2013* (137e sur 185), alors que la corruption est un fléau (144e rang sur 177 de l'indice 2013 de Transparency International). Si le départ de M. Ianoukovitch a affaibli un clan puissant, les oligarques proches de l'ancien président ne vont pas tous prendre le chemin de l'exil ; il faudra dès lors compter avec eux. Kiev s'est tourné vers l'UE – le gouvernement a signé les volets politique et commercial de l'accord d'association en mars et en juin 2014 –, mais sera obligé de négocier avec Moscou. En décembre 2013, l'administration Ianoukovitch avait passé des accords économiques avec la Russie, incluant un crédit de 15 milliards de dollars. L'Ukraine accuse une dette publique de 75 milliards de dollars et, simplement pour la période 2014-2015, elle a besoin de 35 milliards.

Comment assurer la souveraineté politique et économique ukrainienne ? Voici la principale question qui se pose après la révolution de Maïdan, avec en toile de fond géopolitique la place de l'Ukraine comme État tampon, terre d'union et de rupture entre une UE acquise aux Droits de l'homme et une Russie de plus en plus autoritaire. ●

G. F.

Tchétchénie : vers un « miracle » dans le Caucase ?

Après plus de dix ans de guerre, la Tchétchénie laisse transparaître l'image d'une république pacifiée et prospère. Pourtant, derrière cette vitrine officielle se cachent des blessures profondes : chômage, corruption, violence sociale contre les femmes… Les attentats de Boston du 15 avril 2013, perpétrés par deux hommes d'origine tchétchène, rappellent également les dangers du terrorisme venant du Caucase du Nord.

Lorsque la Tchétchénie déclare son indépendance en novembre 1991, alors que l'Union soviétique s'apprête à disparaître, le président de Russie, Boris Eltsine, engage contre la petite république (17 300 kilomètres carrés) un bras de fer économique qui prend un virage militaire à partir de 1994 et pendant deux ans. Une paix fragile est balayée par un second conflit, entre 1999 et 2009. En 2003, les Russes appuient leur pouvoir sur Akhmad Kadyrov (1951-2004) qu'ils placent à la tête d'un exécutif sous contrôle. Moscou cherche ainsi à délégitimer le gouvernement indépendantiste d'Aslan Maskhadov (1951-2005), déjà concurrencé par une branche radicale, responsable, par exemple, de la prise d'otages de Beslan qui avait coûté la vie à près de 200 enfants en septembre 2004. Après la mort d'Akhmad Kadyrov, tué dans un attentat le 9 mai 2004, les Russes trouvent en Ramzan Kadyrov, son fils, un collaborateur zélé. Il devient vite la pierre angulaire de la stratégie sécuritaire du Kremlin en Tchétchénie et, plus largement, dans le district fédéral du Caucase du Nord (*cf. carte 2*), sans pour autant parvenir à éliminer totalement les poches de résistance.

MIRACLE OU MIRAGE ÉCONOMIQUE ?

Au pouvoir depuis février 2007, Ramzan Kadyrov se présente comme « le plus grand constructeur du monde ». Les années de conflit ont détruit ce qui était le principal nœud industriel de la région, déstructuré la vie économique et agricole, coupé la Tchétchénie de ses relations commerciales avec l'étranger. La capitale, Grozny, est pensée et présentée par les autorités comme une métropole clinquante et moderne, tournée vers le tourisme et le luxe. Quartiers d'affaires, hôtels et villas fastueuses, hippodromes et autres marqueurs de richesse éclosent sur commande du président Kadyrov. L'effacement des traces de la guerre et la reconstruction des villes lui permettent de légitimer son pouvoir et d'acheter la paix sociale. Pourtant, cette vitrine dissimule une réalité économique et politique chaotique : le taux de chômage se situe entre 40 et 45 % en 2012, les disparités de revenus et les inégalités sociales se creusent au sein de la population (1,26 million en 2010). Ce mirage économique est financé par le Kremlin : 90 % du budget tchétchène est issu de dotations et de subventions

1 Religion et violence en Russie

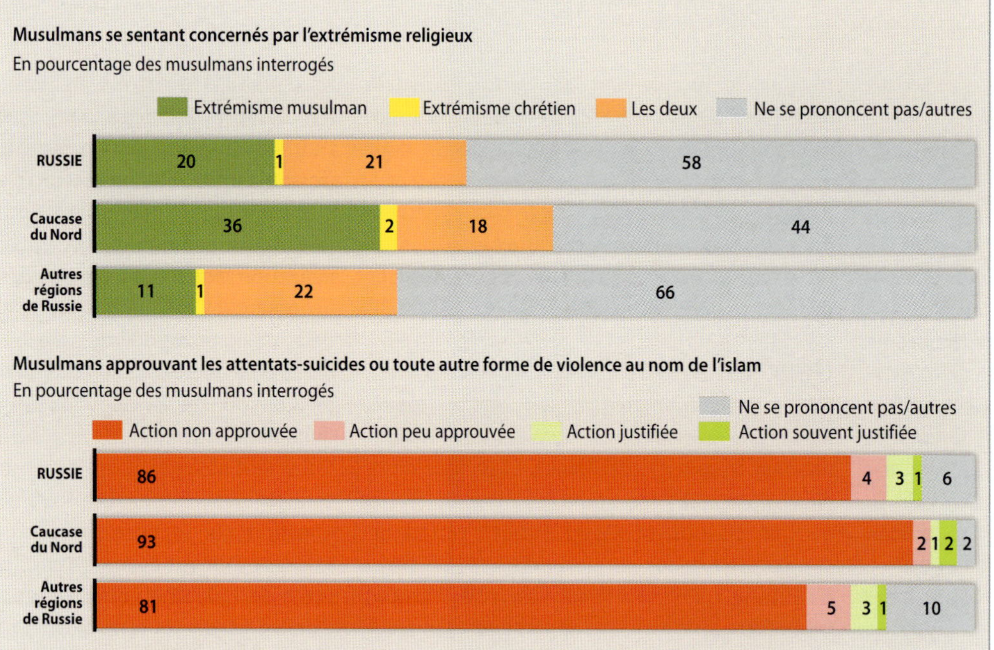

Source : Pew Research Center, Concerns About Religious Extremism in Boston Bombings Suspects' Homelands, *avril 2013*

Carto n° 18, 2013 © Areion/Capri

REPÈRES

RUSSIE

NOM OFFICIEL
Fédération de Russie

CHEF DE L'ÉTAT
Vladimir Poutine (président entre 1999 et 2008, puis depuis 2012)

SUPERFICIE
17 098 242 km² (1er rang mondial)

LANGUE OFFICIELLE
Russe

CAPITALE
Moscou

POPULATION EST. 2013
142,5 millions d'habitants

DENSITÉ
8 hab./km²

MONNAIE
Rouble

PIB PAR HABITANT EST. 2013 (EN PARITÉ DE POUVOIR D'ACHAT)
18 100 dollars

TCHÉTCHÉNIE

NOM OFFICIEL
République de Tchétchénie

PRÉSIDENT DE LA RÉGION AUTONOME
Ramzan Kadyrov (depuis 2007)

SUPERFICIE
17 300 km²

POPULATION EST. 2010
1,26 million d'habitants

DENSITÉ
72 hab./km²

PIB PAR HABITANT (EST. 2010)
600 dollars

2 Géopolitique du Caucase du Nord

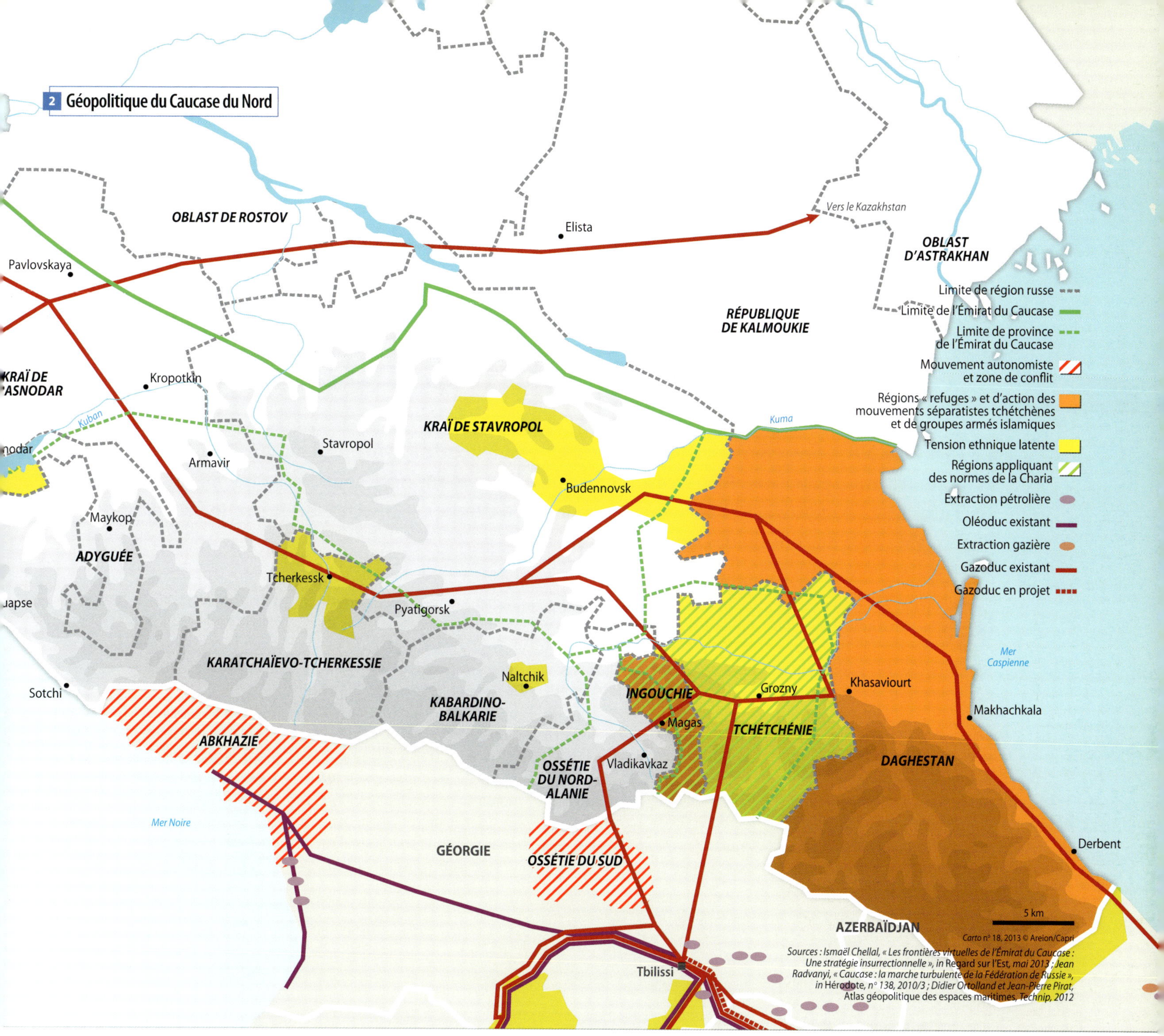

Sources : Ismaël Chellal, « Les frontières virtuelles de l'Émirat du Caucase : Une stratégie insurrectionnelle », in Regard sur l'Est, *mai 2013 ; Jean Radvanyi, « Caucase : la marche turbulente de la Fédération de Russie », in* Hérodote, *n° 138, 2010/3 ; Didier Ortolland et Jean-Pierre Pirat,* Atlas géopolitique des espaces maritimes, *Technip, 2012*

fédérales, la moyenne nationale n'étant que de 27 %. La Tchétchénie est une enclave peu ouverte au commerce international où les flux d'investissements directs à l'étranger (IDE) cumulés entre 2004 et 2008 n'excèdent pas 5 dollars par habitant quand ils sont de 7 000 dollars pour la seule ville de Moscou. L'économie parallèle représenterait entre 60 et 70 % du PIB, selon des sources officieuses, et la corruption gangrène tous les secteurs.

Sur le plan politique, la Tchétchénie demeure une dictature. Ramzan Kadyrov dirige d'une main de fer sa petite république, l'appui sans concession de Moscou depuis 2007 lui donnant les pleins pouvoirs. Le Parlement régional (monocaméral) est contrôlé à 90 % par Russie unie, le parti de Vladimir Poutine. Les organisations internationales dénoncent des assassinats politiques, comme celui de la journaliste Natalia Estemirova en juillet 2009.

TERRORISME INTERNATIONAL

Les attentats de Boston du 15 avril 2013 ont soulevé à nouveau la question du terrorisme, non seulement en Tchétchénie, mais dans l'ensemble de la région. À la fin de la première guerre de 1994-1996, une partie de la résistance indépendantiste islamise son discours, ancrant ses revendications dans un cadre religieux. Cette conversion à l'« islamo-nationalisme » est le produit du conflit contre les Russes et non l'une de ses causes. L'Émirat du Caucase, autoproclamé en octobre 2007, cible les pouvoirs régionaux loyaux à Moscou et les symboles du pouvoir fédéral. L'essaimage de la rébellion dans l'ensemble du Caucase du Nord constitue le principal problème auquel se trouve confronté le Kremlin : ce sont en Ingouchie et au Daghestan que les attentats sont les plus fréquents et les plus meurtriers. Les autorités ont d'ailleurs renforcé leurs dispositifs de sécurité dans la région durant les Jeux olympiques de Sotchi de février 2014. En avril 2013, une semaine après les attaques de Boston, le Pew Research Center américain a publié un sondage sur l'extrémisme religieux (*cf. document 1*) : 86 % des Russes musulmans (entre 10 et 15 % des 142,5 millions d'habitants en 2013) – 93 % pour ceux habitant dans le Caucase du Nord – considèrent que jamais un attentat-suicide ne peut se justifier. •

I. A.

REPÈRES

NOM OFFICIEL
République d'Arménie

CHEF DE L'ÉTAT
Serge Sarkissian (président depuis 2008)

SUPERFICIE
29743 km²
(143ᵉ rang mondial)

LANGUE OFFICIELLE
Arménien

CAPITALE
Erevan

POPULATION EST. 2013
2,97 millions d'habitants

DENSITÉ
99 hab./km²

MONNAIE
Dram

HISTOIRE
Peuple présent autour du mont Ararat (en Turquie actuelle) depuis le VIIᵉ siècle avant Jésus-Christ, les Arméniens ont subi les occupations romaine, perse, arabe, russe et ottomane, avant de créer un État indépendant en 1918. Cette souveraineté est de courte durée : deux ans plus tard, l'Arménie devient une République socialiste soviétique, intégrée au sein de l'URSS. Elle ne retrouve son indépendance qu'en 1991

PIB PAR HABITANT EST. 2013 (EN PARITÉ DE POUVOIR D'ACHAT)
6300 dollars

INDICE DE DÉVELOPPEMENT HUMAIN (2013)
0,729 (87ᵉ rang)

L'Arménie, entre isolement et dépendance

Le 18 février 2013, Serge Sarkissian a été réélu à la présidence de l'Arménie dans un climat de fraude et de contestation populaire. Enclavée au cœur du Caucase et enserrée entre deux ennemis historiques (la Turquie et l'Azerbaïdjan), l'ancienne république soviétique est aussi fragilisée par une économie dépendante de la diaspora et des pays voisins.

Arrivé au pouvoir en 2008 dans un contexte de fortes tensions politiques (1), M. Sarkissian a été reconduit avec 58,64 % des voix, au grand dam de son adversaire, l'Arméno-Américain Raffi Hovannissian, premier ministre des Affaires étrangères de l'Arménie indépendante, entre novembre 1991 et octobre 1992. Ce dernier, qui a recueilli 36,75 % des suffrages, a dénoncé des fraudes massives dès le lendemain du scrutin. Né aux États-Unis, issu d'une famille ayant survécu au génocide de 1915, M. Hovannissian dirige la formation Héritage, mouvement d'opposition basé sur un discours d'exaltation de la nation arménienne, largement diffusé au sein de la diaspora. À l'inverse, Serge Sarkissian, à la tête du Parti républicain, est un apparatchik typique d'une oligarchie postsoviétique.

LE POUVOIR FINANCIER DES ÉMIGRÉS

Victime de son isolement géographique (*cf. carte 2*) et d'une mauvaise gestion des ressources, l'Arménie bénéficie certes d'une bonne croissance (4,6 % en 2013), nécessaire pour relancer une dynamique économique, mais elle souffre de la corruption. Selon le classement 2013 de l'organisation Transparency International, le pays occupe la 94ᵉ place mondiale (sur 177) des États les plus touchés par ce fléau. Un chômage massif (si les chiffres officiels évoquent 17,3 % en 2012, il serait en réalité de 30 %) et la hausse des inégalités poussent les habitants à partir : les migrants forment en 2011 une diaspora de près de 6 millions de personnes, présente principalement aux États-Unis et en Russie (*cf. carte 1*). Leur rôle est important puisqu'ils injectent chaque année 1,5 milliard de dollars, soit près de 10 % du PIB, dans l'économie nationale. Toutefois, traumatisée par les séquelles du génocide de 1915 et inquiète du discours belliqueux de l'Azerbaïdjan voisin, la diaspora est peu impliquée dans le débat politique intérieur. Sa priorité étant la stabilité et la sécurité du pays, elle s'est par exemple abstenue de dénoncer les possibles fraudes aux élections de 2008 et de 2013.

Erevan et Bakou s'affrontent pour le contrôle du Haut-Karabagh, république autoproclamée indépendante depuis 1991, non reconnue par la communauté internationale et peuplée en majorité par des Arméniens. Cette

1 Diaspora arménienne dans le monde en 2011

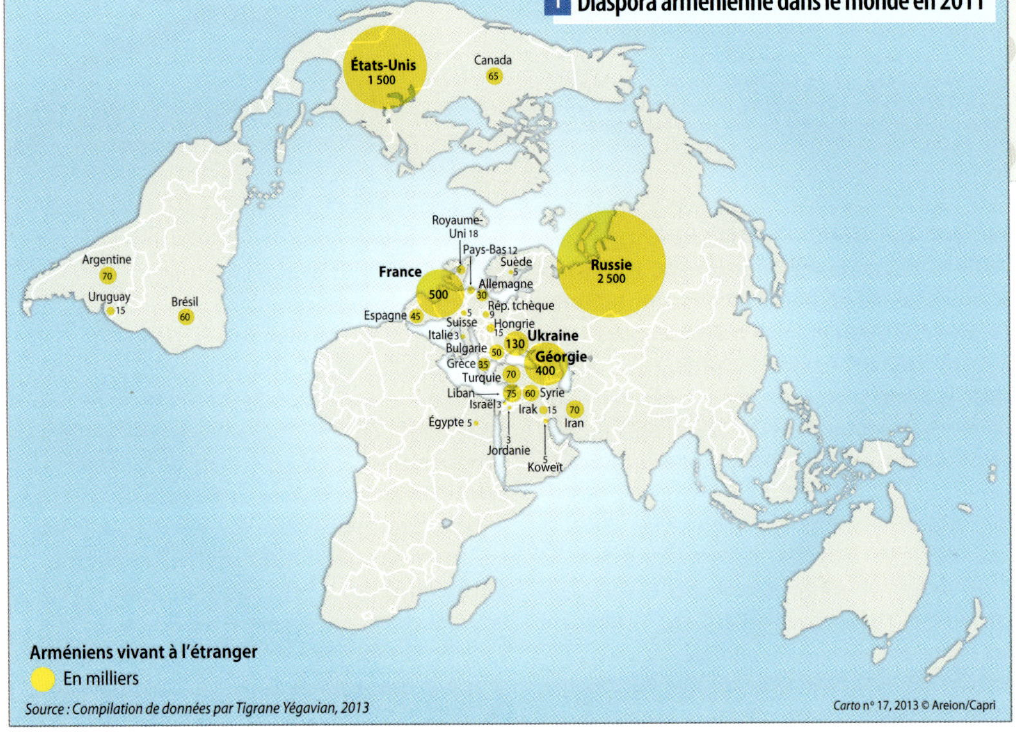

Source : Compilation de données par Tigrane Yégavian, 2013
Carto n° 17, 2013 © Areion/Capri

Vers Erzurum

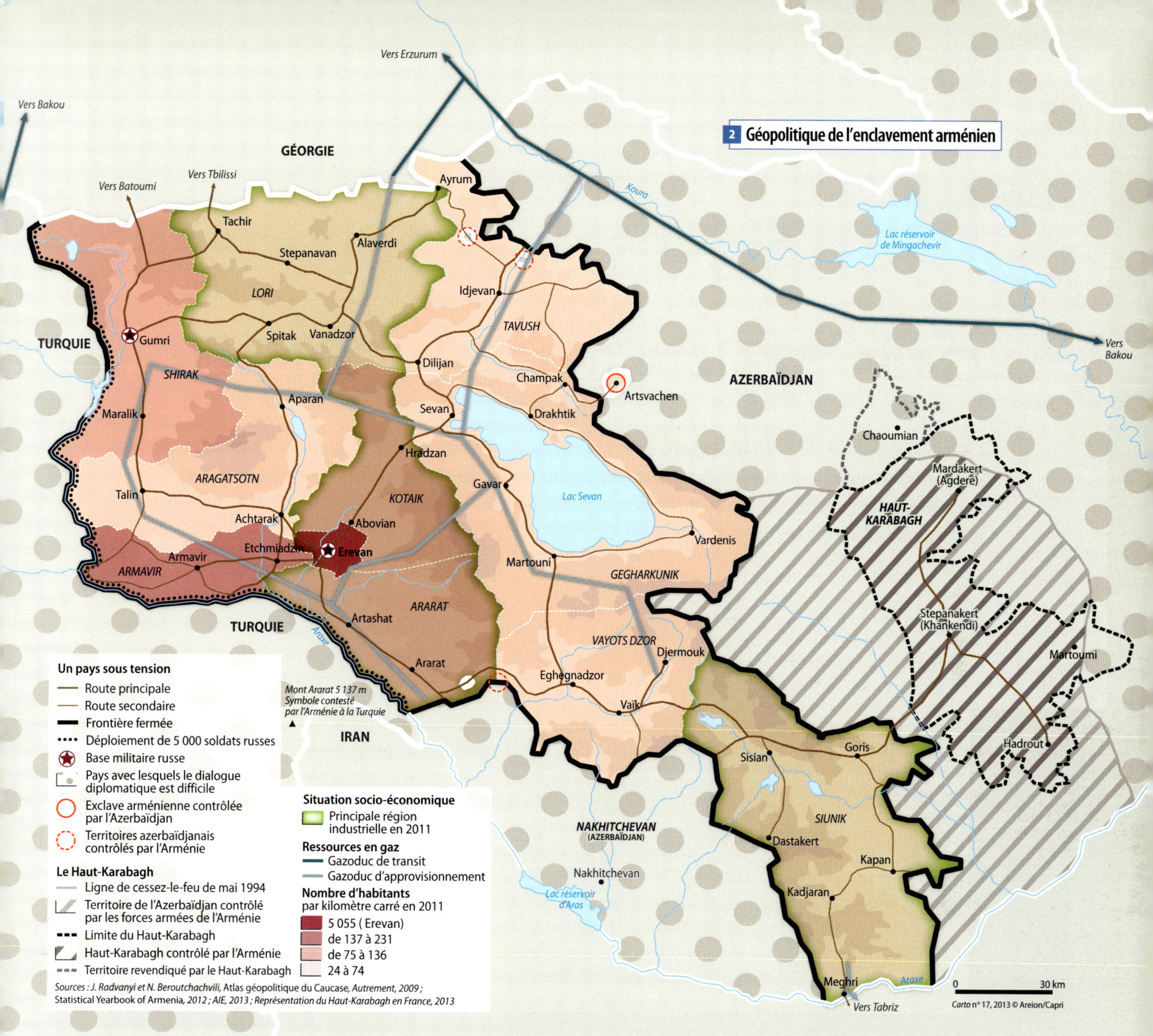

2 Géopolitique de l'enclavement arménien

Sources : J. Radvanyi et N. Beroutchachvili, *Atlas géopolitique du Caucase, Autrement, 2009* ; Statistical Yearbook of Armenia, *2012 ; AIE, 2013 ; Représentation du Haut-Karabagh en France, 2013*

enclave de 4 400 kilomètres carrés, rattachée à l'Azerbaïdjan soviétique en 1921, devait intégrer l'Arménie après un référendum organisé en 1988. Néanmoins, Bakou en rejeta les résultats et une guerre l'opposa au pays voisin pendant six années, causant près de 30 000 morts et un million de déplacés. Depuis le cessez-le-feu du 16 mai 1994, la situation n'a guère changé, les forces arméniennes contrôlant militairement le Haut-Karabagh et la partie du territoire azerbaïdjanais séparant l'enclave de l'Arménie. En août 2012, la tension était montée d'un cran lorsque le lieutenant Ramil Safarov fut extradé de Hongrie, où il purgeait une peine de prison pour le meurtre d'un officier arménien en 2004, et accueilli en héros à Bakou.

UN CONTEXTE RÉGIONAL TENDU

La présence militaire russe est considérée comme une assurance-vie et a des conséquences dans les choix stratégiques d'Erevan, qui voit ainsi sa souveraineté limitée. La base de Gumri est une importante installation pour les autorités de Moscou dans la région et environ 5 000 de leurs soldats sont déployés le long de la frontière arméno-turque, une présence assurée au moins jusqu'en 2044. D'un point de vue économique, la Russie concentre 17 % du commerce extérieur arménien et a la mainmise sur la plupart des secteurs clés de l'économie (gaz, électricité). Toutefois, la petite république est handicapée par un blocus exercé par la Turquie. Ankara, qui a gelé les protocoles de normalisation des relations bilatérales signés en 2009, conditionne toute réouverture de la frontière au règlement du conflit du Haut-Karabagh. Contrairement à la diaspora, Erevan n'a pas fait de la reconnaissance du génocide une priorité, la question n'étant pas à l'ordre du jour pour Ankara, malgré les condoléances présentées en avril 2014. Cette situation d'enclavement a amené l'Arménie à se rapprocher de l'Iran. Les deux États, qui partagent une frontière de 35 kilomètres, sont déjà reliés depuis 1997 par un gazoduc, un second étant en construction depuis 2011. ● **T. Y.**

NOTE

(1) Après la victoire de Serge Sarkissian à l'élection de 2008, des affrontements entre les forces de police et les partisans du candidat Levon Ter-Petrossian avaient coûté la vie à dix manifestants.

REPÈRES

NOM OFFICIEL
République de Malte

CHEF DE L'ÉTAT
George Abela
(président depuis 2009)

SUPERFICIE
316 km²
(208e rang mondial)

LANGUES OFFICIELLES
Maltais et anglais

CAPITALE
La Valette

POPULATION EST. 2013
411 277 habitants

DENSITÉ
1301 hab./km²

MONNAIE
Euro

HISTOIRE
Au coeur de la mer Méditerranée, Malte est successivement occupée par les Phéniciens, les Grecs, les Romains et les Arabes. L'île est le refuge de l'ordre de Saint-Jean de Jérusalem de 1530 à 1798 et devient un territoire britannique entre 1800 et 1964, date de son indépendance

PIB PAR HABITANT EST. 2013 (EN PARITÉ DE POUVOIR D'ACHAT)
29 200 dollars

INDICE DE DÉVELOPPEMENT HUMAIN (2013)
0,847 (32e rang)

Malte : les défis européens d'un archipel carrefour

Isolée au sud de la mer Méditerranée, Malte n'en est pas moins secouée par les politiques européennes et la crise financière. Par ailleurs, sa situation géographique l'oblige à affronter les questions de la migration clandestine et de la surveillance des frontières. Pourtant, ces points ont été peu débattus lors des élections législatives du 9 mars 2013.

Fin de règne sur fond de décroissance économique à Malte ? Au pouvoir de 1987 à 1996, puis de 1998 au scrutin de mars 2013, le Parti nationaliste (PN) avait pourtant réussi à arrimer l'archipel au navire européen. Devenu avec ses 316 kilomètres carrés le plus petit membre de l'Union européenne (UE) en 2004, il intègre, quatre ans plus tard, la zone euro. Les premières difficultés électorales pour le PN commencent alors. Aux législatives de 2008, la formation n'obtient qu'un seul siège d'avance (35 contre 34 sur un total de 69) sur son rival, le Parti travailliste (PT). Le 10 décembre 2012, la dissidence de l'un de ses députés place le gouvernement en minorité lors du vote du budget 2013 et il démissionne. Les élections législatives du 9 mars 2013 permettent au dirigeant du PT, Joseph Muscat, de s'imposer sur la scène politique. Son mouvement obtient 54,83 % des voix et 39 sièges, le PN 43,34 % et 30 députés. Parmi les promesses de campagne de M. Muscat, une baisse de 25 % des prix de l'électricité et de 5 % de ceux de l'eau à partir du 1er mars 2014. Ces mesures visent à soulager une population fortement dépendante de l'extérieur.

1 La situation migratoire à Malte en 2012

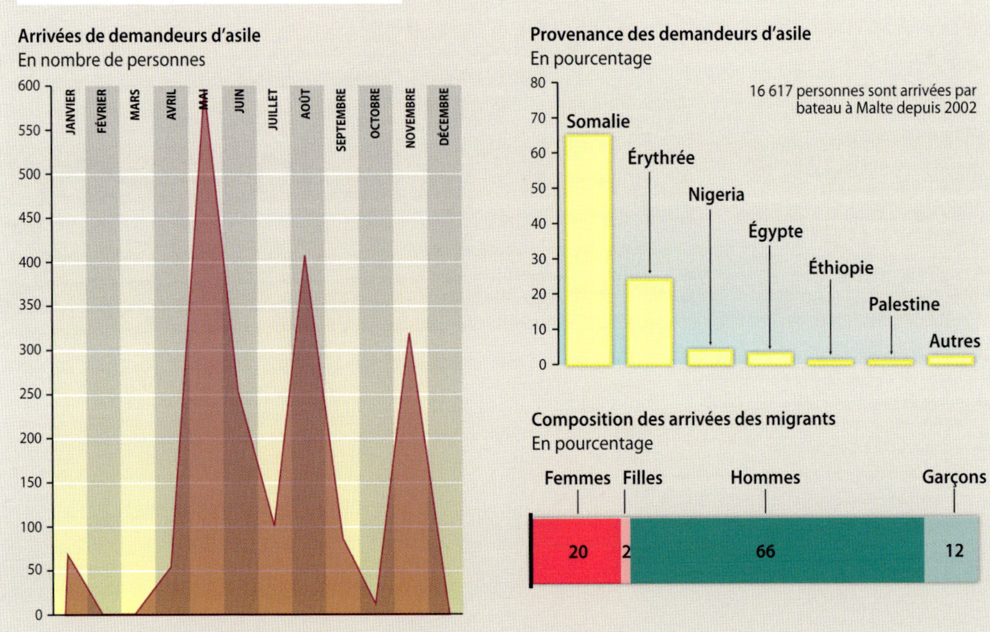

Source : UNHCR, MALTA asylum trends 2012

Carto n° 17, 2013 © Areion/Capri

UNE RÉSISTANCE FINANCIÈRE

Profitant de la situation géographique de l'île (*cf. carte* 2), entre les bassins oriental et occidental de la mer Méditerranée, l'industrie de pointe pour l'exportation et le commerce maritime sont les premiers secteurs économiques à avoir été développés après l'indépendance en 1964. L'adhésion à l'UE de Malte et de Chypre en 2004 faisait ainsi de l'Europe, déjà forte de la flotte grecque, la première puissance mondiale pour la marine marchande. Ensuite, le climat de l'archipel et son riche patrimoine architectural, héritage des différentes civilisations l'ayant occupé et de l'époque de l'ordre de Saint-Jean de Jérusalem (1530-1798), ont permis le développement du tourisme. L'ensemble des services représente 80,9 % du PIB en 2010. Tirée par des exportations en hausse, Malte enregistrait entre 2005 et 2008 une croissance supérieure à 3 % par an, soit l'un des plus forts taux européens d'alors. Toutefois, réalisant 60 % de ses échanges commerciaux avec l'UE, l'île a commencé à subir les effets de la crise financière internationale en 2009 ; cette année-là, le PIB a régressé de 2,7 %. Mais elle a montré sa capacité de résistance. Tout d'abord, son taux de chômage de 6,8 % en avril 2014 reste

2 Un État au cœur des routes maritimes

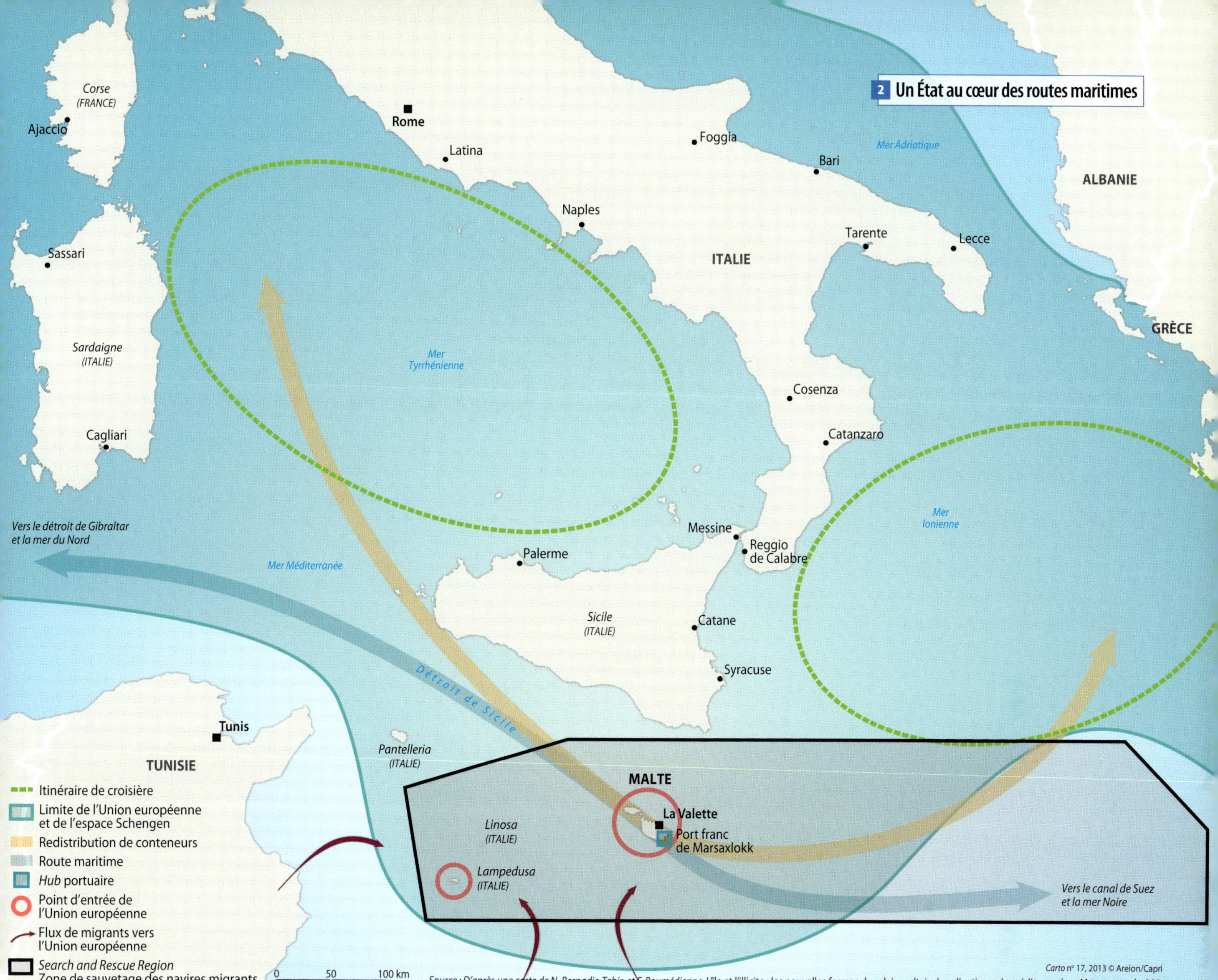

Source : D'après une carte de N. Bernadie-Tahir et F. Boumédienne, L'île et l'illicite : les nouvelles formes du relais maltais dans l'antimonde méditerranéen, M@ppemonde, 2004

au-dessous de la moyenne européenne (10,5 %). De plus, après avoir été placées par Bruxelles en procédure de déficit excessif (lorsque ce dernier dépasse les 3 % du PIB) en 2009, les autorités de La Valette ont réussi à assainir leurs finances grâce à une hausse des recettes fiscales. Impopulaires, ces mesures ont contribué à la défaite de Lawrence Gonzi, Premier ministre depuis 2004, aux législatives de 2013.

UN « CONFETTI » SUR LA ROUTE DES MIGRANTS

Terre de voyageurs, de commerçants et de marins installés en Europe du Sud et dans les nations du Commonwealth, Malte est devenue un territoire de transit pour les clandestins (*cf. document 1*). Depuis le début des années 2000, le renforcement des contrôles douaniers dans le détroit de Gibraltar et aux Açores (Portugal) a ouvert de nouvelles voies de migrations du nord de l'Afrique vers le Vieux Continent. Ainsi, cherchant à atteindre le sud de l'Italie au départ de la Libye, près de 17 000 personnes sont arrivées sur les côtes maltaises entre début 2002 et fin 2012. Tout étranger restant sous la responsabilité du premier pays de l'UE dans lequel il est arrivé, La Valette doit donc gérer ces afflux avec ses propres moyens (1).

En réaction à la montée de la xénophobie et des mouvements d'extrême droite maltais à partir de 2002, le gouvernement a réagi en mettant en place un système pénal sévère contre les clandestins. Trois centres de rétention ont été construits, avec des capacités d'accueil de 2 300 personnes. Migrants ou demandeurs d'asile, ils sont systématiquement enfermés pour des durées pouvant aller jusqu'à dix-huit mois. Largement critiquée, notamment par des organisations non gouvernementales comme Human Rights Watch, qui signale l'enfermement des immigrés quels que soient leur âge ou leur état de santé, en violation du droit international, la politique maltaise peine aussi à s'harmoniser avec celle des autres membres de l'UE. L'une des questions centrales est celle du sauvetage des navires de migrants en haute mer. Malte étant gestionnaire d'une Search and Rescue Region très étendue (250 000 kilomètres carrés), elle préfère invoquer l'obligation d'accueil au port le plus proche du bateau en détresse, une interprétation qui reste source de nombreuses tensions avec l'Italie. En octobre 2013, le gouvernement de Joseph Muscat a tiré la sonnette d'alarme sur l'immigration clandestine, appelant l'UE à intervenir d'une seule voix. ● **N. R.**

NOTE

(1) Human Rights Watch, *Boat Ride to Detention: Adult and Child Migrants in Malta*, juillet 2012. Téléchargeable en anglais sur : www.hrw.org/reports/2012/07/18/boat-ride-detention-0

Le canal Seine-Nord Europe va-t-il prendre l'eau ?

Inscrit au Schéma national d'infrastructures de transport français et devant relier le Bassin parisien au réseau fluvial du nord de la France, le projet de canal à grand gabarit Seine-Nord Europe semble en sursis. En mars 2013, un rapport du Conseil général de l'environnement et du développement durable (CGEDD) a révélé que les estimations budgétaires initiales semblent avoir été sous-évaluées et que le coût final devrait être plus proche des 7 milliards que des 4 milliards prévus à l'origine. Favorisée par la loi Grenelle I de 2009 sur la protection de l'environnement et les politiques de report modal en faveur du fret fluvial, l'initiative devait être la première réalisation de liaison fluviale d'envergure depuis plus d'un demi-siècle en France. En principe prévu pour 2016, porté par l'organisme Voies navigables de France et reposant sur un contrat de partenariat public-privé, ce canal vise à désenclaver le bassin de la Seine et à créer le « chaînon manquant » entre l'Île-de-France et le réseau à grand gabarit du nord-ouest de l'Europe (*cf. carte*). Sur les 106 kilomètres qui séparent Compiègne de Cambrai, il nécessite la construction de huit écluses, trois ponts-canaux, 59 ponts routiers et ferroviaires, mais aussi de quatre plates-formes multimodales, cinq quais céréaliers, cinq ports de plaisance et deux grandes retenues d'eau.

DYNAMISME ÉCONOMIQUE

Les enjeux sont considérables : ce canal devrait entraîner la création de plusieurs milliers d'emplois dans les secteurs de la logistique et des transports, contribuant à soutenir la croissance économique des régions Picardie et Nord-Pas-de-Calais. Il pourrait permettre le transport de 13 à 15 millions de tonnes de marchandises à l'horizon 2020, soit l'équivalent de 500 000 poids lourds par an, et d'éviter le rejet de 300 000 tonnes de CO_2.

Toutefois, le contexte de crise des finances publiques constitue un obstacle majeur à cette réalisation. Après la publication du rapport du CGEDD, Jean-Marc Ayrault, alors Premier ministre, a décidé, le 26 avril 2013, de mettre en place une mission d'évaluation afin d'envisager la reconfiguration du dossier ; une enquête d'utilité publique doit également s'ouvrir en 2015, tandis que le ministère de l'Écologie a rappelé en mai 2014 le coût élevé du projet. Alors que 300 millions d'euros ont déjà été dépensés (études, acquisitions foncières, etc.), ce sont sans doute les financements de l'Union européenne qui lui permettront de voir le jour. • **É. J.**

Eurovision : quand la chanson devient géopolitique

En mai de chaque année, le concours Eurovision réunit un public toujours plus nombreux : 170 millions en 2013 en Norvège, 195 millions lors de la 59e édition, organisée au Danemark, un record. Cette compétition musicale confirme son succès auprès de la population, mais flirte également avec la géopolitique.

Si les règles écrites sont strictes – les États participants n'ont pas le droit d'attribuer de points à leur représentant et le public peut voter par téléphone et SMS –, l'Eurovision serait en proie à des stratégies d'ordre politique au détriment de la qualité de la musique, selon une thèse soutenue notamment par la France, membre fondateur en 1956 du concours et candidat malheureux depuis 1977. En effet, outre la norme tacite du « vote pour ton voisin », des scrutins liés aux intérêts nationaux peuvent être recensés. Ainsi, Chypre donne systématiquement ses voix à la Grèce et boude la Turquie, qui occupe depuis 1974 la moitié nord de l'île. En 1969, l'Autriche avait boycotté la compétition, organisée à Madrid, pour dénoncer la dictature franquiste (1939-1977). Autre exemple géopolitique, le conflit israélo-palestinien. Ainsi, en 1978, lorsque l'État hébreu remporta pour la première fois le concours, la Jordanie informa que la Belgique, arrivée en deuxième position, était le vainqueur.

Après l'entrée dans la compétition de pays issus de l'URSS et de la Fédération yougoslave, il est difficile pour les vieilles nations européennes, comme la France ou le Royaume-Uni, de récolter un grand nombre de votes, la plupart étant attribués à l'intérieur de « blocs » : nordique, balkanique, ex-soviétique. Pour les États appartenant à ces régions, la participation à l'Eurovision est un enjeu de taille pour exister sur la scène internationale. Ainsi, en 2011, l'Azerbaïdjan aurait payé des centres d'appels à l'étranger pour s'assurer la victoire et le privilège d'organiser le concours l'année suivante. Une aubaine pour le président Ilham Aliyev, qui a alors pu montrer au monde l'opulence de son régime et détourner l'attention des violations des Droits de l'homme. En conflit avec Bakou en raison du litige territorial qui les oppose au Haut-Karabagh, l'Arménie avait boycotté l'édition 2012.

Les populations immigrées jouent également un rôle, attribuant leurs votes aux candidats de leurs pays d'origine ; c'est le cas par exemple en Allemagne, où vit une importante communauté turque (2,4 % des 81,15 millions d'habitants en 2013).

Crise oblige, l'édition 2013 a été à l'enseigne de l'austérité et certains membres (la Bosnie-Herzégovine, le Portugal et la Slovaquie) ont renoncé à y participer pour limiter les dépenses et éviter une victoire qui les aurait obligés à organiser la prochaine compétition. La Suède a par exemple dépensé 14,4 millions d'euros. En 2015, le rendez-vous est donné en Autriche, pays d'origine du vainqueur – Conchita Wurst avec la chanson *Rise like a Phoenix* – de l'édition 2014, organisée au Danemark, qui avait pour l'occasion un budget de 25,5 millions d'euros. ● **F. F.**

Les résultats de l'Eurovision 2013

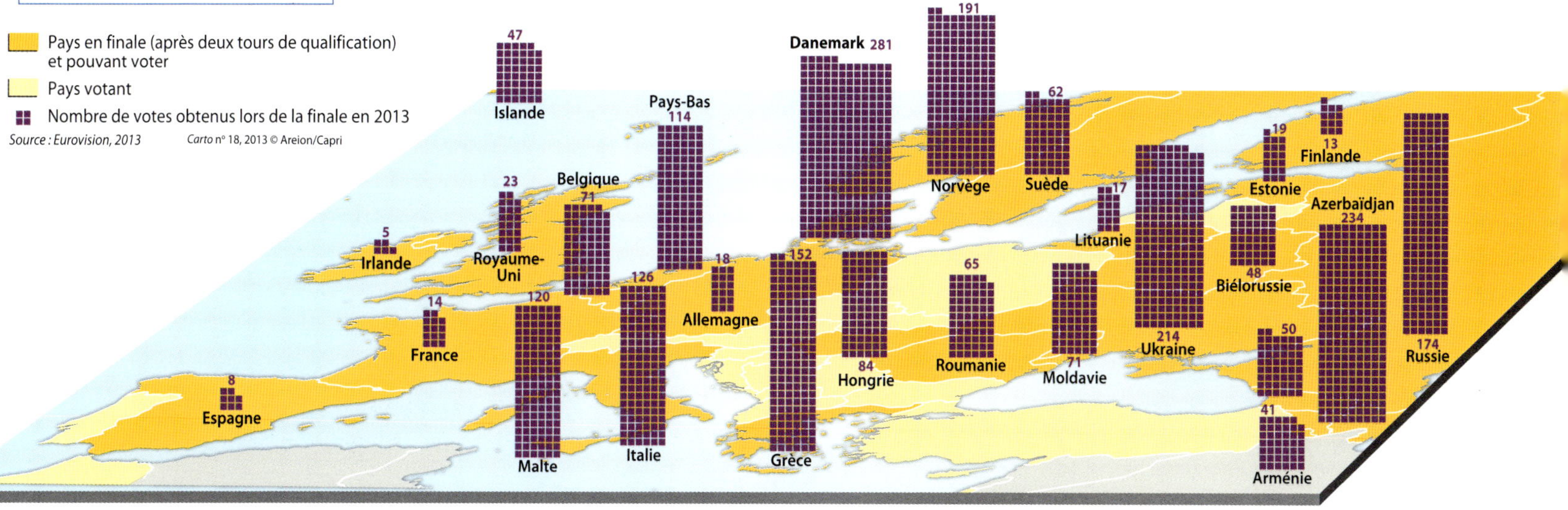

L'espace, une nouvelle frontière pour l'Europe ?

Cinquante-six ans après le lancement du premier satellite artificiel, l'espace continue d'être un terrain convoité. Compte tenu des enjeux que représente l'imagerie satellitaire, à la concurrence militaire et industrielle s'ajoute une coopération scientifique accrue. Comme l'a rappelé le Sénat français fin 2012 (1), l'Europe participe à cette conquête.

Depuis le lancement de *Spoutnik* en 1957, l'espace a cessé d'être une *terra incognita* pour l'être humain, devenant un lieu de confrontation. Pendant la guerre froide, les deux superpuissances se disputent sa conquête. Il se révèle aussi un formidable point d'observation sur la Terre. Initialement réservés au domaine militaire, les satellites se sont démocratisés, trouvant de nombreuses applications dans le civil. Ils peuvent notamment apporter des informations indispensables à la surveillance des territoires, de l'atmosphère et du climat. La conquête de l'espace, loin d'être achevée, est pensée dans le cadre de politiques aux volets multiples, comme le lancement satellitaire ou l'exploration spatiale.

UNE GÉOMÉTRIE VARIABLE

Le Vieux Continent est présent dans cette course avec une politique spatiale complexe, car articulée sur plusieurs niveaux. Un premier, national, chaque État ayant un programme plus ou moins avancé ; un second, international, représenté par l'Union européenne (UE) et l'Agence spatiale européenne (ESA). Créée en 1975 et basée à Paris, elle regroupe vingt États, mais tous ne sont pas membres de l'Union (2). Depuis 2004, l'ESA coopère étroitement avec les Vingt-Huit, dont l'ambition est définie par le traité de Lisbonne de 2007, avec l'objectif de favoriser le progrès scientifique et la compétitivité d'un secteur important en matière de revenus et d'emploi (*cf. document 1*). Quelques années après la mise en place de cette architecture complexe, dépourvue de gouvernance globale, la politique spatiale européenne est présentée comme une contribution et une alternative aux projets existants. L'UE et l'ESA développent, par exemple, le Programme européen de surveillance de la Terre (GMES). Le Vieux Continent a l'ambition d'accéder aux données spatiales de façon autonome, et ainsi de disposer de plus de moyens pour peser au sein des négociations mondiales. Une autre initiative phare est Galileo, système de navigation par satellite, conçu en réponse au GPS américain, dont dépendent la plupart des applications de géolocalisation. Lancé en 2005 et initialement prévu pour 2010, Galileo a subi de nombreux reports, dus au coût de l'ouvrage (5,3 milliards d'euros) ainsi qu'au désaccord entre les entreprises chargées du projet. Il a connu un coup d'accélération en 2011 et en 2012, avec le lancement depuis la base de Kourou (Guyane française) de quatre des 30 satellites de la flotte, et devrait être complètement opérationnel en 2018.

1 L'industrie spatiale en Europe

Carto n° 16, 2013 © Areion/Capri

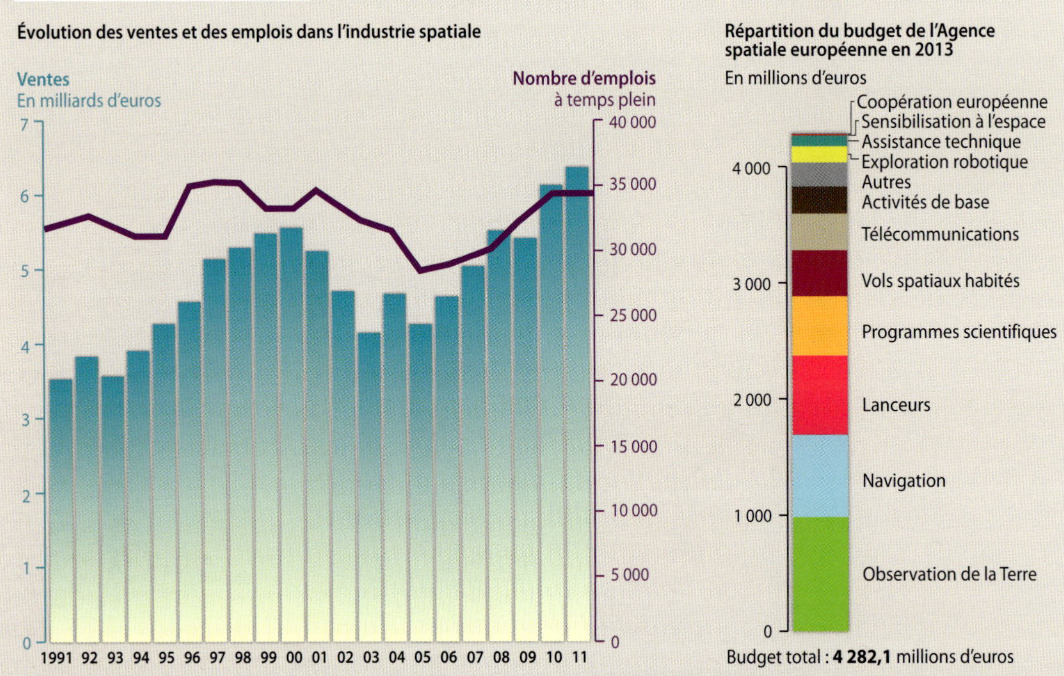

Sources : OCDE, Handbook on Measuring the Space Economy, *2012 ; Sénat,* Les enjeux et perspectives de la politique spatiale européenne, *novembre 2012 ; ESA, 2013*

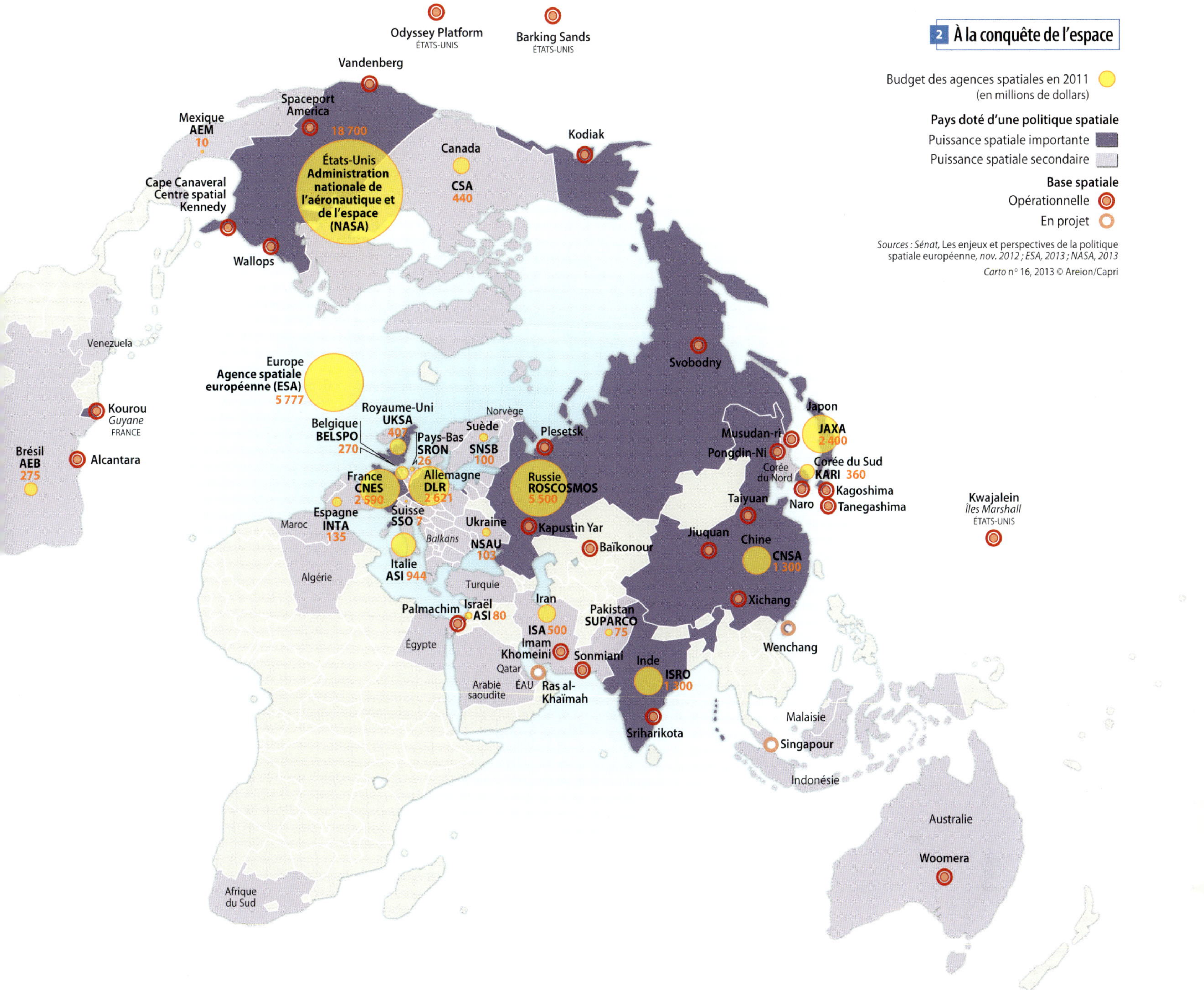

CONCURRENCE ET COOPÉRATION

Pour l'Europe, l'enjeu est de taille pour des raisons économiques, mais également face à la concurrence de pays émergents (*cf. carte 2*). Après la guerre froide, la géopolitique spatiale a en effet été quelque peu bousculée. D'un côté, les coupes aux budgets publics consacrés à la recherche ont favorisé l'émergence d'acteurs privés. De l'autre, l'espace est une vitrine de choix pour l'État souhaitant afficher sa puissance économique et technique, comme le montre la part croissante de nations désirant se doter de capacités spatiales avancées. Par exemple, en janvier 2013, les autorités iraniennes ont annoncé avoir réussi leur premier vol suborbital habité... par un singe. En 2013, on estime à plus d'une cinquantaine le nombre de pays possédant des satellites en orbite, et bien d'autres envisagent d'y parvenir. Grâce à la France et à son site guyanais, l'Europe fait partie du cercle restreint des puissances dotées d'une capacité de lancement autonome, avec les « pionniers de l'espace » que sont les États-Unis et la Russie, mais aussi le Japon, l'Inde, Israël, l'Iran et la Chine. La progression du programme spatial de Pékin est considérable : la République populaire a rejoint le club encore plus fermé des agences pouvant réaliser des vols habités en envoyant dans l'espace son premier *taïkonaute* en 2003.

Au-delà de la concurrence, les accords de coopération internationale sont de plus en plus fréquents en raison des enjeux globaux liés à la conquête de l'espace et du coût élevé des programmes. Dans ce contexte, l'Europe affiche des objectifs ambitieux, mais ses moyens sont fragiles. La dépense publique spatiale européenne représente en 2012 environ 8,8 milliards de dollars, dont 5,7 milliards pour l'ESA. Un montant faible comparé à celui de la NASA (18,7 milliards de dollars), sans compter que de nombreux contributeurs clés de l'agence, comme la France, ont été obligés de réviser à la baisse leurs apports aux projets de recherche à cause de la crise. ●

F. F.

NOTES

(1) Catherine Procaccia et Bruno Sido, *Les enjeux et perspectives de la politique spatiale européenne*, Rapport du Sénat n° 114, novembre 2012.

(2) Les vingt membres de l'ESA sont : Allemagne, Autriche, Belgique, Danemark, Espagne, Finlande, France, Grèce, Irlande, Italie, Luxembourg, Norvège, Pays-Bas, Pologne, Portugal, République tchèque, Roumanie, Royaume-Uni, Suède, Suisse.

MOYEN-ORIENT

Qatar, Syrie, Turquie… Le simple fait de prononcer le nom de ces trois États permet de comprendre en quoi le Moyen-Orient reste au cœur des problématiques géopolitiques mondiales. La région subit de plein fouet les conséquences des « printemps arabes » de 2011, date depuis laquelle elle s'est engagée dans une nouvelle phase historique. La transition, la reconfiguration, peuvent être longues, s'orientant de plus en plus sur des oppositions religieuses, dont la Syrie est devenue le principal terrain d'expression.

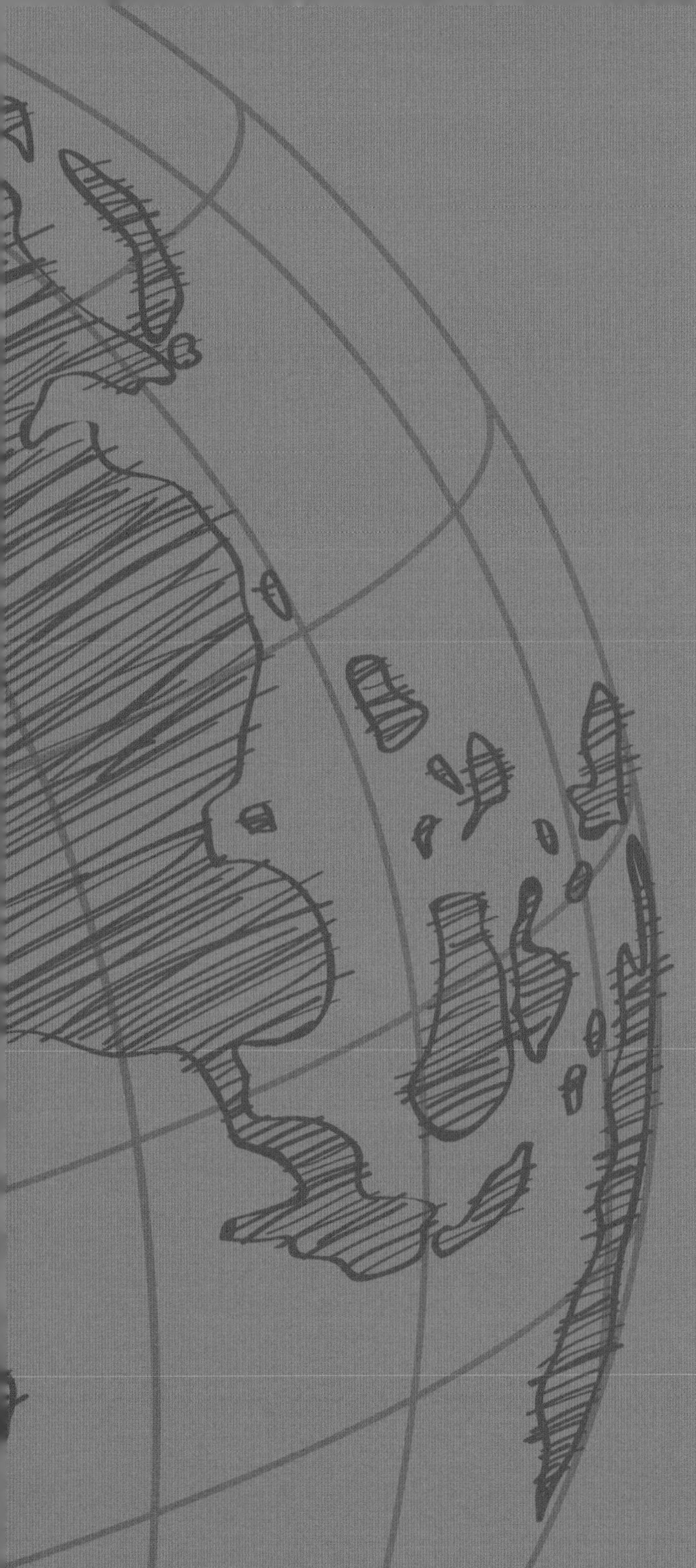

Istanbul, vitrine des ambitions

En juin 2013, Istanbul a été le théâtre d'affrontements entre les forces de l'ordre et de simples citoyens engagés dans la défense d'un parc de la ville. Cette crise, comparée au Mai 68 français, a révélé les inquiétudes d'une classe moyenne turque montante et critique envers le pouvoir du Premier ministre islamiste, Recep Tayyip Erdogan, et de sa formation, le Parti de la justice et du développement (AKP).

Sur la rive européenne d'Istanbul (*cf. carte*), à l'entrée de la place Taksim, les travaux n'ont pas seulement pour objectif d'enterrer les voies de circulation afin de la rendre piétonne. La municipalité prévoit également la reconstruction d'une ancienne caserne ottomane, qui pourrait abriter un centre commercial et une grande mosquée, sur ce lieu traditionnel des manifestations de la gauche et des syndicats.

Alors que les autorités avaient interdit les rassemblements du 1er mai, le projet de destruction du parc Gezi, qui jouxte Taksim, a mis le feu aux poudres. Dès le 28 mai 2013, des militants se sont opposés à l'arrachage des arbres, mouvement réprimé par la police, amenant dans les rues de nombreuses villes de Turquie des manifestants de toutes couleurs politiques. Critiquant l'autoritarisme de M. Erdogan, en fonction depuis 2003, cette contestation nationale puise ses racines localement : la rénovation de Taksim constitue l'un des chantiers d'une vision politico-économique faisant de la ville une métropole de rang international.

UN DÉVELOPPEMENT URBAIN ININTERROMPU

Déchue de son statut de capitale à la chute de l'Empire ottoman, en 1923, au profit d'Ankara, Istanbul comptait à cette époque quelque 700 000 habitants. La ville était concentrée sur les arrondissements centraux de Fatih et Beyoglu, sur la rive européenne, et d'Üsküdar et Kadiköy, du côté asiatique. L'exode rural à partir des années 1950 a entraîné une importante extension de la cité sur la périphérie : entre 1965 et 1975, 100 000 personnes s'y installaient annuellement. Passée en quelques décennies à une population estimée à 13,85 millions en 2012, la Municipalité métropolitaine d'Istanbul s'étend sur 5 345 kilomètres carrés. S'appuyant sur le prestigieux passé de la ville et sa localisation à cheval sur deux continents, l'AKP, avec le soutien des milieux économiques, ambitionne d'en faire la vitrine d'une Turquie qu'elle verrait bien parmi les dix premières puissances mondiales d'ici à 2023 (elle occupe le 17e rang en 2013).

Pour désengorger les quartiers centraux, notamment dévolus à l'accueil touristique, de vastes projets sont entrepris dans les périphéries. L'Administration du logement collectif (TOKI, en turc), dépendant du Premier ministre, investit depuis 2005 dans la construction d'habitats dans les banlieues sud-ouest et sud-est. Au nord, zone encore épargnée par l'urbanisation, M. Erdogan a inauguré, le 29 mai 2013, le chantier d'un troisième pont, le Yavuz Sultan Selim, par lequel passerait l'autoroute de la mer de Marmara, en projet. Le mouvement Plate-forme de lutte pour la vie à la place du troisième pont critique les impacts environnementaux de cette future voie qui menace la forêt de Belgrade, véritable (et dernier) « poumon vert » d'Istanbul.

Un troisième aéroport est également en travaux dans l'arrondissement d'Arnavutköy. Ville candidate aux Jeux olympiques de 2020 (ils auront lieu à Tokyo), Istanbul pourrait disposer de cette nouvelle aérogare, qui ambitionne d'être la plus grande du monde avec une capacité annuelle de 150 millions de passagers, dès 2018. Un tunnel sous le Bosphore, Marmaray, a été inauguré en octobre 2013. Enfin, le projet Canal Istanbul, présenté à la veille des élections législatives de juin 2011 par le Premier ministre, est destiné à soulager le détroit de son intense trafic maritime : chaque année, environ 55 000 navires, dont près de 10 000 pétroliers, y transitent. Deux villes nouvelles devraient être construites de part et d'autre de cette voie d'eau.

Maire d'Istanbul entre 1994 et 1998, M. Erdogan a fait de la métropole où il est né en 1954 le tremplin pour l'accès au pouvoir national de l'AKP huit ans plus tard. Depuis, la stabilité politique et la forte croissance économique du pays (9,2 % en 2010, 8,5 % en 2011, mais 2,6 % en 2012) ont permis au parti islamiste de remporter toutes les élections qui se sont présentées depuis 2002.

de Recep Tayyip Erdogan

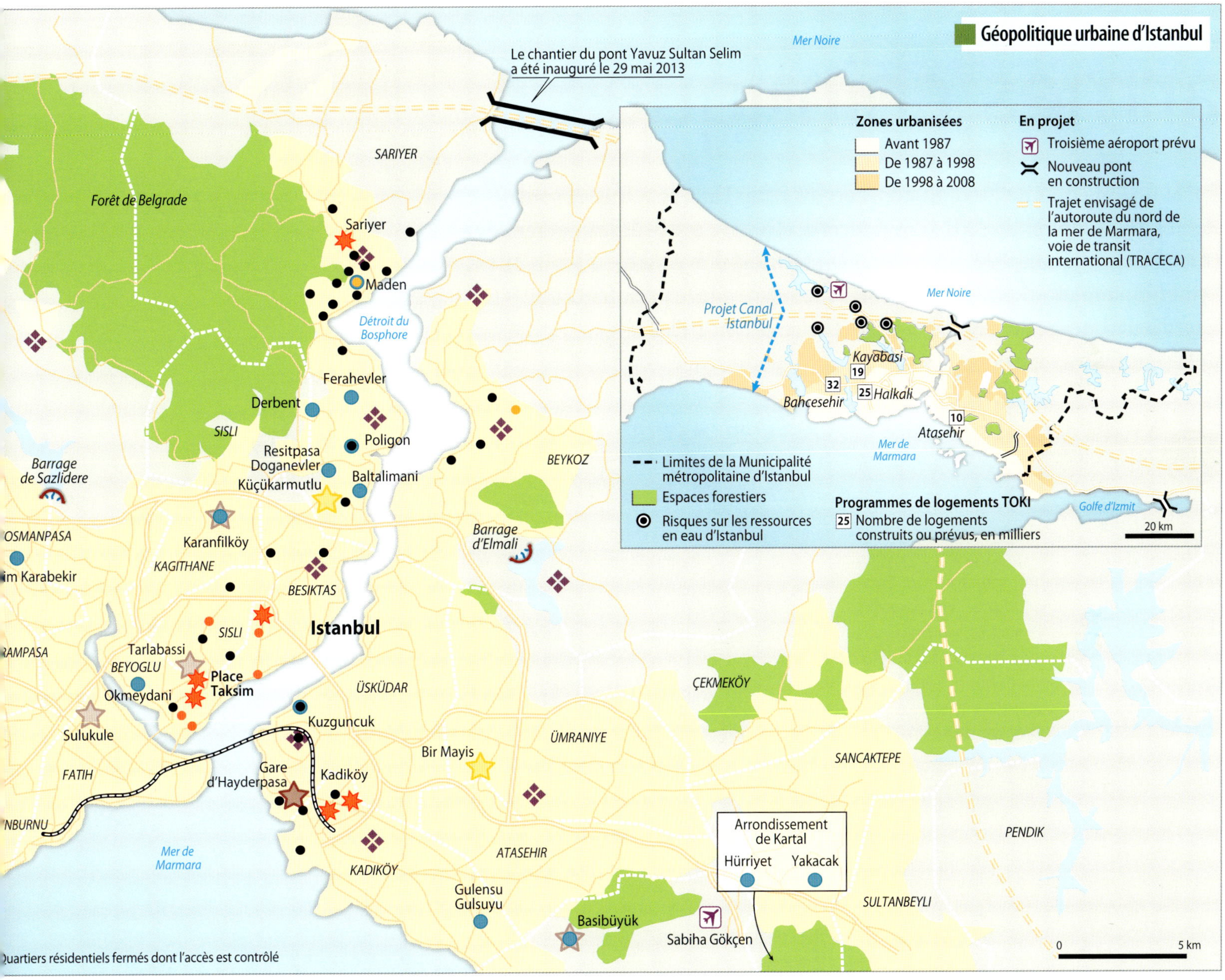

Avec un score de 49,83 % aux législatives du 12 juin 2011, il dispose d'une majorité écrasante dans un système électoral favorable aux grandes formations et qui marginalise les petits partis, comme ceux de gauche et d'extrême gauche : un seuil de 10 % des voix au niveau national est nécessaire pour accéder au Parlement turc. Trouvant de nouveaux terrains d'action, tels que la préoccupation écologique apparue dans les années 1990 en Turquie, ces militants intègrent alors les organisations professionnelles ou associatives et s'impliquent dans les conflits urbains et environnementaux.

Malgré sa structuration, cette opposition, étendue lors des événements de mai et juin 2013 à des cercles plus larges de militants rassemblés à Istanbul au sein de la Plate-forme de solidarité de Taksim, ne paraît pas faire le poids face à la puissance politique de l'AKP. Aux élections municipales de 2009, le parti islamiste a remporté 26 des 39 mairies d'arrondissement de la ville, résultats confirmés au scrutin du 30 mars 2014. Pourtant, le 6 juin 2013, la justice turque a ordonné l'annulation du projet d'urbanisme autour du parc Gezi. Malgré un scandale de corruption en décembre 2013, M. Erdogan compte se présenter à l'élection présidentielle d'août 2014. ● **N. R.**

La guerre en Syrie mettra-t-elle fin aux armes chimiques ?

Après un long bras de fer diplomatique, les États-Unis et la Russie sont arrivés, le 14 septembre 2013, à un accord à Genève sur le désarmement de l'arsenal chimique syrien , officiellement terminé d'évacuer le 23 juin 2014. Symboliquement, c'est dans la même ville suisse que le premier traité interdisant l'usage de telles armes avait été signé en 1925. Cela signifie-t-il un pas vers leur disparition définitive ?

Le 21 août 2013, le régime de Bachar al-Assad a franchi un seuil en bombardant une banlieue de Damas avec du gaz sarin, tuant quelque 1400 personnes. En dépit des polémiques sur la responsabilité de cette attaque, d'une part, elle n'était pas la première, et d'autre part, de nombreux analystes et organisations, comme Human Rights Watch, et des inspecteurs de l'ONU dépêchés sur place ont mis en cause les autorités baasistes. La Syrie (*cf. carte 2*), qui a reconnu détenir 1290 tonnes d'armes chimiques stockées dans 23 sites (1), s'est alors retrouvée sous la menace d'une intervention militaire conjointe des États-Unis et de la France. Sous la pression de Moscou, un compromis a finalement été conclu, obligeant la République arabe à adhérer à la Convention sur l'interdiction des armes chimiques (CIAC).

En 2013, des inspecteurs de l'Organisation pour l'interdiction des armes chimiques (OIAC) ont contrôlé 21 sites de production et les stocks du régime de Bachar al-Assad pour procéder à leur élimination. Outre le coût estimé à un milliard de dollars par Damas, la sécurité des lieux d'intervention, dans un contexte de guerre civile, demande l'aide d'acteurs externes. L'Allemagne, les États-Unis et le Royaume-Uni se sont portés volontaires pour la destruction de l'arsenal chimique syrien. Cette situation a donc paradoxalement renforcé la dictature grâce à l'appui nécessaire de la communauté internationale à la tâche de démantèlement.

UNE PROBLÉMATIQUE ANCIENNE

Si l'histoire retient la date du 15 avril 1915 et l'attaque au chlore par les Allemands contre les troupes françaises à Ypres, en Belgique, comme première utilisation d'arme chimique dans un conflit moderne, on rapporte l'usage de gaz et d'agents toxiques à des fins militaires dès l'Antiquité. La Première Guerre mondiale marque cependant le franchissement d'un seuil symbolique important par la diversité et les effets des substances. En 1925, une première initiative émerge dans le cadre de la Conférence sur le contrôle du commerce international des armes et des munitions de Genève. La France y propose un protocole prohibant l'emploi des armes chimiques. Toutefois, ce dernier, entré en vigueur en 1928, n'interdit que leur utilisation et non leur production, leur développement, leur acquisition ou leur stockage, et ne prévoit pas de contrôle. En 1936, l'Italie fasciste a utilisé du gaz en Éthiopie et l'armée japonaise y a eu recours pendant la guerre avec la Chine (1937-1945). Paradoxalement, la Seconde Guerre mondiale n'a pas connu d'usage de gaz durant les combats, hormis en Asie. En revanche, les nazis l'ont tragiquement utilisé dans les camps d'extermination, faisant 3 millions de victimes.

La course aux armements pendant la guerre froide a conduit à l'augmentation des stocks d'armes chimiques dans le monde. Grâce aux progrès technologiques, le gaz est incorporé à des outils plus sophistiqués, comme des têtes de missiles, et peut donc être envoyé à des milliers de kilomètres de distance. Ces armes ont alors un grand succès, y compris dans des États peu développés. L'Égypte de Gamal Abdel Nasser (1954-1970) a ainsi utilisé du gaz au Yémen pendant la guerre civile (1962-1970). Avec l'agent orange, un herbicide destiné à défolier la jungle vietnamienne, les États-Unis ont usé entre 1961 et 1971 de ce qui constitue une arme chimique, compte tenu des effets sur les populations (brûlures de la peau, cancers, entre autres). Pourtant, à la même époque, en 1972, la Conférence sur le désarmement, instance des Nations unies, s'accorde sur une Convention sur l'interdiction de la mise au point, de la fabrication et du stockage des armes bactériologiques ou à toxines, sans toutefois prévoir de mécanisme de contrôle.

Un grand tournant est amorcé après deux événements majeurs. D'une part, en mars 1988, à la fin de la guerre Iran-Irak (1980-1988), le régime de Saddam Hussein (1979-2003) gaze

1 Géopolitique de l'armement chimique

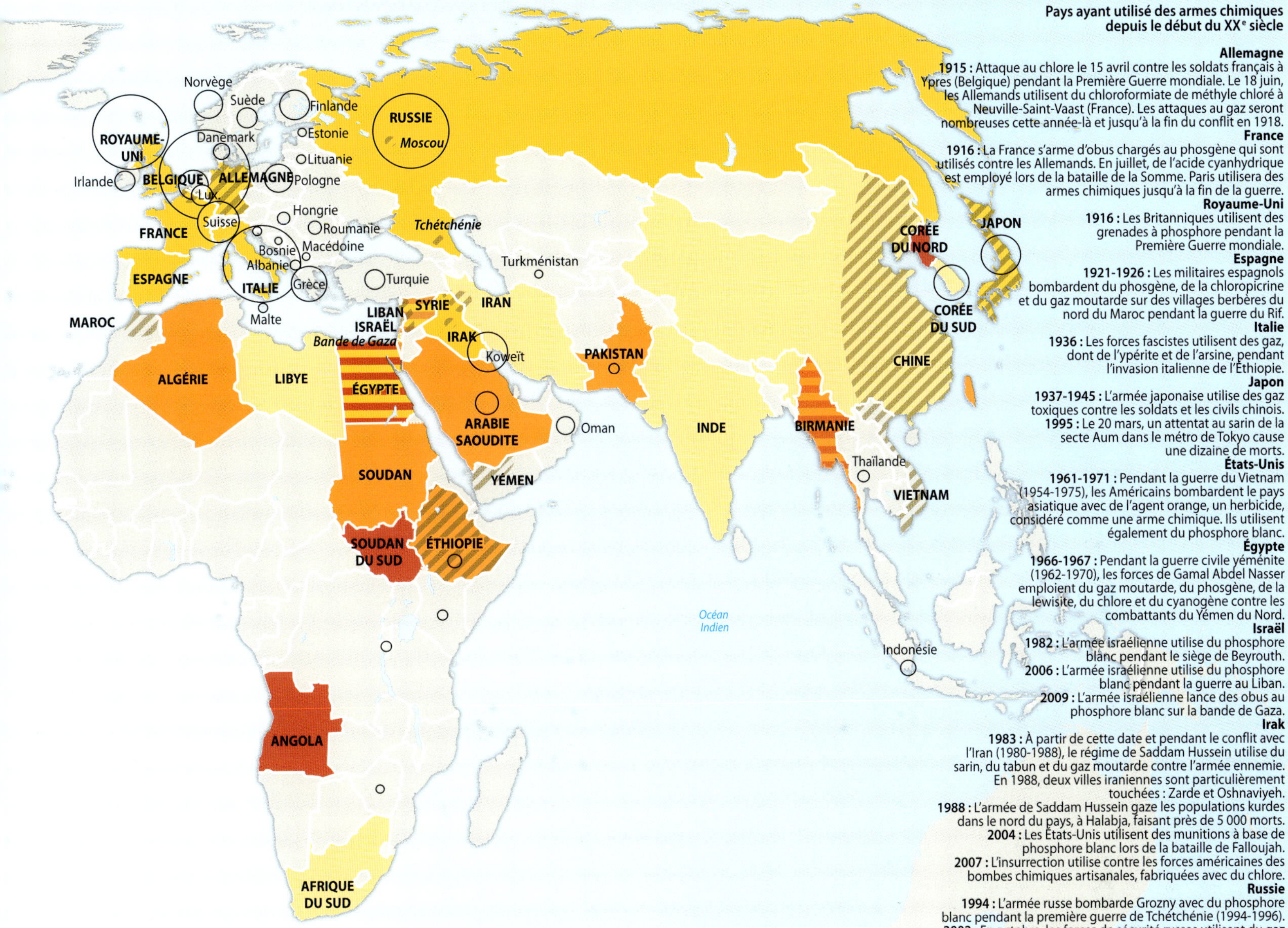

Pays ayant utilisé des armes chimiques depuis le début du XXe siècle

Allemagne
1915 : Attaque au chlore le 15 avril contre les soldats français à Ypres (Belgique) pendant la Première Guerre mondiale. Le 18 juin, les Allemands utilisent du chloroformiate de méthyle chloré à Neuville-Saint-Vaast (France). Les attaques au gaz seront nombreuses cette année-là et jusqu'à la fin du conflit en 1918.

France
1916 : La France s'arme d'obus chargés au phosgène qui sont utilisés contre les Allemands. En juillet, de l'acide cyanhydrique est employé lors de la bataille de la Somme. Paris utilisera des armes chimiques jusqu'à la fin de la guerre.

Royaume-Uni
1916 : Les Britanniques utilisent des grenades à phosphore pendant la Première Guerre mondiale.

Espagne
1921-1926 : Les militaires espagnols bombardent du phosgène, de la chloropicrine et du gaz moutarde sur des villages berbères du nord du Maroc pendant la guerre du Rif.

Italie
1936 : Les forces fascistes utilisent des gaz, dont de l'ypérite et de l'arsine, pendant l'invasion italienne de l'Éthiopie.

Japon
1937-1945 : L'armée japonaise utilise des gaz toxiques contre les soldats et les civils chinois.
1995 : Le 20 mars, un attentat au sarin de la secte Aum dans le métro de Tokyo cause une dizaine de morts.

États-Unis
1961-1971 : Pendant la guerre du Vietnam (1954-1975), les Américains bombardent le pays asiatique avec de l'agent orange, un herbicide, considéré comme une arme chimique. Ils utilisent également du phosphore blanc.

Égypte
1966-1967 : Pendant la guerre civile yéménite (1962-1970), les forces de Gamal Abdel Nasser emploient du gaz moutarde, du phosgène, de la lewisite, du chlore et du cyanogène contre les combattants du Yémen du Nord.

Israël
1982 : L'armée israélienne utilise du phosphore blanc pendant le siège de Beyrouth.
2006 : L'armée israélienne utilise du phosphore blanc pendant la guerre au Liban.
2009 : L'armée israélienne lance des obus au phosphore blanc sur la bande de Gaza.

Irak
1983 : À partir de cette date et pendant le conflit avec l'Iran (1980-1988), le régime de Saddam Hussein utilise du sarin, du tabun et du gaz moutarde contre l'armée ennemie. En 1988, deux villes iraniennes sont particulièrement touchées : Zarde et Oshnaviyeh.
1988 : L'armée de Saddam Hussein gaze les populations kurdes dans le nord du pays, à Halabja, faisant près de 5 000 morts.
2004 : Les États-Unis utilisent des munitions à base de phosphore blanc lors de la bataille de Falloujah.
2007 : L'insurrection utilise contre les forces américaines des bombes chimiques artisanales, fabriquées avec du chlore.

Russie
1994 : L'armée russe bombarde Grozny avec du phosphore blanc pendant la première guerre de Tchétchénie (1994-1996).
2002 : En octobre, les forces de sécurité russes utilisent du gaz contre des militants tchétchènes ayant pris en otage le théâtre de Moscou.

Syrie
2013 : L'armée de Bachar al-Assad a utilisé du sarin lors d'attaques aériennes et terrestres en mars, avril, mai et août.

Utilisation des armes chimiques
Situation en octobre 2013
- État ou zone géographique ayant subi une attaque chimique
- État ayant eu recours aux armes chimiques
- État soupçonné d'avoir ou d'avoir eu un programme d'armement chimique
- État soupçonné d'avoir un programme de recherches chimiques offensif

Organisation pour l'interdiction des armes chimiques (OIAC)
Tous les États ont signé et ratifié la Convention sur l'interdiction des armes chimiques (CIAC) en octobre 2013, sauf :
- État n'ayant pas signé la convention
- État signataire du traité, mais ne l'ayant pas encore ratifié (Birmanie, Israël et Syrie)

Fonds de contributions volontaires pour l'assistance de la mission de l'OIAC
État ayant contribué, en euros
234 033
35 000
20 000
5 000
1 500
Les Fidji font aussi partie des donateurs à hauteur de 4 920 euros

Carto n° 20, 2013 © Areion/Capri

Sources : Rédaction de Carto, 2013 ; « L'œil du monde : Sur la piste des armes chimiques », in Le Monde, 10 septembre 2013 ; OIAC, Rapport sur la mise en œuvre de la Convention sur l'interdiction de la mise au point, de la fabrication, du stockage et de l'emploi des armes chimiques et sur leur destruction en 2009, décembre 2010 ; Bruno Tertrais, Atlas militaire et stratégique, Autrement, 2008

les populations kurdes dans le nord du pays, à Halabja, faisant près de 5 000 morts. Ce drame choque profondément l'opinion internationale. D'autre part, avec la fin de la guerre froide, l'idée se répand de mettre en place une convention mondiale sur l'interdiction des armes chimiques, comme cela existe déjà pour les bactériologiques et les nucléaires. C'est dans ce contexte qu'est signée la CIAC en 1993, à Paris. Entrée en vigueur en 1997, elle prohibe la mise au point, la fabrication, le stockage et l'usage d'armes chimiques. Depuis, presque tous les États de la planète l'ont signée et ratifiée.

UN MONDE SANS ARMES CHIMIQUES EST-IL POSSIBLE ?

L'OIAC est chargée de surveiller la mise en œuvre des règles établies par les pays membres. Son succès se mesure au regard des chiffres : la quantité d'armes chimiques détruites est de 63 740 tonnes (33 100 tonnes en Russie, 28 400 aux États-Unis, 1 100 en Inde et en Corée du Sud, 24 en Libye et 16 en Albanie), sur les 77 844 déclarées à l'organisation. Il ne faut pas oublier l'arsenal irakien, officiellement détruit, mais pour lequel il n'existe pas de données fiables. À cela s'ajoutent les 250 tonnes – elles datent d'avant 1925 – que la France entrepose à Suippes (Marne) et dont la destruction est prévue en 2016. Les dernières armes chimiques syriennes ont été évacuées le 23 juin 2014.

L'adhésion du régime baasiste ne doit pas faire oublier que plusieurs États sont toujours hors du cadre de la CIAC (*cf. carte 1*). La Birmanie et Israël, signataires, ne l'ont pas ratifiée. L'Angola, la Corée du Nord – qui produit 5 000 tonnes d'armes chimiques par an et possède notamment du gaz moutarde, du sarin et du phosgène –, l'Égypte et le Soudan du Sud ne l'ont pas signée. L'épisode syrien accélèrera sans doute leur adhésion,

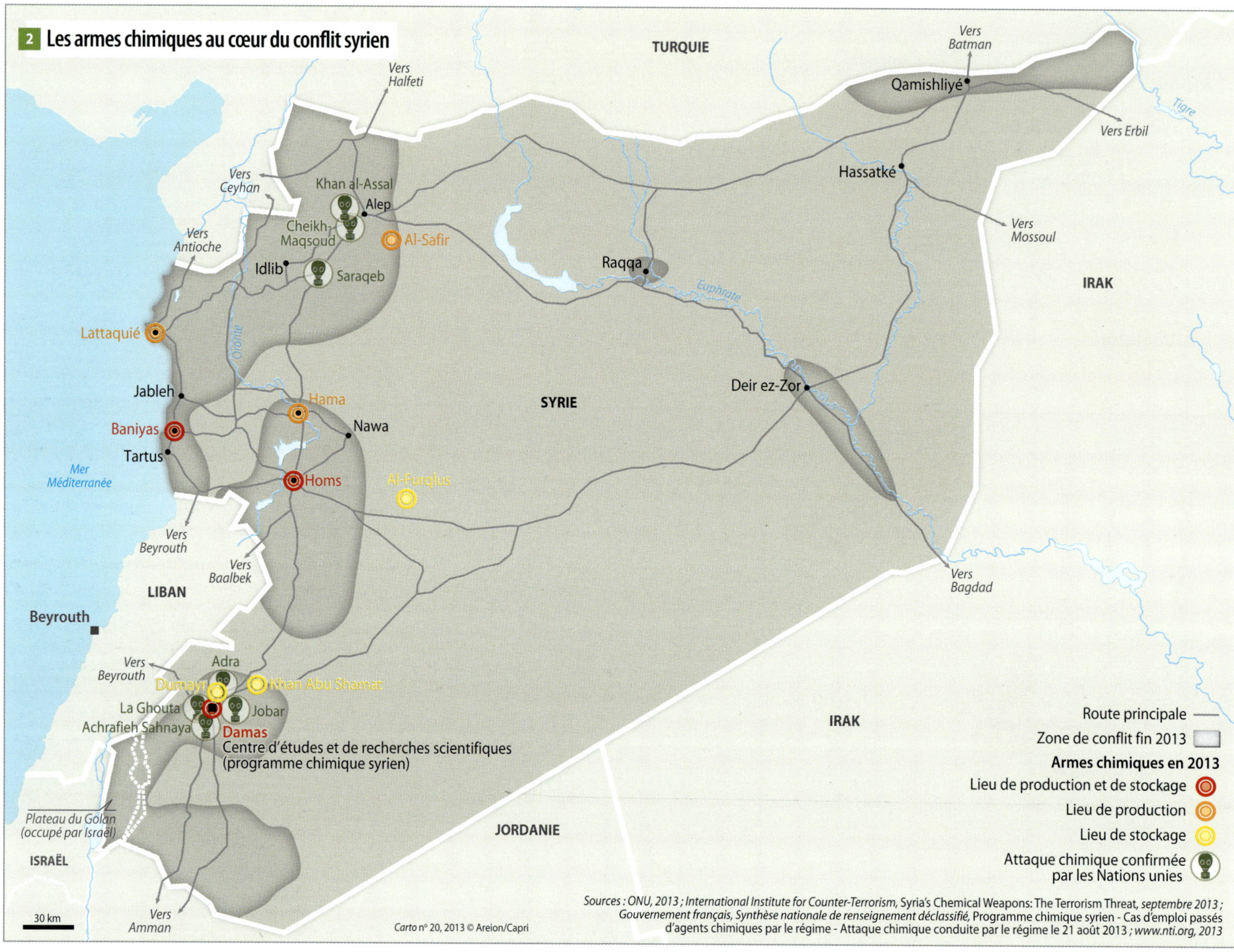

2 Les armes chimiques au cœur du conflit syrien

en particulier celle de la Birmanie, qui collabore déjà avec l'OIAC. Le gouvernement du Caire, dont la détention d'armes chimiques tient à une volonté de disposer d'une capacité de dissuasion face à Israël, pourrait également suivre Damas, alors que ce dernier est accusé d'utiliser du chlore en dépit de l'accord de septembre 2013. Toutefois, le chemin vers la suppression de ces armes se heurte à d'autres obstacles. D'abord, la réticence des grandes puissances à y renoncer complètement. La Russie et les États-Unis possèdent encore respectivement 11 000 et 3 100 tonnes déclarées. Si Washington s'est engagé à s'en débarrasser en 2016, Moscou garde le silence sur la question. Ensuite, la République populaire de Chine et l'Iran assurent qu'ils ont démantelé leur arsenal chimique, mais les Américains considèrent que ces derniers continuent à développer un programme caché. Par ailleurs, si le cadre de la CIAC prévient l'emploi et le développement de telles armes dans le monde, il n'empêche pas son utilisation par des organisations non étatiques. Le Japon a tragiquement fait l'expérience d'un usage terroriste du sarin dans le métro de Tokyo le 20 mars 1995, lorsqu'un attentat de la secte Aum a causé une dizaine de morts et des milliers de blessés. Le risque est d'autant plus grand qu'à la faveur de la mondialisation, les ingrédients nécessaires à la fabrication d'armes de catégorie 2 et 3 sont facilement disponibles (produits chimiques à usage pacifique pouvant être utilisés à des fins militaires). La Syrie a d'ailleurs fabriqué une partie de son arsenal grâce à des livraisons de produits allemands en 2006, pourtant destinés à des usages civils. Enfin, une ambiguïté réside sur la qualification de certains gaz exclus de la CIAC, notamment les antiémeutes et les incapacitants. Les forces spéciales russes avaient utilisé ces derniers lors de la prise d'otages du théâtre de Moscou en octobre 2002, entraînant la mort de 118 personnes. Ces questions laissent en suspens l'avènement d'un monde débarrassé des armes chimiques. ●

T. H.

NOTE

(1) International Institute for Counter-Terrorism, *Syria's Chemical Weapons: The Terrorism Threat*, septembre 2013. Téléchargeable en anglais sur : www.ict.org.il/Articles/tabid/66/Articlsid/1217/currentpage/1/Default.aspx

POUR EN SAVOIR PLUS...

- Human Rights Watch, *Attacks on Ghouta: Analysis of Alleged Use of Chemical Weapons in Syria*, septembre 2013. Téléchargeable en anglais sur : www.hrw.org/node/118725/
- Bérangère Rouppert, *Interdiction des armes chimiques : réalisations, défis et nouvelles priorités de la Convention, Groupe de recherche et d'information sur la paix et la sécurité (GRIP)*, mars 2012. Téléchargeable sur : www.grip.org/fr/node/178
- Le site de l'OIAC : www.opcw.org/fr/

Syrie, terre de djihad

À mesure que le conflit syrien prend une tournure confessionnelle, le nombre de combattants islamistes étrangers augmente dans les rangs rebelles (*cf. carte*). Si leur présence sur le terrain n'est pas sans susciter les craintes des gouvernements occidentaux, elle sert aussi à alimenter la propagande de Damas, qui compte pourtant de son côté des hommes venus du Liban, d'Irak et d'Iran.

Entre mars 2011 et décembre 2013, environ 11 000 individus sont partis en Syrie pour affronter le régime de Bachar al-Assad. Ils sont d'origines diverses : allemande, britannique, française, kosovare, tunisienne ou saoudienne, entre autres (1). Si des liens avec Al-Qaïda ont pu être observés, le réseau terroriste ne fait pas l'unanimité parmi les combattants. Toujours est-il que le pays n'avait jamais enregistré un tel afflux d'Européens sur une période aussi courte (entre le printemps 2011 et l'hiver 2013). Cette présence préoccupe les services de renseignement européens qui tentent de déceler les filières de recrutement. En mai 2013, la Direction centrale du renseignement intérieur (DCRI) a estimé qu'entre 180 et 200 Français (en majorité des convertis) étaient partis au front en Syrie, s'inquiétant de leurs agissements une fois de retour dans l'Hexagone.

DES LIENS AVEC AL-QAÏDA

À cette mosaïque vient se greffer un autre problème, celui de la fragmentation salafistes-djihadistes. Apparu en janvier 2012, déclaré organisation terroriste par les États-Unis en décembre, le mouvement Jabhat al-Nousra est une force armée de l'opposition importante, avec environ 6 000 hommes, selon des sources officieuses. Il s'est notamment distingué par des attentats, comme ceux du 15 août 2012 à Damas. En avril 2013, l'État islamique en Irak, branche d'Al-Qaïda, a annoncé son « extension au Levant », alors qu'un appel similaire à l'unité avait été émis peu de temps auparavant par le successeur d'Oussama ben Laden, Ayman al-Zawahiri, auquel le chef de Jabhat al-Nousra, Abou Mohamed al-Golani, a fait allégeance. Cet alignement a créé de profondes tensions parmi les multiples forces islamistes déployées sur le terrain (les brigades Haqq à Hama, Ash-Sham à Idlib, Tawhid à Alep, Islam à Damas, entre autres), chacune ayant ses propres priorités.

Cette situation apparaît comme une aubaine pour le pouvoir syrien qui avait dès 2011 basé son discours sur la lutte contre Al-Qaïda pour justifier le recours à la force. Toutefois, Damas a su dans le passé jouer simultanément plusieurs cartes en apparence contradictoires, comme en janvier 2012, lorsque les autorités ont libéré Abou Moussab al-Souri, considéré comme un haut dirigeant du réseau terroriste.

Le régime entretient également des liens ambigus avec diverses organisations salafistes, à l'instar de la libanaise Fatah al-Islam, l'objectif étant de montrer sa capacité à créer le chaos et de s'imposer comme le garant de la stabilité régionale, en Syrie comme au Pays des Cèdres. Enfin, il reçoit l'appui de combattants iraniens, irakiens et libanais chiites, dont il est difficile de déterminer le nombre précis. Le 24 mai 2013, le chef du Hezbollah, Hassan Nasrallah, a promis dans un discours « la victoire des moudjahidines » engagés auprès de Bachar al-Assad, confirmant ainsi la participation du mouvement dans des opérations armées contre l'insurrection. ●

T. Y.

NOTE

(1) Aaron Y. Zelin, *Up to 11,000 Foreign Fighters in Syria; Steep Rise Among Western Europeans*, The International Centre for the Study of Radicalisation, décembre 2013.

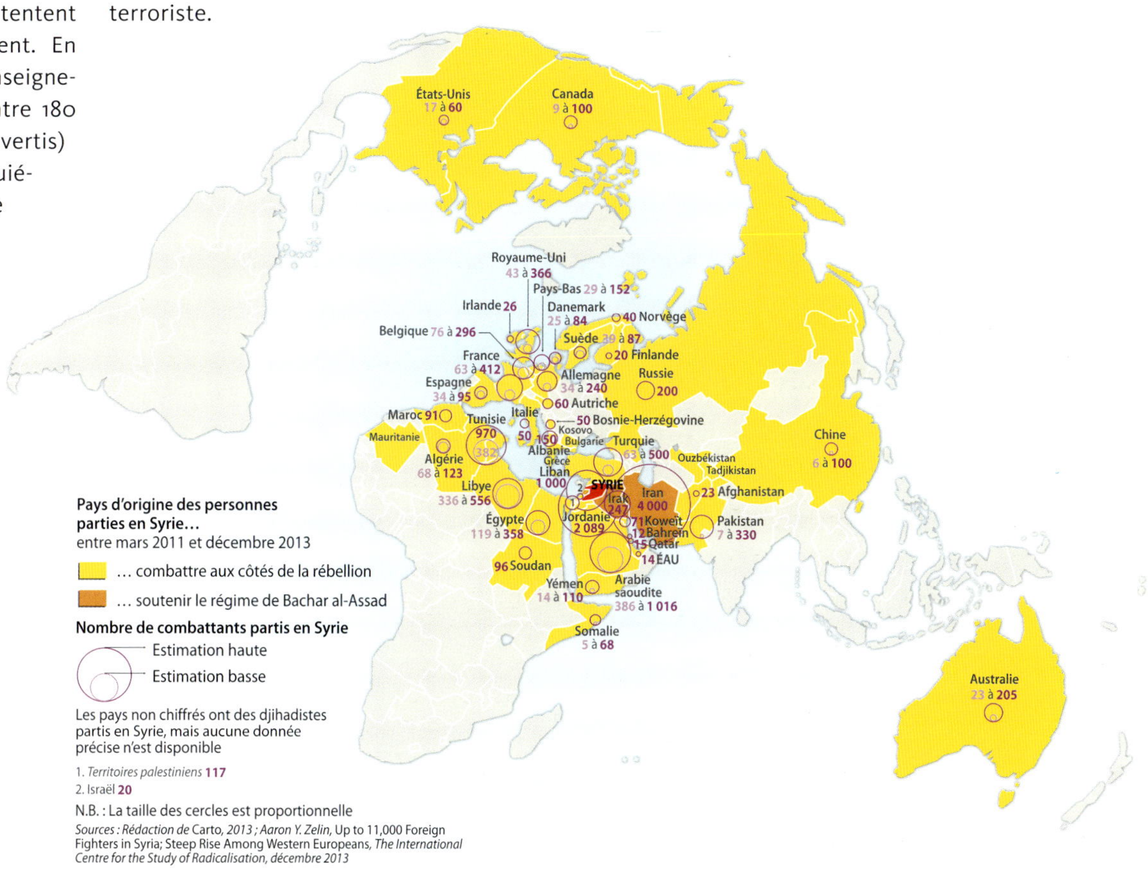

Sources : Rédaction de Carto, *2013 ; Aaron Y. Zelin,* Up to 11,000 Foreign Fighters in Syria; Steep Rise Among Western Europeans, *The International Centre for the Study of Radicalisation, décembre 2013*

Carto n° 18, 2013 © Areion/Capri

Sunnites-chiites : la fracture imaginaire ?

En juin 2013, un acte d'une rare violence a bouleversé la société égyptienne : à Abou Moussallam, ville proche du Caire, quatre chiites ont été battus à mort par des habitants. Des attentats au Liban et la menace djihadiste en Irak rappellent les conséquences régionales du conflit en Syrie. Toutefois, faut-il en conclure que ce dernier marque un point de non-retour dans une guerre annoncée entre sunnites et chiites ?

Comme dans toutes les nations arabes touchées par les soulèvements depuis décembre 2010, la contestation en Syrie était à l'origine un mouvement dénonçant les mauvaises conditions de vie quotidiennes et l'autoritarisme du régime. Pourtant, selon les autorités, le pays est soumis depuis le début à la déstabilisation de groupes djihadistes sunnites partis en guerre contre une minorité alaouite, celle du président Bachar al-Assad. Chose qui, aujourd'hui, est devenue une réalité.

Cette instrumentalisation des religions, qui pourrait avoir de graves conséquences sur la géographie future du Moyen-Orient, s'illustre avec la brigade Abou al-Fadhal al-Abbas, officiellement chargée de défendre pendant les hostilités les lieux sacrés, notamment la mosquée Sayyida Zeinab de Damas, important lieu de pèlerinage chiite. Elle est composée de membres des forces spéciales d'Irak, d'Iran, de Syrie et du Liban. L'exemple est parlant puisqu'il réunit les quatre pays formant un supposé arc chiite (*cf. carte 2*), uni contre un axe sunnite principalement constitué par les grandes puissances régionales, l'Arabie saoudite, l'Égypte, la Jordanie, la Turquie et le Qatar. Il permet aussi de comprendre en quoi la division sunnisme-chiisme est bien plus politique que religieuse, même si elle a des conséquences dramatiques au sein des populations croyant agir au nom de la foi, comme à Abou Moussallam.

UN PROBLÈME DE SUCCESSION

La division entre ces deux principales branches de l'islam – on distingue également le kharidjisme – remonte à la mort de Mahomet, en 632. Ce dernier ne laisse ni testament ni descendance mâle, obligeant ses compagnons à organiser sa succession. Les voix s'opposent entre les partisans d'un guide issu de la même famille, thèse défendue par Ali, cousin et gendre du prophète, et ceux qui estiment que la tâche revient à la personne la plus digne. C'est cette école dite traditionaliste (sunnite) qui impose alors les trois premiers califes, Abou Bakr (632-634), Omar (634-644) et Othman (644-656), avant qu'Ali ne devienne calife après l'assassinat de ce dernier. Toutefois, sa mort en 661, mais surtout celle de son fils Hussein, en 680, à Kerbala (Irak), sont considérées comme des actes fondateurs du chiisme comme courant religieux, autorisant alors des interprétations et des pratiques vues comme hérétiques par les sunnites.

Le poids démographique de ces derniers (près de 90 % des 1,59 milliard de musulmans dans le monde en 2012) est sans commune mesure avec celui de la minorité chiite. Néanmoins, celle-ci reste principalement concentrée autour du golfe Persique et représente 89 % de la population en Iran, 70 % à Bahreïn (*cf. carte 1*), 65 % en Irak, 30 % au Koweït, 16 % aux Émirats arabes unis, entre 10 et 15 % en Arabie saoudite. C'est précisément dans cette région qu'a lieu, en 1979, l'événement géopolitique chiite majeur du XXe siècle : la révolution islamique. Téhéran s'impose alors à la tête d'un ensemble constitué de communautés persécutées dans leurs pays respectifs.

1 Géographie religieuse à Bahreïn

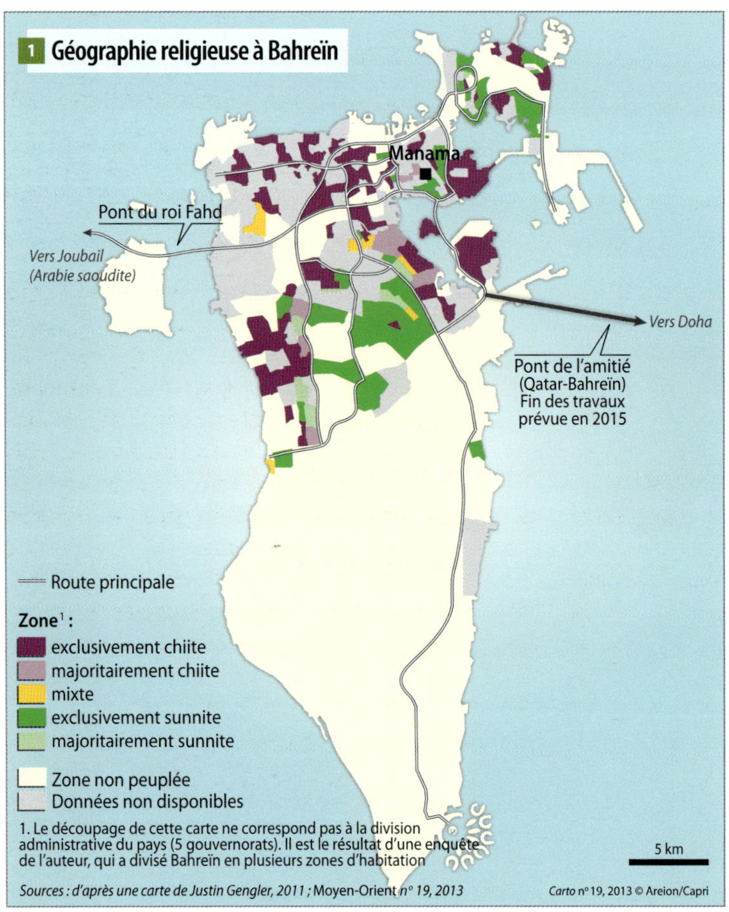

1. Le découpage de cette carte ne correspond pas à la division administrative du pays (5 gouvernorats). Il est le résultat d'une enquête de l'auteur, qui a divisé Bahreïn en plusieurs zones d'habitation

Sources : d'après une carte de Justin Gengler, 2011 ; Moyen-Orient *n° 19, 2013* — *Carto* n° 19, 2013 © Areion/Capri

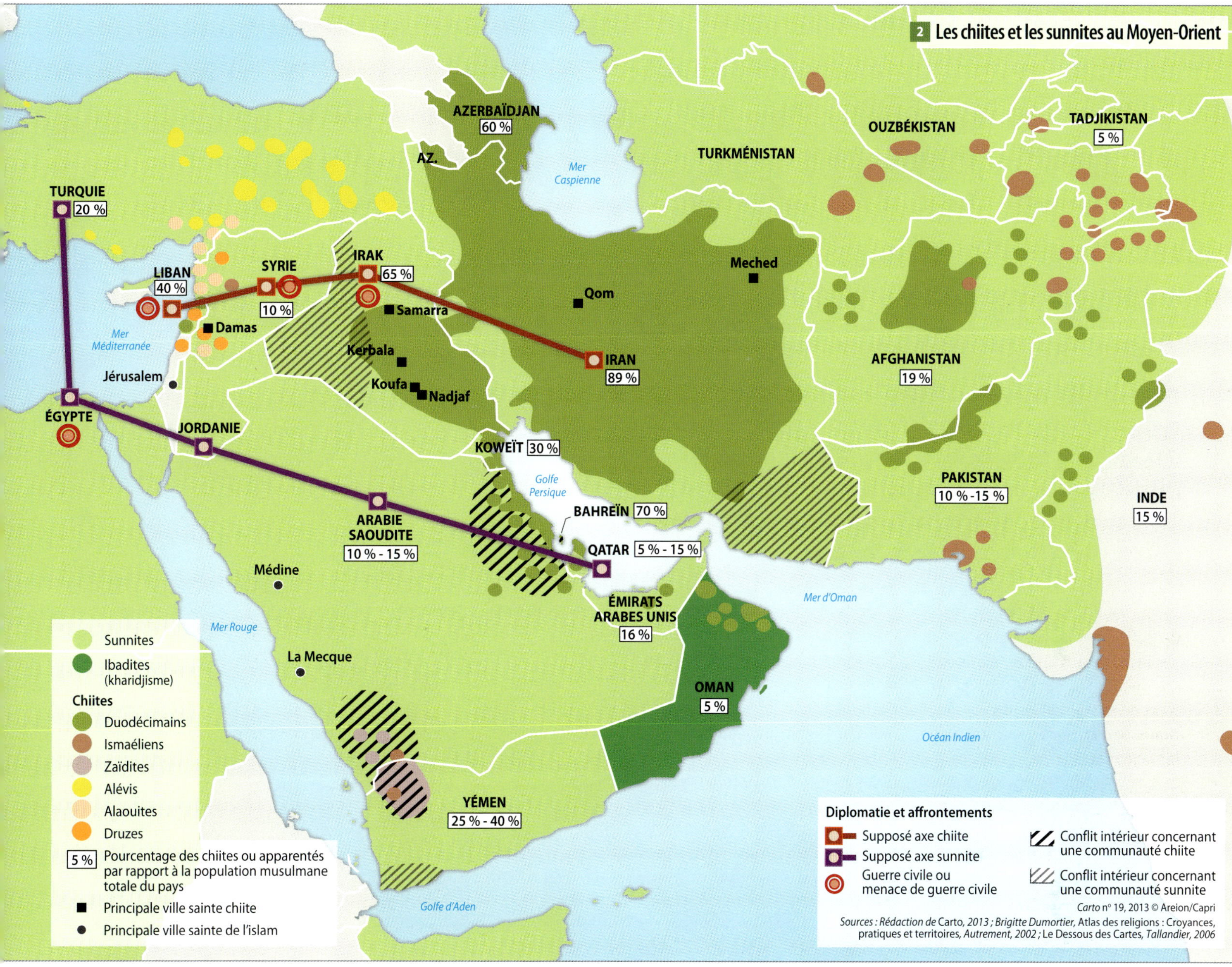

2 Les chiites et les sunnites au Moyen-Orient

UNE SOLIDARITÉ EN QUESTION

Pourtant – c'est là une première limite à un supposé arc chiite solidaire –, l'« exportation » de la révolution ne s'est pas faite. Les groupes religieux poursuivent des logiques nationales. On l'a bien vu en mars 2011 à Bahreïn, lorsque les manifestants, en majorité chiites, réclamaient de meilleures conditions de travail, une plus grande représentation politique et la fin des discriminations sociales imposées par un pouvoir central sunnite. L'Arabie saoudite, à la tête de l'écrasement par la force du soulèvement, avait de son côté insisté sur le caractère confessionnel de l'opposition. Avant les « printemps arabes », la guerre de 2006 entre Israël et le Liban avait apporté au Hezbollah une aura positive dans tout le Moyen-Orient, renforçant alors la position du mouvement, entré au gouvernement en 2005. Pour l'Iran, le soutien militaire et financier au parti de Hassan Nasrallah contribue avant tout au dessein de déstabiliser l'État hébreu en l'approchant (donc en le menaçant) le plus près possible. Dans cette logique, l'axe Téhéran-Damas-Hezbollah prend tout son sens.

Les différends à l'intérieur des courants musulmans constituent une autre limite. Il existe plusieurs écoles au sein du chiisme : par exemple, tandis que les duodécimains attendent le retour du douzième imam, les zaïdites n'en reconnaissent que cinq. Chez les sunnites, tout ou presque oppose les malikites tunisiens et les wahhabites saoudiens ; depuis la chute des dictatures en Tunisie et en Égypte en 2011, les partis islamistes portés au pouvoir sont en lutte permanente avec les courants salafistes. Et le coup d'État contre le président Mohamed Morsi, le 3 juillet 2013, a montré les faiblesses politiques des Frères musulmans. On retrouve ces différences dans les politiques étrangères. Par exemple, tandis que Riyad combat la confrérie islamiste, le Qatar la soutient. En Syrie, les factions djihadistes se multiplient et sont incapables de s'entendre. Quant à l'Iran, il entretient de bonnes relations commerciales avec les Émirats arabes unis sunnites, notamment Dubaï, où habite une importante communauté iranienne (environ 450 000 personnes en 2012).

La grille de lecture confessionnelle sunnisme-chiisme répond à des représentations géopolitiques permettant d'expliquer les tensions permanentes dans une région encore en transition après les révolutions et qui, victime de l'instrumentalisation des religions par ses dirigeants, risque de sombrer dans une longue guerre civile. La situation en Syrie et ses conséquences au Liban et en Irak en sont le meilleur exemple, faisant craindre des conflits sectaires dans ces deux pays déjà blessés. ●

G. F.

Les chiites d'Arabie : une menace pour les Al-Saoud ?

Alors que le royaume de Bahreïn fait face à des manifestations sans précédent dans les États arabes du Golfe depuis mars 2011, l'Arabie saoudite, qui elle aussi abrite une importante population chiite, connaît des troubles dans sa province orientale, le cœur de ses réserves de pétrole, et donc de son économie.

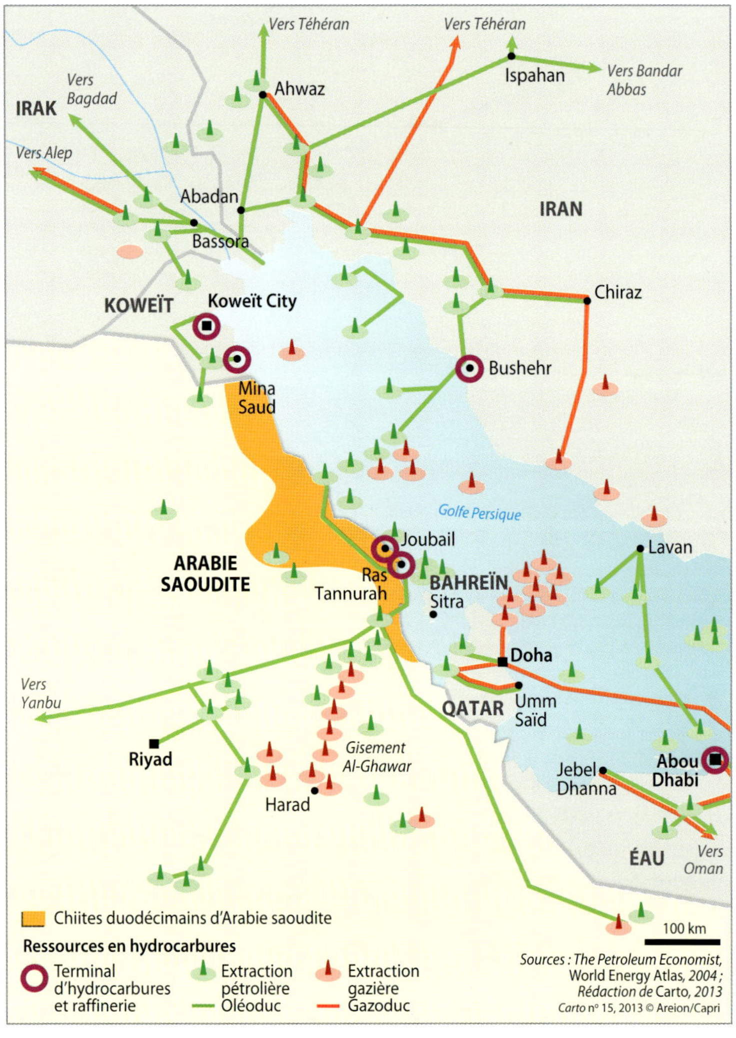

Le 8 juillet 2012, l'arrestation du principal dirigeant de la contestation chiite en Arabie saoudite, le cheikh Nimr Baqr al-Nimr, a marqué le début d'une nouvelle série de manifestations dans le Hassa. Cette région, intégrée administrativement dans la Province orientale, constitue le centre névralgique de l'économie du royaume et, dans une large mesure, du système financier mondial (*cf. carte*). Près de 90 % des immenses réserves de pétrole de l'Arabie saoudite (265,9 milliards de barils en 2013) y sont localisées ; on y trouve le plus vaste gisement onshore de brut du monde, Al-Ghawar, long de 250 kilomètres sur 35 de large. Cette réalité fait du Hassa le principal foyer industriel du pays. Il est aussi le fief de la population chiite (entre 10 et 15 % des quelque 21 millions de Saoudiens en 2013 ; il n'existe pas de chiffres officiels) dans un royaume sunnite qui considère cette branche de l'islam comme une hérésie.

Un arrêt, ne serait-ce que de quelques heures, de la production pétrolière saoudienne aurait des conséquences catastrophiques à l'échelle mondiale, notamment en raison d'une augmentation soudaine du prix du baril. La tenue de protestations dans cette région revêt dès lors un enjeu stratégique majeur que les autorités prennent bien en compte. Entre juillet et novembre 2012, sept manifestants ont trouvé la mort. L'extrême importance de la zone autorise le régime à ne pas devoir craindre de critiques internationales trop prononcées.

Les chiites saoudiens ont pourtant de nombreuses raisons de protester. Considérés comme apostats par les cheikhs wahhabites, tenus à l'écart de la fonction publique, ils restent largement les parents pauvres de la redistribution de la rente pétrolière. De violentes émeutes ont éclaté fin 1979, après la révolution islamique en Iran, obligeant Riyad à développer des infrastructures. Les chiites peuvent construire leurs mosquées, mais affrontent le prosélytisme des sunnites. Ce n'est qu'en 2003 que 450 personnalités chiites signent la pétition « Partenaires de la nation », demandant au roi la reconnaissance de leurs droits et de leur religion. En 2011, après les révoltes à Bahreïn, les manifestations dans la Province orientale se sont multipliées.

Le Hassa tient beaucoup dans l'imaginaire des dirigeants saoudiens de cette crainte partagée d'un chiisme revendicateur alimenté par les velléités et les ambitions iraniennes. Même l'allié américain a pu raviver cette peur à travers sa carte involontairement dévoilée du « Grand Moyen-Orient » en juin 2006. Le projet montrait un nouveau pays côtier, allant du Qatar à la région de Bushehr, en Iran, nommé « État arabe chiite ».

La crainte entretenue de Téhéran relève plus du fantasme que de la réalité. Toutefois, les manifestations, bien réelles, rappellent aux autorités saoudiennes que la dégradation de la situation économique, notamment en raison de la croissance démographique, et l'absence de liberté mènent à la contestation dès lors qu'elles ne sont plus supportables. Si la solidarité ne joue pas en faveur des chiites, une répression de manifestants sunnites aurait des conséquences autrement plus dramatiques pour l'image du régime des Al-Saoud.

T. H.

L’impact des sanctions sur le quotidien des Iraniens

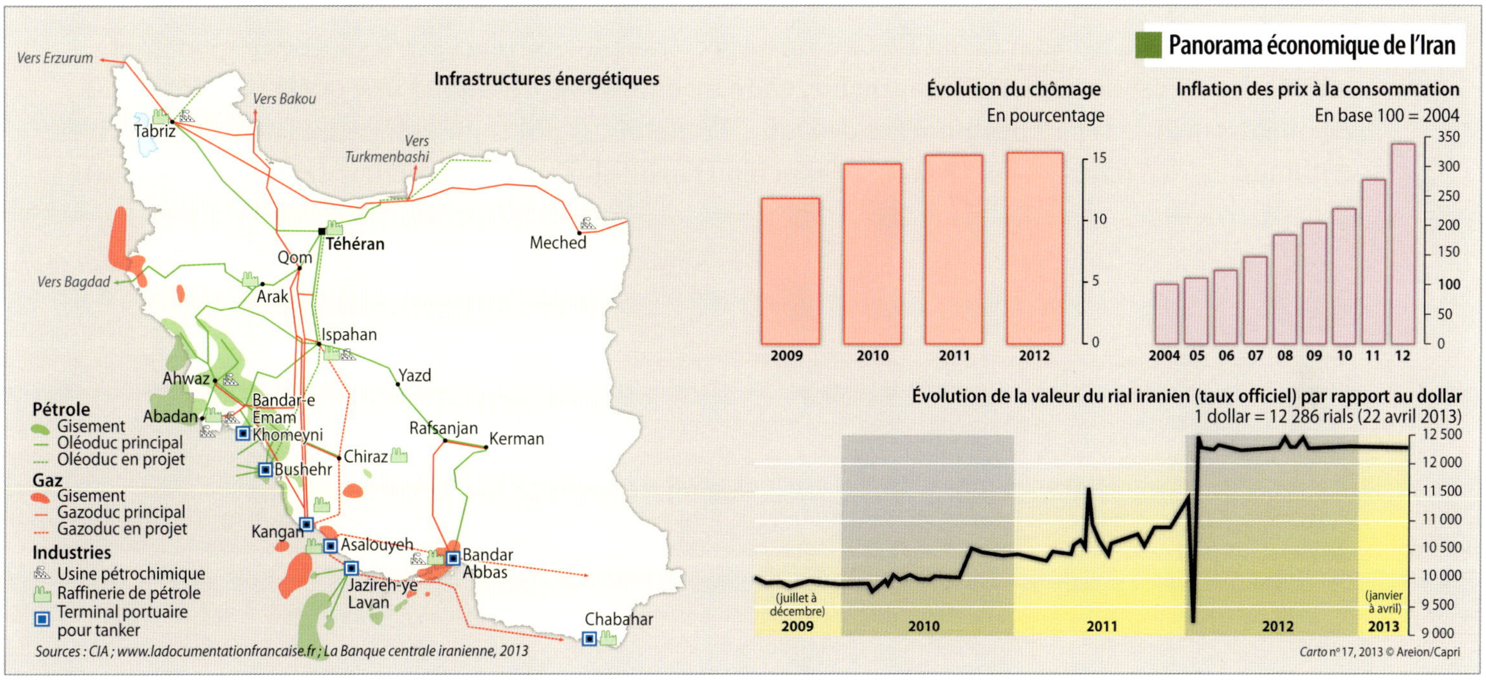

Dans la nuit du 23 au 24 novembre 2013, le groupe 5+1 (Chine, États-Unis, France, Royaume-Uni, Russie et l’Allemagne) s’est engagé à une suspension partielle des sanctions internationales imposées à l’Iran, soupçonné par la communauté internationale de développer l’arme atomique. L’objectif de ces mesures était de faire plier l’économie de la République islamique et de la forcer à abandonner son programme nucléaire, que Téhéran affirme poursuivre à des fins civiles.

Plusieurs mesures de rétorsion frappant les secteurs énergétique et bancaire ont été adoptées. L’UE, qui représentait 18 % des exportations de brut iranien en 2011, a instauré en janvier 2012 un embargo, effectif depuis le mois de juillet. Selon l’Agence internationale de l’énergie atomique, l’ancienne Perse a perdu 40 milliards de revenus pétroliers en 2012. Sur le plan financier, les banques internationales ne peuvent plus réaliser d’opérations avec l’État ou les entreprises depuis janvier 2012. Pour le guide suprême, l’ayatollah Ali Khamenei, la question nucléaire est un prétexte pour inciter la population à affronter le système.

Ces mesures ont eu des effets tangibles sur la vie quotidienne (*cf. document*). Selon les chiffres officiels, le taux d’inflation a atteint 31,5 % en mars 2013, une situation économique désastreuse également imputable à la mauvaise gestion du gouvernement. Les prix des denrées alimentaires de base (pain, riz, sucre, viande, etc.) ont fortement augmenté. Par exemple, en juillet 2012, le kilogramme de poulet est passé de 1,40 euro à 4 euros en trois semaines. En octobre de la même année, le rial, la monnaie nationale, a perdu 40 % de sa valeur sur le marché libre – les autorités maintiennent par ailleurs un taux bancaire officiel – en l’espace de quelques jours, provoquant des manifestations. Le chômage est de 16 % en 2013. Nombre d’ouvriers perçoivent des salaires inférieurs au seuil de pauvreté, fixé à 11 dollars par jour. Les faillites de commerces ou d’usines se multiplient. Le marché noir et le troc se développent. Les classes moyennes sont les plus touchées, les pauvres bénéficiant d’aides publiques. Quant aux familles aisées, elles achètent de l’or et des dollars pour protéger leurs avoirs.

Conséquence dramatique des sanctions, elles ont entraîné une pénurie de médicaments et d’équipements de base (1), même si elles n’avaient pas pour finalité de mettre en danger la santé des Iraniens. Aussi, de nombreux activistes, académiciens, journalistes ou artistes parlent-ils de mesures criminelles et de violations des Droits de l’homme.

Malgré des difficultés économiques, l’Iran résiste et a maintenu un excédent commercial en 2012 grâce à l’envolée des prix du pétrole. De plus, le pays détient d’immenses réserves de change (104,6 milliards de dollars en 2012). En janvier 2014, après que l’Iran a annoncé le gel d’une partie de ses activités nucléaires, l’Union européenne a suspendu pour six mois une série de sanctions. En dépit de cet accord, la question de leur efficacité se pose, car elles font davantage souffrir les 79,85 millions d’Iraniens (2013) qu’elles n’affaiblissent le régime.

M. H.

NOTE

(1) Siamak Namazi, *Sanctions and Medical Supply Shortages in Iran*, Woodrow Wilson International Center for Scholars, *Viewpoints* n° 20, février 2013.

REPÈRES

NOM OFFICIEL
État du Qatar

CHEF DE L'ÉTAT
Tamim bin Hamad al-Thani (émir depuis 2013)

SUPERFICIE
11 586 km²
(166e rang mondial)

LANGUE OFFICIELLE
Arabe

CAPITALE
Doha

POPULATION EST. 2013
2,04 millions d'habitants

DENSITÉ
176 hab./km²

MONNAIE
Riyal qatari

HISTOIRE
Territoire contrôlé successivement par la Perse, le Portugal, Oman, Bahreïn et l'Empire ottoman, le Qatar est sous la tutelle du Royaume-Uni entre 1916 et 1971, date de l'indépendance. La famille Al-Thani, originaire d'Arabie, exerce le pouvoir depuis 1825

PIB PAR HABITANT EST. 2013 (EN PARITÉ DE POUVOIR D'ACHAT)
102 100 dollars

INDICE DE DÉVELOPPEMENT HUMAIN (2013)
0,834 (33e rang)

Les grandes ambitions du petit Qatar

Au Moyen-Orient, le Qatar est un État qu'on ne présente plus. Sa place sur les scènes régionale et internationale est devenue incontournable, voire incontestable, résultat d'une quête perpétuelle de reconnaissance de la part des autorités de Doha. Toutefois, sa politique extérieure fait l'objet de vives critiques, un défi pour le nouvel émir, Tamim bin Hamad al-Thani, en fonction depuis le 25 juin 2013.

D'un point de vue géographique, le Qatar est un minuscule État : 11 586 kilomètres carrés, soit un peu plus que Chypre, pour 2,04 millions d'habitants en 2013, dont près de 90 % d'étrangers. Économiquement, c'est un géant : un PIB par habitant le plus élevé de la planète (103 900 dollars), un chômage inexistant (0,5 %) et une croissance de 6,6 % (selon les chiffres de 2012, *cf. document 1*).

Ce dynamisme est dû à deux facteurs. Le principal se trouve au nord-est de la péninsule ; il s'agit de North Field, le plus grand gisement gazier au monde, donnant à l'émirat des réserves prouvées de 24 700 milliards de mètres cubes en 2013. Le second est politique et se résume à un nom, Hamad bin Khalifa al-Thani. Au pouvoir après un « coup de palais » en 1995 contre son père jusqu'à son abdication en juin 2013, il a tout mis en œuvre pour faire de son micropays une grande puissance grâce à l'argent de la rente gazière. Il crée la chaîne de télévision Al-Jazeera en 1996, puis joue le rôle de médiateur dans différents conflits (le Liban en 2008, le Darfour en 2010, entre autres). En octobre 2012, il se rend à Gaza, la première visite d'un chef d'État depuis l'arrivée au pouvoir en 2007 du Hamas, promettant des investissements et montrant au monde entier, surtout à ses voisins arabes, son soutien à la cause palestinienne.

DES INVESTISSEMENTS EN FRANCE

Ce langage « financier-diplomatique » se retrouve un peu partout sur la planète (*cf. carte 2*), l'émirat plaçant les fonds souverains de la Qatar Investment Authority (estimés à 170 milliards de dollars en 2013) dans les principaux secteurs clés de l'économie : matières premières, immobilier, hôtellerie et banque, sans oublier l'industrie du luxe et le sport. En France, le Qatar est actionnaire de nombreuses entreprises : Lagardère (12,8 %), Vinci (5,6 %), Total (3 %), Vivendi (2 %), etc. ; et possède le club de football du Paris Saint-Germain. Plus polémique : l'annonce d'un « fonds de banlieues » de 50 millions d'euros en décembre 2011. Cette somme fut confirmée par les autorités françaises en septembre 2012 et sera destinée aux PME. Elle sera abondée à parité par la Qatar Holding LLC et la Caisse des Dépôts, atteignant les 300 millions d'euros.

1 La force économique de Doha

Les principaux fonds souverains du monde en 2013
En milliards de dollars

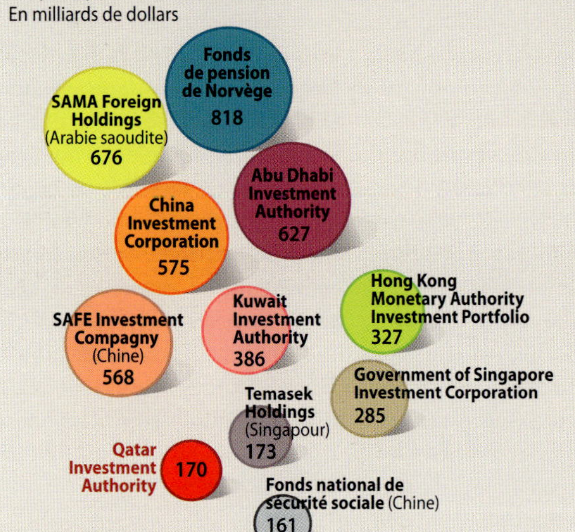

Carto n° 15, 2013 © Areion/Capri

Évolution de la croissance économique du Qatar
En pourcentage

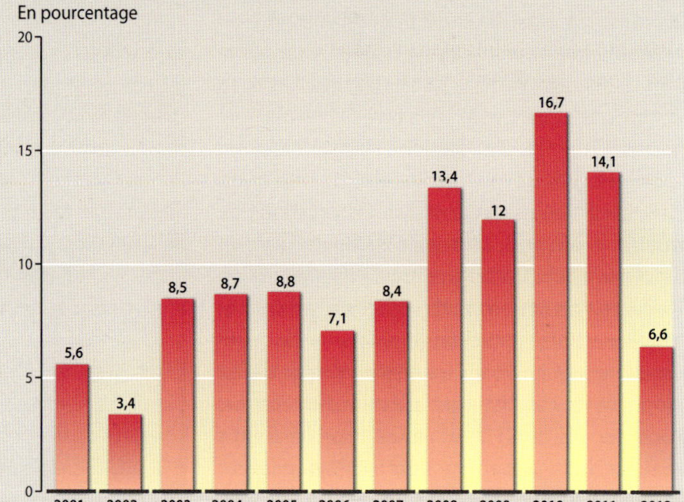

Sources : Sovereign Wealth Fund Institute, 2013 ; CIA World Factbook, 2013

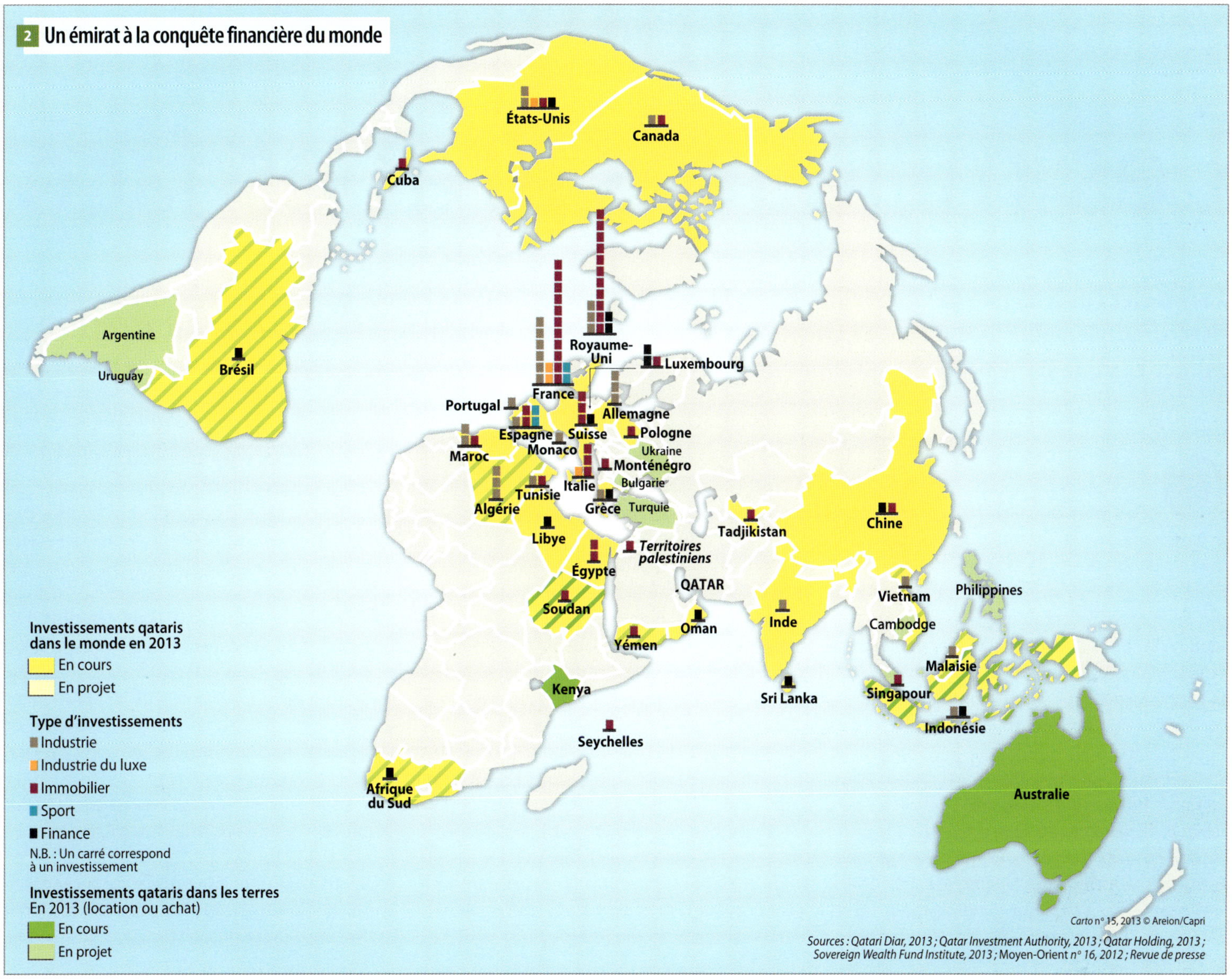

Le rapprochement franco-qatari a suscité des levées de boucliers dans la classe politique, qui s'est demandé s'il fallait avoir peur d'un État politiquement et religieusement conservateur. En effet, si le Qatar est devenu sur la scène internationale presque une marque, on sait peu de choses sur la société et le fonctionnement des institutions. Les habitants suivent le rite wahhabite, l'une des écoles les plus orthodoxes de l'islam sunnite. La vie associative est inexistante et les partis politiques interdits. Si l'émir Hamad avait fait adopter quelques réformes (droit de vote des femmes en 1999, adoption d'une nouvelle Constitution par référendum en 2003), il n'a pas tenu sa promesse d'organiser des élections législatives, les premières de l'histoire du pays, au printemps 2013, préférant passer la main à son fils, né en juin 1980.

Dès son arrivée au pouvoir, Tamim a décidé de se centrer sur les affaires intérieures, écartant le plus proche conseiller de son père, Hamad bin Jassim al-Thani, ministre des Affaires étrangères depuis 1992 et remplacé dès le 26 juin 2013 par Khaled al-Attiyah. Il a aussi perdu son poste de chef de gouvernement, occupé depuis par Abdallah bin Nasser al-Thani, également ministre de l'Intérieur, un homme rompant avec l'ère de la finance et d'une politique étrangère médiatisée de Hamad bin Jassim. La mère de l'émir, cheikha Mozah bint Nasser al-Missned, continue de jouer un rôle dans les prises de décision.

DOHA ET LE « PRINTEMPS ARABE »

Le duo qu'elle formait avec son mari était présent à toutes les grandes occasions internationales. Fort de son poids financier, le pays a accueilli des conférences à Doha, la capitale, notamment sur les conséquences des révolutions arabes ou sur les questions mondiales importantes. Par exemple, il organise chaque année depuis 2009 le World Innovation Summit for Education, qui compte parmi ses partenaires l'Organisation des Nations unies pour l'éducation, la science et la culture (UNESCO). Conscient des risques d'une économie rentière, le Qatar a ainsi montré sa capacité à se diversifier, se voyant comme le « pont » entre l'Occident et un Moyen-Orient en crise. Toutefois, si Hamad bin Khalifa a appuyé les soulèvements en Tunisie, en Égypte et en Libye, ainsi que l'opposition syrienne contre Bachar al-Assad, son soutien aux Frères musulmans lui a valu de nombreuses critiques, notamment en Égypte après la destitution du président Mohamed Morsi, le 3 juillet 2013. Début 2014, le Qatar semblait plus en retrait sur l'échiquier international.

Si l'exécutif qatari reste une structure opaque, l'avenir semble sans embûche pour les Al-Thani. Leur poids financier et politique leur a permis d'obtenir le soutien de grandes puissances comme la France et les États-Unis. La famille régnante s'est même offert une belle « assurance vie » : l'organisation de la Coupe du monde de football en 2022. Rien ne doit en effet empêcher d'ici à cette date la préparation de l'événement, y compris un autre « coup de palais » (par un membre du clan Al-Thani ?). L'émir Tamim bin Hamad l'a bien compris en se recentrant sur les questions intérieures. ●

G. F.

Les militaires arabes face à

Le 3 juillet 2013, un putsch mettait fin à la présidence de Mohamed Morsi, premier chef d'État égyptien démocratiquement élu, donnant à l'armée les rênes du pays. Cet exemple illustre la question du rôle des militaires sur la scène politique, que l'on retrouve dans tous les États arabes après les révolutions de 2011.

Considérées comme les protectrices des régimes en place, les gardiennes d'un pouvoir autoritaire, les forces armées arabes ont toutefois montré en 2011 qu'elles savaient désobéir aux ordres au nom de la liberté. Ainsi, en Égypte comme en Tunisie, les soldats ont refusé d'ouvrir le feu sur les manifestants, s'assurant le soutien populaire et appuyant la chute des dictatures. Néanmoins, de la Mauritanie à l'Irak, les situations diffèrent et le rôle des militaires n'est pas à interpréter de la même façon.

L'armée a marqué l'histoire de nombreux pays de la région. Beaucoup de dirigeants sont passés par les casernes avant d'occuper des postes civils de premier ordre (*cf. carte 1*). Le meilleur exemple est Gamal Abdel Nasser. L'homme fort du Caire entre 1954 et 1970, lieutenant-colonel, fut à la tête du Mouvement des officiers libres qui renversa le roi Farouk en 1952, donnant naissance à la république. En 2013, quatre chefs d'État sont de hauts gradés : le Mauritanien Mohamed ould Abdel Aziz, le Syrien Bachar al-Assad, généraux, les rois Mohammed VI du Maroc (« chef suprême et chef d'état-major général des Forces armées royales ») et Abdallah II de Jordanie, formé au Royaume-Uni et aux États-Unis avant de devenir commandant des Forces armées jordaniennes en accédant au trône en 1999. Dans l'Irak du parti Baas (1963-2003), les militaires constituaient un outil puissant au service du régime, notamment sous Saddam Hussein (1979-2003). On retrouve cette caractéristique dans la Syrie du clan Al-Assad (au pouvoir depuis 1970), à Bahreïn et surtout en Algérie, où l'état-major exerce un poids politique fort depuis l'indépendance en 1962, alors que le président (Abdelaziz Bouteflika depuis 1999) est un civil.

LE TOURNANT DES RÉVOLUTIONS

Cette allégeance à un régime en place s'est illustrée pendant les « printemps arabes ». À Damas, Manama et Alger, les soldats veillent à ce que le pouvoir perdure, quitte à employer la force. En Tunisie et en Égypte, pays arabe qui compte le plus grand nombre de soldats (917 500, dont 479 000 réservistes, en 2013; *cf. carte 2*), le rapport des militaires au peuple est différent, s'attachant plus à l'État. Dans les deux cas, l'important était la continuité de celui-ci, même si cela devait impliquer une « trahison » envers l'exécutif.

Les raisons de leur engagement aux côtés des révolutionnaires sont toutefois différentes. En effet, dans la Tunisie de Zine el-Abidine ben Ali (1987-2011), l'armée était une structure secondaire, mise à l'écart, au profit de la police, dont était issu le dictateur. Elle souhaitait, comme

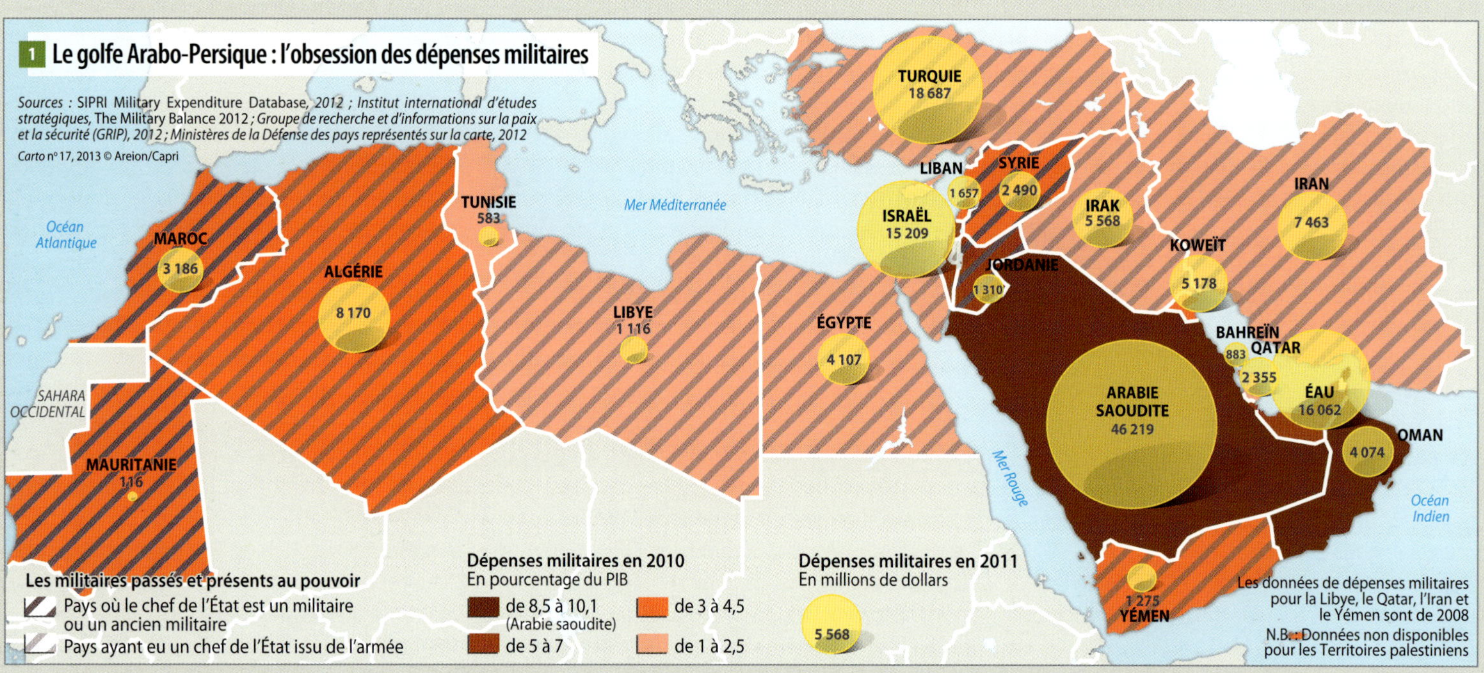

la démocratie

la société civile, la fin de l'injustice. En Égypte, si l'arrivée de Mohamed Morsi à la présidence en juin 2012 a été un symbole fort, ce dirigeant des Frères musulmans, ingénieur formé en Californie n'ayant jamais manié le fusil, elle a révélé la volonté des hauts gradés de maintenir leur influence. M. Morsi a écarté le maréchal Hussein Tantawi, chef du Conseil suprême des forces armées (CSFA) et ministre de la Défense depuis 1991, en août 2012, permettant à une nouvelle génération de s'installer et de protéger son important pouvoir économique. Se présentant comme les garants de l'ordre étatique et de la révolution, les militaires égyptiens ont d'abord misé sur le *statu quo* avec les autorités, avant de renverser le président Morsi, le 3 juillet 2013, et de considérer les Frères musulmans comme le principal ennemi du pays.

Ce droit de regard militaire sur les affaires publiques est résumé par l'expression « État profond ». Il devrait se maintenir tant que les situations intérieures se dégradent. Le chaos de l'Irak post-Saddam Hussein après la dissolution de l'armée par les Américains a par ailleurs confirmé la nécessité d'une force chargée de la sécurité. Pour des États en phase de postrévolution, l'enjeu est important, car un échec de la transition démocratique pourrait conduire les soldats à vouloir sortir de leurs casernes plus souvent qu'en cas d'urgence ou de besoin.

Cette incertitude se retrouve également dans les pays où les régimes n'ont pas traversé de soulèvements populaires importants, comme l'Arabie saoudite. Alliées des grandes puissances occidentales et très équipées – Riyad a dépensé 46,219 milliards de dollars en armement en 2011 (*cf. carte 3*) –, les armées des monarchies du golfe Persique apparaissent comme des outils de répression intérieure, même si, officiellement, il s'agit de se protéger contre les ennemis israélien et iranien. Toutefois, elles restent en marge des prises de décisions politiques, les souverains de la péninsule se méfiant du caractère républicain (réel ou supposé) des militaires. Cette suspicion se traduit par l'instauration de structures officielles parallèles, une situation qui caractérisait la Libye de Mouammar Kadhafi (1969-2011). La déstructuration de l'armée du colonel à la chute de la dictature a révélé des années de marginalisation, entraînant la création de nombreuses milices. Or, s'il existe une menace à tout régime (qu'il soit démocratique ou autoritaire), c'est bien la suppression du monopole de la violence, en principe réservé à l'État. ●

G. F.

2 Les plus gros fournisseurs d'armes du Moyen-Orient

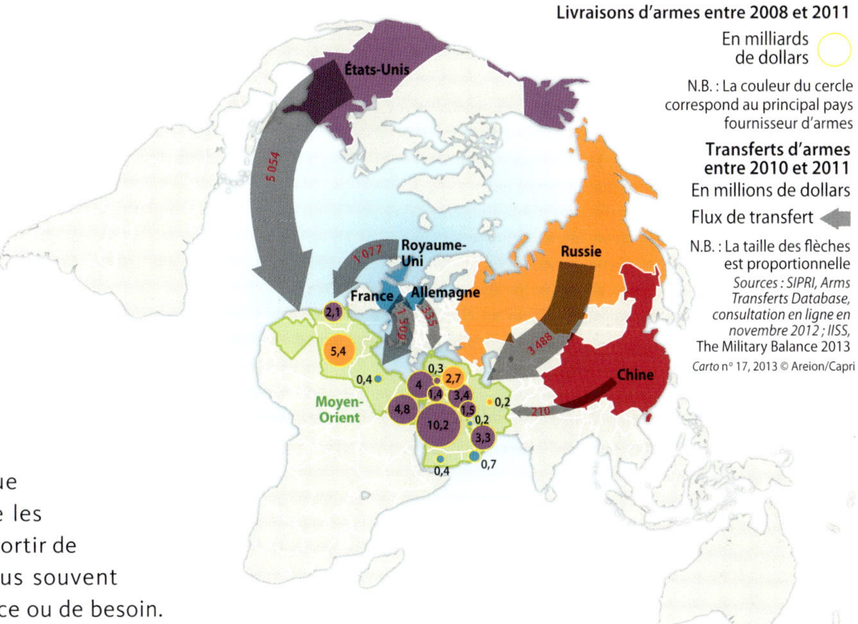

3 L'état des forces armées au Moyen-Orient

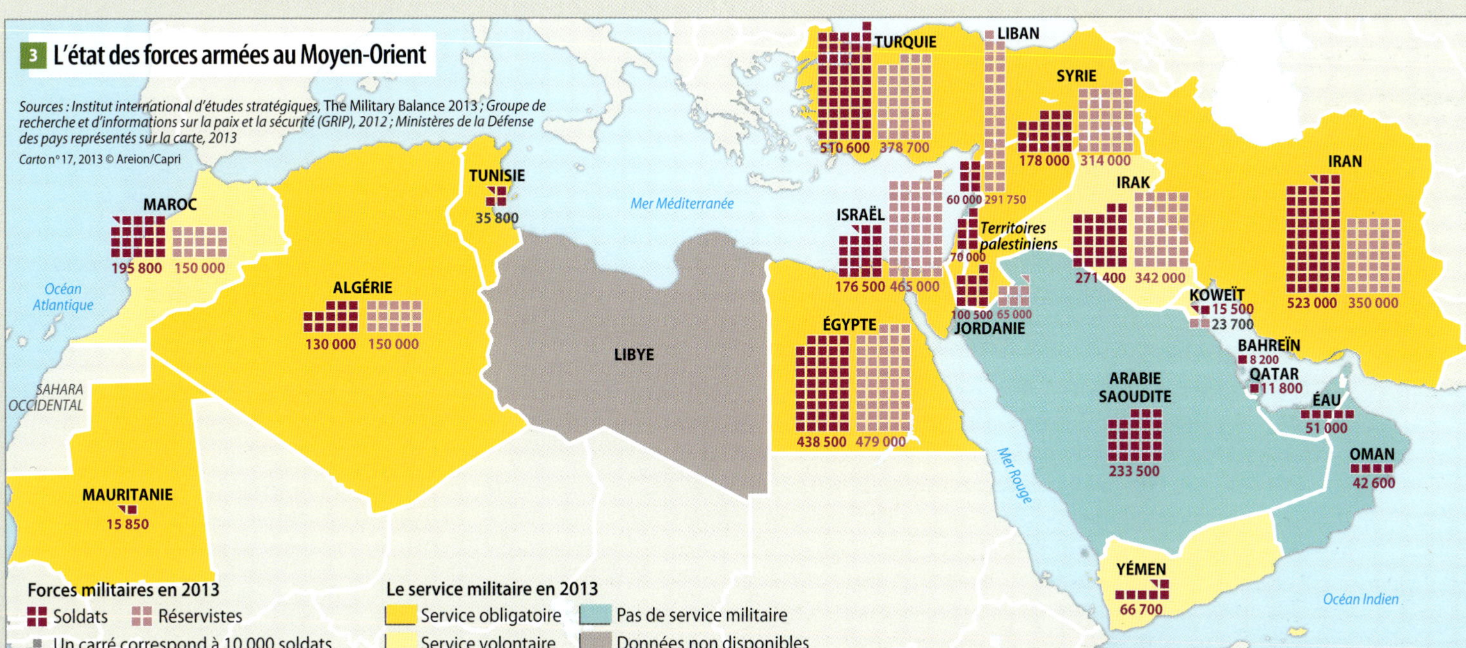

Yémen : transition politique sous les drones américains

Le 18 mars 2013, le Yémen s'est engagé dans un processus de transition unique au Moyen-Orient : 565 représentants de la classe politique et de la société civile ont participé au Dialogue national, une initiative devant permettre de tourner la page de l'ère d'Ali Abdallah Saleh (1978-2011). Il devait durer six mois, mais il s'est terminé le 25 janvier 2014. Les défis sont nombreux, au premier rang desquels figurent les tensions générées par les attaques des drones américains.

Comment devenir une démocratie après des décennies d'autoritarisme et améliorer les conditions de vie des citoyens alors que le pays est engagé aux côtés des États-Unis dans une guerre contre le terrorisme et, à ce titre, subit les bombardements d'avions de combat sans pilote (*cf. carte*), destinés à éliminer les dirigeants d'Al-Qaïda ? La question est complexe et résume bien la difficile tâche à laquelle sont confrontés le président Abd Rabbu Mansour Hadi, au pouvoir depuis le 21 février 2012, succédant à M. Saleh, et son équipe.

L'organisation du Dialogue national est en soi une victoire pour un pays comme le Yémen, l'un des plus pauvres du monde et qui figure parmi les États faillis, avec l'Afghanistan et la Somalie. Dans un Moyen-Orient bouleversé par les soulèvements populaires, cette république du sud de la péninsule Arabique fait figure d'exception : la révolution n'a conduit ni à une guerre, comme en Libye ou en Syrie, ni à une rupture radicale avec l'ancien régime, comme en Tunisie.

C'est dans cette particularité que résidaient les espoirs nés du Dialogue national. Car les missions de ce dernier étaient importantes. Les 565 participants ont travaillé notamment sur les dossiers suivants : le rétablissement de la stabilité et de la sécurité ; le rôle de l'armée ; la question des droits et des libertés fondamentales ; une révision de la Constitution (un nouveau texte doit être adopté par référendum d'ici à fin 2014) ; l'organisation d'élections législatives et présidentielle, prévues début 2015 ; et la définition même du modèle d'État voulu pour l'avenir.

TENSIONS SÉPARATISTES

Après un autoritarisme centré autour de la personne d'Ali Abdallah Saleh et de la capitale, Sanaa, le Yémen doit affronter des tensions régionales récurrentes depuis l'unification de la république en 1990. Tandis qu'au nord, des chiites – les houthistes – dénoncent leur marginalisation et demandent plus d'autonomie, le Mouvement du Sud (Al-Hirak al-Janubi), à dominante sunnite, menace de faire sécession dans la partie méridionale du pays. Sur le terrain, ces différents groupes exercent la réalité du pouvoir, qui échappe aux autorités centrales. En décembre 2013, un accord a été signé pour instaurer un système fédéral : le pays est découpé en six nouvelles provinces, selon le découpage approuvé en février 2014. Si la république semble résister après une révolution relativement pacifique, les tensions restent nombreuses.

À cette instabilité territoriale s'ajoute l'insécurité liée à l'activité d'Al-Qaïda dans la péninsule Arabique (AQPA), branche locale du réseau terroriste. Ses premières cibles sont les ressources économiques, en attaquant, par exemple, des oléoducs, et les symboles étrangers. Si les attentats ont augmenté depuis 2012, il est difficile d'affirmer que cela est lié à la chute du régime de M. Saleh, allié des États-Unis. Des soldats des Forces spéciales américaines sont présents dans plusieurs casernes, notamment dans le sud, à la base aérienne d'Al-Anad, près d'Aden.

Alors que les Yéménites se sont soulevés en janvier 2011, dénonçant leurs dures conditions de vie – 46,6 % de la population vivait en 2005 avec moins de deux dollars par jour, selon les derniers chiffres disponibles –, Washington accorde la priorité à la sécurité et a fait du Yémen le premier théâtre d'opérations de drones après le Pakistan. Le pays arabe occupe en effet une situation géographique clé, sur le détroit de Bab el-Mandeb, route stratégique des hydrocarbures vers le canal de Suez. En 2012, année durant laquelle le président Barack Obama a appuyé un usage extensif d'avions télécommandés pour tuer des dirigeants d'AQPA, 56 bombardements ont été recensés, causant entre 404 et 593 victimes, selon les estimations.

Si certains leaders ont bien été pris pour cible, comme Hamid al-Radmi, mort le 29 avril 2013, de nombreuses voix s'élèvent contre les dommages matériels et les victimes civiles. La question a été abordée dès le début du Dialogue national, les participants dénonçant une violation de la souveraineté de leur pays. Le 23 avril, un journaliste et militant des Droits de l'homme yéménite, Farea al-Muslimi, a témoigné devant le Comité judiciaire du Sénat des États-Unis pour parler de la destruction d'une partie de son village et du décès de cinq de ses habitants, aucun n'ayant de lien avec AQPA.

REPÈRES

NOM OFFICIEL
République du Yémen

CHEF DE L'ÉTAT
Abd Rabbu Mansour Hadi (président depuis 2012)

SUPERFICIE
527 968 km² (50e rang mondial)

LANGUE OFFICIELLE
Arabe

CAPITALE
Sanaa

POPULATION EST. 2013
25,4 millions d'habitants

DENSITÉ
48 hab./km²

MONNAIE
Rial yéménite

HISTOIRE
Terre mythique du royaume de Saba, le Yémen est une république unifiée depuis 1990. Le pays a subi les influences juive, chrétienne et musulmane, avant d'être rattaché à l'Empire ottoman entre 1872 et 1918, date de la création du royaume mutawakkilite. Il prend le nom de République arabe du Yémen en 1962, mais un régime socialiste s'installe dans la partie sud du pays entre 1967 et 1990

PIB PAR HABITANT EST. 2013 (EN PARITÉ DE POUVOIR D'ACHAT)
2 500 dollars

POPULATION VIVANT AVEC MOINS DE 2 $ PAR JOUR (2005)
46,6 %

INDICE DE DÉVELOPPEMENT HUMAIN (2013)
0,458 (160e rang)

Vers le canal de Suez

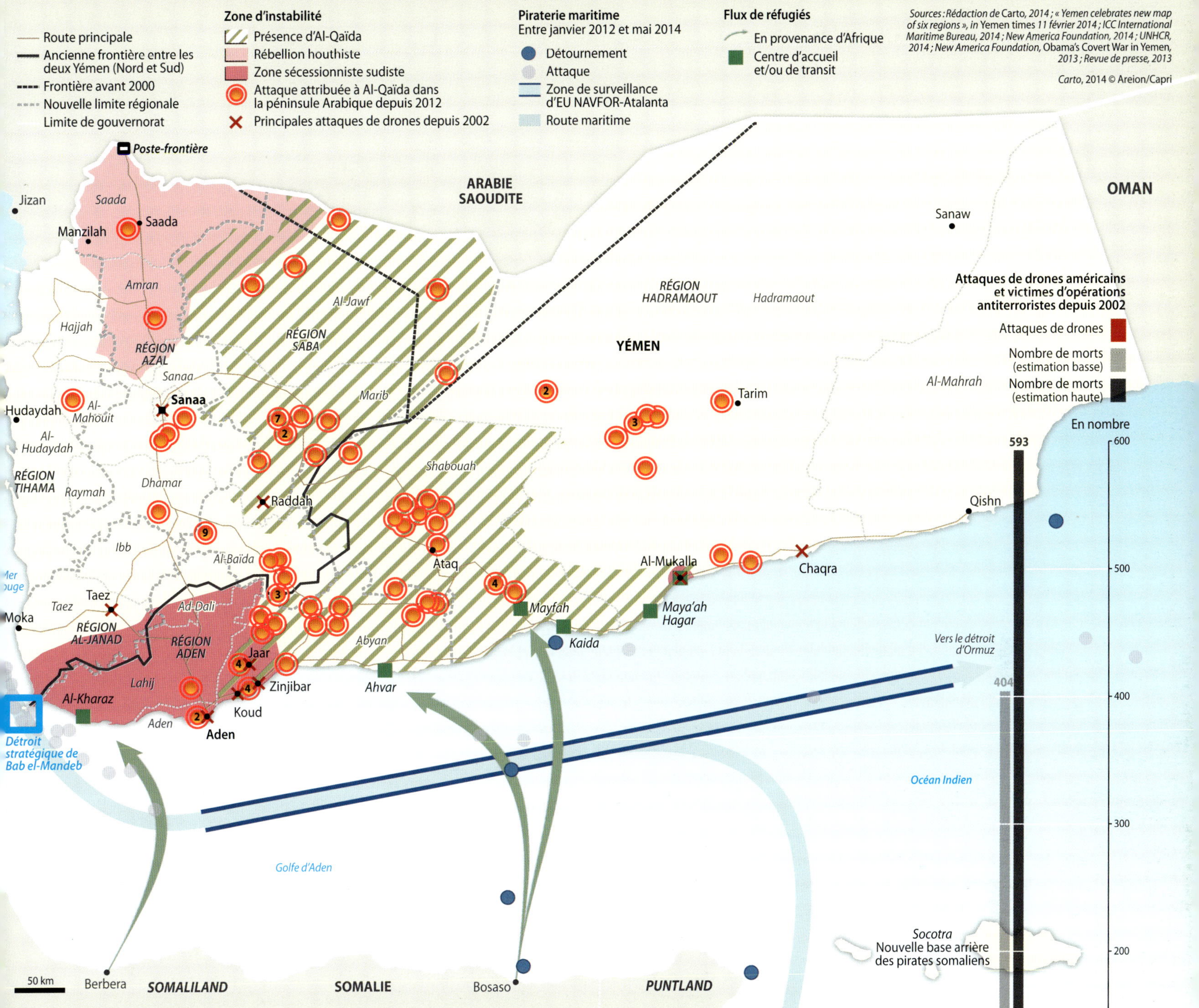

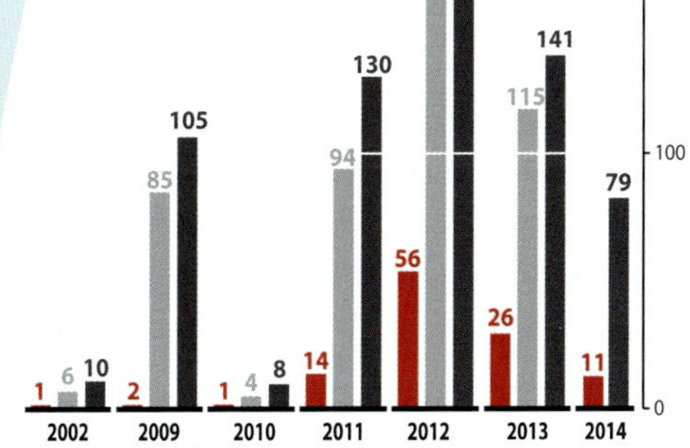

En mai 2013, l'administration Obama a demandé un meilleur encadrement de l'usage des drones, qui reste toutefois à la discrétion de la CIA et du Pentagone. Si le nombre de frappes a baissé en 2013 – il y en a eu 26, causant entre 115 et 141 victimes – par rapport à l'année précédente, sur la même période, le flou juridique demeure et les manifestations antiaméricaines se multiplient.

DES DÉFIS INTERNES

Au-delà des intérêts stratégiques, l'un des principaux défis du gouvernement de M. Hadi reste l'économie. Miné par la corruption, le Yémen est l'un des États les plus fragiles de la planète, figurant en bas du tableau de l'indice de développement humain (160e rang sur 187). Après une récession de 10,5 % en 2011, le pays a retrouvé la croissance en 2013 avec un taux de 6 %, mais l'inflation reste élevée (12 %) et les estimations du taux de chômage dépassent les 40 %, le dernier chiffre officiel connu étant de 14,6 % en 2009.

Un homme pourrait profiter de la situation pour remonter sur scène, Ali Abdallah Saleh. En acceptant de renoncer à son poste de président en novembre 2011, ce dernier, né en mars 1942, s'est assuré l'immunité judiciaire grâce au soutien de l'Arabie saoudite et la direction de son parti, le Congrès général du peuple (CGP). Si l'ancien *raïs* vit officiellement reclus dans sa résidence de Sanaa, rédigeant ses mémoires, ses détracteurs l'accusent de tenir encore les rênes du pouvoir, notamment à travers le président Hadi, son ancien bras droit et numéro deux du CGP, et les nombreuses alliances tribales tissées durant des années. Le 15 février 2013, le Conseil de sécurité des Nations unies a salué la convocation du Dialogue national, tout en menaçant de sanctions toute personne qui perturberait le processus de transition démocratique, en particulier M. Saleh. Un musée sur sa personne a ouvert à Sanaa en 2013. Si le dictateur devait revenir, cela conduirait-il à une guerre civile ? La question est posée. ●

G. F.

Alyah en crise et défis d'intégration en Israël

Israël est un État créé à partir de populations venues des quatre coins du monde, avec pour seul point commun la religion juive. Si cette immigration a connu une vague sans précédent dans les années 1990, à la faveur de l'éclatement de l'Union soviétique, le ministère de l'Intégration peine depuis à attirer de nouveaux migrants vers la Terre promise.

En vertu de la « loi du retour », les juifs qui viennent s'installer en Israël obtiennent automatiquement la nationalité, mais à condition que leur conjoint ou un de leurs parents soit d'origine juive. Selon des chiffres du ministère israélien de l'Intégration, entre janvier et août 2013, 13053 personnes ont ainsi réalisé leur *alyah*, terme signifiant « ascension » et désignant la migration vers l'État hébreu. Si ce dernier a fait de l'immigration une priorité d'ordre stratégique, celle-ci est en baisse constante depuis les années 1990 (*cf. carte 2*).

La chute de l'URSS, la naissance de multiples républiques indépendantes et l'ouverture des frontières ont en effet permis à de nombreux *olims* (immigrés) de faire leur *alyah*. Au total, 400845 personnes l'ont réalisée entre 1988 et 1991, 235960 entre 1992 et 1994, puis les arrivées ont fortement baissé, atteignant 77660 en 1995, 61700 en 2000, 22818 en 2005 et 18755 en 2010. Pour la première partie de l'année 2013, les plus nombreux sont les Russes (2345), suivis des Américains (2151) et des Français (2039). Pour ces derniers, outre l'adhésion au sionisme et la crainte de l'antisémitisme, l'argument fiscal apparaît également comme l'une des motivations des nouveaux arrivants, les autorités israéliennes n'ayant pas l'obligation de communiquer les informations financières et de patrimoine.

1 Géographie historique des juifs dans le monde

Source : Sergio DellaPergola, World Jewish Population, 2012, Berman Institute/North American Jewish Data Bank, 2013
Carto n° 20, 2013 © Areion/Capri

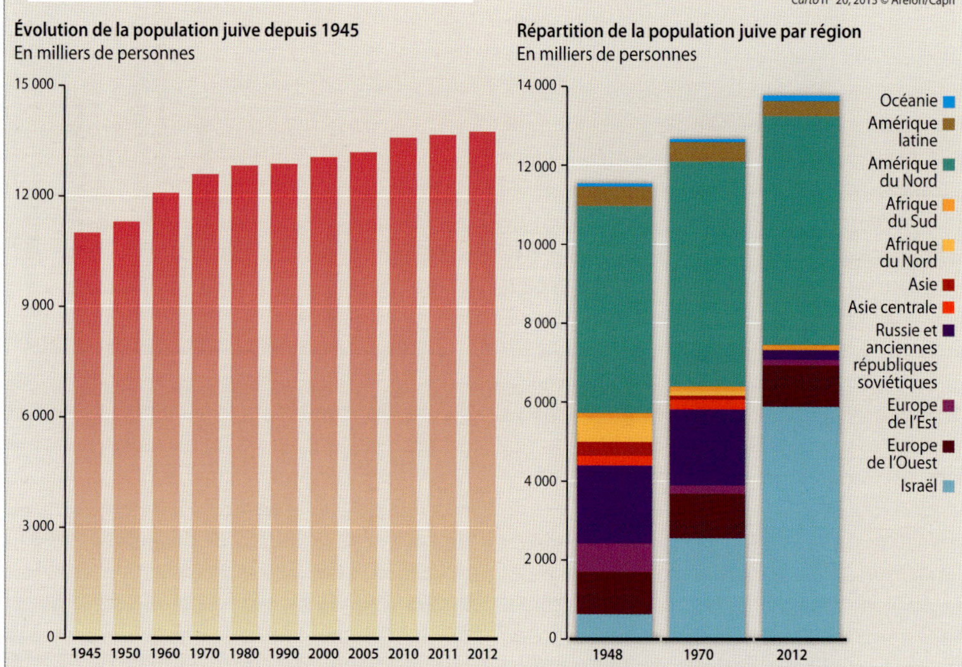

LE SOUTIEN ET LE LOBBYING DE LA DIASPORA

Ces statistiques illustrent le poids important des organisations dans les terres d'origine et de la diaspora, estimée à 7,84 millions d'individus en 2012 (1) (*cf. carte 3*). Certaines sont plus influentes que d'autres. Aux États-Unis (5,42 millions de juifs), l'American Israel Public Affairs Committee est l'un des plus puissants groupes de lobbying du pays. Par ailleurs, les immigrants anglophones bénéficient de l'aide et de l'accompagnement de l'Agence juive pour Israël et surtout de Nefesh B'Nefesh, organisation fondée en 2001 avec pour mission première la promotion de l'*alyah*, ses bureaux étant répartis entre Jérusalem et le New Jersey. De son côté, le Fonds social juif unifié de France (FSJU), souffrant d'un manque de relais institutionnel fort, appelle les autorités israéliennes à s'investir davantage pour la diaspora française, la plus grande de l'Union européenne (480000 sur 1,12 million en 2012), notamment en matière de reconnaissance des diplômes et de formation professionnelle.

Contrôlant le ministère de l'Intégration du gouvernement de Benyamin Netanyahou issu des élections législatives de janvier 2013, le parti russophone d'extrême droite Israel Beitenou est pour sa part accusé par le FSJU de pratiquer une politique complaisante à l'égard des immigrants en provenance de l'ancienne URSS (rien qu'en Russie, la diaspora rassemble 194000 individus en 2012, *cf. document 1*). Son dirigeant, Avigdor Lieberman, ministre des Affaires étrangères entre 2009 et 2012, incarne une frange acquise à l'idéal sioniste qui maîtrise aussi bien l'hébreu que le russe. Le poids de cette communauté, estimée à 1,2 million de personnes en 2012, soit 20 % de la population israélienne, se traduit également par de puissants relais

2 Le « retour » vers Israël

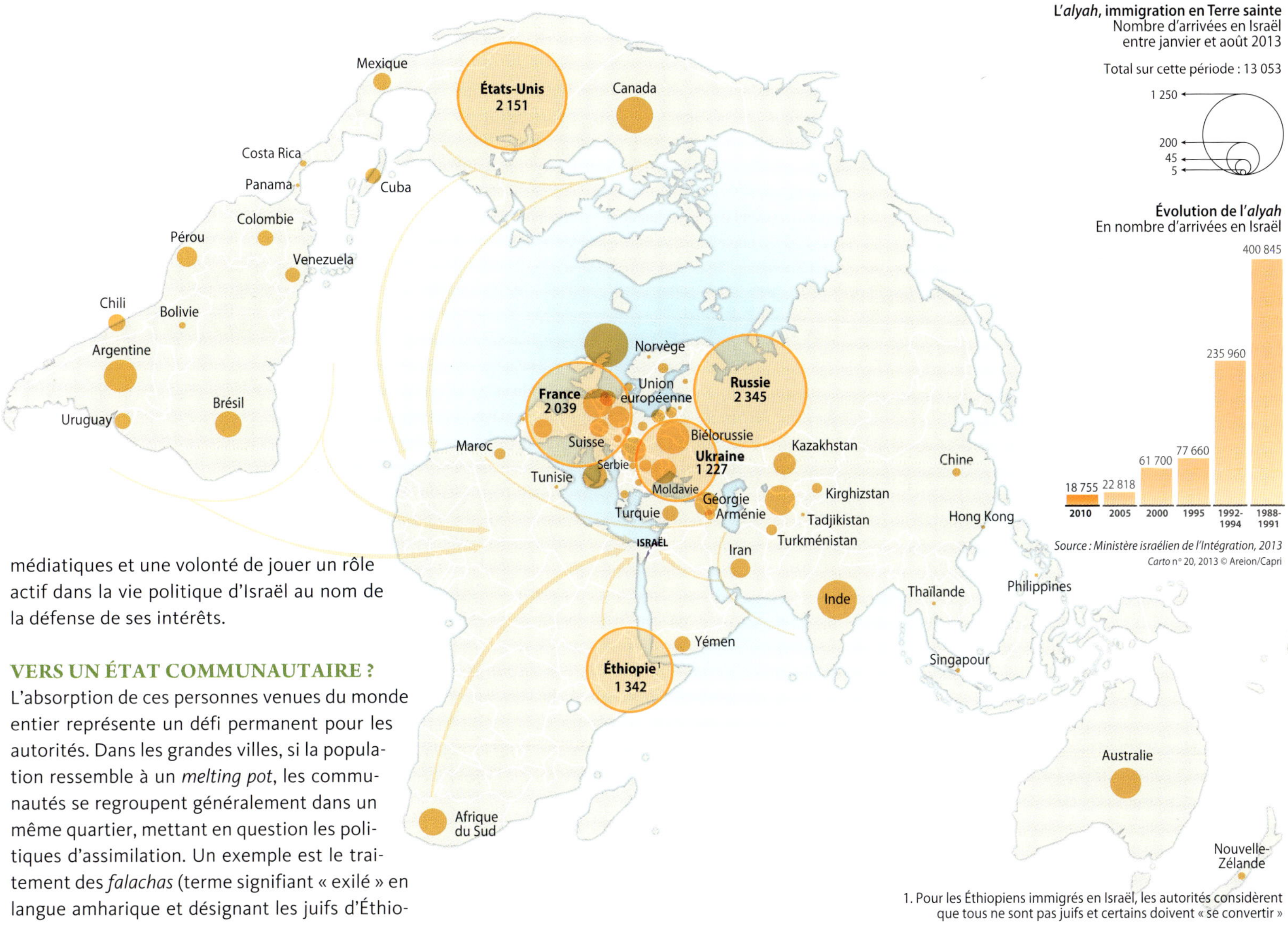

Source : Ministère israélien de l'Intégration, 2013
Carto n° 20, 2013 © Areion/Capri

1. Pour les Éthiopiens immigrés en Israël, les autorités considèrent que tous ne sont pas juifs et certains doivent « se convertir »

médiatiques et une volonté de jouer un rôle actif dans la vie politique d'Israël au nom de la défense de ses intérêts.

VERS UN ÉTAT COMMUNAUTAIRE ?

L'absorption de ces personnes venues du monde entier représente un défi permanent pour les autorités. Dans les grandes villes, si la population ressemble à un *melting pot*, les communautés se regroupent généralement dans un même quartier, mettant en question les politiques d'assimilation. Un exemple est le traitement des *falachas* (terme signifiant « exilé » en langue amharique et désignant les juifs d'Éthiopie) depuis le début de leur venue en Israël à la fin des années 1970.

Le 28 août 2013, les autorités ont mis un terme à leur arrivée prétextant des abus dans leur politique d'immigration et remettant en cause la judaïté – officiellement reconnue par les autorités rabbiniques en 1975 – de nombreux candidats. Victimes de discrimination, voire de racisme, le rejet, en 1996, des dons de sang effectués par des *falachas*, de peur qu'ils ne soient contaminés par le VIH, provoqua un scandale. En décembre 2012, une enquête dévoila des pratiques du ministère de la Santé qui avait contraint, en 2008, des Éthiopiennes à prendre un contraceptif, sans les informer des risques, avant de les autoriser à immigrer. Confronté à des manifestations d'immigrés en janvier 2014, le gouvernement entend à présent améliorer les conditions de vie des 125 500 Éthiopiens résidant en Israël (2011), la communauté la plus pauvre du pays : 60 % des familles vivent en dessous du seuil de pauvreté et le chômage touche 65 % des plus de quarante-cinq ans. **T. Y.**

NOTE

(1) Sergio DellaPergola, *World Jewish Population, 2012*, Berman Institute/North American Jewish Data Bank, 2013.

3 Les juifs en dehors d'Israël

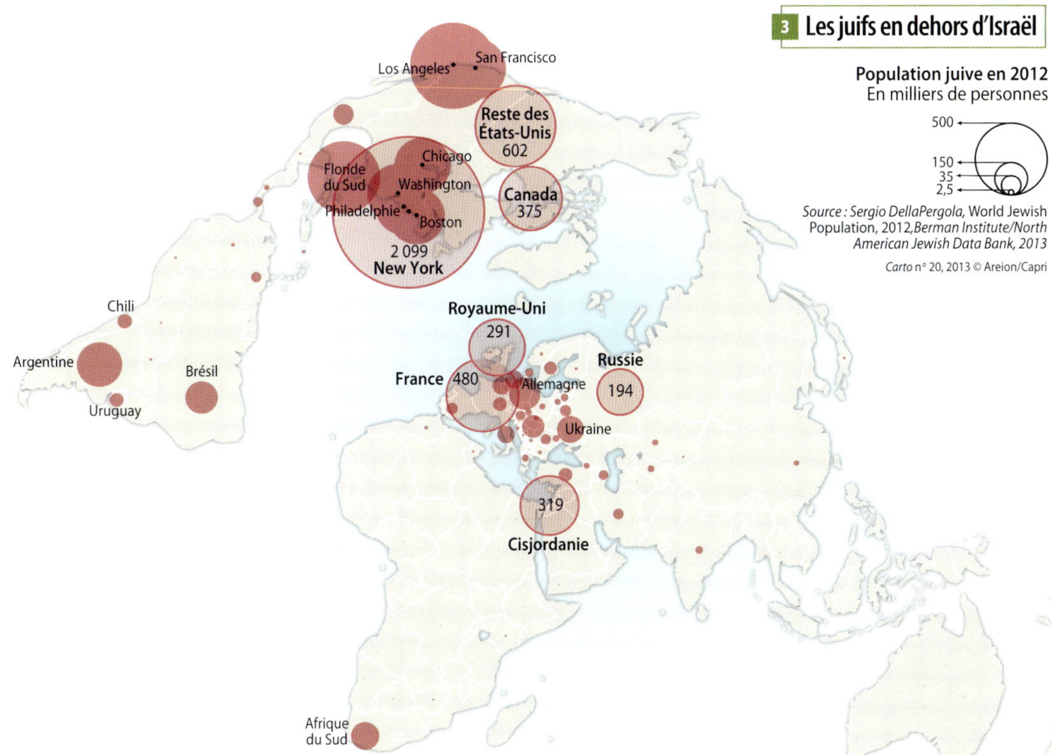

Source : Sergio DellaPergola, World Jewish Population, 2012, Berman Institute/North American Jewish Data Bank, 2013
Carto n° 20, 2013 © Areion/Capri

Pas de paix politique sans croissance en Palestine

En mars 2013, la publication d'un rapport de la Banque mondiale a confirmé que sans stabilité économique, il n'y aura point de solution politique au processus de paix au Proche-Orient (1). Selon l'institution, les Territoires palestiniens sont étouffés par les restrictions israéliennes.

L'aspect économique du conflit est de première importance. Israël l'a illustré en décembre 2012, après la reconnaissance de la Palestine comme État observateur des Nations unies, en gelant le versement mensuel de 90 millions d'euros à l'Autorité palestinienne (AP). Or cette somme, issue de la TVA et des droits de douane, représente 70 % des recettes de l'exécutif de Ramallah. Si la Cisjordanie et Gaza ont enregistré des taux de croissance élevés dans les années 2000, les deux régions subissent un ralentissement important en 2012 (*cf. document*). La Banque mondiale considère que si la situation perdure, l'économie palestinienne pourrait perdre sa capacité à entrer dans la compétition mondiale, ce qui ne serait pas sans conséquences pour les institutions politiques.

D'un point de vue géographique, la Cisjordanie est un « gruyère » que l'AP contrôle à peine, 60 % des 5 860 kilomètres carrés du territoire étant sous autorité israélienne (zone C). Si 87 % des exportations palestiniennes sont absorbées par l'État hébreu en 2011, le nombre d'obstacles physiques limitant la liberté de circulation des biens et des personnes augmente, passant de 522 en juin 2011 à 542 un an plus tard, selon les Nations unies. L'accès aux terres arables est également limité ou fermé pour des raisons de sécurité, principalement à cause de la présence d'environ 500 000 colons, installés dans 150 implantations. En ce qui concerne la bande de Gaza, le blocus imposé depuis la victoire du Hamas en 2007 a été renforcé après l'attaque d'un poste-frontière entre l'Égypte et Israël en août 2012.

Le ralentissement de la croissance a des effets immédiats. Le chômage atteint, au quatrième trimestre 2012, 32 % à Gaza et 18 % en Cisjordanie, les jeunes étant les plus touchés, avec des taux de, respectivement, 49 % et 28 % pour les 15-29 ans. Par ailleurs, l'AP accuse un déficit budgétaire de 1,7 milliard de dollars en 2012. Confrontée au manque de liquidités, elle a dès lors des difficultés pour payer les salaires des quelque 160 000 fonctionnaires, ce qui renforce encore le mécontentement social. Le 2 septembre 2012, un jeune homme s'est immolé pour protester contre ses conditions de travail et de vie, acte qui a entraîné de nombreuses manifestations.

Le principal problème des autorités palestiniennes est leur dépendance à l'égard de l'aide internationale, qui ne cesse de baisser, passant de 1,8 milliard de dollars en 2008 à 600 millions en 2012. Et tout n'est pas versé, certains pays comme l'Arabie saoudite se dispensant de le faire, officiellement pour cause de problèmes internes. Le 23 mars 2013, les États-Unis ont débloqué 495,7 millions de dollars d'aides. Cela suffira-t-il pour apaiser les tensions ? Le 11 avril 2013, le Premier ministre palestinien, Salam Fayyad, considéré comme l'artisan du développement économique, a présenté sa démission. ● **G. F.**

NOTE

(1) Banque mondiale, *Fiscal Challenges and Long Term Economic Costs*, mars 2013.

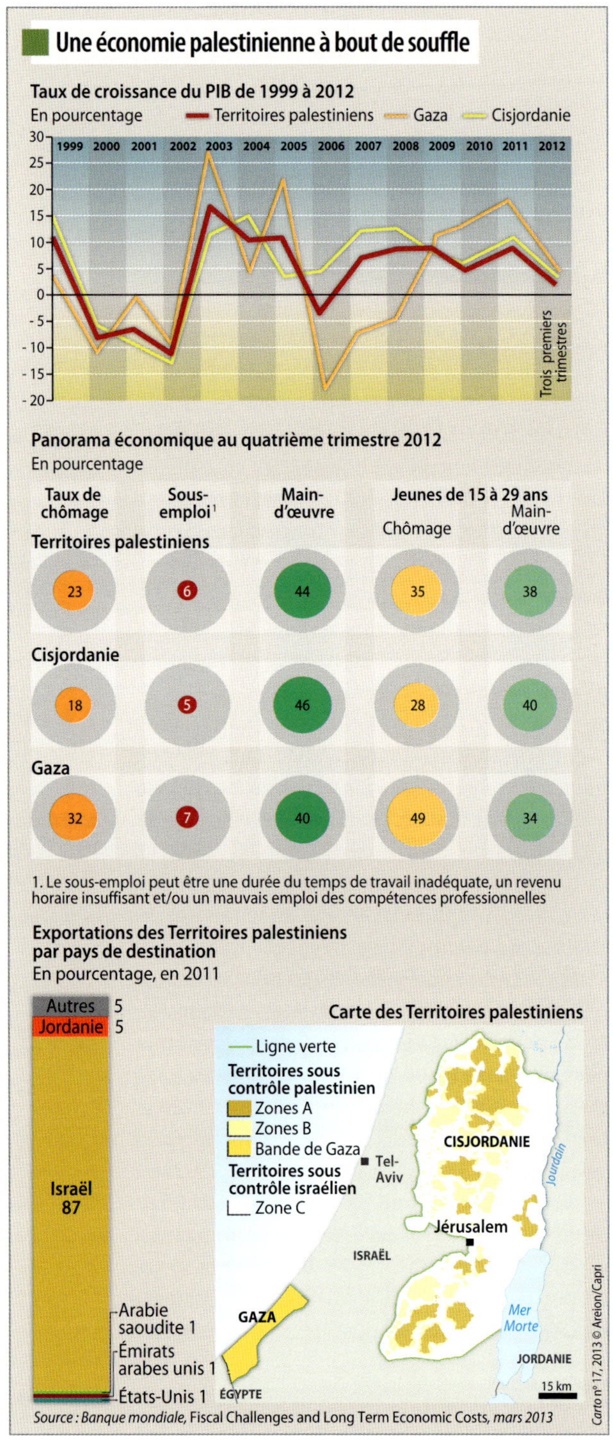

Le Golan : le plateau de la discorde

Loin d'être le plateau le plus important en taille, le Golan est sans doute l'un des plus célèbres de la planète. La guerre en Syrie est venue rappeler la conflictualité dans laquelle baigne ce petit massif de 1 150 kilomètres carrés. Occupé par Israël depuis 1967, il se trouve dans une région disputée et aride, où les tracés frontaliers ont tendance à être remis en cause.

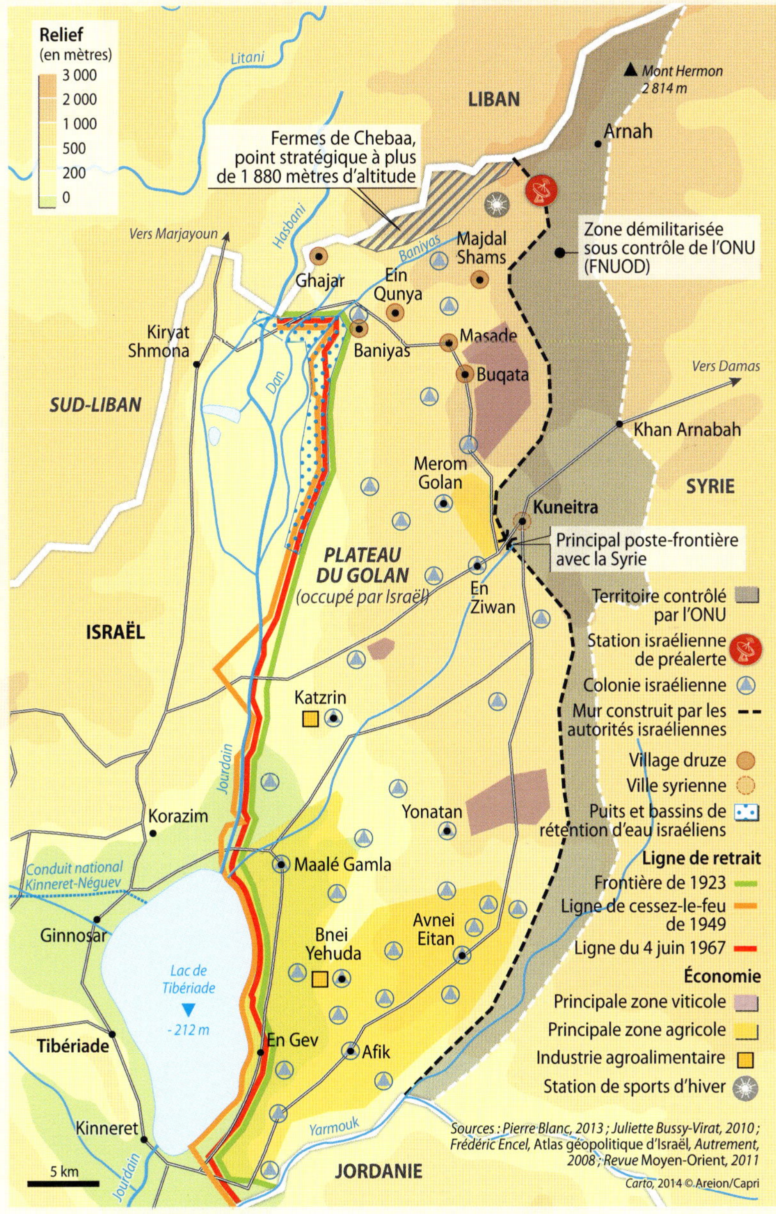

Le Golan offre un réseau hydrographique intéressant, dont les eaux se dirigent d'est en ouest, vers le lac de Tibériade, soit en s'y jetant directement, soit, comme dans le cas de la rivière Baniyas, en se déversant dans le haut Jourdain (*cf. carte*). Du fait de cette eau en quantité importante (environ 350 millions de mètres cubes par an), d'un climat d'altitude doux et de sols profonds, le Golan a pendant plusieurs siècles accueilli une paysannerie druze en quête de territoires protecteurs. La création des mandats en 1920, puis l'établissement de la frontière entre la Palestine et la Syrie en 1923 ont fait basculer la population du plateau dans le territoire syrien.

Avec la création d'Israël en 1948, la guerre entre ce nouveau pays et Damas a peu à peu déplacé la frontière, les Syriens occupant même momentanément toute la rive orientale du lac de Tibériade. Pour l'État hébreu, dont le développement économique était basé sur la promotion d'une agriculture vouée à couvrir l'espace, les eaux du lac étaient considérées comme menacées. Ce sentiment se précisa dans la première moitié de la décennie 1960, avec le lancement des aménagements hydrauliques arabes destinés à canaliser une partie des eaux du Liban et du Golan pour les convoyer vers le sud de la Syrie et le nord de la Jordanie.

Ainsi, en s'emparant du Golan lors de la guerre des Six Jours en juin 1967, l'État hébreu a non seulement éloigné les Syriens du lac de Tibériade, mais il s'est également arrogé le contrôle de son approvisionnement par les rivières du plateau. Qui plus est, il a réussi à stopper le projet arabe de dérivation. Dans ce conflit de juin 1967, Israël a nettement augmenté sa souveraineté hydraulique tout en accroissant sa profondeur stratégique et en faisant du plateau une sentinelle naturelle au-dessus du territoire syro-jordanien.

Les druzes de la région ont été en grande partie chassés par l'occupant. Seules six de leurs localités demeurent au nord du Golan, le reste de l'espace étant couvert par une trentaine de colonies israéliennes à forte activité agricole. On y cultive notamment la vigne pour produire des breuvages réputés en Israël. De nos jours, bien que déséquilibrées en matière d'emprise territoriale, les présences arabes et israéliennes s'équivalent pratiquement sur le plan démographique (environ 20 000 habitants des deux côtés).

Pour Israël, il s'agit d'un véritable front pionnier qu'il est difficile de rétrocéder pour des raisons hydropolitiques et stratégiques. Les Israéliens veulent par-dessus tout éviter le retour de la Syrie sur la rive du lac qui obligerait au partage de sa ressource. Le Golan représente aussi une réserve foncière pour une population en expansion. Érigée en cause nationale, sa reprise est loin d'être au programme politique à Damas du fait de la situation de guerre civile. Il faut noter qu'à la périphérie septentrionale du plateau se trouvent lesdites fermes de Chebaa, un territoire libanais qu'Israël continue d'occuper après son retrait du Sud-Liban en 2000. Là encore, les enjeux sont hydropolitiques et stratégiques. L'eau et la défense, des maîtres mots dans la région. ●

P. B.

L'eau au Proche-Orient dans un nouveau contexte géopolitique

Le Proche-Orient est en proie à une actualité géopolitique débordante qui combine des événements inédits et des tendances plus anciennes : guerre civile en Syrie, transition politique douloureuse en Égypte, affirmation de la puissance turque, enlisement de la question palestinienne. Tout cela ne manque pas de croiser un autre sujet, celui du partage de l'eau, et les tensions qu'il suscite ajoutent à la conflictualité régionale.

C'est dans cette région que se concentrent les États les plus pauvres en eau, autrement dit ceux qui disposent de moins de 500 mètres cubes par an par habitant (*cf. carte 2*). Si ce manque est associé à l'Afrique subsaharienne, c'est parce que l'infrastructure y fait plus défaut que la ressource. En revanche, que l'on se trouve en Jordanie, dans les Territoires palestiniens, en Israël et dans une moindre mesure en Égypte et en Syrie, les ressources sont faibles, les nappes phréatiques surexploitées (*cf. carte 1*), et il faut s'ingénier à les mobiliser pour assurer les besoins fondamentaux : boire et se nourrir. Aussi, la gestion de l'« or bleu » a-t-elle été un révélateur de l'intelligence collective à quelque échelle que ce soit : depuis les organisations sociales autour de sources jusqu'aux ouvrages plus ambitieux qui ont permis de convoyer des eaux vers les zones urbaines et agricoles.

UNE GARANTIE DE SOUVERAINETÉ

Cette dynamique a connu un nouvel essor après la Seconde Guerre mondiale. Ayant accédé à l'indépendance, les États de la région se sont lancés dans un « activisme hydraulique » destiné à répondre aux besoins d'irrigation et d'eau potable des populations. Après des siècles de tutelles coloniales et parfois de disettes pour les peuples, c'était une garantie de souveraineté et de stabilité. Cette coïncidence entre les changements politiques et l'entrée dans la transition démographique explique que les grands barrages d'Assouan en Égypte et de Tabqa en Syrie furent mis au cœur des priorités des nouveaux pouvoirs. Bien sûr, il ne s'agit ici que des plus importants ouvrages, bien d'autres sont venus mailler le réseau hydrographique régional. La Jordanie a pu ainsi aménager la vallée du Jourdain pour renforcer son caractère inaliénable face à un Israël dont les pères fondateurs avaient revendiqué le contrôle des deux rives. L'État hébreu a de son côté édifié une grande canalisation allant du nord au sud permettant de renforcer la territorialisation du pays. Quant

1 La surexploitation des nappes phréatiques

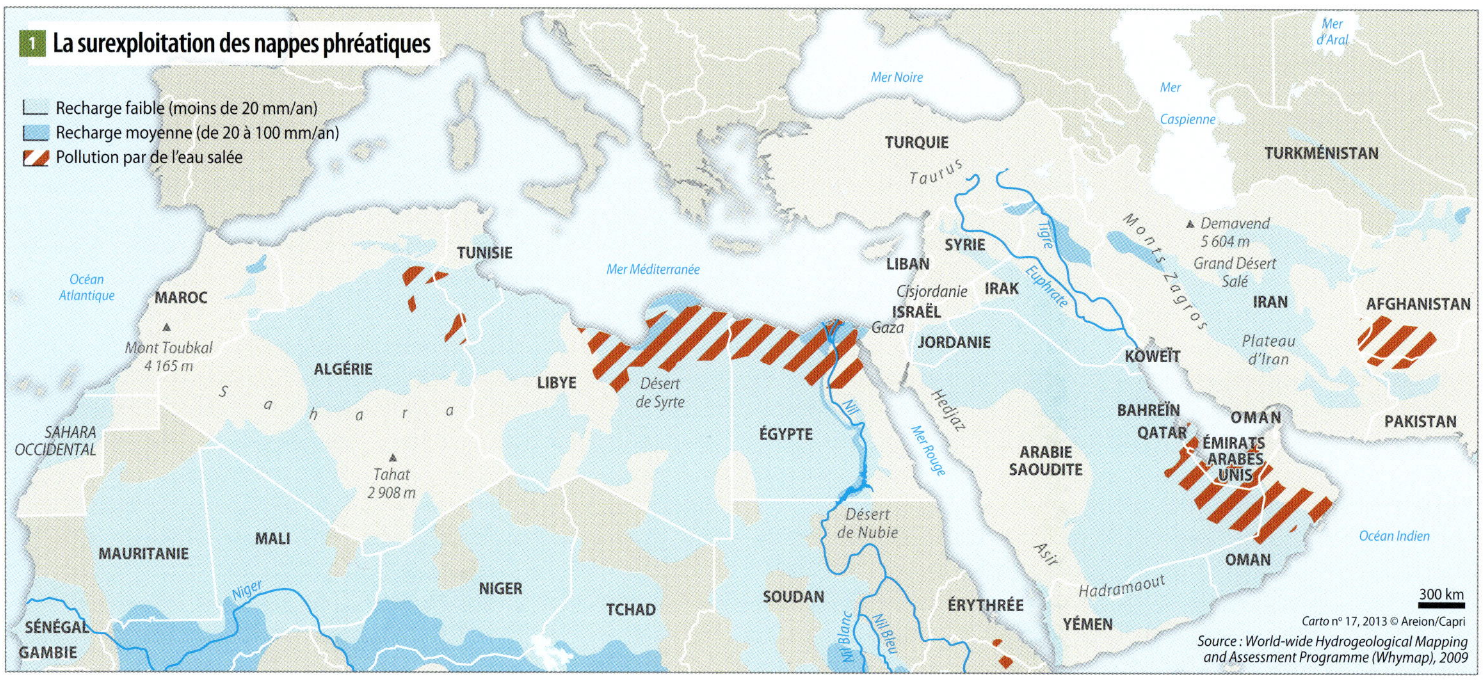

Carto n° 17, 2013 © Areion/Capri
Source : World-wide Hydrogeological Mapping and Assessment Programme (Whymap), 2009

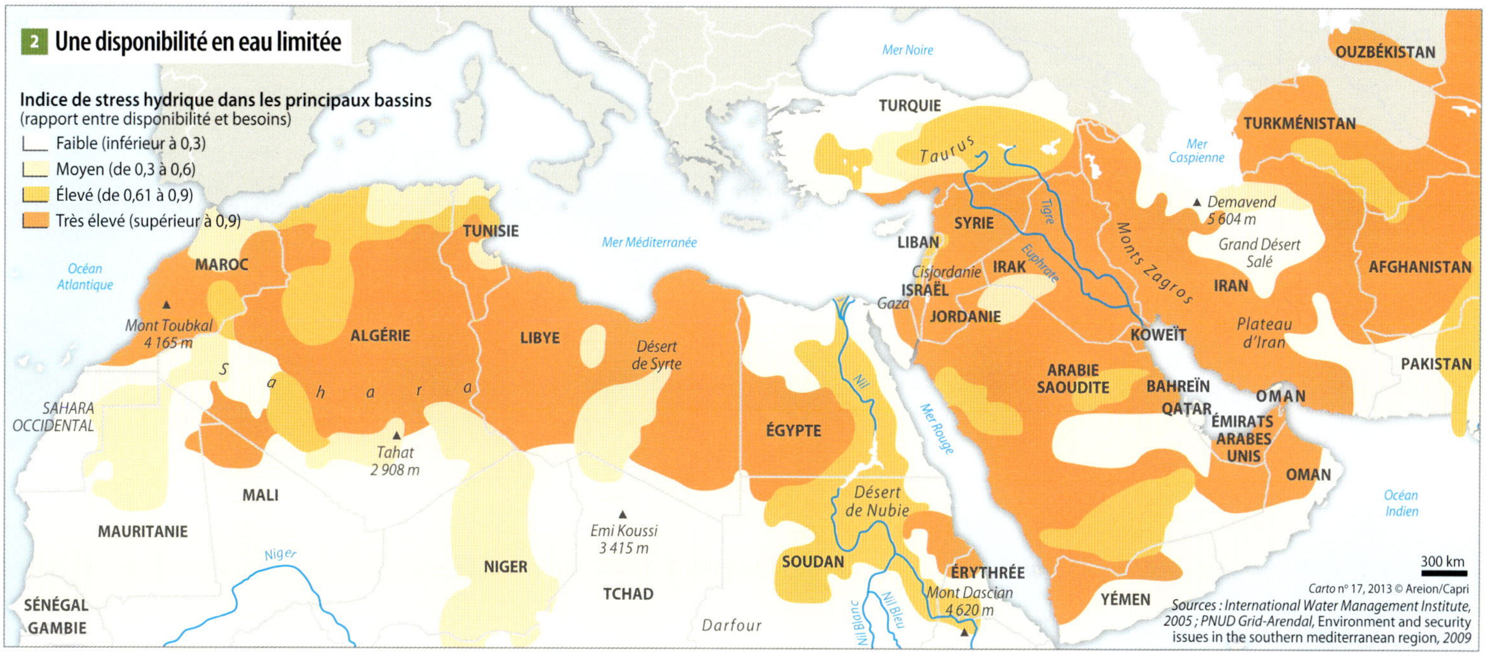

2 Une disponibilité en eau limitée

au Liban, les vicissitudes géopolitiques et les pesanteurs politiques du confessionnalisme y ont retardé le déploiement hydraulique.

Ces aménagements sont sources de conflictualité liée au fait que les réseaux hydrographiques sont partagés entre États en situation d'hostilité, qui plus est sur fond de croissance démographique, voire de changement climatique. C'est le cas du bassin du Jourdain, où Israël a établi une hydrohégémonie. Il en est de même sur l'Euphrate et le Tigre, où s'opposent la Turquie, véritable « château d'eau » du bassin doublé d'une réelle puissance militaire, et les pays d'aval, la Syrie et l'Irak (*cf. carte 4*). C'est aussi le cas du bassin du Nil, où l'hydrohégémonie égyptienne est remise en question.

STATU QUO ET SCÉNARIO DE RUPTURES SUR LE JOURDAIN

Pour l'instant, rien ne modifie la suprématie israélienne sur le plan hydropolitique. Non seulement l'État hébreu a pu, dès les années 1960, détourner les eaux du Jourdain à partir du lac de Tibériade pour approvisionner la côte et le Sud, mais il contrôle à présent les prélèvements des voisins sur les affluents du Jourdain : soit directement, en occupant le Golan (depuis 1967), ce qui lui permet de contrôler le Baniyas syrien et divers cours d'eau du plateau ; soit indirectement, grâce à un rapport de force favorable qui lui permet d'imposer au Liban une limitation de ses prélèvements sur le Hasbani.

Depuis la guerre de 1967, ce sont également les nappes phréatiques de Cisjordanie qui sont contrôlées par Israël. Grâce à un système de contraintes efficace (contrôle des puits, quotas d'irrigation, etc.), ce dernier a pu s'arroger 80 % des ressources souterraines de ce territoire, une part que les accords de Taba (dits Oslo II) ont entérinée en 1995. La souveraineté hydraulique palestinienne est ainsi réduite et l'État hébreu affirme son hydrohégémonie. La seule nouveauté pourrait venir de deux éléments dont on ne peut encore préjuger de la réalisation. D'une part, la Banque mondiale a approuvé en janvier 2013 le projet de canal (*cf. carte 5*), considéré par l'institution comme « faisable », entre la mer Rouge et la mer Morte pour sauver cette dernière qui subit un assèchement indéniable – depuis les années 1960, sa surface a régressé de 950 à 637 kilomètres carrés et son niveau a chuté de 29 mètres –, et l'initiative, certes pharaonique, pourrait également fournir de l'eau dessalée aux peuples de la zone. Cependant, les hypothèques environnementales ne sont pas vraiment levées et les besoins de financements sont importants (la Banque mondiale estime le coût de l'opération à 7,78 milliards d'euros).

3 Ressources en eau douce au Moyen-Orient en 2010

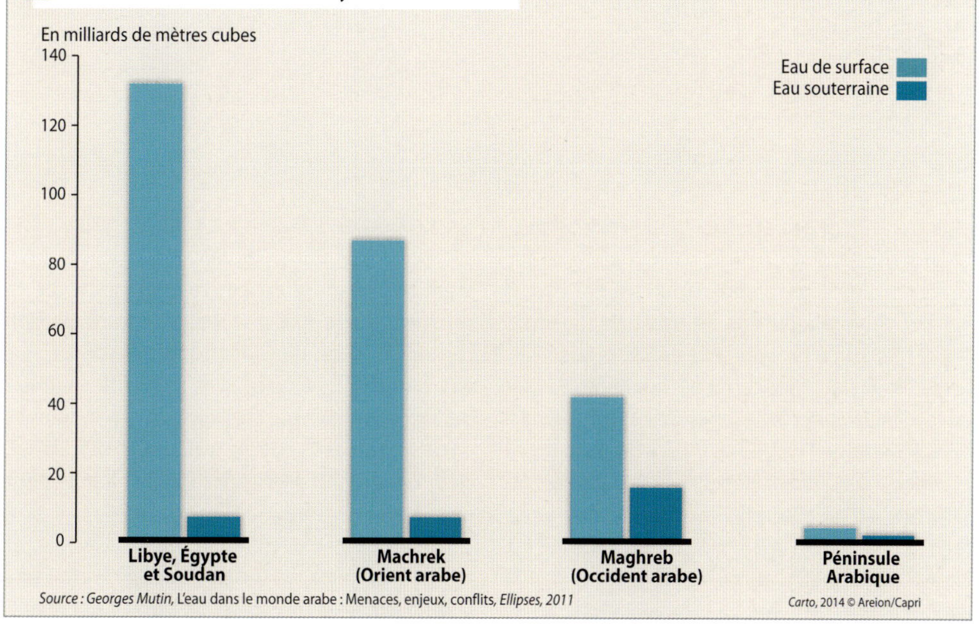

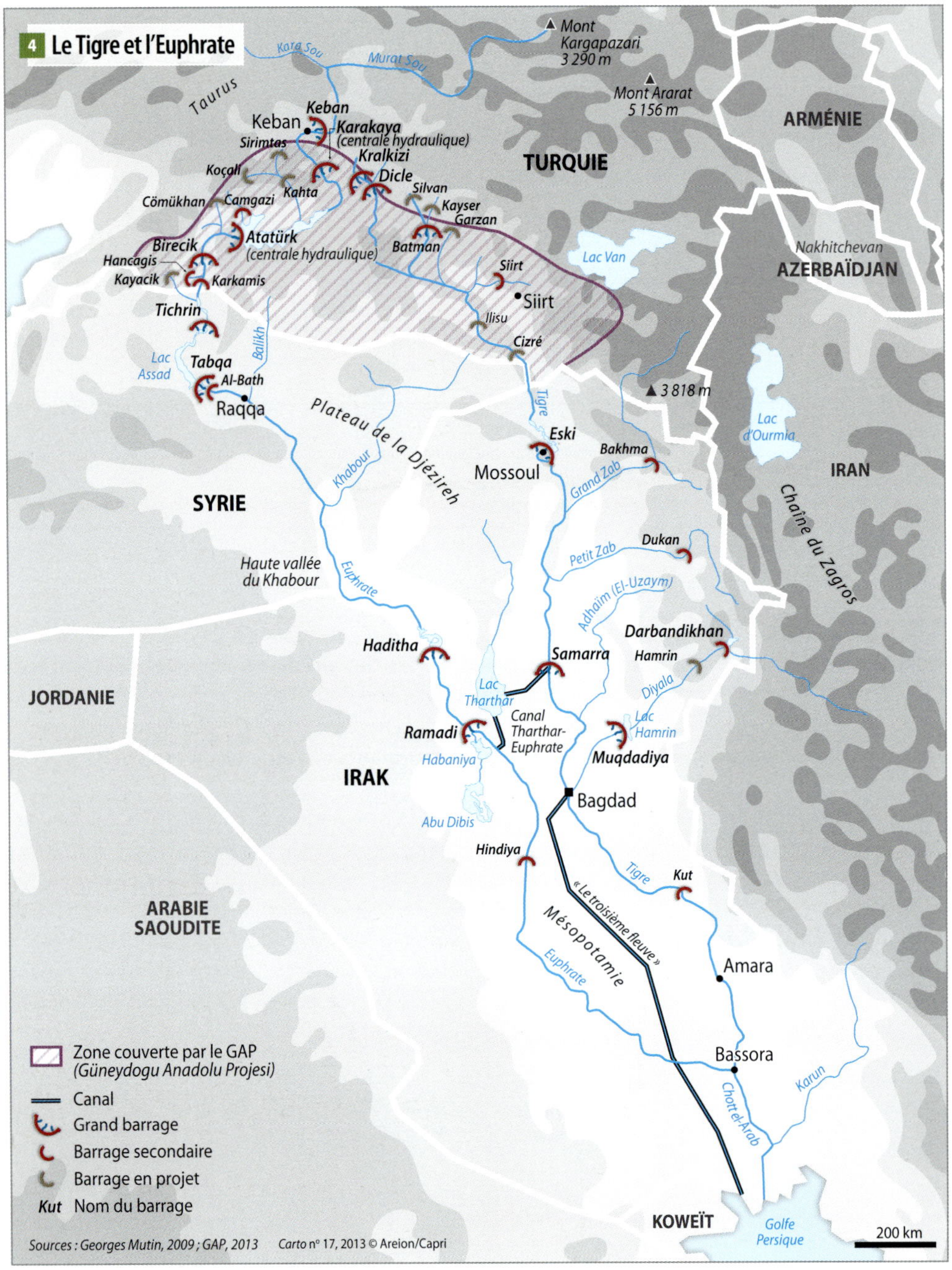

4 Le Tigre et l'Euphrate

Mais surtout, ce projet peut-il séduire des Palestiniens qui se sentent si loin d'être reconnus par Israël ? En l'absence d'implication de leur part, il est fort peu probable que les bailleurs suivent.

Autre facteur de changement possible, la découverte de gaz en Méditerranée orientale qui devrait révolutionner les usages de l'« or bleu ». Le dessalement de l'eau de mer pourrait être accru et rendre Israël moins dépendant des sources allochtones. D'un côté, cela constituerait un avantage pour la région, mais, d'un autre, le risque est bien réel que cette autarcie énergétique ferme encore plus l'État hébreu à la négociation.

LA TURQUIE FACE À LA CRISE SYRIENNE

La région où Turcs et Syriens avaient envisagé de construire ensemble un barrage dit de l'amitié sur l'Oronte à la veille de la révolution contre le régime de Damas accueille désormais des tentes de réfugiés. De même, le barrage de Tabqa sur l'Euphrate, véritable symbole du pouvoir baasiste, est contrôlé par l'opposition. Deux images qui en disent long du changement de contexte hydraulique.

La crise syrienne occulte la question de l'eau et notamment celle de son partage entre les États traversés par l'Euphrate et le Tigre. Cependant, quelques points sont à rappeler ici. D'une part, si le conflit a commencé avec l'expression d'un « ras-le-bol » politique, il s'est aussi nourri d'un certain mal-être rural tandis que le Baas avait fait des campagnes un allié essentiel. La baisse des prix des productions dites stratégiques (blé et orge notamment) et le morcellement des exploitations ont compté dans ce malaise. La sécheresse dans la région du Nord-Est syrien entre 2006 et 2010 n'y est pas étrangère non plus, de même que la décision de ne plus subventionner le gazole en 2008 qui, en réduisant les possibilités de prélèvements dans les nappes, a constitué un élément d'aggravation. Les agriculteurs de la zone s'étaient habitués à pomper dans les réserves souterraines, les aménagements hydrauliques à partir des fleuves étant très en deçà des objectifs annoncés par les autorités.

L'État syrien avait donc échoué sur deux plans : la grande hydraulique avait atteint ses limites et le pouvoir, qui avait encouragé aussi le pompage dans les nappes, n'avait pas réussi à en prévenir les excès ; au contraire même, car les pratiques vertueuses naissent rarement dans des régimes autoritaires et souvent clientélistes. Ainsi, l'Euphrate fournissait moins d'eau aux agriculteurs tandis que la ressource hydrique du sous-sol semblait affectée. Ce mal-être dans les campagnes a poussé beaucoup de ruraux vers les villes sans réelles perspectives d'emplois. Si cette situation n'est pas la seule cause de la révolte, elle en est une composante.

Depuis 2011, le chaos dans la région de l'Euphrate dépasse de loin le marasme rural à la veille de la révolution. Mais quand la Syrie sera à reconstruire, la question des prélèvements turcs en amont va s'y poser avec une acuité certaine. Depuis 2008, Ankara cherche en effet à accélérer le volet irrigation du Projet de l'Anatolie du Sud-Est (GAP, en turc), car l'objectif de nourrir 1,82 million d'hectares de terre à partir de l'Euphrate et du Tigre est loin d'être réalisé. Dès lors, si les tensions s'étaient accrues quand, dans les années 1990, la Turquie avait rempli ses barrages, qu'en sera-t-il dans quelques années si elle parvient à étendre sa superficie irriguée ? Tout cela est d'autant plus inquiétant qu'une étude a révélé en février 2013 que les bassins du Tigre et de l'Euphrate subissent la deuxième plus rapide perte d'eau douce qu'enregistre la planète, après l'Inde. Entre janvier 2003 et décembre 2009, ces territoires ont vu disparaître 143,6 kilomètres cubes d'eau douce, principalement à cause de la diminution des nappes phréatiques due à des pompages intensifs (1).

UNE HYDROHÉGÉMONIE ÉGYPTIENNE CONTESTÉE

L'Égypte est le pays le plus peuplé du monde arabe (85,29 millions en 2013) et sa densité y est élevée (85 habitants au kilomètre carré), l'écoumène étant concentré sur à peine 5 % du territoire. Gamal Abdel Nasser, au pouvoir entre 1956 et 1970, et ses successeurs ont ainsi fait du Nil un vecteur de sécurisation alimentaire et un outil d'aménagement. Pour parvenir à ses fins, l'Égypte a longtemps agi en État hydrohégémonique en dépit de sa position en aval du bassin. Dès 1959, tandis que le Soudan venait d'accéder à l'indépendance, le pays a ainsi sécurisé ses droits. Le Caire et Khartoum se sont arrogé le contrôle des eaux du Nil dont le débit se forme ailleurs, en particulier en Éthiopie. Avec le Nil bleu, l'Atbara et une partie du Sobat, les hauteurs éthiopiennes fournissent ainsi plus de 70 % du débit du fleuve. Depuis 1999, l'Initiative du bassin du Nil fait figure d'organe de coopération. Mais rien de significatif n'a été abordé sur le plan du partage de la ressource, ce qui souligne un rapport de force favorable à l'Égypte et au Soudan.

Cependant, la montée en puissance de l'Éthiopie constitue un élément de changement majeur dans la région. La stabilisation politique de ce pays après des années de dictature (1975-1991), les investissements agricoles réalisés par divers États en manque de terres, mais aussi l'arrivée de la Chine et de son industrie hydraulique sont autant de facteurs qui poussent Addis Abeba à revoir l'accord de 1959. En mai 2013, le lancement par l'Éthiopie de la construction d'un barrage sur le Nil bleu a provoqué une crise diplomatique avec Le Caire, craignant un impact sur ses ressources. D'autres nations en amont, beaucoup plus marginales dans l'approvisionnement du Nil, se sont réunies pour contester le monopole de l'Égypte et du Soudan. Qui plus est, ce dernier est divisé depuis juillet 2011 et rien n'assure que le Soudan du Sud voudra rester lié au traité de 1959. En pleine mutation interne après la chute de Hosni Moubarak en février 2011, l'Égypte est aussi soumise à un environnement externe préoccupant. Sur ce dossier comme sur d'autres, la pression sur les autorités du Caire est décidément très forte. ●

P. B.

NOTE

(1) Katalyn A. Voss, James S. Famiglietti, MinHui Lo, Caroline de Linage, Matthew Rodell, Sean C. Swenson, « Groundwater depletion in the Middle East from GRACE with implications for transboundary water management in the Tigris-Euphrates-Western Iran region », in *Water Resources Research*, vol. 49, n° 2, février 2013, p. 904-914.

SAUVER LA MER MORTE ?

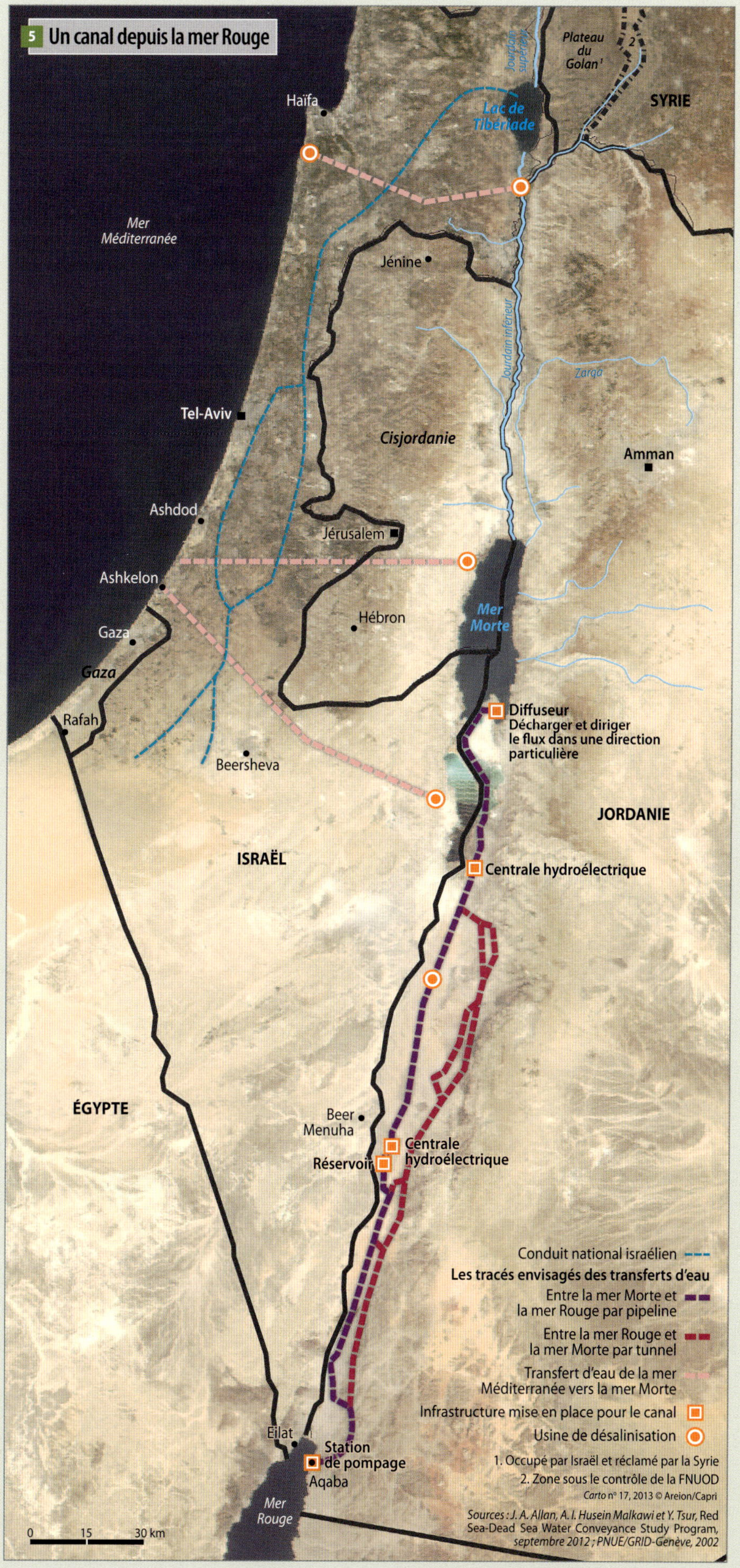

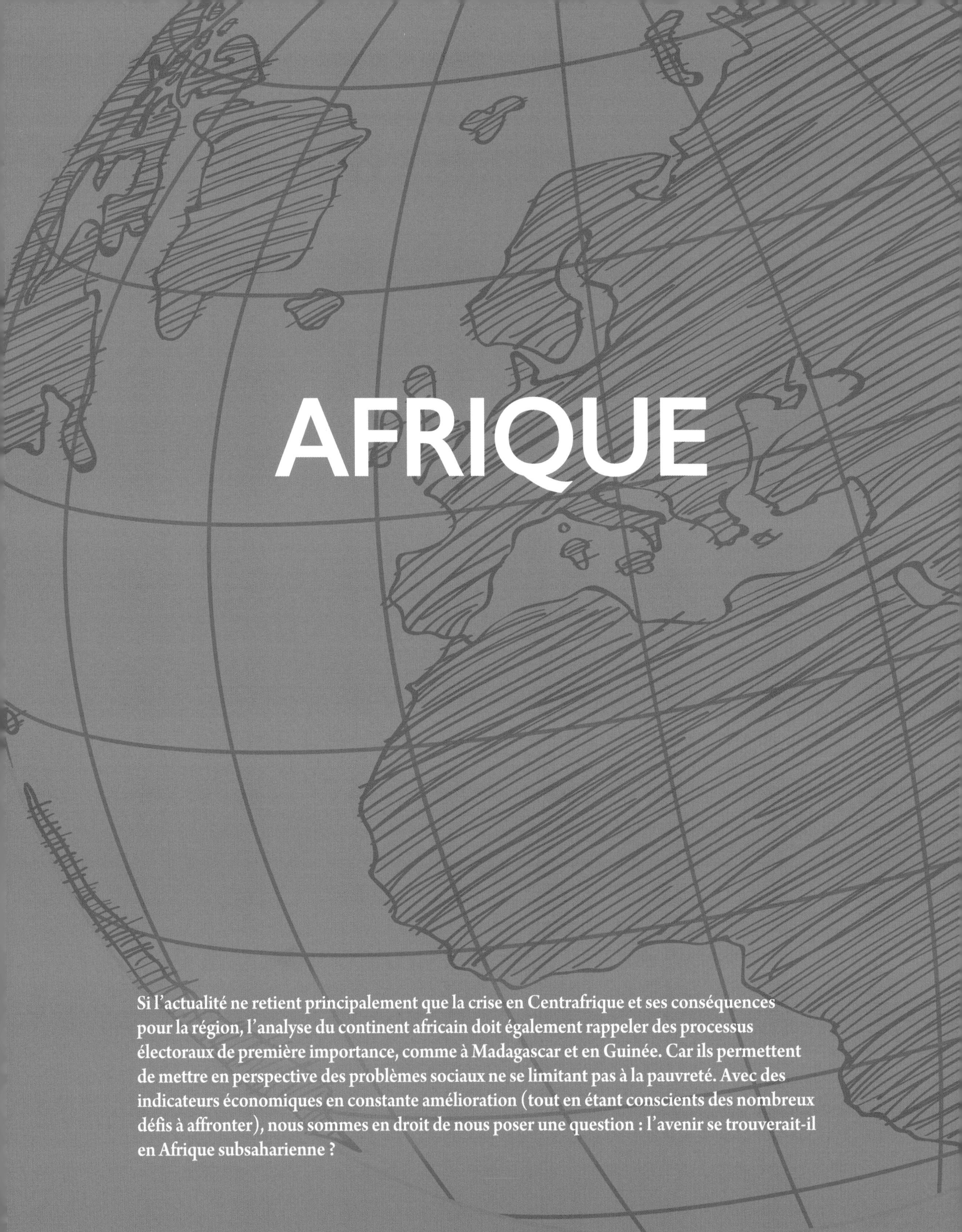

AFRIQUE

Si l'actualité ne retient principalement que la crise en Centrafrique et ses conséquences pour la région, l'analyse du continent africain doit également rappeler des processus électoraux de première importance, comme à Madagascar et en Guinée. Car ils permettent de mettre en perspective des problèmes sociaux ne se limitant pas à la pauvreté. Avec des indicateurs économiques en constante amélioration (tout en étant conscients des nombreux défis à affronter), nous sommes en droit de nous poser une question : l'avenir se trouverait-il en Afrique subsaharienne ?

REPÈRES

NOM OFFICIEL
République centrafricaine

CHEF DE L'ÉTAT
Catherine Samba-Panza (présidente de transition depuis le 20 janvier 2014)

SUPERFICIE
622 984 km²
(45e rang mondial)

LANGUES OFFICIELLES
Français et sango

CAPITALE
Bangui

POPULATION EST. 2013
5,16 millions d'habitants

DENSITÉ
8 hab./km²

MONNAIE
Franc CFA

HISTOIRE
Arrivés dans la région à la fin du XIXe siècle, les Français créent en 1905 la colonie de l'Oubangui-Chari, intégrée à l'Afrique équatoriale française cinq ans plus tard. Si la République centrafricaine est proclamée en 1958, elle ne devient indépendante qu'en 1960. Toutefois, le pays sombre dans l'instabilité politique et l'autoritarisme, d'abord de David Dacko (1960-1966), puis de Jean-Bedel Bokassa (1966-1979)

PIB PAR HABITANT EST. 2013 (EN PARITÉ DE POUVOIR D'ACHAT)
700 dollars

POPULATION VIVANT AVEC MOINS DE 2 $ PAR JOUR (2008)
80,1 %

INDICE DE DÉVELOPPEMENT HUMAIN (2013)
0,352 (180e rang)

Centrafrique : le naufrage d'un État

Enclavée au cœur de l'Afrique et entourée par des voisins conflictuels (Tchad, Soudan, République démocratique du Congo), la Centrafrique est un pays oublié, y compris des investisseurs. L'un des États les plus pauvres du monde est miné par une instabilité chronique depuis l'indépendance, en 1960, et la fin du régime de François Bozizé en mars 2013 n'a fait que plonger le pays dans le chaos.

L'histoire se répète en République centrafricaine, avec les mêmes enjeux et acteurs. Une ancienne puissance coloniale (la France), des chefs d'État autoritaires ou impuissants destitués et en exil (François Bozizé, Michel Djotodia), des rebelles armés, des forces étrangères sur le terrain et une population condamnée à l'extrême pauvreté et souffrant de la faim (*cf. carte 1*) dans un pays pourtant riche en ressources minières.

Depuis 1960, ces éléments alimentent des crises à répétition dans un État incapable de maintenir son autorité dans l'ensemble du territoire (*cf. carte 2*). En décembre 2012, la coalition d'opposition Séléka, principalement composée d'hommes de deux mouvements – l'Union des forces démocratiques pour le rassemblement (UFDR) et la Convention des patriotes pour la justice et la paix (CPJP) –, se lançait à l'assaut du pouvoir et, le 24 mars 2013, François Bozizé fuyait au Cameroun. La Séléka dénonçait la « mal gouvernance » et le « clientélisme » des autorités, et réclamait l'application des accords de paix de 2007 qui ont mis fin à une guerre civile de quatre ans. Pourtant, une fois au pouvoir, la Séléka fut incapable de contrôler ses hommes, coupables de violences sur les populations civiles. Le 10 janvier 2014, le nouvel homme fort de Bangui, Michel Djotodia, démissionnait, révélant ce que les analystes redoutaient déjà depuis longtemps : l'État en Centrafrique n'existe pas.

1 Une situation alimentaire dramatique

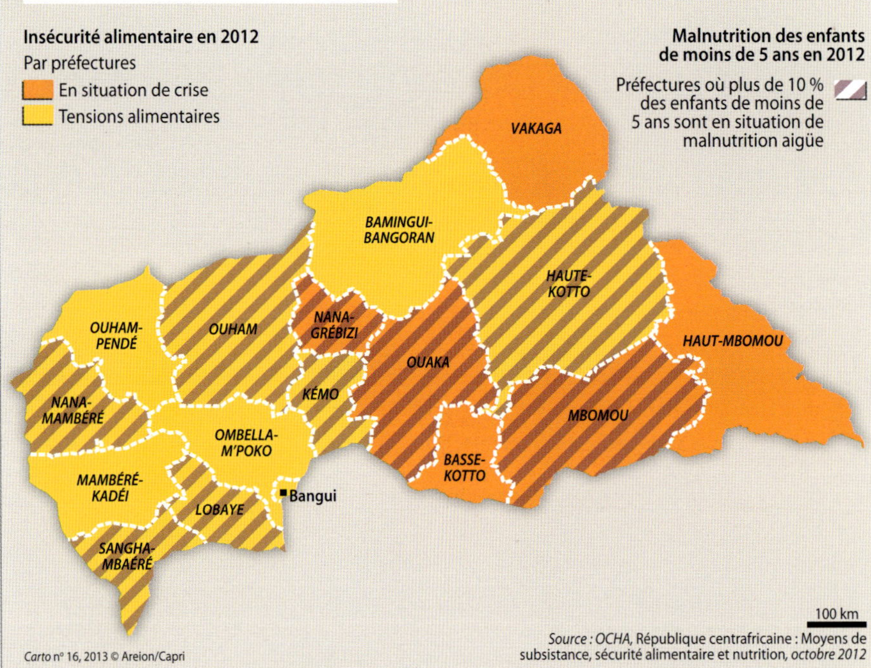

Source : OCHA, République centrafricaine : Moyens de subsistance, sécurité alimentaire et nutrition, *octobre 2012*

Carto n° 16, 2013 © Areion/Capri

LA DÉLICATE POSITION DE LA FRANCE

Après l'intervention au Mali, l'ancienne puissance coloniale, qui avait pourtant soutenu François Bozizé lors de son coup d'État en 2003, a d'abord refusé d'intervenir, voulant rompre avec l'ingérence dans les affaires centrafricaines. Les 250 soldats français présents à la base de M'Poko ont reçu l'aide de 150 hommes pour assurer la sécurité des ressortissants européens. Le Tchad a envoyé 150 soldats, qui sont venus renforcer les 780 militaires de la Force multinationale d'Afrique centrale (FOMAC). Mais rien ne s'est passé comme prévu : l'accord de Libreville (Gabon) du 11 janvier 2013, obligeant les parties à déposer les armes et M. Bozizé à abandonner le pouvoir en 2016, n'a jamais été respecté. Si le président Djotodia a dissous la Séléka, il fut incapable de diriger la transition. En l'absence d'autorité étatique, les violences ont atteint leur paroxysme le 5 décembre 2013, avec des attaques armées dans différents sites de Bangui par les milices dites anti-Balaka, formées par d'anciens militaires, des partisans de M. Bozizé et des groupes populaires d'autodéfense. Elles n'ont qu'un seul objectif : mettre fin au « régime Séléka ».

La France décide alors d'intervenir dès le 6 décembre, avec l'opération « Sangaris »

2 Un État sans autorité territoriale

Sources : « Centrafrique : la France a choisi son général pour l'opération "Sangaris" », in Le Figaro, *3 décembre 2013 ; OCHA,* Central African Republic: Humanitarian Snapshot, *14 décembre 2013 ; ITIE-RCA, Carte des indices miniers de la République centrafricaine, 2009 ; IFRI,* RAMSES 2013, *2012 ; OCHA,* Central African Republic Situation Report n° 3, *janvier 2013 ; Kenya Railways,* Renewed Interest in Railway Development in the East African Region, *2010 ; Radio Ndeke Luka, février 2011*

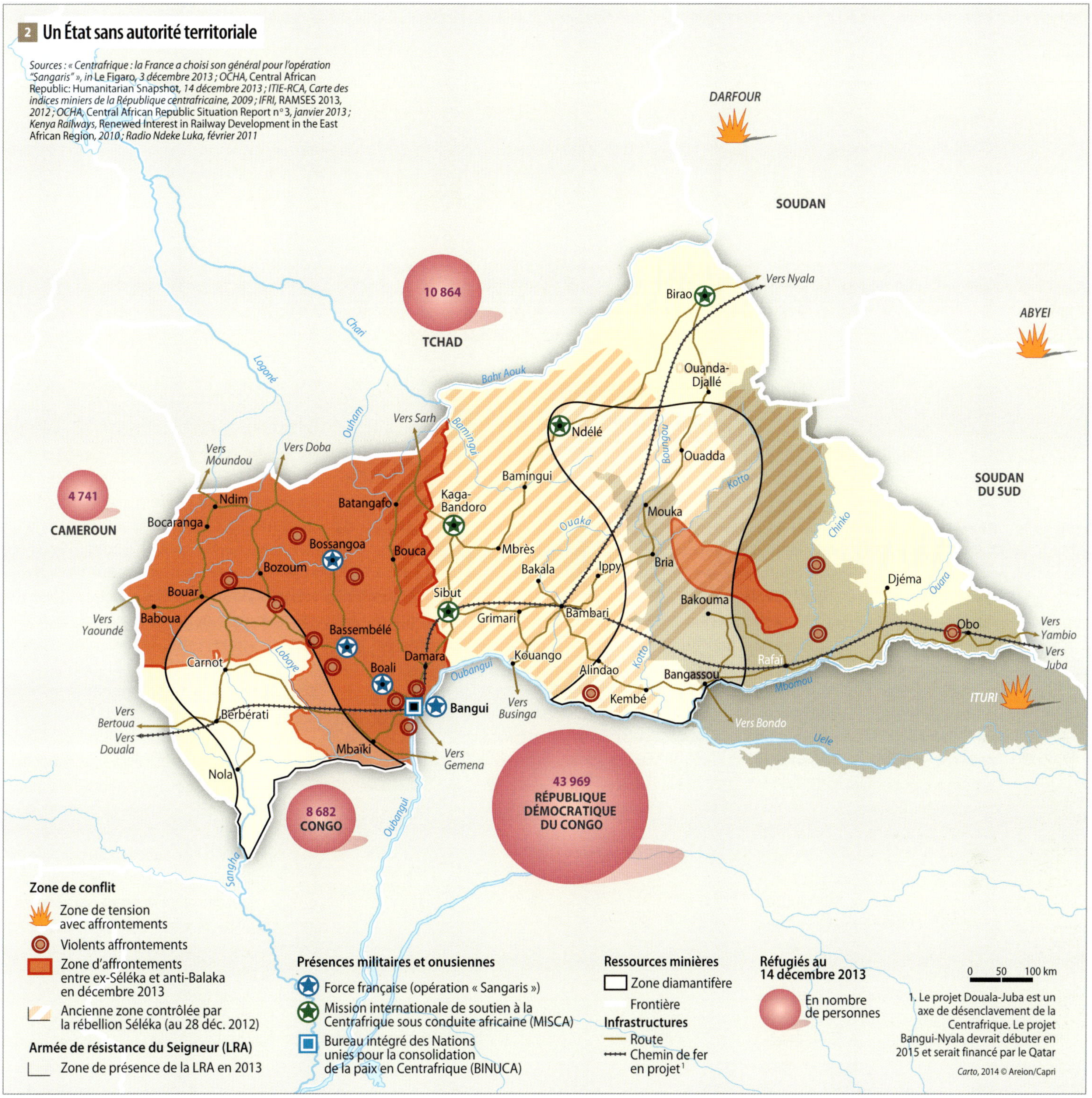

et le déploiement de 2 000 soldats. Elle a l'appui des Nations unies : la FOMAC est remplacée le 19 décembre par la Mission internationale de soutien à la Centrafrique (MISCA), forte de 6 000 hommes du Cameroun, du Congo, du Gabon et du Tchad (qui s'est retiré en avril 2014). La tâche est complexe. Outre contenir les groupes armés, il s'agit également de permettre aux organisations humanitaires d'assister une population (5,16 millions en 2013) démunie : 80,1 % des habitants vivait en 2008 avec moins de 2 dollars par jour, selon les derniers chiffres de la Banque mondiale ; l'espérance de vie est de cinquante ans, comme en Somalie ou en Afghanistan ; la mortalité infantile est l'une des plus élevées au monde (97 ‰ en 2012)… En seulement un mois, entre décembre 2013 et janvier 2014, la crise a causé 935 000 déplacés et près de 80 000 réfugiés, d'après les Nations unies. Enfin, si cela n'avait jamais vraiment représenté un problème en Centrafrique, le conflit a réveillé des tensions communautaires entre musulmans et chrétiens.

Un rapport publié en 2010 (1) dénonçait « des cycles de violence » dus à « l'effet conjugué d'un État prédateur, de la criminalité et de l'extrême pauvreté », poussant des factions rivales à se rebeller tout en tirant profit du commerce illégal des diamants. Quatre ans plus tard, la situation est sensiblement la même. La paix passe par le rétablissement de la sécurité et la bonne gestion des ressources dans un pays très touché par la corruption. En d'autres termes, la tâche numéro un en Centrafrique est la création d'une autorité étatique centrale viable et durable. ●

G. F.

NOTE

(1) International Crisis Group, *De dangereuses petites pierres : Les diamants en République centrafricaine*, Rapport Afrique n° 167, 2010.

Tchad : une puissance régionale en Afrique centrale ?

REPÈRES

NOM OFFICIEL
République du Tchad

CHEF DE L'ÉTAT
Idriss Déby
(président depuis 1990)

SUPERFICIE
1284000 km²
(21e rang mondial)

LANGUES OFFICIELLES
Arabe et français

CAPITALE
N'Djamena

POPULATION EST. 2013
11,19 millions d'habitants

DENSITÉ
9 hab./km²

MONNAIE
Franc CFA

HISTOIRE
Considéré comme l'un des berceaux de l'humanité après la découverte, en 2001, d'un crâne vieux de 7 millions d'années, le Tchad existe dans ses frontières actuelles depuis la fin du XIXe siècle. Il devient un protectorat français en 1900, puis une colonie vingt ans plus tard, et accède à l'indépendance en 1960

PIB PAR HABITANT EST. 2013 (EN PARITÉ DE POUVOIR D'ACHAT)
2500 dollars

POPULATION VIVANT AVEC MOINS DE 2 $ PAR JOUR (2003)
83,3 %

INDICE DE DÉVELOPPEMENT HUMAIN (2013)
0,340 (184e rang)

Le 1er mai 2013, les autorités du Tchad ont annoncé avoir déjoué, la veille, une tentative de coup d'État contre le régime d'Idriss Déby, au pouvoir depuis décembre 1990. Selon les sources officielles, des affrontements ont causé la mort de trois personnes, et une vingtaine d'individus, dont deux généraux de l'armée et deux députés de l'opposition, ont été arrêtés. Si des doutes sont émis sur la véracité du putsch, l'événement rappelle l'obsession du pouvoir pour la stabilité. En effet, alors que le pays africain s'impose comme un acteur régional important, notamment après l'intervention militaire au Mali début 2013, il ne faudrait pas qu'il se fasse surprendre par un éventuel « printemps tchadien ».

Enclavé au cœur du Sahel *(cf. carte)*, le Tchad compte parmi ses voisins des États instables : la Libye post-Mouammar Kadhafi au nord, une République centrafricaine en pleine transition au sud, un Nigeria aux prises avec le terrorisme de Boko Haram à l'ouest, une guerre civile sans fin au Darfour, au Soudan, à l'est. Dans ce contexte, Idriss Déby compte sur un allié de taille, la France, qui maintient depuis 1986 un contingent de 950 soldats postés à N'Djamena, la capitale, à Abéché, dans l'est, et à Faya, au nord.

Le président tchadien a montré l'importance stratégique de son pays en participant à l'opération « Serval » au Mali. Le Tchad a envoyé 2000 hommes, avec un contingent permanent de 700, qui ont notamment joué un rôle déterminant dans la neutralisation des djihadistes dans l'Adrar des Ifoghas, grâce à leur connaissance de la région. Idriss Déby a même annoncé au monde la mort de deux dirigeants d'Al-Qaïda au Maghreb islamique (AQMI), Abou Zeid et Mokhtar Belmokhtar – son décès n'a jamais été confirmé –, respectivement en février et en mars 2013. De même, N'Djamena a dépêché des troupes en Centrafrique, avant de les retirer en avril 2014. Cette présence est notamment possible grâce à la puissance militaire du régime, qui s'appuie sur une armée de 25350 hommes et 9500 paramilitaires en 2011, ainsi que sur les bases françaises. La stabilité intérieure est également le résultat d'une stricte politique de contrôle, les autorités ne laissant aucun espace de liberté à l'opposition, surtout depuis la fin de la guerre civile (2005-2010) ; Idriss Déby avait alors pu compter sur Paris pour se maintenir au pouvoir. Aussi, l'annonce du 1er mai 2013 n'est-elle pas sans rappeler une certaine nervosité des autorités, qui pourraient craindre un nouvel embrasement, l'un des groupes rebelles, l'Union des forces de la résistance, ayant affirmé en mars 2013 vouloir reprendre les armes.

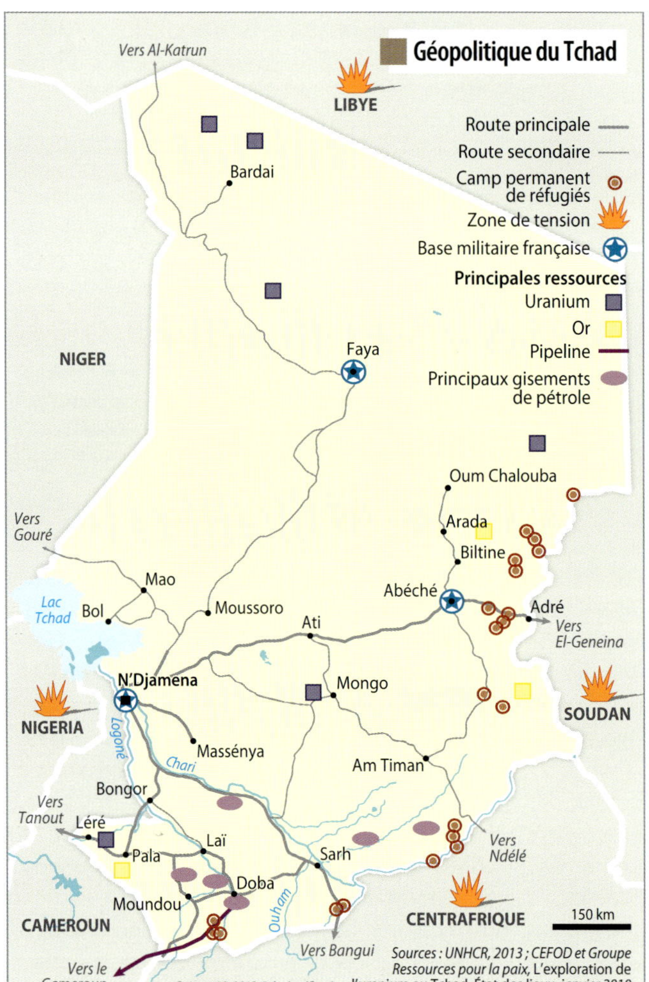

L'activisme régional du Tchad cache par ailleurs des intérêts économiques. En s'imposant comme acteur diplomatique, celui-ci souhaite assurer l'exportation de ses ressources, notamment le pétrole, le Cameroun étant la principale voie de sortie. Si le pays est loin d'avoir les mêmes capacités (101000 barils par jour en 2012) que le Nigeria (2,42 millions), la grande puissance pétrolière africaine, le brut représente l'une de ses rares richesses. Toutefois, dix ans après le début de l'exploitation des puits de Doba, la situation est opaque. Malgré un accord initial avec la Banque mondiale pour destiner les revenus aux « générations futures », la gestion est depuis 2005 à la discrétion de la présidence. Les recettes pétrolières, estimées à 7,5 milliards d'euros depuis 2003, n'apparaissent pas dans le budget de l'État. En 2013, le Tchad figure parmi les pays les plus corrompus et pauvres de la planète. ●

G. F.

Le Nigeria et le Cameroun face à la menace Boko Haram

Signe de la vivacité du mouvement terroriste Boko Haram, l'enlèvement de sept Français au Cameroun le 19 février 2013, libérés deux mois plus tard, souligne également les tensions entre le Nigeria et son voisin oriental autour des zones frontalières, notamment de la péninsule de Bakassi.

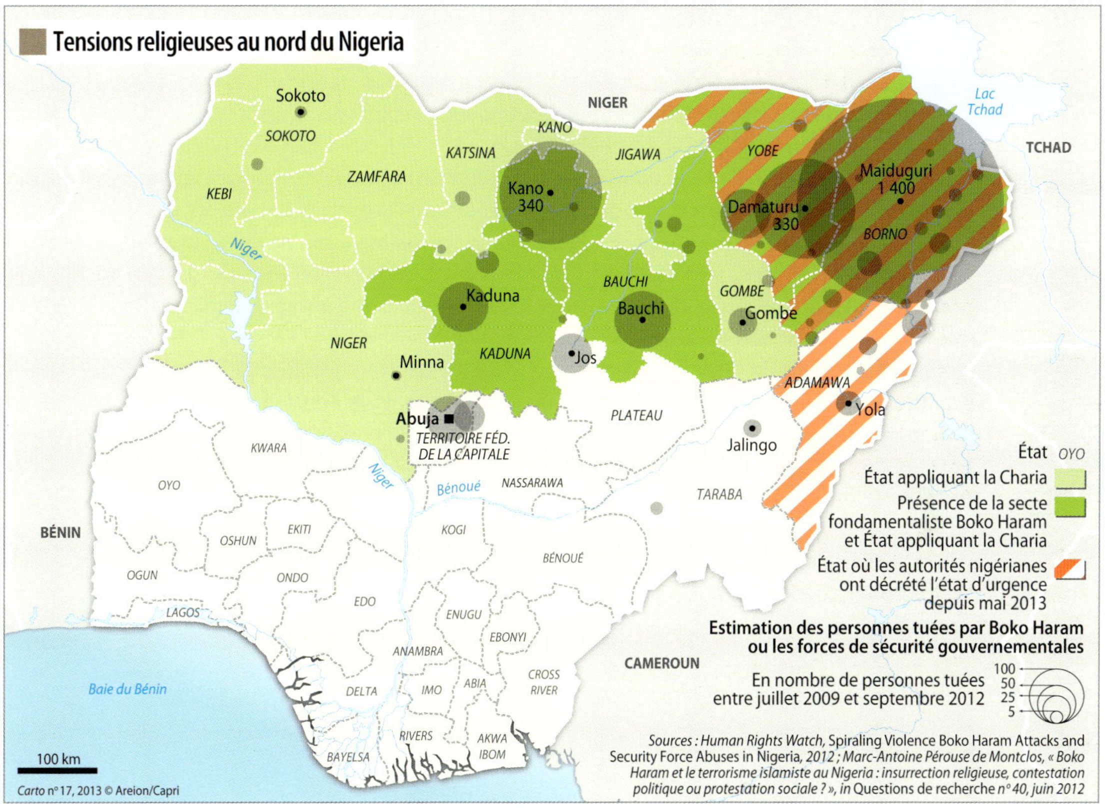

Tensions religieuses au nord du Nigeria

Sources : Human Rights Watch, Spiraling Violence Boko Haram Attacks and Security Force Abuses in Nigeria, *2012 ; Marc-Antoine Pérouse de Montclos, « Boko Haram et le terrorisme islamiste au Nigeria : insurrection religieuse, contestation politique ou protestation sociale ? », in* Questions de recherche *n° 40, juin 2012*

Carto n° 17, 2013 © Areion/Capri

Apparu en 2002 sous le nom de Peuple engagé dans la propagation de la *Sunna* (tradition) et du djihad, implanté dans le nord du Nigeria (*cf. carte*), région à majorité musulmane, Boko Haram multiplie les attaques contre les églises et quartiers chrétiens. Ces violences, auxquelles s'ajoutent les affrontements avec l'armée nationale, ont fait près de 3 000 morts et des milliers de déplacés entre janvier 2009 et septembre 2012, selon l'organisation Human Rights Watch.

L'enlèvement des sept membres d'une famille française a eu lieu dans le parc national de Waza, au Cameroun, à 20 kilomètres de l'État nigérian de Borno, où le mouvement islamiste a ses principales bases. Il s'agit du premier cas d'enlèvement de ressortissants étrangers par Boko Haram, mais également de sa première intervention à l'extérieur des frontières nigérianes. La porosité de celles-ci explique en grande partie la réussite de l'opération. La dyade entre le Nigeria et le Cameroun a longtemps été un sujet de discorde entre les deux pays, les autorités d'Abuja convoitant le territoire de leur voisin oriental. En 1985, Yaoundé a mis en place une Commission nationale des frontières, mais celle-ci n'a jamais eu de fonctionnement effectif. Au Nigeria, la National Boundary Commission, créée en 1987, a pu au contraire disposer d'importants moyens financiers et de pouvoirs étendus tout en soutenant les communautés nigérianes disséminées de l'autre côté de la frontière.

Abuja a ainsi tenté d'agrandir son territoire en annexant militairement en décembre 1993 la péninsule de Bakassi, zone riche en pétrole et en ressources halieutiques. Il a fallu attendre la décision, rendue le 10 octobre 2002, de la Cour internationale de justice (CIJ) en faveur du Cameroun, puis les accords de Greentree quatre ans plus tard, pour que le Nigeria accepte de se retirer de ce territoire de 1 000 kilomètres carrés. Mais il ne l'a rétrocédé qu'en août 2008, après quinze années de tensions armées, et a obtenu le droit d'exploiter les réserves de brut offshore en échange du paiement de redevances. Il continue également de s'appuyer sur sa diaspora (environ 50 000 personnes en 2008), notamment dans le domaine commercial. Toutefois, les populations nigérianes établies dans la région ont dû choisir de retourner dans leur pays ou d'adopter la nationalité camerounaise.

La coopération entre le Nigeria et le Cameroun est amenée à s'intensifier, notamment avec le projet de construction d'une route entre Enugu et Bamenda. Nuisant fortement aux intérêts économiques des acteurs en présence, les actions de Boko Haram pourraient également être le prélude à une collaboration policière transfrontalière accentuée. ●

N. R.

REPÈRES

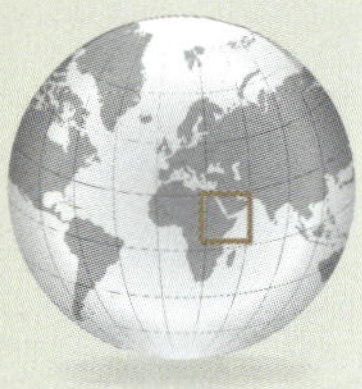

NOM OFFICIEL
République de Djibouti

CHEF DE L'ÉTAT
Ismaël Omar Guelleh (président depuis 1999)

SUPERFICIE
23 200 km²
(151e rang mondial)

LANGUES OFFICIELLES
Arabe et français

CAPITALE
Djibouti

POPULATION EST. 2013
792 198 habitants

DENSITÉ
34 hab./km²

MONNAIE
Franc de Djibouti

HISTOIRE
Si la France obtient le contrôle de la région d'Obock en 1862, la colonisation de Djibouti ne commence que vingt-deux ans plus tard, avant que la ville ne devienne un port commercial important. Territoire d'outre-mer à partir de 1946, la Côte française des Somalis, devenue ensuite Territoire des Afars et des Issas, obtient l'indépendance en 1977, mais les tensions entre ces deux communautés mènent à une guerre civile entre 1991 et 2001

PIB PAR HABITANT EST. 2013 (EN PARITÉ DE POUVOIR D'ACHAT)
2 700 dollars

INDICE DE DÉVELOPPEMENT HUMAIN (2013)
0,445 (164e rang)

Djibouti, rattrapé par le « printemps arabe » ?

Petit pays de la Corne de l'Afrique de 23 200 kilomètres carrés, Djibouti est un carrefour stratégique prisé des Occidentaux dans le cadre de la lutte contre le terrorisme et la piraterie maritime. Pourtant, après les élections législatives du 22 février 2013, le pouvoir a sévèrement réprimé un mouvement de contestation populaire qui demandait la chute du régime.

L'ancien Territoire français des Afars et des Issas n'a pas encore connu d'alternance politique. Le chef de l'État, Ismaël Omar Guelleh, au pouvoir depuis 1999, est le neveu et successeur de Hassan Gouled Aptidon, le premier président après l'indépendance, obtenue en 1977.

Considéré par les autorités comme une simple formalité, le scrutin de février 2013 a pris la forme d'un référendum contre le régime. C'était en effet la première fois que l'opposition participait à des élections après dix années de boycott, et les manifestations ont été nombreuses durant la campagne. Pourtant, le parti au pouvoir, l'Union pour la majorité présidentielle (UMP), a obtenu 80 % des 65 sièges de l'Assemblée nationale. Dès la divulgation des résultats, le 25 février, l'Union pour le salut national (USN) dénonça des fraudes et organisa des protestations dans les rues de la capitale. Les autorités répondirent par la force en incarcérant plusieurs militants, près de mille selon la Fédération internationale des ligues des Droits de l'homme.

Après l'élection présidentielle du 8 avril 2011, également considérée par l'opposition comme entachée de fraudes, Ismaël Omar Guelleh avait décidé en 2012 d'introduire une dose de proportionnelle à hauteur de 20 % aux législatives, une réforme qui avait donné à l'USN l'espoir de jouer enfin un rôle sur la scène politique.

UN CARREFOUR STRATÉGIQUE

Chasse gardée des Français entre 1862 et 1977, coincé entre trois voisins instables (Érythrée, Éthiopie et Somalie), Djibouti a mis à profit sa position de voie d'accès africaine vers l'Asie (*cf. carte 2*). Le port de la capitale est devenu depuis l'indépendance de l'Érythrée en 1993 l'unique passage vers la mer pour les autorités d'Addis Abeba, en mauvais termes avec Asmara depuis la guerre qui opposa les deux pays entre 1998 et 2000. Le 2 juillet 2012, des firmes chinoises et turques ont signé un accord pour construire une ligne de chemin de fer entre l'Éthiopie et Tadjourah.

C'est aussi depuis Djibouti que s'acheminent les capitaux en provenance des

1 Panorama économique de Djibouti

Carto n° 17, 2013 © Areion/Capri

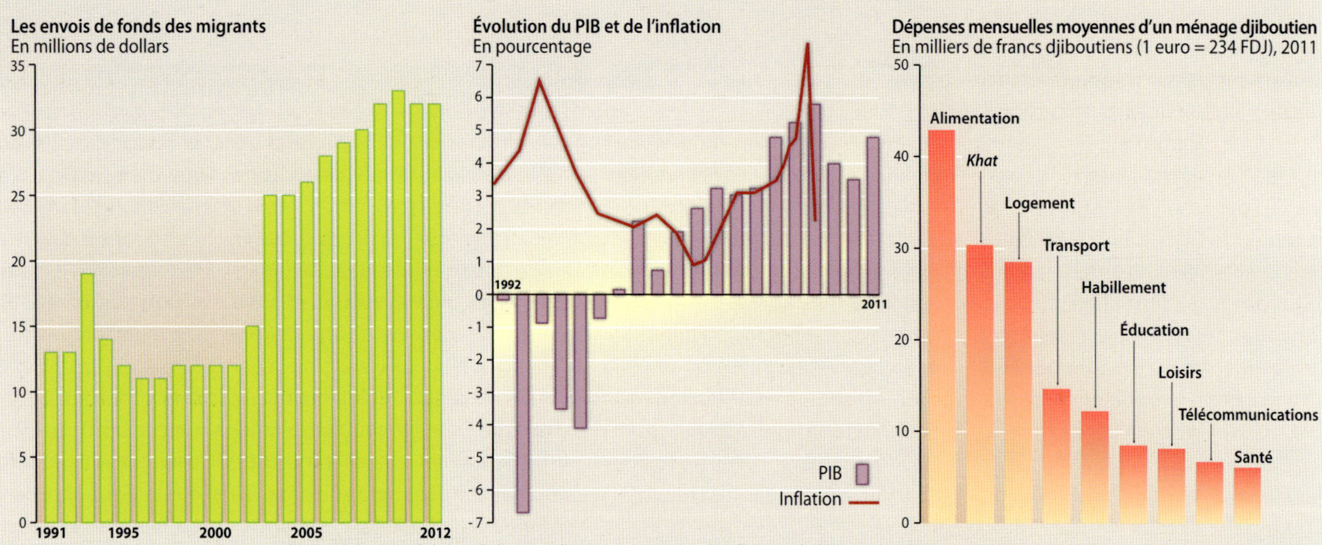

Sources : Banque mondiale, base de données en ligne, 2013 ; Banque mondiale, Comprendre la dynamique du khat à Djibouti, mai 2011 ; Chambre de commerce de Djibouti, 2013

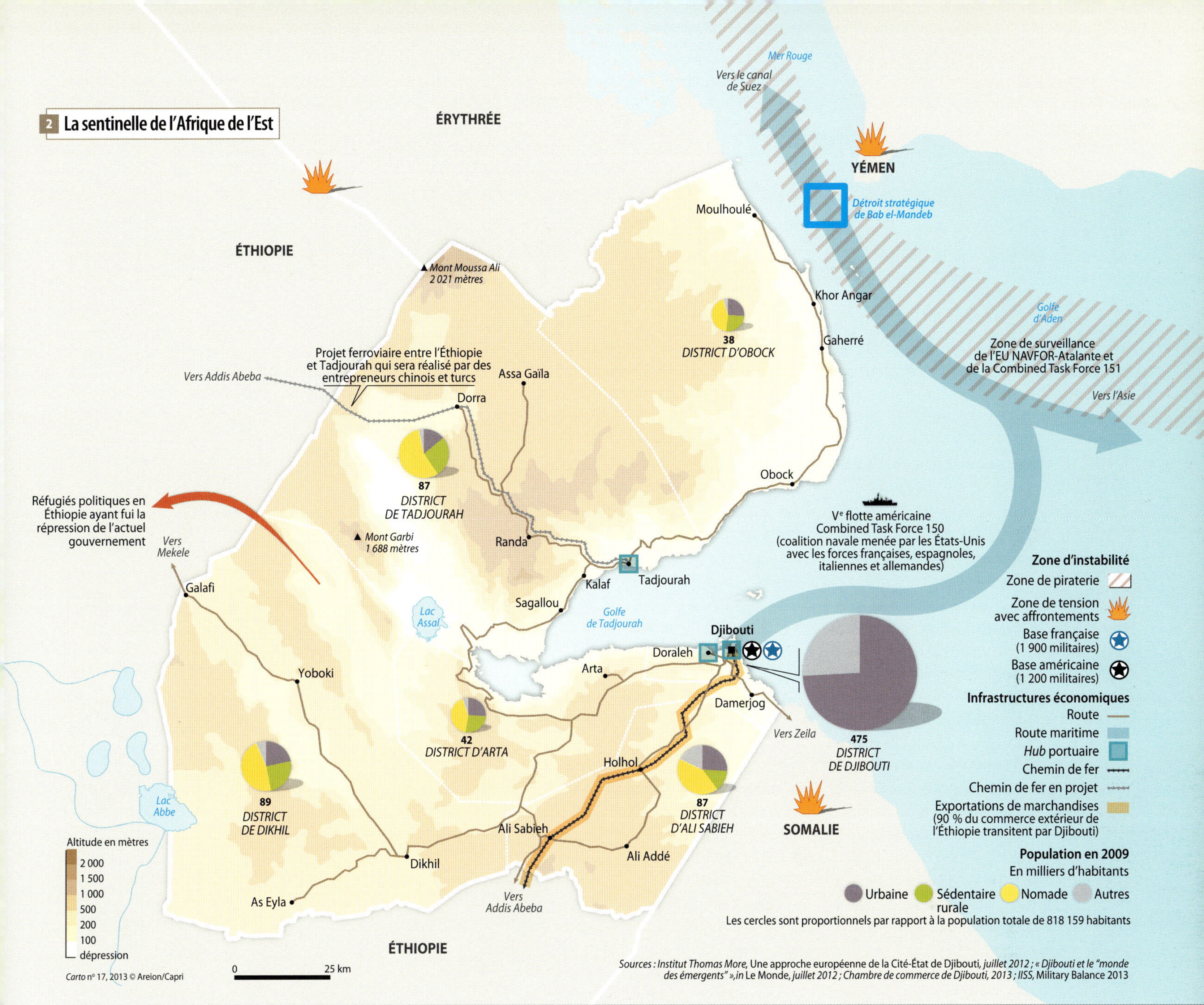

monarchies du golfe Persique, mais également les armements lourds destinés à équiper les bases des grandes puissances installées dans le pays. Ainsi, les Américains y font décoller leurs drones chargés de frapper des cibles terroristes au Yémen. Quant à la France, elle a signé en décembre 2011 avec son ancienne colonie un traité de coopération garantissant 30 millions d'euros annuels pour le loyer de sa plus grande structure militaire d'Afrique : selon le ministère français de la Défense, 1900 hommes des trois corps d'armée y étaient déployés en août 2012. Djibouti est en effet stratégique, notamment pour lutter contre la piraterie dans le golfe d'Aden, passage sur la route des hydrocarbures vers le canal de Suez.

Grâce à cette rente « sécuritaire », M. Guelleh a su construire l'image d'un régime perçu comme un îlot de stabilité au milieu d'un environnement trouble. Il s'est même posé en pacificateur de la Corne de l'Afrique à travers la sécurisation de la frontière avec l'Érythrée et une participation à la Mission de l'Union africaine en Somalie (AMISOM, en anglais), avec un contingent de 850 soldats. Le président a profité de cette situation pour étendre sa mainmise sur les ressources nationales, sans se soucier d'une bonne redistribution auprès de la population (*cf. document 1*) : le PIB par habitant est de 2 600 dollars en 2012, l'un des plus bas du monde, et le taux de chômage atteint 59 % selon les derniers chiffres connus (2007). L'espérance de vie en 2013 est de 61 ans

VERS UN SOULÈVEMENT POPULAIRE ?

Les citoyens tentent de structurer une société civile, amorce d'un changement. Après l'annonce des résultats des législatives de février 2013, la contestation a pris de l'ampleur et le cercle des simples militants s'est élargi, touchant des jeunes diplômés chômeurs. L'opposition s'est vue confortée par la création d'une nouvelle force politique qui pourrait faire basculer la donne, le Mouvement pour le développement et la liberté (Model). Cette formation, regroupant des *oulémas* en rupture avec le régime et considérée comme proche des Frères musulmans, est assimilée par les autorités à un groupe d'intégristes, dans le but de la discréditer.

Toutefois, les prémices d'un « printemps » ne sont pas au rendez-vous. Bien que les réseaux sociaux sur Internet s'organisent pour dénoncer le monopole gouvernemental de l'information – dans son rapport 2013, l'organisation Reporters sans frontières qualifie Djibouti de « trou noir médiatique » – et que les députés de l'USN aient décidé de boycotter, le 27 mars 2013, la première séance du nouveau Parlement, l'opposition reste affaiblie par des problèmes structurels. ●

T. Y.

Madagascar, l'espoir des urnes

Enlisé dans une crise politique depuis janvier 2009, Madagascar devait renouer avec la démocratie après l'élection présidentielle d'octobre et décembre 2013. Mais les défis, notamment économiques, sont nombreux : neuf habitants sur dix vivent dans la pauvreté.

La population malgache (22,59 millions en 2013) a été appelée aux urnes les 25 octobre et 20 décembre 2013 pour les deux tours de l'élection présidentielle, organisée parallèlement au scrutin législatif. Ce processus électoral, plusieurs fois reporté faute d'accord entre les partis, devait permettre au pays de sortir de la crise politique dans laquelle il est plongé depuis janvier 2009, lorsque le président Marc Ravalomanana a été renversé par une opposition soudée autour d'Andry Rajoelina, ancien maire d'Antananarivo, la capitale, et président de la Haute Autorité de la transition (HAT), qui a dirigé le pays juqu'en janvier 2014, en l'absence d'organes décisionnels élus.

UNE ÉCONOMIE FRAGILE

Depuis cette date, Madagascar est allé à la dérive, aussi bien économiquement que socialement, et beaucoup est attendu des élections. Un nouveau gouvernement démocratique permettrait notamment à l'île de réintégrer la communauté internationale, qui n'a pas reconnu le pouvoir de la HAT. Par exemple, Madagascar est exclue de l'Union africaine, la charte de l'organisation condamnant les coups d'État.

L'économie malgache a subi les conséquences de cette mise à l'écart et reste fragile. Doté d'une balance commerciale déficitaire (2,322 milliards de dollars en 2012), vulnérable aux catastrophes naturelles (cyclones, inondations) et figurant au 151e rang (0,483) sur 187 de l'indice de développement humain (IDH) des Nations unies en 2013, le pays s'est vu privé d'une partie importante des aides publiques au développement après le renversement de Marc Ravalomanana. La dégradation du climat économique et la montée de l'insécurité ont par ailleurs eu raison de bon nombre de compagnies étrangères, notamment européennes, ainsi que des touristes : ils étaient 344 000 en 2007 contre 196 000 en 2011, selon la Banque mondiale. D'après cette organisation, la croissance économique a été nulle pendant la période 2009-2013, en prenant comme référence un taux annuel moyen de 5 %, tel qu'il l'était avant la crise. Les pertes sont évaluées à environ 8 milliards de dollars.

Affaiblissement de l'État de droit, appauvrissement (92 % de la population vit avec moins de 2 dollars par jour en juillet 2013), hausse de l'insécurité..., l'île semble prise dans un cercle vicieux. Les ONG dénoncent également une aggravation de la corruption et de la mauvaise gestion des ressources naturelles (bois, métaux précieux, minerais, entre autres, *cf. carte*). Poursuivant une politique entamée par Marc Ravalomanana (avant d'être renversé, il avait signé un accord cédant à la compagnie sud-coréenne Daewoo 1,3 million d'hectares de terres agricoles, en dépit d'une malnutrition touchant 45 % des Malgaches), Andry Rajoelina a cherché à attirer les investisseurs en lançant notamment de grands projets.

Stabiliser la politique pour relancer l'économie, telles étaient les promesses d'une élection dont les résultats sont déjà contestés : si les anciennes figures de la scène nationale – l'ancien président Didier Ratsiraka (1975-1993 et 1997-2002), l'épouse de Marc Ravalomanana, Lalao Rakotonirainy, et Andry Rajoelina – n'ont pas pu se présenter, la victoire de Hery Rajaonarimampianina, avec 53,5 % des voix, a été mise en cause par Robinson Jean Louis (46,5 %), dénonçant des fraudes et les actions de M. Rajoelina. Ce dernier a en effet soutenu M. Rajaonarimampianina et son parti, le Mapar, a obtenu 53 députés sur 151. Si un gouvernement d'ouverture a été formé en avril 2014, l'absence d'une majorité à l'Assemblée nationale reste une source d'instabilité et de crise. ● **F. F.**

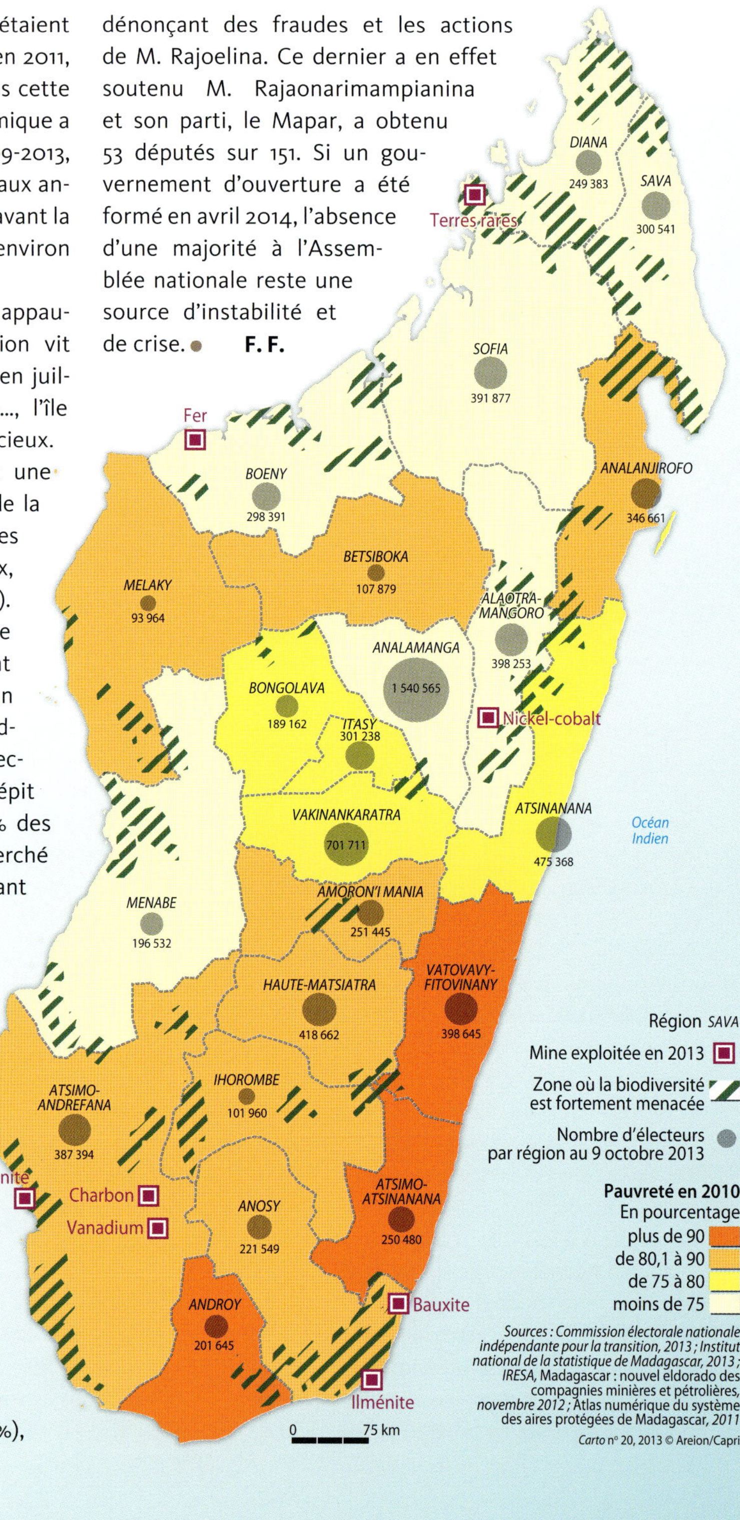

Sources : Commission électorale nationale indépendante pour la transition, 2013 ; Institut national de la statistique de Madagascar, 2013 ; IRESA, Madagascar : nouvel eldorado des compagnies minières et pétrolières, *novembre 2012 ;* Atlas numérique du système des aires protégées de Madagascar, *2011*

Carto n° 20, 2013 © Areion/Capri

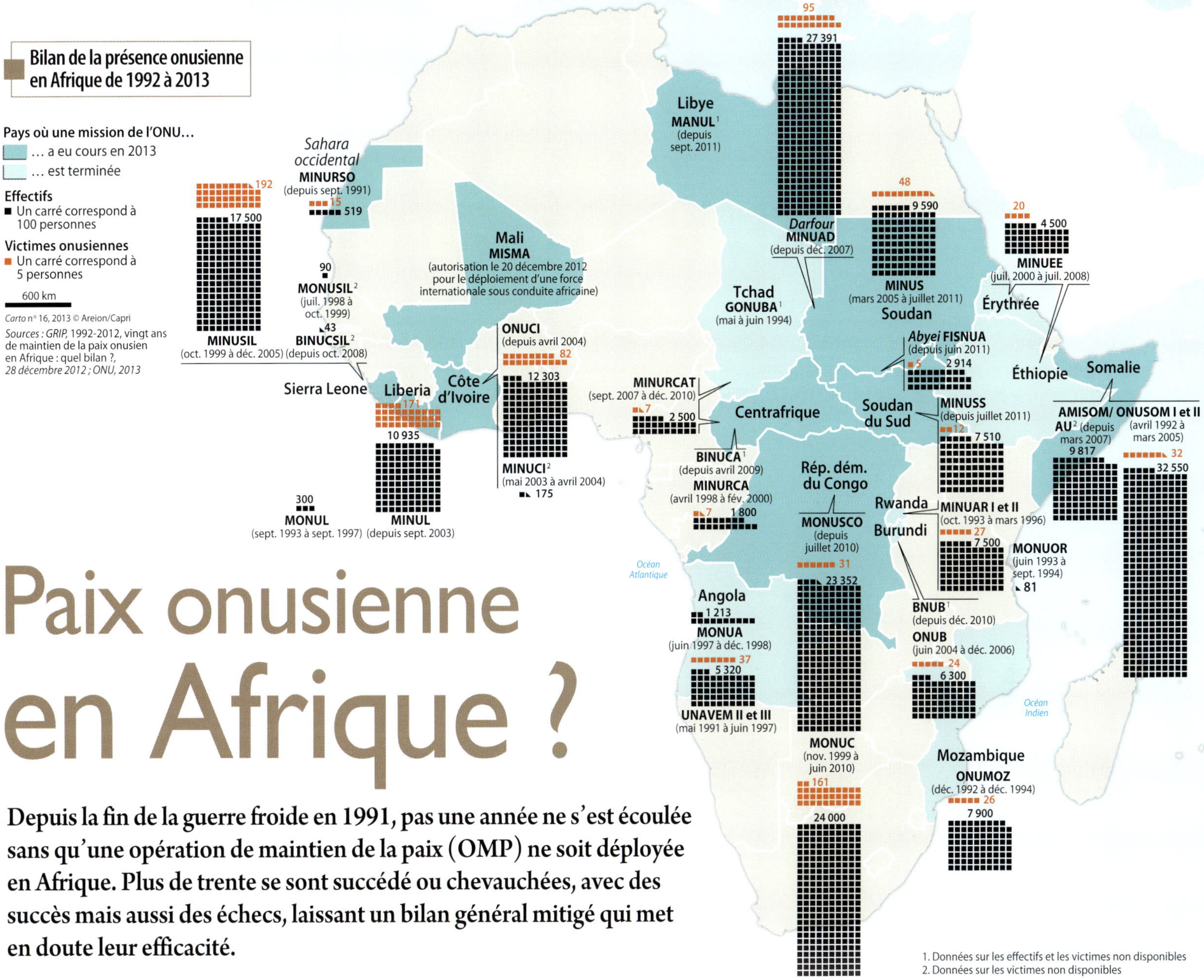

Paix onusienne en Afrique ?

Depuis la fin de la guerre froide en 1991, pas une année ne s'est écoulée sans qu'une opération de maintien de la paix (OMP) ne soit déployée en Afrique. Plus de trente se sont succédé ou chevauchées, avec des succès mais aussi des échecs, laissant un bilan général mitigé qui met en doute leur efficacité.

La chute de l'Union soviétique et le déblocage idéologique des institutions internationales ont permis d'entrevoir une période nouvelle d'interventionnisme onusien. Le changement s'est opéré en 1992, avec l'introduction de l'« Agenda pour la paix » par le secrétaire des Nations unies de l'époque, Boutros Boutros-Ghali (1992-1996). Ce programme devait doter l'ONU de la capacité de conduire des OMP. Dans le même temps, le Conseil de sécurité annonçait le passage au « maintien de la paix de deuxième génération ». Contrairement à celui de « première génération », valorisant les principes de neutralité, de non-coercition et de conservation, il intégrait les tâches civiles de reconstitution d'un État failli et le recours à la force. Ces OMP, créées pour mettre fin à la guerre, garantir la reconstruction d'un pays, mais aussi permettre l'acheminement ainsi que la distribution de l'aide humanitaire et favoriser le processus de réinsertion des soldats, ont principalement été déployées en Afrique (1). Plus du tiers des missions ont été menées sur le continent et, à l'exception de la MINURSO au Sahara occidental et de la MANUL en Libye, toutes se déroulent en Afrique subsaharienne (*cf. carte*). La prévalence de ces opérations dans la région révèle l'absence de gouvernance démocratique et leur déséquilibre géographique confirme une décolonisation mal menée, avec des frontières sans réalités autres que cartographiques.

L'Afrique centrale accueille la majorité des missions subsahariennes. Son sous-sol, qui héberge près de 50 % des richesses du continent, attire toutes les convoitises : celles des multinationales, bien sûr, mais aussi de la Chine, qui investit de plus en plus dans la région. Cette richesse, ajoutée à la pression démographique et aux carences étatiques, en fait une zone d'instabilité permanente.

Les OMP en Afrique ont mobilisé près de 205 000 personnes, une grande part des effectifs mondiaux étant déployés principalement au Soudan, en République démocratique du Congo et en Somalie. Leur bilan est lourd de certains échecs et reste plutôt mitigé dans l'ensemble. Ainsi, en Somalie, ONUSOM I et II (1992-2005) ne sont pas parvenues à apporter la paix et ont subi d'importantes pertes. Cependant, l'ONU peut s'enorgueillir de quelques succès, à l'image de la MINUSIL (1999-2005) en Sierra Leone, qui a réussi à faire cesser les combats et à désarmer 75 000 soldats, permettant la naissance de la démocratie.

Face à ce bilan mitigé, les Nations unies devront favoriser le « *peace building* », en association avec les traditionnelles missions de maintien de la paix. Les organisations régionales, comme l'Union africaine ou la Communauté économique des États de l'Afrique de l'Ouest, engagées dans la gestion du conflit au Mali, sont amenées à jouer un rôle croissant. ● **T. H.**

NOTE

(1) Éric Wilson Fofack, *1992-2012, vingt ans de maintien de la paix onusien en Afrique : quel bilan ?*, Groupe de recherche et d'information sur la paix et la sécurité, 28 décembre 2012.

Le continent africain face

L'Afrique est le continent le plus jeune du monde : 40 % de sa population totale (1 milliard en 2010) a moins de quinze ans. Une chance pour son avenir et son développement, mais qui cache une autre évolution à long terme. La part des Africains de plus de soixante ans devrait en effet doubler d'ici à 2050, un défi que tous les États ne sont pas prêts à relever.

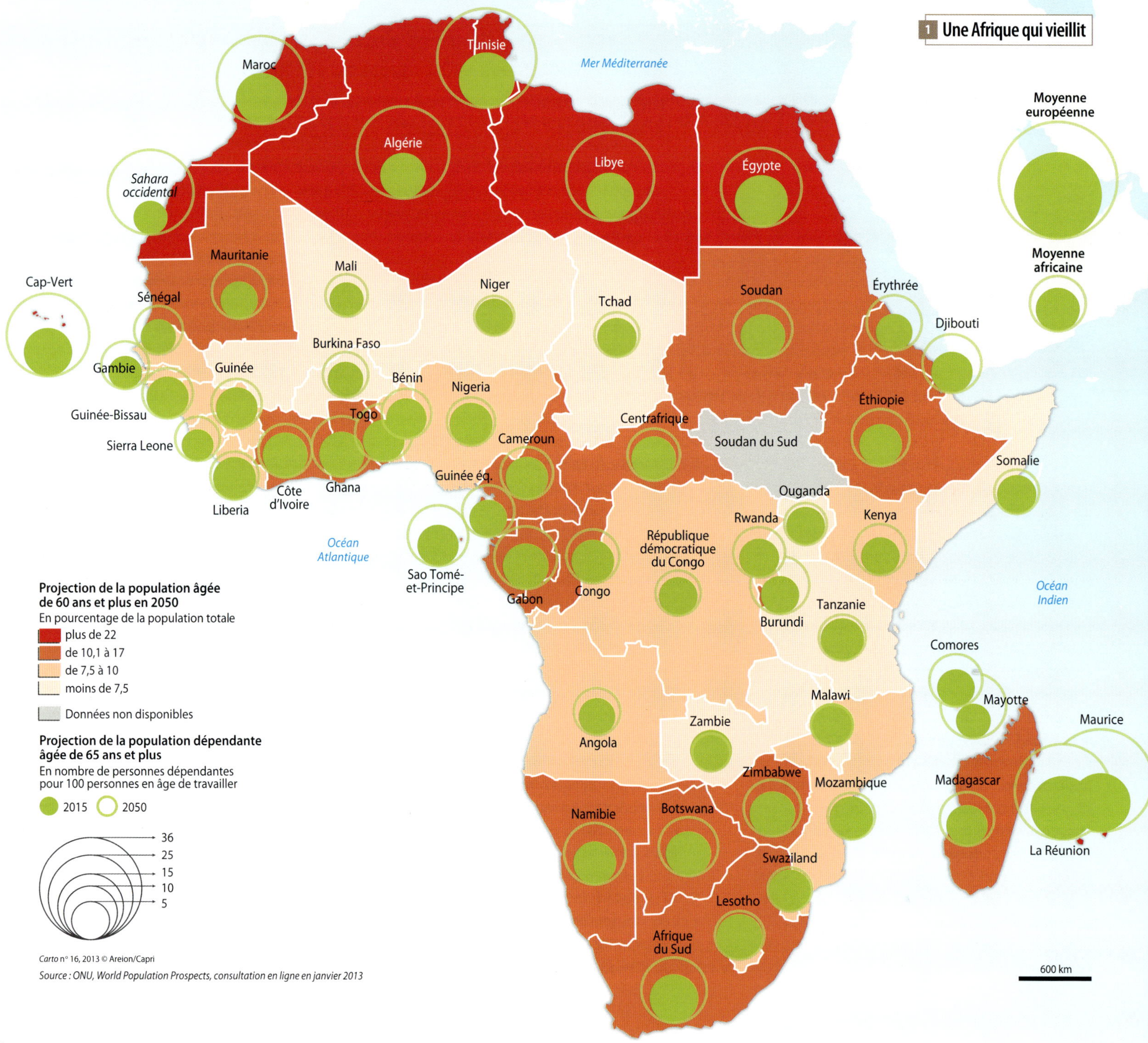

Carto n° 16, 2013 © Areion/Capri
Source : ONU, World Population Prospects, consultation en ligne en janvier 2013

au défi du troisième âge

Allongement de l'espérance de vie et baisse de la fécondité sont les deux principaux facteurs qui influent sur l'augmentation de la proportion des personnes de soixante ans et plus dans une population. Selon les chiffres 2010 des Nations unies, ce taux atteint 21,7 % en Europe, 18,6 % en Amérique du Nord, 10 % en Amérique latine, 9,9 % en Asie et seulement 5,5 % en Afrique. Pourtant, cette dernière doit se préparer à affronter un défi démographique important. Selon un travail de l'Institut national d'études démographiques (INED), publié en 2012, le processus de vieillissement a déjà débuté et devrait progresser rapidement (1). L'étude montre que 215 millions d'individus auront soixante ans et plus en Afrique en 2050 (*cf. carte 1*), soit 10 % de la population, contre 56 millions en 2010.

UNE MODIFICATION DES RAPPORTS FAMILIAUX

En 2010, les personnes âgées représentaient en moyenne 8 % de la population dans seulement quatre pays : le Maroc, la Tunisie, l'Égypte et Maurice. Plus de 30 atteindront ce chiffre en 2050, dont de nombreux États d'Afrique australe, où le taux de fécondité a commencé à baisser dès les années 1960, alors qu'il ne s'est infléchi qu'à partir de la décennie 1990 dans le reste de l'Afrique subsaharienne. Ainsi, en Éthiopie, les soixante ans et plus étaient 4,3 millions en 2010 (5,2 % des habitants), mais seront 17,7 millions en 2050 (12,2 %, *cf. document 2*).

La population vieillit en même temps que des changements sociaux bousculent les solidarités traditionnelles. « La diminution des ressources foncières et l'attrait pour des revenus plus importants que ceux de l'agriculture conduisent les jeunes à envisager leur avenir plutôt en ville, voire à l'étranger », souligne l'INED. Le financement des études ou d'un appartement entraîne une forte baisse des entrées d'argent des familles, qui peinent à répondre aux besoins spécifiques des aînés. La migration des jeunes adultes vers les centres urbains a pour conséquence une proportion plus importante des personnes âgées en milieu rural qu'en ville. Cette situation remet en question la capacité des gouvernements à se substituer aux solidarités familiales.

2 Vieillissement : des situations inégales

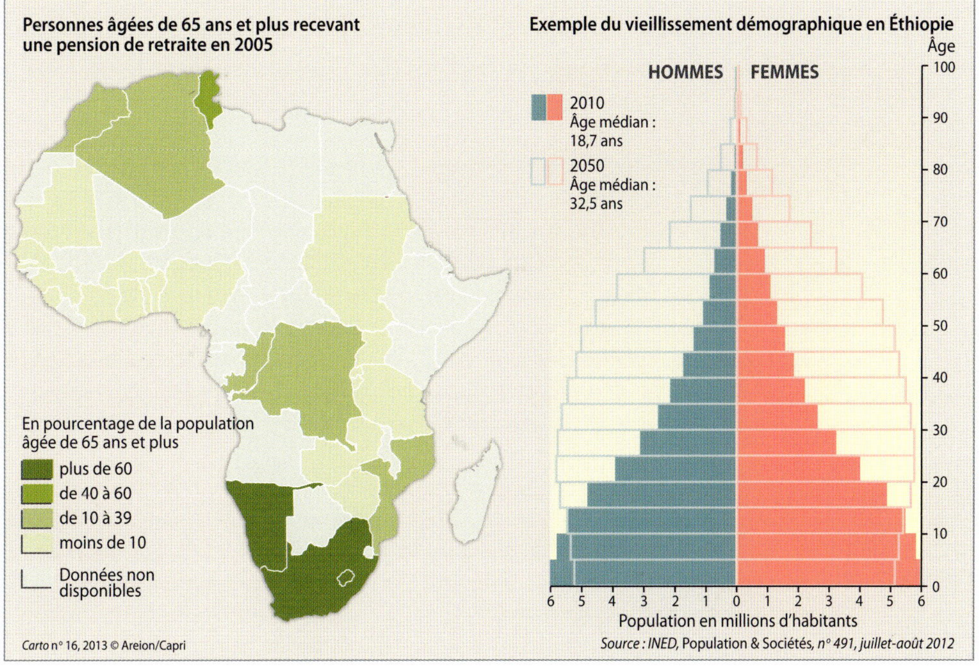

DES SYSTÈMES DIFFÉRENTS SELON LES PAYS

En Afrique du Sud, 95 % des soixante-cinq ans et plus touchent une pension de retraite, selon des données de 2005. Une somme bienvenue dans les familles, servant de levier en cas d'accident ou de chômage et permettant d'aider les jeunes générations avant leur autonomie financière. Elle renforce du même coup les solidarités intergénérationnelles. Pourtant, à l'échelle du continent, seulement 10 % des personnes âgées peuvent prétendre à un tel dispositif. Comme l'Afrique du Sud, Maurice et la Namibie ont mis en place un système de pension universelle accessible à plus de 80 % des retraités. Ailleurs, les allocations sont limitées dans beaucoup de pays aux fonctionnaires et aux employés des grandes entreprises privées. Le taux de pensionnés est ainsi de 60 % en Tunisie, proche de 40 % en Algérie, mais tombe à 5 % dans beaucoup d'États d'Afrique occidentale ou orientale. Nombre de personnes âgées sont dès lors contraintes de poursuivre une activité professionnelle pour subvenir à leurs besoins. Au Sénégal, un tiers d'entre elles sont dans cette situation.

Dès les années 1980, des études sur la question du vieillissement de la population ont été menées à l'initiative des Nations unies. La première Assemblée mondiale sur ce problème s'est tenue à Vienne en 1982 et a proposé un plan d'action spécifique pour l'Afrique. Recommandant notamment le renforcement des ressources plus que la création de nouvelles institutions, il préconisait une politique active pour la santé ou l'éducation. Par exemple, au Kenya, la gestion des personnes âgées est confiée depuis cette date à l'ONG HelpAge Kenya. Au Ghana, leur protection est inscrite dans la Constitution.

Des avancées précoces, mais qui sont souvent restées inefficaces faute de moyens. Une consolidation des mécanismes de solidarités publiques et privées pourrait permettre de les relancer, avant que la question du vieillissement en Afrique ne devienne un problème autrement plus urgent. ●

N. R.

NOTE

(1) Valérie Golaz, Laurent Nowik et Muriel Sajoux (INED), « L'Afrique, un continent jeune face au défi du vieillissement », in *Population & Sociétés* n° 491, juillet-août 2012.

REPÈRES

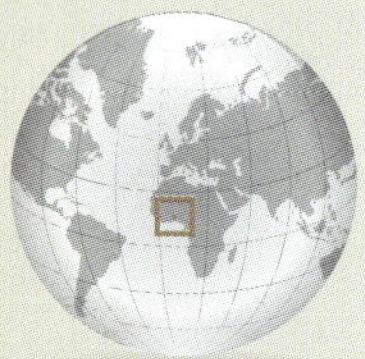

NOM OFFICIEL
République du Bénin

CHEF DE L'ÉTAT
Thomas Boni Yayi
(président depuis 2006)

SUPERFICIE
112 622 km²
(102e rang mondial)

LANGUE OFFICIELLE
Français

CAPITALE
Porto-Novo

POPULATION EST. 2013
9,87 millions d'habitants

DENSITÉ
87 hab./km²

MONNAIE
Franc CFA

HISTOIRE
Lorsque les premiers Européens (Anglais, Français et Portugais) arrivent au Bénin au XVIIe siècle, le pays est partagé entre différents royaumes. La France impose un protectorat en 1883 et le territoire intègre l'Afrique occidentale française en 1899. Le Bénin devient indépendant en 1960 sous le nom de République du Dahomey, puis une République populaire entre 1975 et 1990

PIB PAR HABITANT EST. 2013 (EN PARITÉ DE POUVOIR D'ACHAT)
1600 dollars

INDICE DE DÉVELOPPEMENT HUMAIN (2013)
0,436 (166e rang)

Tensions politiques et espoirs

Le projet de réforme de la Constitution du Bénin par le président Thomas Boni Yayi, en fonction depuis 2006, a suscité un important mouvement de contestation durant l'été 2013. C'est surtout la question de la gestion de cet État ouest-africain qui est au cœur des préoccupations des manifestants : malgré ses atouts, le pays reste l'un des plus pauvres de la planète.

Annoncé en 2009, le projet de modification de la Constitution est arrivé à l'Assemblée nationale béninoise le 6 juin 2013. Rapidement, une opposition à la réforme s'est organisée autour des partis l'Union fait la nation et la Convention patriotique des forces de gauche, des principaux syndicats et de la Conférence épiscopale. En juillet, un mouvement citoyen, appelé « Mercredi rouge », s'est mis en place : les Béninois sont invités à se vêtir de cette couleur chaque mercredi pour montrer leur désaccord avec l'initiative du président. Leurs craintes : que celui-ci modifie la Constitution en sa faveur afin de se présenter pour un troisième mandat en 2016, alors que le nombre est limité à deux.

Les autorités insistent sur le fait que ce principe – comme celui concernant l'âge des candidats, compris entre quarante et soixante-dix ans – est protégé par une loi référendaire de 2012 et que la réforme n'envisage que la constitutionnalisation de la Commission électorale nationale, la création d'une Cour des comptes autonome et l'inscription du caractère imprescriptible des condamnations pour les crimes économiques.

DE LA CONFÉRENCE NATIONALE À LA CONSTITUTION DE 1990

La mobilisation de la société civile témoigne de la légitimité populaire de la Constitution. Jamais modifiée depuis son adoption en 1990, elle est issue du processus pacifique de transition politique qu'a connu le Bénin en 1989 avec la fin du régime marxiste-léniniste. Durant la décennie 1980, le Parti de la révolution populaire du Bénin (PRPB), au pouvoir à partir de 1975 et dirigé par le général Mathieu Kérékou (né en 1933), a fait face à de grandes difficultés économiques et financières : avec un pays en défaut de paiement à la fin de l'année 1988, le PRPB a été confronté à un mouvement de grève des classes moyennes urbaines de Cotonou et de Porto-Novo, mené par les étudiants et les enseignants (1). L'extension des manifestations à l'ensemble du territoire en 1989 a poussé le président Mathieu Kérékou à engager des réformes. Après des mesures de libéralisation de l'économie, il a convoqué les représentants des différentes forces politiques au sein d'une Conférence nationale. L'objectif était l'élaboration d'une nouvelle Constitution, s'appuyant sur des principes démocratiques.

Toutefois, les 493 délégués de la Conférence nationale, réunis du 19 au 28 février 1990, ont dépassé leur simple rôle consultatif, proclamant la souveraineté de leurs décisions. Mathieu Kérékou a alors été écarté du pouvoir et un gouvernement de transition, dirigé par Nicéphore Soglo (né en 1934), a été nommé, avant que des élections soient organisées l'année suivante. La Constitution a été adoptée par un référendum le 2 décembre 1990 avec 73 % de « oui ». Cette transition politique pacifique a marqué le Bénin, en faisant un symbole de la démocratie en Afrique.

Malgré sa stabilité politique, le Bénin connaît des difficultés socio-économiques. Le pays est classé au 139e rang sur 189 dans le classement *Doing Business 2014* de la Banque mondiale. La part de la population vivant avec moins d'un dollar par jour est de 35,21 % en 2009, selon le Fonds monétaire international (FMI) ; cette pauvreté est surtout localisée dans l'ouest et touche principalement les zones rurales (*cf. carte 1*). C'est pourtant de ces dernières que l'économie béninoise tire sa croissance. En 2012, l'agriculture (*cf. carte 2*) représentait 35,9 % du PIB et employait la moitié de la population active. Premier domaine d'exportation, elle souligne aussi des faiblesses structurelles : en 2010, le coton comptait pour 25 % des ventes à l'étranger, la viande pour 19 % et le riz pour 17 %. Cette faible diversification est par ailleurs dépendante du cours des marchés mondiaux, des aléas climatiques

1 Pauvreté en 2011

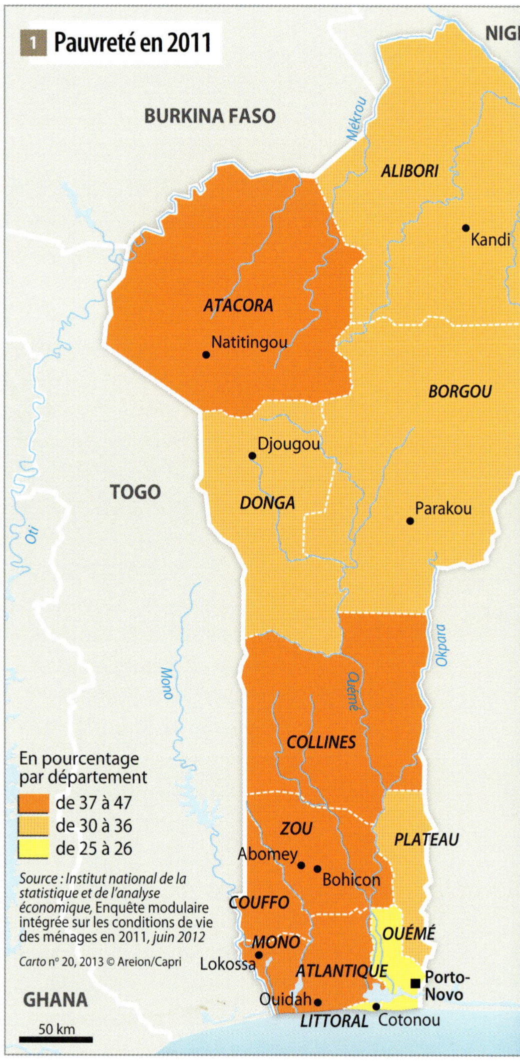

Source : Institut national de la statistique et de l'analyse économique, Enquête modulaire intégrée sur les conditions de vie des ménages en 2011, juin 2012

Carto n° 20, 2013 © Areion/Capri

économiques au Bénin

ainsi que de l'extérieur : la Communauté économique des États d'Afrique de l'Ouest (CEDEAO) absorbe 82 % des exportations béninoises, dont 46 % pour le seul Nigeria.

RESSOURCES ET POTENTIELS

Ces faiblesses structurelles sont prises en compte dans le programme « Stratégie de croissance pour la réduction de la pauvreté » pour la période 2011-2015 du gouvernement Yayi. Les projets, nombreux, ont prioritairement pour but le développement du secteur agricole et l'amélioration de ses infrastructures, un enjeu fondamental pour le pays. Le Bénin dispose d'un mauvais réseau routier avec seulement 1400 kilomètres de routes pavées, ainsi que d'une seule voie de chemin de fer de 438 kilomètres reliant Cotonou, au sud, à Parakou, au centre. Les ambitions de l'exécutif portent aussi sur le tourisme (*cf. carte 3*), deuxième source de devises après le coton, et sur l'exploitation des ressources minières au potentiel encore méconnu. Enfin, la mise en place d'un guichet unique au port de Cotonou (2) en 2011 renforce le poids régional du Bénin comme plate-forme logistique, à proximité de Lagos, capitale économique du Nigeria et principal pôle financier du continent. Une initiative qui a valu à l'autorité portuaire la médaille d'or de l'International Association of Ports and Harbors en 2013.

L'histoire politique relativement stable du Bénin par rapport à celle de ses voisins est un avantage pour les investisseurs. Une image que Thomas Boni Yayi doit soigner s'il veut atteindre l'objectif d'une croissance annuelle de 4,5 % d'ici à 2025. Les tensions de l'été 2013, avec un remaniement ministériel sur décision du président en août et le rejet de son projet de réforme par la Commission des lois du Parlement en septembre, semblent cependant ne pas aller dans ce sens. ● **N. R.**

NOTES

(1) Richard Banégas, « Action collective et transition politique en Afrique. La conférence nationale du Bénin », in *Cultures & Conflits* n° 17, printemps 1995.

(2) Direction générale du Trésor français, *Ports de Cotonou et Lomé : perspective comparative*, 7 juillet 2011.

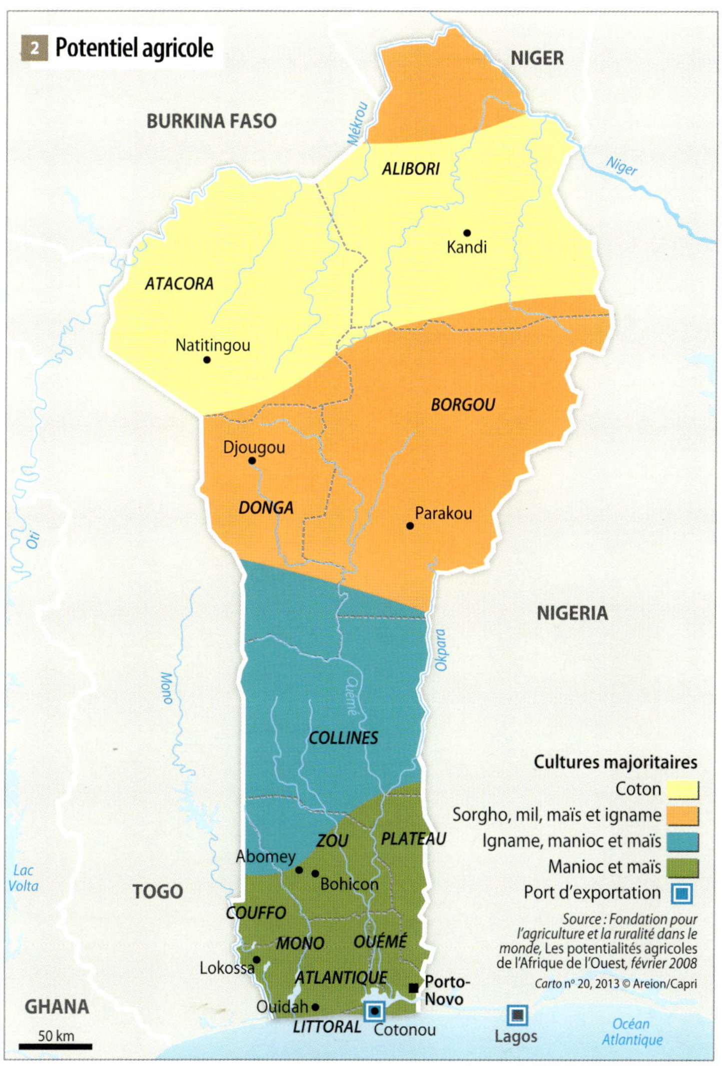

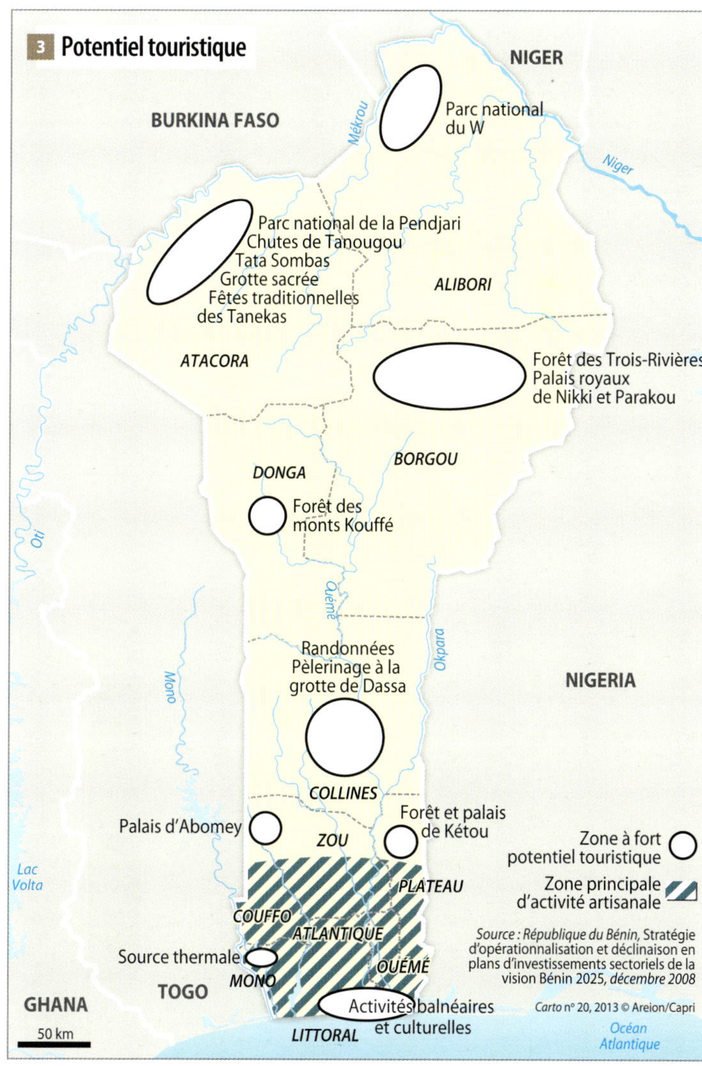

République de Guinée : des urnes à la mine

REPÈRES

NOM OFFICIEL
République de Guinée

CHEF DE L'ÉTAT
Alpha Condé
(président depuis 2010)

SUPERFICIE
245 857 km²
(79e rang mondial)

LANGUE OFFICIELLE
Français

CAPITALE
Conakry

POPULATION EST. 2013
11,17 millions d'habitants (dont 40 % de Peuls, 30 % de Malinkés et 20 % de Soussous)

DENSITÉ
45 hab./km²

MONNAIE
Franc guinéen

HISTOIRE
Territoire des empires du Ghana (VIIIe-XIIIe siècle) et du Mali (XIVe), la Guinée a des relations avec les Européens dès le XIXe siècle, principalement pour le trafic d'esclaves, et intègre l'Afrique occidentale française en 1904. Sous l'impulsion d'Ahmed Sékou Touré (1922-1984), le pays accède à l'indépendance en octobre 1958, avec une orientation socialiste. Malgré des régimes autoritaires, la Guinée est marquée par une forte instabilité politique et économique tout au long du XXe siècle

PIB PAR HABITANT EST. 2013 (EN PARITÉ DE POUVOIR D'ACHAT)
1 100 dollars

INDICE DE DÉVELOPPEMENT HUMAIN (2013)
0,355 (178e rang)

En passe de devenir un acteur majeur du marché minier, la République de Guinée a organisé les premières élections législatives libres de son histoire le 28 septembre 2013, malgré un retard de plusieurs mois sur le calendrier officiel. Les tensions entre Peuls et Malinkés, les deux ethnies majoritaires, se greffent aux contentieux politiques depuis la mort du président Lansana Conté en 2008.

Après l'indépendance obtenue de la France le 2 octobre 1958, la Guinée a été dirigée d'une main de fer par deux dictateurs, Ahmed Sékou Touré (1958-1984) et Lansana Conté (1984-2008), puis par une junte militaire, avec à sa tête Moussa Dadis Camara (2008-2010). La mort de ce dernier a permis une transition démocratique et une élection présidentielle en juin et en décembre 2010, remportée par Alpha Condé, un ancien opposant aux régimes d'Ahmed Sékou Touré et de Lansana Conté, et leader du Rassemblement du peuple de Guinée (RPG). Un scrutin législatif devait être organisé dans un délai de six mois après l'investiture du chef de l'État, mais il a été reporté de multiples fois, faute de consensus sur son organisation. Ces législatives, les premières libres depuis 1958, se sont finalement tenues le 28 septembre 2013 dans un climat sécuritaire incertain. Les résultats définitifs, publiés le 25 novembre 2013, ont donné vainqueur le RPG, avec 53 sièges sur les 114 de l'Assemblée nationale. L'opposition a demandé l'annulation du vote.

TENSIONS COMMUNAUTAIRES

Au contentieux électoral viennent se greffer des tensions ethniques. Le pays comprend en effet plusieurs groupes : les Peuls représentent environ 40 % de la population (11,17 millions en 2013), les Malinkés 30 % et les Soussous 20 %, sans compter les autres minorités. Leur seul point commun est l'islam, religion de 85 % des habitants. Ces frictions conduisent régulièrement à des affrontements entre les deux grandes communautés, comme en mars 2013, lorsque des violences à Conakry, la capitale, ont causé au moins huit morts et plus de 200 blessés. Chaque acteur joue par ailleurs la carte ethnique : le RPG est largement soutenu par les Malinkés, tandis que le principal parti d'opposition, l'Union des forces démocratiques de Guinée (UFDG) de Cellou Dalein Diallo, est étroitement lié aux Peuls. Alors que le pluralisme politique demeure fragile, les allégeances linguistiques et ethniques semblent bien plus fortes. En Guinée, le système communautaire implique une certaine idée de clientélisme et de favoritisme. Ainsi, pour beaucoup, le président Alpha Condé s'est efforcé de « malinkiniser » les services de l'État et de

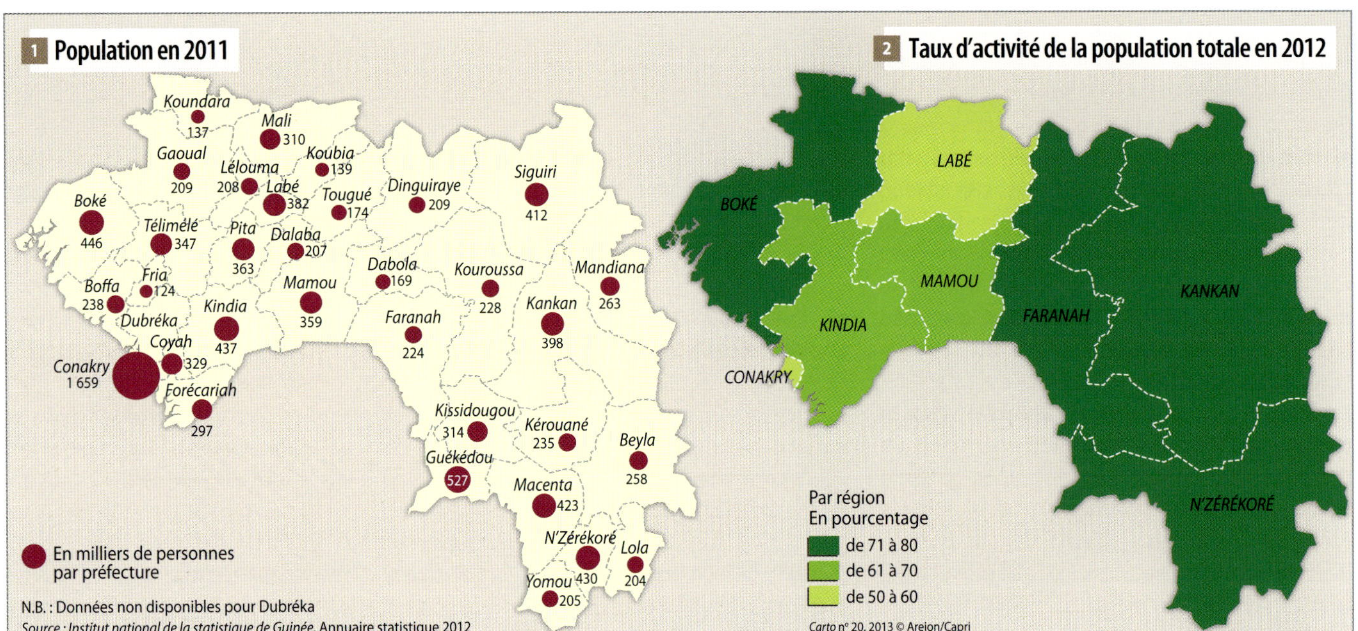

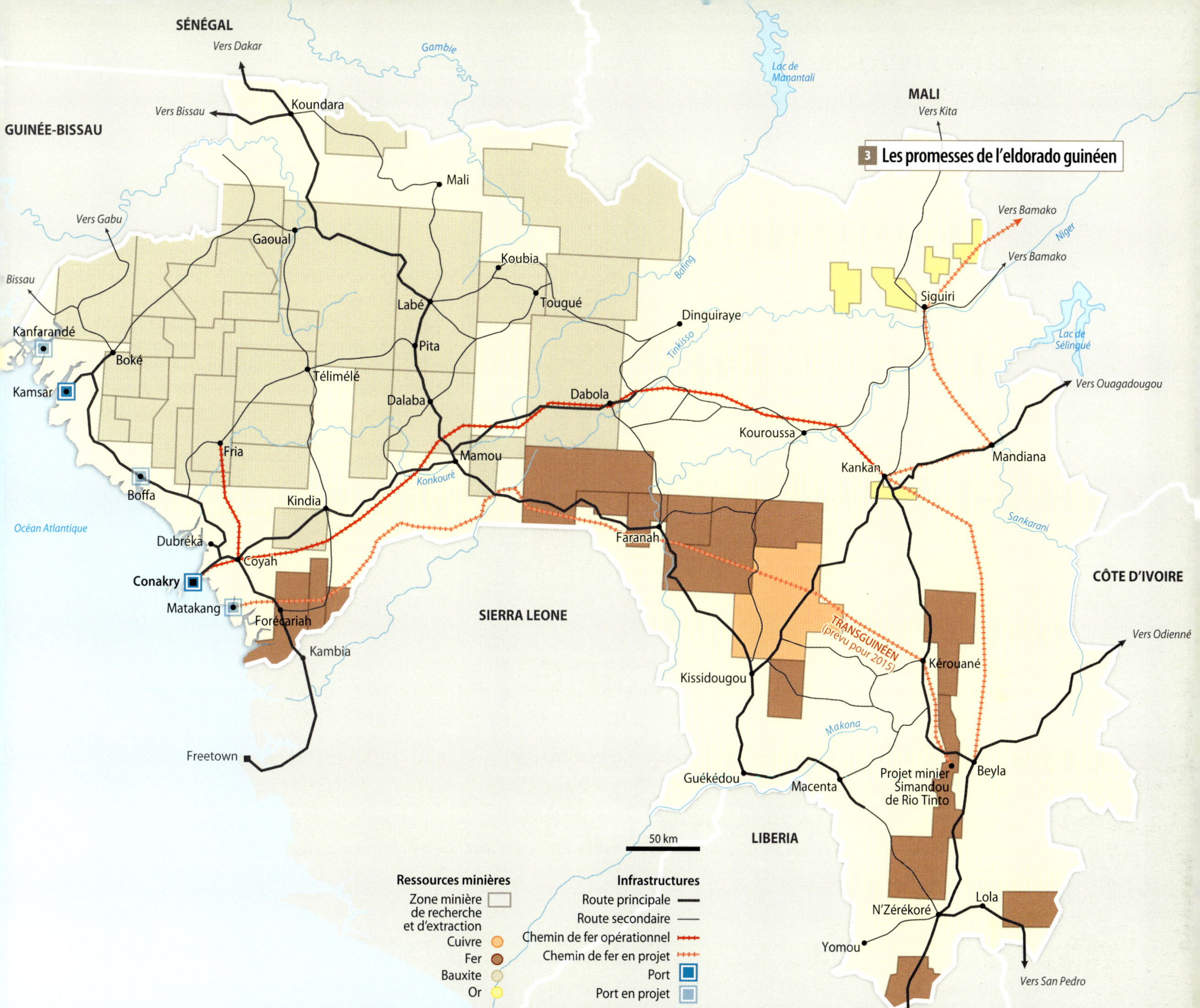

Sources : Ministère des Mines et de la Géologie, Le secteur minier guinéen : Perspectives d'investissements, *2008 ; Rio Tinto,* Simandou : Rapport sur l'impact économique, *mai 2013*

Carto n° 20, 2013 © Areion/Capri

centraliser le pouvoir au détriment des Peuls. En toile de fond des tensions ethniques, ce sont surtout des considérations économiques qui régissent le climat social de cette république ouest-africaine. La Guinée est considérée comme l'un des États les moins développés de la planète, occupant en 2013 le 178e rang sur 187 de l'indice de développement humain (IDH) des Nations unies. Plus de la moitié de la population (66 %) est analphabète, il y a deux lits d'hôpital pour 10 000 habitants et le taux de pauvreté atteint 55,2 % en 2012, selon les données officielles.

Le pays bénéficie pourtant d'un fabuleux potentiel : son sol regorge de bauxite, de fer, d'or, de diamants, de nickel et d'uranium (*cf. carte 3*). Le secteur minier représente 14,5 % du PIB, 85 % des exportations et 28 % des recettes nationales en 2012. La Guinée détient 40 milliards de tonnes de bauxite – minerai permettant la production d'aluminium –, soit les deux tiers des réserves de la planète. Les autorités prévoient de tripler leurs capacités pour passer de 7 % de la production mondiale de bauxite à 25 % à l'horizon 2020. Les stocks estimés de fer et d'or s'élèvent respectivement à 9 milliards de tonnes et 1 000 tonnes. Huit projets miniers d'une valeur de 24 milliards de dollars doivent être lancés dès 2016-2017.

UN SECTEUR MINIER CLÉ

Le contrôle de cette manne est crucial pour le régime. La décision du président Alpha Condé de revoir, avec l'aide de quatre cabinets d'avocats internationaux, tous les accords miniers signés par ses prédécesseurs ne fait pas que des heureux dans le milieu des affaires. Et des rumeurs de putsch colportées par certaines compagnies privées déchues alourdissent toujours le climat politique.

La concurrence entre les grandes firmes multinationales (russes, émiraties, françaises, entre autres) est d'ores et déjà lancée. Le gouvernement de Conakry surfe sur cet engouement international, tout en s'assurant la maîtrise de la filière : la réforme du Code minier en avril 2013 doit permettre d'augmenter de 35 % la part de l'État dans le secteur. Malgré ses avantages, la Guinée a encore un long chemin à parcourir avant de sortir de ses tourments. Elle fait notamment face au défi de la corruption : elle est l'un des pays de la planète les plus touchés par ce fléau, selon l'organisation Transparency International. ●

T. H.

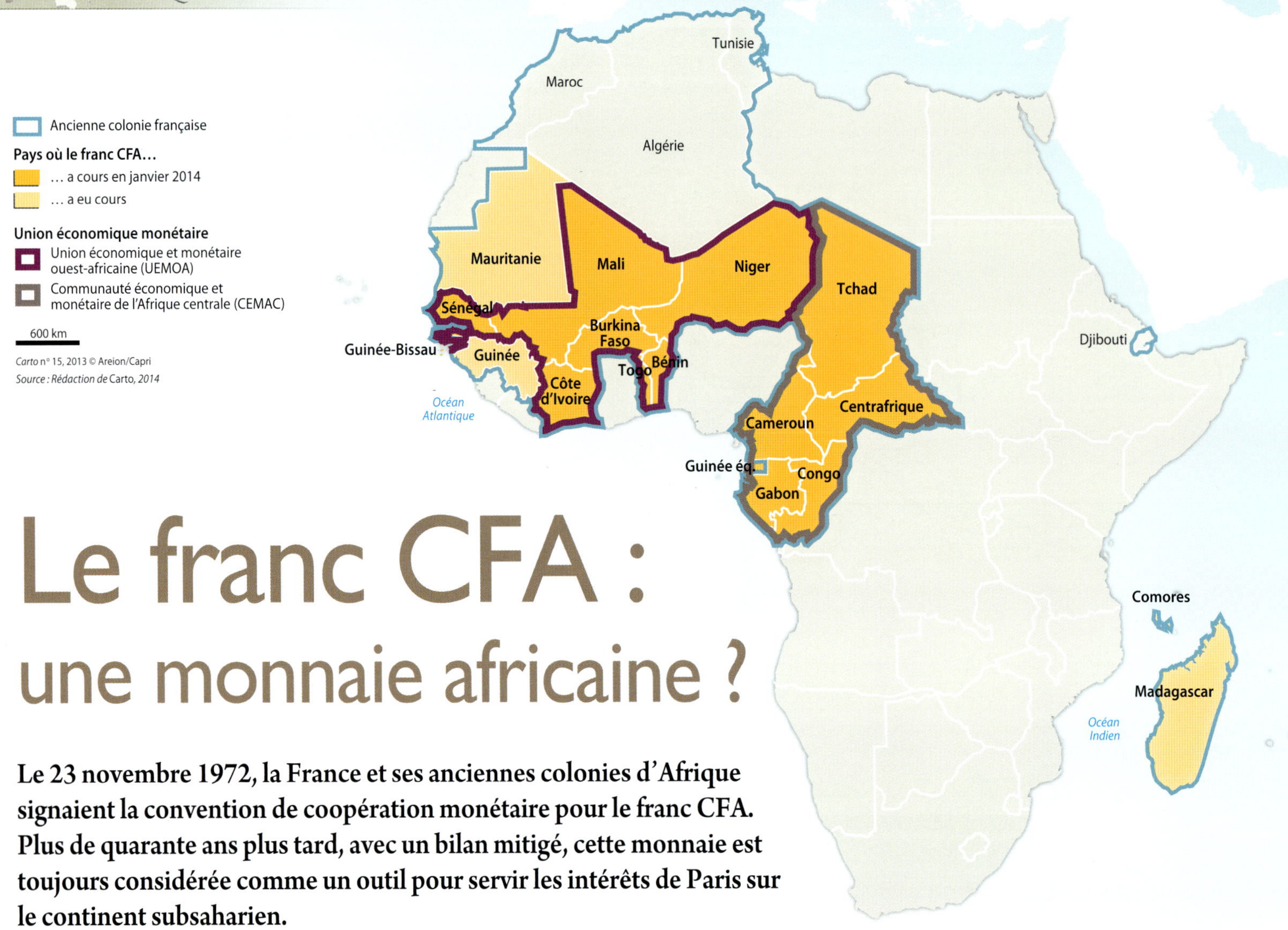

Le franc CFA : une monnaie africaine ?

Le 23 novembre 1972, la France et ses anciennes colonies d'Afrique signaient la convention de coopération monétaire pour le franc CFA. Plus de quarante ans plus tard, avec un bilan mitigé, cette monnaie est toujours considérée comme un outil pour servir les intérêts de Paris sur le continent subsaharien.

L'anniversaire n'a pas fait grand bruit, tout juste une réunion des ministres des Finances des États concernés. Cette célébration est d'ailleurs plus celle d'une étape dans la coopération monétaire entre la France et ses anciennes colonies que la naissance à proprement parler du franc CFA. En effet, la monnaie en tant que telle est créée en 1939, mais instituée en 1945, au sortir de la Seconde Guerre mondiale. Baptisée « franc des colonies françaises d'Afrique », elle est renommée « franc de la communauté française d'Afrique » en 1958 pour prendre son nom actuel en 1962, le « franc de la communauté financière africaine ».

Alors que les indépendances devaient marquer une séparation entre la métropole et les anciens territoires soumis, la préservation du franc CFA est toujours perçue comme une séquelle de la colonisation. Certains pays font d'ailleurs le choix de ne plus l'utiliser : la Guinée d'Ahmed Sékou Touré (1958-1984) en 1960, le Mali en 1962 et Madagascar et la Mauritanie en 1973. Dans un second temps, les autorités de Bamako décident de réintégrer la zone franc CFA en 1984 ; la Guinée équatoriale et la Guinée-Bissau la rejoignent respectivement en 1985 et 1997, bien qu'elles n'aient jamais connu la domination française. Ces départs et ces arrivées font du franc CFA une monnaie utilisée par 14 pays en janvier 2014 (*cf. carte*), répartis entre l'Union économique et monétaire ouest-africaine (UEMOA) et la Communauté économique et monétaire de l'Afrique centrale (CEMAC). Quelque 123,5 millions d'Africains se servent quotidiennement du franc CFA.

Cette monnaie ne fait pas l'unanimité. Certains y voient l'avatar de la « Françafrique ». L'Hexagone garde en effet de nombreuses prérogatives sur un attribut essentiel de souveraineté étatique. À travers son droit de veto *de facto* aux instances de direction des deux institutions financières régionales – la Banque centrale des États de l'Afrique de l'Ouest pour l'UEMOA et la Banque des États d'Afrique centrale pour la CEMAC – par un jeu de majorité favorable, Paris peut bloquer toute réforme. Ces deux organismes doivent par ailleurs posséder un compte d'opération au Trésor public français et y déposer 50 % de leurs réserves de change. La France se charge de faire fructifier l'argent, mais une partie des recettes serait comptabilisée dans l'aide publique au développement. En parallèle, la libre convertibilité du franc CFA à l'euro est soupçonnée de favoriser l'évasion fiscale et la fuite des capitaux (1). Surtout, malgré le nom et la valeur commune du franc CFA dans les deux zones (UEMOA et CEMAC), il s'agit de deux monnaies qui ne sont pas interchangeables.

Après des années 1980 difficiles, le Fonds monétaire international (FMI) et la France décident de dévaluer le franc CFA en 1994 afin de relancer des exportations africaines qui souffraient d'une parité avec un franc trop fort. Conscients de leurs faibles marges de manœuvre, certains États, comme la Côte d'Ivoire, considèrent pourtant leur monnaie comme une chance, son arrimage aux politiques rigides de la Banque centrale européenne lui garantissant une stabilité. ●

T. H.

NOTE

(1) Demba Moussa Dembélé, « Le franc CFA en sursis », in *Le Monde diplomatique*, juillet 2010.

Querelle frontalière sur le lac Malawi

En publiant en juillet 2012 une représentation des zones d'exploration pétrolière du pays, la Tanzanie a-t-elle voulu créer un rapport de force par la carte ? Celle-ci dévoile en effet la délimitation de sa frontière sud-ouest au milieu du lac Malawi (Nyasa pour les autorités de Dodoma). Cette ligne, non reconnue internationalement, a suscité la colère du gouvernement de Lilongwe. Il faut dire que la Tanzanie n'a pas apprécié l'attribution par le Malawi d'un contrat d'exploration pétrolier à la société britannique Surestream Petroleum, en octobre 2011, sur la partie nord-est de l'étendue d'eau, d'une superficie de 29 500 kilomètres carrés.

Les frontières ont été définies en 1890 par le traité d'Heligoland-Zanzibar, signé entre les puissances coloniales allemande et britannique. Par ce texte, approuvé en 1963 par l'Organisation de l'unité africaine (Union africaine depuis 2002), la dyade se situe le long de la rive tanzanienne, jusqu'au Mozambique. Critiquant l'origine européenne de cette séparation, Dodoma se réfère au droit international, qui délimite les frontières sur les lacs en leur milieu. Les négociations menées du 20 au 25 août 2012 entre les représentants des deux pays n'ont pas réussi à trancher le litige.

Cette question n'est pas nouvelle. À la fin des années 1960, la Tanzanie considérait le soutien du Malawi au pouvoir colonial portugais du Mozambique (1498-1975) comme un affront à sa propre souveraineté. En effet, après avoir obtenu la partie sud-est du lac en échange d'une portion de territoire en 1950, Maputo disposait d'un droit de navigation, y compris militaire, sur l'intégralité de l'étendue d'eau en vertu d'un accord signé en 1955. Traité critiqué par la Tanzanie, qui soutenait alors les indépendantistes du Front de libération du Mozambique (FRELIMO). Plus d'un demi-siècle plus tard, la situation régionale a bien changé. Si la transition après le décès du président Bingu wa Mutharika, le 6 avril 2012, s'est faite de manière pacifique, le Malawi est en grande difficulté économique et dépend largement de l'aide internationale (le pays a reçu 798 millions de dollars de fonds publics au développement en 2011 contre 446 millions en 2000). D'où les espoirs de trouver des hydrocarbures sous le lac Malawi, alors que des prospections de gaz de schistes ont été lancées dans le sud du pays en juillet 2012.

Sur la rive orientale du lac, les perspectives sont nettement plus favorables. Malgré un PIB par habitant de 900 dollars en 2011, la Tanzanie connaît un taux de croissance de 6 % en moyenne par an depuis le début des années 2000. Les découvertes de gaz, de l'ordre de 810 milliards de mètres cubes selon les compagnies Statoil et ExxonMobil, offrent une marge de manœuvre plus large au niveau économique et politique au gouvernement. Le ministre tanzanien de l'Énergie, Sospeter Muhongo, envisage une renégociation de l'intégralité des contrats gaziers et pétroliers du pays à mesure que les gisements se révèlent effectivement importants.

La question frontalière du lac Malawi resurgit au moment où l'Afrique centrale et de l'Est devient une nouvelle zone de recherches d'hydrocarbures. Les prospections pouvant être prometteuses, on comprend l'intérêt qu'aurait la Tanzanie à disposer d'une part du gâteau, au bénéfice du litige qu'elle porte sur sa frontière. Appelant à une médiation de la Communauté de développement de l'Afrique australe, Dodoma privilégie l'approche régionale. À l'inverse, le Malawi se dit prêt à défendre son territoire devant la Cour internationale de justice. •

N. R.

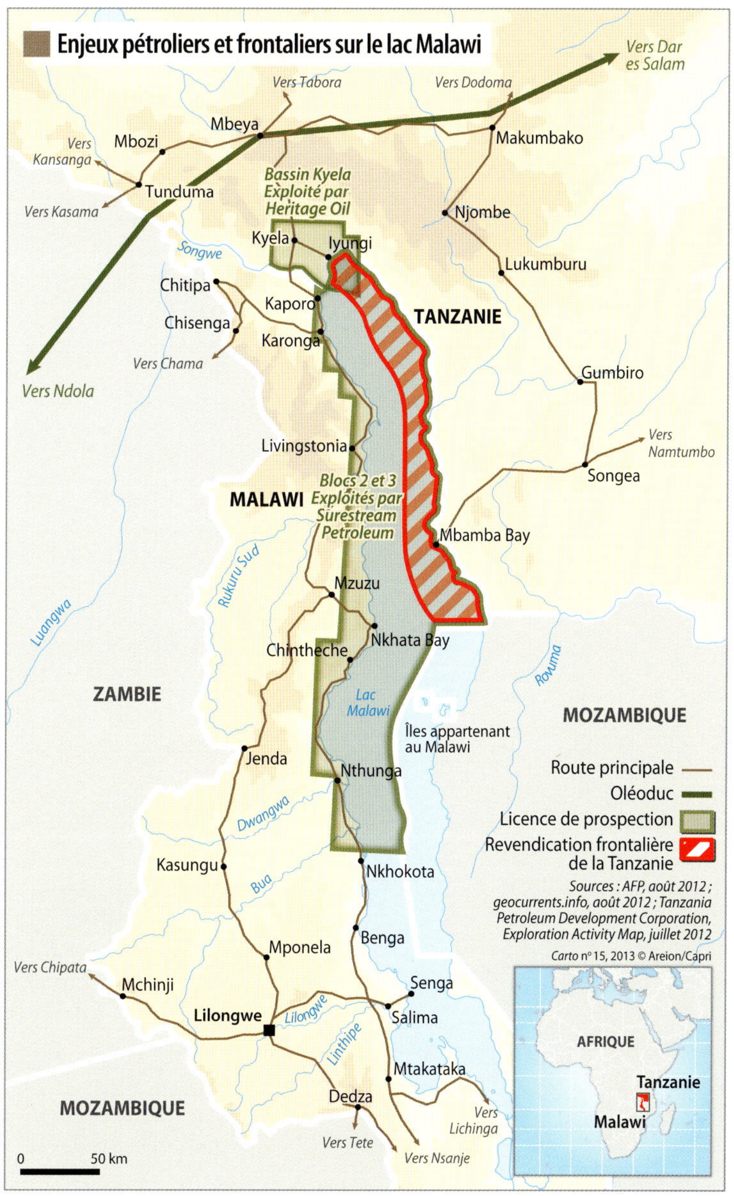

1 Entre richesses et pauvreté

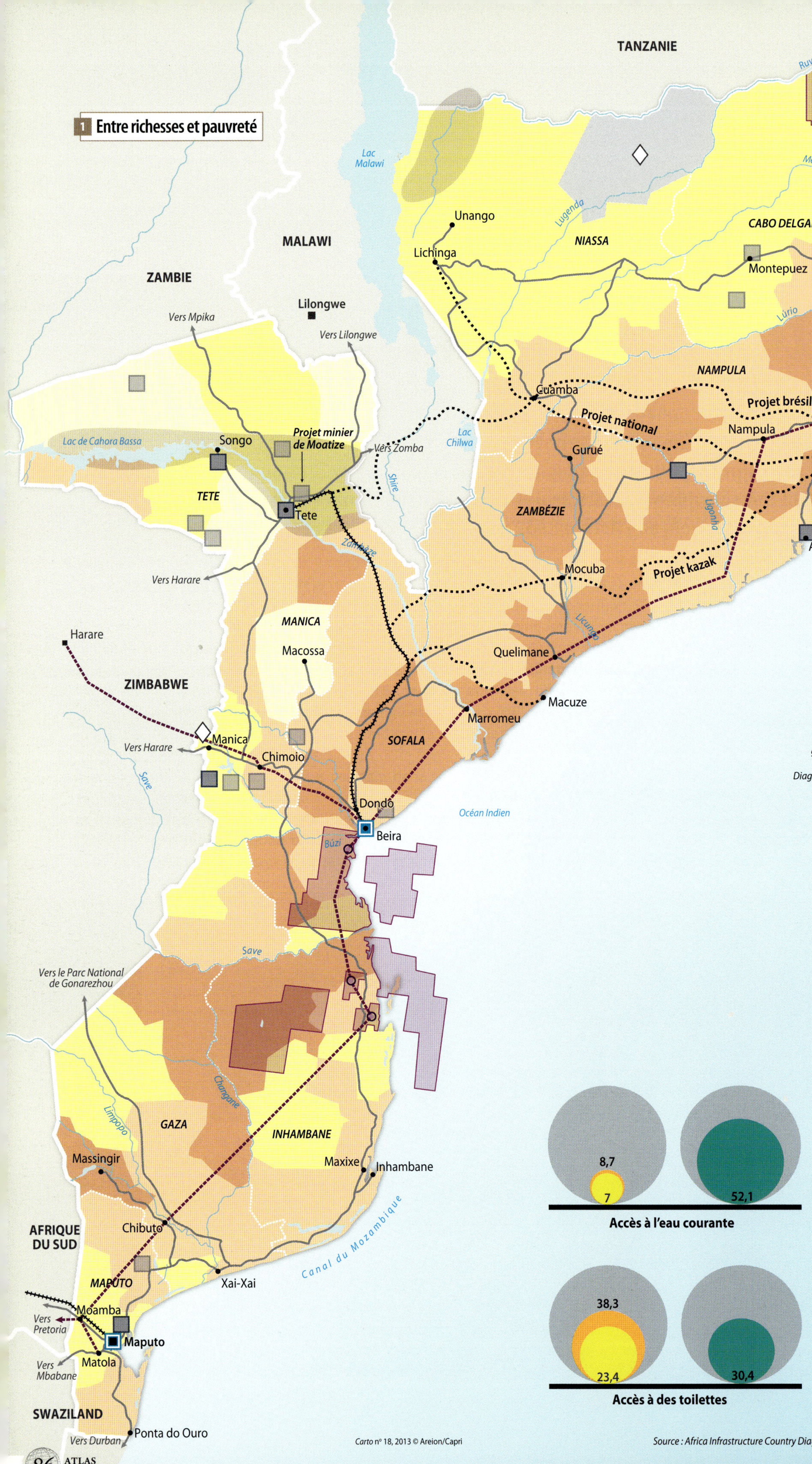

Sources : Human Rights Watch, What is a House without Food?, mai 2013 ; CIP et AWEPA, Mozambique political process bulletin, n° 53, 15 février 2013 ; Institut national du pétrole du Mozambique, 2013 ; africa-confidential.com, 2012 ; Banque mondiale et le gouvernement du Mozambique, The Future of Natural Gas in Mozambique: Towards a Gas Master Plan, décembre 2012 ; Africa Infrastructure Country Diagnostic, Mozambique's Infrastructure: A Continental Perspective, juin 2011 ; Bart van den Boom, Analysis of poverty in Mozambique, mars 2011

2 Situation sanitaire au Mozambique

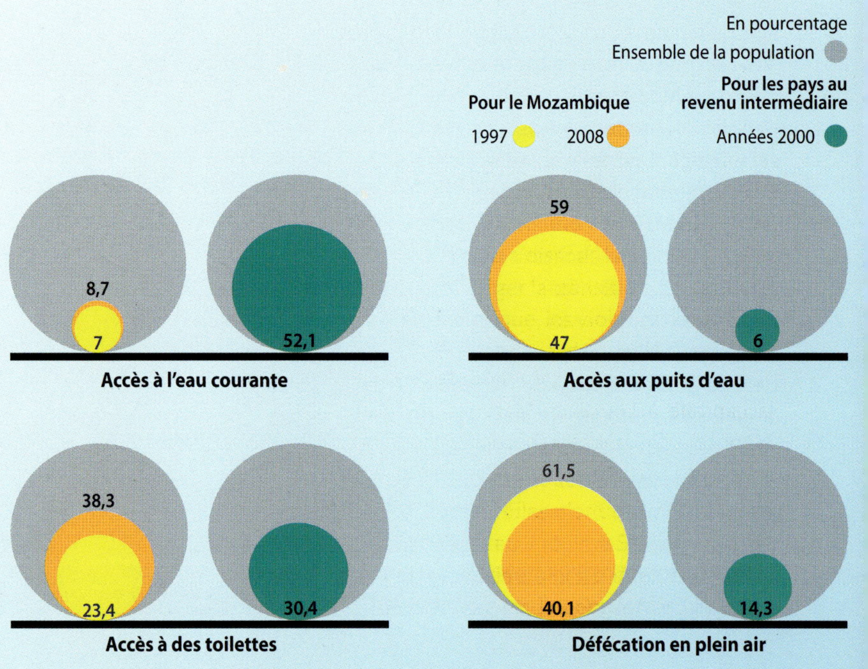

Carto n° 18, 2013 © Areion/Capri

Source : Africa Infrastructure Country Diagnostic, Mozambique's Infrastructure: A Continental Perspective, juin 2011

Mozambique : un décollage économique en demi-teinte

Le Mozambique vivrait-il enfin sa « *success story* » ? Affichant un taux de croissance de 7,4 % en 2012 (7,2 % sur les dix dernières années), le pays africain profite du dynamisme insufflé par les industries extractives (*cf. carte 1*). Possédant les plus importantes réserves du continent africain (23 milliards de tonnes), il a commencé à exporter son charbon en 2011 grâce à l'entreprise brésilienne Vale. La découverte la même année de gisements de gaz d'un volume estimé à 127,4 milliards de mètres cubes (de nouveaux sites ont été localisés par la société italienne ENI en mars 2012) au large de ses côtes accentue encore son intérêt stratégique. Prévue pour 2018, leur exploitation devrait rapporter 4,1 milliards d'euros par an au gouvernement de Maputo, soit un tiers du PIB. Une manne bienvenue qui devrait permettre de compenser la réduction progressive de l'aide internationale (environ 1,5 milliard de dollars par an) dont dépendait encore à 40 % son budget en 2012.

UNE PAUVRETÉ PERSISTANTE

Selon la Banque mondiale, 81,8 % des habitants (24,1 millions en 2013) vivaient avec moins de deux dollars par jour en 2008, les écarts étant importants entre les régions. Des différences qui se retrouvent dans la répartition de la population : alors que Maputo se trouve à l'extrême sud du pays, les provinces les plus peuplées sont au nord, notamment celles de Zambézie et de Nampula. Celles-ci constituaient le cœur historique du Mozambique colonial avant que les Portugais ne décident, en 1898, de déplacer la capitale à Lourenço Marques, la future Maputo, afin de se rapprocher du dynamique marché sud-africain. Lors du recensement de 2009, le taux de pauvreté était de 65 % en Zambézie et de 55 % en Nampula, contre 35 % dans la capitale. L'exploitation des matières premières est le résultat d'investissements récents. Avant son indépendance en 1975, le Mozambique s'est appuyé sur sa longue frange maritime pour servir de corridor d'exportation aux États enclavés d'Afrique centrale et australe. Le port de Nacala, au nord, offrait un débouché au Malawi ; celui de Beira, au centre, au Zimbabwe, et celui de Maputo, le plus important, reliait à l'océan le Swaziland, la région sud-africaine du Transvaal et le Zimbabwe. Ces connexions étaient assurées par des routes et des chemins de fer. Toutefois, dès 1977, le Mozambique a sombré dans une guerre civile, qui opposa durant quinze ans le gouvernement marxiste du Front de libération du Mozambique (FRELIMO) au mouvement rebelle de la Résistance nationale du Mozambique (RENAMO), soutenu par l'Afrique du Sud. Ce conflit a conduit à la ruine économique du pays : la RENAMO a notamment pris pour cible les voies ferrées, entraînant progressivement la paralysie des ports mozambicains.

La fin de la guerre en 1992 a permis la tenue des premières élections libres deux ans plus tard, remportées par le FRELIMO. Son leader et chef de l'État, Joaquim Chissano, est alors reconduit à la présidence, qu'il occupait depuis 1986 et qu'il quittera en 2005. Il abandonne la politique socialiste pour une ligne libérale. Afin d'attirer les investisseurs, des exemptions fiscales sont accordées aux compagnies minières et la réhabilitation des infrastructures de transport, tout comme la modernisation des ports, devient une priorité pour le pays. L'Afrique du Sud s'implique alors massivement chez son voisin. Avec le soutien de la Communauté de développement d'Afrique australe (SADC), elle finance la remise en état du port de Maputo, ainsi que les infrastructures de transport le long du corridor de Ressano-Garcia. C'est par ce dernier que transitent 38 % des échanges commerciaux entre les deux pays : l'enjeu pour Pretoria est autant l'essor de la province sud-africaine de Mpumalanga que l'accès aux richesses minières et gazières du Mozambique. Pour celui-ci, cela se traduit par l'aggravation des inégalités entre le nord et le sud du pays, mais aussi par une dépendance accrue vis-à-vis de l'Afrique du Sud. Conscient de ces limites, le gouvernement va investir 20 millions de dollars dans la transformation locale de ses ressources minières.

DES DÉFIS SOCIAUX MAJEURS

En septembre 2010, l'augmentation du prix des denrées de base (+ 25 % pour le pain), de l'eau, du gasoil et de l'électricité ont provoqué d'importantes manifestations à Maputo et dans les grandes villes du pays. Si la situation s'est aggravée en raison de la conjoncture économique mondiale, selon l'Institut international sur les politiques alimentaires, cette hausse avait principalement pour cause la dévaluation de 47 % en un an de la monnaie mozambicaine, le metical, par rapport au rand sud-africain. Le pays dépend en effet étroitement de son voisin, notamment en ce qui concerne les produits alimentaires.

Après avoir dans un premier temps réprimé ces protestations par la force, le gouvernement a décidé la mise en place d'un Plan d'action pour la réduction de la pauvreté pour la période 2011-2014. Appuyant notamment l'expansion de la filière agricole, cette initiative prévoit également le développement des petites et moyennes entreprises, ainsi que le renforcement des aides sociales. Mais le principal défi reste à venir : l'intégration future des 45,5 % de la population de moins de quatorze ans à une économie en pleine expansion, mais dont les habitants ne tirent de bénéfices que de manière encore trop marginale (*cf. document 2*). Une situation que compte exploiter la RENAMO lors des élections législatives en octobre 2014. ●

N. R.

REPÈRES

NOM OFFICIEL
République du Mozambique

CHEF DE L'ÉTAT
Armando Guebuza (président depuis 2005)

SUPERFICIE
799 380 km² (35e rang mondial)

LANGUE OFFICIELLE
Portugais

CAPITALE
Maputo

POPULATION EST. 2013
24,1 millions d'habitants

DENSITÉ
30 hab./km²

MONNAIE
Metical

HISTOIRE
Terre d'échange dès le Xe siècle, avec des comptoirs chinois, arabes et indiens, le Mozambique tombe sous la domination du Portugal en 1498, avec l'arrivée de Vasco de Gama. La colonisation dure jusqu'en 1975, date de l'indépendance, obtenue après un conflit de dix ans contre les forces de Lisbonne. Le pays connaît une guerre civile entre 1977 et 1992

PIB PAR HABITANT EST. 2013 (EN PARITÉ DE POUVOIR D'ACHAT)
1 200 dollars

POPULATION VIVANT AVEC MOINS DE 2 $ PAR JOUR (2008)
81,8 %

INDICE DE DÉVELOPPEMENT HUMAIN (2013)
0,327 (185e rang)

L'agriculture, une filière d'avenir pour l'Afrique subsaharienne

Cap-Vert

Le marché agricole de l'Afrique subsaharienne pourrait générer 1 000 milliards de dollars de recettes d'ici à 2030, selon la Banque mondiale (1), contre 313 milliards en 2010. Un potentiel encore inexploité en raison de la faiblesse du secteur agroalimentaire sur le continent, mais qui dépend aussi d'une politique territoriale en faveur des villes moyennes, véritables relais du monde rural.

Depuis 2001, la balance commerciale agricole de l'Afrique subsaharienne est déficitaire. Une situation paradoxale pour un continent dont 24 % du PIB est issu de l'agriculture. Pourtant, cette région dispose de nombreux atouts.

La conjoncture mondiale est favorable, avec l'augmentation de la demande et la hausse des prix des matières premières. Par ailleurs, le marché intérieur de l'alimentation en zone urbaine pourrait quadrupler d'ici à vingt ans. Ensuite, l'agriculture est diversifiée : bien que le café, le cacao et le thé représentent 26 % des exportations agricoles du continent en 2011, les céréales comptent pour près de 20 %, et les fruits et légumes 21 %. Enfin, si l'agroalimentaire souffre d'un manque de personnel, 25 millions de jeunes Africains intègreront le marché du travail chaque année d'ici à 2025. Le secteur peut dès lors permettre de développer l'emploi rural tout en offrant des potentialités d'évolution plus attirantes que le simple métier de paysan.

LA RENTE EXTRACTIVE, UN FREIN AU DÉVELOPPEMENT

Les importations massives de denrées agricoles ont coïncidé avec l'exportation des ressources minérales du continent dans de nombreux États africains (*cf. documents 1, 2 et 3*). Les deux plus gros importateurs agricoles subsahariens sont l'Angola et le Nigeria, pays à l'économie de rente basée sur l'extraction du pétrole. Ce système génère peu d'emplois, mais stimule l'urbanisation : les investissements des revenus se font dans le bâtiment et les travaux publics au détriment des autres secteurs, notamment l'agriculture.

Malgré le manque de financements pour l'irrigation ou l'accès à des fertilisants, la production alimentaire végétale en Afrique croît de 2,6 % par an depuis les années 1970 (la moyenne mondiale est de 2,15 %). Cette hausse est réalisée grâce à de meilleurs rendements par hectare ainsi qu'à l'extension des surfaces cultivées de 0,9 % par an. Pourtant, ce résultat reste encore trop faible compte tenu de la croissance démographique continentale (2,65 % par an). En milieu rural, cela se traduit par une augmentation annuelle de la population active agricole de 1,9 %, accentuant la pression sur les espaces exploités et les tensions quant à leur accès (*cf. carte 4*).

1 Importation alimentaire

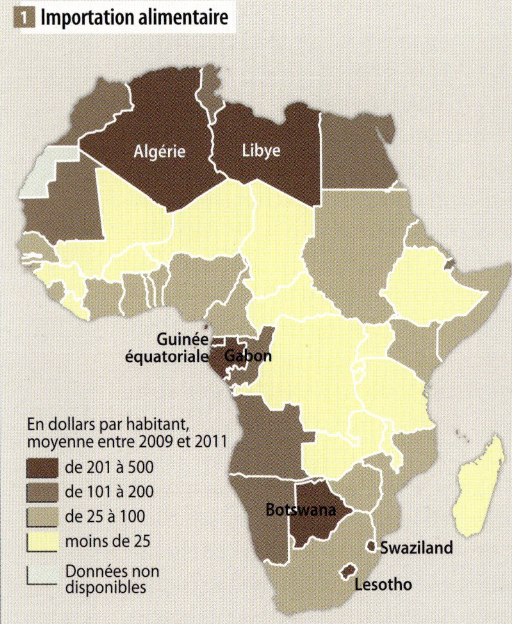

2 Produits agricoles dans les exportations de biens et services

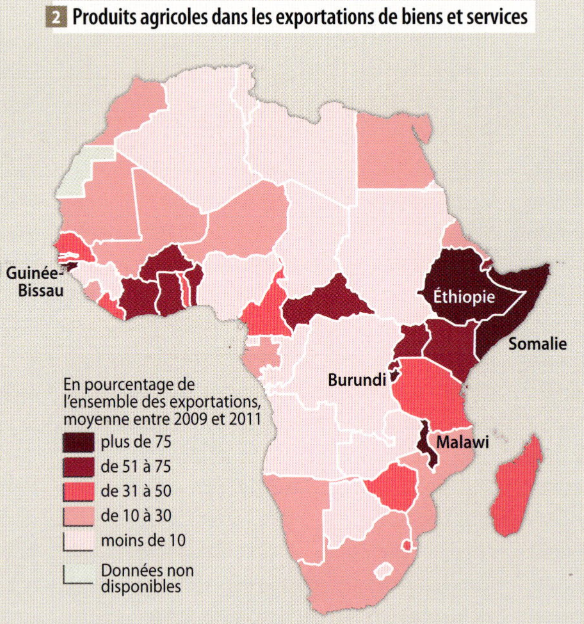

3 Évolution des exportations agricoles

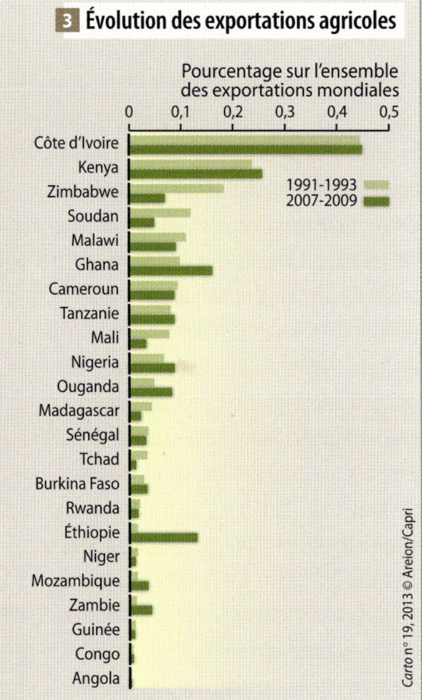

Sources : Jacques Imbernon, Bruno Losch et Géraud Magrin (dir.), Une nouvelle ruralité émergente : Regards croisés sur les transformations rurales africaines, *Cirad, 2013 ; Banque mondiale,* Growing Africa Unlocking the Potential of Agribusiness, *janvier 2013*

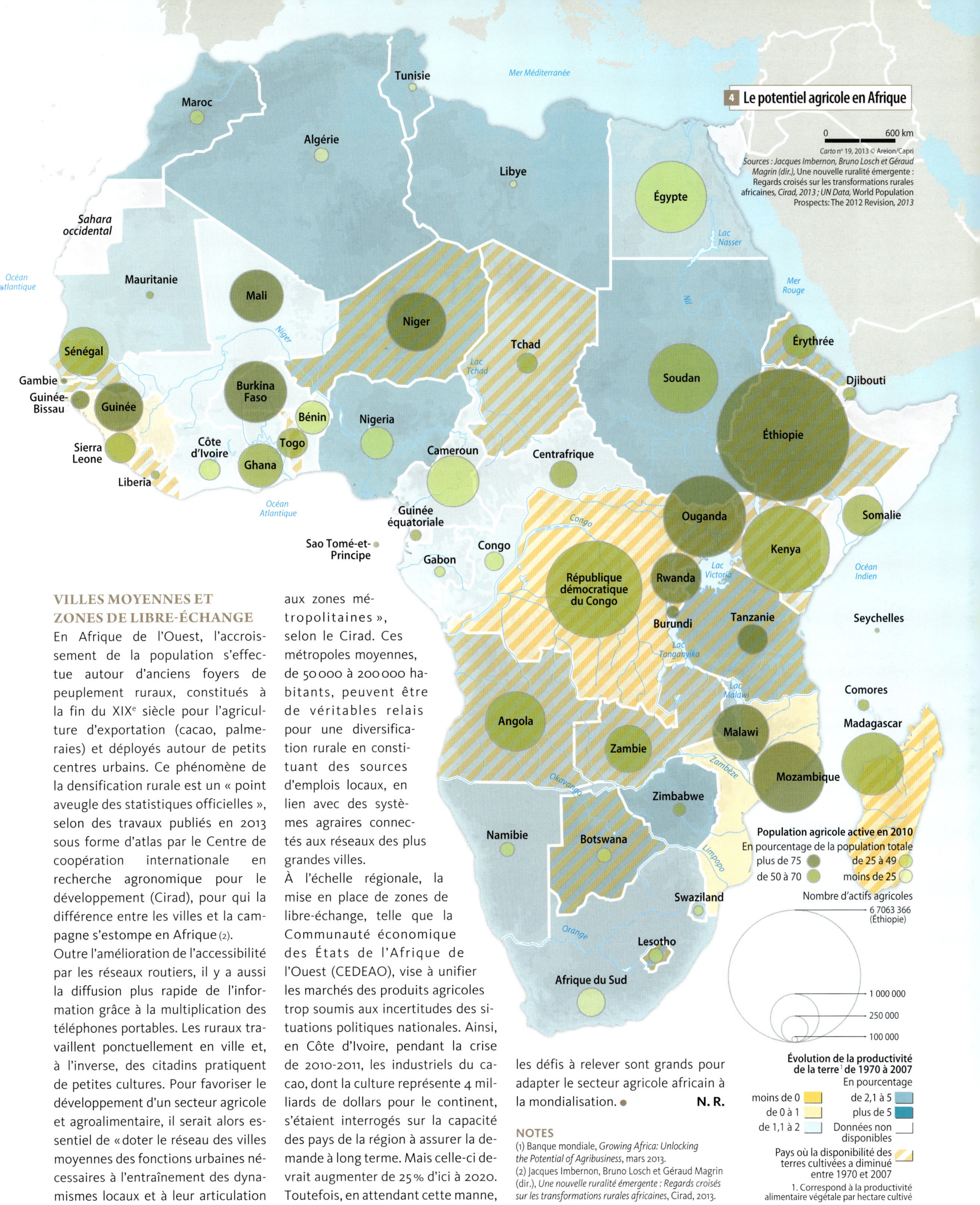

VILLES MOYENNES ET ZONES DE LIBRE-ÉCHANGE

En Afrique de l'Ouest, l'accroissement de la population s'effectue autour d'anciens foyers de peuplement ruraux, constitués à la fin du XIXe siècle pour l'agriculture d'exportation (cacao, palmeraies) et déployés autour de petits centres urbains. Ce phénomène de la densification rurale est un « point aveugle des statistiques officielles », selon des travaux publiés en 2013 sous forme d'atlas par le Centre de coopération internationale en recherche agronomique pour le développement (Cirad), pour qui la différence entre les villes et la campagne s'estompe en Afrique (2).

Outre l'amélioration de l'accessibilité par les réseaux routiers, il y a aussi la diffusion plus rapide de l'information grâce à la multiplication des téléphones portables. Les ruraux travaillent ponctuellement en ville et, à l'inverse, des citadins pratiquent de petites cultures. Pour favoriser le développement d'un secteur agricole et agroalimentaire, il serait alors essentiel de « doter le réseau des villes moyennes des fonctions urbaines nécessaires à l'entraînement des dynamismes locaux et à leur articulation aux zones métropolitaines », selon le Cirad. Ces métropoles moyennes, de 50 000 à 200 000 habitants, peuvent être de véritables relais pour une diversification rurale en constituant des sources d'emplois locaux, en lien avec des systèmes agraires connectés aux réseaux des plus grandes villes.

À l'échelle régionale, la mise en place de zones de libre-échange, telle que la Communauté économique des États de l'Afrique de l'Ouest (CEDEAO), vise à unifier les marchés des produits agricoles trop soumis aux incertitudes des situations politiques nationales. Ainsi, en Côte d'Ivoire, pendant la crise de 2010-2011, les industriels du cacao, dont la culture représente 4 milliards de dollars pour le continent, s'étaient interrogés sur la capacité des pays de la région à assurer la demande à long terme. Mais celle-ci devrait augmenter de 25 % d'ici à 2020. Toutefois, en attendant cette manne, les défis à relever sont grands pour adapter le secteur agricole africain à la mondialisation. •

N. R.

NOTES

(1) Banque mondiale, *Growing Africa: Unlocking the Potential of Agribusiness*, mars 2013.

(2) Jacques Imbernon, Bruno Losch et Géraud Magrin (dir.), *Une nouvelle ruralité émergente : Regards croisés sur les transformations rurales africaines*, Cirad, 2013.

Algérie-Union européenne : un partenariat en devenir

Avec plus de 97 % de ses exportations issues des hydrocarbures en 2012, l'Algérie est très dépendante de ses ressources naturelles. Ainsi, alors que 70 % du budget de l'État provient de cette rente et bien que les réserves de change dépassent les 190 milliards de dollars, le pays affiche un lourd déficit d'infrastructures et ses industries, peu compétitives, peinent à vendre à l'étranger. En 2012, le chômage atteint officiellement 10,2 % de la population (38,09 millions d'âmes en 2013) et le PIB par habitant est de seulement 7 300 dollars.

En partie pour pallier ses problèmes et diversifier son offre productive, l'Algérie a signé en 2002 un accord d'association avec l'Union européenne (UE). Entré en vigueur le 1er septembre 2005, le texte prévoyait un abaissement progressif des droits de douane jusqu'en 2017. Avec cette signature, l'Algérie emboîtait le pas à ses voisins maghrébins, qui, dès 1995 pour la Tunisie et 2000 pour le Maroc, avaient lancé une telle coopération. En effet, à la faveur d'une volonté de l'UE d'élargir ses partenariats, le Processus de Barcelone de 1995 affichait le but d'ouvrir une période de construction de la paix, de la sécurité et de la prospérité partagée entre les deux rives de la mer Méditerranée. Afin de satisfaire ces objectifs, l'UE a signé des accords d'association prévoyant une coopération dans les domaines politique, économique, financier, culturel et social.

C'est cependant l'aspect économique qui prime, et les deux partenaires se sont entendus en août 2012 pour ajourner à 2020 la mise en place complète de la zone de libre-échange, soit trois ans après la date prévue. Préoccupé par la faiblesse de ses PME, Alger a obtenu le rétablissement ou le gel des taux de droits de douane pour 1 058 lignes tarifaires, principalement dans la filière agricole et ses débouchés. Les autorités considèrent en effet que l'accord leur est défavorable, estimant qu'il avait coûté 3 milliards de dollars de perte de recettes douanières.

Non membre de l'Organisation mondiale du commerce (OMC), l'Algérie découvre avec difficulté les revers de la libéralisation de son marché. En 2011, l'UE représentait 50,8 % des débouchés de ses exportations (*cf. carte*) et la structure des échanges est inégalitaire ; 71,6 % des ventes européennes vers le pays maghrébin sont des produits manufacturés, répartis de manière équilibrée entre équipements de transport, sidérurgie et infrastructures. Le reste est constitué de matières premières : pétrole et gaz raffinés et produits agricoles.

Le revirement algérien cache toutefois d'autres réalités. Avec un bénéfice de sa balance commerciale de 9,14 milliards d'euros avec l'UE, les échanges restaient en 2011 largement favorables au pays maghrébin, bien que le Vieux Continent représentât alors 52,2 % de ses importations. Dès lors, les négociations doivent se comprendre comme le résultat de pressions internes auxquelles vient s'ajouter une conjoncture politique défavorable. L'économie algérienne, encore dominée par la prégnance de l'informel et l'absence de transparence, est confrontée à un processus de réforme de son environnement des affaires qui ne suit pas le rythme de l'ouverture commerciale. Le régime s'appuie en grande partie sur le soutien du secteur privé. Le *statu quo* est préféré à la perspective de la libéralisation, perçue comme une menace par les chefs d'entreprise. À ces pressions s'ajoute une prise en compte de la fragilité du pouvoir alors que les manifestations populaires se succèdent et que le président Abdelaziz Bouteflika, malade, a été réélu en avril 2014 pour un quatrième mandat. L'Algérie, voisine de la Tunisie et de la Libye, aurait dès lors tort de se croire immunisée face au « printemps arabe ». **T. H.**

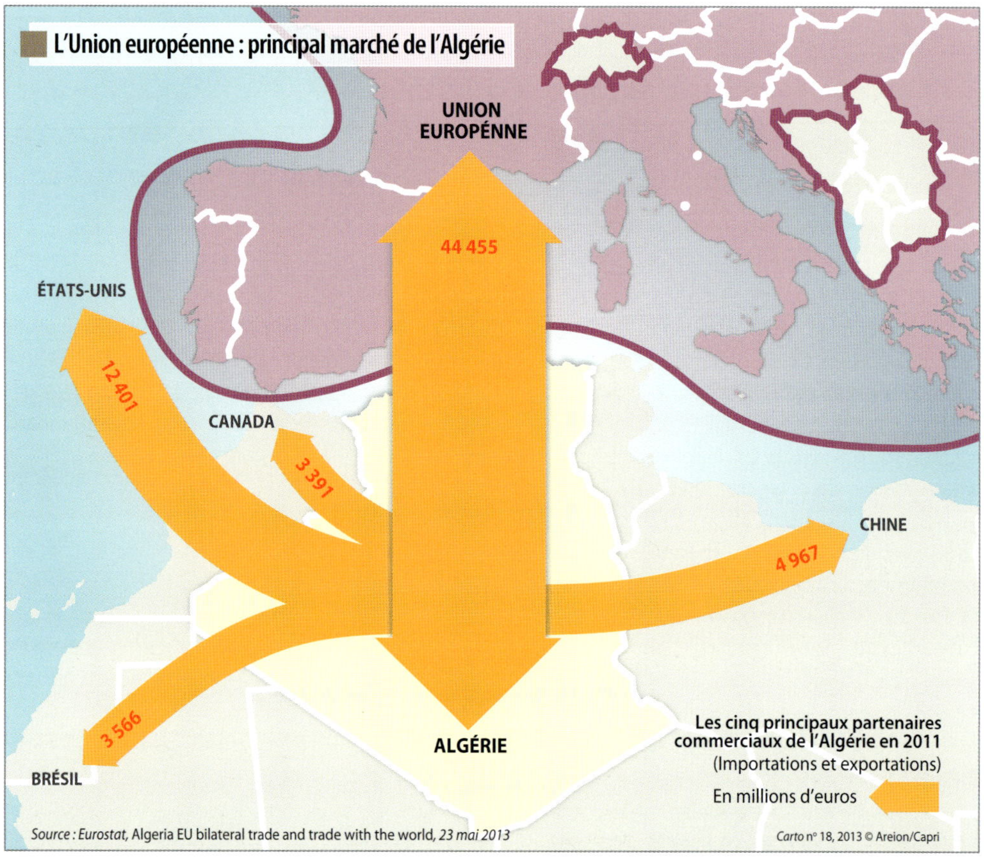

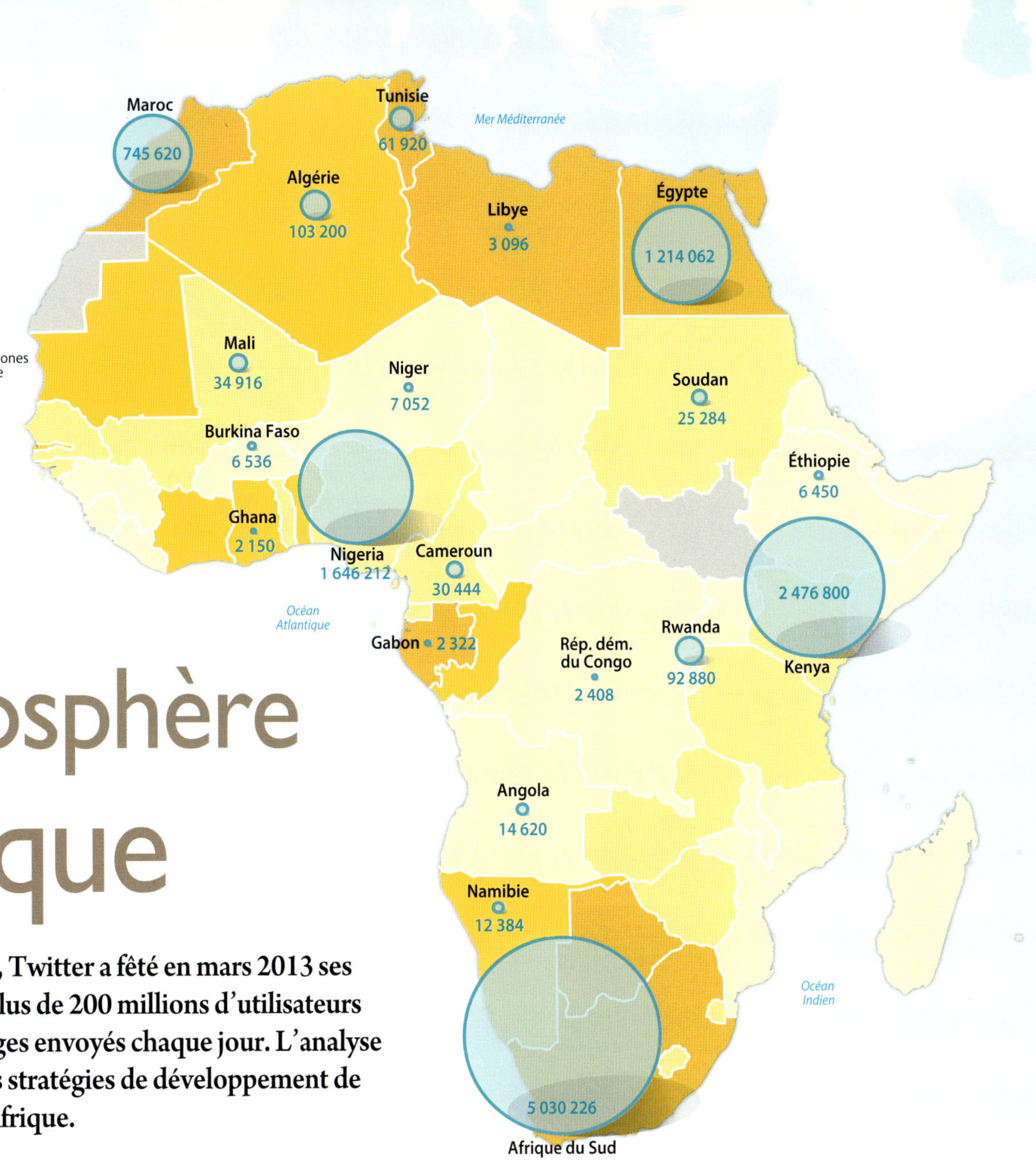

La twittosphère en Afrique

Présent sur tous les continents, Twitter a fêté en mars 2013 ses sept années d'existence, avec plus de 200 millions d'utilisateurs actifs et 400 millions de messages envoyés chaque jour. L'analyse de son utilisation éclaire sur les stratégies de développement de certains pays, notamment en Afrique.

Le cabinet britannique Portland Communications a publié les premières données sur la twittosphère africaine en janvier 2012, soit un an après le début des soulèvements en Tunisie et en Égypte, où les réseaux sociaux sont considérés comme ayant joué un rôle dans la mobilisation contre les dictatures (1). Selon cette étude, 11,5 millions de *tweets* ont été envoyés depuis le continent au quatrième trimestre 2011 (*cf. carte*). Si cela peut paraître peu, ce chiffre révèle toutefois plusieurs logiques.

Avec 57 % des utilisateurs twittant avec leur téléphone portable, l'Afrique suit un scénario unique au monde, celui d'un développement d'Internet sautant l'étape jusqu'à présent incontournable de l'ordinateur. De ce fait, la couverture des réseaux mobiles influe beaucoup sur l'utilisation de Twitter. L'Algérie, pourtant riche en hydrocarbures, ne dispose pas en 2013 de réseau de téléphonie 3G, à la différence par exemple du Mali, pourtant l'un des pays les plus pauvres de la planète. Ainsi, les deux États se retrouvent dans une situation comparable, avec moins d'un message par habitant envoyé à travers le réseau symbolisé par un oiseau bleu.

Grande puissance économique du continent, l'Afrique du Sud est le premier utilisateur du site de microblogage, avec près de la moitié des *tweets* (5,03 millions). Pourtant, le critère financier ne saurait expliquer le classement établi par Portland Communications. Autrement dit, un pays comme la Guinée équatoriale, qui affiche un PIB par habitant de 26 500 dollars en 2012, devrait figurer en tête. Or il n'en est rien. La démographie joue également un grand rôle : le Nigeria, l'État le plus peuplé d'Afrique avec 174,5 millions d'individus en 2013, arrive ainsi au troisième rang.

Néanmoins, comment expliquer la deuxième place occupée par le Kenya, dont la richesse par habitant ne dépasse pas les 1 800 dollars en 2012, ou celle du Rwanda, micro-État géographiquement (26 338 kilomètres carrés) et démographiquement (12 millions de citoyens) ? La raison est à chercher du côté de politiques publiques ambitieuses. Dès 2008, les autorités de Kigali décidaient de favoriser l'accès de leurs citoyens aux nouvelles technologies, si bien que le pays passait du 139e (sur 181) en 2008 au 32e rang (sur 189) en 2013 dans le classement *Doing Business* de la Banque mondiale, faisant du pays une valeur sûre pour les investisseurs étrangers. Le Kenya est allé plus loin en lançant en janvier 2013 la construction d'une « Silicon Valley africaine », la Konza Technology City, appelée à devenir un *hub* technologique pour toute la région. Ce dynamisme a déjà attiré des entreprises de renommée internationale comme l'américaine IBM, qui y a implanté un laboratoire de recherche. Si la stratégie du Kenya et du Rwanda confirme être une réussite, d'autres États pourraient se lancer eux aussi dans la course, entraînant, pourquoi pas, un cercle vertueux pour le continent. Twitter favorisera-t-il le développement de l'Afrique ? ●

T. H.

NOTE

(1) Portland Communications, *How Africa Tweets*, janvier 2012. Téléchargeable en anglais sur : www.portland-communications.com/publications/the-quarterly-issue-6/how-africa-tweets/

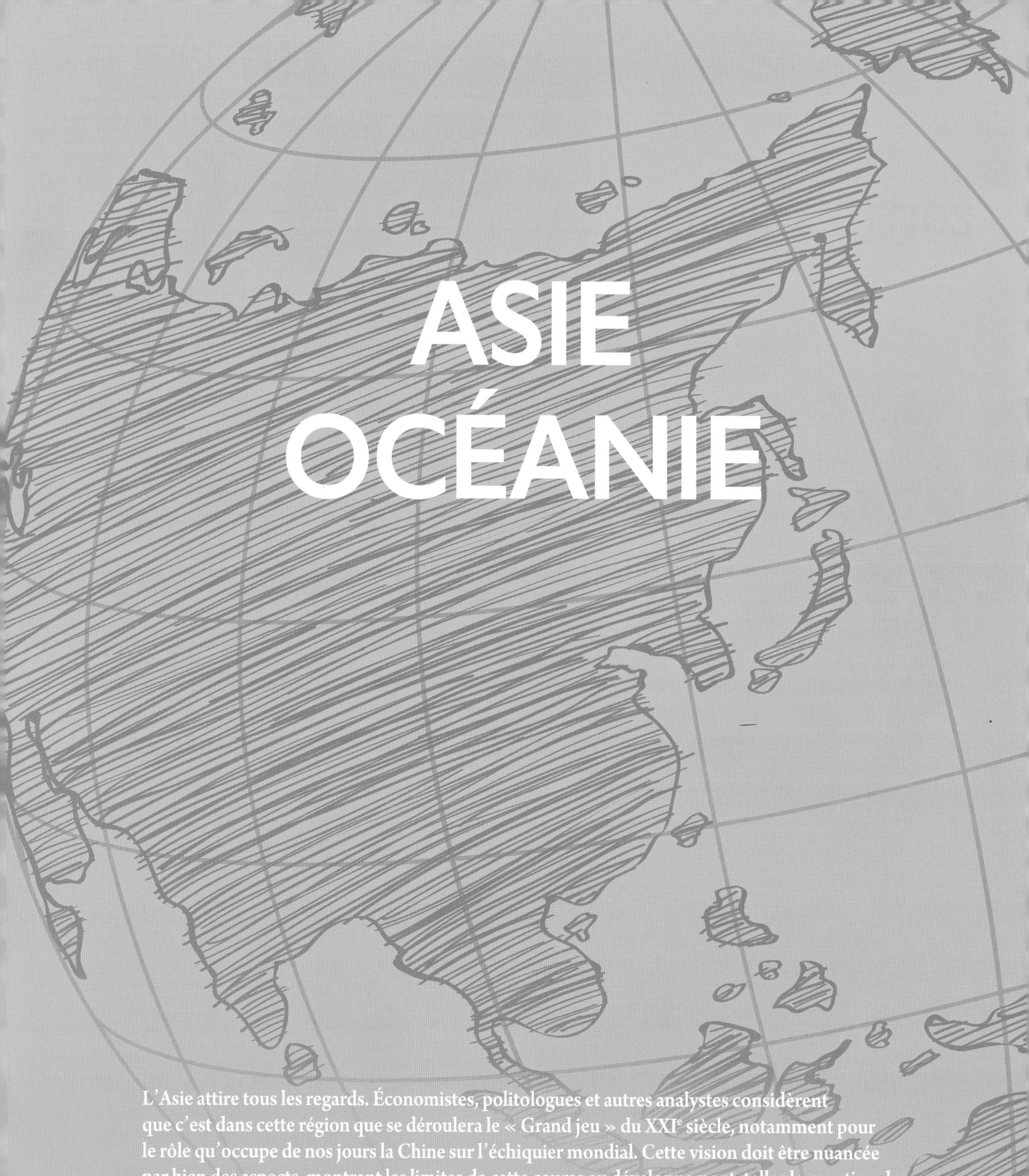

ASIE OCÉANIE

L'Asie attire tous les regards. Économistes, politologues et autres analystes considèrent que c'est dans cette région que se déroulera le « Grand jeu » du XXIe siècle, notamment pour le rôle qu'occupe de nos jours la Chine sur l'échiquier mondial. Cette vision doit être nuancée par bien des aspects, montrant les limites de cette course au développement, telles la question des ouvriers du textile au Bangladesh, la malnutrition en Inde ou les contestations des pouvoirs en place, comme dans le Xinjiang.

REPÈRES

NOM OFFICIEL
République d'Indonésie

CHEF DE L'ÉTAT
Susilo Bambang Yudhoyono (président depuis 2004 et jusqu'à l'élection présidentielle de juillet 2014)

SUPERFICIE
1904569 km²
(15e rang mondial)

LANGUE OFFICIELLE
Bahasa indonesia

CAPITALE
Jakarta

POPULATION EST. 2013
251,16 millions d'habitants

RELIGIONS
Musulmans (86,1%), protestants (5,7%), catholiques (3%), hindous (1,8%), autres (3,4%)

DENSITÉ
131 hab./km²

MONNAIE
Roupie

HISTOIRE
Marquée par les échanges commerciaux avec le Moyen-Orient et la Chine dès le XIIIe siècle, l'Indonésie est une colonie néerlandaise entre 1602 et 1945, date de la proclamation d'indépendance, mais elle n'est reconnue par Amsterdam qu'en 1949, après quatre années de conflit. La république sera marquée par deux grandes périodes autoritaires, de Sokarno (1945-1967) et de Soharto (1967-1998)

PIB PAR HABITANT EST. 2013 (EN PARITÉ DE POUVOIR D'ACHAT)
5200 dollars

POPULATION VIVANT AVEC MOINS DE 2$ PAR JOUR (2011)
43,3%

INDICE DE DÉVELOPPEMENT HUMAIN (2013)
0,629 (121e rang)

Indonésie : le récit d'un miracle économique

L'archipel indonésien, le plus grand du monde avec ses quelque 17 500 îles, surprend. Depuis les sombres jours de la crise asiatique de 1997 qui a durement frappé le pays, d'immenses progrès ont été réalisés. Forte d'une économie dynamique, moderne et diversifiée au potentiel gigantesque, l'Indonésie affiche une santé financière insolente. De nombreux défis restent cependant à relever.

Dans un contexte de crise mondiale, l'économie indonésienne, la première du Sud-Est asiatique, fait preuve de résilience. Cette puissance régionale connaît une croissance significative, de 5,3% en 2013. À la différence des autres « tigres » (Thaïlande, Malaisie, Vietnam, Philippines), ce dynamisme n'est pas stimulé par les exportations, mais par une consommation domestique robuste tirée par la classe moyenne. Favorisée par de faibles taux d'intérêt, la demande interne compte pour 60% du PIB. Jakarta est donc moins vulnérable aux chocs extérieurs et aux effets de la crise internationale que ses voisins, comme la Thaïlande, qui a connu une récession de 2,3% en 2009. Avec 251,16 millions d'habitants en 2013, l'Indonésie est la cinquième puissance démographique mondiale. Près de 90 millions d'entre eux viendront enrichir la classe moyenne, qui devrait atteindre 170 millions de personnes d'ici à 2030.

Une situation qui n'est pas sans aiguiser les appétits des entreprises et des investisseurs étrangers dans des secteurs divers (luxe, télécommunications, transport), à l'instar du français L'Oréal, qui a inauguré en novembre 2012 sa plus grande usine au monde (66000 mètres carrés) près de la capitale, ou des constructeurs automobiles japonais comme Suzuki et Toyota, qui investissent massivement dans le pays. En février 2012, Lion Mentari Airlines, une compagnie locale *low cost*, a commandé 230 avions Boeing 737, un contrat sans précédent pour l'avionneur américain, d'une valeur de 22,4 milliards de dollars.

DES RÉFORMES SIGNIFICATIVES

L'économie bénéficie de nombreux atouts (*cf. carte*). Les matières premières, dont le nombre et le potentiel sont gigantesques (pétrole, gaz naturel, huile de palme, caoutchouc, charbon, cacao, bauxite, nickel), assurent la moitié des exportations, principalement à destination de la Chine, du Japon et de la Corée. Le président indonésien, Susilo Bambang Yudhoyono, réélu en 2009 pour un deuxième mandat de cinq ans, a introduit des réformes significatives, notamment dans le secteur financier dès 2004. Les investissements directs étrangers (IDE) sont en croissance continue et sont estimés à 24 milliards d'euros pour l'année 2012, un chiffre record. Le chômage est à un niveau relativement faible (5,7% en février 2014, selon les autorités). L'Indonésie connaît une urbanisation galopante : 86% du PIB proviendra des villes en 2030, où vivra alors 70% de la population, contre 44% en 2010. L'archipel a un déficit budgétaire inférieur à 2% et a réduit sa dette publique de 82% à 24% du PIB en l'espace de dix ans. Le Forum économique mondial l'a classé au 38e rang sur 148 pays pour sa stabilité macroéconomique en 2013. À titre de comparaison, l'Inde occupe la 60e place et le Brésil, la 56e.

Sa principale vulnérabilité repose dans sa dépendance à la Chine, marché clé pour les exportations de marchandises et de matières premières. Néanmoins, en dépit du ralentissement de l'économie chinoise et de la faiblesse de la demande mondiale, le gouvernement a annoncé un taux de croissance de 6% en 2013, comparable à celui que connaissait l'Indonésie avant 1997. Ce dynamisme a toutefois son revers de la médaille. L'archipel pâtit d'un énorme manque d'infrastructures (alimentation en électricité et en eau, télécommunications, assainissement) et de transports (aérien, routier et maritime) ; un handicap qui pourrait se transformer en une gigantesque opportunité d'investissements, mais aussi en problèmes de mal développement, notamment en raison d'une corruption endémique. L'Indonésie est classée au 114e rang sur 177 pays,

selon l'indice 2013 de l'ONG Transparency International. Par ailleurs, les fruits de la croissance ne profitent pas à tous. Les inégalités augmentent. La Banque mondiale estime que 43,3 % des Indonésiens vivent avec moins de 2 dollars par jour en 2011. En outre, les ressources sont inégalement réparties selon les régions, dans un État parmi les plus décentralisés de la planète.

Plusieurs institutions internationales recommandent d'éliminer les subventions à l'énergie, qui comprennent les combustibles fossiles et l'électricité, pour les consommateurs. Ces aides – environ 2,3 % des dépenses du PIB en 2010 – pèsent sur les finances publiques. Toutefois, la hausse des prix est une question sensible, tant sur le plan social que sur le plan politique. En mars 2012, le Parlement a rejeté la proposition du gouvernement d'augmenter de 33 % les tarifs des carburants à la suite de vives protestations. En 1998, le général Suharto (1967-1998) avait décidé de supprimer les subventions sur les produits de base, entraînant une forte augmentation des prix. Une importante mobilisation populaire l'avait alors contraint à quitter le pouvoir.

Si les défis sont nombreux, l'avenir de l'archipel s'annonce sous de bons auspices. Une étude publiée en septembre 2012 affirme que l'Indonésie pourrait devenir la septième puissance économique mondiale à l'horizon 2030 (16e en 2012), devant le Royaume-Uni et l'Allemagne (1). La population y est très jeune, la moitié a moins de 29 ans. Alors que les États européens sont confrontés au vieillissement de leurs habitants et au futur déclin de leur force de travail, 70 % des Indonésiens seront toujours en âge de travailler (entre 15 et 64 ans) au cours des dix-huit prochaines années, un atout qui permettra de maintenir la productivité et d'assurer la croissance. Des perspectives positives pour ce pays dont l'ambition est de figurer parmi les principaux États émergents, au même titre que l'Inde, le Brésil ou la Chine. ●

M. H.

NOTE

(1) Raoul Oberman, Richard Dobbs, Arief Budiman, Fraser Thompson, Morten Rossé, *The archipelago economy: Unleashing Indonesia's potential*, McKinsey Global Institute, septembre 2012.

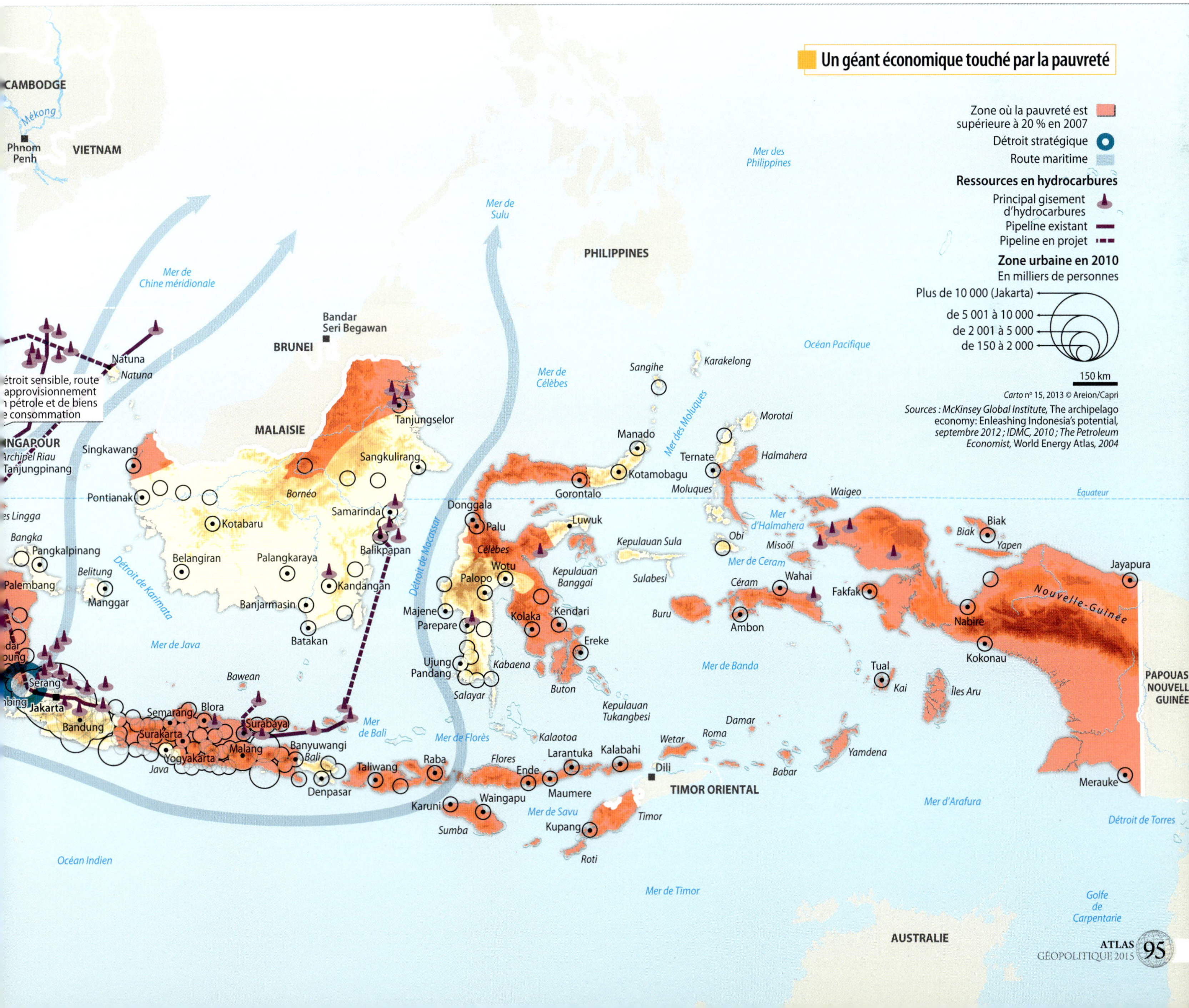

REPÈRES

NOM OFFICIEL
République des Philippines

CHEF DE L'ÉTAT
Benigno Aquino III (président depuis 2010)

SUPERFICIE
300 000 km² (73e rang mondial)

LANGUES OFFICIELLES
Philippin, anglais

CAPITALE
Manille

POPULATION EST. 2013
105,72 millions d'habitants

RELIGIONS
Catholiques (82,9 %), musulmans (5 %), évangélistes (2,8 %), Iglesia ni Cristo (2,3 %), autres chrétiens (4,5 %), autres (1,8 %)

DENSITÉ
352 hab./km²

MONNAIE
Peso philippin

HISTOIRE
Découvertes par Ferdinand de Magellan en 1521, les Philippines sont une colonie espagnole entre 1565 et 1899, date à laquelle l'archipel est vendu aux États-Unis. Le pays devient indépendant en 1946, mais connaît une dictature, sous le régime de Ferdinand Marcos (1965-1986)

PIB PAR HABITANT EST. 2013 (EN PARITÉ DE POUVOIR D'ACHAT)
4 700 dollars

POPULATION VIVANT AVEC MOINS DE 2 $ PAR JOUR (2009)
41,5 %

INDICE DE DÉVELOPPEMENT HUMAIN (2013)
0,654 (114e rang)

Philippines : espoir de paix à Mindanao

Le 27 mars 2014, le gouvernement philippin a signé un accord de paix historique avec le Front moro islamique de libération (FMIL), qui s'est engagé à déposer les armes. Il s'agit du compromis le plus crédible après quarante-cinq ans de conflit. Mindanao pourrait enfin en finir avec la guerre.

La colonisation espagnole des Philippines, du XVIe au XIXe siècle, a abouti à la conversion de la majorité des habitants au catholicisme, mais la religion du sud de l'île de Mindanao est restée l'islam (*cf. carte 2*). Les musulmans ont adopté le qualificatif utilisé par Madrid pour les décrire : « moros ». Ils constituent 5 % de la population des Philippines. En 1969, le Front moro de libération nationale (FMLN) est créé pour mener une résistance armée au gouvernement de Manille et faire accéder la région du Bangsamoro (« nation moro ») à l'indépendance. Depuis, le conflit a causé environ 120 000 morts et 2 millions de déplacés (*cf. document 1*).

Le chef de l'État, Benigno Aquino III, élu en 2010 avec un programme fondé principalement sur la lutte contre la corruption des précédentes administrations, est issu d'une grande famille de politiciens philippins. Son père, opposant sous le régime de Ferdinand Marcos (1965-1986), fut assassiné en 1983, trois ans avant que sa mère, Corazón Aquino, prenne la tête de la « révolution de février », qui mit fin à vingt ans de dictature, et devienne présidente (1986-1992). Benigno Aquino III a poursuivi les négociations entamées en 2001 avec le FMIL, né d'une division du FMLN en 1977.

LA PROMESSE D'UNE RÉGION MORO AUTONOME

Alors que l'accord de 2008 avait échoué devant l'opposition de nombreux dirigeants chrétiens et du Congrès philippin, celui de 2014, issu d'un premier engagement signé en octobre 2012, semble ouvrir la voie à une pacification. Il promet l'autonomie du Bangsamoro à partir de 2016 (date de la fin du mandat présidentiel), laissant à la région la souveraineté sur son budget, une part équitable des ressources locales, une police séparée et l'application de la Charia pour les musulmans. En échange, les milices moros, dont les forces sont estimées à plus de 11 000 hommes, doivent être désarmées. La transition est opérée par un comité de 15 personnes chargées de proposer le cadre légal de la future entité. Celui-ci sera ensuite débattu par le Congrès avant d'être soumis à référendum dans les régions concernées. Toutefois, pour que l'accord entre en vigueur, les députés doivent adopter une loi fondamentale. Or les responsables catholiques du Sud sont opposés au texte, qui pourrait les marginaliser. Le gouvernement philippin

1 Les déplacés, premières victimes du conflit à Mindanao

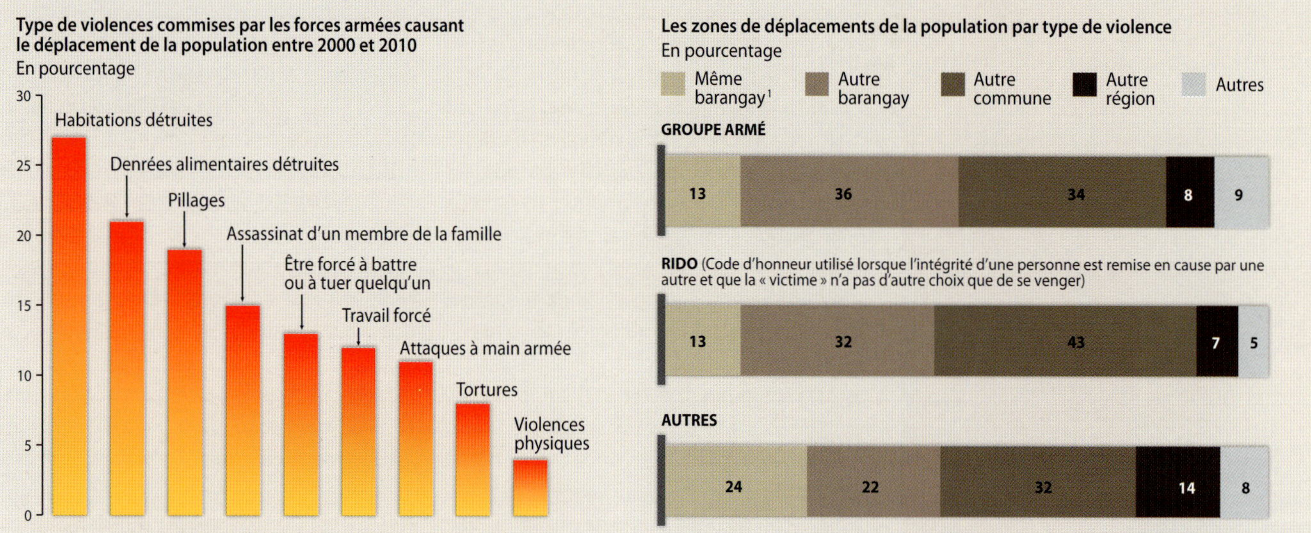

Source : Banque mondiale, Violent Conflicts and Displacement in Central Mindanao, *décembre 2011*

1. La plus petite unité administrative aux Philippines

Carto n° 15, 2013 © Areion/Capri

craint par ailleurs l'influence de groupes dissidents, comme les Combattants de la liberté de l'armée islamique du Bangsamoro, séparés du FMIL en 2011. Le risque d'une montée de l'islamisme radical pourrait aussi mettre à mal le processus de paix. Le mouvement Abou Sayyaf, par exemple, est inscrit dans la liste des organisations considérées comme terroristes par les États-Unis et l'Union européenne. Lié à Al-Qaïda, il revendique de nombreux attentats.

DES RETOMBÉES ÉCONOMIQUES

La fin du conflit à Mindanao pourrait annoncer d'importantes répercussions économiques aux Philippines, notamment grâce au tourisme. Les perspectives d'investissement sont aussi majeures, alors que les ressources minérales de la région sont estimées à 312 milliards de dollars, dont une partie en pétrole et en gaz. L'exploration des gisements par le français Total en partenariat avec le malaisien Mitra Energy est en cours. Le gouvernement philippin, qui mène une politique très prudente vis-à-vis de l'exploitation minière afin d'assurer la préservation des sites potentiellement touristiques et la redistribution des richesses, espère profiter d'un meilleur accès à l'île de Mindanao. Toutefois, celle-ci souffre des catastrophes naturelles, comme en décembre 2012, lorsque le passage du typhon Bopha a causé la mort de plusieurs centaines de personnes.

2 Les défis de l'unité de l'archipel

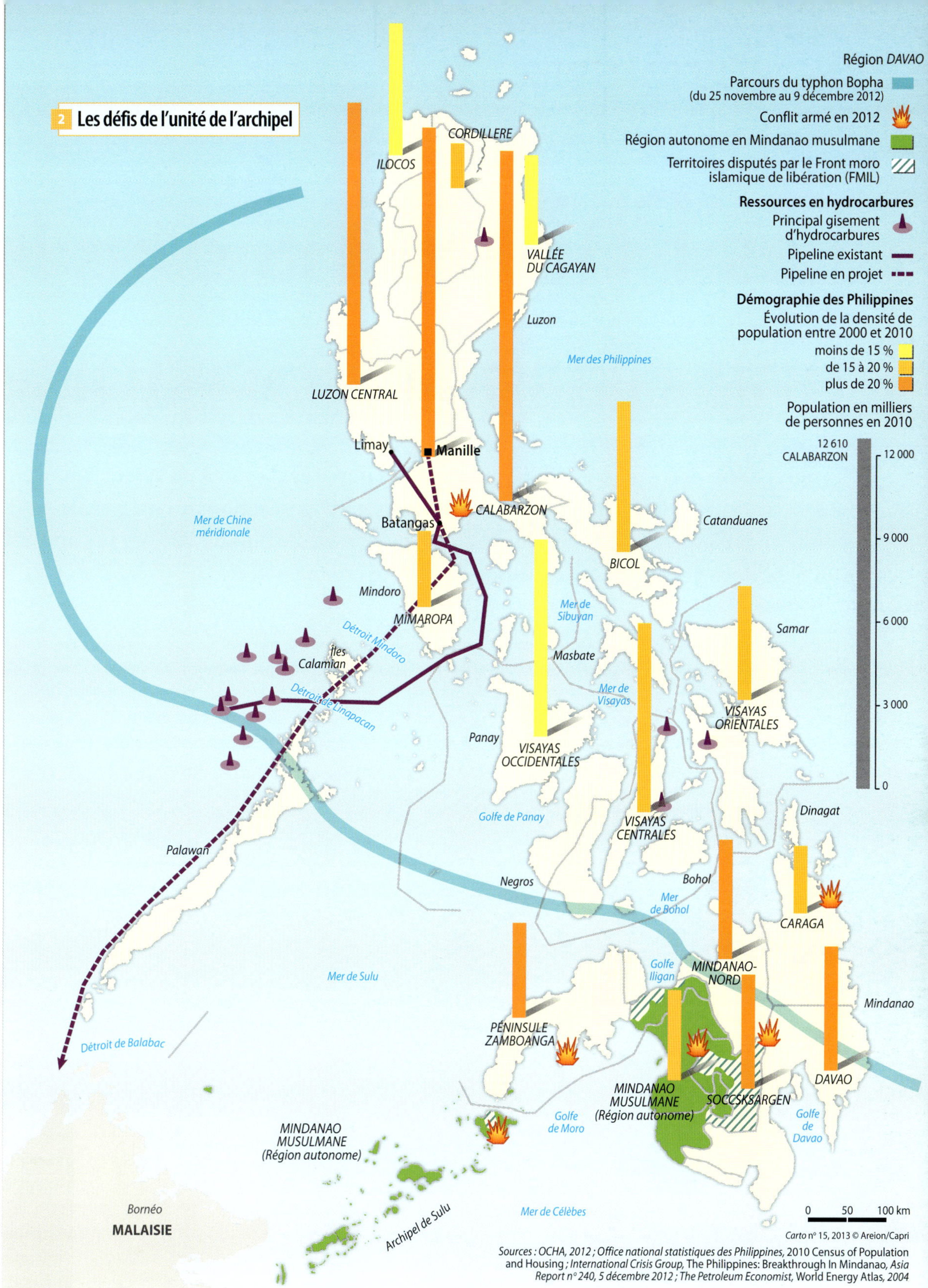

Sources : OCHA, 2012 ; Office national statistiques des Philippines, 2010 Census of Population and Housing ; International Crisis Group, The Philippines: Breakthrough In Mindanao, Asia Report n° 240, 5 décembre 2012 ; The Petroleum Economist, World Energy Atlas, 2004

Les Philippines ont bien résisté à la crise économique mondiale. En dépit d'un ralentissement entre 2010 et 2011, la croissance passant de 7,6 % à 3,9 %, il s'agit de l'un des seuls pays auxquels la Banque asiatique de développement prédit un taux de 7 % en 2014. Manille bénéficie d'importants transferts de fonds de près de 12 millions de travailleurs philippins à l'étranger, alors que ces envois d'argent ont très peu souffert de la crise mondiale. Ils s'élevaient en effet à plus de 20 milliards de dollars en 2011 et ont atteint 21,39 milliards en 2012, soit le niveau de ceux vers le Mexique, troisième pays récepteur après l'Inde et la Chine.

Si le gouvernement philippin doit toujours faire face à la rébellion armée de la New People's Army, un groupe maoïste fondé en 1969 dont le conflit avec Manille a déjà provoqué la mort de plus de 40 000 personnes, l'accord signé aux Philippines se rapproche du processus de paix en Indonésie, qui a abouti à l'autonomie de la province d'Aceh en 2001 et à la dissolution de la branche militaire du Mouvement pour un Aceh libre en 2005. Au contraire, l'éradication des groupes séparatistes tamouls par les armes au Sri Lanka a causé de nombreuses victimes civiles et fait craindre le renforcement des griefs des populations locales. Les conciliations fondées sur une solution fédéraliste pourraient donc servir de modèles à d'autres pays de la région. La résolution des hostilités opposant le gouvernement thaïlandais à la guérilla Pattani depuis 2004 et des conflits ethniques qui divisent la Birmanie depuis son indépendance en 1948 devrait par exemple s'en inspirer.

C. R.

Les Philippins dans le monde : une diaspora organisée

Depuis quatre décennies, les Philippines se sont imposées comme un acteur important de la mondialisation des mouvements migratoires. Selon un rapport de l'Organisation internationale pour les migrations (OMI) publié en juillet 2013 (1), la diaspora philippine représente plus de 10 % de la population du pays (98,5 millions en 2013 selon les estimations gouvernementales).

Fin 2011, plus de 10,45 millions de Philippins vivaient à l'étranger dans 227 pays ou territoires (*cf. carte 2*). Trois grands types de destination se distinguent : les États développés ouverts à l'immigration, les monarchies du golfe Persique et les pays asiatiques proches. Le continent américain regroupe 41,37 % des Philippins expatriés ; ils résident majoritairement aux États-Unis (3,4 millions d'individus), où ils forment la plus importante communauté asiatique après les Chinois, et au Canada (842 651). Le Moyen-Orient est la deuxième destination (28,57 % du total), avec une forte présence en Arabie saoudite (1,55 million) et aux Émirats arabes unis (679 819). L'Asie vient en troisième position avec 13,86 % : la Malaisie constitue la destination principale avec 569 081 migrants philippins, loin devant le Japon (220 882) et Singapour (180 000). L'Europe – le Royaume-Uni (220 000) et l'Italie (184 638) en tête – n'arrive qu'au quatrième rang (7,73 %), devant l'Océanie (4,31 %) et l'Afrique (0,6 %). À cette dispersion géographique, il faut ajouter 369 104 *seabased workers*, c'est-à-dire des marins qui passent une grande partie de l'année sur les cargos de marchandises et les navires de croisière.

1 Évolution des envois de fonds des migrants vers les Philippines

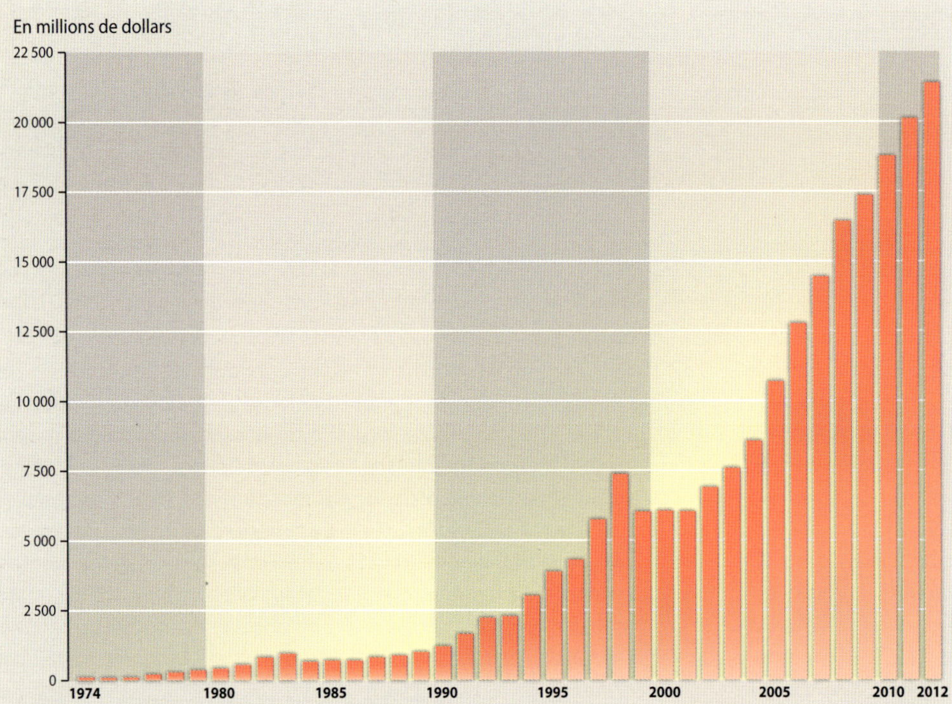

Source : OMI, Country Migration Report: The Philippines 2013, juillet 2013

Carto n° 20, 2013 © Areion/Capri

DES MIGRATIONS, DES MIGRANTS ?

Le phénomène s'est fortement accru au cours de la dernière décennie, le nombre de migrants passant de 7,4 millions en 2000 à 10,45 millions en 2011 : 47 % d'entre eux le sont à titre permanent, 43 % à titre temporaire et 10 % sont en situation irrégulière dans les pays d'accueil. Les femmes et les personnes âgées de vingt-cinq à cinquante ans constituent les effectifs les plus importants. Si 30 % d'entre eux disposent d'au moins un diplôme universitaire, 70 % n'avaient pas d'activité régulière aux Philippines. Au sein de cette diaspora, il faut distinguer les *overseas Filipinos workers*, travailleurs migrants temporaires qui partent avec un contrat de travail, principalement vers les monarchies du golfe Persique, Singapour et Hong Kong. Ils étaient 1,68 million dans ce cas en 2011. Si les domaines de la construction, de la marine marchande et du bâtiment dominent pour les hommes, les femmes travaillent comme domestiques, femmes de ménage ou infirmières.

Cette émigration massive de la main-d'œuvre philippine date des années 1970 et de la loi d'officialisation de la migration de travail (1974). Organisée et institutionnalisée par l'État, cette politique s'inscrivait dans un contexte de crise et de forte croissance démographique, permettant de limiter les risques d'explosion sociale. Elle est portée par de nombreux organismes, publics et privés, spécialisés dans ce trafic légal. Ce courant n'a jamais fléchi depuis, bien que la structure économique du pays ait fondamentalement changé et que la croissance se soit consolidée depuis une décennie (6,8 % en 2012, selon la Banque mondiale). Les travailleurs migrants bénéficient également d'un encadrement et d'un système de protection sociale, grâce à des

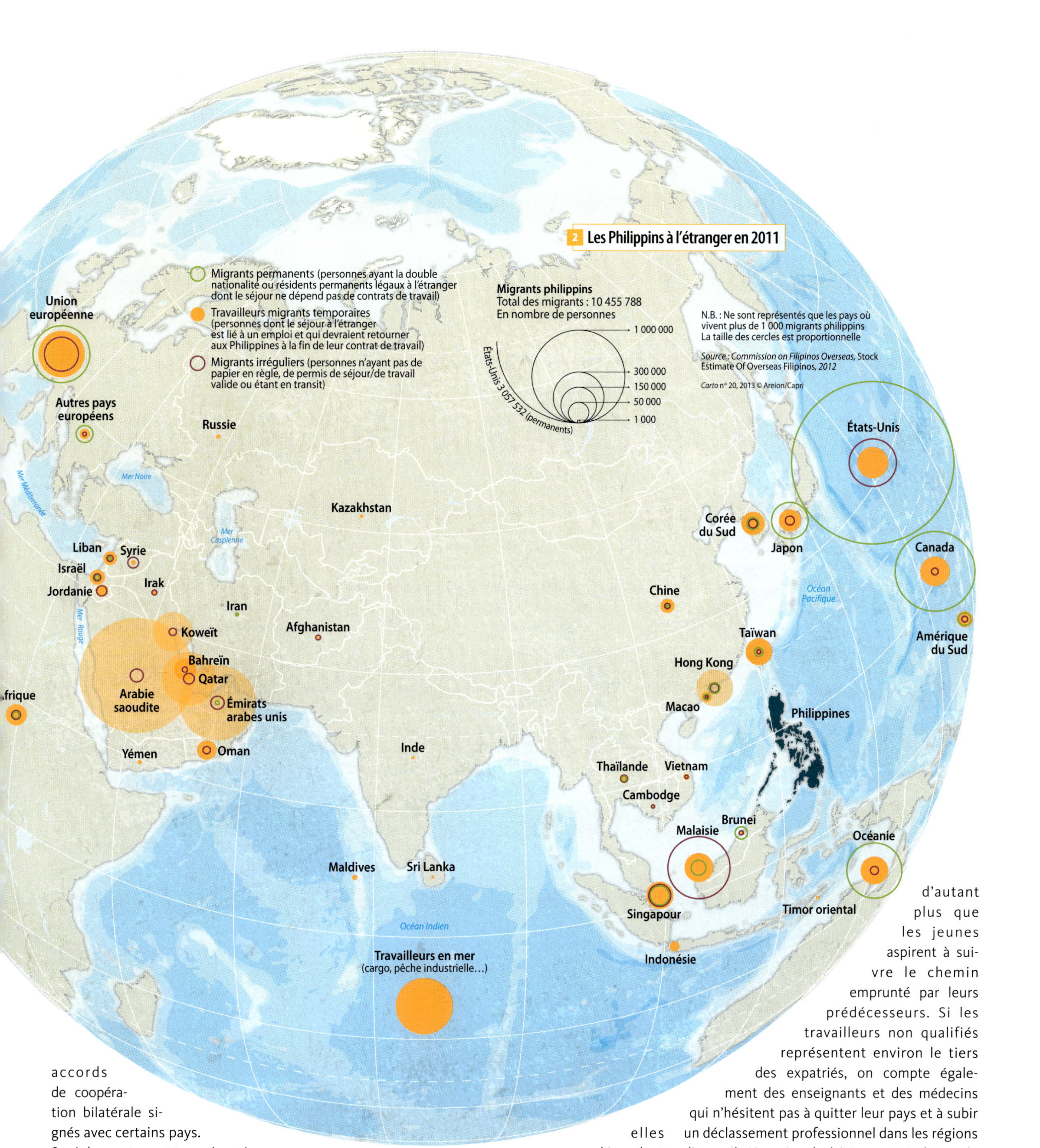

accords de coopération bilatérale signés avec certains pays. Socialement, cette migration est une solution au chômage (7 % en 2011) et à la pauvreté (41,5 % des habitants disposent de moins de 2 dollars par jour en 2009) qui sévissent dans l'ensemble des villes du pays. Économiquement, il s'agit d'une source importante de remises, c'est-à-dire de transferts de fonds adressés aux familles (*cf. document 1*), le quart d'entre elles dépendant des revenus des travailleurs expatriés. Ces capitaux atteignent 21,39 milliards de dollars en 2012, soit près de 10 % du PIB. Cette somme est aussi un puissant levier pour la construction immobilière dans le pays.

Toutefois, avec cet exode, les Philippines doivent faire face à une fuite de leurs forces vives, d'autant plus que les jeunes aspirent à suivre le chemin emprunté par leurs prédécesseurs. Si les travailleurs non qualifiés représentent environ le tiers des expatriés, on compte également des enseignants et des médecins qui n'hésitent pas à quitter leur pays et à subir un déclassement professionnel dans les régions d'accueil. L'ouvrier du bâtiment à Dubaï et la domestique travaillant dans les beaux quartiers de Hong Kong ne proviennent donc pas nécessairement des bidonvilles de Manille. ● **É. J.**

NOTE

(1) OMI, *Country Migration Report: The Philippines 2013*, juillet 2013. Téléchargeable en anglais sur : www.iom.int/files/live/sites/iom/files/Country/docs/CMReport-Philipines-2013.pdf

Compétition autour du riz en Asie

En 2013, l'Organisation des Nations unies pour l'alimentation et l'agriculture (FAO) a annoncé que la Thaïlande, premier exportateur mondial de riz pendant plus de trente ans, avait été détrônée par l'Inde et le Vietnam. La production et le commerce du grain blanc, aliment de base de 3 milliards d'êtres humains, constituent des enjeux importants, particulièrement en Asie.

Selon la FAO, la production mondiale de riz paddy (non décortiqué) s'élève à 741,4 millions de tonnes en 2013 (l'équivalent de 494,2 millions de tonnes de riz décortiqué et blanchi), soit 11,2 millions de plus qu'en 2012 (*cf. document 1*). L'Asie représente 90 % de ce total, la Chine et l'Inde étant les principaux producteurs de la planète (*cf. carte 2*). Près de 165 millions d'hectares dans le monde sont consacrés à la riziculture, 90 % étant cultivés par des petits exploitants sur des surfaces de moins d'un hectare. Aussi, les quantités de grains échangées sont-elles relativement faibles. D'après la FAO, en 2013, le commerce international de riz a atteint le volume record de 37,5 millions de tonnes, soit seulement 7,5 % de la production mondiale de riz blanchi.

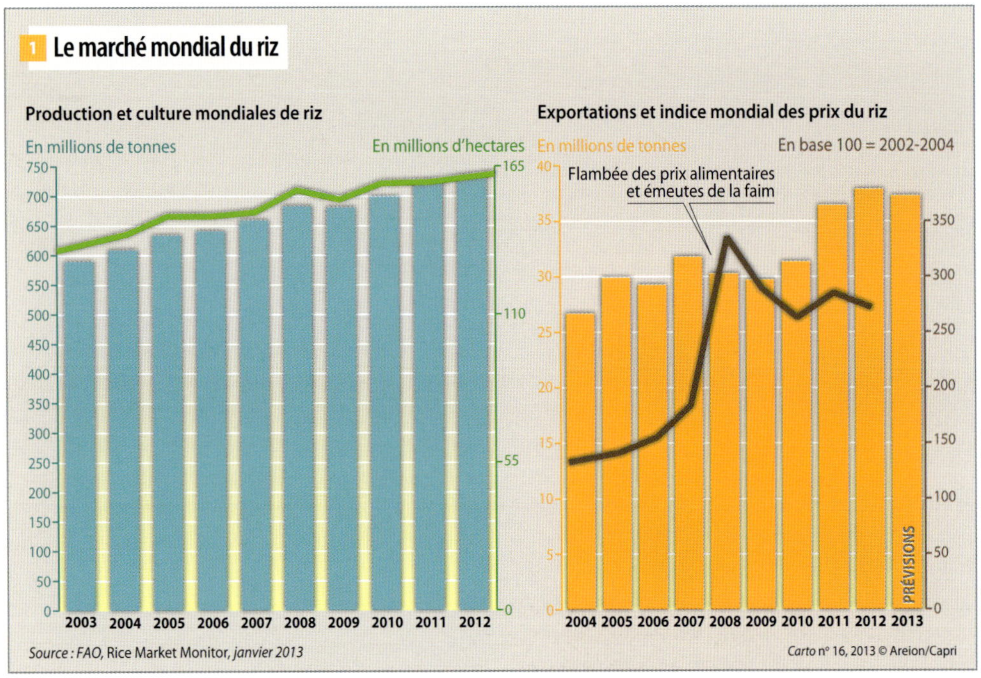

LES SUBVENTIONS THAÏLANDAISES

En 2013, l'Inde et le Vietnam ont respectivement vendu à l'étranger 10,5 millions et 6,9 millions de tonnes de grain blanc, tandis que la Thaïlande en a exporté 6,75 millions de tonnes, contre 6,9 millions et 10,6 millions en 2012. Celle-ci n'est que l'effet pervers de la politique populiste du gouvernement du Premier ministre Yingluck Shinawatra, en fonction depuis août 2011, consistant à subventionner l'achat du riz. En effet, depuis l'automne 2011, le pays achète du paddy aux paysans à 50 % au-dessus des prix du marché (0,54 dollar le kilogramme en novembre 2012). Il s'agissait pour le parti au pouvoir, Pheu Thai, d'une promesse électorale visant à soutenir la classe paysanne, majoritaire au sein de la population du royaume. Bangkok s'attendait à ce que la rétention de sa production provoque une hausse des cours. Il n'en a rien été. Cette décision a entraîné une perte de compétitivité du grain thaïlandais par rapport aux indiens et vietnamiens, ainsi qu'une accumulation de stocks invendus. Pour ne pas vendre cette céréale à perte, le riz est stocké dans des entrepôts que les autorités louent à leurs propres frais.

Malgré le coût de cette politique pour l'économie thaïlandaise, estimé à 3 milliards de dollars par la Banque mondiale, le gouvernement reste ferme quant à sa volonté de poursuivre ce programme. Par ailleurs, faute de lieux où conserver les nouvelles productions, les riziculteurs se voient contraints de ralentir ou de reporter leurs récoltes. À cela s'ajoute la crainte d'une dégringolade des cours si la Thaïlande venait à vendre ses stocks de riz à prix cassé. Depuis longtemps, afin d'influencer les cours et de maîtriser l'offre, les autorités thaïlandaises tentent de créer un cartel des pays exportateurs de riz, qui rassemblerait cinq pays de l'Association des nations de l'Asie du Sud-Est (ASEAN) : la Birmanie, le Cambodge, le Laos, la Thaïlande et le Vietnam. Cette initiative reste dans l'impasse et déplait aux importateurs qui seraient confrontés à des prix plus élevés.

LA PEUR DE LA HAUSSE DES PRIX

La situation en Chine suscite également inquiétude et confusion. Le pays est le premier producteur et consommateur. Après vingt années d'autosuffisance, la République populaire est devenue importatrice en 2011 et a acheté 575 700 tonnes de riz. En 2012, ce volume a été multiplié par quatre pour atteindre 2,6 millions de tonnes importées, une tendance qui pourrait s'accentuer en 2014. La Chine

2 La culture du riz en Asie en 2012

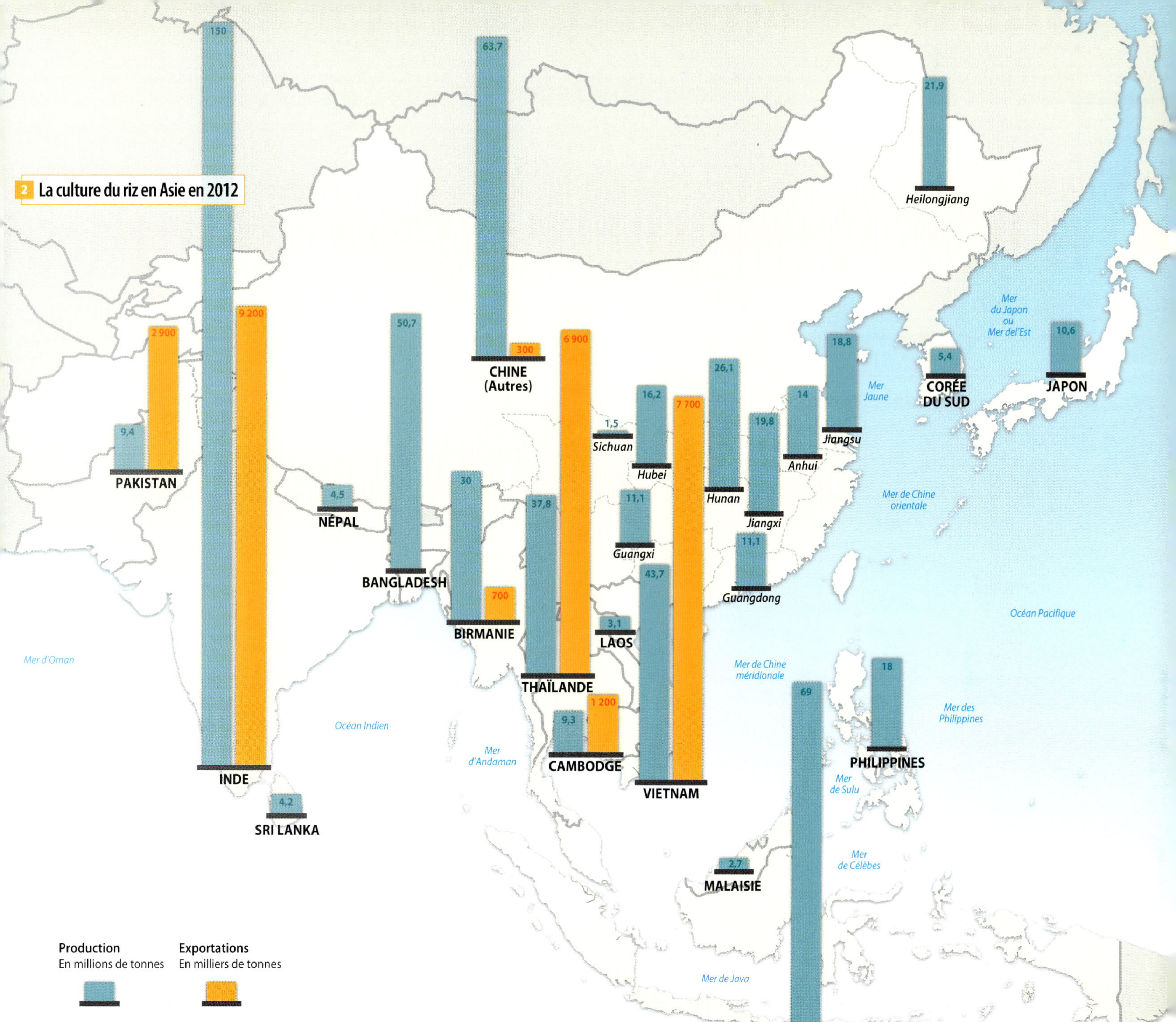

Source : FAO, Rice Market Monitor, janvier 2013 *Carto n° 16, 2013 © Areion/Capri*

est en 2012 le deuxième importateur de riz, après le Nigeria (2,8 millions de tonnes). Ces chiffres alimentent les spéculations quant aux raisons et conséquences potentielles de ces importations. Deux explications s'imposent, à commencer par la hausse de la demande des consommateurs chinois. Le pays doit nourrir un cinquième de la population mondiale (1,35 milliard en 2013) et les besoins en riz sont amenés à progresser avec la croissance démographique. Autre hypothèse, les Chinois préfèrent s'approvisionner en grain blanc à l'étranger, une pratique plus rentable pour les industriels. Les prix au kilogramme au Vietnam ou au Pakistan sont largement inférieurs (environ 0,50 dollar en décembre 2013) à celui que le gouvernement chinois garantit à ses paysans (0,90 dollar). En effet, depuis 2004, Pékin a établi des tarifs minimums d'achat pour les céréales. En outre, en janvier 2013, afin d'encourager les agriculteurs à accroître leur production, la Commission nationale du développement et de la réforme a annoncé une augmentation des prix minimums d'achat du riz dans les 13 grandes régions rizicoles du pays.

À la différence d'autres céréales comme le maïs ou le blé, le riz a été relativement épargné par la flambée du cours des matières premières de l'été 2012, l'offre mondiale de grain étant supérieure à la demande. Ce ne fut pas le cas lors de la crise alimentaire de 2007-2008, durant laquelle le prix du riz s'était envolé en quelques mois. Pénuries et famines avaient conduit aux « émeutes de la faim ». L'Inde avait alors décidé de favoriser l'approvisionnement de sa propre population et d'interdire les exportations de riz. Mais le pays a levé son embargo en 2011 et exporte à nouveau.

Face aux risques de pénurie et à la volatilité des prix, la solution pour les nations consommatrices de riz consiste à mettre en place des politiques de production locale afin de réduire leur dépendance. Des États comme l'Indonésie ou les Philippines, parmi les principaux importateurs en Asie, sont déjà parvenus à une plus grande autosuffisance. De même, en Afrique, seule partie du monde où la demande en riz est toujours en augmentation, des pays comme le Nigeria ou le Sénégal investissent massivement dans la filière avec en ligne de mire l'autosuffisance.

M. H.

Inde : un droit à l'alimentation

En septembre 2013, le Parlement indien a adopté un gigantesque programme social, le plus vaste du monde, pour lutter contre la malnutrition. Baptisé « loi pour la sécurité alimentaire », il fait de l'accès à l'alimentation un droit légal pour 800 millions de personnes, soit les deux tiers de la population (1,22 milliard en 2013). Toutefois, cela n'est pas sans susciter critiques et controverses.

Malgré des décennies de croissance économique robuste, des centaines de millions d'Indiens vivent dans des conditions de pauvreté importantes (*cf. carte 1*) : en 2010, 68,8 % des habitants disposant de moins de 2 dollars par jour, selon la Banque mondiale. Le deuxième pays le plus peuplé de la planète après la Chine peine à alimenter l'ensemble de sa population, une réalité aggravée par la hausse des prix des denrées alimentaires. Déjà en 2002, les économistes Jean Drèze et Amartya Sen – ce dernier a reçu le prix Nobel d'économie en 1998 – qualifiaient l'incapacité de l'Inde à nourrir correctement ses femmes et ses enfants d'« échecs catastrophiques », avec de larges implications pour les générations à venir (1).

Le constat est alarmant. En 2012, un rapport de l'ONG indienne Naandi Foundation (2) pointait du doigt la malnutrition endémique (*cf. carte 2*) : 42,3 % des enfants de moins de cinq ans présentent une insuffisance pondérale, un taux près de deux fois plus élevé que la moyenne en Afrique subsaharienne (22 %). Les conséquences peuvent être des retards de croissance, des lésions cérébrales, une faible capacité d'apprentissage et même la mort. Le Premier ministre indien, Manmohan Singh, en fonction de 2004 à 2014, avait alors qualifié la situation de « honte nationale ».

DES CÉRÉALES POUR TOUS

Cette loi sur la sécurité alimentaire est l'une des plus attendues du mandat du président Pranab Mukherjee, élu en juillet 2012. Elle vise à fournir à un prix subventionné entre 5 et 7 kilogrammes de céréales (riz, blé, millet) par mois et par personne au prix d'une roupie (0,01 euro) le kilogramme. D'autres mesures sont prévues, dont la distribution gratuite de repas aux enfants et des allocations pour les femmes enceintes et les jeunes mères. Ce programme a été mis en place par le Congrès national indien, présidé par Sonia Gandhi, à la tête de la coalition de centre gauche au pouvoir jusqu'en mai 2014. Si le

1 La pauvreté en Inde

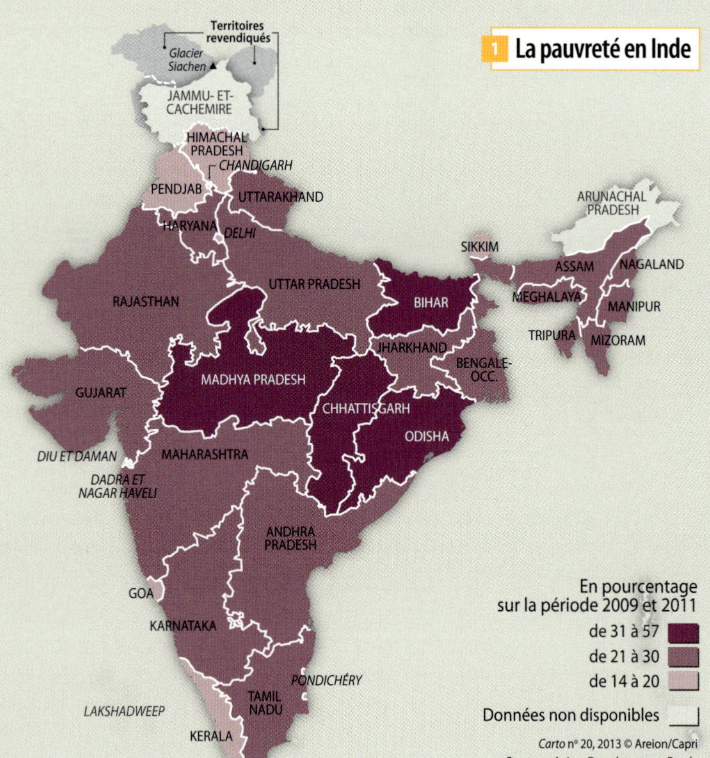

Carto n° 20, 2013 © Areion/Capri
Source : *Asian Development Bank, Poverty and Food Security in India, septembre 2013*

2 La malnutrition en Inde en 2009

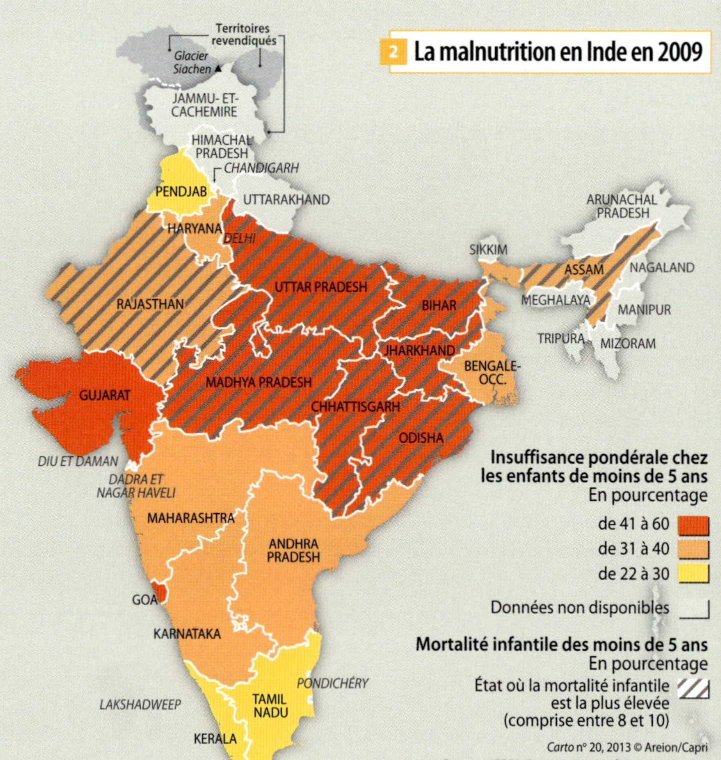

Carto n° 20, 2013 © Areion/Capri
Source : *IFPRI*, Comparisons of Hunger Across States: India State Hunger Index, *février 2009*

contre la malnutrition

Bharatiya Janata Party (BJP), mouvement nationaliste hindou alors principale formation d'opposition avec 116 sièges sur 545 à la Lok Sabha (Chambre basse du Parlement), n'avait pas osé empêcher l'adoption du projet de loi par crainte d'être jugé antipauvre, le texte a fait l'objet de vives critiques. Avant les élections législatives d'avril-mai 2014, remportées par le BJP, il était considéré comme populiste. En outre, le coût de ce programme est estimé à 3,8 milliards de dollars par an. Or le pays traverse une conjoncture économique difficile : le déficit budgétaire inquiète (estimé à 5,4 % du PIB en 2012), la croissance connaît un fort ralentissement (elle est passée de 10,5 % en 2010 à 3,2 % en 2012, selon la Banque mondiale) et la monnaie se déprécie. Ainsi, le prix de l'oignon, un indicateur de l'inflation, a été multiplié par quatre depuis août 2012, atteignant 80 centimes d'euro le kilogramme un an plus tard, notamment en raison d'une baisse des récoltes due à la sécheresse (*cf. carte 3*).

DES PROBLÈMES PLUS PROFONDS

La loi prévoit de livrer 62 millions de tonnes de denrées chaque année par le biais du système public de distribution. Avec environ 500 000 dispensaires alimentaires (appelés Fair Price Shops), ce dernier dispose d'implantations dans tout le pays. Toutefois, son efficacité est critiquée : 58 % des aides ne parviennent pas à leurs bénéficiaires, selon la Commission au plan indienne. La mise en place de la nouvelle norme rappelle alors de nombreux problèmes : manque d'infrastructures spécifiques et de transports, mauvaises conditions de stockage, détournements significatifs, corruption.

Si la loi pour la sécurité alimentaire est une étape importante dans la lutte contre la malnutrition en Inde, cette dynamique implique de s'atteler à d'autres problèmes. Les céréales ne suffisent pas à garantir une alimentation riche et diversifiée, et à assurer les apports en vitamines et protéines nécessaires à chacun. L'absence d'accès à l'eau potable a également un fort impact sur la sécurité alimentaire. Or avec l'urbanisation, l'industrialisation et l'augmentation de la population, la demande augmente, tandis que l'exploitation des nappes phréatiques, qui échappe à tout contrôle, et l'agriculture intensive menacent les ressources (*cf. carte 4*). Le manque d'éducation à l'hygiène et d'installations sanitaires (seulement 47 % des foyers possèdent des toilettes en 2011) constitue aussi un enjeu important.

Pour certains experts, il aurait été plus efficace de consacrer le budget gigantesque de la loi pour la sécurité alimentaire à l'éducation, la santé et l'assainissement pour impulser une croissance inclusive. •

M. H.

NOTES

(1) Jean Drèze et Amartya Sen, *India: Development and Participation*, Oxford University Press, 2002.

(2) Naandi Foundation, *The HUNGaMA Survey Report 2011: Fighting Hunger & Malnutrition*, 2012. Téléchargeable en anglais sur : www.theaahm.org/resources/addedit-resources/detail/en/c/119931/

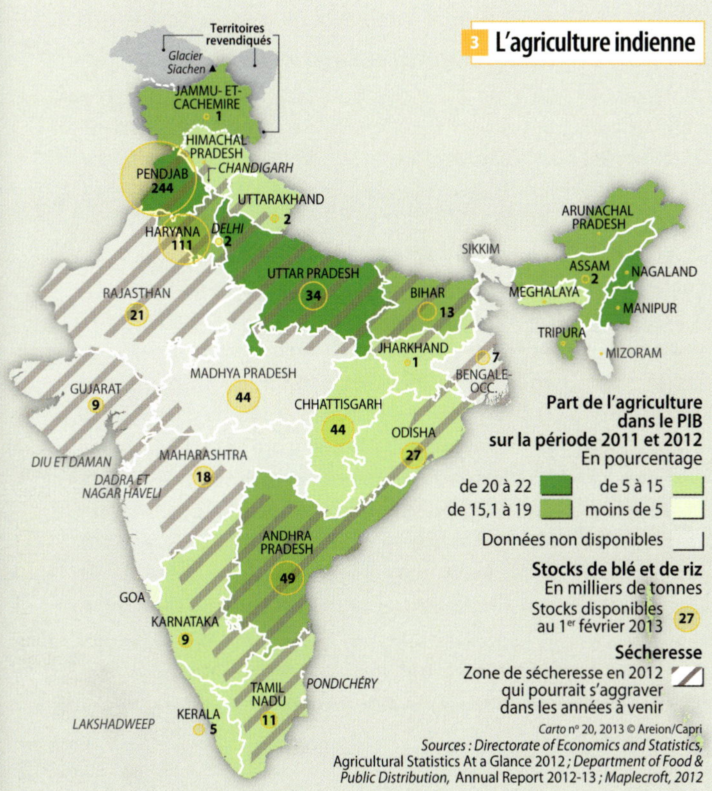

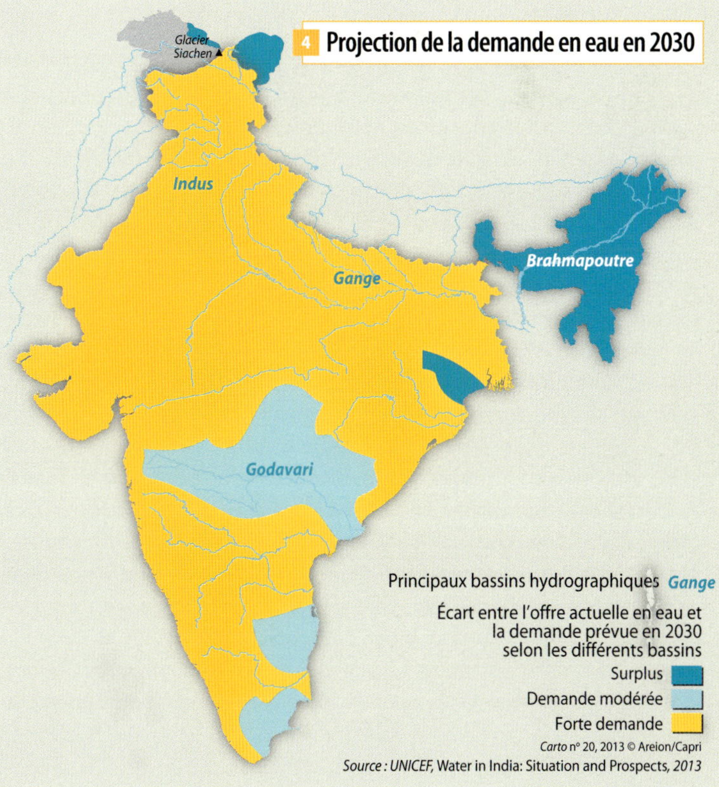

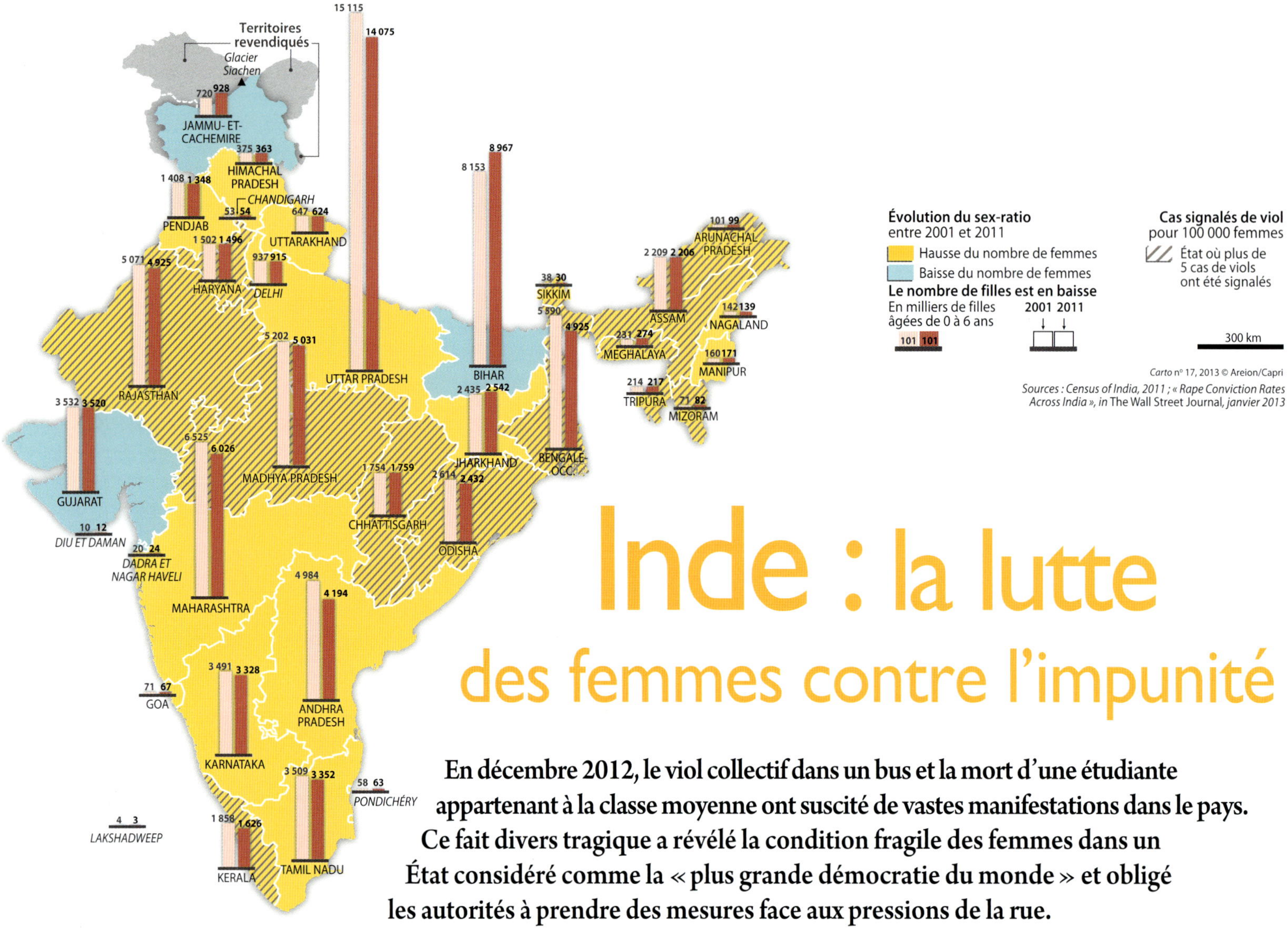

Inde : la lutte des femmes contre l'impunité

En décembre 2012, le viol collectif dans un bus et la mort d'une étudiante appartenant à la classe moyenne ont suscité de vastes manifestations dans le pays. Ce fait divers tragique a révélé la condition fragile des femmes dans un État considéré comme la « plus grande démocratie du monde » et obligé les autorités à prendre des mesures face aux pressions de la rue.

L'Inde est un pays de contrastes et de paradoxes. Des femmes y ont occupé très tôt des positions politiques haut placées, avec l'arrivée au pouvoir d'Indira Gandhi, Premier ministre entre 1966 et 1977, puis entre 1980 et 1984. Au sein de la Lok Sabha, la Chambre basse du Parlement, élue en avril-mai 2014, elles sont 62 députées sur 545. Pourtant, la société est fortement paternaliste et les femmes subissent de nombreuses violences. Après le viol de l'étudiante, âgée de vingt-trois ans et décédée des suites de ses blessures, d'importantes manifestations ont été organisées pour protester contre cette situation et demander plus de justice contre des violences trop souvent impunies.

D'après les statistiques officielles, un total de 24 003 viols ont été dénoncés en Inde en 2011, soit en moyenne 66 par jour, près de trois par heure. Un chiffre d'autant plus alarmant que les plaintes ne constituent que la pointe de l'iceberg : stigmate social pour la victime et ses proches, une agression sexuelle est le plus souvent tue. D'autres formes de discriminations sont fréquentes, parfois même avant la naissance.

DISPARITIONS D'INDIENNES

En raison de la pratique traditionnelle de la dot, une fille représente pour les familles un fardeau économique dont on essaie de se débarrasser, avec des infanticides et des avortements sélectifs. Malgré les tentatives des autorités pour y mettre un terme, notamment en interdisant de communiquer le sexe de l'enfant lors des échographies, cette pratique est à l'origine d'un grave déséquilibre démographique : celui des « femmes manquantes », dénoncé en 1990 par l'économiste indien Amartya Sen. D'après le dernier recensement de 2011, il y a en Inde environ 940 femmes pour 1 000 hommes. Le sex-ratio varie beaucoup selon les 28 États et 7 Territoires de l'Union (*cf. carte*). En décembre 2012, deux économistes ont calculé que plus de 2 millions d'Indiennes disparaissent tous les ans, dont 12 % avant la naissance, 25 % pendant leur enfance (entre 0 et 15 ans), 18 % en âge reproductif (entre 15 et 45 ans) et 45 % après 45 ans (1). Près de 25 millions de femmes manqueraient alors à l'appel.

Lorsqu'elle parvient à voir le jour, une fille indienne a devant elle un parcours difficile : moins de chances qu'un garçon d'être bien nourrie et soignée, ou d'aller à l'école. Si le taux d'alphabétisation des femmes a progressé, passant de 54 % en 2001 à 65,5 % en 2011, il est encore au-dessous du score masculin (82 %), selon les chiffres officiels. Par ailleurs, les adolescentes sont souvent contraintes à des mariages et à des maternités précoces, ou subissent les violences de leur belle-famille en cas de dot insuffisante.

Après le drame du viol de décembre 2012, des voix se sont élevées pour exiger plus de protection pour les femmes et moins d'impunité. Une demande exprimée d'autant plus fort par les classes moyennes émergentes, insatisfaites par l'action des autorités. Ainsi, sous la pression de la rue, le Parlement indien a adopté le 19 mars 2013 une nouvelle loi – celle en vigueur datait de 1860 – visant à lutter contre les agressions sexuelles, qui prévoit des peines de prison allant jusqu'à la perpétuité et la peine de mort en cas de récidive.

F. F.

NOTE

(1) Siwan Anderson et Debraj Ray, « The Age Distribution of Missing Women in India », in *Economic & Political Weekly*, vol. XLVII, n° 47-48, décembre 2012.

Sri Lanka : une difficile reconstruction postguerre

L'écrasement en mai 2009 de l'organisation séparatiste des Tigres de libération de l'Eelam tamoul (LTTE) par les forces gouvernementales du Sri Lanka a mis fin à une guerre civile qui a causé près de 100 000 victimes et quelque 500 000 déplacés depuis 1983, selon l'ONU (*cf. carte*). Cinq ans plus tard, si le pays connaît un redémarrage économique, avec une croissance de 6 % en 2012 et de 6,3 % en 2013, les efforts en matière d'apaisement interethnique du pouvoir en place sont impalpables, laissant entrevoir d'importants facteurs de tensions.

Le retour au calme a permis au Sri Lanka de prendre un nouvel essor, notamment grâce à la relance du tourisme : 856 000 voyageurs étrangers ont visité l'île en 2011, contre 448 000 deux ans plus tôt. Avec la politique de grands travaux lancée au lendemain de la guerre par le président Mahinda Rajapakse, au pouvoir depuis 2005, les réseaux routiers et ferroviaires sont en pleine modernisation. Ces progrès demeurent cependant concentrés sur les côtes ouest et sud, cœur économique du pays. Le contraste est saisissant avec le nord de l'île et le littoral est, foyers de peuplement tamoul (environ 9 % des 21,68 millions d'habitants en 2013), où la reconstruction progresse péniblement.

UNE MINORITÉ DÉLAISSÉE

Sur le plan de la réconciliation, le Sri Lanka semble entendu comme quasi exclusivement cinghalais (74 % de la population) : l'hymne national n'est chanté qu'en cinghalais, le tamoul est encore absent de la plupart des enseignes publiques et les hommages officiels aux victimes de la guerre excluent la première minorité de l'île. Ce sentiment de menace de l'identité tamoule est renforcé par l'installation progressive de colons aux frontières de la Province du Nord. Rendu public en décembre 2011, le rapport final de la Commission sur les leçons du conflit et de la réconciliation reconnaît le nombre considérable de victimes parmi les civils, mais absout le pouvoir en place de toute responsabilité majeure.

Loin des discours d'apaisement, les autorités poursuivent une dérive autoritaire depuis septembre 2010, lorsque l'adoption du XVIIIe amendement a aboli la limite de deux mandats présidentiels. La promesse de décentralisation est oubliée : l'administration de la Province du Nord est confisquée par l'élite de Colombo, relayée par l'armée, qui dispose de 17 bases dans la région et gère le processus de reconstruction.

L'éviction en janvier 2013 de la présidente de la Cour suprême, Shirani Bandaranayake, a fini d'annuler tout contre-pouvoir, dans un paysage politique dominé par Mahinda Rajapakse, perçu comme l'artisan de la paix et de la croissance économique. Les critiques se sont intensifiées après les révélations, en février 2013, de l'organisation Human Rights Watch, selon laquelle au moins 75 cas d'abus caractérisés ont été commis dans les prisons par des membres des forces de sécurité entre 2006 et 2012. Le gouvernement est confronté au risque de voir l'aide internationale (environ 980 millions de dollars en 2011) diminuer et la croissance économique ralentir. Un scénario qui renforcerait un peu plus le spectre d'un retour à la violence interethnique. **X. H.**

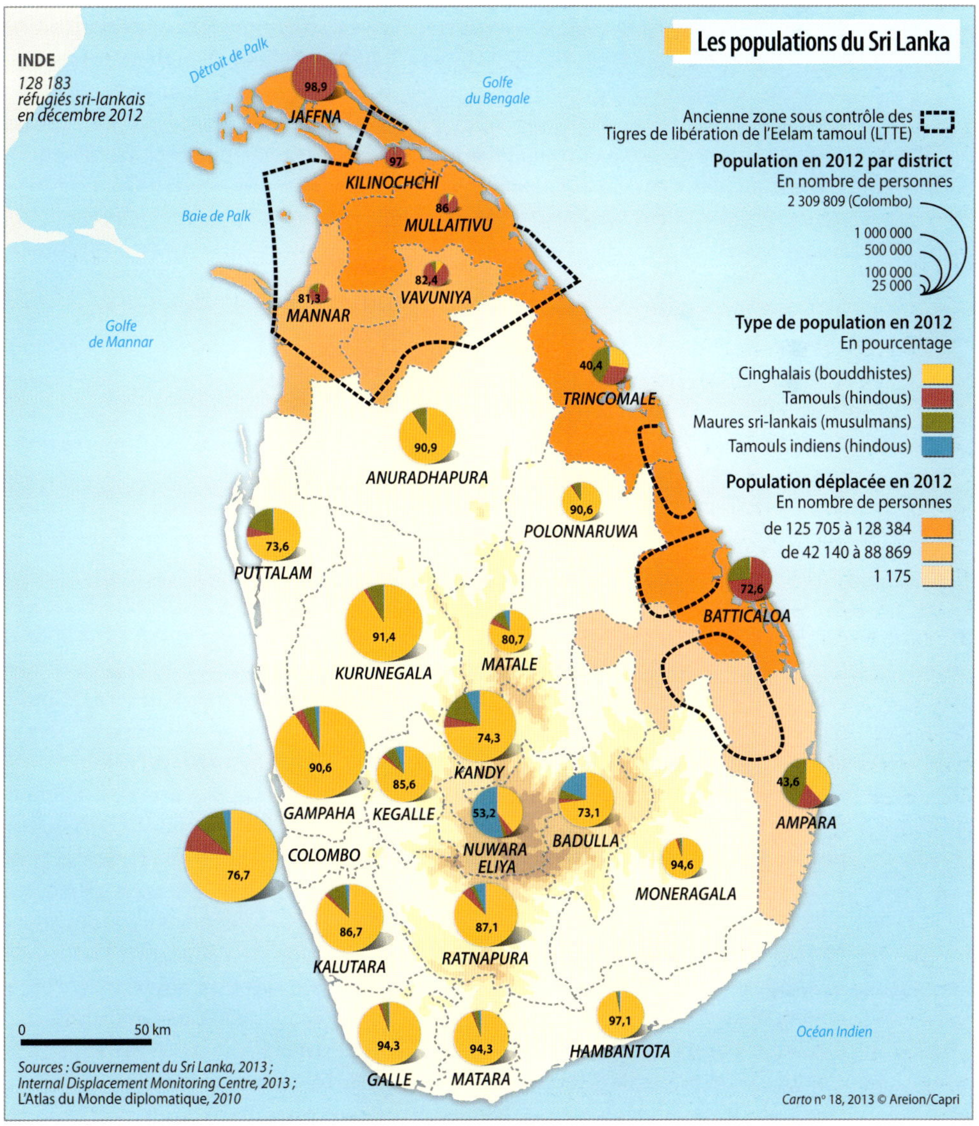

Bangladesh : l'envers du nouvel atelier du monde

En avril 2013, l'effondrement d'un immeuble près de Dacca, la capitale du Bangladesh, a révélé les conditions de travail dans les ateliers de confection. Dans ce pays pauvre où le textile est un secteur clé (*cf. carte 1*), agir pour l'amélioration du quotidien des employés tout en incitant les marques étrangères à ne pas fuir demeure une équation compliquée.

REPÈRES

NOM OFFICIEL
République populaire du Bangladesh

CHEF DE L'ÉTAT
Abdul Hamid (président depuis2013)

SUPERFICIE
143 998 km²
(95e rang mondial)

LANGUE OFFICIELLE
Bengali

CAPITALE
Dacca

POPULATION EST. 2013
163,65 millions d'habitants

DENSITÉ
1 136 hab./km²

MONNAIE
Taka

HISTOIRE
Territoire sous domination des empires moghol et britannique, le Bangladesh intègre le Pakistan lors de la partition des Indes en 1947. Soumis à la discrimination de la partie occidentale de la République islamique (déclarée en 1956), en majorité ourdoue, le pays entre en guerre contre les autorités d'Islamabad en 1971, année de son indépendance

PIB PAR HABITANT EST. 2013 (EN PARITÉ DE POUVOIR D'ACHAT)
2 100 dollars

POPULATION VIVANT AVEC MOINS DE 2 $ PAR JOUR (2010)
76,5 %

INDICE DE DÉVELOPPEMENT HUMAIN (2013)
0,515 (146e rang)

Il s'agit de la pire catastrophe industrielle qu'ait connue le Bangladesh. Le 24 avril 2013, plus de 3 000 ouvriers se trouvaient à leur poste, 1 129 ont perdu la vie. La plupart des victimes sont des femmes, parfois mineures. Pourtant, le drame du Rana Plaza, un bâtiment de neuf étages qui abritait cinq ateliers de confection, n'est pas un événement isolé (*cf. document 5*). Ainsi, le 24 novembre 2012, 110 personnes ont péri dans l'incendie d'une usine ; le 9 mai 213, huit employés sont morts dans un autre sinistre.

Les organisations de défense des ouvriers du textile s'élèvent contre les conditions de travail désastreuses : absence de normes de sécurité, installations vétustes, risques liés à l'absence de contrôle de la chaîne de la sous-traitance, exploitation des enfants. En outre, le pays asiatique accuse de sérieux retards en termes d'infrastructures : transports, accès à l'électricité, installations sanitaires. Selon la Confédération syndicale internationale, la législation bangladaise ne garantit pas suffisamment la liberté d'association, les négociations collectives, le droit de faire grève.

Les ONG dénoncent les délais imposés par les enseignes internationales et la pression pour baisser les prix. Les ouvriers travaillent à des cadences infernales : dix à quatorze heures par jour, six à sept jours par semaine. En juillet 2010, après des mois de manifestations violentes, leur salaire mensuel minimum avait été revalorisé de 80 % pour atteindre 3 000 takas (environ 29 euros).

L'industrie textile s'est fortement développée à partir des années 1970, si bien que le secteur représente en 2013 un pilier de l'économie (*cf. document 3*). Le « *made in Bangladesh* » séduit les marques étrangères, attirées par des salaires modestes, les plus bas du monde pour ce secteur, et une main-d'œuvre abondante. En 2012, ce pays s'inscrit comme le deuxième exportateur de textile de la planète, derrière la Chine, le deuxième fournisseur de l'Union européenne (UE) (*cf. carte 2*). La production est essentiellement destinée à l'étranger : des accords commerciaux établis avec l'UE et les États-Unis permettent en effet d'exporter tissus et vêtements à moindre coût. Le secteur emploie 4 millions de personnes, soit près de la moitié de la population active dans l'industrie, et représente 80 % des exportations en 2012 (*cf. document 4*). Il génère 29 milliards de dollars de revenus par an et compte pour 15 % du PIB.

QUELLES PROTECTIONS ?

À la suite au drame du Rana Plaza, des manifestations et des grèves d'ouvriers pour réclamer de meilleures conditions de travail ont secoué le pays. Depuis, le gouvernement a pris un certain nombre de mesures. Dès le 8 mai 2013, il a annoncé la fermeture de 18 usines. Quatre jours plus tard, le ministre du Textile, Abdul Latif Siddique, a informé de la mise en place d'une commission d'experts chargés d'étudier la question de l'augmentation du salaire minimum dans ce secteur. L'exécutif a aussi évoqué l'amendement à la loi de 2006 qui restreint la liberté d'association syndicale. Toutefois, le ministère des Finances a rejeté les demandes d'argent public pour construire des bâtiments plus sûrs. Autre avancée notable, 38 multinationales (Inditex, H&M, Primark, C&A, Carrefour, entre autres) se fournissant au Bangladesh ont signé, le 23 mai 2013, un accord pour améliorer la sécurité des usines textiles. Il prévoit notamment la création de postes d'experts pour mener à bien un examen complet et rigoureux des normes et règlements dans le bâtiment pour les entreprises de prêt-à-porter. Les enseignes occidentales seront par ailleurs obligées de contribuer à toute amélioration nécessaire pour sécuriser les usines et seront responsables en cas d'accident. Néanmoins, cet accord ne concerne qu'un millier de sites sur les quelque 5 400 existants.

En dépit de cette volonté politique affichée, la prudence reste de mise quant à l'amélioration des conditions de travail des ouvriers. La corruption est endémique – le pays est 136e sur 177 dans le classement 2013 de Transparency International – et se pose le problème des conflits d'intérêts, des dizaines de parlementaires (sur 350) étant également propriétaires d'usines de textile.

L'objectif du gouvernement est aussi de rassurer les distributeurs occidentaux. Les interruptions de production dues aux grèves ont détourné des acheteurs internationaux. Cette crise, conjuguée aux violences politiques liées à la montée en puissance des islamistes, risque de pousser au départ les investisseurs étrangers. Les conséquences pour le Bangladesh, où l'industrie textile est un moteur du développement de l'économie, seraient désastreuses. ●

M. H.

1 Un pays manufacturier

2 Le textile bangladais dans le monde

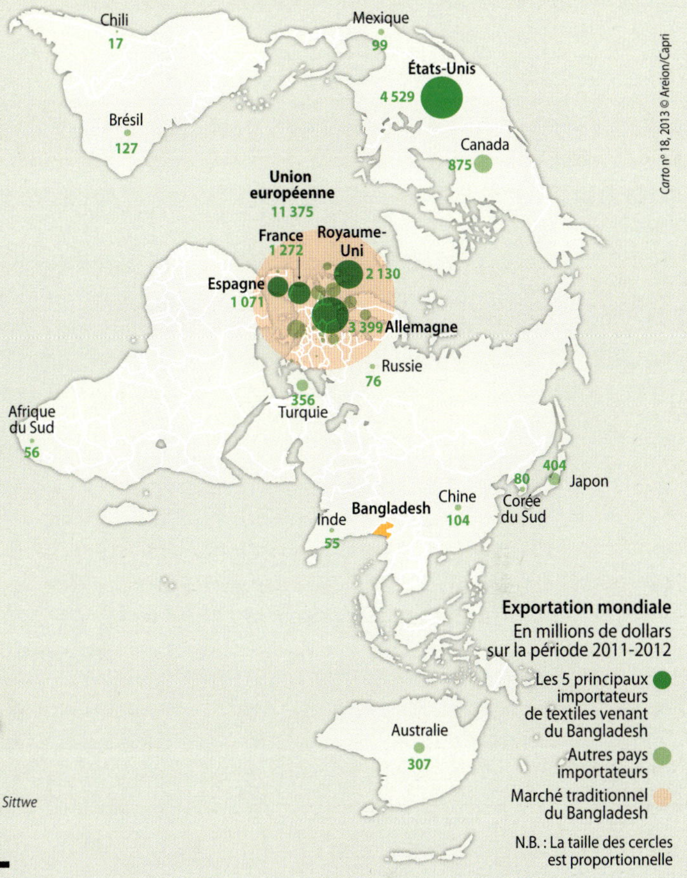

3 Évolution du nombre d'usines de vêtements

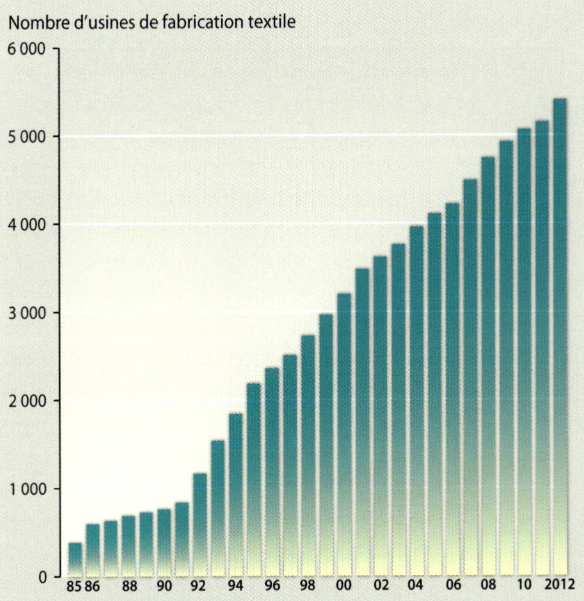

4 Évolution de l'industrie textile dans les exportations

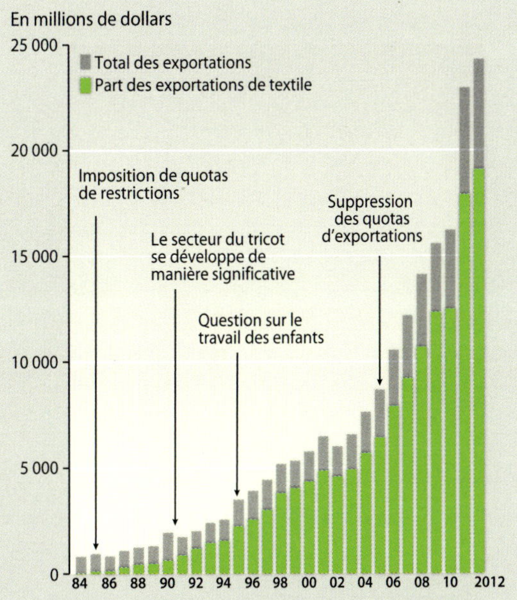

5 Morts au travail

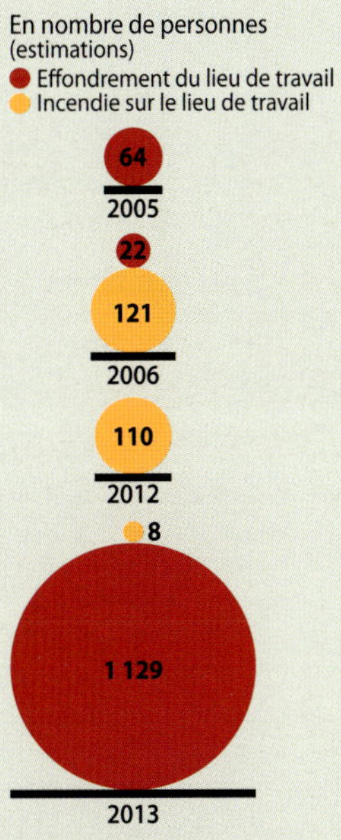

Sources : Bangladesh Garment Manufacturers and Exporters Association, 2013 ; John Chalmers, Bangladesh textile kings weave a hold on power, *Thomson Reuters, mai 2013 ; Bangladesh Bureau of Statistics et la Banque mondiale,* Updating Poverty Maps of Bangladesh, *2009 ; McKinsey & Company,* Bangladesh's ready-made garments landscape: The challenge of growth, *novembre 2011 ; Open Knowledge Foundation Blog,* Why garment retailers need to do more in Bangladesh, *juin 2013*

Birmanie : quelle ouverture économique ?

La Birmanie affiche de nombreux atouts : des matières premières abondantes (gaz, pétrole, mines, bois, pierres précieuses), un fort potentiel touristique, un marché intérieur de 55,17 millions de personnes en 2013 (*cf. carte*). Depuis la fin de la junte militaire en mars 2011, le pays s'ouvre, vivant une véritable période de perestroïka après un demi-siècle de répression et d'isolement. Le défi est à la hauteur d'un retard considérable : un système bancaire quasi inexistant, des infrastructures défaillantes, une main-d'œuvre peu qualifiée, un système fiscal et juridique fragile. En 2013, la Birmanie est l'un des États les plus pauvres et corrompus du monde : elle figure au 149e rang sur 187 pour l'indice de développement humain et au 157e sur 176 dans le classement de l'ONG Transparency International.

Sources : TBBC, 2010 Programme Report, *janvier-juin 2010 ; The Heritage Foundation, Dean Cheng, « China's view of South Asia and the Indian Ocean »,* Heritage Lectures *n° 1163, août 2010 ; Reuters, 2010 ; Revue de presse,* 2013 ; *Transnational Institute Burma Centre Netherlands,* Developing Disparity Regional Investment in Burma's Borderlands, *février 2013*

Le pays entretient des relations étroites avec la Chine, l'un de ses principaux partenaires commerciaux (40 % des investissements étrangers et 35 % des échanges extérieurs en 2012). Toutefois, le gouvernement du président Thein Sein, en fonction depuis le 4 février 2011, entend réduire cette dépendance et s'est engagé sur la voie des réformes : le taux de change a été unifié en avril 2012 ; des zones économiques spéciales sont en cours de création à Dawei, Kyaukphyu et Thilawa (près de Rangoon) ; une loi votée en novembre 2012 permet aux étrangers d'acquérir jusqu'à 99 % d'une société locale. L'objectif est d'attirer les investissements pour créer des emplois, notamment dans les secteurs agricole et énergétique. En avril 2013, un appel d'offres pour 30 blocs d'hydrocarbures offshore a été lancé.

Par ailleurs, Thein Sein a multiplié les signes d'ouverture : autorisation de créer des syndicats et de faire grève, libération de prisonniers... L'Union européenne a suspendu la majorité de ses sanctions et les États-Unis ont levé l'interdiction d'investir en Birmanie.

Ce processus est fragilisé par les tensions intercommunautaires dans une Union du Myanmar qui recense 135 ethnies. Depuis juin 2012, les musulmans (4 % de la population) sont victimes de véritables pogroms, notamment les Rohingyas, minorité d'environ 800 000 personnes vivant dans l'Arakan, dans le sud-ouest du pays. Les exactions perpétrées par des bouddhistes (89 % des habitants) ont causé des centaines de morts et près de 150 000 déplacés ; l'organisation Human Rights Watch dénonce une campagne de nettoyage ethnique. Cette escalade de violence menace le développement et le processus démocratique en Birmanie.

M. H.

« Grand jeu » énergétique sur les côtes du Baloutchistan

Isolé sur les scènes politiques intérieure et internationale, Mahmoud Ahmadinejad pensait quitter la présidence iranienne – son successeur, Hassan Rohani, est en fonction depuis le 4 août 2013 – avec au moins une petite « victoire géopolitique ». Le 11 mars 2013, il a inauguré avec son homologue pakistanais, Asif Ali Zardari, les travaux d'un gazoduc devant unir les deux pays asiatiques (*cf. carte*). Partant de la ville d'Asalouyeh, située en face d'un des plus grands gisements de gaz au monde, South Pars, la canalisation est déjà construite sur une distance de 1150 kilomètres, jusqu'à Chabahar. Le nouveau tronçon doit rejoindre la frontière pakistanaise (environ 200 kilomètres), puis continuer jusqu'à Nawabshah. La fin des travaux est prévue en décembre 2014.

L'opération est gagnante pour les deux parties. Si Téhéran, soumis aux pressions de la communauté internationale pour son programme nucléaire, s'ouvre une nouvelle voie d'export et s'affirme diplomatiquement en Asie du Sud, Islamabad attend avec impatience les 30 millions de mètres cubes de gaz demandés par jour, alors que le pays traverse une grave crise énergétique, provoquant de nombreuses coupures d'électricité.

Ce projet de gazoduc est pourtant ancien, il date de 1994. Sa réalisation a été compromise par les pressions des différents acteurs en présence et pourrait finalement ne jamais voir le jour. En effet, en dépit de l'acte officiel du 11 mars 2013, la première interrogation est le financement, le coût de l'opération étant estimé à 7,5 milliards de dollars. Le Pakistan, qui a promis 1,3 milliard, manque de liquidité – ses réserves sont évaluées à 6,7 milliards en 2012 – et doit déjà rembourser un prêt de 4 milliards de dollars au Fonds monétaire international (FMI) avant 2015. Les banques locales pourraient hésiter à verser un seul centime tant que la question des sanctions n'est pas définitivement réglée. De son côté, l'Iran, qui s'était engagé à hauteur de 500 millions de dollars, a suspendu sa participation en décembre 2013. Autre obstacle de taille, le territoire par lequel passera le gazoduc. Le Baloutchistan est en effet l'une des régions les plus instables du Pakistan : les guerres entre les mouvements sécessionnistes et Islamabad sont récurrentes depuis l'indépendance du pays en 1947, les premiers accusant le gouvernement de piller une zone riche en ressources énergétiques (charbon, cuivre, fer, gaz, zinc, entre autres) sans en faire profiter la population locale. Et c'est à Quetta, la capitale, que se cachent de nombreux talibans afghans et hommes proches d'Al-Qaïda.

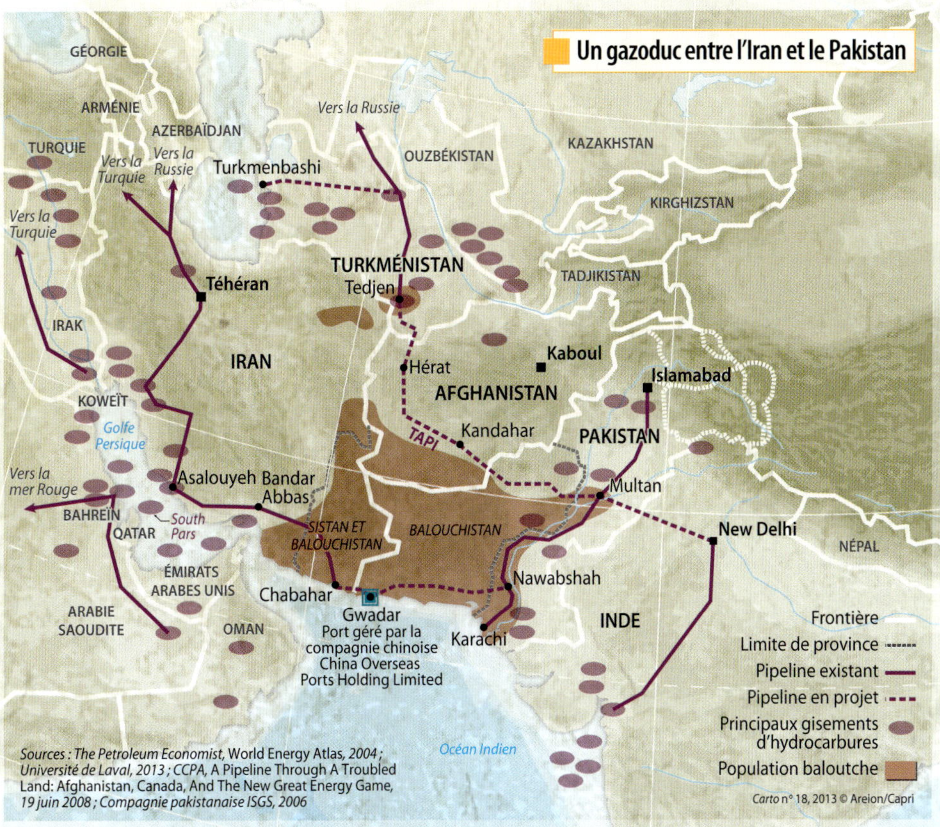

Enfin, il ne faut pas omettre les intérêts des grandes puissances régionales. Si l'Inde entretient de bonnes relations diplomatiques avec l'Iran, elle demeure cependant préoccupée par la percée chinoise au Pakistan. L'inauguration des travaux du gazoduc rappelle en effet la présence de Pékin à Gwadar, port géré depuis le 18 février 2013 par la compagnie d'État China Overseas Ports Holding Limited. À long terme, une connexion Gwadar-Région autonome ouïghoure du Xinjiang permettra à la République populaire d'assurer ses approvisionnements énergétiques en évitant le détroit de Malacca, soumis à de nombreuses attaques de pirates. De son côté, New Delhi appuie deux projets visant à désenclaver l'Afghanistan et à sortir Kaboul de la sphère d'influence d'Islamabad : une voie ferrée entre Hajigak et la ville iranienne de Chabahar, et un gazoduc partant du Turkménistan jusqu'au territoire indien (TAPI). Cette dernière initiative bénéficie de l'appui des États-Unis, qui ont menacé le Pakistan de sanctions si leur collaboration avec les Iraniens continuait.

G. F.

Afghanistan : numéro un mondial de l'opium

S'il fallait retenir un élément « positif » du régime des talibans (1996-2001) en Afghanistan, ce serait peut-être leur lutte acharnée contre la drogue, jugée anti-islamique. Plus d'une décennie après leur chute et peu avant le départ des forces étrangères, prévu fin 2014, le pays asiatique est considéré comme un narco-État, fournissant 90 % des besoins mondiaux d'opium en 2012.

Les données publiées en mai 2013 par l'Office des Nations unies contre la drogue et le crime (UNODC) révèlent une situation connue, mais toujours inquiétante (1) : la culture du pavot, plante d'où est extrait l'opium, qui à son tour permet la fabrication de l'héroïne, couvre une superficie de 154 000 hectares en 2012 (*cf. carte 2*), soit une hausse de 18 % par rapport à l'année précédente, atteignant 64 % de la surface agricole cultivée. La production, quant à elle, est de 3 700 tonnes et génère 2 milliards de dollars de recettes. L'Afghanistan s'impose alors au premier rang mondial, devant la Birmanie et le Laos (*cf. document 1*).

Si l'UNODC souligne les efforts des autorités pour éradiquer les plantations (9 672 hectares ont été détruits en 2012), elle s'inquiète des mauvaises conditions humanitaires et sécuritaires favorisant la production. Celle-ci se situe principalement dans le sud, où les talibans sont présents. Ainsi, dans la province du Helmand, 75 176 hectares sont consacrés à l'opium en 2012. Ce simple constat met fin à l'idée selon lequel les « étudiants en religion » voulaient en terminer avec la drogue. Car, s'il ne restait, à la chute de leur régime en 2001, que 8 000 hectares dans tout le pays et que la production était tombée à 185 tonnes, le trafic de stupéfiants se révèle être l'une des filières pour financer les efforts de guerre. C'est dans cette logique que la culture du pavot, une pratique multiséculaire en Afghanistan, s'est développée à grande vitesse à partir de 1979, après l'invasion de l'URSS, pour soutenir les moudjahidines.

PLUS DE 200 DOLLARS LE KILOGRAMME

L'isolement géographique, l'instabilité politique, des décennies de guerre, le sous-développement et certaines conditions géologiques – le pavot résiste au climat semi-aride et au manque d'eau – font de l'Afghanistan un terrain idéal pour accroître la production illégale d'opium et échapper au contrôle des autorités (2). Par ailleurs, les réseaux tribaux, familiaux et religieux permettent aux trafiquants de transporter sans problème leurs marchandises.

D'un point de vue financier, le calcul est simple : le prix moyen du kilogramme d'opium séché est de 203 dollars en 2013, contre 1,25 dollar pour la même quantité de riz et 0,41 dollar pour le blé. Pour un paysan afghan, le doute n'est pas

1 L'opium afghan : le nerf de la guerre ?

Évolution du prix de l'opium séché afghan de mars 1997 à juillet 2012
En dollars par kilogramme

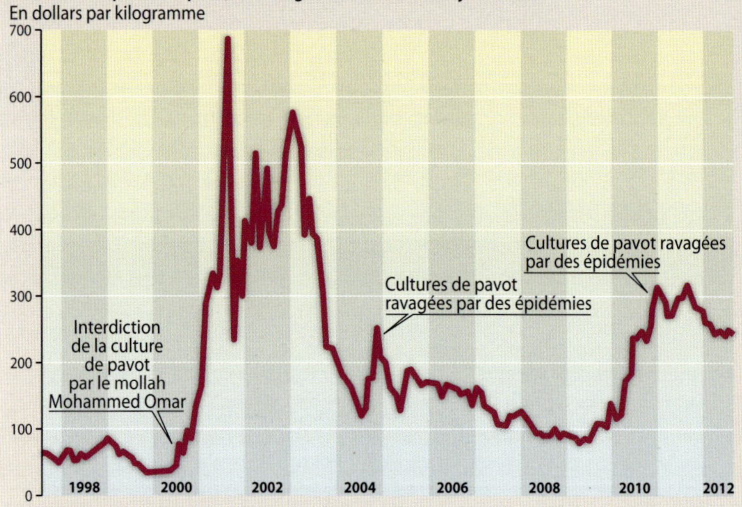

Évolution de la production mondiale d'opium de 1997 à 2012
En tonnes

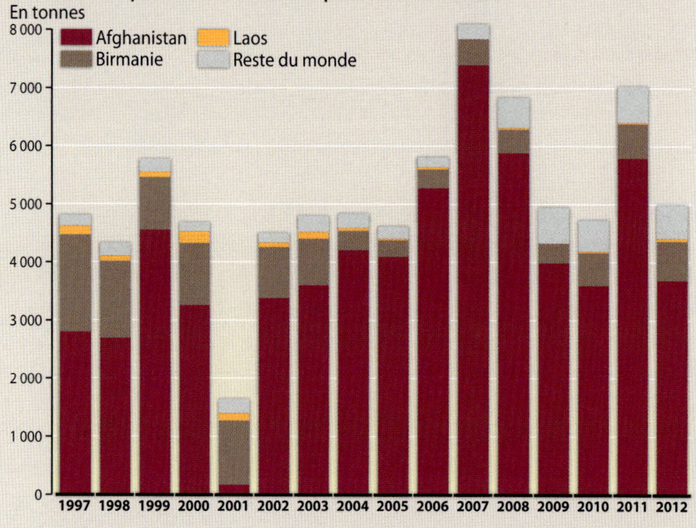

Source : UNODC, Afghanistan Opium Survey 2012, *mai 2013*

Carto n° 19, 2013 © Areion/Capri

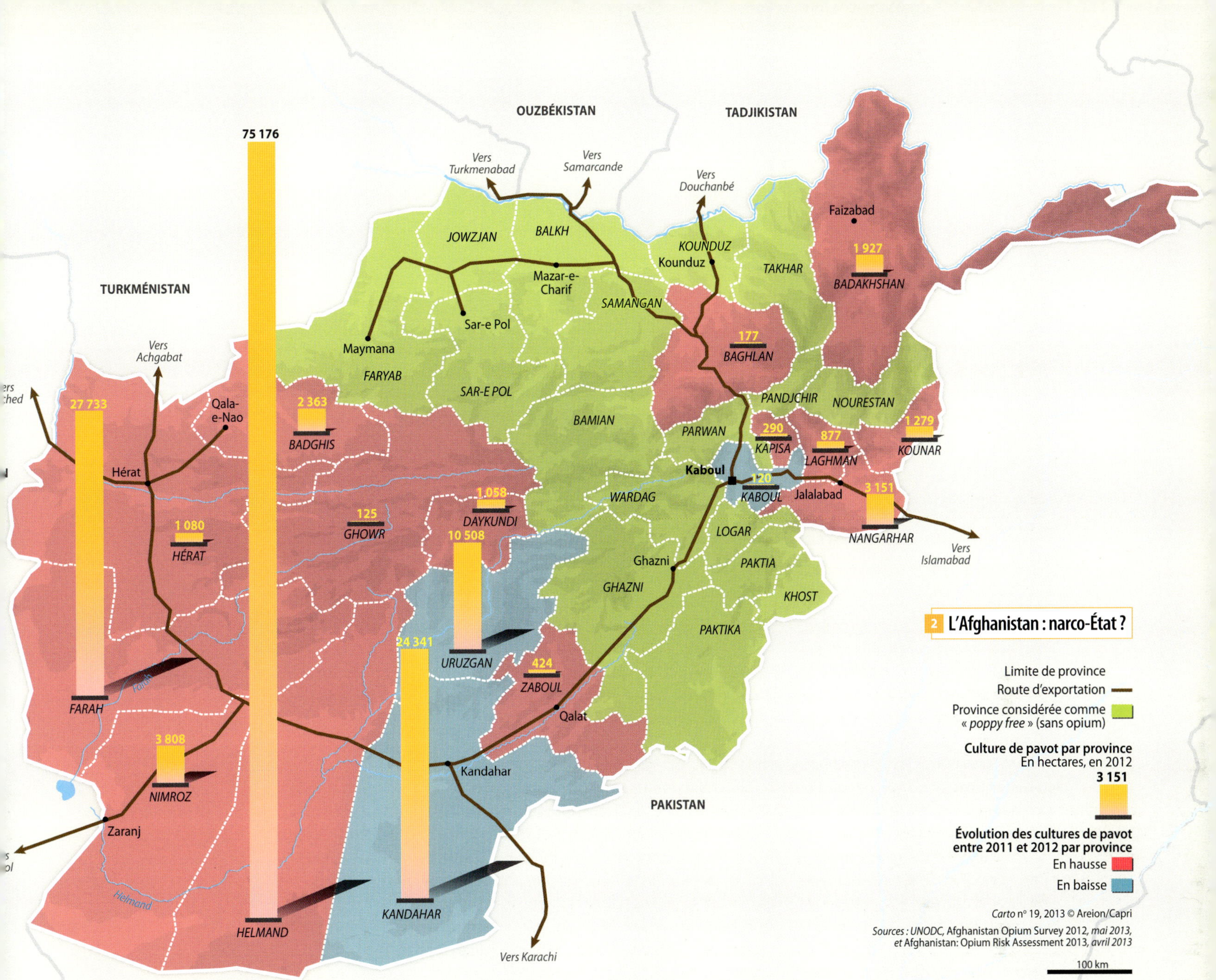

2 L'Afghanistan : narco-État ?

permis, car il s'agit pour lui d'optimiser son terrain afin d'assurer à sa famille une sécurité alimentaire, les rendements des autres cultures étant trop faibles. Le tarif élevé de l'opium est dans 66 % des cas la raison de la culture de pavot (3). Pour les autorités, le défi est de taille : les aides légales (dons de semences et d'engrais, construction de systèmes d'irrigation) sont concurrencées par les trafiquants, qui versent de l'argent aux exploitants avant même la récolte.

Les campagnes d'éradication, organisées entre mars et juillet de chaque année, rencontrent une résistance armée. Dans la province du Helmand, 46 attaques visant des agents chargés du fauchage ont été comptabilisées en 2012. Identifier les responsables est difficile, car, souligne l'UNODC, les talibans sont loin d'être les seuls à récolter les fruits financiers de l'opium, l'argent de la drogue ne constituant que 10 % à 15 % des fonds utilisés pour financer leur combat. Les revenus sont ainsi répartis sur l'ensemble du pays, toutes les ethnies réussissant à avoir leur part du gâteau. Les Nations unies estiment également que près de 60 % des élus sont impliqués dans les trafics.

UNE TENDANCE À LA HAUSSE

En 2012, un total de 17 provinces étaient considérées comme « *poppy free* » (sans opium). Les tendances de l'UNODC pour l'année 2013 indiquent que certaines vont perdre ce statut, la surface consacrée à la culture du pavot étant en augmentation. C'est le cas, par exemple, de Balkh et de Faryab, dans le nord, et de Takhar, dans l'est, qui pourraient voir leurs premiers champs fleurir d'ici à décembre. En Kapisa, sous contrôle de l'armée française jusqu'à son retrait en novembre 2012, les prévisions sont à la hausse, tendance que l'on retrouve dans onze autres provinces. Fin 2014, tous les soldats étrangers déployés sur le sol afghan – en décembre 2013, 84 271 militaires venus de 49 pays participent encore à la Force internationale d'assistance et de sécurité de l'OTAN – seront partis. Pour le gouvernement de Kaboul, le défi sécuritaire est immense afin de garantir son autorité dans un État toujours considéré aujourd'hui comme l'un des plus pauvres et corrompus de la planète. Dans ce jeu politique et économique, l'opium s'est imposé comme un acteur essentiel, engagé dans la course pour la construction de l'Afghanistan de demain. •

G. F.

NOTES

(1) UNODC et ministère afghan de la Lutte contre les stupéfiants, *Afghanistan : Opium Survey 2012*, mai 2013.

(2) Pierre-Arnaud Chouvy, « L'opium afghan : vingt ans de suprématie mondiale », in *Drogues, enjeux internationaux* n° 5, juin 2013, p. 1-5.

(3) UNODC et ministère afghan de la Lutte contre les stupéfiants, *Afghanistan: Opium Risk Assessment 2013*, avril 2013.

Australie : la question aborigène

Le 20 octobre 2012, l'Australie a renoncé à la tenue d'un référendum, pourtant promis en 2010, sur la reconnaissance des Aborigènes dans la Constitution. La population ne serait pas prête, avait argumenté le gouvernement de Julia Gillard, alors Premier ministre avant sa démission en juin 2013. Si des initiatives existent pour protéger les autochtones, des discriminations demeurent.

L'Australie est le territoire d'un antagonisme historique entre les premiers Européens arrivés au XVIIIe siècle en quête de nouvelles richesses et des individus guidés par une vision mystique du monde. Quand le lieutenant britannique James Cook (1728-1779) débarque sur l'île-continent en 1770, il prend possession des deux tiers du territoire pour la Couronne, argumentant que ce dernier était une *terra nullius*, une terre qui n'appartient à personne. Pourtant, à cette époque, quelque 350 000 âmes, présentes depuis 40 000 ans, habitent l'Australie. Selon le dernier recensement de 2011, les Aborigènes sont au nombre de 548 370, mais représentent seulement 2,5 % de la population (*cf. carte*). Les autorités incluent dans ce chiffre les habitants du détroit de Torrès, qui sépare le pays de la Papouasie-Nouvelle-Guinée.

LES ESPOIRS DE 2008

Si l'Australie a vécu une petite révolution en 2010 lorsque Julia Gillard est arrivée à la tête de l'exécutif, celle-ci étant la première femme à occuper ce poste, une autre date symbolique a marqué les Aborigènes : le 13 février 2008, le Premier ministre de l'époque, Kevin Rudd (2007-2010), prononce un discours historique. Devant le Parlement, il demande pardon pour les injustices subies par cette communauté depuis plus de deux siècles. Des mots que les militants pour la défense des Aborigènes voulaient voir traduits dans la Constitution. En effet, l'article 25 du texte stipule que si la loi d'un des six États et des trois territoires de la fédération australienne interdit le droit de vote à « une race », celle-ci est exclue des élections législatives nationales. L'objet du référendum suspendu en octobre 2012 était précisément de supprimer cette mention. Face aux critiques, le gouvernement avait promis l'adoption d'une loi sur la reconnaissance des Aborigènes dans la société, mais la question n'a pas été abordée par Tony Abbott, Premier ministre depuis septembre 2013.

La discrimination contre les populations autochtones est une réalité. Il suffit de regarder quelques chiffres pour le comprendre : la mortalité infantile est trois fois plus élevée chez les Aborigènes qu'au niveau national (4,55 ‰ en 2012), l'espérance de vie est inférieure à la moyenne (82 ans) de 11,5 ans et seuls 39 % d'entre eux terminent des études secondaires, contre 75 % pour les Australiens de souche européenne. D'un point de vue culturel, 59,6 % des Aborigènes disent ne plus savoir parler leur langue et 83 % utilisent seulement l'anglais à la maison, selon des chiffres officiels de 2008. Jusqu'à 1967, ils n'apparaissent dans aucune statistique et n'étaient pas considérés juridiquement comme citoyens.

PATRIMOINE ET INTÉRÊTS MINIERS

L'un des principaux aspects de la « question aborigène » en Australie est l'accès à la terre. Le concept de *terra nullius* a permis aux colons européens de s'installer sur l'ensemble du territoire et aux compagnies minières d'occuper des zones considérées comme sacrées. Si une série de lois adoptées dans les années 1970 reconnaît aux Aborigènes la possibilité de réclamer des droits sur des terres, ce n'est qu'en 1992 que la justice abroge la *terra nullius*. C'est dans ce contexte que, six ans plus tard, les autorités créent des « aires protégées indigènes » (IPA, en anglais). Pour Canberra, ce programme répond à la nécessité de concilier les doléances aborigènes avec la protection de la nature. En effet, ces espaces sont laissés à la gestion des populations autochtones à

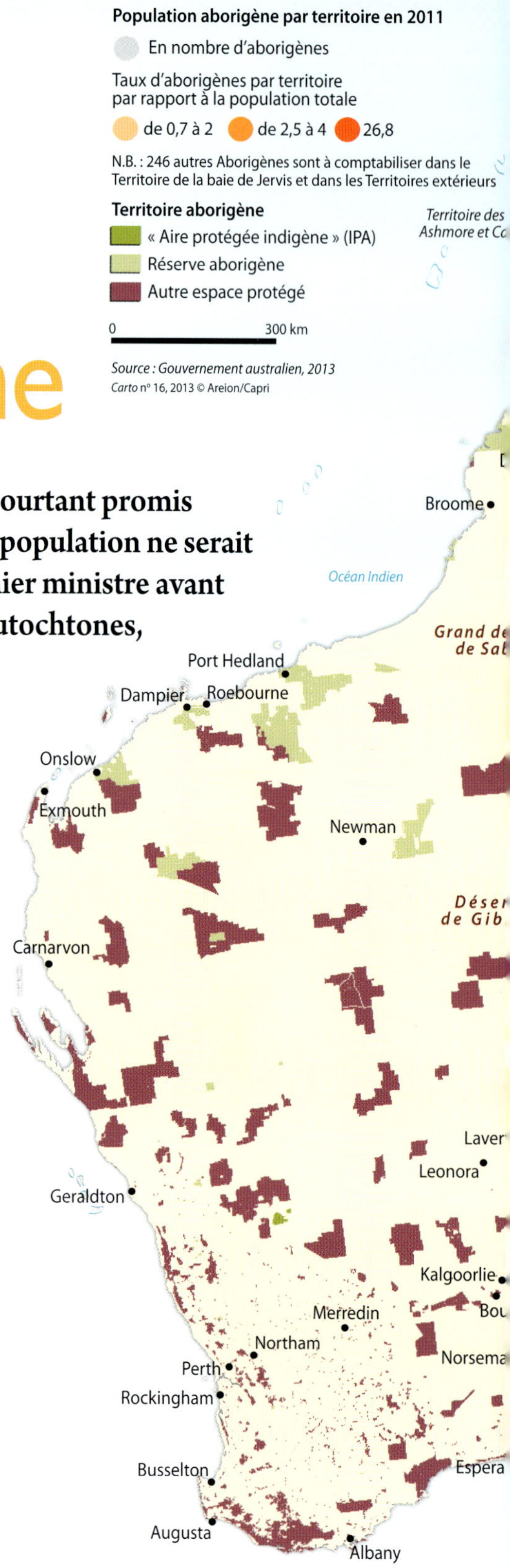

REPÈRES

NOM OFFICIEL
Commonwealth d'Australie

CHEF DE L'ÉTAT
Élisabeth II (reine depuis 1952)

SUPERFICIE
7 741 220 km² (6e rang mondial)

LANGUE OFFICIELLE
Anglais

CAPITALE
Canberra

POPULATION EST. 2013
22,26 millions d'habitants

DENSITÉ
2 hab./km²

MONNAIE
Dollar australien

HISTOIRE
Après l'arrivée de James Cook en 1770, l'Australie devient une terre britannique un peu particulière : la colonisation commence en 1788 avec la fondation d'une prison à Port Jackson (Sydney). Le XIXe siècle est une époque d'expansion territoriale vers l'ouest et d'affirmation d'une identité nationale face à Londres. Le Commonwealth d'Australie accède à l'indépendance en 1901, mais la reine d'Angleterre reste son chef d'État

PIB PAR HABITANT EST. 2013 (EN PARITÉ DE POUVOIR D'ACHAT)
43 000 dollars

INDICE DE DÉVELOPPEMENT HUMAIN (2013)
0,938 (2e rang)

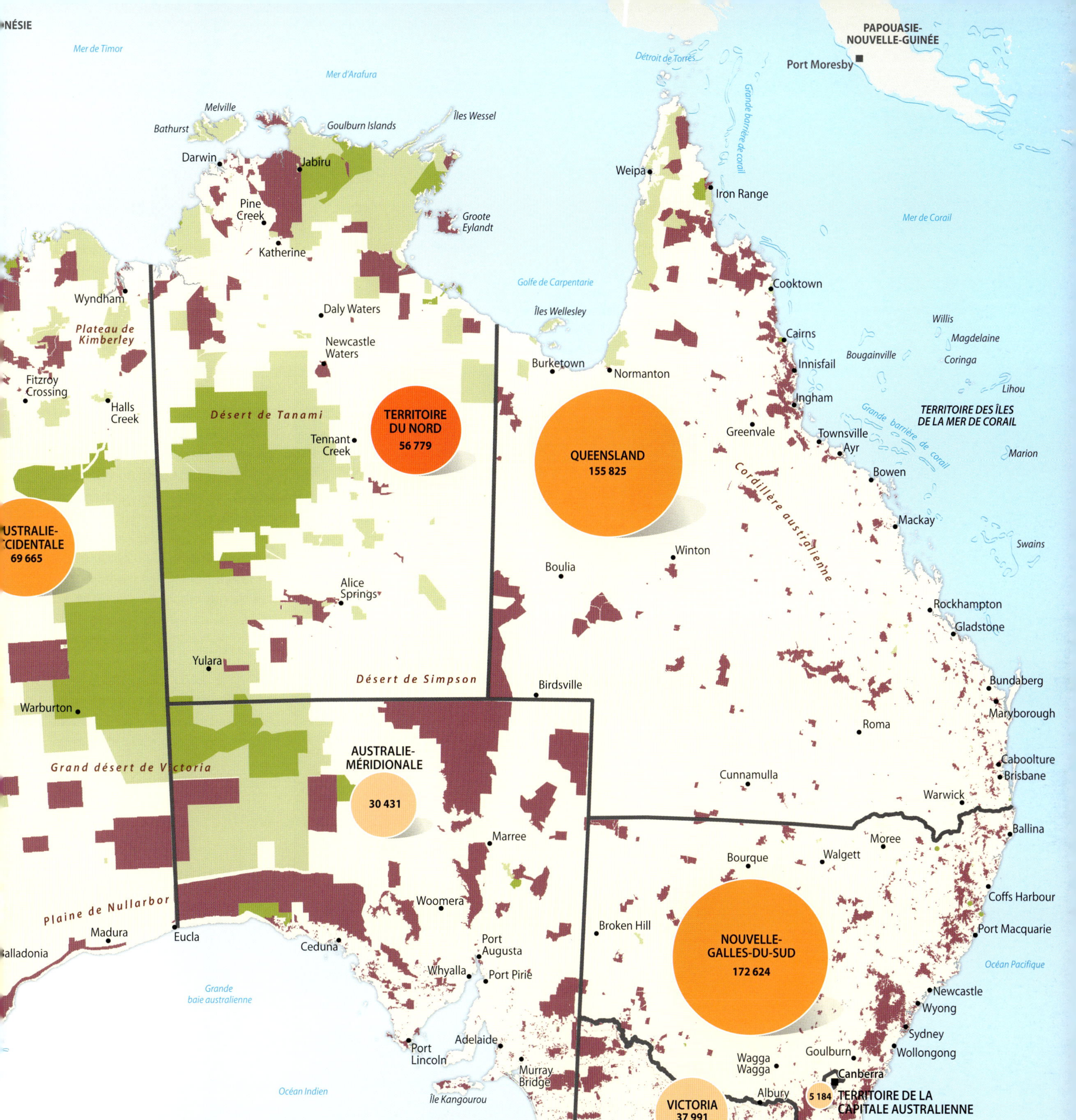

condition de préserver l'environnement et de veiller à la conservation de la biodiversité. Fin 2013, il existait 60 IPA, occupant une surface de 48 millions d'hectares.

La majorité des Aborigènes vit dans des réserves d'Australie-Occidentale, du Territoire du Nord et d'Australie-Méridionale. Pourtant, selon le recensement de 2011, ils sont très nombreux en Nouvelle-Galles-du-Sud (172 624) et dans le Queensland (155 825), régions où il y a peu d'IPA et de réserves, mais où se trouvent d'importantes mines de charbon et de métaux précieux. Le sentiment d'injustice reste fort chez les Aborigènes : c'est l'une des premières choses qu'a rappelées Ken Wyatt, le premier député issu de cette communauté, lorsqu'il a été élu... en 2010.

G. F.

REPÈRES

NOM OFFICIEL
Japon

CHEF DE L'ÉTAT
Akihito (empereur depuis 1989)

SUPERFICIE
377 915 km²
(62e rang mondial)

LANGUE OFFICIELLE
Japonais

CAPITALE
Tokyo

POPULATION EST. 2013
127,25 millions d'habitants

DENSITÉ
336 hab./km²

MONNAIE
Yen

HISTOIRE
Le Japon, le « Pays de l'Origine du Soleil », naît au VIe siècle avant Jésus-Christ, s'instituant comme empire face à la Chine voisine. L'archipel résiste à la colonisation européenne en fermant ses frontières entre 1643 et 1853. Au XXe siècle, il est reconnu comme une puissance militaire, conquérant des terres en Corée et en Chine, mais son alliance avec l'Allemagne nazie durant la Seconde Guerre mondiale le mettra au ban de la communauté internationale. Le pays est aujourd'hui l'une des grandes puissances économiques mondiales

PIB PAR HABITANT EST. 2013 (EN PARITÉ DE POUVOIR D'ACHAT)
37 100 dollars

INDICE DE DÉVELOPPEMENT HUMAIN (2013)
0,912 (10e rang)

Les « Abenomics » sauveront-elles le Japon ?

Alors que les principales économies de la planète traversent une conjoncture morose, le Japon a connu début 2013 une embellie qui coïncidait avec le retour au pouvoir de Shinzo Abe, dont la formation, le Parti libéral-démocrate (PLD), a remporté les élections de décembre 2012. Mais la stratégie de relance du Premier ministre, baptisée « Abenomics », n'est pas sans risque.

L'économie nippone devait se diriger vers la reprise, selon les estimations du gouvernement et de la Banque du Japon en juillet 2013. En décembre 2012, Shinzo Abe a retrouvé son poste de Premier ministre, qu'il avait dû abandonner en 2007 en raison de problèmes de santé et de la défaite du PLD aux élections de la Chambre des conseillers (chambre haute de la Diète, le Parlement). Toutefois, les résultats espérés ont déçu les autorités : la croissance au troisième trimestre 2013 n'a atteint que 0,3 %, un net ralentissement par rapport au premier trimestre (1,1 %). En cause, une consommation des ménages moins élevée que prévue et un yen faible face au dollar, renchérissant le coût des importations.

Surnommée « Abenomics » (contraction de « Abe » et de « *economics* ») par les médias de l'archipel, la stratégie de M. Abe repose sur trois « flèches » (*cf. carte*). D'abord, un plan de relance par les dépenses publiques : le chef de l'exécutif a fait voter des budgets additionnels pour financer de grands travaux, notamment pour reconstruire les zones touchées par l'accident nucléaire de Fukushima de mars 2011. Ensuite, une politique d'assouplissement monétaire : le but est de sortir le pays de près de quinze ans de déflation, une baisse des prix qui décourage l'investissement des entreprises et a un impact sur la consommation. La Banque du Japon s'est engagée à doubler la masse monétaire d'ici à 2015 pour faire repartir l'inflation.

Le troisième volet consiste en une batterie de réformes visant à doper la croissance : restructurer un secteur agricole surprotégé et vieillissant, passer la taxe sur la consommation de 5 % à 8 % en 2014 et à 10 % en 2015, modifier le droit du travail, notamment les règles du licenciement, jugées trop protectrices par les entrepreneurs.

UNE STRATÉGIE RISQUÉE

De plus, le pronucléaire M. Abe envisage de remettre en route les 48 réacteurs arrêtés (le pays en compte 54) depuis la catastrophe de Fukushima. En effet, l'archipel, habitué depuis des décennies aux excédents commerciaux, a vu sa facture énergétique exploser et accuse un déficit record de 7,7 milliards d'euros en 2013.

Le Japon compte profiter des opportunités d'investissement qu'offre le Sud-Est asiatique, en plein boom économique, se livrant ainsi à une lutte d'influence avec Pékin et Washington. Il mise aussi sur des accords de libre-échange avec le tandem Chine-Corée du Sud et l'Union européenne. Pourtant, cette stratégie inquiète. Le Fonds monétaire international (FMI) considère que les « Abenomics » comportent des risques : elles pourraient encore gonfler la dette publique, qui représente 214,3 % du PIB en 2012, un record mondial. Shinzo Abe a promis d'amplifier les dispositifs de relance et dispose des moyens politiques pour le faire. En remportant les législatives de décembre 2012 et les sénatoriales du 21 juillet 2013, le PLD contrôle les deux chambres du Parlement. Aucun scrutin national n'est prévu avant 2016. Les grandes puissances économiques mondiales, mais aussi les Japonais, attendent de voir les résultats des réformes de M. Abe.

M. H.

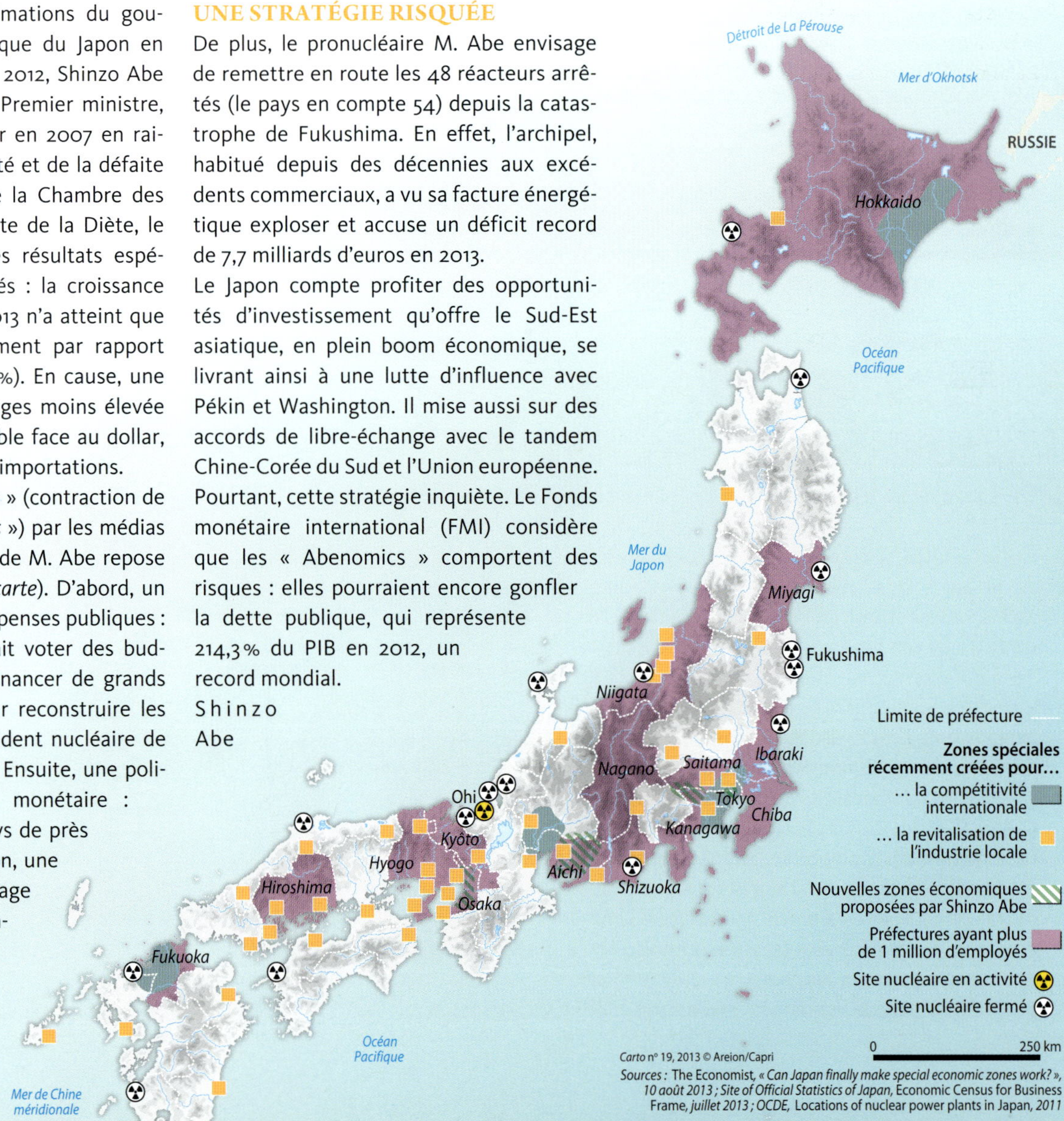

Carto n° 19, 2013 © Areion/Capri
Sources : The Economist, « *Can Japan finally make special economic zones work?* », *10 août 2013 ; Site of Official Statistics of Japan,* Economic Census for Business Frame, *juillet 2013 ; OCDE,* Locations of nuclear power plants in Japan, *2011*

L'Asie, la grande ambition des Européens

Alors que le monde entier suivait les derniers instants de la course vers la Maison Blanche aux États-Unis, un discret sommet international s'est tenu à Vientiane, capitale du Laos, les 5 et 6 novembre 2012. L'Asia Europe Meeting (ASEM) a alors réuni pour la neuvième fois depuis 1996, date de sa création, les chefs d'État et de gouvernement de ses 51 membres (*cf. carte*). S'il s'agit d'un dialogue informel entre les pays de l'Union européenne (UE), de l'Association des nations de l'Asie du Sud-Est (ASEAN) et d'autres nations asiatiques (Russie, Chine, Pakistan, Bangladesh, Japon, Nouvelle-Zélande, Australie, Inde, Corée du Sud, Mongolie), sans oublier la Suisse et la Norvège. Il constitue également un espace de négociation économique entre une Europe en crise et une Asie en plein boom. En 2013, l'ASEM représente la moitié du PIB mondial, 60 % de la population de la planète et 60 % du commerce international.

La réunion de Vientiane a été le premier voyage officiel en Asie du président de la République François Hollande, montrant ainsi l'intérêt de la France pour cette région devenue un espace d'enjeux financiers et stratégiques majeurs, lieu du face-à-face entre les deux plus grandes puissances mondiales, les États-Unis et la Chine. Le slogan de la rencontre, « Amis pour la paix, partenaires pour la prospérité », révèle les intentions des acteurs : mettre fin, notamment, aux tensions territoriales entre Pékin et Tokyo, mais surtout renforcer la coopération et les échanges commerciaux. Pour l'UE, il s'agit de convaincre les pays asiatiques, en tête desquels la République populaire, de continuer à investir dans la zone euro, malgré son instabilité. Les réserves de change chinoises sont les plus importantes au monde, estimées à 3 000 milliards de dollars.

Les partenaires de l'ASEM ne sont pas marginaux dans les échanges du Vieux Continent : au premier semestre 2012, ils représentaient 43 % des importations et 31 % des exportations européennes, selon Eurostat. La tendance n'a fait que progresser depuis l'année 2000, suivant le rythme de croissance de certains États, notamment la Russie (4,3 % en 2011), l'Inde (6,8 %) et la Chine (9,2 %). Ce dynamisme se retrouve également en Indonésie (6,5 %) et au Laos, pays le plus pauvre de l'ancienne Indochine française, mais qui est sur le point de devenir un nouvel émergent, avec, selon le gouvernement, un taux de 8,3 %, le plus haut de toute l'Asie du Sud-Est en 2012. La République populaire est la première destination des exportations et la première source d'importations de l'UE avec, respectivement, 73 milliards et 140 milliards d'euros.

La difficulté pour les Européens est de trouver une voix commune, car l'ASEM est essentiellement un lieu de rencontres bilatérales. Ainsi, l'Allemagne est l'État de l'UE le plus impliqué dans les échanges avec l'Asie, représentant 35 % des exportations et 20 % des importations européennes. La France tente de profiter de sa présence dans le Pacifique (Nouvelle-Calédonie, Polynésie, Wallis-et-Futuna) pour se poser en alternative politique, donc économique, aux États-Unis et à la Chine. En octobre 2012, Jean-Marc Ayrault, alors Premier ministre, a fait un pas dans cette direction en signant, lors d'une visite officielle, un accord de partenariat stratégique avec Singapour, carrefour commercial de la région. **G. F.**

Route chinoise au pôle Nord

Le temps, c'est de l'argent. Cette expression bien connue du monde des affaires a été mise en pratique par les Chinois durant l'été 2013. Parti le 8 août du port de Dalian, un navire est arrivé 35 jours plus tard à Rotterdam, aux Pays-Bas, en empruntant une route commerciale inédite pour Pékin : l'océan Arctique.

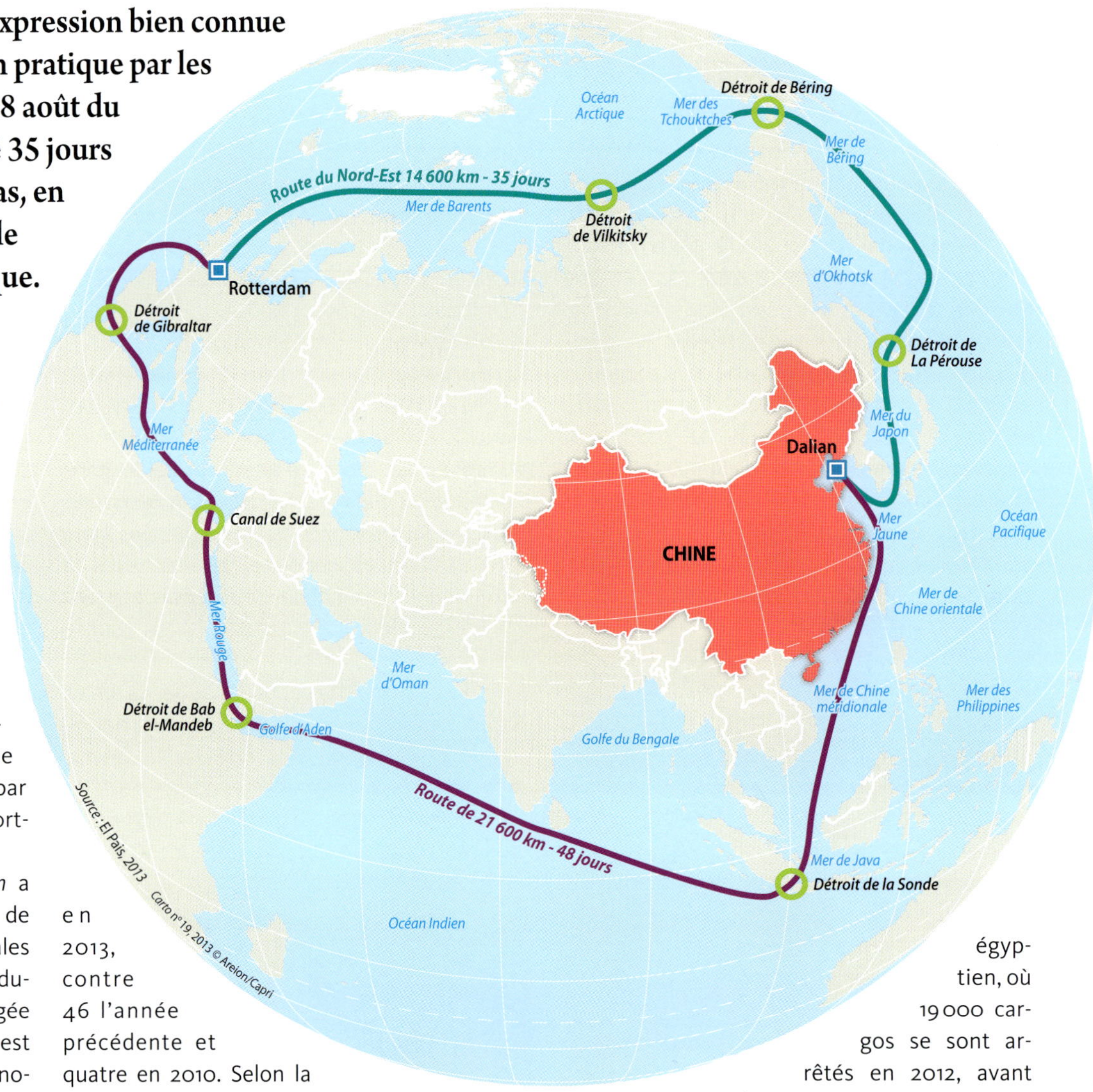

Il s'appelle *Yong Shen*, mesure 160 mètres de long et pèse 19 400 tonnes. Il est le premier cargo chinois à rejoindre l'Europe par le pôle Nord, soit 14 600 kilomètres de traversée (*cf. carte*). Cette voie représente un gain de temps non négligeable par rapport aux 48 jours et 21 600 kilomètres normalement nécessaires pour atteindre le Vieux Continent, l'un des plus importants partenaires commerciaux de la République populaire. Pour la deuxième puissance économique mondiale, dont 90 % des échanges se font par la mer, toute nouvelle route facilitant l'import-export est fondamentale pour la croissance.

Avant d'arriver à Rotterdam, le *Yong Shen* a dû traverser les détroits de La Pérouse et de Béring, puis longer les côtes septentrionales russes. Cette traversée n'est possible que durant l'été avec la fonte des glaces, encouragée par le réchauffement climatique. Si le pari est risqué, il pourrait permettre de faire des économies d'échelle, développer les ports chinois du nord-est, mais aussi, et surtout, éviter le canal de Suez, touché par l'instabilité politique qui affecte l'Égypte depuis janvier 2011. Pékin multiplie d'ailleurs les initiatives autour du pôle Nord. Ainsi, en mai 2013, la République populaire a été admise en tant qu'État observateur au Conseil de l'Arctique et, le mois suivant, le gouvernement a annoncé la création, à Shanghai, d'un institut de recherche sur la région.

L'enjeu est également énergétique. L'Arctique regorge de ressources encore inexploitées : 30 % des réserves de gaz et 13 % de celles de pétrole non découvertes s'y trouveraient. Aussi, le trafic dans l'océan de glace s'intensifie-t-il : 200 navires ont emprunté cette route dite du Nord-Est en 2013, contre 46 l'année précédente et quatre en 2010. Selon la Fédération des armateurs norvégiens, le volume de marchandises passera de 1,26 million de tonnes en 2012 à 50 millions en 2020.

Cet optimisme doit néanmoins être nuancé. La première limite est géographique et climatique. Si les entrepreneurs misent sur la fonte de la banquise, celle-ci ne signifie pas pour autant une meilleure circulation. En effet, la route du Nord-Est n'est praticable que trois mois par an et les obstacles de glace (sur et sous l'eau) restent nombreux. D'ailleurs, le *Yong Shen* est bien plus petit que les autres navires chinois passant par Suez, mesurant plus de 350 mètres et pesant 200 000 tonnes. Rien ne garantit qu'ils puissent passer par l'Arctique et éviter le canal égyptien, où 19 000 cargos se sont arrêtés en 2012, avant plusieurs années.

Enfin, l'écosystème de la zone est particulièrement fragile : un Code de la navigation en Arctique, qui doit être adopté en 2015, obligera notamment à respecter des normes environnementales. Une nécessité pour emprunter cette route du Nord-Est à en croire les travaux d'une équipe scientifique des universités de Cambridge (Royaume-Uni) et d'Erasmus-Rotterdam, publiés en juillet 2013. Selon ces derniers, la disparition progressive de la calotte glacière de l'Arctique coûterait 45 000 milliards d'euros de dommages, principalement dus au relargage de milliards de tonnes de méthane. Soit l'équivalent du PIB mondial annuel en 2012 ! De quoi être moins pressé d'arriver en Europe. ● **G. F.**

Le casse-tête des dépenses de santé en Chine

Forte de 1,35 milliard d'habitants en 2013, la Chine souhaite relever le défi de parvenir à un système de santé plus équitable. Pékin s'est engagé dans un programme de réformes ambitieux dont l'objectif est de garantir des services « sûrs, efficaces, facilement accessibles et abordables » à l'ensemble de la population à l'horizon 2020.

Durant la période maoïste (1949-1978), l'État couvrait 90 % des frais médicaux des citadins et assurait gratuitement l'accès aux soins de base des personnes en milieu rural. À la suite du désengagement des autorités à partir de 1979, début de l'ère des changements économiques, une majorité de la population s'est retrouvée sans couverture sociale. Pourtant, depuis quelques années, le secteur de la santé en Chine connaît des avancées considérables.

Les perspectives sont positives. Un rapport du cabinet de conseil américain McKinsey & Company(1), publié en 2012, estime que les dépenses de santé, qui ont doublé entre 2006 et 2011 (*cf. document*), passant de 156 milliards à 357 milliards de dollars, devraient atteindre 1 000 milliards en 2020 ; elles comptent pour près de 5 % du PIB. Grâce à la réforme de la santé mise en œuvre entre 2008 et 2011, d'un budget de 850 milliards de yuans (107 milliards d'euros), 95 % des Chinois ont désormais accès aux soins de base, contre à peine 15 % en 2003. Les dépenses de santé par habitant sont passées de 119 dollars en 2006 à 261 dollars cinq ans plus tard, notamment grâce aux subventions versées aux plus défavorisés : la population rurale, les citadins sans emploi, les personnes âgées et les handicapés.

Cependant, les écarts d'accès à la santé et à une médecine de qualité persistent entre pauvres et riches, ainsi qu'entre ruraux et urbains. La part du financement public dans les dépenses de santé reste insuffisante (24,7 % en 2009 contre 80 % en moyenne dans les pays de l'Union européenne) et les dépenses de l'État sont inégalement réparties sur le territoire. Les frais à la charge des patients sont élevés, expliquant pourquoi une partie de la population n'a toujours pas accès aux soins. Les migrants (*mingong*) qui ne possèdent pas d'autorisation de séjour (*hukou*) ne peuvent pas aller à l'hôpital. De nombreux ménages se trouvent empêtrés dans le cercle vicieux de la maladie et de la pauvreté, d'autres épargnent pour se protéger et faire face aux imprévisibles coûts de santé. Enfin, la relation patient-médecin se dégrade : plus de 17 000 conflits violents ont été recensés dans les hôpitaux du pays en 2010.

Pour des raisons allant de la corruption aux mauvaises conditions de prise en charge, les Chinois considèrent avec défiance leur système de santé. Les disparités sont responsables d'un fort mécontentement qui vient s'ajouter à d'autres frustrations sociales de la population. ●

M. H.

NOTE

(1) Franck Le Deu, Rajesh Parekh, Fangning Zhang et Gaobo Zhou, *Healthcare in China: Entering "uncharted waters"*, McKinsey & Company, 2012. Téléchargeable en anglais sur : www.mckinsey.com/insights/health_systems_and_services/health_care_in_china_entering_uncharted_waters

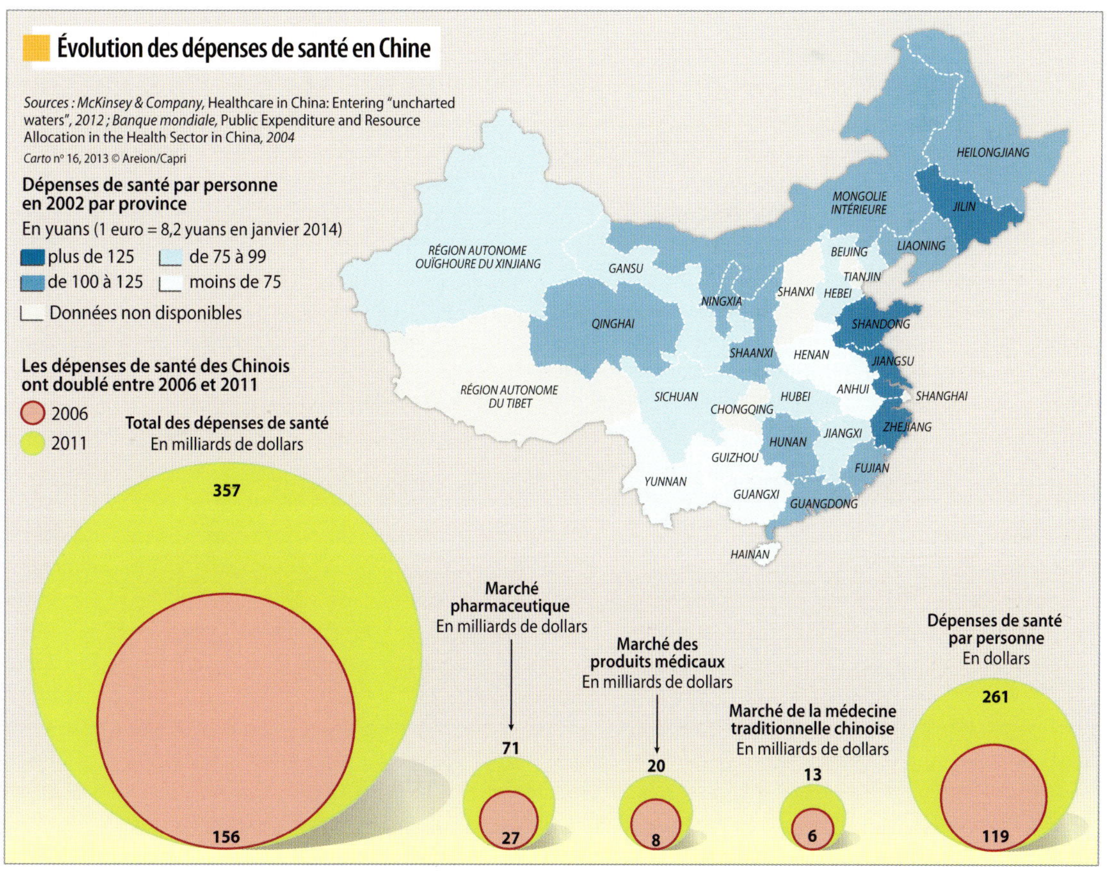

REPÈRES

CHINE

NOM OFFICIEL
République populaire de Chine

CHEF DE L'ÉTAT
Xi Jinping (président depuis 2013)

SUPERFICIE
9596961 km² (4ᵉ rang mondial)

LANGUE OFFICIELLE
Chinois

CAPITALE
Pékin

POPULATION 2013
1,35 milliard d'habitants

DENSITÉ
141 hab./km²

MONNAIE
Yuan

PIB PAR HABITANT EST. 2013 (EN PARITÉ DE POUVOIR D'ACHAT)
9800 dollars

XINJIANG

NOM OFFICIEL
Région autonome ouïghoure du Xinjiang

PRÉSIDENT DE LA RÉGION AUTONOME
Nur Bekri (depuis 2010)

SUPERFICIE
1660001 km²

POPULATION EST. 2010
21,81 millions d'habitants

DENSITÉ
13 hab./km²

PIB PAR HABITANT (EST. 2011)
4600 dollars

Xinjiang : un territoire chinois en devenir ?

Situé dans l'extrême ouest de la Chine, le Xinjiang présente de nombreux atouts : des ressources naturelles abondantes, une position géographique stratégique. Toutefois, cette région autonome connaît un retard notable et Pékin multiplie les dispositifs pour soutenir son économie. Une dynamique de développement qui s'explique notamment par une volonté de lutter contre tout séparatisme.

Le Xinjiang (« nouvelle frontière » en mandarin), un sixième de la superficie totale du géant chinois (*cf. carte 2*), est la deuxième région pétrolière du pays, avec 30 % des réserves prouvées (14,7 milliards de barils en 2011). Elle fournit également un tiers de la production nationale en gaz naturel (3 100 milliards de mètres cubes) et représente 40 % des ressources de charbon (114,5 milliards de tonnes). Le bassin du Yili abrite le plus grand gisement d'uranium de la République populaire, avec environ 10 000 tonnes. La seule présence de ces matières premières, nécessaires à la croissance économique (7,7 % en 2013), fait du Xinjiang un territoire très important pour Pékin.

La région autonome est aussi riche en minerais, 138 sortes selon le gouvernement (métaux précieux, cuivre, zinc, etc.), et elle développe de nombreuses énergies renouvelables, le parc de Dabancheng produisant un cinquième de l'éolien chinois. C'est également un espace agricole (fruits, coton, lavande, élevages de moutons). Enfin, la plus grande zone de tests nucléaires au monde (100 000 mètres carrés) se trouve à Lop Nur, site utilisé par l'armée entre 1964 et 1996, date de la signature par la Chine du traité d'interdiction complète des essais. Ce dernier n'a toutefois pas encore été ratifié.

UNE RÉGION STRATÉGIQUE

Le Xinjiang est un corridor énergétique. L'oléoduc sino-kazakh, mis en service en 2006, relie Atasu (Kazakhstan) à la plus grande usine chinoise de raffinage de pétrole, à Dushanzi. Ouvert en 2005, le gazoduc ouest-est traverse la République populaire, de Lun Nan à la région de Shanghai. Un deuxième, le plus long au monde avec 8 704 kilomètres, a été inauguré en décembre 2012, partant de Huoerguosi et allant jusqu'à Hong Kong. Un dernier, entre Horgos et Fuzhou, est en construction depuis octobre 2012.

Sur le plan géostratégique, le Xinjiang est un pont qui permet à Pékin de diffuser son influence et développer ses relations économiques et commerciales avec les États d'Asie centrale. Plusieurs foires et salons sont organisés dans la région, comme la China-Eurasia Expo, qui se tient chaque année à Urumqi, la capitale ouïghoure.

L'ancien Turkestan oriental fait partie de l'espace chinois depuis 1759, date à laquelle il a été conquis par la dynastie mandchoue des Qing (1644-1912). Il devient en 1955 l'une des cinq régions autonomes de la République populaire, les quatre autres étant le Guangxi, la Mongolie-Intérieure, le Ningxia et le Tibet. En 1949, lorsqu'a débuté la colonisation, les Ouïghours représentaient 75 % de la population (*cf. document 1*). En 2000, ils ne sont plus que 46 %. Il faut ajouter 39,2 % de Hans (l'ethnie majoritaire dans le pays), 7,1 % de Kazakhs et 4,5 % de Huis, entre autres communautés. Ces statistiques ne comptabilisent pas les quelque 100 000 militaires hans stationnés en permanence ni les migrants non enregistrés (*mingong*).

Turcophones de confession musulmane sunnite, les Ouïghours font partie des 55 minorités nationales reconnues par Pékin. Toutefois, la politique de sinisation du Xinjiang, qui conjugue assimilation culturelle et migrations de Hans, exacerbe le mécontentement et le ressentiment des

1 La démographie ouïghoure peine à contrer les politiques chinoises

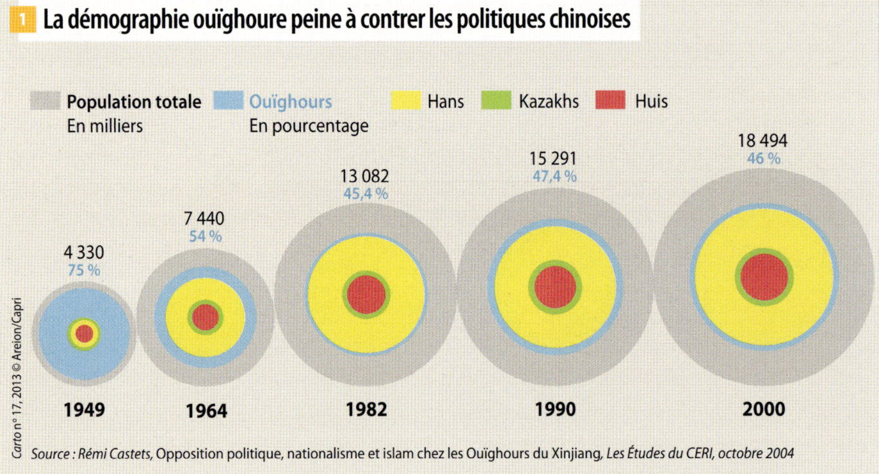

Source : Rémi Castets, Opposition politique, nationalisme et islam chez les Ouïghours du Xinjiang, *Les Études du CERI, octobre 2004*

2 Les enjeux d'un territoire « périphérique »

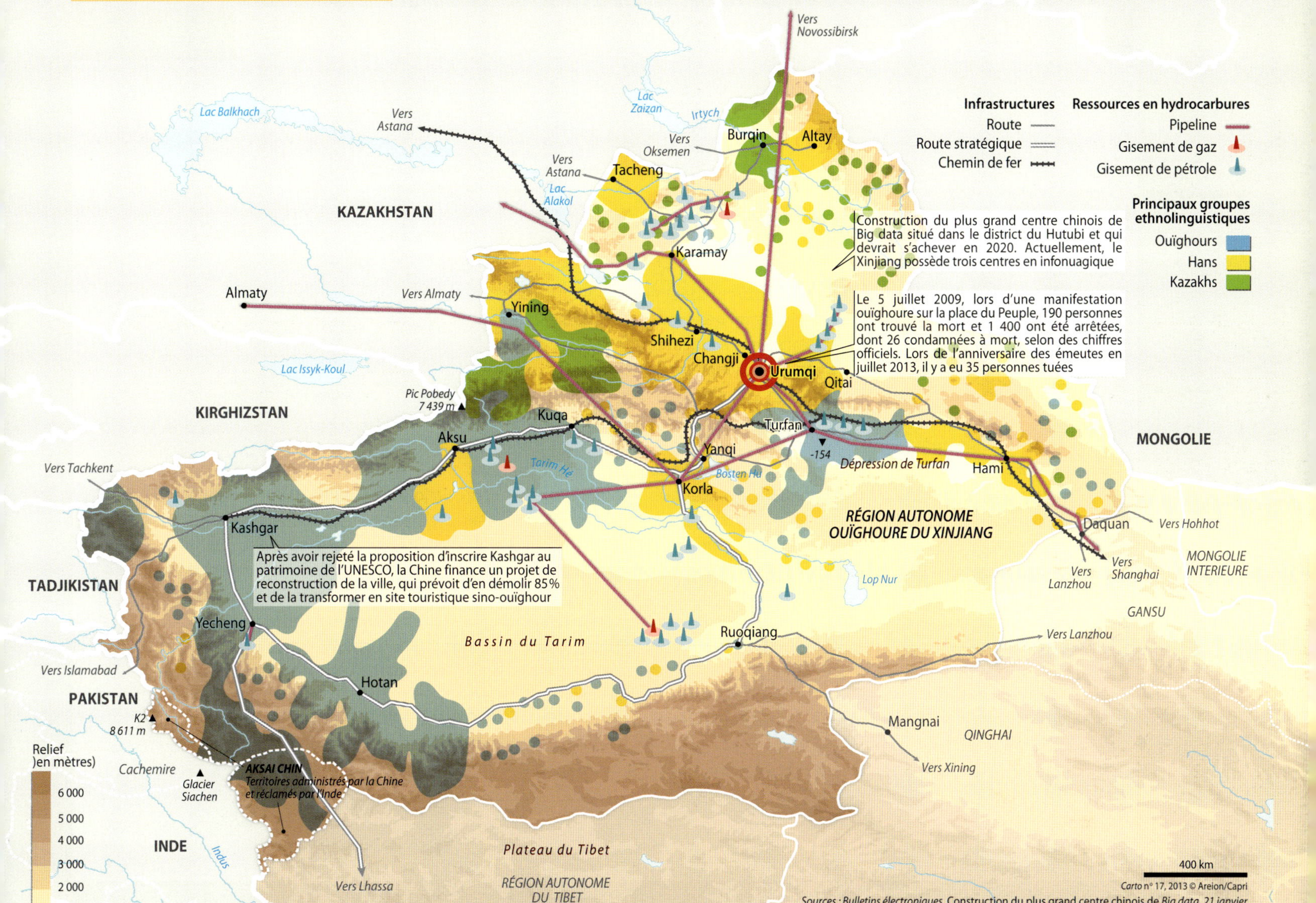

Carto n° 17, 2013 © Areion/Capri

Sources : Bulletins électroniques, Construction du plus grand centre chinois de *Big data, 21 janvier 2014 ; BFMTV, « Chine : la police en alerte pour l'anniversaire des émeutes à Urumqi », 5 juillet 2013 ; Journal officiel de l'Union européenne, juillet 2012 ; « Exploiting a Rich Frontier », in* National Geographic, *décembre 2009 ; Rémi Castets,* Opposition politique, nationalisme et islam chez les Ouïghours du Xinjiang, *Les Études du CERI, octobre 2004 ; The Petroleum Economist,* World Energy Atlas, *2004*

locaux, premières victimes du chômage et des inégalités socio-économiques. Aussi, la région est-elle le théâtre de révoltes épisodiques. Selon les chiffres officiels, les émeutes de juillet 2009 ont fait 197 morts et près de 1700 blessés à Urumqi. Des violences ont éclaté en mars 2013 et un attentat a causé une trentaine de morts le 22 mai 2014 à Urumqi.

DES RISQUES DE DÉSTABILISATION

Pour Pékin, le développement économique est le seul moyen de lutter contre le séparatisme ethnique et de favoriser la stabilité de la région. Depuis 1999, comme 11 autres régions et provinces, le Xinjiang bénéficie de la « Go West Policy », un programme dont l'ambition est de réduire les écarts entre la Chine côtière et l'intérieur du pays. Cette initiative s'appuie sur des avantages fiscaux et des investissements publics massifs dans des projets d'infrastructures routières, ferroviaires et aéroportuaires. De nouvelles politiques préférentielles ont été mises en œuvre après les manifestations de 2009 et Pékin a engagé de gigantesques plans d'urbanisation. La ville de Kashgar est devenue la sixième zone économique spéciale de Chine en mai 2010, les autorités souhaitant en faire la « Shenzhen de l'Ouest ». Le quartier historique de cette cité-oasis située le long de l'ancienne Route de la soie, trésor de l'architecture islamique, a été détruit sous prétexte de modernisation. Le gouvernement central a ainsi refusé de le classer au patrimoine de l'Organisation des Nations unies pour l'éducation, la science et la culture (UNESCO), souhaitant le transformer en un site touristique sino-ouïghour. En 2009, 85 % de la vieille ville était détruite et les habitants ont été relogés dans des quartiers modernes en périphérie.

Le Xinjiang connaît un essor économique important, avec une croissance de 12 % en 2011, portée par les secteurs énergétique et agricole. Les autorités ont aussi entrepris des efforts de développement des activités tertiaires et industrielles. Réélu président de la Région autonome en janvier 2013, Nur Bekri s'est fixé comme objectif de doubler les revenus par habitant d'ici à 2015 et de tripler le PIB régional avant 2020. Toutefois, les inégalités persistent et la plupart des Ouïghours vivent toujours dans la pauvreté.

M. H.

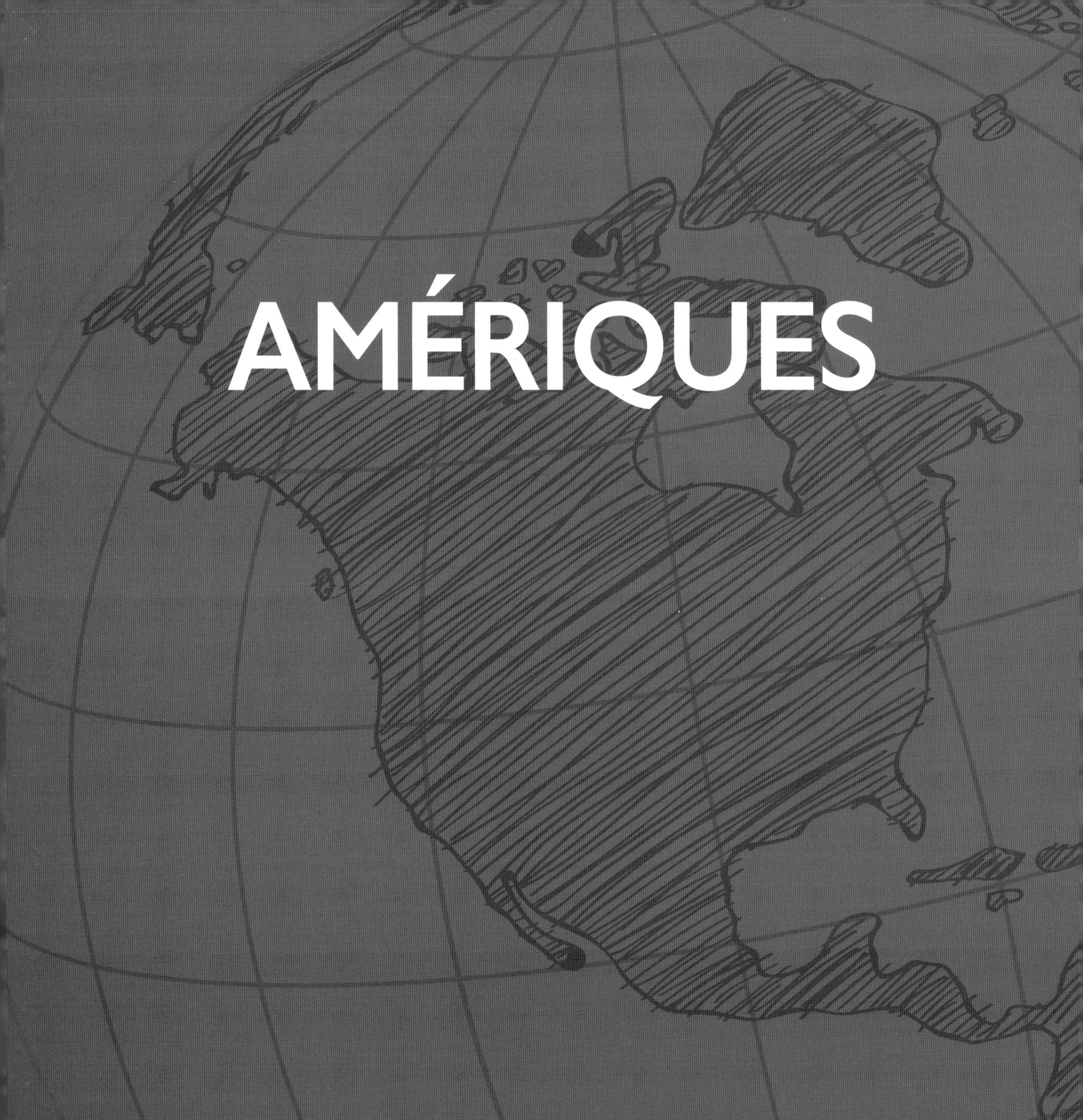

AMÉRIQUES

La mise en faillite, en décembre 2013, de la ville de Détroit, l'ancien cœur industriel des États-Unis, a été suivie comme un grand événement de politique internationale, montrant jusqu'où la crise d'un modèle pouvait conduire. Toutefois, le continent américain réserve bien des surprises par son dynamisme et ses différences, notamment sur les questions sociales (comme l'avortement), mais aussi politiques (comme la place des lobbies aux États-Unis).

L'Amérique latine, un « eldorado » européen ?

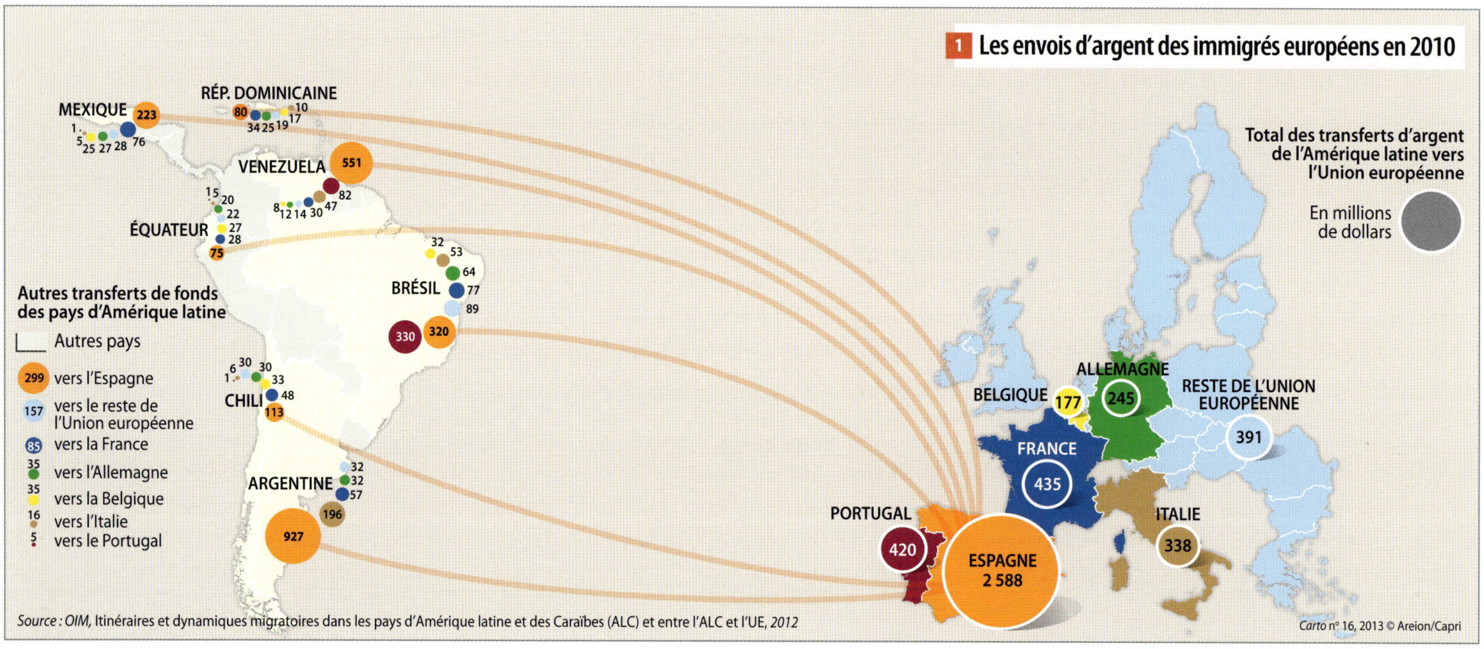

1 Les envois d'argent des immigrés européens en 2010

Source : OIM, Itinéraires et dynamiques migratoires dans les pays d'Amérique latine et des Caraïbes (ALC) et entre l'ALC et l'UE, 2012

L'histoire se répète. À l'instar d'autres ex-puissances coloniales européennes, l'Espagne et le Portugal ont accueilli des immigrés en provenance de leurs anciennes possessions au cours des dernières décennies. Toutefois, le boom économique en Amérique latine et la crise en Europe ont commencé à inverser la tendance. Face à des taux de chômage élevés chez les moins de vingt-cinq ans, le mot d'ordre pour la jeunesse est clair : partir. Plus de cinq siècles après l'arrivée des premiers Européens, Espagnols et Portugais, mais aussi Allemands et Italiens traversent l'Atlantique à la recherche d'un « eldorado » (*cf. carte 2*).

LES EFFETS DE LA CRISE

Après la dictature (1939-1977), l'Espagne a connu un essor économique spectaculaire, notamment grâce au soutien de la Communauté européenne qui l'a accueillie en 1986. À la même période, l'Amérique du Sud vivait la « décennie perdue », causée par une crise de la dette. De nombreux habitants du sous-continent, principalement des Équatoriens, des Colombiens, des Péruviens et des Brésiliens, sont ainsi venus s'installer dans la péninsule Ibérique, où le secteur de la construction a attiré une main-d'œuvre peu qualifiée. Selon l'Instituto Nacional de Estadística, entre 2001 et 2006, leur nombre en Espagne a triplé, passant de près de 400 000 à environ 1,5 million. Tous étaient séduits par une économie florissante, qui enregistrait des taux de croissance supérieurs à 3 % entre 1999 et 2007. Depuis le début de la crise financière, on assiste toutefois à une chute des arrivées : alors que 414 214 migrants d'Amérique latine et des Caraïbes se sont installés dans l'Union européenne (UE) en 2007, ce chiffre a baissé, atteignant 229 323 en 2009, selon l'Organisation internationale pour les migrations (OIM).

La crainte d'une « décennie perdue » ibérique commence à faire fuir les jeunes. En novembre 2013, 36,8 % des Portugais et 57,7 % des Espagnols de moins de vingt-cinq ans sont sans emploi. Les diplômés universitaires ne sont pas épargnés. Beaucoup peinent à trouver un travail adapté à leur qualification. Les chiffres et les estimations du taux de chômage dans cette catégorie varient de 11 à 25 % selon le pays et l'âge. La majorité d'entre eux sont partis, principalement à destination d'autres États de l'UE, comme l'Allemagne et le Royaume-Uni. Cependant, les anciennes colonies d'Amérique du Sud attirent de plus en plus.

Les besoins des employeurs locaux en main-d'œuvre qualifiée semblant être insatiables, les jeunes ingénieurs, informaticiens, commerciaux ou banquiers ibériques y sont accueillis à bras ouverts ; d'autant plus qu'ils parlent la même la langue. Par ailleurs, l'environnement économique favorable (par exemple, l'Argentine a connu des taux de croissance de 9,2 % en 2010 et de 8,9 % en 2011) incite également à créer des entreprises. Si certains espèrent pouvoir rentrer après quelques années, beaucoup entendent bien s'installer, anticipant une continuation du « boom » sud-américain et de la crise européenne. En 2010, 1,25 million d'Européens résident en Amérique latine et dans les Caraïbes, la plupart étant Espagnols (354 941), suivis par les Italiens (354 340) et les Portugais (273 467). On trouve aussi des Allemands (75 681) et des

Français (47724), entre autres. Les premiers pays de destination sont le Brésil et l'Argentine, qui regroupent respectivement 30 et 29 % de ces Européens. Dans le cas des Espagnols, si une grande majorité de ceux qui sont partis ont la double nationalité et retournent s'établir dans les pays où ils sont nés, le nombre de ceux sans double citoyenneté vivant en Amérique latine a bondi entre 2007 et 2011 de 467 % en Équateur, de 227 % au Brésil, de 144 % au Chili, de 129 % au Mexique et de 114 % au Venezuela.

UNE FUITE DES CERVEAUX DURABLE ?

Quant aux sommes d'argent envoyées par les étrangers vers leur État d'origine, la situation varie beaucoup de l'Espagne au Portugal. Dans le premier cas, en 2010, les immigrés des pays d'Amérique latine et des Caraïbes ont transféré 4,42 milliards de dollars vers leur patrie, tandis que 2,58 milliards ont été transférés par les expatriés espagnols. En revanche, pour le Portugal, le solde est positif. Un total de 216 millions de dollars a franchi l'océan Atlantique en provenance de la nation lusophone, et les Portugais vivant au Brésil ont envoyé 330 millions et ceux résidant au Venezuela, 82 millions, sur un total de 420 millions de dollars (*cf. document 1*). Lors du XXIIe Sommet ibéro-américain, organisé en novembre 2012 à Cadix, réunissant les dirigeants de 22 États, le chef du gouvernement espagnol, Mariano Rajoy, a encouragé les entreprises d'Amérique du Sud à renforcer leurs investissements dans la péninsule. Toutefois, beaucoup d'experts pensent qu'à terme, une fuite des cerveaux pourrait affaiblir la compétitivité de l'Espagne et du Portugal, surtout si les plus qualifiés ne rentrent pas, dans l'hypothèse d'une reprise de la conjoncture économique. ● **C. R.**

2 Les Européens installés en Amérique du Sud

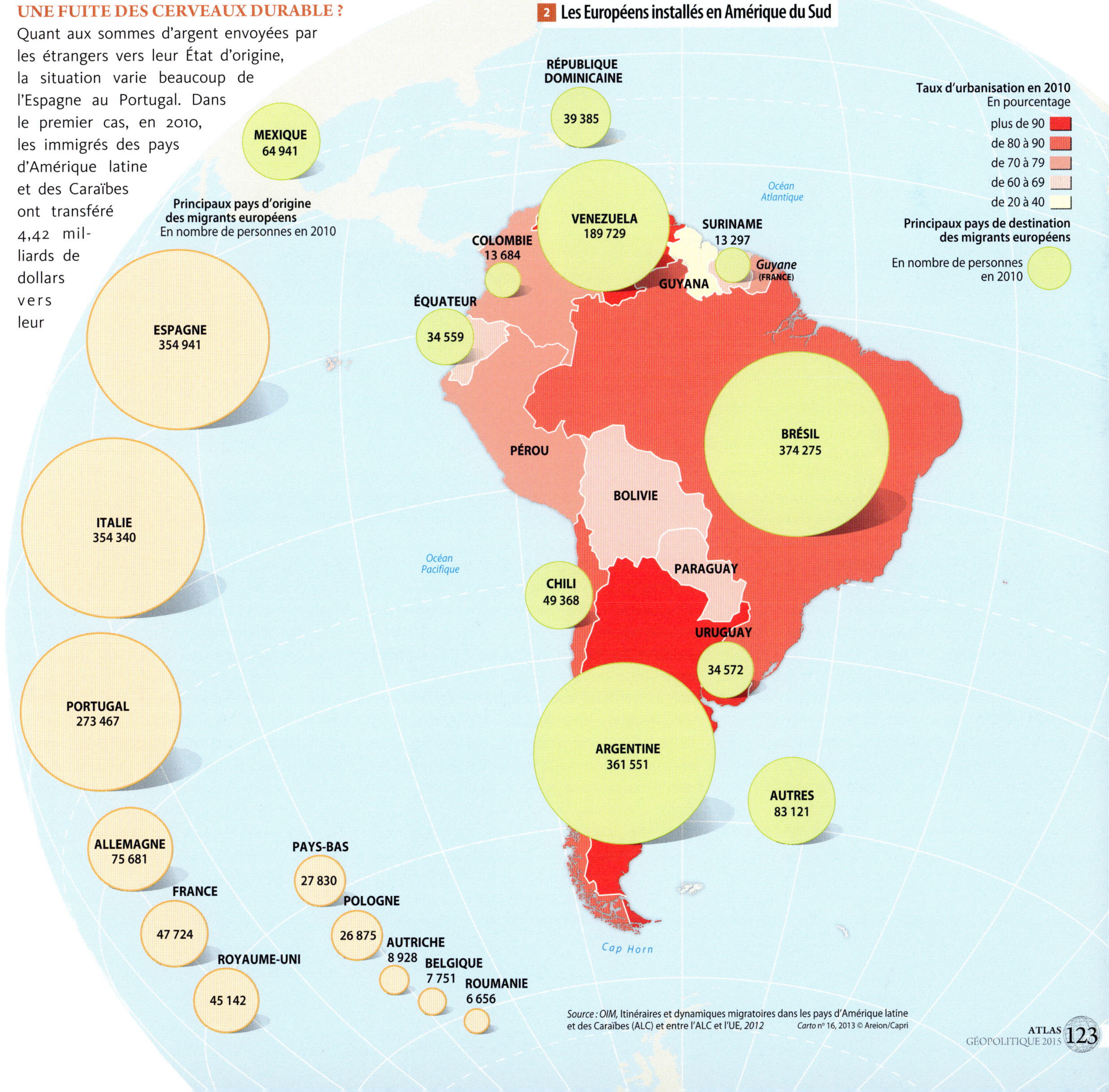

Source : OIM, Itinéraires et dynamiques migratoires dans les pays d'Amérique latine et des Caraïbes (ALC) et entre l'ALC et l'UE, *2012* *Carto* n° 16, 2013 © Areion/Capri

L'immigration fragilise les relations mexicano-américaines

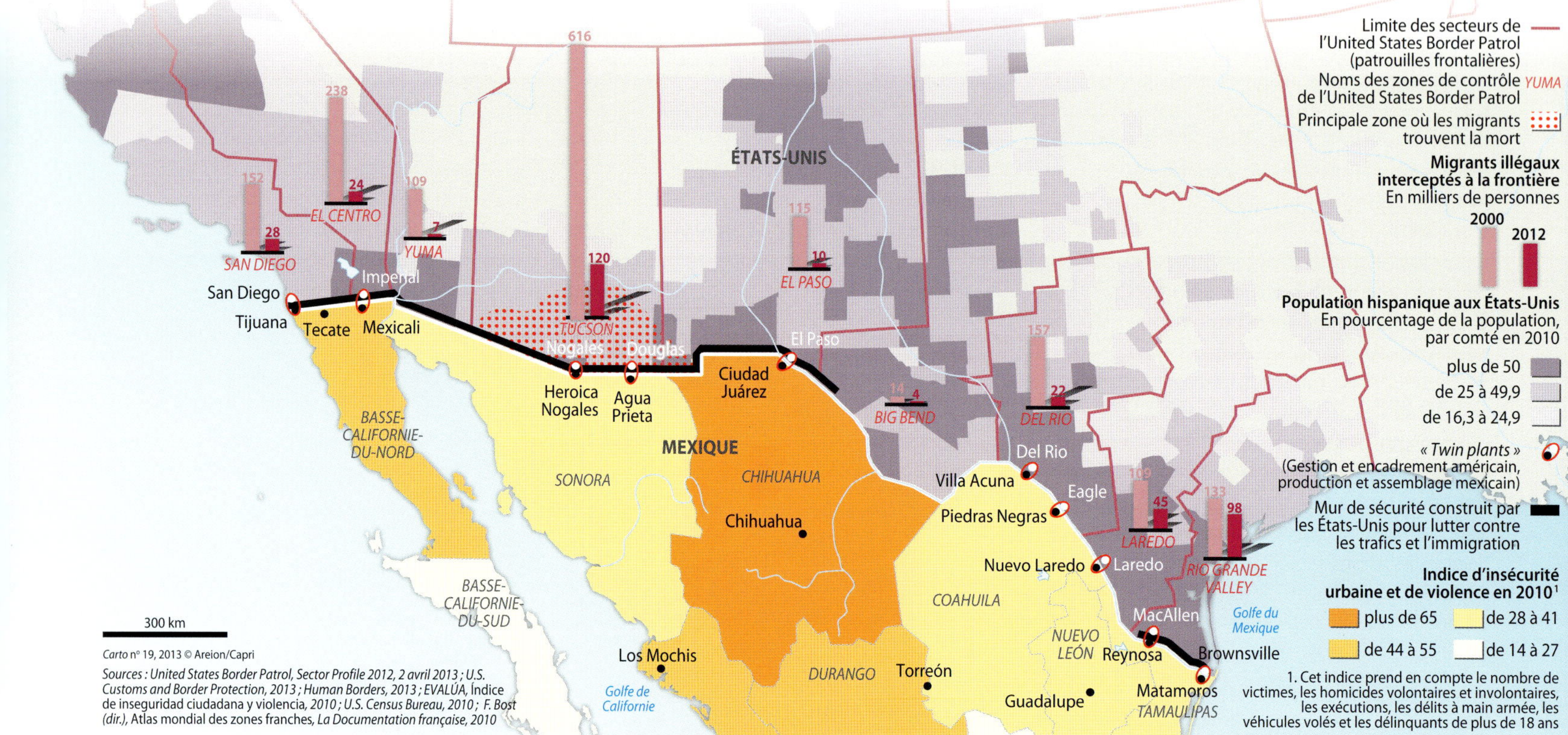

Carto n° 19, 2013 © Areion/Capri

Sources : United States Border Patrol, Sector Profile 2012, 2 avril 2013 ; U.S. Customs and Border Protection, 2013 ; Human Borders, 2013 ; EVALÚA, Índice de inseguridad ciudadana y violencia, 2010 ; U.S. Census Bureau, 2010 ; F. Bost (dir.), Atlas mondial des zones franches, *La Documentation française, 2010*

Longue de 3 141 kilomètres, la frontière entre les États-Unis et le Mexique illustre le traitement de la question migratoire en Amérique du Nord. Tandis que le Sénat de la première puissance mondiale a adopté, en juin 2013, un plan de réforme de l'immigration prévoyant la naturalisation de la plupart des 11 millions de clandestins, des sénateurs démocrates et républicains, connus sous le nom du « Groupe des 8 », ont appelé le gouvernement à prolonger les travaux de construction du mur qui sépare les deux pays *(cf. carte)* et à autoriser le survol de la zone frontalière par des drones, avions sans pilote utilisés dans la guerre contre le terrorisme au Pakistan et au Yémen.

Dès 1994, soit l'année de l'entrée en vigueur de l'Accord de libre-échange nord-américain (ALENA), Washington adopte des mesures radicales pour contrôler les flux migratoires, notamment en provenance du Mexique, faisant de la frontière une zone militarisée. Ainsi, une barrière en tôle est dressée sur 22 kilomètres dans les environs de San Diego (Californie). Depuis le vote du Secure Fence Act en 2006, le mur a atteint 1 125 kilomètres, soit le tiers de la dyade, tandis que 18 516 des 21 165 hommes des Border Patrol sont déployés le long de celle-ci en 2013. Pour les autorités américaines, la frontière est de plus en plus sécurisée. Preuve à l'appui, le nombre d'arrestations de migrants est en baisse constante depuis 2000.

LE POIDS DES HISPANIQUES

Toutefois, force est de constater que la présence d'immigrés mexicains n'a pas diminué aux États-Unis, bien au contraire : ils sont passés de 4,4 millions en 1990 à 11,4 millions en 2012, dont 51 % en situation irrégulière (1). Par ailleurs, le nombre de personnes ayant tenté de migrer vers les États-Unis retrouvées mortes près de la barrière de séparation augmente (plus de 450 en 2012 contre 325 dix ans auparavant).

Si le gouvernement de Mexico s'est félicité de la réforme prévoyant la naturalisation de ses compatriotes – elle doit être validée par la Chambre des représentants américaine, dominée par des républicains qui s'y opposent –, la proposition du « Groupe des 8 » a été rejetée en bloc, car elle pourrait remettre en cause les relations de bon voisinage, saper l'économie d'une zone stratégique censée devenir un pôle régional de compétitivité et accroître les risques d'insécurité liés au narcotrafic.

En avril 2013, un accord de coopération sécuritaire a été signé entre les deux pays et le mois suivant, le président Barack Obama a effectué une visite officielle, sa quatrième au Mexique depuis 2009. Ce déplacement était axé sur un recentrage des relations économiques, notamment à travers la mise en place d'un groupe de travail interministériel pour approfondir les échanges commerciaux qui ont quadruplé en valeur depuis 1994. Parallèlement, M. Obama a salué la stratégie du gouvernement mexicain face au narcotrafic, les États-Unis ayant apporté entre 2008 et 2010 une aide de 1,4 milliard de dollars à leur voisin du sud pour lutter contre les cartels. La question de la réforme de l'immigration est alors passée au second plan. Pourtant, celle-ci est de première importance, surtout en période électorale : en 2012, 70 % des Hispaniques ont voté pour M. Obama. ●

T. Y.

NOTE

(1) A. González-Barrera et M. Hugo López, *A Demographic Portrait of Mexican-Origin Hispanics in the United States*, Pew Research Center, 2013.

Pékin à la conquête de l'Amérique latine

La Chine a besoin de matières premières pour soutenir sa croissance économique (7,7 % en 2013), l'Amérique latine en regorge. Le commerce et les investissements entre ces deux parties du monde augmentent à un rythme soutenu, non sans soulever de nombreuses inquiétudes.

Pour répondre à sa demande insatiable de matières premières (pétrole, fer, cuivre, nickel, soja, entre autres), la République populaire voit dans les pays latino-américains un réservoir important et s'impose alors pour ces derniers comme un partenaire alternatif aux États-Unis et à l'Union européenne (UE).

Les échanges commerciaux entre ces deux régions ont atteint 241 milliards de dollars en 2011, contre 10 milliards en 2000. D'après la Commission économique pour l'Amérique latine (CEPAL), les exportations du sous-continent vers la Chine étaient composées en 2009 pour 57 % de ressources minérales et 28 % de produits agricoles. En outre, les investissements directs à l'étranger chinois en Amérique latine ont dépassé les 15 milliards de dollars en 2010, dont 90 % étaient destinés à l'exploitation des réserves naturelles (*cf. document*). Cette même année, Pékin a prêté plus de 37 milliards de dollars, plus que la Banque mondiale, la Banque interaméricaine de développement et la Banque d'import-export américaine réunies, la plupart destinés aux quatre principaux pays exportateurs de matières premières de la région : Argentine, Brésil, Équateur, Venezuela. Ainsi, la République populaire accorde des prêts massifs à Quito, en échange de pétrole : près de 80 % de la production de brut équatorienne a été exportée vers le géant asiatique en 2012. Au Venezuela, 640 000 barils sont chaque jour acheminés vers la Chine, dont 264 000 servent à rembourser une dette de 30 milliards de dollars.

Certains analystes critiquent une forme de néocolonialisme et la nature asymétrique de cette relation. L'exploration et l'exploitation accélérée des ressources naturelles ont par ailleurs des conséquences désastreuses pour l'environnement et les populations autochtones : pollution, pression sur les écosystèmes et la biodiversité, disparition de cultures et de modes de vie traditionnels…

Au Brésil, la savane du Cerrado est menacée par la culture du soja. Au Pérou, le géant minier Chinalco a investi 2,2 milliards de dollars dans une concession de cuivre : pour son exploitation, la ville de Morococha a été déplacée de 7 kilomètres en octobre 2012. En mars 2013, l'Équateur a annoncé son intention de mettre aux enchères aux compagnies pétrolières chinoises 3 millions d'hectares de forêt amazonienne. Mais il ne faut pas oublier les entreprises occidentales : en 2013, la justice équatorienne a condamné le groupe américain Chevron à payer 9,5 milliards de dollars pour des années (1964-1990) de pollution – décision désaouvée par une cour de New York en mars 2014. Par ailleurs, selon un rapport de l'Institut international pour l'environnement et le développement, les compagnies chinoises réalisent des efforts croissants en matière de responsabilité sociale et environnementale (1).

En 2014, la République populaire devrait supplanter l'UE et devenir le second partenaire commercial de l'Amérique latine derrière les États-Unis, et le second plus important marché pour les exportations de la région.

M. H.

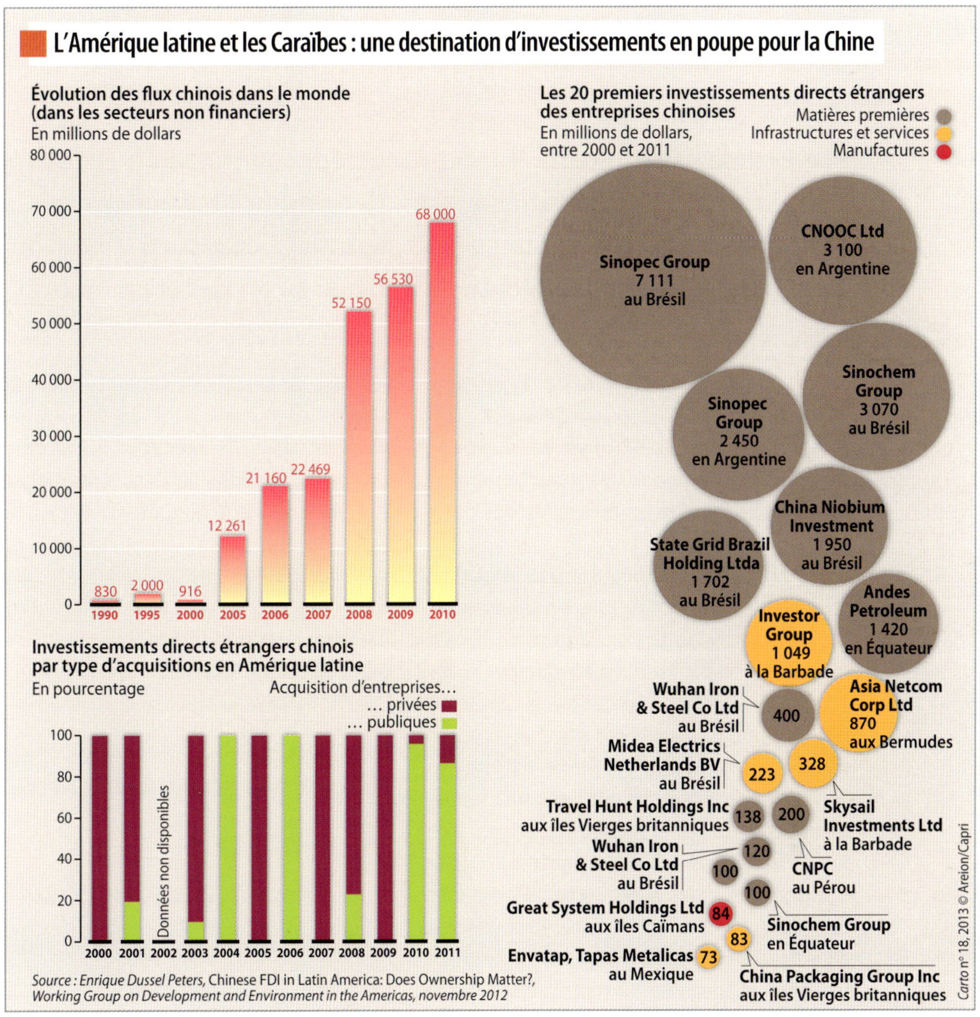

Source : Enrique Dussel Peters, Chinese FDI in Latin America: Does Ownership Matter?, Working Group on Development and Environment in the Americas, novembre 2012

NOTE

(1) Emma Blackmore, Danning Li, Sara Casallas, *Sustainability standards in China-Latin America trade and investment: A discussion*, Institut international pour l'environnement et le développement, mai 2013.

Longue transition politique au Salvador

Placé sur la liste noire des États producteurs ou transitaires de drogues par l'administration de Barack Obama en 2011, le Salvador a du mal à contenir l'influence croissante des gangs armés, les *maras*, sur son territoire. Un défi pour ce pays centraméricain sorti d'une longue guerre civile il y a vingt et un ans, alors que l'élection présidentielle a eu lieu en février et en mars 2014.

REPÈRES

NOM OFFICIEL
République du Salvador

CHEF DE L'ÉTAT
Salvador Sánchez Cerén (président depuis mars 2014)

SUPERFICIE
21041 km² (153e rang mondial)

LANGUE OFFICIELLE
Espagnol

CAPITALE
San Salvador

POPULATION EST. 2013
6,1 millions d'habitants

DENSITÉ
290 hab./km²

MONNAIE
Dollar américain

HISTOIRE
Terre de culture maya, le Salvador est conquis par les Espagnols en 1522 et fait partie de la Capitainerie générale du Guatemala. Les premiers soulèvements contre Madrid se déclenchent au début du XIXe siècle. Le Salvador intègre une République fédérale d'Amérique centrale indépendante en 1824 et déclare sa souveraineté en 1841. Au XXe siècle, le pays entre dans une époque de dictatures militaires (1931-1979) et la démocratie revient en 1984, alors qu'il traverse une guerre civile (1980-1992)

PIB PAR HABITANT EST. 2013 (EN PARITÉ DE POUVOIR D'ACHAT)
7500 dollars

INDICE DE DÉVELOPPEMENT HUMAIN (2013)
0,680 (107e rang)

Traversé par la route panaméricaine (*cf. carte 2*), le Salvador est l'une des voies de transit de la drogue depuis les régions andines vers l'Amérique du Nord. La montée en puissance des organisations criminelles mexicaines trouve des relais efficaces dans les *maras*. Ces gangs recrutent parmi des jeunes en manque de perspectives – 47,5 % de la population est touchée par la pauvreté en 2011, selon la Fondation salvadorienne pour le développement économique et social – et s'appuient sur la violence comme mode de domination. Les zones considérées comme les plus dangereuses se situent le long des corridors de trafics illégaux entre le Honduras et l'océan Pacifique. Mais les *maras* sont des groupes importés des États-Unis, où ils sont apparus dans les années 1980 au sein des communautés centraméricaines. En 1996, l'adoption par le Congrès de l'Illegal Immigration Reform and Immigrant Responsability Act a mené au rapatriement de milliers de Salvadoriens ayant commis des actes criminels. Les deux principaux gangs rivaux du pays sont Barrio 18 et Mara Salvatrucha (MS-13).

Le Salvador est-il capable de sortir du cycle de violences qui l'agite depuis le début des années 1930, avec une longue période d'autoritarisme militaire (1931-1979), puis un conflit civil (1980-1992) ? Les chiffres officiels invitent à l'optimisme. D'une part, entre janvier et avril 2013, le nombre d'homicides a chuté de près de 50 % par rapport à la même période de l'année précédente (696 contre 1223). Une baisse importante alors que les autorités recensaient 4371 meurtres encore en 2011, selon les données de la police civile nationale (PCN). D'autre part, depuis la trêve entre Barrio 18 et MS-13 de février 2012, la criminalité a diminué dans 24 des 25 municipalités qui concentraient plus de 50 % des homicides (1). Ces résultats apportent un crédit positif au parti du président Mauricio Funes (élu en 2009), le Front Farabundo Martí de libération nationale (FMLN), dont le candidat, Salvador Sánchez Cerén, a remporté l'élection présidentielle le 9 mars 2014.

GÉOGRAPHIE ET ENJEUX DE LA GUERRE CIVILE

Pendant la guerre civile, le Salvador était divisé en deux, notamment en raison des motivations foncières à l'origine du conflit. La frange méridionale était le territoire « utile », avec des zones fertiles enrichies par des apports en cendres sur les versants des volcans pour l'exploitation de cacao, café et coton, et des élevages. Aux mains de grands propriétaires, ces terres

1 Le Salvador continue d'attirer les investissements directs étrangers

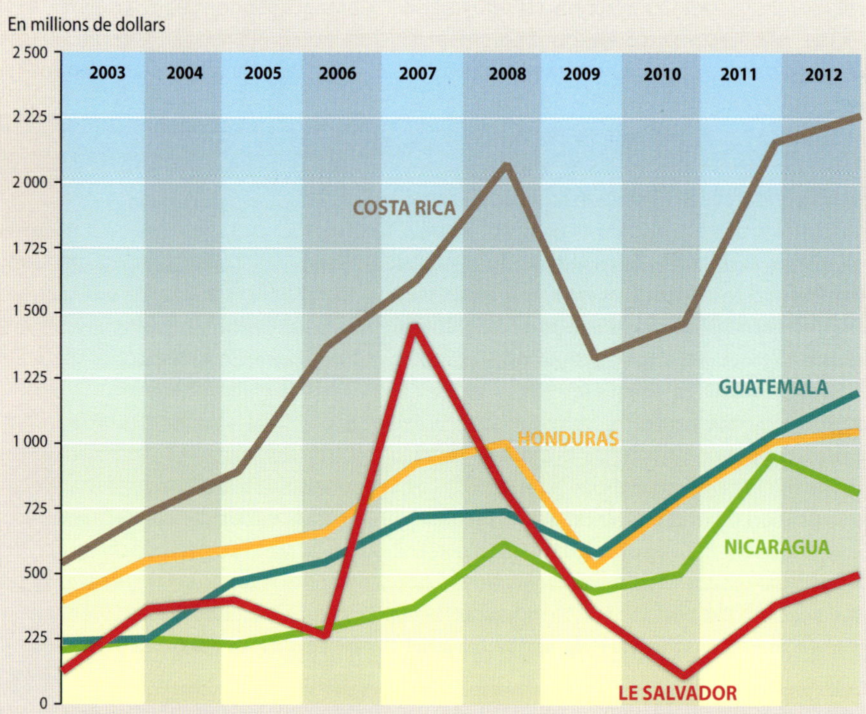

Source : FUSADES, Informe de Coyuntura Económica, *mai 2013*

Carto n° 20, 2013 © Areion/Capri

2 Le développement économique face à la violence

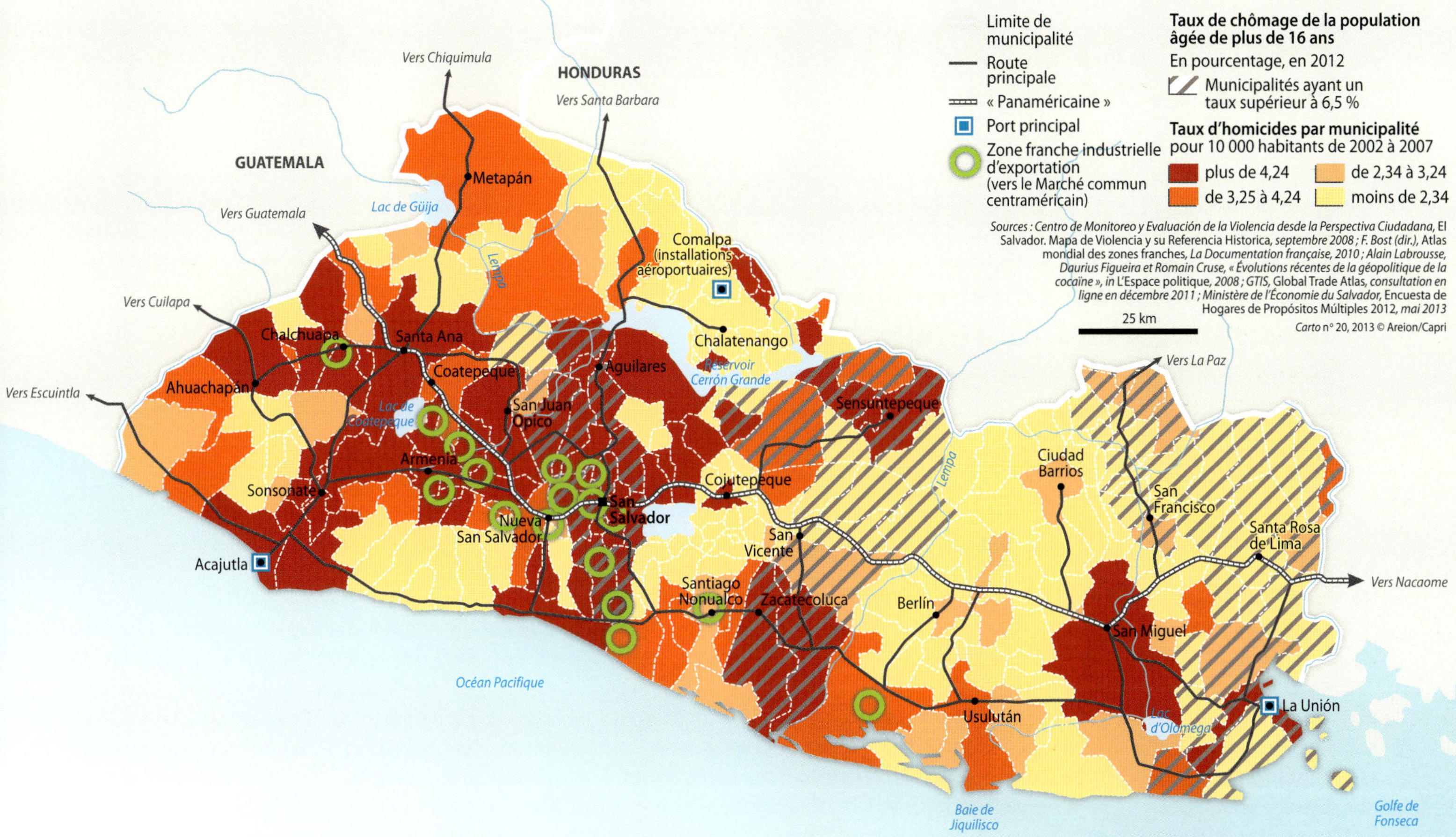

Sources : Centro de Monitoreo y Evaluación de la Violencia desde la Perspectiva Ciudadana, El Salvador. Mapa de Violencia y su Referencia Historica, *septembre 2008 ; F. Bost (dir.)*, Atlas mondial des zones franches, *La Documentation française, 2010 ; Alain Labrousse, Daurius Figueira et Romain Cruse, « Évolutions récentes de la géopolitique de la cocaïne », in* L'Espace politique, *2008 ; GTIS,* Global Trade Atlas, *consultation en ligne en décembre 2011 ; Ministère de l'Économie du Salvador,* Encuesta de Hogares de Propósitos Múltiples 2012, *mai 2013*

Carto n° 20, 2013 © Areion/Capri

appartenaient auparavant aux communautés paysannes, expropriées entre les années 1929 et 1932. Le Sud constituait l'ensemble le mieux équipé en infrastructures : routes, ports d'exportations sur le Pacifique et installation d'activités industrielles depuis la mise en place du Marché commun centraméricain en 1961. La région était tenue par les forces gouvernementales de l'Alliance républicaine nationaliste (ARENA), qui ont réussi à briser les tentatives d'implantation du FMLN, lorsque des milliers de saisonniers rejoignaient le Sud pour travailler dans les exploitations.

De son côté, la guérilla contrôlait les zones montagneuses du Nord. Malgré des terres peu fertiles, la pression démographique y était très forte : les régions septentrionales accueillaient les paysans sans terre ainsi que ceux expulsés du Honduras après la guerre entre les deux pays en 1969. Les organisations révolutionnaires salvadoriennes s'étaient fédérées au sein du FMLN en avril 1980, en réponse au putsch du 15 octobre 1979, soutenu par les États-Unis. Conduites sous l'égide des Nations unies, les négociations de paix ne furent possibles qu'à partir de 1989, lorsque chaque partie comprit qu'elle ne pouvait vaincre militairement l'autre depuis sa région de repli (2). Signés en janvier 1992, les accords stipulaient la dissolution des groupes armés du FMLN et de ceux de contre-guérilla de l'ARENA, la constitution de la PCN ainsi que la mise en place d'une Commission de la vérité sur les massacres et assassinats commis durant la guerre.

UN ATOUT : LES REMISES

Depuis, le pays reste marqué par la division héritée du conflit entre l'ARENA, soutenue par les États-Unis et les milieux d'affaires, et le FMLN, qui se définit comme socialiste et révolutionnaire. Mais de nouvelles élites politiques qui n'ont pas pris part à ces différends, à l'instar de Mauricio Funes, commencent à rompre avec ce système bipolaire. Aux élections législatives de mars 2012, la Grande Alliance pour l'unité nationale, alliée du FMLN au gouvernement, a obtenu 11 députés sur 84. Un changement progressif qui pourrait permettre de dépasser les anciens antagonismes et d'accentuer les efforts des autorités sur les questions économiques, notamment sur la forte dépendance à l'égard des États-Unis, destination de 46,3 % des exportations salvadoriennes en 2012. L'adoption du dollar comme monnaie nationale en 2001 a attiré les industriels, principalement dans les zones franches. La crise financière américaine a toutefois affecté le Salvador, qui a le taux de croissance le plus faible d'Amérique centrale (1,6 % en 2013). Néanmoins, le pays dispose d'un atout : les remises de ses émigrés (15,9 % du PIB en 2013). Reste à savoir si ces flux de capitaux constituent une dépendance ou une solution de transition efficace pour la relance de l'économie. ●

N. R.

NOTES

(1) Juan Carlos Garzón, « What Does El Salvador's Homicide Distribution Say About the Gang Truce? », in *InSight Crime*, juillet 2013.
(2) Francisco Galindo Velez et Philippe Létrillart, « Salvador : huit leçons sur la résolution des conflits », in *Mondes, les cahiers du Quai d'Orsay* n° 11, 2013, p. 43-50.

Équateur : les défis de Rafael

Allié du Venezuela « chaviste », Rafael Correa a été réélu président de l'Équateur le 17 février 2013 pour un troisième mandat. Le pays affronte des défis croissants, parmi lesquels des relations conflictuelles avec les États-Unis, la situation de la population indigène, les inégalités socio-économiques et la gestion des ressources pétrolières présentes en Amazonie.

Coincé entre le Pérou et la Colombie (*cf. carte 2*), l'Équateur a connu une forte instabilité politique entre 1997 et 2005 : durant cette période, trois présidents ont été renversés et la monnaie nationale, le sucre, a été abandonnée au profit du dollar américain en 2000. L'arrivée au pouvoir après le scrutin de novembre 2006 de M. Correa, né en avril 1953, a apporté une certaine sérénité et, dès 2007, le pays latinoaméricain a réintégré l'Organisation des pays exportateurs de pétrole (OPEP) après quinze ans d'absence.

Si le chef de l'État présente un bilan social positif – par exemple, le taux de pauvreté (1) est passé de 37,6 % en décembre 2006 à 27,3 % six ans plus tard, selon des données officielles (*cf. carte 1*) –, l'opposition dénonce une réussite basée sur un exercice autoritaire du pouvoir et dépendante de la rente énergétique.

L'ENJEU PÉTROLIER

Rafael Correa est un allié inconditionnel du Venezuela d'Hugo Chávez. Or la mort de ce dernier, le 5 mars 2013, a laissé un vide politique que le dirigeant équatorien tente de combler. Au niveau intergouvernemental, il a proposé sans succès que le siège de l'Organisation des États américains (OEA) soit transféré de Washington à Buenos Aires et a plaidé pour une réforme de la Cour interaméricaine des Droits de l'homme. Sur le plan économique, Quito, qui souhaite rétablir la balance commerciale, encore déficitaire de près de 4 milliards de dollars en 2011, a les yeux tournés vers la Chine, qui investit notamment dans le secteur énergétique (6,5 milliards de dollars en 2012).

En juin 2007, le président avait créé la surprise en proposant de renoncer à l'exploitation des quelque 850 millions de barils de pétrole qui dorment dans les sous-sols du parc de Yasuní, haut lieu de la biodiversité mondiale, à condition que la communauté internationale accepte de verser au pays un dédommagement correspondant à la moitié des recettes attendues, estimées à plus de 7 milliards de dollars sur treize ans. Les fonds devaient permettre de développer les énergies renouvelables, de préserver et réparer les écosystèmes tout en protégeant les populations indigènes. Toutefois, fin 2012, seulement 5,5 millions de dollars ont été versés et 62,25 millions sont promis. Par ailleurs, Quito ouvrant à la vente des parcelles limitrophes à Yasuní, les grandes

1 Géographie de la pauvreté

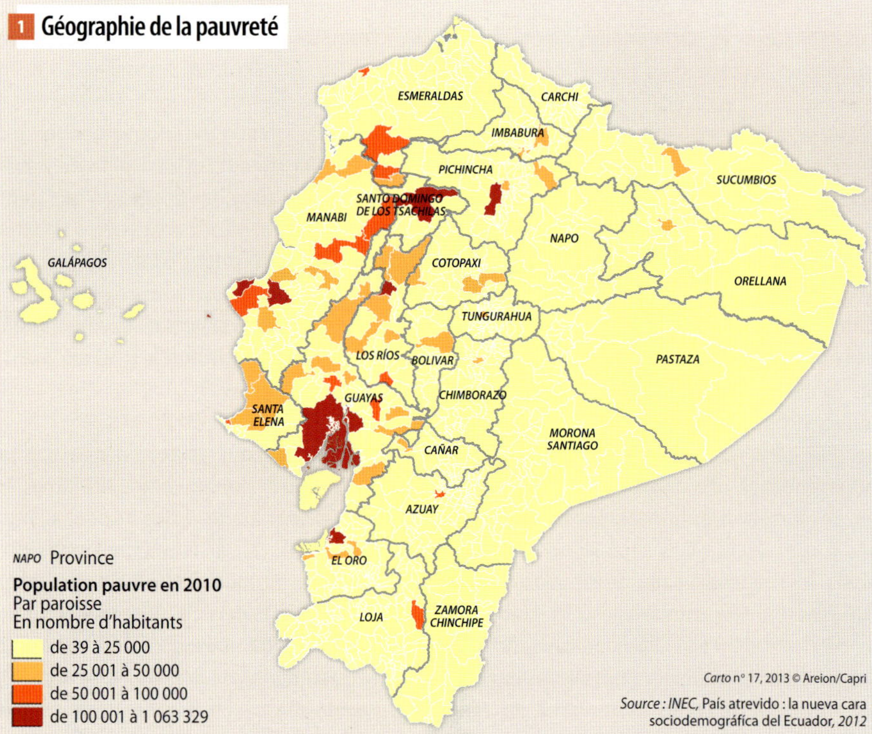

Carto n° 17, 2013 © Areion/Capri

Source : INEC, *País atrevido : la nueva cara sociodemográfica del Ecuador, 2012*

REPÈRES

NOM OFFICIEL
République d'Équateur

CHEF DE L'ÉTAT
Rafael Correa (président depuis 2007)

SUPERFICIE
283 561 km² (74e rang mondial)

LANGUE OFFICIELLE
Espagnol

CAPITALE
Quito

POPULATION EST. 2013
15,44 millions d'habitants

DENSITÉ
54 hab./km²

MONNAIE
Dollar américain

HISTOIRE
Terre de différentes ethnies américaines, l'Équateur est conquis par les Incas à la fin du XVe siècle, puis par les Espagnols entre 1532 et 1534. La période coloniale dure près de trois siècles, le pays déclarant son indépendance en 1822, d'abord au sein de la Grande Colombie, puis séparément huit années plus tard

PIB PAR HABITANT EST. 2013 (EN PARITÉ DE POUVOIR D'ACHAT)
10 600 dollars

INDICE DE DÉVELOPPEMENT HUMAIN (2013)
0,724 (89e rang)

Correa

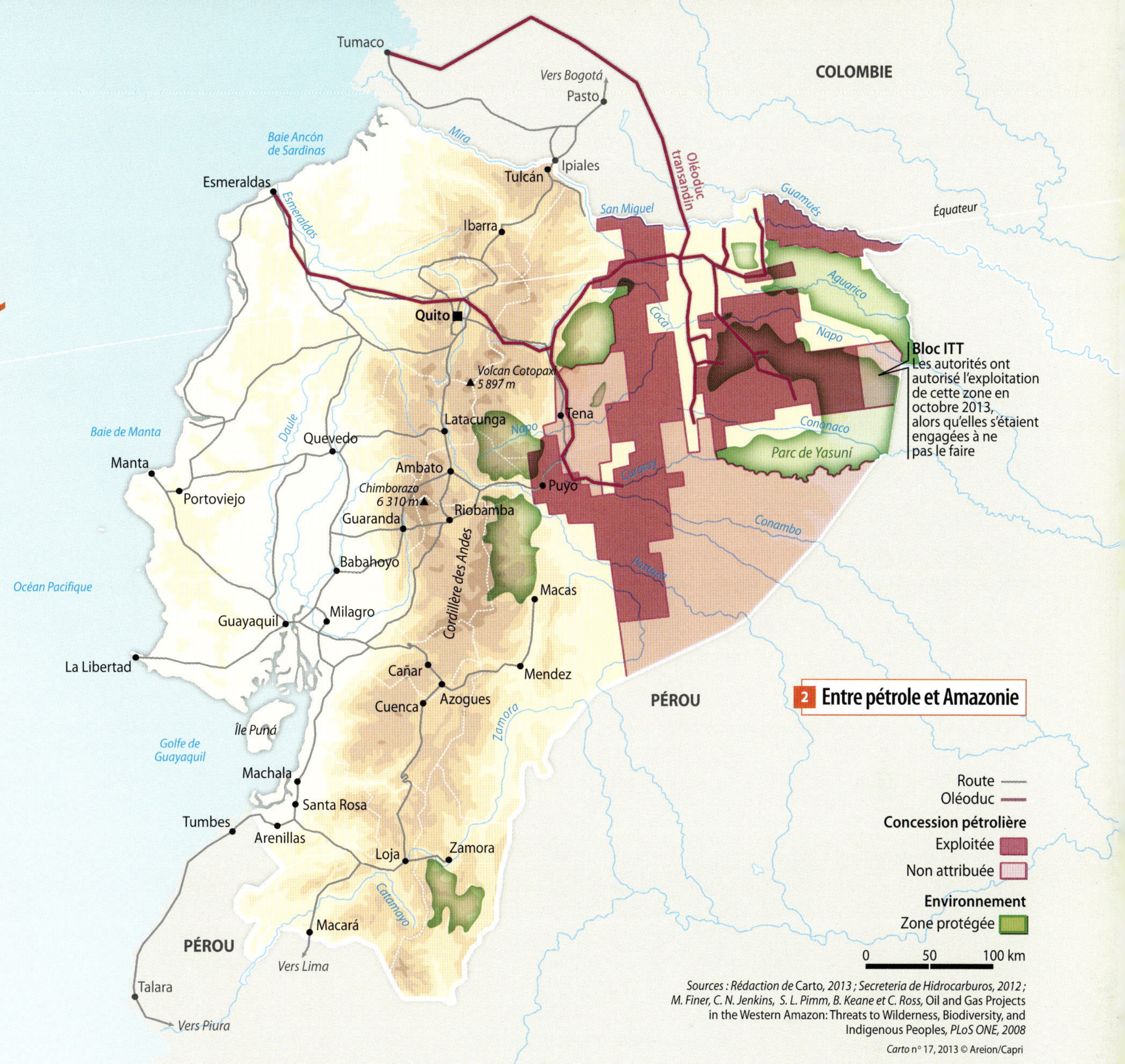

2 Entre pétrole et Amazonie

Sources : Rédaction de Carto, 2013 ; Secreteria de Hidrocarburos, 2012 ; M. Finer, C. N. Jenkins, S. L. Pimm, B. Keane et C. Ross, Oil and Gas Projects in the Western Amazon: Threats to Wilderness, Biodiversity, and Indigenous Peoples, *PLoS ONE, 2008*

Carto n° 17, 2013 © Areion/Capri

entreprises, comme l'espagnole Repsol, continuent leur implantation en dépit des risques : en décembre 2013, la justice équatorienne a condamné le groupe américain Chevron à payer 9,5 milliards de dollars pour des années (1964-1990) de pollution en Amazonie – décision désavouée par une cour de New York en mars 2014.

UNE DIPLOMATIE ALTERNATIVE

Sur le plan diplomatique, Rafael Correa poursuit un bras de fer avec la communauté internationale. Il s'est ainsi illustré en août 2012 en accordant l'asile politique au fondateur de Wikileaks, Julian Assange, dans son ambassade à Londres. L'Équateur entretient par ailleurs des liens ambivalents avec Bogota. Les relations avaient été brièvement rompues en 2008 après la violation de son territoire par l'armée colombienne dans le cadre d'un bombardement contre les Forces armées révolutionnaires de Colombie (FARC). Or, dans le but d'attirer les investissements de sa voisine, Quito multiplie les appels d'offres, notamment pour financer des projets d'infrastructures. Dès son arrivée au pouvoir, M. Correa a favorisé une politique de nationalisation et adopté des mesures pour aider les plus pauvres. Les dépenses publiques ont ainsi permis de financer de grands travaux, participant à la croissance. Celle-ci a atteint 5,1 % en 2012 et 4 % en 2013. Malgré des tensions avec les communautés autochtones (7 % des 15,44 millions d'habitants en 2013), qui s'opposent à l'exploitation des ressources en hydrocarbures et minières en Amazonie, le président a annoncé au lendemain de sa réélection le lancement de grands projets afin de sortir son pays de la pauvreté. Le 8 mars 2013, la Confédération des nationalités indigènes de l'Équateur (CONAIE) a organisé une grande marche vers Quito pour s'opposer à la signature du premier contrat d'exploitation minière entre l'État et une entreprise chinoise de cuivre pour une durée de vingt-cinq ans.

Sur le plan politique, M. Correa entend poursuivre la structuration de son mouvement, Alianza País (AP), le parti au pouvoir qui sert de plate-forme « bolivarienne et anti-impérialiste » à la « révolution citoyenne » qu'il a impulsée en 2006. Pour cela, il tente d'unir les rangs de la gauche au nom d'un nouveau socialisme. Toutefois, en dépit de sa réélection et du succès rencontré par AP (58,8 % aux élections législatives de février 2013, le même jour que la présidentielle), l'opposition voit en lui un homme aux penchants autocratiques. La nouvelle Constitution, adoptée par voie référendaire en 2008, si elle n'est pas révisée, obligerait le président à quitter le pouvoir en 2017, au terme de deux mandats consécutifs. Toute réforme à venir pourrait compromettre le fragile équilibre institutionnel d'un État encore en prise à de graves difficultés socio-économiques. ● **T. Y.**

NOTE

(1) Les autorités équatoriennes considèrent comme pauvre toute personne dont le revenu journalier est inférieur à 2,54 dollars.

L'avortement en question en Amérique latine

L'interruption volontaire de grossesse (IVG) n'est pas un droit pour toutes les femmes. En Amérique latine, où elle reste interdite ou d'accès restreint dans de nombreux pays (*cf. carte* 5), des cas marquants, comme celui au Chili, en juillet 2013, d'une fillette de onze ans enceinte après un viol, relancent le débat. Dans cette région, parfois en dépit de la volonté politique, le sujet reste confronté au conservatisme des sociétés et des autorités religieuses.

1 Les avortements en Afrique et en Amérique latine sont dangereux

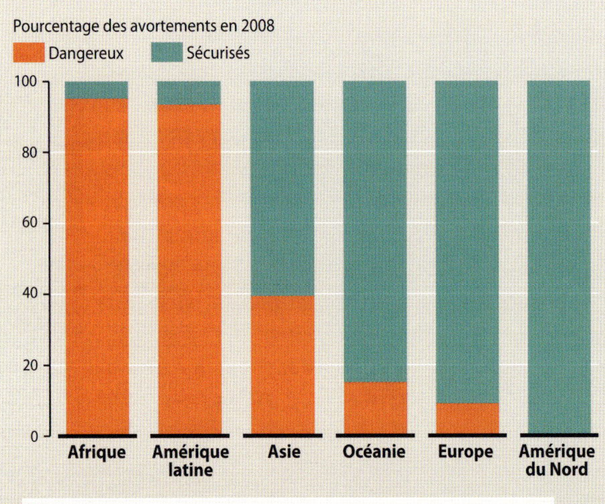

2 L'Amérique latine et les Caraïbes : régions à risque pour l'avortement

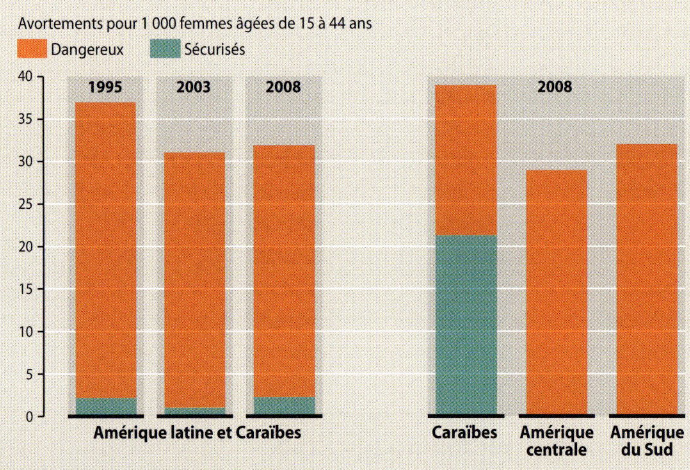

3 Augmentation mondiale des avortements dangereux

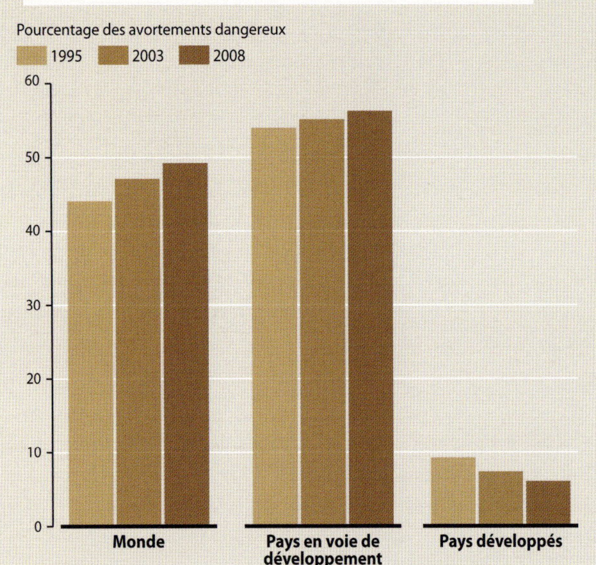

4 L'avortement dans le monde en 2013

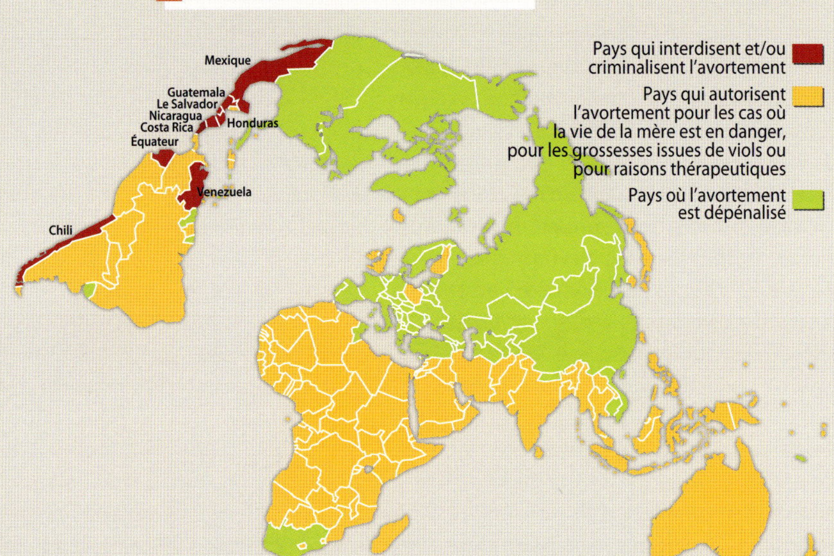

Sources : Nadine Cattan et Stéphane Leroy, Atlas mondial des sexualités, *Autrement, mai 2013 ; Guttmacher Institute/OMS,* Induced abortion: incidence and trends worldwide 1995 to 2008, *janvier 2012*

5 L'avortement en Amérique centrale et du Sud

Le Costa Rica, le Honduras, l'Équateur, le Guatemala, le Nicaragua et le Venezuela prohibent, voire criminalisent l'avortement, y compris en cas de viol ou pour raisons médicales. Au Salvador, où la Cour suprême a interdit, en mai 2013, à une jeune femme d'interrompre la grossesse qui mettait sa vie en danger alors que le fœtus souffrait d'anencéphalie (absence de cerveau), le Code pénal prévoit une peine pouvant s'élever à huit ans de prison. Au Chili, la légalisation de l'avortement thérapeutique existant depuis 1931 a été abolie en 1989 par la dictature du général Augusto Pinochet (1973-1990).

DES SITUATIONS CONTRASTÉES

D'autres pays de la région autorisent l'IVG pour des grossesses issues de viols ou pour raisons thérapeutiques : l'Argentine, la Bolivie, le Brésil, la Colombie, Haïti, le Panama, le Paraguay, le Pérou et la République dominicaine. Elle est dépénalisée à Cuba, à Porto Rico, au Guyana et en Uruguay, où la loi a été votée le 17 octobre 2012. Au Mexique, la situation est plus contrastée : 18 des 31 États interdisent l'IVG, les autres le permettant pour raisons médicales ou en cas de viol. Seul le District fédéral de Mexico l'a dépénalisé jusqu'à trois mois de gestation.

Même limitée, une législation autorisant l'avortement n'empêche pas la poursuite des crispations autour de la question dans des sociétés conservatrices, où la montée des évangéliques renforce la tendance traditionaliste de l'Église catholique. En 2009, des dissensions ont secoué cette dernière à la suite de l'excommunication par l'évêque de Recife (Brésil) de la mère d'une fillette de neuf ans, enceinte après un viol, et de l'équipe médicale qui avait pratiqué son avortement.

La publication en 2012 d'un rapport de l'institut américain Guttmacher (1) note une stabilisation des avortements entre 2003 et 2008 dans le monde (*cf. document 4*), après des années de déclin. Toutefois, la part des procédures dangereuses dans le total croît : 49 % des IVG en 2008 contre 44 % en 1995 (*cf. document 3*). Ces taux concernent surtout les pays en développement où l'avortement est illégal, principalement en Afrique et en Amérique latine (*cf. documents 1 et 2*).

DES FEMMES EN DANGER

Les militants pour le droit à l'IVG mettent l'accent sur les risques liés à la pénalisation. En Amérique latine, le nombre d'interventions pratiquées chaque année sans cadre légal ou médical est estimé à 4 millions par l'Organisation mondiale de la santé (OMS). Beaucoup sont effectuées dans des conditions insuffisantes d'hygiène et de sécurité ; les dangers sont importants : 13 % des décès maternels dans le monde y seraient liés. Par ailleurs, les États interdisant l'IVG ont souvent une politique de prévention et d'accès à la contraception limitée.

Les associations dites « pro-choix » dénoncent l'hypocrisie d'une situation qui touche principalement les femmes pauvres dans un continent marqué par de profondes inégalités sociales. Alors que les familles plus riches peuvent se rendre dans des cliniques privées pratiquant illégalement les procédures d'IVG, les autres sont contraintes de faire appel à des « faiseuses d'anges ». Au Chili, en Argentine, en Équateur, au Pérou et au Venezuela, des volontaires ont mis en place des lignes téléphoniques d'urgence afin d'aider les personnes ayant des grossesses non désirées. Ils profitent de « zones grises » de la législation pour proposer des solutions, comme la prise de médicaments dont les effets secondaires incluent des fausses couches. L'un d'eux, le Misoprostol, prescrit contre les ulcères, a été interdit au Chili, où il est distribué sur le marché noir.

La situation du droit à l'avortement en Amérique latine est contrastée, mais de nouvelles règles pourraient venir de la législation internationale. Ainsi, la Convention interaméricaine sur la prévention, la sanction et l'élimination de la violence contre la femme, adoptée en 1994, demande à ses signataires d'assurer la protection de l'intégrité physique et psychologique des femmes. ●

C. R.

NOTE

(1) Guttmacher Institute/OMS, *Induced abortion: incidence and trends worldwide 1995 to 2008*, janvier 2012.

Armes aux États-Unis : le combat vain d'Obama

C'était dans une lutte de David contre Goliath que s'est engagé le président Barack Obama pour son second mandat : contrôler les armes à feu, responsables aux États-Unis de plus de 30 000 morts par an, mais dont la possession et l'usage sont protégés par la Constitution, au même titre que la liberté d'expression. La Maison Blanche n'a pas réussi à imposer sa vision face à de puissants lobbies.

Le 14 décembre 2012, un jeune homme de vingt ans a fait irruption dans une école primaire de Sandy Hook (Connecticut) et a assassiné 26 personnes, dont 20 enfants. Quelques mois auparavant, le 20 juillet, un étudiant avait abattu 12 individus dans un cinéma à Aurora (Colorado). Deux tragédies qui ont rouvert le débat sur le contrôle des armes aux États-Unis et engagé Barack Obama dans une bataille complexe.

En effet, le deuxième amendement stipule que « le droit qu'a le peuple de détenir et de porter des armes ne sera pas transgressé », argument que retient le puissant groupe de pression National Rifle Association (NRA) pour défendre la possession d'une arme à feu. En cas de litige, la justice américaine lui donne généralement raison. Ainsi, le 26 juin 2008, la Cour suprême a confirmé à chaque Américain le droit de se servir d'une arme (*cf. document 1 et carte 3*).

1 La possession d'armes en légère baisse chez les Américains

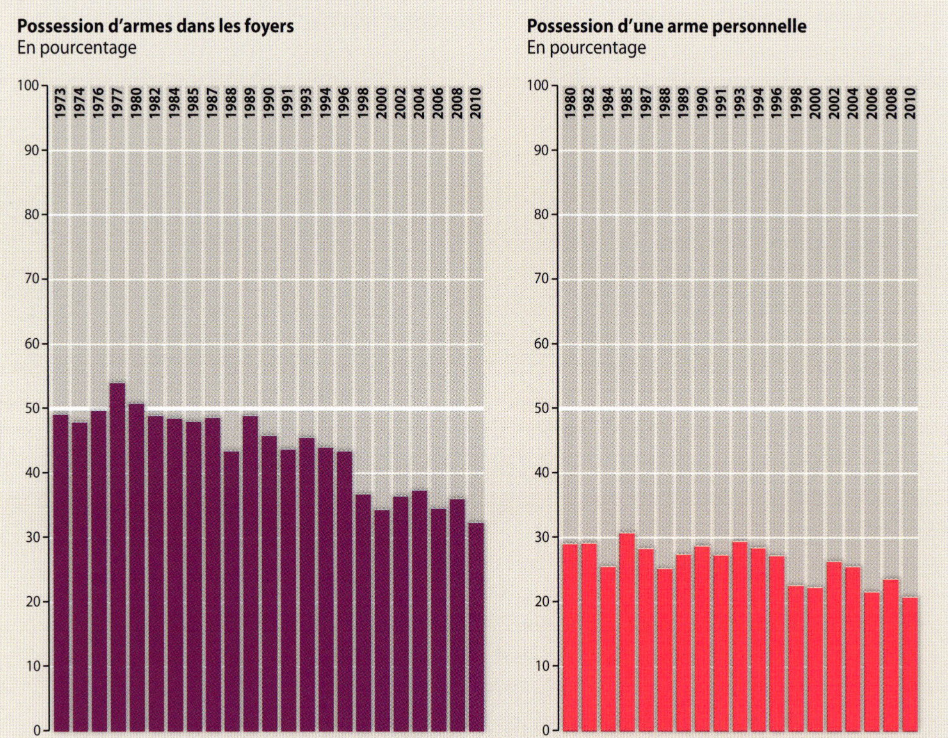

Source : Violence Policy Center, A Shrinking Minority: The Continuing Decline of Gun Ownership in America, *2010*

Carto n° 16, 2013 © Areion/Capri

LE PLAN OBAMA

Pourtant, le texte du deuxième amendement, adopté en 1791 dans un contexte de post-guerre d'indépendance (1775-1783), précise : « Une milice bien organisée étant nécessaire à la sécurité d'un État libre, le droit qu'a le peuple de détenir et de porter des armes ne sera pas transgressé. » Celui-ci s'applique-t-il encore pour tous les citoyens dès lors que les autorités ont mis en place et contrôlent des services de sécurité ? C'était toute la question à laquelle devait réfléchir le Congrès en étudiant le plan proposé par Barack Obama. Ce denier a présenté un ambitieux programme le 16 janvier 2013, dont les principales mesures sont : la vérification du casier judiciaire d'un acheteur et de ses antécédents psychologiques ainsi que l'interdiction de la fabrication et de la vente de fusils d'assaut, règle déjà en vigueur entre 1994 et 2004. Le tireur du 14 décembre 2012 avait utilisé un semi-automatique, prisé des militaires. Selon la Maison Blanche, 40 % des ventes échappent à tout contrôle, car elles sont effectuées soit sur Internet, soit pendant des « *guns shows* ».

Pour mener à bien son projet, le président des États-Unis s'était appuyé sur des chiffres qui font peur. En 2011, les civils américains détenaient 270 millions d'armes à feu, soit 88 % des individus, le plus haut taux au monde, selon les données de l'organisation Gun Policy (il est de 34 % en Irak). La même année, le nombre de morts causées par des armes à feu était de 32 163, dont 11 101 homicides par balle (*cf. carte 2*). Dans son rapport 2011 sur la criminalité, le FBI réduit ce dernier chiffre à 8 583 (1), se basant sur les décès enregistrés par la police. Dans certains États du pays, comme

2 La façade est des États-Unis très touchée par les armes à feu

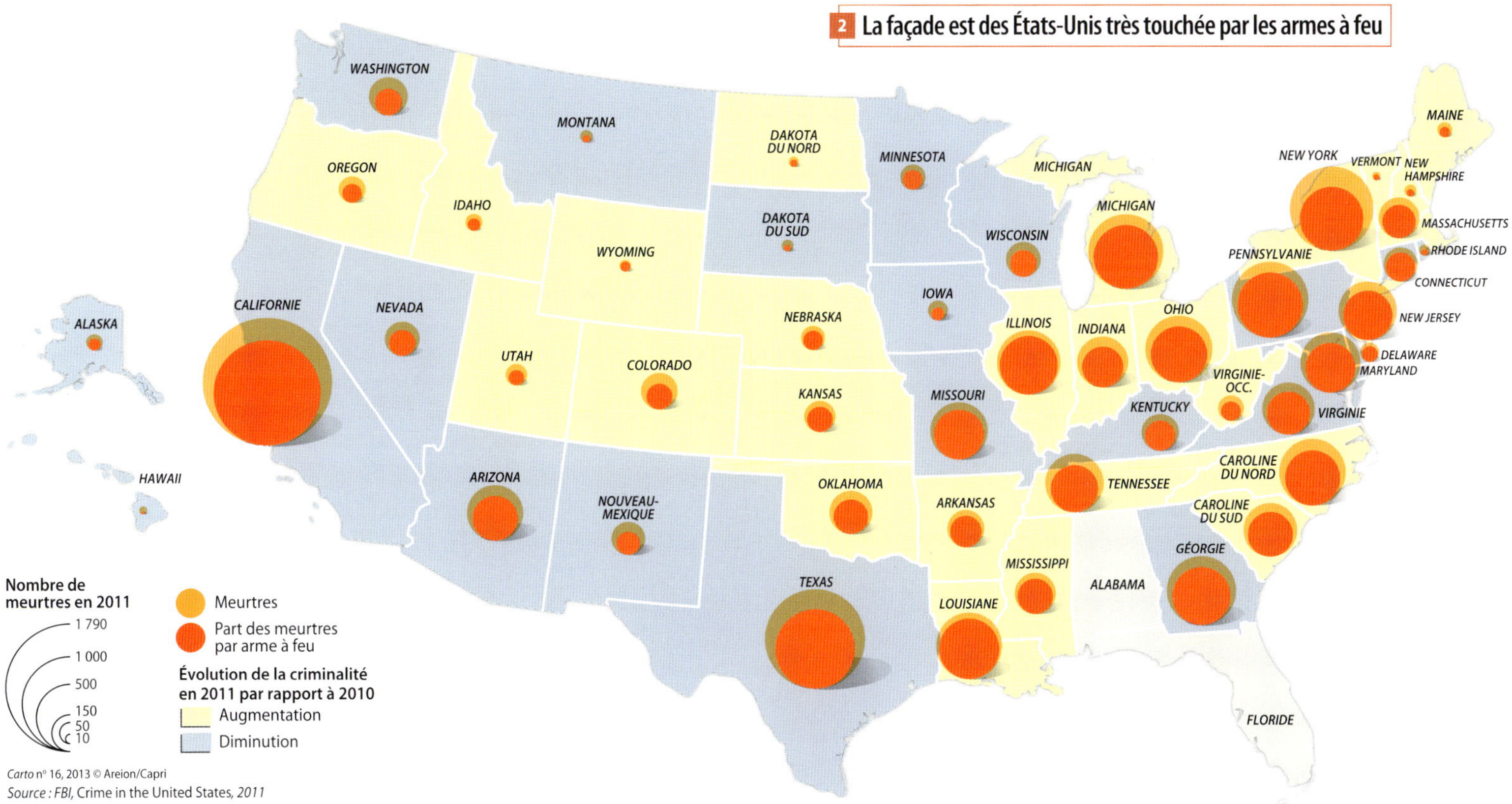

l'Illinois et la Louisiane, le taux de meurtre commis avec une arme à feu dépassent 80 %. Ainsi, sur le même ton du « *Yes, we can!* » de la campagne présidentielle de 2008, Barack Obama avait intitulé son programme « *Now is the time* » – c'est le moment de changer les choses. Depuis la tragédie de Sandy Hook, de nombreux sondages renforçaient la position du président. Par exemple, le 14 janvier 2013, le Pew Research Center a publié une étude selon laquelle 85 % des Américains appuient le contrôle des antécédents des acheteurs voulu par leur chef de l'État (2).

3 Le port d'arme cachée par État en 2013

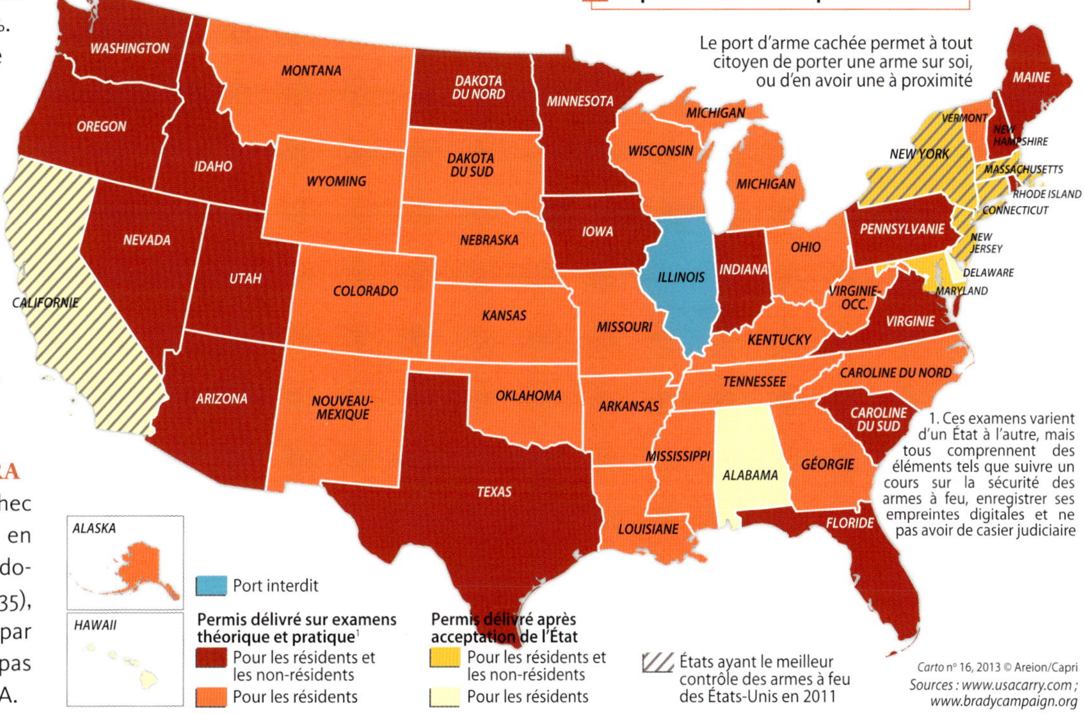

L'INFLUENCE POLITIQUE DE LA NRA

Un an plus tard, force est de constater l'échec de Barack Obama. Son plan a été rejeté en avril 2013 par la Chambre des représentants, dominée par les républicains (233 sièges sur 435), mais aussi par le Sénat, pourtant contrôlé par les démocrates (53 sur 100). Les élus n'ont pas résisté aux pressions de la très influente NRA. Originellement apolitique et grand public, cette association, fondée en 1871, est de nos jours considérée comme le plus puissant lobby actif aux États-Unis, proche du Parti républicain. En 2013, elle comptait près de 800 employés, 11 000 instructeurs, 125 000 bénévoles et 4,2 millions de membres. Ses revenus s'élèvent chaque année à 200 millions de dollars. Pour la NRA, il n'y a rien de plus sacré que le deuxième amendement. Elle s'était alors lancée dans une campagne contre le plan Obama et avait la capacité de le faire échouer tant son influence auprès des élus est importante. En 2012, 205 députés et 42 sénateurs, en grande majorité républicains, ont reçu des fonds de l'organisation pour leurs activités politiques.

Contre le plan Obama, la NRA a dépensé 13,8 millions de dollars. Elle avait même proposé à Barack Obama d'imposer la présence d'un homme armé devant les écoles, idée retenue par le président dans son plan initial, mais en évoquant également le recrutement de psychologues. Entre 1982 et 2012, sur les 61 tueries perpétrées par des armes à feu, aucune n'a pu être arrêtée par une autre arme à feu. En janvier 2014, l'administration Obama a annoncé qu'elle allait prendre de nouvelles mesures administratives pour encadrer et contrôler ce marché. ● **G. F.**

NOTES

(1) FBI, *Crime in the United States*, 2011. Consultable sur : www.fbi.gov/about-us/cjis/ucr/crime-in-the-u.s/2011/crime-in-the-u.s.-2011

(2) Pew Research Center, *In Gun Control Debate, Several Options Draw Majority Support*, 14 janvier 2012. Téléchargeable en anglais sur : www.people-press.org/2013/01/14/in-gun-control-debate-several-options-draw-majority-support/

Les lobbies : la culture de l'argent aux États-Unis

Les lobbies font partie de la culture américaine. Ils disposent d'un réel pouvoir de pression et d'influence sur les questions politiques, religieuses, culturelles ou financières. Certains sont très puissants, à l'image de la National Rifle Association, groupe visant à promouvoir les armes à feu, ou l'American Israel Public Affairs Committee, qui soutient l'État hébreu et le Likoud, le parti de Benyamin Netanyahou.

Le Sénat américain définit le lobbying comme « la pratique visant à persuader le législateur de proposer, adopter ou s'opposer à la législation ou de modifier les lois existantes ». Elle s'appuie sur le premier amendement de la Constitution, qui reconnaît à chaque individu la faculté de défendre ses intérêts : « Le Congrès ne fera aucune loi [touchant au] droit des citoyens de s'assembler pacifiquement et d'adresser à l'État des pétitions pour obtenir réparation de torts subis ». Ainsi, le 19 septembre 2012, en réponse à des propositions de loi risquant de mettre en difficulté leurs activités, 14 géants américains du Web, dont Google, Amazon, Facebook et eBay, se sont entendus pour créer leur groupe de pression, l'Internet Association. Seulement à Washington, près de 13 000 personnes travaillant dans des activités de lobbying sont enregistrées ; ce sont souvent d'anciens membres du Congrès ou du gouvernement.

Les dépenses augmentent de façon continue et s'élèvent à plusieurs milliards de dollars chaque année. Elles concernent principalement la finance, la communication, le commerce et l'énergie. D'après l'organisation non partisane Public Campaign, entre 2008 et 2010, 30 grandes compagnies américaines ont dépensé davantage d'argent en activités de lobbying qu'en impôts fédéraux (*cf. document*). Ce poids économique permet, par exemple, de peser dans les campagnes électorales. L'arrêt *Citizens United v. Federal Election Commission*, rendu le 21 janvier 2010 par la Cour suprême, lève presque toute limite au soutien financier des candidats par des groupes de pression, grandes fortunes et entreprises, qui peuvent verser des millions de dollars sans rien déclarer aux autorités fiscales par le biais de comités d'action politique. Ainsi, lors de la course à la Maison Blanche en 2012, les frères républicains et milliardaires Charles et David Koch ont massivement participé au financement de la campagne contre Barack Obama et pour Mitt Romney.

L'activité reste néanmoins strictement réglementée. Le Lobbying Diclosure Act de 1995 oblige tous les professionnels du secteur qui exercent aux États-Unis à s'enregistrer. En 2005, Jack Abramoff, un proche du Parti républicain, a été accusé et condamné pour escroquerie, fraude fiscale et corruption. À la suite de ce scandale, le Legislative Transparency and Accountability Act a été adopté en 2006. Il exige que tous les acteurs qui participent financièrement à des causes politiques déclarent dans un registre au Congrès les honoraires perçus, l'identité de leurs clients, les contributions et le candidat. Toutefois, comme pour tout système, ce dispositif visant à assurer une plus grande transparence des activités de lobbying a ses failles. •

M. H.

Les lobbies des quinze premières entreprises américaines ont la dent dure contre les taxes

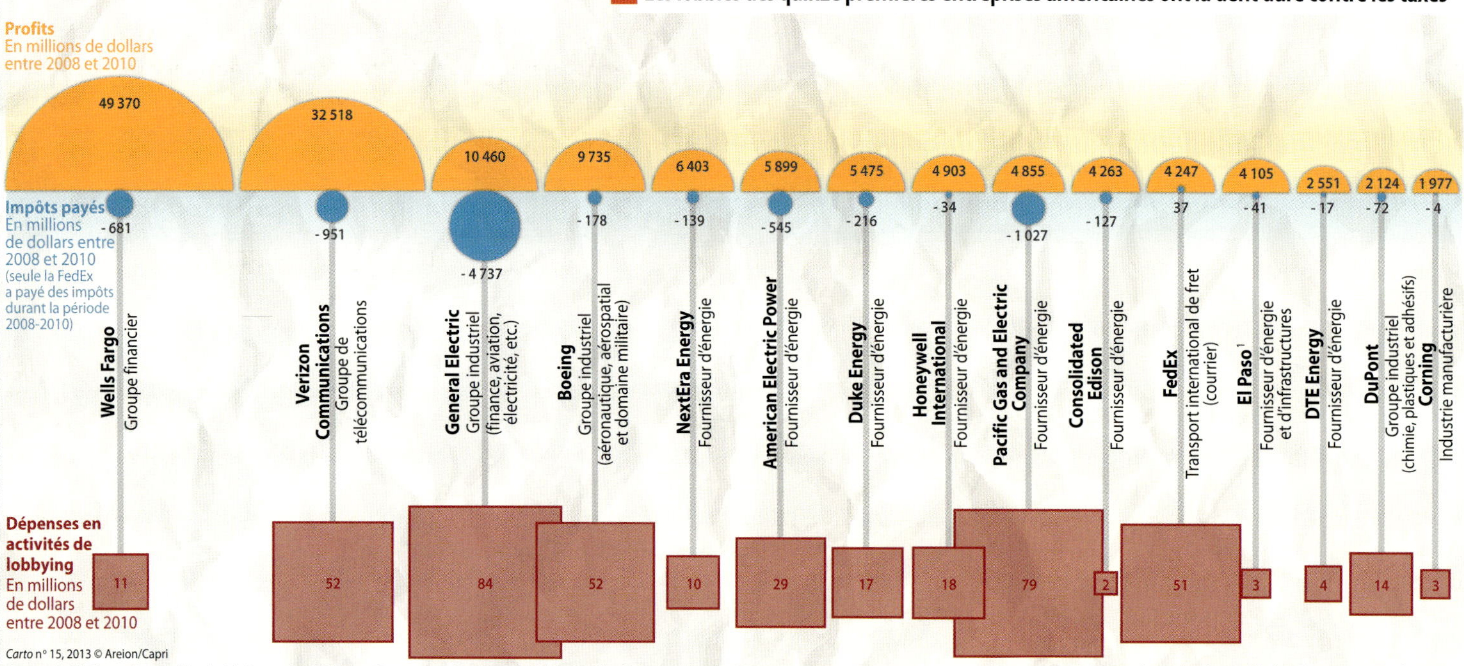

Carto n° 15, 2013 © Areion/Capri

Source : Public Campaign, For Hire: Lobbyists or the 99%? How Corporations Pay More for Lobbyists Than in Taxes, *décembre 2011*

1. Entreprise rachetée par Kinder Morgan en octobre 2011

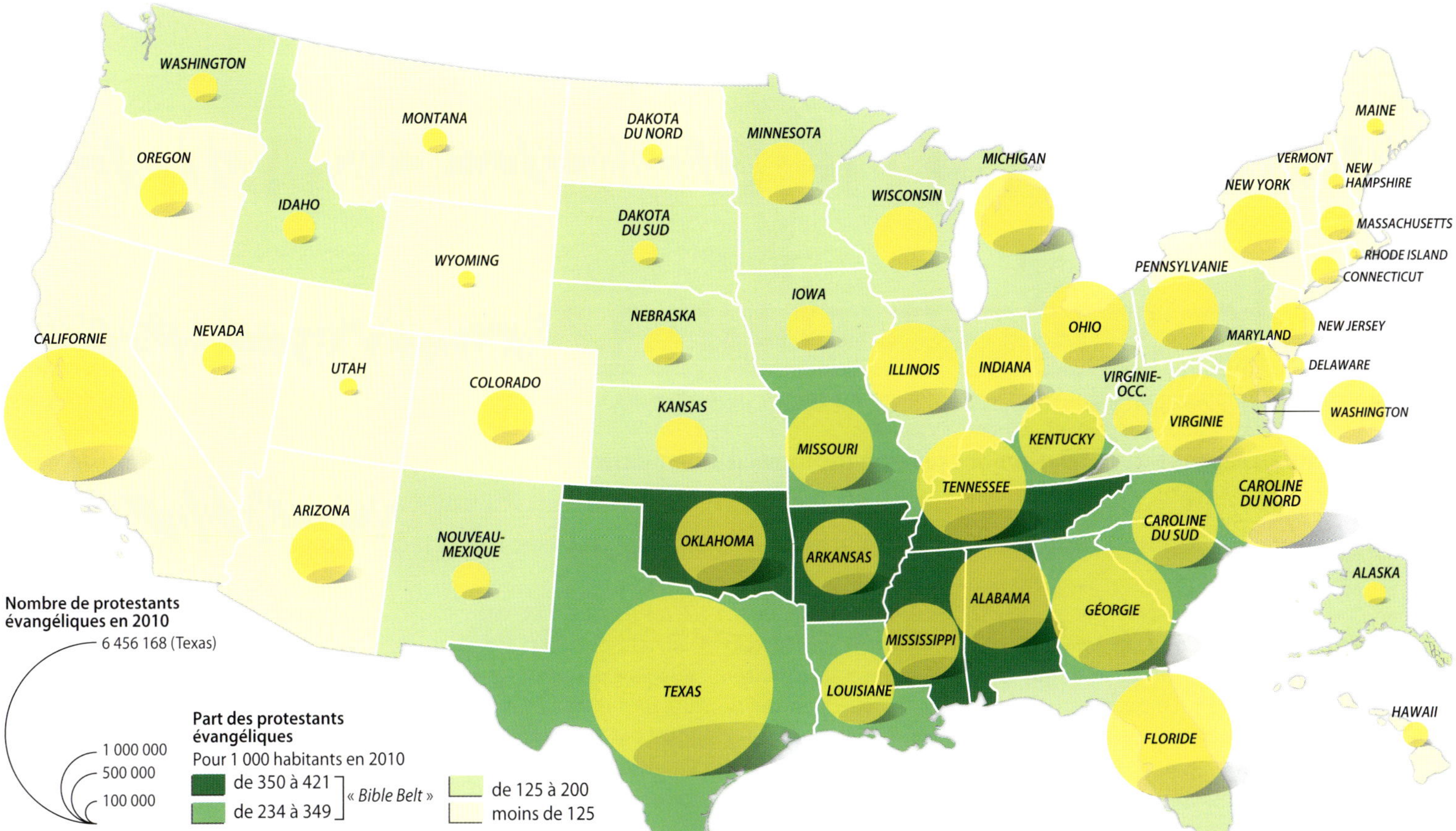

Source : The Association of Religion Data Archives, 2013 *Carto n° 18, 2013* © Areion/Capri

Les évangéliques en Amérique

Phénomène transnational mué en enjeu géopolitique, l'ascension des protestants évangéliques se décline à l'échelle du globe. En 2013, leur nombre avoisine les 565 millions d'âmes, 7 millions de plus que l'année précédente, soit un quart du christianisme mondial. En Asie, ils sont environ 183 millions (dont 63 millions en Chine) et progressent rapidement en Afrique (154 millions). Toutefois, c'est en Amérique que leur essor est le plus notable. S'ils représentaient 6,6 % de la population brésilienne en 2000, ils étaient 22,2 % dix ans plus tard, soit environ 45 millions d'individus ; ils sont 10 millions au Mexique et 5 millions au Guatemala. Aux États-Unis (*cf. carte*), ils sont 49,7 millions en 2010 ; le Texas détient le record national avec 6,45 millions de fidèles.

Apparu en Europe au XVIe siècle, divisé en différentes Églises (baptiste, méthodiste, adventiste…), l'évangélisme se base sur une conversion relevant d'un choix personnel, d'une relation individuelle avec Dieu, et se caractérise notamment par un conservatisme moral et un engagement militant. Il conviendrait toutefois de distinguer le pentecôtisme du fondamentalisme américain : le premier repose sur un modèle de religiosité émotionnel et intimiste avec le Créateur, tandis que le second affiche un attachement à la pureté doctrinale.

L'essor du mouvement s'inscrit sur une base éclatée et hybride, car il demeure difficile de délimiter une frontière tangible entre le protestantisme traditionnel et l'école évangélique, qui représente les deux tiers des Églises réformées du monde. De la même façon qu'il cohabite avec des courants religieux antillo-africains syncrétiques, il a su par sa formule universaliste se transposer sans difficulté au contexte local, notamment à travers des prêches et des transes collectives. Sans hiérarchie ni autorité pontificale, ces Églises ont su percer facilement les ceintures de pauvreté du continent latino-américain par leur message de foi en la réussite sociale et leur rapport décomplexé à l'argent.

Sur le plan politique, les évangéliques disposent d'importants relais dans les cercles de pouvoir. En avril 2013, quelque 300 pasteurs se sont rendus à Washington pour rencontrer des membres du Congrès dans le but d'appuyer la réforme de l'immigration voulue par Barack Obama, les réformateurs protestants essaimant depuis de longues années dans les populations étrangères hispanophones. Au Brésil, Marco Feliciano, guide religieux et député du Parti social-chrétien, a été président de la Commission des Droits de l'homme du Parlement pendant l'année 2013, marquant une volonté des évangéliques d'intervenir dans les débats de société et d'imposer leurs visions conservatrices.

On assiste en Amérique à un glissement de la « théologie de la libération » vers la « théologie de la prospérité », mélange d'« hyperchristianisme » et de néolibéralisme, qui se traduit par une exaltation de la religiosité tout en restant connecté avec le monde matériel en pleine harmonie avec une éthique protestante du capitalisme. ●

T. Y.

Le « moment mormon » ou le succès d'une secte

Plus de dix ans après l'organisation des Jeux olympiques d'hiver dans leur capitale de Salt Lake City, les mormons se sont retrouvés sous les feux des projecteurs. L'un d'eux, le républicain Mitt Romney, a failli accéder à la Maison Blanche en novembre 2012, montrant la force d'une communauté religieuse accusée de sectarisme, notamment en France.

Mitt Romney a largement évité le sujet de sa foi pendant la campagne présidentielle et, en vertu du respect de la liberté religieuse cher aux Américains, ses adversaires ont fait de même. Sa candidature a toutefois renouvelé l'intérêt pour le mormonisme, d'autant que de nombreux chrétiens évangélistes, habituellement des piliers du Parti républicain, se sont montrés réticents à voter pour un membre de l'Église de Jésus-Christ des saints des derniers jours. Celle-ci est en effet entourée de mystère.

Le mormonisme est né aux États-Unis en 1820, lorsqu'un jeune homme de quatorze ans, Joseph Smith, entre en communication avec Dieu. Selon la doctrine, l'ange Moroni lui serait apparu en 1823, lui révélant l'existence d'un ouvrage saint, le « Livre des mormons », écrit dans une forme de hiéroglyphes sur des pages en or. Traduit à l'aide de « pierres magiques » avant d'être perdu, ce livre est publié en 1830. Il est la référence de l'Église de Jésus-Christ des saints des derniers jours. Les premiers adeptes sont progressivement chassés des États de l'Ohio et du Missouri, puis s'établissent dans la ville de Nauvoo, dans l'Illinois. Emprisonné à Carthage, Joseph Smith est assassiné en 1844. Persécutés, les mormons s'exilent vers l'ouest et fondent Salt Lake City en 1847. Le successeur de Joseph Smith à la tête de l'église, Brigham Young, gouverne alors l'autoproclamé État du Deseret, qui devient Territoire de l'Utah en 1851. Ce dernier, sous le nom d'« Utah », n'entre dans l'Union américaine qu'en 1896, après le rejet par les mormons de la pratique de la polygamie. En fonction depuis 2008, Thomas Spencer Monson est le seizième président de l'Église.

DES PILIERS RELIGIEUX CONSERVATEURS

La religion mormone est centrée sur la famille et le caractère sacré du mariage. Elle se rapproche donc de nombreuses communautés chrétiennes fondamentalistes par leur refus du divorce et de l'avortement et leur vision du rôle de la femme comme mère et épouse, idéalement au foyer. Les mormons respectent d'autres interdits, comme l'alcool, la cigarette, le café et le thé. Ils peuvent baptiser après la mort, ce qui explique le rôle essentiel des études généalogiques pour permettre aux membres de « proposer » l'entrée dans la congrégation à leurs ancêtres. Cette pratique suscite de nombreuses controverses, notamment après la révélation du baptême de victimes de l'Holocauste en 1995.

Le mormonisme accorde beaucoup d'importance à la communauté et

1 Les États-Unis : fief et cœur idéologique des mormons

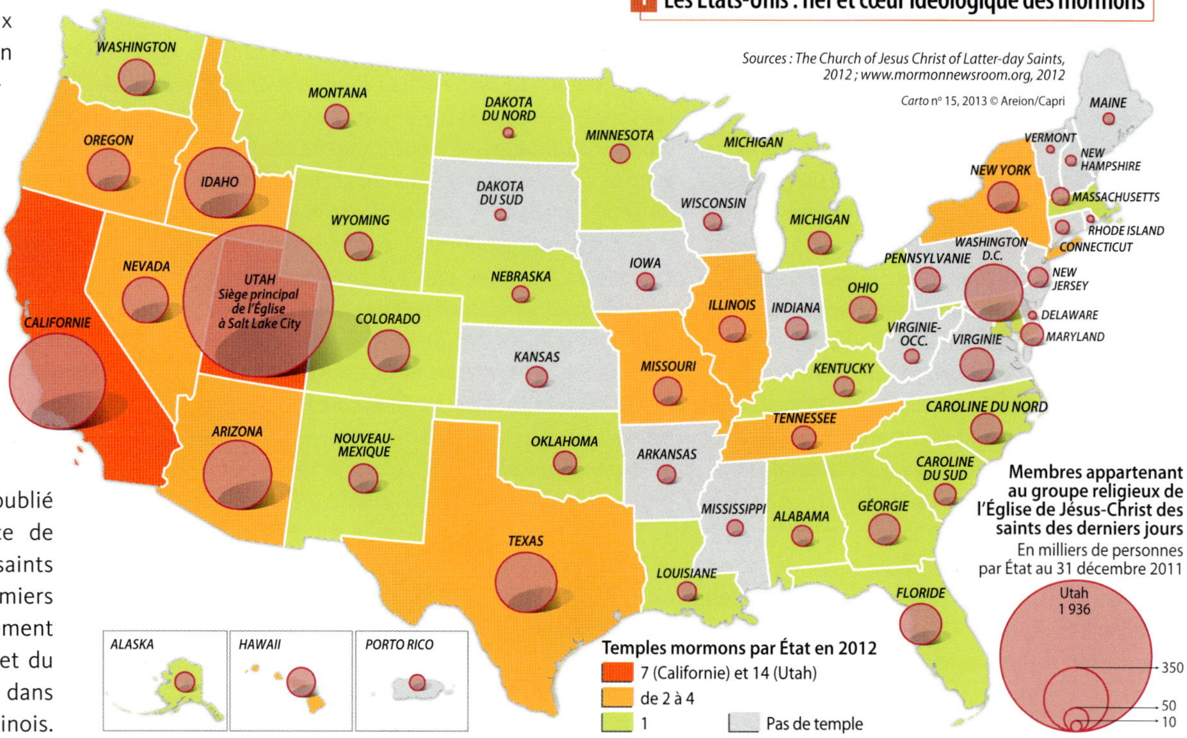

2 Le prosélytisme de la foi mormone sur les cinq continents

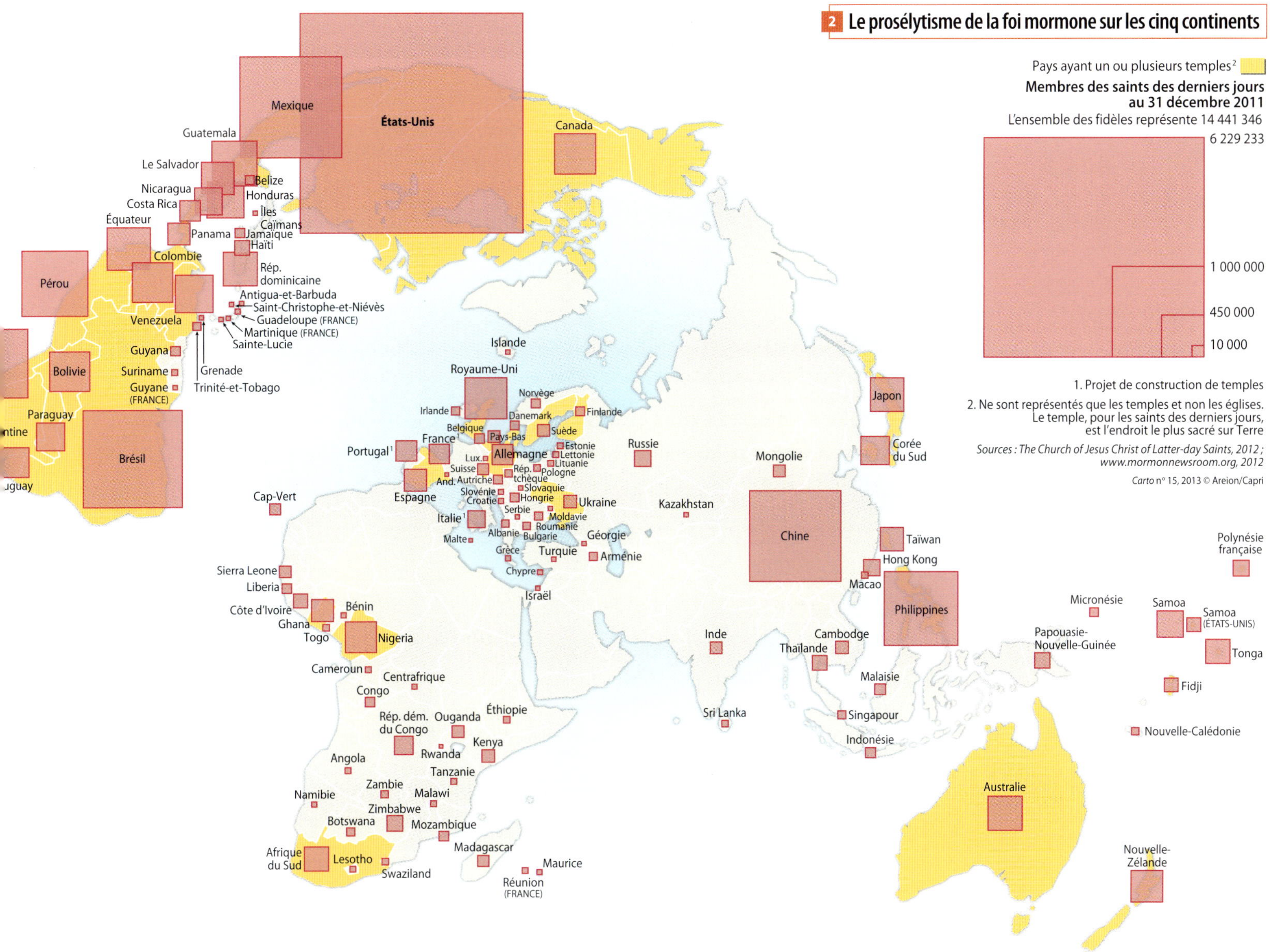

pousse au prosélytisme. Les jeunes sont encouragés à partir en « mission » de six mois à deux ans à l'étranger lorsqu'ils atteignent l'âge de dix-huit ans pour les garçons, dix-neuf pour les filles. L'Église de Jésus-Christ des saints des derniers jours compte 55 000 missionnaires à plein temps dans le monde en 2011 et 280 000 conversions la même année. L'abaissement de l'âge du départ de vingt et un à dix-neuf ans pour les jeunes filles a provoqué en automne 2012 une augmentation significative du nombre de candidates.

Le mormonisme connaît ainsi une croissance rapide et totalise 14,4 millions d'adeptes à travers la planète en 2011 (*cf. carte 2*). La communauté constitue 2 % de la population américaine, soit 6,2 millions de membres, dont près de 1,936 million dans l'Utah (environ 60 % des habitants de l'État, *cf. carte 1*). Ils sont aussi très présents en Amérique latine, en Chine et aux Philippines. La communauté française compte quant à elle plus de 36 000 personnes. En Europe, le dynamisme des mormons se traduit par le projet de construction de trois nouveaux temples à Rome (Italie), à Lisbonne (Portugal) et au Chesnay, près de Versailles. Elle est reconnue comme association culturelle en France depuis 2009.

UNE INFLUENCE ÉCONOMIQUE

L'Église de Jésus-Christ des saints des derniers jours possède la Deseret Management Corporation qui réunit ses activités lucratives, comprenant notamment des compagnies d'assurance, des maisons d'édition, des stations de radio et des entreprises immobilières. Elle gère en outre la faculté privée Brigham Young, à Provo, où les étudiants suivent un « code moral » fondé sur les préceptes mormons, et a institué l'université publique d'Utah en 1850. Des antennes existent à Hawaii et dans l'Idaho.

À ces activités s'ajoute le succès économique de nombreuses familles mormones, comme celle de Mitt Romney, des Marriott, propriétaires de la célèbre chaîne hôtelière du même nom et qui font partie de ses grands donateurs, ou de celle de Jon Huntsman Jr., l'autre candidat mormon à la primaire républicaine de 2012. Si les membres de l'Église ont largement voté pour Mitt Romney face à Barack Obama, il ne s'agit toutefois pas d'une exception, ces derniers ayant montré leur soutien au Parti républicain lors des précédents scrutins présidentiels. Par ailleurs, quatre sénateurs américains sur 100 sont mormons, dont le président démocrate de la chambre haute du Congrès, Harry Reid, ainsi que 11 députés sur 435.

Outre des pratiques controversées, comme le « mariage multiple », célébré en toute illégalité par des groupes marginaux, l'Église est surtout attaquée en son sein. Les membres dont les travaux académiques ou les critiques s'aventurent trop à l'encontre des dogmes peuvent être excommuniés, comme certains militants féministes. Ses anciens adeptes dénoncent en outre une culture de la surveillance de la communauté par un « comité de renforcement » qui décourage la dissidence.

« Moment mormon » ou non, la possibilité pour l'un d'eux d'accéder à la plus haute fonction publique aux États-Unis a confirmé leur intégration dans la vie économique et politique du pays en dépit des controverses. ●

C. R.

Détroit : la faillite d'un territoire

Elle est le berceau de l'industrie automobile, le cœur de la musique Motown (Marvin Gaye, The Supremes, les Jackson Five, entre autres artistes), le symbole du capitalisme américain et de la lutte pour les droits civiques. Le 3 décembre 2013, la justice a officiellement déclaré Détroit en faillite, avec une dette colossale de 18,5 milliards de dollars, après avoir été mise sous tutelle en mars. La plus grande ville du Michigan, qui cristallise la crise économique et politique aux États-Unis, se retrouve face à un important défi de reconversion urbaine.

1 Une ville en déclin démographique

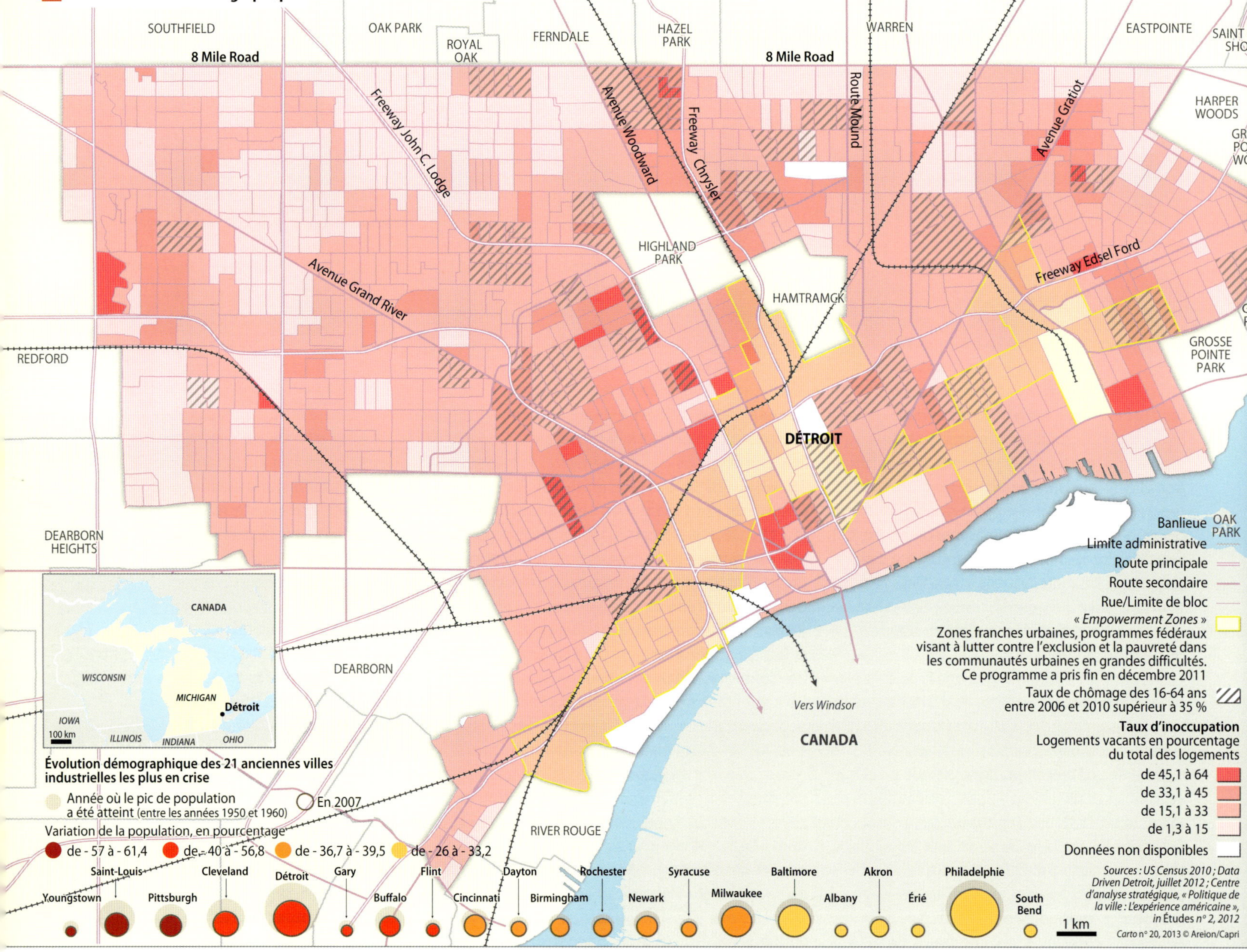

et du « rêve américain »

C'est la fin d'un rêve, une catastrophe lente qui sévit à Détroit (1). Capitale industrielle des États-Unis depuis la construction des premières usines au début du XXe siècle et siège des Big Three de l'automobile – Chrysler, Ford et General Motors (GM) –, la ville souffre d'un long déclin depuis les années 1950, qui s'est accéléré avec la crise des *subprimes* en 2007. Le naufrage du système bancaire a fermé l'accès au crédit, pourtant moteur de la consommation et ayant permis aux individus d'accéder à la propriété. Conséquence : face à l'incapacité à rembourser, des dizaines de milliers de maisons ont été saisies. Le secteur automobile s'en est ressenti et a licencié massivement ; Chrysler et GM ont été sauvés par le gouvernement fédéral avec une aide de 17,4 milliards de dollars en décembre 2008.

Jamais une ville américaine de la taille de Détroit – 370 kilomètres carrés et 688 701 habitants en 2013 – n'avait été mise en faillite, mesure adoptée en dernier ressort. En avril 2014, le taux de chômage officiel est de 14,5 % – il atteindrait en réalité 40 % contre 6,3 % au niveau national – et un tiers de la population vit sous le seuil de pauvreté (*cf. carte 2*).

SÉGRÉGATION URBAINE

Pour comprendre la situation, il suffit de prendre comme repère géographique l'autoroute 8 Mile Road, qui coupe Détroit, au sud, de la banlieue, au nord (*cf. carte 1*). Elle symbolise la ségrégation raciale et sociale de la ville, expliquant en partie sa décadence. Alors que celle-ci attirait de la main-d'œuvre dans la première moitié du XXe siècle, la tendance s'inversa après la Seconde Guerre mondiale, avec les délocalisations vers les États du Sud, plus compétitifs. Dans un contexte de lutte pour les droits civiques – les émeutes de juillet 1967 firent 43 morts – et de racisme, la classe moyenne blanche et les investisseurs sont partis s'installer dans les *suburbs* : la population de Détroit est ainsi passée de 1 849 568 habitants en 1950 à 1 027 974 en 1990 et 916 952 en 2007.

Le cœur de la ville s'est vidé, devenant une sorte de ghetto pour les Noirs (83 % de la population), touchés par le chômage et la pauvreté (*cf. carte 3*). La municipalité s'est retrouvée sans base fiscale, obligée d'emprunter. Les services publics en ont été les premières victimes. Dans une métropole où chaque route comporte au moins quatre voies, le déplacement est fondamental. Or 33 % des ménages ne possèdent pas de voiture ; la gare centrale a fermé en 1988 et il n'existe pas de système de transports en commun reliant le centre à la banlieue, un enclavement renforçant la ségrégation et l'insécurité.

Face à ses difficultés financières, Détroit avait déjà été mise sous tutelle en mars 2013 avec la nomination d'un administrateur, mais les mesures d'austérité (privatisations, coupes budgétaires, etc.) n'ont pas suffi et la faillite a été déclarée. Le processus de restructuration peut prendre plusieurs années. Le maire, Dave Bing, en fonction depuis 2009, a proposé de réduire la taille de la ville d'un tiers et la Maison Blanche a annoncé une aide de 320 millions de dollars en septembre 2013. Si les analystes ne sont pas optimistes, quelques éléments positifs sont à souligner. D'une part, les Big Three ont retrouvé le chemin de la rentabilité et certaines compagnies des nouvelles technologies, à l'instar de Twitter, se sont installées à Détroit. D'autre part, la fascination pour cette « fin du monde capitaliste » a attiré de nombreux artistes, redonnant un certain dynamisme culturel. Enfin, l'espoir pourrait venir de la géographie : Détroit se trouve à la frontière avec le Canada, premier partenaire commercial des États-Unis. Ancienne capitale de l'industrie sidérurgique américaine, Pittsburgh est entrée dans une phase de déclin dans les années 1980 avant d'entreprendre un vaste programme de réformes et de devenir, en 2010, la première ville du pays où il fait bon vivre. Une source d'inspiration peut-être. ●

G. F.

NOTE

(1) Allan Popelard, « Détroit, catastrophe du rêve », in *Hérodote* n° 132, premier trimestre 2009, p. 202-215.

2 Personnes en situation de pauvreté entre 2006 et 2010

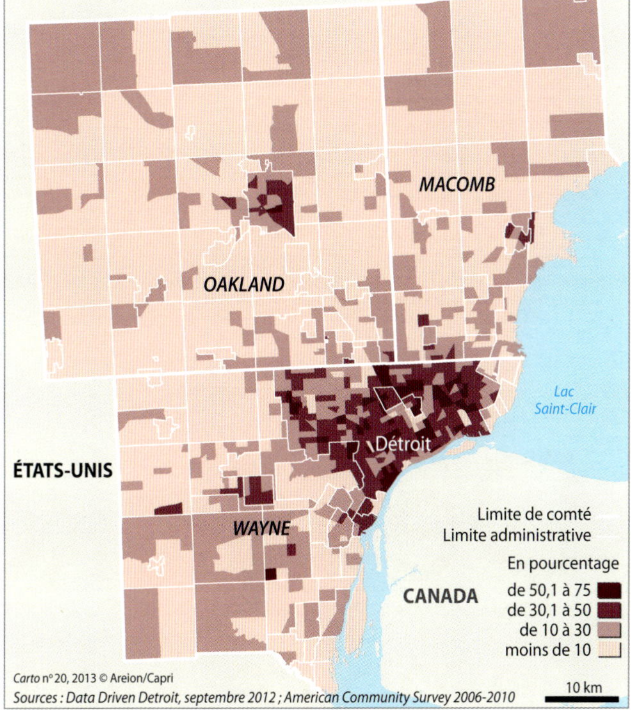

Carto n° 20, 2013 © Areion/Capri
Sources : Data Driven Detroit, septembre 2012 ; American Community Survey 2006-2010

3 Répartition spatiale des populations en 2010

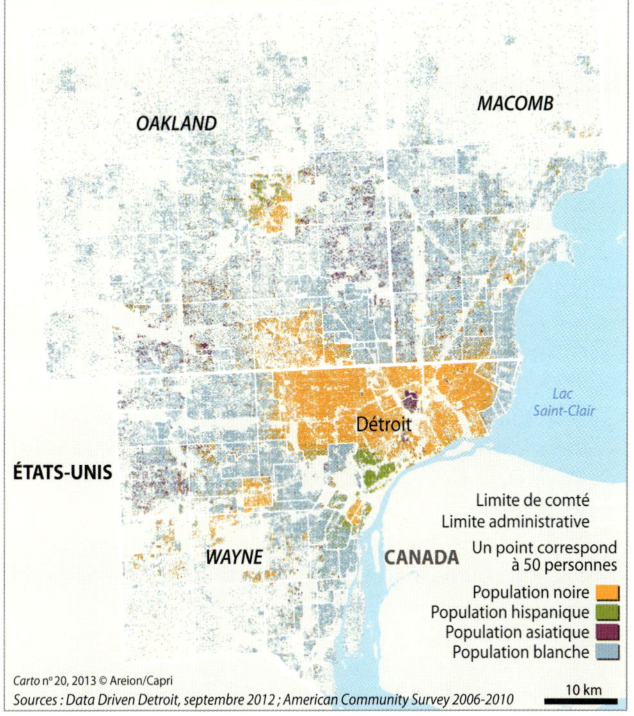

Carto n° 20, 2013 © Areion/Capri
Sources : Data Driven Detroit, septembre 2012 ; American Community Survey 2006-2010

L'ascension mondiale de Disney

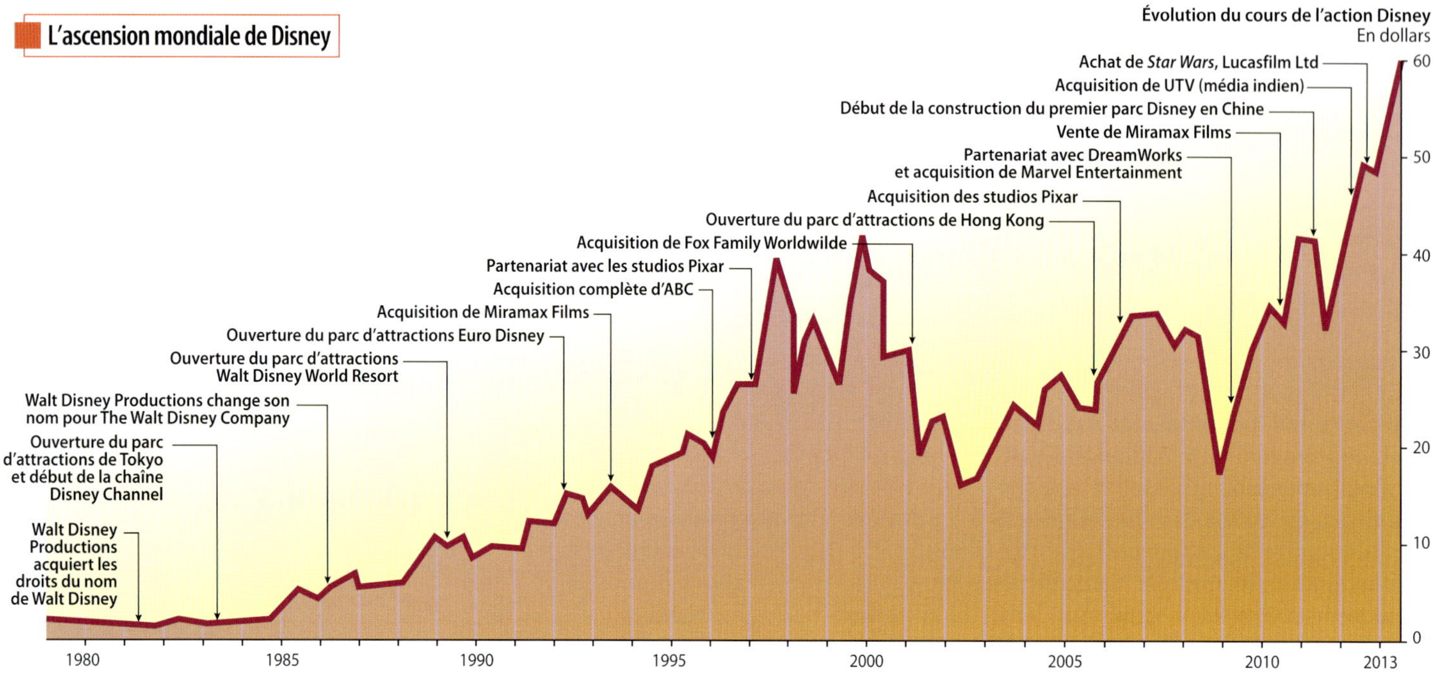

Source : The Walt Disney Company, 2013

Carto n° 17, 2013 © Areion/Capri

De Mickey à Yoda, l'empire Disney contre-attaque

Conglomérat du divertissement avec son univers cinématographique, ses parcs à thème et ses multiples chaînes audiovisuelles, la Walt Disney Company ne se restreint plus à l'image classique de Mickey et étend son empire grâce à des acquisitions de franchises, dont *Star Wars* en octobre 2012, qui lui assurent un avenir prometteur (*cf. document*).

Fondée en 1923, devenue symbole du capitalisme américain et de la prédominance de sa culture dans le monde, Disney a enregistré en 2012 un chiffre d'affaires record de 42,3 milliards de dollars, bien loin des 167 millions que le groupe générait en 1970. Entre-temps, la firme s'est largement diversifiée pour devenir un véritable empire. Ainsi, elle possède un vaste réseau de chaînes de télévision diffusant dans 190 pays. De la généraliste ABC à la sportive ESPN, en passant par Disney Channel, le groupe dispose d'un formidable outil de diffusion de son image.

En parallèle, il a pris soin de construire en 1983, à Tokyo, son premier parc d'attractions en dehors des États-Unis, où il en possédait déjà deux, à Los Angeles et à Orlando. Depuis, deux autres ont ouvert à Paris, en 1992, et à Hong Kong, en 2005. Un autre devrait voir le jour à Shanghai fin 2015. Ce dernier projet marque la volonté de la Walt Disney Company de s'étendre sur les marchés à forte croissance et de ne pas laisser lui échapper une partie du monde riche de plus d'un milliard de consommateurs. Porteurs d'une image matérialisée du groupe, les complexes d'amusement continuent d'attirer toujours plus de clients et représentent 19 % des 10 milliards de dollars de bénéfices nets de Disney en 2012, certes derrière la télévision (66 %), mais devant la traditionnelle activité cinématographique (7 %). C'est justement autour du septième art que la firme s'est le plus développée. Depuis ses succès des années 1990, dont *Aladin* et *Le roi lion*, l'entreprise a dû faire face à l'apparition de la concurrence des films d'animation, dont Pixar a longtemps été le grand représentant avec *Toy Story* ou *Le monde de Nemo*. Partenaire du studio alors dirigé par Steve Jobs, Disney en a fait l'acquisition en 2006. Trois ans plus tard, le groupe s'est attaqué à un autre créneau, celui des superhéros, largement dominé par l'univers Marvel (Spiderman, Xmen, Iron Man, etc.). Son rachat lui a permis d'enregistrer en 2012 un succès considérable avec le film *Avengers*, qui a généré 1,5 milliard de dollars de bénéfices à lui seul.

Forte de 1070 longs-métrages produits entre 1928 et 2012, la Walt Disney Company a franchi une étape de plus dans son désir de conquérir l'imaginaire des spectateurs en rachetant en octobre 2012 Lucasfilm, la société du créateur de *Star Wars*. Tombée dans l'escarcelle de Disney, l'épopée de science-fiction, riche de plus de 17000 personnages, devrait réapparaître sur les écrans dès 2015 avec la sortie d'un septième épisode. La direction de la compagnie réfléchit même à un parc d'attractions basé sur cet univers unique, qui lui permettrait de tisser un peu plus sa toile et de renforcer sa position de quasi-monopole en matière de divertissement mondialisé. ●

T. H.

Le Brésil mise sur la culture

Au mois de février de chaque année, pendant cinq jours, le Brésil est la capitale mondiale de la fête. Le carnaval de Rio de Janeiro réunit alors près de 6 millions de personnes, dont un million de touristes venus spécialement pour l'événement. Mais la culture au pays du musicien Gilberto Gil ne se limite pas aux défilés cariocas, et elle devient une priorité pour les autorités.

Terre de brassage depuis l'époque de la colonisation portugaise (1500-1822), le Brésil est un géant de 201 millions d'habitants en 2013, une richesse démographique qui se traduit en matière culturelle. Si le carnaval (*cf. carte 2*) et la samba sont connus dans le monde entier, il ne faut pas oublier la capoeira (*cf. carte 3*), danse-art martial héritée des temps de l'esclavage (du XVIe siècle jusqu'à son abolition en 1888) et classée patrimoine culturel national depuis 2008, ou encore les multiples fêtes traditionnelles célébrées sur l'ensemble du territoire. Ainsi, la moitié des villes du pays (49,2 % en 2006, selon les derniers chiffres disponibles ; *cf. carte 4*) en organisent au moins une. En décembre 2012, l'Organisation des Nations unies pour l'éducation, la science et la culture (UNESCO) a classé le *frevo*, art du spectacle caractéristique de l'État du Pernambuco, patrimoine immatériel de l'humanité.

Si la lutte contre la pauvreté était le cheval de bataille du président Luiz Inácio Lula da Silva (2003-2011), un accès plus égal à la connaissance est l'une des priorités de son successeur, Dilma Rousseff. Le budget 2013 du ministère de la Culture est le plus important de son histoire, atteignant 2,2 milliards d'euros et servant principalement à financer des projets de cinéma (*cf. carte 1*) et de protection des biens anciens. Cette dynamique s'inscrit dans la continuité de l'action de Lula da Silva. Ce dernier, qui a eu Gilberto Gil comme ministre entre 2003 et 2008, a défendu une intervention accrue de l'État, notamment avec les Programmes d'accélération de la croissance, destinés à développer différents secteurs et qui permettent ainsi de financer les Centros unificados das Artes, espaces culturels installés dans des quartiers pauvres. Le premier a été inauguré en décembre 2012 à Toledo, dans le Paraná. Il est prévu d'en construire dans 360 communes, sachant que ces établissements doivent occuper des locaux d'au moins 360 mètres carrés pour y accueillir le plus grand nombre d'activités.

Cette politique répond à une volonté de réduire les écarts d'accès à la culture. Par exemple, la part des Brésiliens allant au cinéma varie entre 0,9 % pour les personnes sans éducation et 45 % pour les diplômés universitaires. On trouve également des différences territoriales selon les manifestations : Rio de Janeiro reste ainsi la capitale du carnaval et de la capoeira, tandis que l'État du Ceará, dans le nord-est du pays, accueille de nombreuses fêtes populaires.

Dès 2003, le gouvernement du Parti des travailleurs a offert un appui logistique et financier à des projets de la société civile, créant des « Points de culture ». En 2012, il y en avait 3700 dans l'ensemble du pays. En décembre 2012, le Parlement a approuvé le « *Vale Cultura* », sorte de chèque-cadeau pour s'offrir tout objet culturel (livre, disque, etc.). Il sera distribué à environ 18 millions de personnes, celles dont les revenus ne dépassent pas 240 euros par mois. Si 90 % des projets culturels sont financés par le secteur public, les autorités poussent également les entreprises privées à s'engager dans le mécénat en défiscalisant les dons.

Pour le Brésil, la culture est un véritable *soft power* qu'il entend bien utiliser pour affirmer sa position de puissance émergente sur l'échiquier mondial. Ainsi, la ville de São Paulo était candidate pour accueillir l'Exposition universelle de 2020 (elle aura lieu à Dubaï). ● **G. F.**

1 Le cinéma

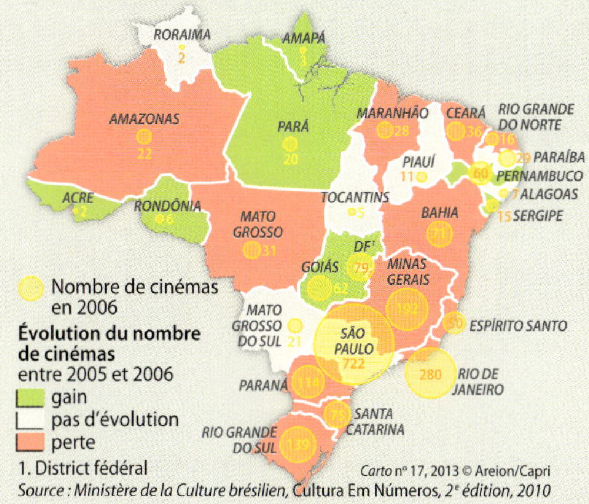

Carto n° 17, 2013 © Areion/Capri
Source : Ministère de la Culture brésilien, Cultura Em Números, *2e édition, 2010*

2 Le carnaval

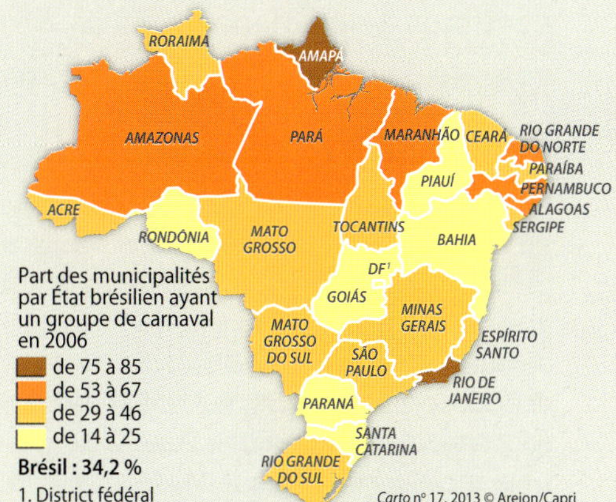

Carto n° 17, 2013 © Areion/Capri
Source : Ministère de la Culture brésilien, Cultura Em Números, *2e édition, 2010*

3 La capoeira

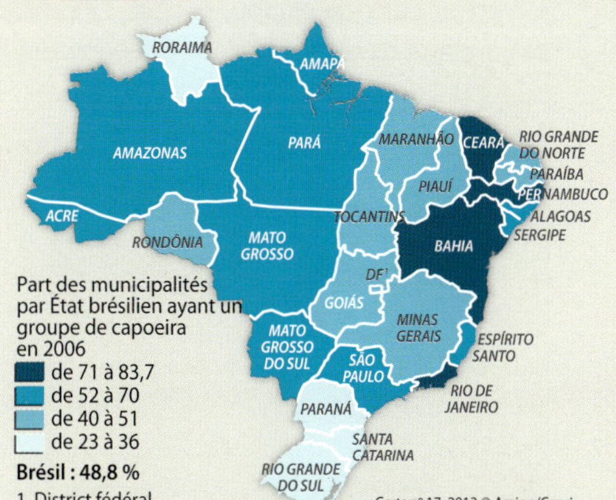

Carto n° 17, 2013 © Areion/Capri
Source : Ministère de la Culture brésilien, Cultura Em Números, *2e édition, 2010*

4 Les manifestations populaires

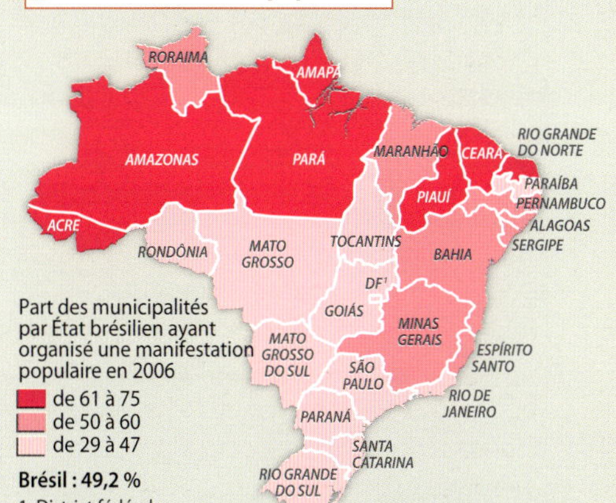

Carto n° 17, 2013 © Areion/Capri
Source : Ministère de la Culture brésilien, Cultura Em Números, *2e édition, 2010*

L'armée des États-Unis :

Crises politiques et budgétaires ont eu raison d'une stratégie militaire américaine considérée pour beaucoup comme contre-productive et coûteuse. Tandis que les États-Unis se recentrent vers des régions jugées stratégiques, comme l'Asie-Pacifique, leurs manœuvres en Afrique font figure de cas d'école, illustrant une volonté de rester un acteur mondial majeur, mais quelque peu en retrait.

Après plus de dix ans de guerre en Afghanistan et en Irak, une crise économique sans précédent, une dette de 16 000 milliards de dollars et un déficit budgétaire de 1 087 milliards pour l'exercice fiscal 2012, les États-Unis surveillent de près leurs dépenses. Si avec 526,6 milliards pour 2014, le budget militaire américain reste le plus élevé du monde, cette somme ne tient pas compte du coût des opérations en Afghanistan, de 88,5 milliards de dollars en 2013. Or, faute d'accord au Congrès, le budget 2014 s'expose à des coupes de plus de 50 milliards ; le Pentagone envisage notamment de fermer des bases de l'armée. Près de 4 500 sont réparties sur l'ensemble du territoire des États-Unis et 650 sont installées à l'étranger (*cf. carte 2*). Cette restructuration budgétaire s'accompagne dès lors d'une refonte de la stratégie globale. Washington entend notamment se désengager du Vieux Continent, fort de puissances militaires comme la France ou le Royaume-Uni.

UNE REFORMULATION STRATÉGIQUE

Le repli annoncé s'apparente plutôt à une figure rhétorique visant à satisfaire une opinion publique lassée par les guerres. Les regains de tension en Asie, notamment entre la Chine et le Japon, poussent au contraire les États-Unis à cultiver leur statut de « gendarme du monde ». Cette protection continue de représenter une solution crédible pour les pays asiatiques en proie à l'expansionnisme de Pékin. La stratégie américaine dans la région se base sur les trois D : diplomatie, développement et défense. Cette doctrine institue un type nouveau de leadership et trouve un écho singulier en Afrique (*cf. carte 1*).

Ce continent constitue en effet l'une des préoccupations centrales des États-Unis. Le président Barack Obama l'a montré en effectuant, du 26 juin au 3 juillet 2013, une visite officielle en Afrique du Sud, au Sénégal et en Tanzanie. L'Afrique est tirée par une croissance économique élevée (5,6 % en 2013), laissant imaginer un marché de consommation prometteur. Surtout, la richesse de son sous-sol fait l'objet de convoitises.

Si, officiellement, les États-Unis ne comptent que trois bases militaires sur le continent (Djibouti, Le Caire en Égypte et Mombasa au Kenya) et si le siège de l'US Africa Command se trouve en Allemagne, c'est que la stratégie américaine en Afrique repose surtout sur l'« ISR », un sigle anglais pour « renseignement, surveillance et reconnaissance ». Dans ce cadre, le Pentagone a aménagé

1 La présence militaire américaine en Afrique

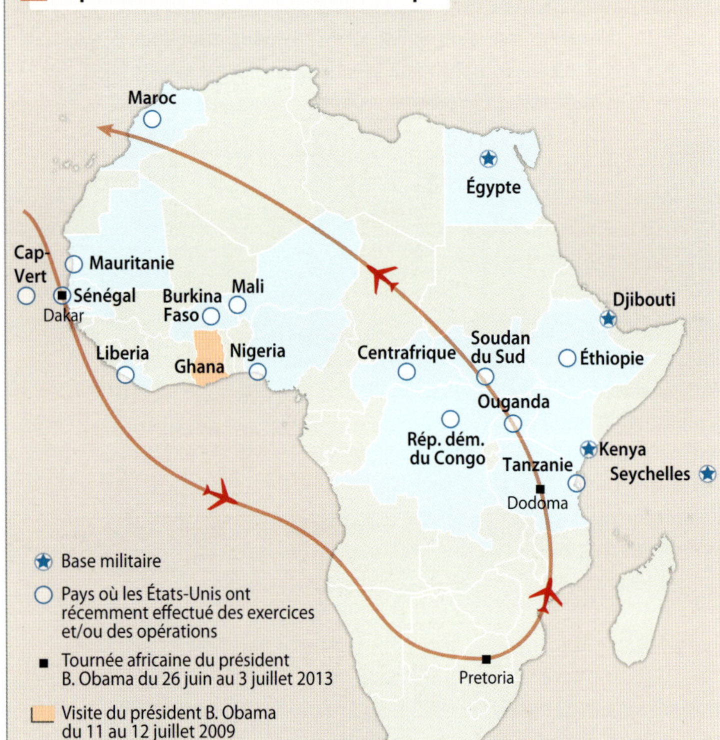

Carto n° 18, 2013 © Areion/Capri
Sources : John Reed, Mapped: The U.S. military's presence in Africa, *Foreign Policy, mai 2013 ; Revue de presse, 2013*

2 Le monde en 2013, selon l'armée américair

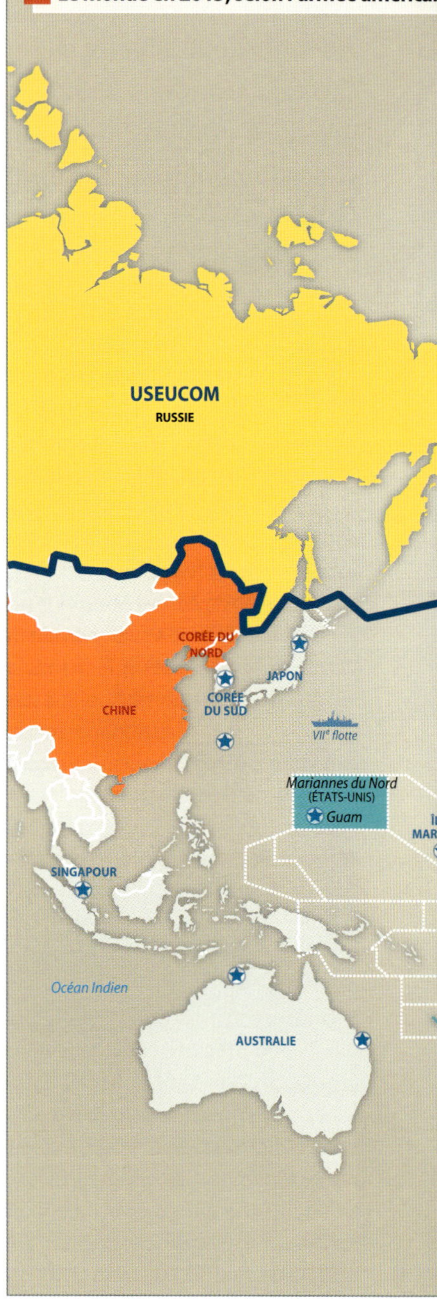

la fin du « gendarme » mondial ?

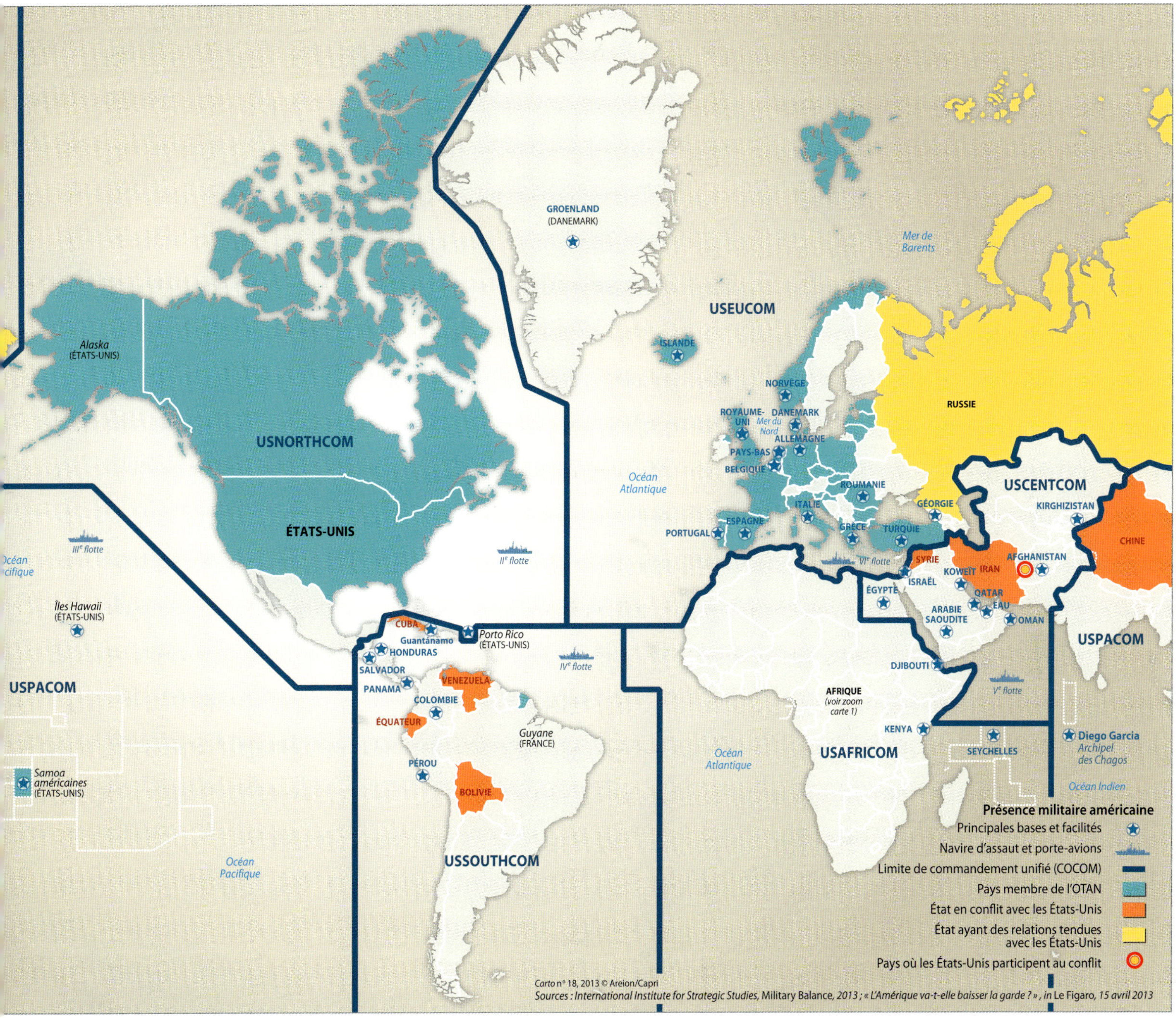

depuis 2007 une dizaine d'installations, réparties sur une bande étroite à l'échelle du continent, aux abords du Sahel. Les soldats participent à des exercices communs, comme au Maroc, soutiennent et conseillent les autorités avec des aides logistiques et médicales, des formations. Cette stratégie reste discrète : afin de mener à bien leur activité principale d'espionnage et de renseignement, les Américains vont jusqu'à utiliser des avions-espions déguisés en appareils civils.

Des Shebab somaliens aux divers groupes affiliés à Al-Qaïda, les facteurs de déstabilisation de la zone sahélienne sont nombreux. Le Pentagone a d'ailleurs recours aux forces spéciales et à des sociétés militaires privées pour la collecte des renseignements. Les troupes américaines participent également à des opérations ponctuelles, comme la traque du dirigeant de l'Armée de résistance du seigneur (LRA), Joseph Kony, poursuivi pour crime de guerre par la Cour pénale internationale. L'Afrique pourrait illustrer la nouvelle orientation stratégique des États-Unis contraints de faire des économies. • **T. H.**

ENVIRONNEMENT

Surexploitée par près de 7 milliards d'individus, la planète est menacée. Si elle constitue la réserve des ressources nécessaires au développement, elle représente également un cadre qu'il faut préserver, pour mieux préparer l'avenir. Quel modèle énergétique adopter ? Comment exploiter l'Antarctique ? Comment protéger la flore ? Les ressources naturelles peuvent-elles favoriser la paix ? Des questions auxquelles ce chapitre « Environnement » tente d'apporter quelques réponses, sinon des pistes de réflexion.

Les espaces maritimes autour de l'Antarctique

Objet de convoitise, les espaces maritimes qui entourent l'Antarctique donnent lieu à des revendications de la part de nombreux États. Le traité sur l'Antarctique de 1959 a certes gelé toute possibilité de revendication au sud du 60e parallèle. Mais le potentiel de ces espaces en matière de pêche et de minerais pourrait susciter une remise en cause du traité, vieux de plus de cinquante ans.

La Convention des Nations unies sur le droit de la mer, signée à Montego Bay, est entrée en vigueur en 1994. Ratifiée par 161 pays, elle codifie le droit de la mer, en instituant notamment la notion de zone économique exclusive (ZEE). Il s'agit de l'espace maritime qui s'étend jusqu'à 200 milles nautiques (soit 370 kilomètres) des côtes d'un État, et dans lequel celui-ci exerce des droits souverains à la fois sur le sol, le sous-sol et la colonne d'eau. L'exploitation des hydrocarbures, des minerais ou des ressources halieutiques n'y est donc possible qu'avec l'accord de l'État concerné. Fait souvent méconnu, la France dispose de la deuxième ZEE au monde, avec 11,03 millions de kilomètres carrés, juste derrière les États-Unis (11,35 millions de kilomètres carrés), cela en grande partie grâce aux territoires qu'elle possède dans le Pacifique, notamment la Polynésie française et la Nouvelle-Calédonie, et l'océan Indien, qui incluent les archipels de Kerguelen, Crozet, Saint-Paul, Amsterdam et les îles Éparses.

La possession d'une ZEE est un atout en soi. Mais la convention de Montego Bay permet d'aller plus loin. Un État, s'il parvient à démontrer, par des preuves géologiques et topographiques précises, que sa masse terrestre se prolonge sous la mer au-delà des 200 milles nautiques, peut obtenir une extension supplémentaire de son domaine maritime. On parle alors d'« extension du plateau continental » sous-marin.

Cette dernière n'est bien sûr possible que si aucun autre pays ne se trouve à proximité. Elle ne peut de toute façon dépasser les 150 milles nautiques au-delà de la ZEE (1). Mais elle offre à l'État qui en bénéficie une souveraineté sur le sol et le sous-sol sous-marin (la colonne d'eau en est exclue). La France a ainsi lancé, dans les années 2000, le programme « Extraplac » (extension raisonnée du plateau continental), doté de 3 millions d'euros, pour identifier les espaces auxquels elle pourrait prétendre. Ce programme a notamment permis de déposer en 2009 plusieurs demandes concernant des espaces de l'océan Indien, situés au large des îles Kerguelen, Crozet, La Réunion, Saint-Paul et Amsterdam. C'est un organe spécialisé, la Commission des limites du plateau continental (CLPC), basée à Kingston (Jamaïque) et constituée de 21 experts indépendants, qui est chargée d'examiner les dossiers (2). Les délais de traitement sont longs et la commission, qui tient deux à trois sessions par an, demande régulièrement aux États d'apporter des précisions. Au total, sur les quelque 70 dossiers soumis depuis le début des années 2000, la CLPC n'avait statué que sur une vingtaine d'entre eux fin 2013.

PRÉSERVER L'ANTARCTIQUE, UN ENJEU MONDIAL

L'Australie, qui a été parmi les premiers pays à revendiquer des extensions de plateaux continentaux dès 2004, s'est vue accorder par la CLPC 2,56 millions de kilomètres carrés d'espaces maritimes situés au large de ses côtes ou de ses îles (Tasmanie, Heard-et-MacDonald dans l'océan Indien, etc.). Canberra avait également revendiqué un vaste espace maritime situé au large de l'Antarctique. Or depuis le traité sur l'Antarctique de 1959, toute la zone située au sud du 60e parallèle est consacrée à la recherche scientifique et ne peut faire l'objet d'aucune revendication (*cf. carte*). L'Australie savait donc que sa demande ne serait pas prise en compte. L'Argentine et la Norvège ont fait de même en 2009 sur d'autres espaces situés au large de l'Antarctique.

Comment expliquer ce paradoxe ? D'abord, ces trois pays font partie (avec le Chili, la France, le Royaume-Uni et la Nouvelle-Zélande) des États qui, dans la première moitié du XXe siècle, ont émis une revendication sur une partie de l'Antarctique (3). De telles demandes, qui d'ailleurs se chevauchent dans le cas de la péninsule Antarctique, sont gelées depuis 1959. Mais tous les gouvernements n'y ont pas renoncé de façon définitive. Les États-Unis et la Russie n'ont jamais émis de revendication, mais se réservent le droit de le faire.

Ensuite, ces espaces maritimes représentent un enjeu important en matière de pêche et de minerais. Les ressources halieutiques sont certes protégées par la Convention pour la conservation de la faune et la flore marines de l'Antarctique (CCAMLR), entrée en vigueur en 1982 et qui fixe des quotas de pêche pour le krill et diverses espèces de poissons. Quant aux hydrocarbures et aux minerais, leur exploitation est limitée par des obstacles techniques et interdite au sud du 60e parallèle depuis le protocole de Madrid de 1991, et ce, jusqu'en 2048. Mais cela pourrait bien changer. Dès juin 2011, Moscou a ainsi pris de court ses partenaires en annonçant son intention de lancer des prospections minières sur l'Antarctique et les océans alentour. ●

M. S.

NOTES

(1) L'extension est en outre conditionnée par la forme du relief sous-marin : elle ne peut dépasser 100 milles nautiques au-delà de la ligne des 2 500 mètres de profondeur.

(2) Les pays ayant ratifié la convention de Montego Bay avant 1999 avaient jusqu'au 13 mai 2009 pour déposer leurs demandes. Les autres États disposent d'un délai de dix ans à compter de leur ratification.

(3) Ces revendications avaient été émises pour des raisons soit géographiques (la pointe sud de l'Argentine et du Chili, par exemple, est à moins de 1 000 kilomètres de l'Antarctique), soit historiques (le Français Jules Dumont d'Urville a découvert la Terre Adélie en 1840), soit les deux (le Royaume-Uni compte de grands explorateurs et possède plusieurs archipels, comme la Géorgie du Sud ou les îles Sandwich du Sud, qui sont contestées par l'Argentine).

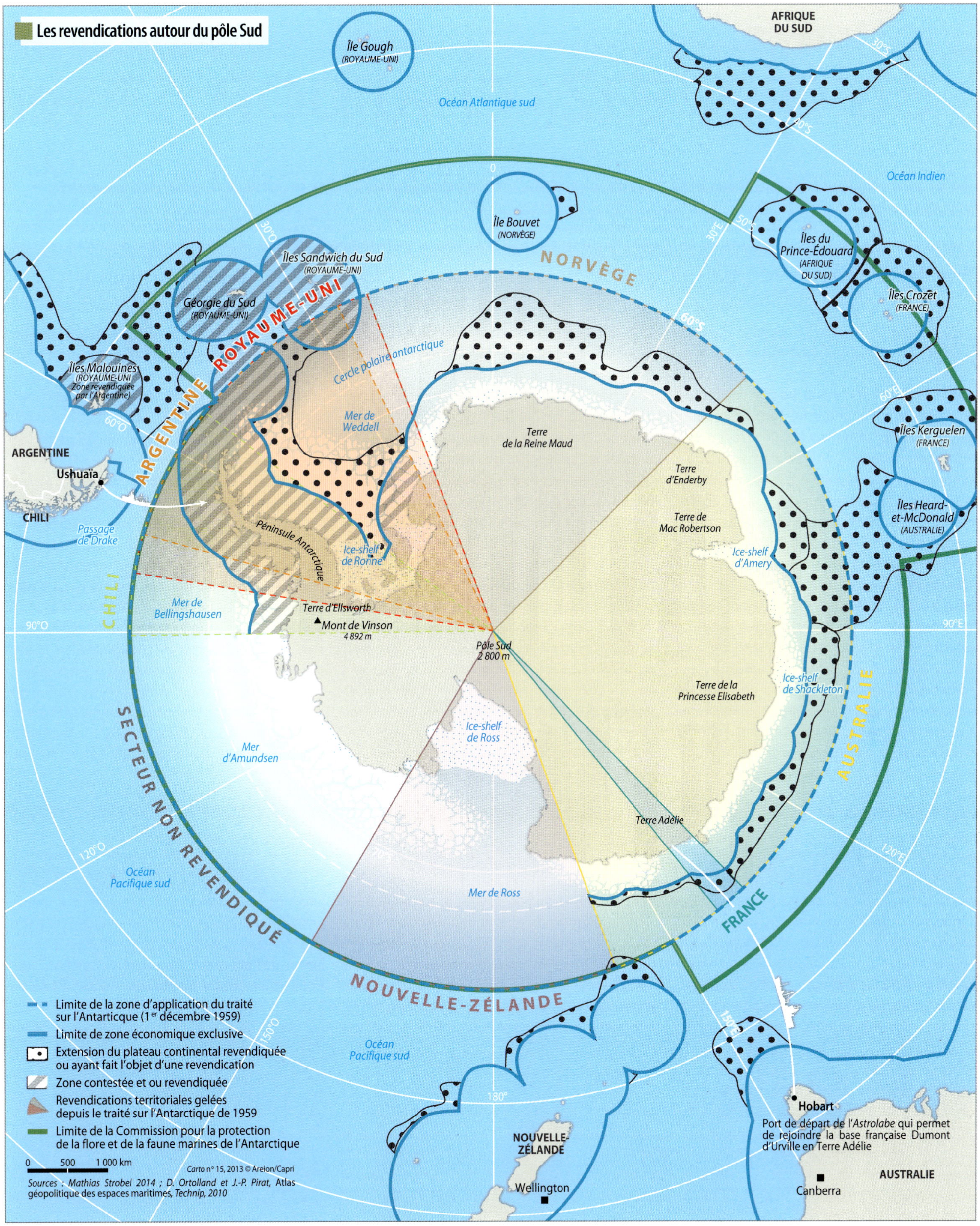

Les revendications autour du pôle Sud
Île Gough (ROYAUME-UNI)
Océan Atlantique sud
AFRIQUE DU SUD
Océan Indien
Île Bouvet (NORVÈGE)
Îles Sandwich du Sud (ROYAUME-UNI)
Géorgie du Sud (ROYAUME-UNI)
NORVÈGE
ROYAUME-UNI
ARGENTINE
CHILI
Îles du Prince-Édouard (AFRIQUE DU SUD)
Îles Crozet (FRANCE)
Îles Kerguelen (FRANCE)
Îles Heard-et-McDonald (AUSTRALIE)
Îles Malouines (ROYAUME-UNI) Zone revendiquée par l'Argentine
ARGENTINE
Ushuaïa
CHILI
Passage de Drake
Cercle polaire antarctique
60°S
Mer de Weddell
Terre de la Reine Maud
Terre d'Enderby
Terre de Mac Robertson
Ice-shelf d'Amery
Ice-shelf de Ronne
Péninsule Antarctique
Mer de Bellingshausen
Terre d'Ellsworth
Mont de Vinson 4 892 m
Pôle Sud 2 800 m
Terre de la Princesse Elisabeth
Ice-shelf de Shackleton
Ice-shelf de Ross
Mer d'Amundsen
Terre Adélie
Mer de Ross
AUSTRALIE
FRANCE
SECTEUR NON REVENDIQUÉ
NOUVELLE-ZÉLANDE
Océan Pacifique sud
Océan Pacifique sud
90°O
90°E
120°O
120°E
150°O
150°E
180°
0
30°O
30°E
60°O
60°E
30°S
40°S
50°S
70°S
NOUVELLE-ZÉLANDE
Wellington
Hobart
Port de départ de l'Astrolabe qui permet de rejoindre la base française Dumont d'Urville en Terre Adélie
Canberra
AUSTRALIE
Limite de la zone d'application du traité sur l'Antartique (1er décembre 1959)
Limite de zone économique exclusive
Extension du plateau continental revendiquée ou ayant fait l'objet d'une revendication
Zone contestée et ou revendiquée
Revendications territoriales gelées depuis le traité sur l'Antarctique de 1959
Limite de la Commission pour la protection de la flore et de la faune marines de l'Antarctique
0 500 1 000 km
Carto n° 15, 2013 © Areion/Capri
Sources : Mathias Strobel 2014 ; D. Ortolland et J.-P. Pirat, Atlas géopolitique des espaces maritimes, Technip, 2010

Pétrole, gaz, charbon… : vers

Gaz et pétrole de schistes, sables bitumineux, charbon… Alors que les analystes prédisent depuis des années la fin des énergies fossiles, celles-ci se renouvellent et font leur « révolution ». Dans le même temps, les ressources renouvelables battent des records d'installation depuis 2012. De ce paradoxe, c'est un véritable basculement géopolitique qui pourrait émerger.

La parution en novembre 2012 du rapport annuel de l'Agence internationale de l'énergie (AIE), le *World Energy Outlook*, a provoqué un choc dont toutes les conséquences ne sont pas encore bien perçues (1). L'étude a en effet révélé que les États-Unis deviendront entre 2017 et 2020 le premier producteur mondial de pétrole, dépassant l'Arabie saoudite. Pour le gaz, ils devanceront la Russie dès 2015. Le pays sera dès lors capable d'assurer son indépendance énergétique à l'horizon 2035. Comment expliquer un si rapide bouleversement ?

Le « miracle » réside dans l'exploitation des gaz et pétrole de schistes, désormais possible grâce aux nouvelles technologies d'extraction et à un prix du baril de brut historiquement élevé ces dernières années (il dépasse en moyenne les 80 dollars depuis 2009, avec un record de 145 dollars en juillet 2008), rendant rentable l'exploitation de gisements non conventionnels.

UN BOULEVERSEMENT MONDIAL

Cette « révolution » ne s'arrête pas aux États-Unis. Le Canada, avec les sables bitumineux de l'Alberta, s'est hissé au troisième rang mondial pour les réserves de brut, tandis que le Venezuela a détrôné l'Arabie saoudite en 2012. Au Brésil, c'est la technologie aboutie de l'extraction en offshore profond qui permet une exploitation des gisements des côtes atlantiques. Quant à l'Australie, elle recèle 11 milliards de mètres cubes de ressources gazières, un chiffre qui pourrait doubler en cas de succès dans l'exploration des gaz de schistes.

Toutefois, ces réserves posent des problèmes, tant sur le plan économique, en raison de leur coût de production élevé, que sur le plan environnemental, par la pollution induite de l'extraction des gisements de sables bitumeux et des hydrocarbures de schistes, ainsi que par les risques accrus de catastrophes liés à l'exploitation en haute mer. En août 2012, la Commission européenne a publié une étude montrant que le gaz de schiste entraîne une empreinte écologique plus importante que le conventionnel et mettait notamment en garde contre des risques de contamination des sols et eaux souterraines, de pollution de l'air et de perturbation de la biodiversité (2).

Ces nouvelles ressources constituent un bouleversement dans le paradigme énergétique traditionnel. Depuis la décennie 1970 et le pic pétrolier aux États-Unis, l'essentiel des réserves d'hydrocarbures se concentrait dans les mains de quelques nations. Si cette réalité ne doit pas changer concernant la production dans les années à venir, la répartition des énergies non conventionnelles ne laisse désormais aucun continent sans ressources. Certains pays, au premier rang desquels les États-Unis, peuvent dès lors prétendre à l'indépendance énergétique. La première puissance mondiale pourrait être tentée

1 Panaroma et perspective de l'énergie mondiale

Source : AIE, World Energy Outlook 2012 — *Carto n° 16, 2013 © Areion/Capri*

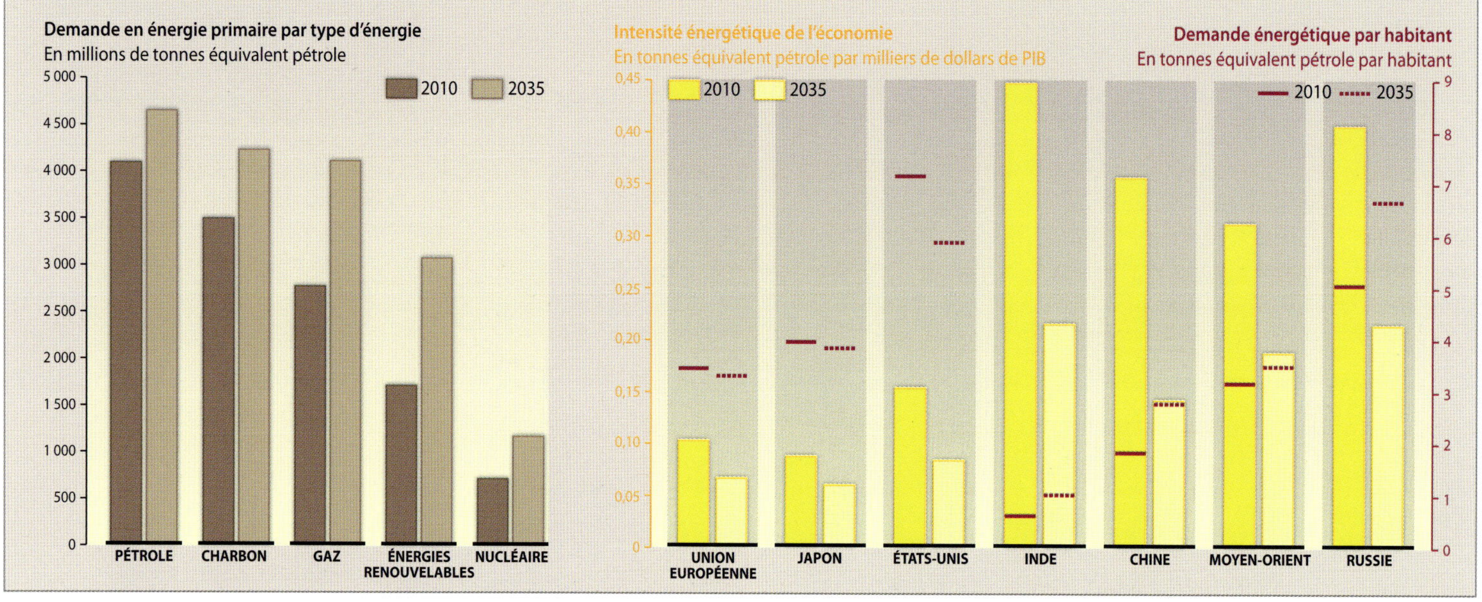

une nouvelle géopolitique de l'énergie

2 Scénario sur la demande mondiale en énergie primaire par grande région

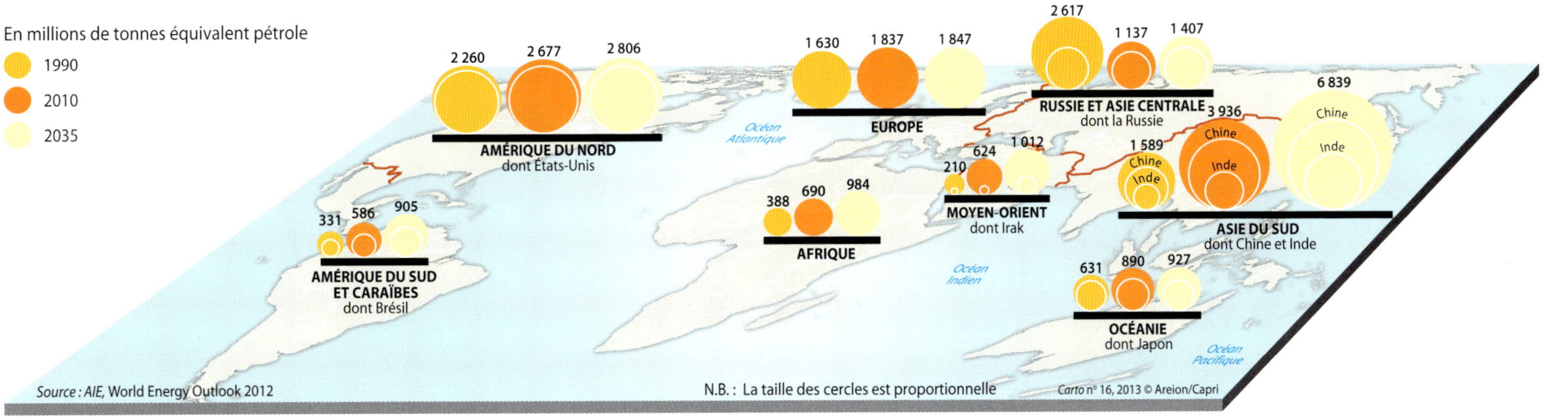

d'abandonner son rôle revendiqué après la guerre froide de « gendarme du monde » afin de se recentrer vers l'Asie.

LA CHINE, « GARDIENNE » DU MOYEN-ORIENT

Le Moyen-Orient risque d'être la région la plus affectée par ces changements énergétiques et géopolitiques. À l'heure des contestations, les monarchies du Conseil de coopération du Golfe (CCG : Arabie saoudite, Bahreïn, Émirats arabes unis, Koweït, Oman, Qatar) auront du mal à exiger, à travers l'Organisation des pays exportateurs de pétrole (OPEP : Algérie, Angola, Arabie saoudite, Émirats arabes unis, Équateur, Irak, Iran, Koweït, Libye, Nigeria, Qatar, Venezuela), une augmentation du prix du brut pour financer des subventions destinées à leur population et nécessaires à leur stabilité, alors que des réserves considérables sont présentes ailleurs. En effet, plus le coût du pétrole augmentera, plus il sera intéressant d'exploiter des énergies non conventionnelles.

En outre, un retrait de l'influence américaine entraînerait un renforcement de la présence de la Chine dans la région. En 2011, 51,3 % des exportations du golfe Persique vont vers l'Asie. La République populaire se retrouverait contrainte de sécuriser ses approvisionnements : la mise en place du « collier de perles », réseau de ports sous contrôle chinois allant de la mer de Chine méridionale au Pakistan occidental, en est la première matérialisation. Il s'agit non seulement d'encercler l'Inde, puissance émergente concurrente, mais aussi et surtout de protéger les routes maritimes essentielles à l'économie chinoise que sont les détroits d'Ormuz pour les hydrocarbures et de Bab el-Mandeb pour les marchandises. Ainsi, le 18 février 2013, la compagnie China Overseas Port Holding Limited s'est vu confier la gestion du port stratégique de Gwadar, sur la côte sud du Pakistan.

Enfin, ces ressources non conventionnelles sont porteuses d'un basculement de la puissance économique. Les États-Unis se réindustrialisent, notamment grâce à l'accès des entreprises américaines à une énergie devenue bon marché. Par ailleurs, autre conséquence fâcheuse pour l'environnement, le charbon fait son retour. Peu cher, ce dernier abreuve la production électrique européenne, particulièrement en Allemagne et en Pologne. Cette réalité, tirée par l'utilisation toujours plus importante de cette ressource par la Chine (46,2 % de la consommation globale en 2011), a fait dire à l'AIE qu'elle redeviendrait la première source mondiale d'énergie à l'horizon 2020.

À l'heure de la lutte contre le réchauffement climatique, ce renouveau des énergies fossiles est un véritable paradoxe alors que le monde, la République populaire en tête, a investi 268,7 milliards d'euros en 2012 dans les ressources renouvelables. Cette année-là a vu une croissance de 19 % des installations de panneaux photovoltaïques et d'éolien. Ces deux sources représentent 382 gigawatts (GW) de capacités installées (71 % d'éolien et 29 % de photovoltaïque). Ces chiffres, bien qu'en légère baisse par rapport à 2011, montrent une certaine « schizophrénie énergétique ». Ainsi, la Chine a été le premier investisseur mondial dans l'éolien, alors même que le pays finance massivement l'ouverture de centrales électriques à charbon et songe à exploiter son gaz de schistes. Concernant le solaire, l'Europe reste le premier marché avec 56,6 % (17 GW) des capacités édifiées en 2012. L'Allemagne arrive en tête (7,6 GW), devant l'Italie (3,3 GW) et la France (1,2 GW). Pour l'éolien, les équipements sont mieux répartis mondialement : la Chine représente 30 % des nouvelles facilités avec 13,2 GW, devant les États-Unis (29 %, 13,1 GW) et l'Union européenne (26 %, 11,6 GW). ● **T. H.**

NOTES

(1) AIE, *World Energy Outlook 2012*, novembre 2012.
(2) Commission européenne, *Support to the identification of potential risks for the environment and human health arising from hydrocarbons operations involving hydraulic fracturing in Europe*, août 2012.

POUR EN SAVOIR PLUS…

- En France, 2013 a été déclarée « année de la transition énergétique » : www.transition-energetique.gouv.fr
- PwC Open University, *Shale gas: A renaissance in US manufacturing?*, décembre 2011. Téléchargeable en anglais sur : www.pwc.com/us/en/industrial-products/publications/shale-gas.jhtml

L'effondrement du marché du carbone, une menace pour le climat ?

Destinés à favoriser la transition énergétique vers un système sobre en émission de gaz à effet de serre, les mécanismes de quotas de dioxyde de carbone (CO_2) constituent l'un des leviers les plus efficaces dans la lutte contre le réchauffement climatique. Pourtant, l'Europe, à la pointe de ce combat, doit faire face à un effondrement de son marché du carbone, menaçant les efforts entrepris dans une conjoncture internationale défavorable.

Organisés en cinq grands ensembles régionaux (*cf. carte 1*), permettant la négociation de la Convention-Cadre des Nations unies sur les changements climatiques, les pays membres de l'ONU se sont engagés en 1997, à Kyoto (Japon), à réduire les émissions de gaz à effet de serre et ainsi inviter les êtres humains à prendre soin de la planète. Le Forum humanitaire mondial estime que le réchauffement climatique est responsable de 300 000 morts par an, un chiffre qui atteindra le million en 2030, selon l'organisation.

Les premiers visés sont les grandes nations industrialisées, qui devaient, sur la période 2008-2012, les baisser d'au moins 5,2 % par rapport aux niveaux de 1990. La Chine et les États-Unis sont les deux plus importants producteurs mondiaux de dioxyde de carbone, avec respectivement 8,715 milliards et 5,491 milliards de tonnes en 2011, provenant de la consommation d'énergie, des transports et des usines (*cf. carte 2*). Viennent ensuite la Russie (1,788 milliard), l'Inde (1,726 milliard), le Japon (1,181 milliard), l'Allemagne (748 millions), l'Iran (625 millions)... Face à la pression des groupes industriels, Washington n'a toutefois jamais ratifié le texte de Kyoto et le Canada, qui avait promis de réduire ses émissions de 6 %, s'est retiré du protocole en décembre 2011.

1 Les grands acteurs des négociations sur le climat

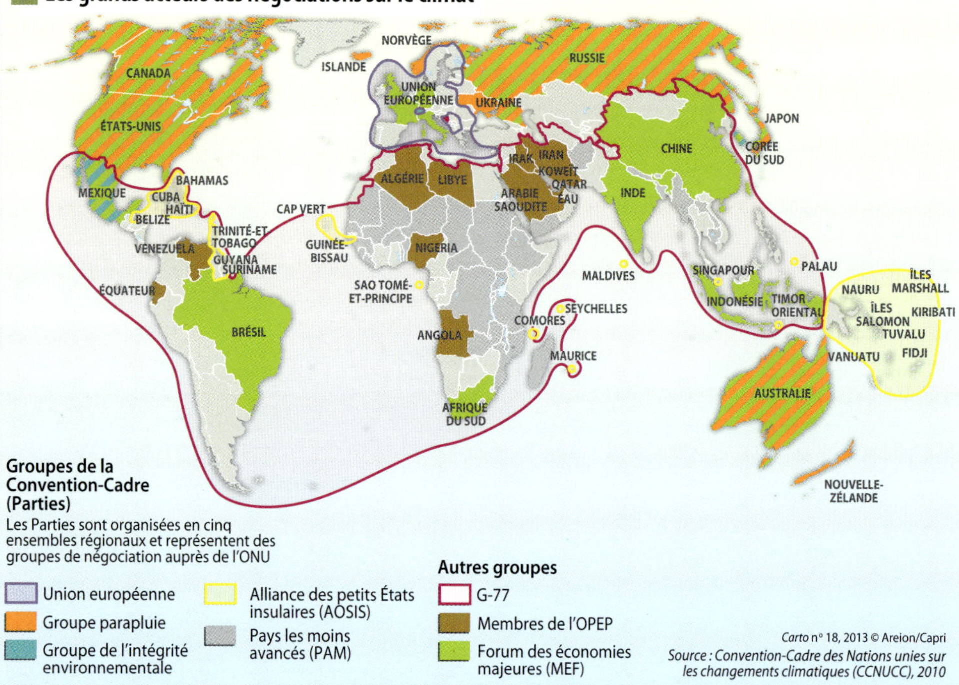

Carto n° 18, 2013 © Areion/Capri
Source : Convention-Cadre des Nations unies sur les changements climatiques (CCNUCC), 2010

FIXER DES QUOTAS ET ACQUÉRIR DES « COMPENSATIONS CARBONES »

Afin de respecter ses engagements, fixés initialement à une réduction de 8 %, l'Union européenne (UE) a mis en place en 2005 le Système communautaire d'échange de quotas d'émission (SCEQE), imposant un plafond à tous les sites industriels assujettis, soit environ 12 000 en 2011 (*cf. carte 4*). Une initiative que l'on retrouve ailleurs sur la planète, à l'exception notable de l'Afrique, du Moyen-Orient et de l'Asie du Sud. Selon leurs émissions de CO_2, les entreprises peuvent revendre leurs droits d'émission ou acheter ceux non consommés des autres. Il leur est également possible d'acquérir des « compensations carbones », en échange du financement de projets réduisant d'autant les émissions. Ces derniers couvrent d'abord

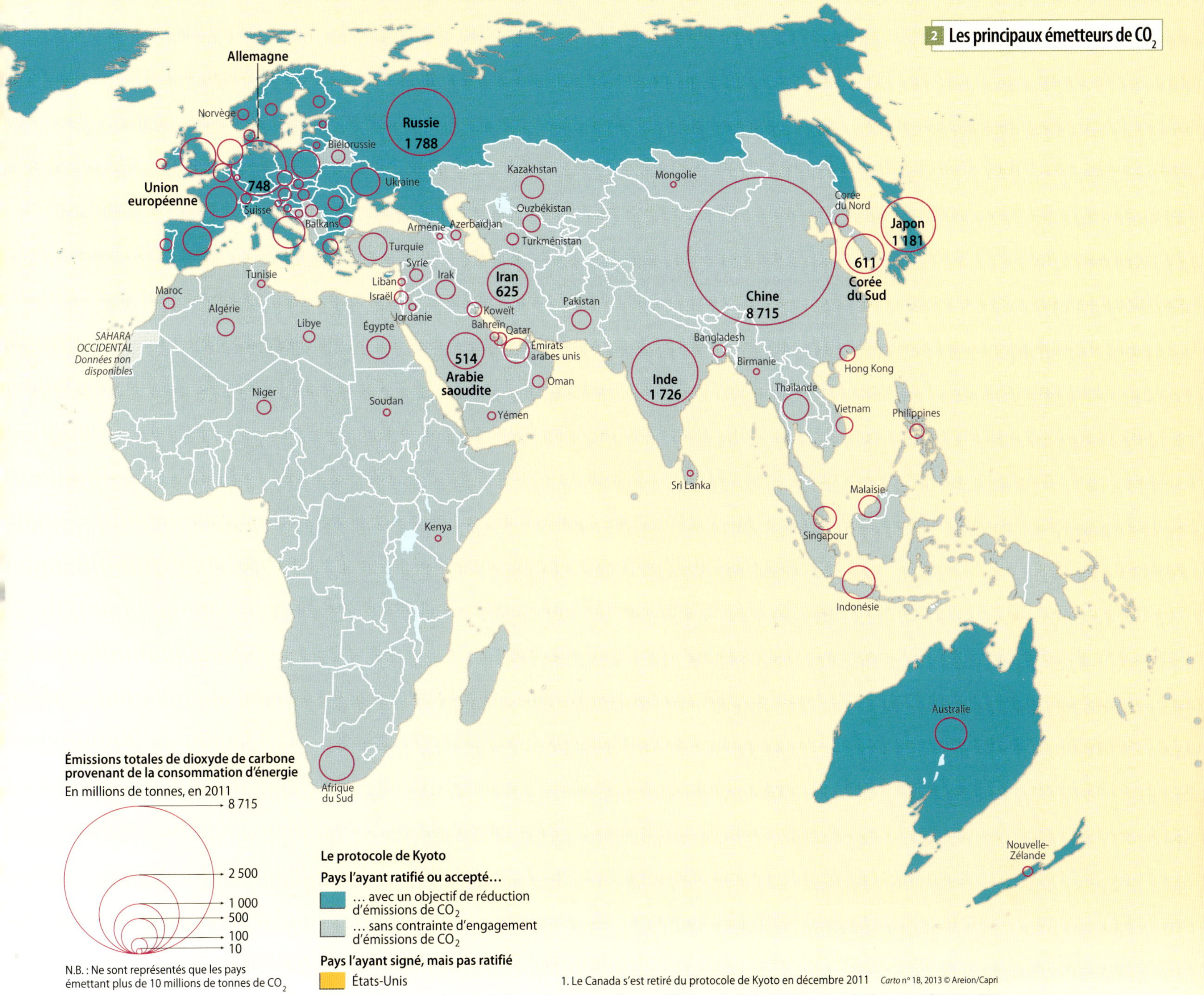

2 Les principaux émetteurs de CO_2

Sources : US Energy Information Administration, International Energy Statistics, 2013 ; AIE, Émissions de CO_2 dues à la combustion d'énergie, *2009 ; Convention-Cadre des Nations unies sur les changements climatiques, 2010*

les énergies renouvelables (34 %) et le secteur forestier (32 %). En 2012, les « compensations » ont crû de 4 % en volume, atteignant 101 millions de tonnes, contre 97 millions l'année précédente. Le Vieux Continent représente 43 % de ce total.

Les trajectoires du SCEQE ont été pensées pour s'appliquer jusqu'en 2012. Elles tablaient sur une croissance économique moyenne en Europe de 1,5 % par an et sur une tonne de CO_2 à 15 euros environ. Si le mécanisme a bien fonctionné les premières années, la crise financière a éclaté quelques mois seulement après l'introduction de sa phase II (2008-2012). Les trajectoires initiales sont alors apparues obsolètes. Face au marasme économique et à la baisse de production des entreprises avec, par conséquent, une baisse de leurs émissions, les quotas sont devenus surabondants à partir de 2010. En 2013, la France disposait de 57,4 millions de tonnes à mettre en vente, soit près de quatre fois moins que l'Allemagne (210,1 millions).

D'après les évaluations, il y aurait en 2013 près de 2 milliards de tonnes de CO_2 mises en réserve, et les spécialistes estiment que ce niveau devrait se maintenir tout au long de la période SCEQE actuelle (2013-2020). Ainsi, tandis qu'en 2008, le prix (pour les quotas) de la tonne de dioxyde de carbone atteignait près de 30 euros, le tarif a brièvement chuté, en avril 2013, à 3,20 euros, avant de remonter à 4,74 en juin (*cf. document 3*).

DES CONSÉQUENCES ÉCONOMIQUES ET ENVIRONNEMENTALES

Cet effondrement pose de nombreux problèmes, notamment pour atteindre les objectifs fixés par l'UE d'une réduction de 20 % des émissions en 2020 par rapport à 1990. Le prix de la tonne de CO_2 impacte mécaniquement les industries émettrices, particulièrement la production d'électricité. C'est ainsi que les centrales à charbon pâtissent, dans le cas d'un tarif élevé, d'un handicap face aux énergies décarbonnées (renouvelables ou nucléaires), et les sites gaziers. La chute du marché du carbone empêche par ailleurs le développement de technologies ambitieuses, comme le stockage du CO_2 dans d'anciennes mines. Celui-ci ne peut pas se

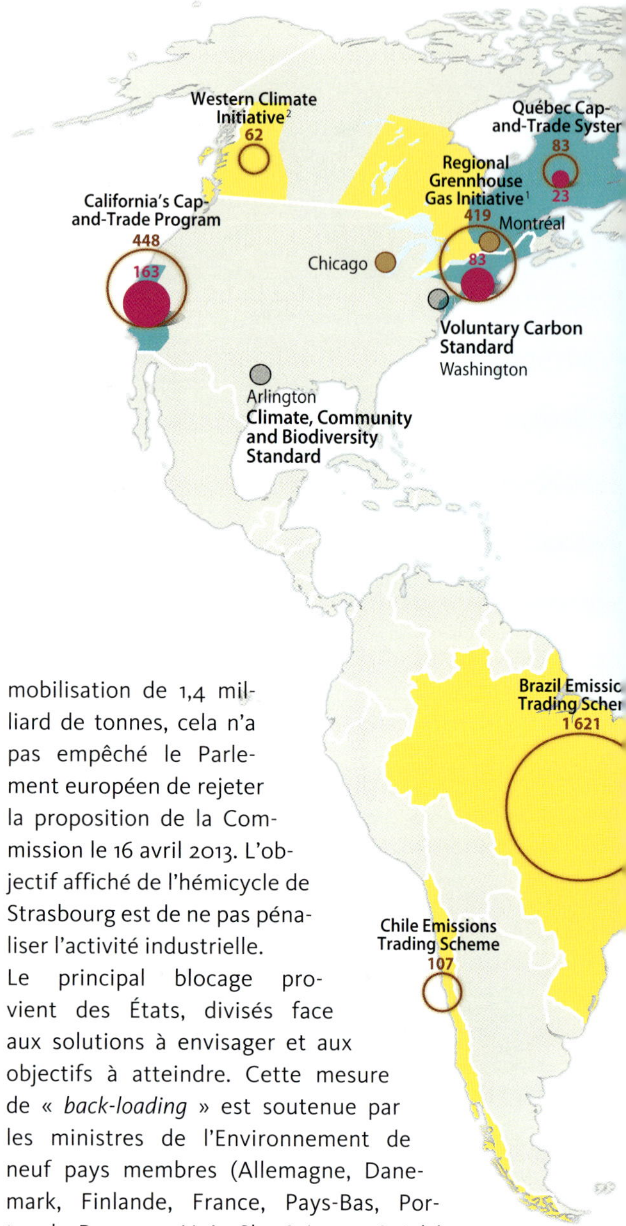

financer sans un coût de la tonne de CO_2 suffisamment élevé. Pour rétablir l'équilibre et inverser cette tendance, les experts estiment que la tonne devrait valoir entre 20 et 30 euros.

À ces problèmes s'ajoute un aspect conjoncturel défavorable pour la réduction des émissions. L'exploitation du gaz de schiste aux États-Unis, depuis la fin de la décennie 2000, a fermé les débouchés de l'importante production de charbon sur son marché domestique (992 millions de tonnes en 2011 et 13,4 % de la production mondiale). Celle-ci s'exporte depuis vers l'Europe, où le prix de cette roche sédimentaire américaine est le plus bas (environ 70 dollars la tonne en juin 2013).

La conséquence néfaste la plus visible de l'effondrement du marché du carbone tient probablement dans l'évolution de la politique énergétique allemande. Berlin ambitionne de produire son électricité avec des sources d'énergies durables à hauteur de 50 % d'ici à 2030. Or, l'intermittence de la production renouvelable, couplée avec l'absence de solutions de stockage de l'énergie compétitives, rend l'utilisation de centrale thermique (charbon, gaz, biomasse) indispensable, d'autant plus que le pays a décidé d'arrêter sa production nucléaire d'ici à 2022. Ainsi, au lieu de produire cette électricité de « *back-up* » à partir de gaz, l'Allemagne se tourne vers le charbon et ses dérivés, comme la lignite, plus rentables. Elle devrait démarrer six nouvelles tranches au charbon en 2013, et 12 unités seront mises en service d'ici à 2020.

UN ENJEU POLITIQUE

Le 1er janvier 2013 a marqué le début de la phase III du SCEQE. Elle se caractérise par la mise aux enchères d'environ 50 % des quotas d'émission, soit environ un milliard par an, contre moins de 4 % des quotas lors de la phase II. Afin de pallier l'inefficacité du marché du carbone et de refaire monter les prix, la Commission européenne a proposé de geler 900 millions de tonnes de CO_2 sur la période 2013-2015. Si ce volume est jugé insuffisant par les spécialistes, qui estiment nécessaire l'immobilisation de 1,4 milliard de tonnes, cela n'a pas empêché le Parlement européen de rejeter la proposition de la Commission le 16 avril 2013. L'objectif affiché de l'hémicycle de Strasbourg est de ne pas pénaliser l'activité industrielle.

Le principal blocage provient des États, divisés face aux solutions à envisager et aux objectifs à atteindre. Cette mesure de « *back-loading* » est soutenue par les ministres de l'Environnement de neuf pays membres (Allemagne, Danemark, Finlande, France, Pays-Bas, Portugal, Royaume-Uni, Slovénie et Suède). En juillet 2013, le Parlement européen a validé une série de mesures visant à geler une partie des

3 Marché européen du carbone

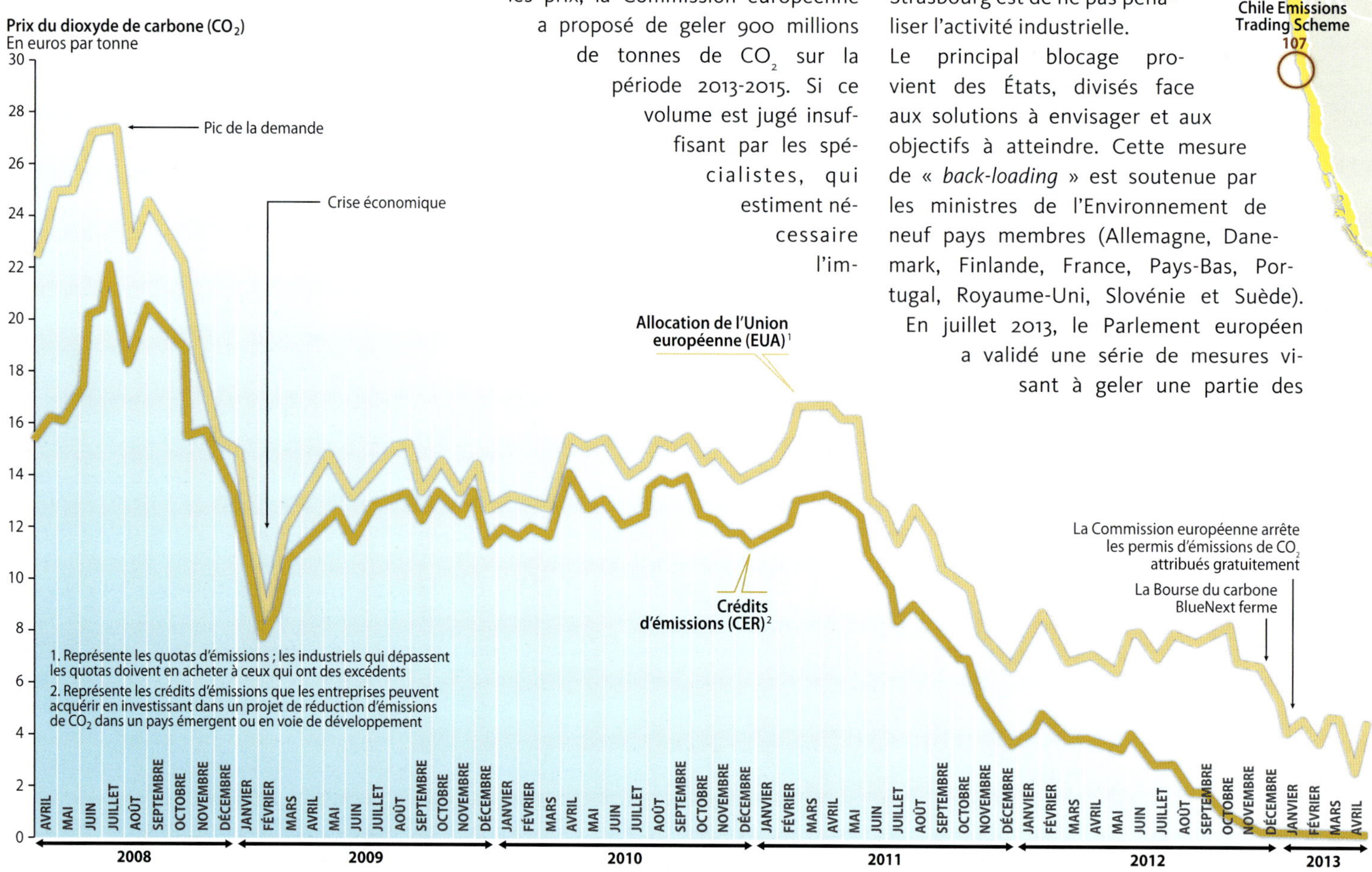

Source : Banque mondiale, « Mapping Carbon Pricing Initiatives », mai 2013

Carto n° 18, 2013 © Areion/Capri

4 Les systèmes d'échange d'émissions de CO_2

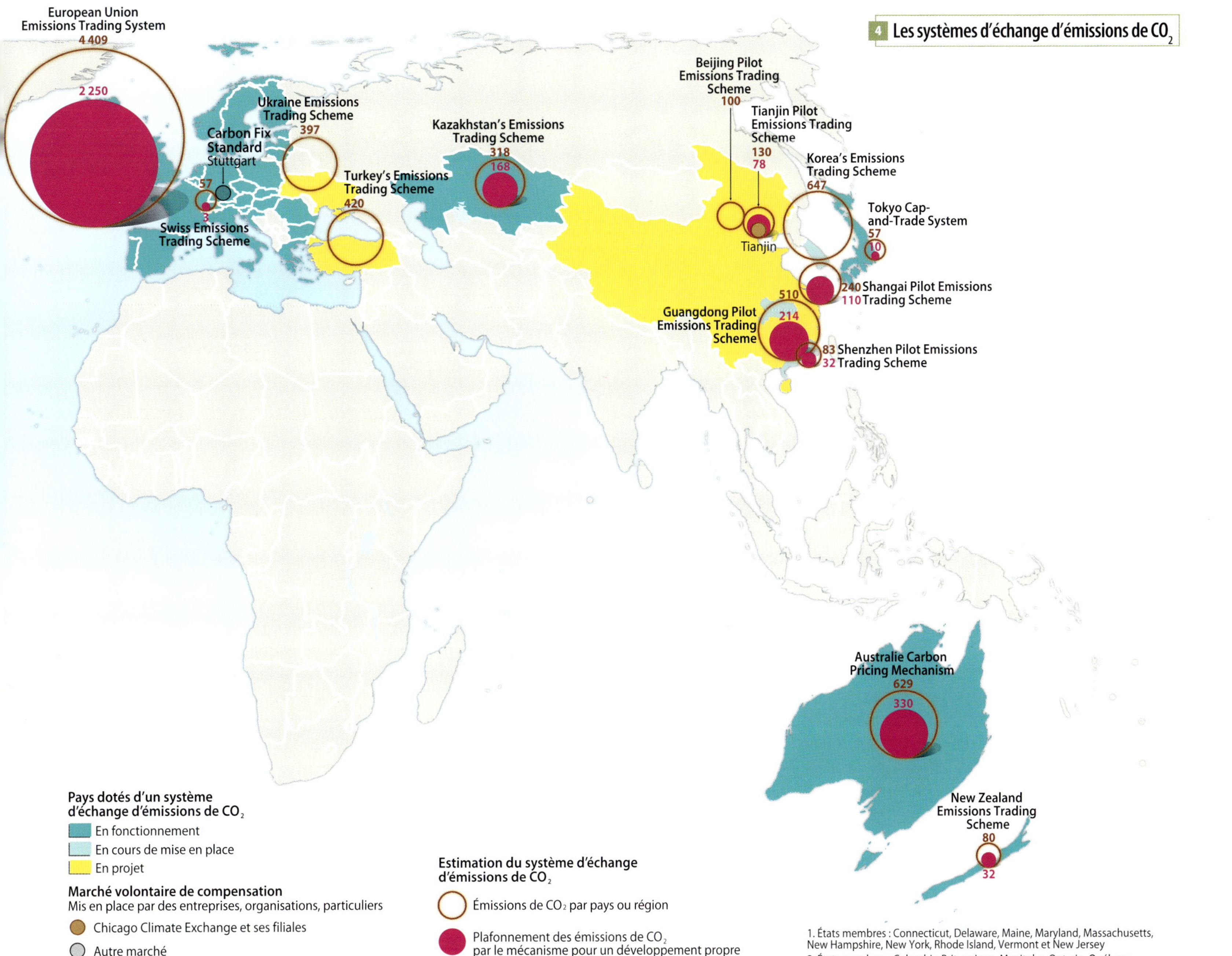

Sources : Banque mondiale, « Mapping Carbon Pricing Initiatives », mai 2013 ; Sites Internet des différentes organisations, 2013 — Carto n° 18, 2013 © Areion/Capri

quotas d'émissions qui devaient être mis aux enchères ainsi qu'à réformer le marché carbone, en pleine crise. L'objectif est de restaurer l'effet incitatif du système d'échange d'émissions. Toutefois, la commissaire à l'Action pour le climat, Connie Hedegaard, a annoncé qu'il ne serait pas suffisant sur le long terme pour garantir la pérennité du SCEQE.

En France, les recettes des quotas (environ 300 millions d'euros par an) sont allouées à la rénovation thermique des logements, décision voulue par le président François Hollande pour lutter contre le gaspillage d'énergie et créer des emplois. En avril 2013, le Comité pour la fiscalité écologique (CFE) a recommandé d'intégrer une « assiette carbone » en liant, à partir de 2014, une partie des taxes pesant sur toutes les énergies à leur contenu en CO_2. L'opération serait neutre budgétairement, les recettes étant intégralement reversées aux acteurs économiques. Le but est d'orienter les Français vers des énergies moins nocives pour le climat. Ce système, qui ne crée pas de nouvelles taxes, modifie la taxation actuelle frappant la consommation d'énergie fossile. Cette idée s'apparente à la « contribution carbone » du gouvernement de François Fillon, qui fixait le prix de dioxyde de carbone à 17 euros dès 2010, mais le projet, pourtant voté par l'Assemblée nationale, avait été invalidé par le Conseil constitutionnel en 2009. Parmi les militants écologistes, certains acteurs, telle la fondation Nicolas Hulot, recommandent que le tarif de CO_2, fixé à 7 euros la tonne en 2014, soit porté à 40 euros en 2020, plutôt qu'à 20 euros, comme le préconise le CFE. Finalement, le gouvernement a décidé fin 2013 qu'il atteindra 14,5 euros. ●

T. H.

POUR EN SAVOIR PLUS…

- Carte interactive sur l'évolution des marchés du carbone : www.icapcarbonaction.com
- La mission Climat de la Caisse des dépôts et consignations : www.cdcclimat.com
- Le protocole de Kyoto de 1997 : http://unfccc.int/portalfrancophone/essentialbackground/kyotoprotocol/items/3274.php
- Banque mondiale, *Mapping Carbon Pricing Initiative*, mai 2013. Téléchargeable en anglais sur : www.ecofys.com/en/publication/mapping-carbon-pricing-initiatives-developments-and-prospects
- « De Kyoto à Copenhague : treize ans de négociations sur le climat », in *Carto* n° 1, juillet-août 2010, p. 56-61.

Géopolitique des espaces miroirs de nos sociétés

Les espaces naturels protégés sont des périmètres délimités et gérés au sein desquels des mesures de préservation de la faune, de la flore, des paysages et/ou de certains usages sont appliquées. D'une grande diversité à l'échelle mondiale, ils ont connu un essor rapide dans les années 1930, 1970 et surtout 1990-2000.

Avec près de 178 000 unités en 2012, les espaces protégés ont vu depuis 1990 leur nombre augmenter de 58 % quand leur superficie croissait de 48 %. Environ 24 millions de kilomètres carrés terrestres et marins sont ainsi préservés à l'échelle nationale (presque trois fois la surface du Brésil), auxquels s'ajoutent les 27 000 espaces qui le sont à l'international, chevauchant ou englobant parfois les précédents – réserve de biosphère ou patrimoine mondial de l'Organisation des Nations unies pour l'éducation, la science et la culture (UNESCO), site relevant de la convention sur les zones humides Ramsar, réseau Natura 2000 en Europe, etc.

La couverture en espaces protégés des différents États du globe s'avère toutefois contrastée, dépassant les 50 % au Venezuela, mais demeurant souvent sous la barre des 5 % en Asie centrale, dans le monde arabo-musulman ou dans le sous-continent indien (*cf. carte 2*). Les rapports culturels à l'environnement, les caractéristiques du peuplement, les héritages de la colonisation ou encore l'influence des organisations non gouvernementales sont, entre autres, à prendre en considération.

DES ESPACES PROTÉGÉS D'UNE GRANDE DIVERSITÉ

Cette diversité tient d'abord à celle des milieux : les types d'écosystèmes protégés, mais aussi tout simplement la distinction entre espaces terrestres (17 millions de kilomètres carrés, soit 13 % des terres) et marins (6 millions de kilomètres carrés, soit 1,6 % des océans). Bien que cette couverture maritime rattrape rapidement son retard avec une croissance de 150 % entre 2003 et 2010, elle reste en deçà des objectifs fixés par la Convention sur la diversité biologique de 1992, visant 10 % en 2012. La Grande Barrière de corail, préservée sur 384 700 kilomètres carrés sur la côte nord-est de l'Australie, en constitue un des exemples les plus connus. En outre, les 5 878 aires marines protégées (en 2010) sont inégalement réparties à la surface du globe, mais aussi entre les eaux territoriales (préservées à hauteur de 5,9 %) et les eaux extraterritoriales (seulement 0,5 %) dont la conservation est par définition plus difficile à réaliser hors des juridictions des États.

Cela souligne la forte dimension politique nationale dans la création et la gestion des espaces protégés. En France, moins de 2 % des surfaces maritimes sont protégées, quand le Grenelle de

1 Superficie et classification des espaces protégés

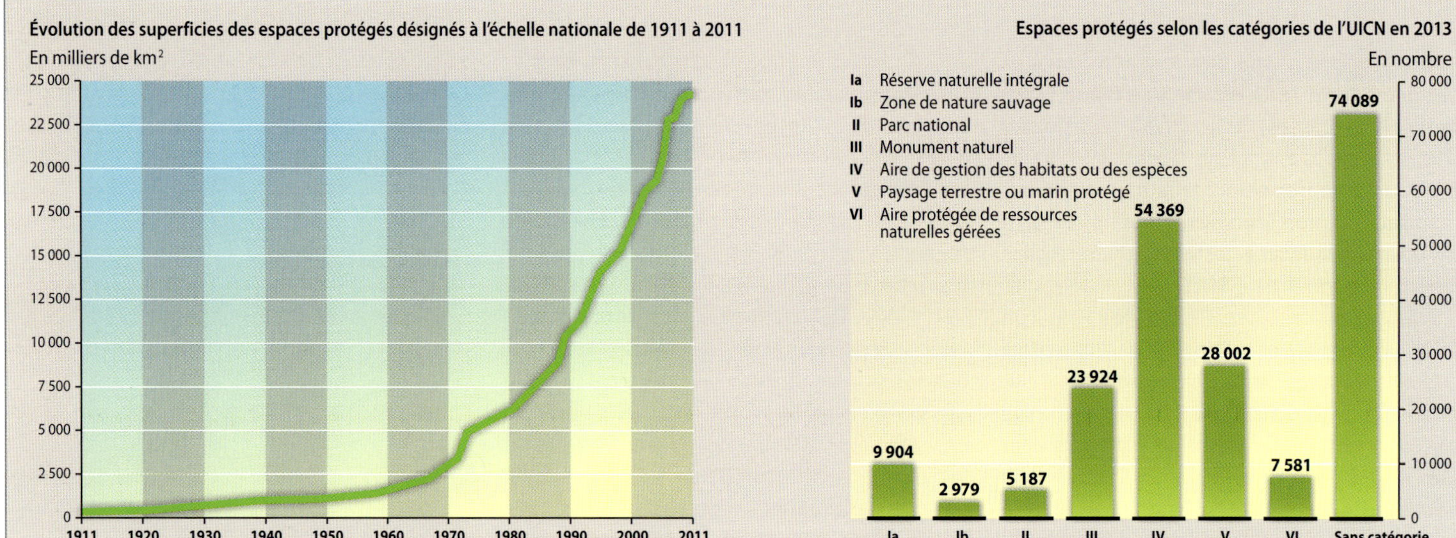

Sources : IUCN et UNEP-WCMC, The World Database on Protected Areas, février 2012 ; www.protectedplanet.net, 2013

Carto n° 19, 2013 © Areion/Capri

naturels protégés,

2 Les espaces protégés dans le monde en 2010

Superficie des espaces protégés terrestres et marins
En pourcentage par pays, en 2010

- de 40 à 50,2[1]
- de 26 à 39
- de 15 à 25
- de 5 à 14
- moins de 5

1. Sauf pour les Territoires britanniques de l'océan Indien et les îles Heard-et-MacDonald où la superficie des espaces protégés est supérieure à 98 %

Source : IUCN et UNEP-WCMC, The World Database on Protected Areas, janvier 2011

Carto n° 19, 2013 © Areion/Capri

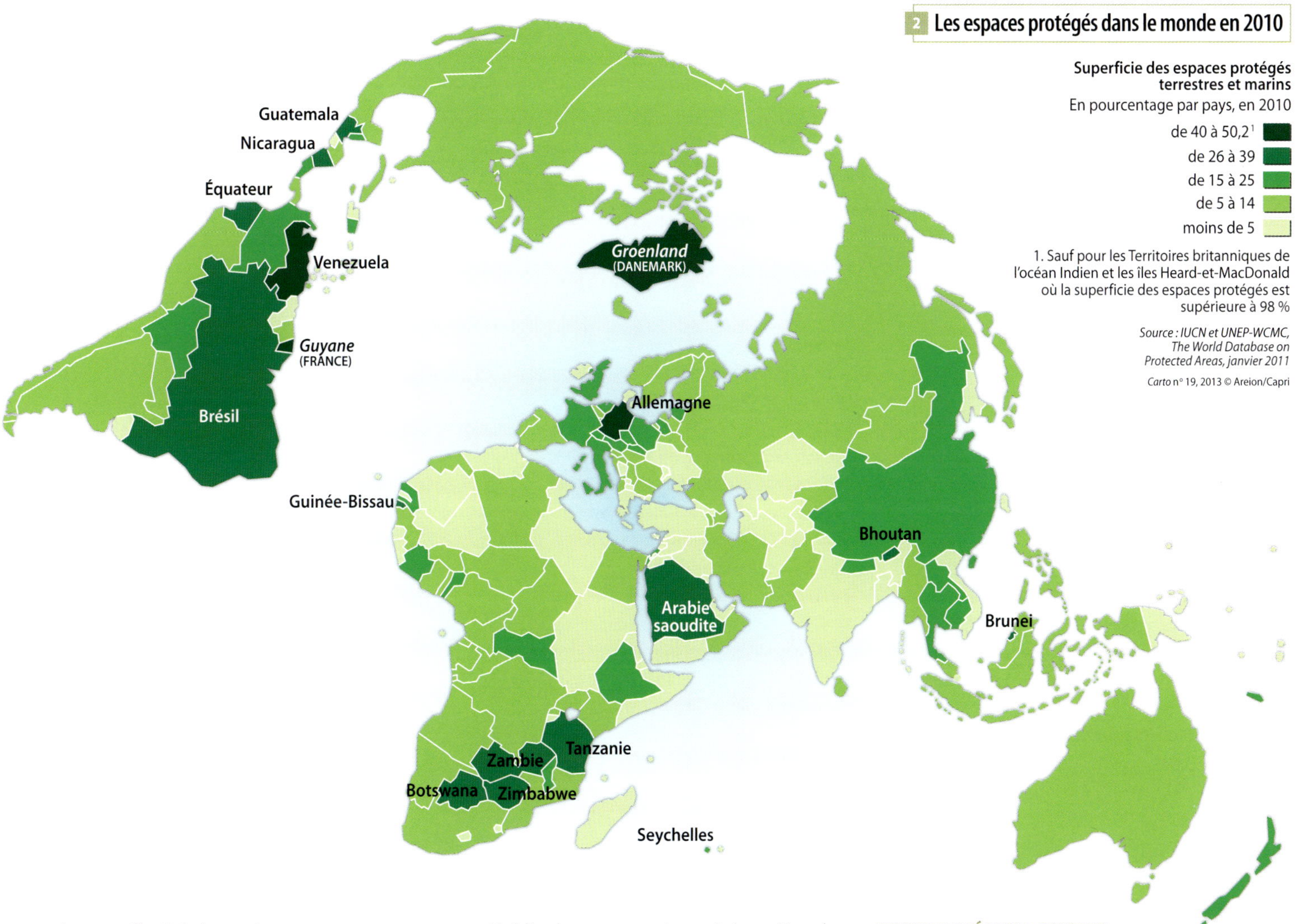

la mer de 2009 fixait la barre à 20 % pour 2020. Les distinctions s'opèrent aussi en fonction des degrés de protection (réglementation, pratiques autorisées), illustrés par les six catégories instaurées en 1978 par l'Union internationale pour la conservation de la nature (UICN), organisation non gouvernementale créée en 1948 et dont le siège est à Gland, en Suisse. On distingue ainsi dans l'ordre : réserve naturelle intégrale/zone de nature sauvage, parc national, monument naturel, aire de gestion des habitats ou des espèces, paysage terrestre ou marin protégé, aire protégée de ressources naturelles gérées (*cf. document 1*).

Discutées et remises en cause (par exemple, 37 % des espaces protégés pour 17 % des surfaces n'entrent dans aucune), ces catégories n'en constituent pas moins un classement pratique pour établir des comparaisons internationales, même si seules les quatre premières (ne couvrant que 6 % de l'étendue terrestre) sont considérées parfois comme des espaces protégés au sens strict. Les catégories V (dans laquelle s'inscrivent les parcs naturels régionaux français) et VI sont fréquemment analysées comme des modes de gestion durable sans réglementation « préservationniste ». Outre les degrés de protection, d'autres aspects sont pris en compte : efficacité des mesures pour éviter le syndrome des « parcs de papier » (tracés sur une carte, mais sans moyens ni réalisation tangible sur le terrain) ou encore gouvernance et niveaux de participation. Même si 77 % des espaces protégés du globe demeurent gérés par les gouvernements, la restitution aux communautés autochtones ou la cogestion progressent.

ENTRE HÉRITAGES ET DYNAMIQUES CONTEMPORAINES

L'origine de la protection de l'espace n'est pas datable à l'année près. Il semble que celle-ci soit le produit de la colonisation par les Européens, au cours du XIXe siècle, de terres dites vierges au sein desquelles ils projetaient leurs représentations de nature sauvage, correspondant à la notion de *wilderness* dans le monde anglo-saxon. Ce mouvement est aussi contemporain de l'essor des villes et de la révolution industrielle qui donnent lieu, dans des proportions inconnues jusqu'alors, à des transformations (urbanisation, intensification de l'agriculture, équipement hydroélectrique) perçues comme des menaces par des érudits et des notables qui vont se mobiliser afin de créer les premiers espaces protégés.

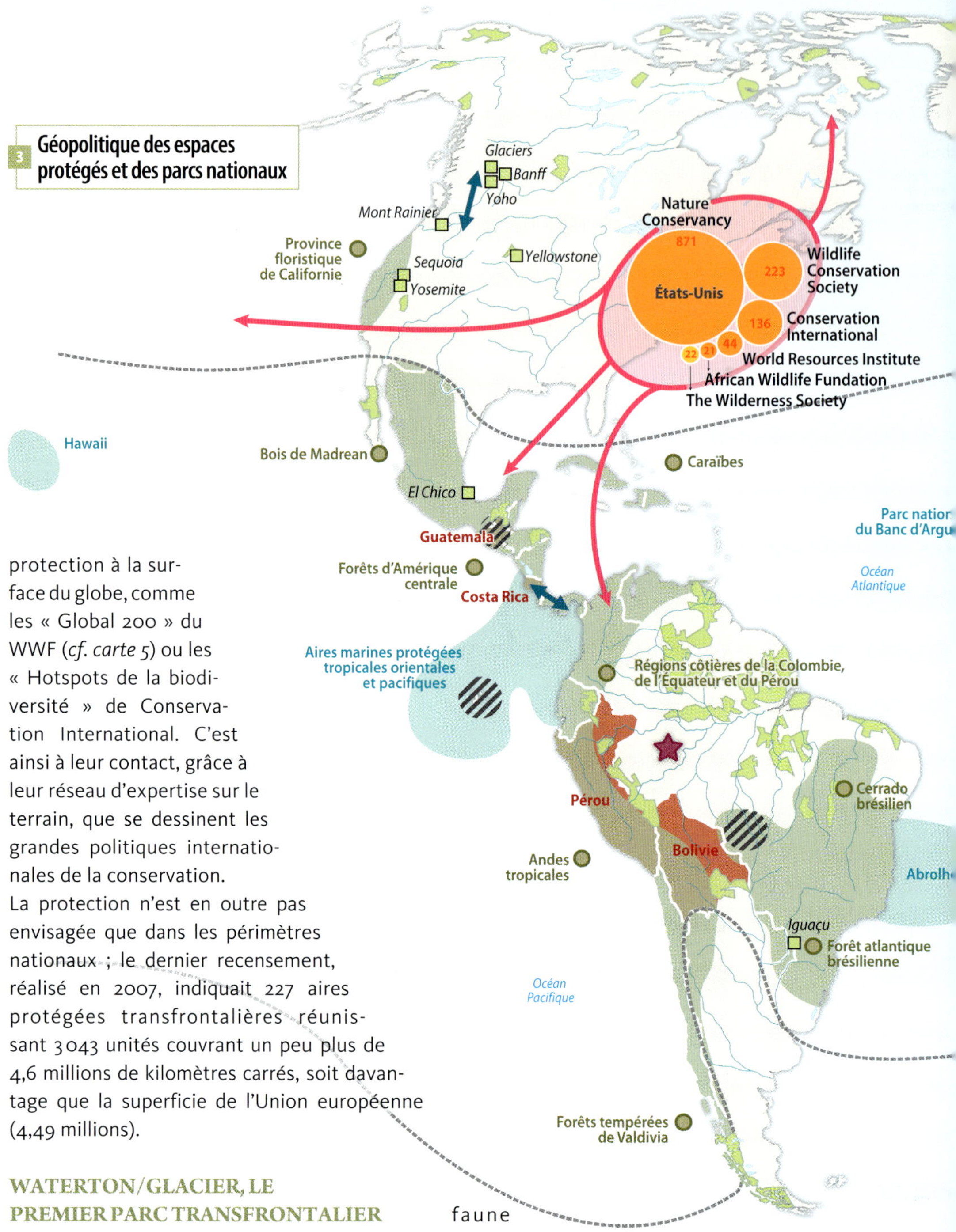

Cette sensibilisation naît principalement aux États-Unis et conduit à la création, en 1832, de la réserve Hot Springs (Arkansas), puis à celle du Yosemite State Park (Californie) en 1864. Ce dernier est transformé en 1890, autour de la vallée éponyme, en deuxième parc national du pays, après Yellowstone (Idaho/Montana/Wyoming), le premier au monde, instauré en 1872. S'étendant sur 8 991 kilomètres carrés et revêtant une dimension fondatrice de la nation, il est conçu comme un espace de développement touristique.
L'Australie suit le mouvement avec le National Park (1879), puis le Canada avec la Banff Hot Springs Reservation (1885), la Nouvelle-Zélande (Tongariro National Park, en 1894), l'Afrique du Sud (Sabi Game Reserve, en 1898, futur Kruger National Park) et l'Argentine (Nahuel Huapi, en 1901). Il faut attendre 1909 pour voir en Suède les premiers espaces protégés européens, alors que la Suisse crée en 1914 un parc national en Engadine. En 2013, il en existe environ 330 en Europe et plus de 4 000 dans le monde.

LA MONDIALISATION, PUISSANT LEVIER DE DÉVELOPPEMENT

Les espaces protégés visent certes à prémunir des territoires contre des formes d'exploitation économique excessives. Mais, paradoxalement, le domaine de la conservation n'est absolument pas épargné lui-même par les logiques de la mondialisation (*cf. carte 3*) : il constitue de fait un réel secteur économique, concentré et porté non seulement par les budgets publics, mais aussi et surtout par des acteurs privés et associatifs puissants.
Ainsi, des firmes transnationales soucieuses d'associer leur image à une action vertueuse en faveur de l'environnement – nommée parfois *greenwashing* – s'impliquent dans des espaces protégés. Mais les plus importants lobbies sont les grandes organisations non gouvernementales (ONG), aussi appelées BINGO (acronyme de Big International Non-Governmental Organizations) : les plus puissantes (The Nature Conservancy, World Wildlife Fund ou WWF, UICN) brassent entre 100 millions et un milliard de dollars par an et comptent des dizaines de milliers de salariés et des millions de donateurs. Essentiellement anglo-saxonnes, ces ONG rachètent une portion de la dette des États pauvres contre des mesures de protection, créent des fondations, administrent des parcs, acquièrent des terres à des fins de protection, mais aussi définissent les zones prioritaires de la protection à la surface du globe, comme les « Global 200 » du WWF (*cf. carte 5*) ou les « Hotspots de la biodiversité » de Conservation International. C'est ainsi à leur contact, grâce à leur réseau d'expertise sur le terrain, que se dessinent les grandes politiques internationales de la conservation.
La protection n'est en outre pas envisagée que dans les périmètres nationaux ; le dernier recensement, réalisé en 2007, indiquait 227 aires protégées transfrontalières réunissant 3 043 unités couvrant un peu plus de 4,6 millions de kilomètres carrés, soit davantage que la superficie de l'Union européenne (4,49 millions).

WATERTON/GLACIER, LE PREMIER PARC TRANSFRONTALIER

Ce mouvement remonte à 1932, date à laquelle le Canada et les États-Unis ont signé les actes de reconnaissance officielle d'un Parc international de la paix, réunissant les parcs nationaux des lacs Waterton et Glacier (*cf. carte 6*). Cette réalisation, inspirée par les sections régionales du Rotary Club, matérialisait le symbole de la bonne entente entre les deux pays. Réserve de biosphère et patrimoine mondial de l'humanité, il fut ainsi le premier espace protégé transfrontalier moderne dont la gestion est assurée par le National Park Service des États-Unis et l'agence gouvernementale Parcs Canada. Les employés des deux parcs nationaux collaborent à l'occasion d'actions communes symboliques (commémorations), d'opérations de gestion de l'environnement (recherches sur la biodiversité, incendies de forêt, suivi de la faune sauvage) ou d'encadrement du tourisme (secours en montagne, sécurité routière, éducation environnementale, médiation touristique, accès des visiteurs, « randonnées internationales »). Les attentats du 11 septembre 2001 ont réactivé les mesures de sécurité à la frontière nord des États-Unis, imposant des dispositifs plus contraignants pour les personnes souhaitant franchir celle-ci à l'intérieur des parcs.
Dominé par le sommet Ninastakis (aussi appelé Chief Mountain), haut lieu de la confédération indienne des Blackfeet, cet espace transfrontalier a été étoffé, dans le bassin versant de la rivière Flathead, par un parc provincial,

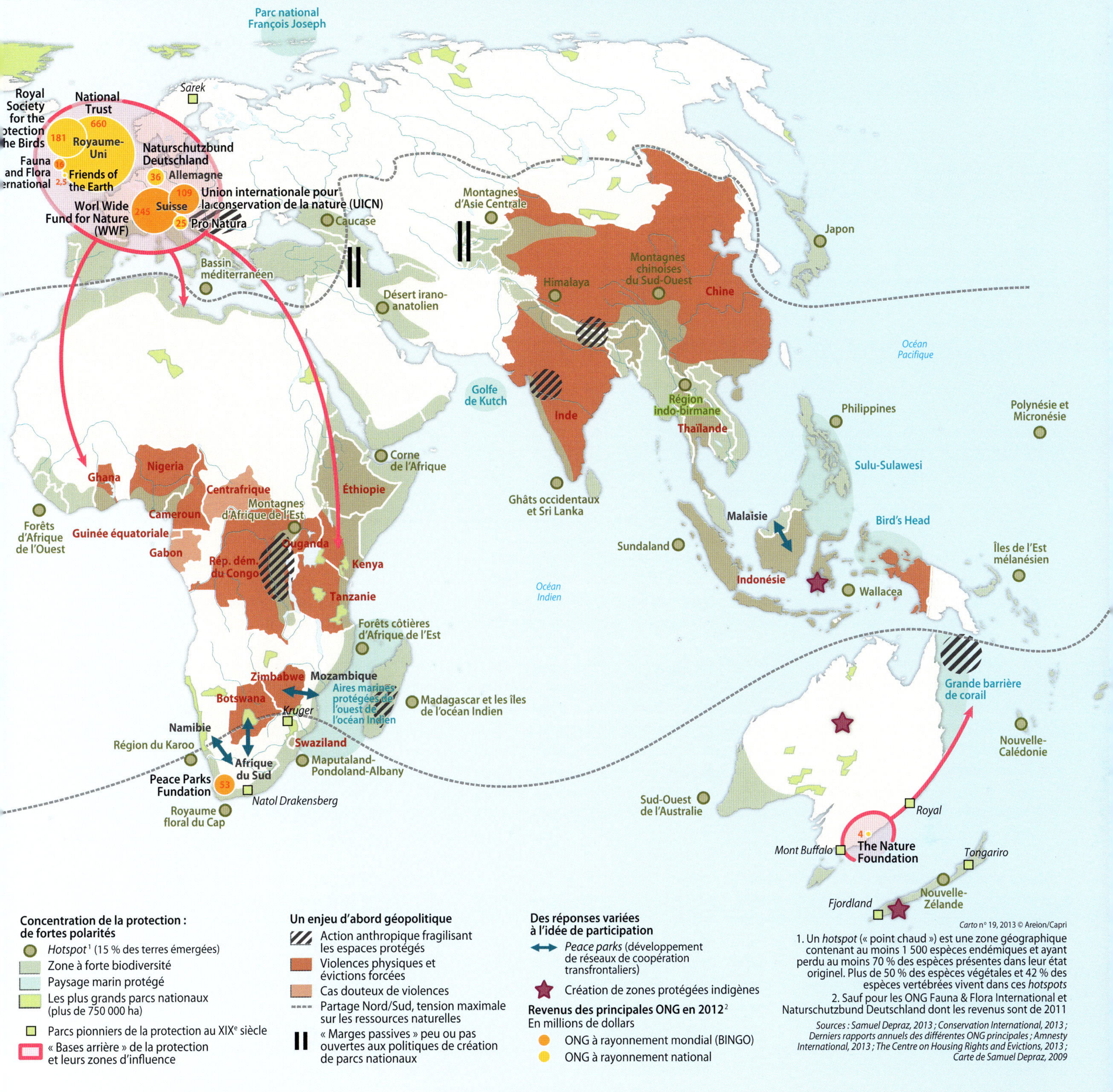

une réserve forestière et une forêt nationale (Montana). Il s'inscrit au cœur d'un écosystème subissant d'importantes pressions (mines, exploitations pétrolière et agricole, fragmentation de l'écosystème externe du parc, changement climatique) qui ont conduit la province canadienne de Colombie-Britannique à interdire toute nouvelle exploration ou exploitation d'hydrocarbures et de charbon dans la partie canadienne du bassin versant.

ENTRE PROTECTION ET URBANISATION

À grande échelle, l'un des principaux problèmes demeure l'urbanisation. Le delta du fleuve Paraná, drainant le troisième bassin versant d'Amérique du Sud, est un vaste espace naturel argentin de 320 kilomètres de long et de 60 kilomètres de large en contact avec le Río de la Plata (*cf. carte 7*). Il occupe une position originale à proximité de la plus grande mégapole des pays du Cône Sud, Buenos Aires, qui compte près de 16 millions d'habitants en 2013. Pour limiter l'extension du front d'urbanisation de la capitale argentine générateur de différents types de menaces pour son environnement (construction anarchique, extraction des gravières, pollution aquatique, etc.), le delta est devenu une réserve de biosphère en 2000. Couvrant 886 kilomètres carrés, celle-ci se compose de trois zones : un noyau central de 106 kilomètres carrés, une zone tampon de 155 kilomètres carrés et une

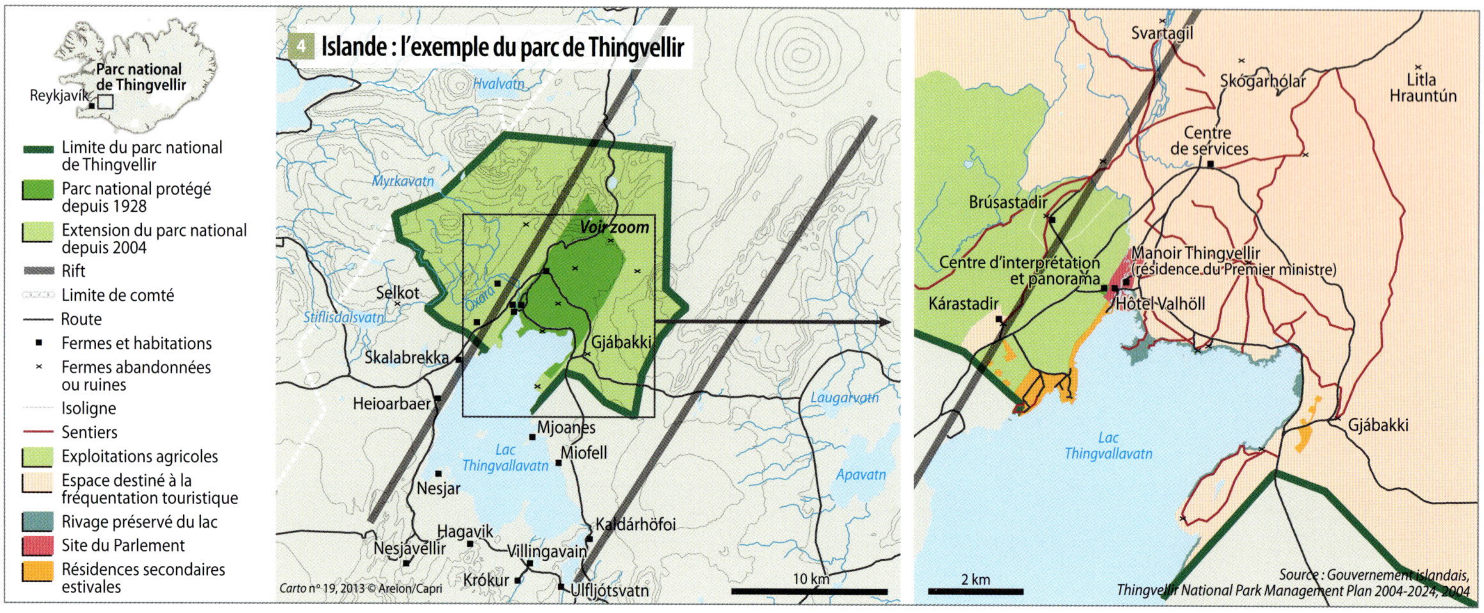

4 Islande : l'exemple du parc de Thingvellir

zone de transition de 625 kilomètres carrés. L'interface entre le nord de l'agglomération portène – généralement bourgeoise et résidentielle – et le delta se fait au niveau d'un secteur périurbain qui abrite ses derniers habitants traditionnels, pêcheurs et forestiers, ainsi que bon nombre de résidences secondaires et d'activités touristiques. Un des fronts actifs d'urbanisation de la métropole se trouve ainsi décalé vers le nord-ouest. Il s'appuie sur les aménités environnementales du delta pour légitimer la construction d'ensembles résidentiels fermés, accueillant des habitants très aisés qui profitent des éléments paysagers comme les plans d'eau et les canaux. Cette ségrégation socio-spatiale à base environnementale, qui touche aussi largement les usages récréatifs du delta, a poussé quelques familles modestes aux confins du delta, vers la zone de transition. Elles ont cherché à fuir les conditions de vie exécrables dans les *villas* (bidonvilles) de Buenos Aires et bénéficient de l'entraide des habitants traditionnels, bien loin du tumulte mégapolitain.

L'ESPACE PROTÉGÉ COMME SYMBOLE D'UN ÉTAT « MODÈLE » ?

Les pays d'Europe du Nord ont longtemps véhiculé l'image d'États « modèles » en matière de protection de l'environnement ; si cela est vrai pour la Suède du point de vue de son antériorité (création en 1909 de neuf parcs nationaux), si une grande partie du territoire norvégien est couvert par les espaces protégés (16 % hors Svalbard, contre 13,7 % pour la France), cette idée reçue est à nuancer pour la Finlande (8,5 %) et le Danemark (4,4 %, hors Groenland). Peuplée d'environ 320 000 habitants en 2013, avec une densité moyenne de trois habitants au kilomètre carré, l'Islande arrive en tête de cette région, avec 21 % de son territoire préservé (soit 21 687 kilomètres carrés sur 103 000) répartis entre 102 espaces protégés (entre autres, 40 réserves naturelles, 35 monuments naturels, 19 parcs ruraux, trois sites Ramsar), dont seulement trois parcs nationaux. Le plus emblématique d'entre eux est le Parc national de Thingvellir (« Plaines du Parlement », en islandais), le premier établi en 1928 (*cf. cartes 4*). Son nom vient de l'Althing, l'un des plus vieux Parlements du monde, qui se réunissait entre 980 et 1798 sur ce site identifié et visité par l'essentiel des touristes (650 000 en 2011) qui se rendent en Islande en raison de ses facilités d'accès (destination bien desservie à 50 kilomètres à l'est de la capitale, Reykjavik). En outre, l'indépendance, proclamée le 17 juin 1944, fut célébrée dans ce lieu qui abrite une résidence officielle du Premier ministre et qui correspond à une vaste déchirure de cette île volcanique située sur le rift centre-atlantique. Il s'agit ainsi pour les Islandais d'un haut lieu recouvrant une forte dimension symbolique, et ce, avant la constitution de l'État-nation. L'acte fondateur du parc stipule : « Au début de l'année 1930, Thingvellir, près de la rivière Öxará et ses alentours, sera un lieu saint national protégé pour tous les Islandais ».

Il est géré par une commission constituée de parlementaires élus par leurs pairs qui nomme le directeur, échappant ainsi au mode de gestion par le ministère de l'Environnement en vigueur pour les autres parcs nationaux. Couvrant 237 kilomètres carrés, dont 92,7 ont été inscrits sur la liste des biens culturels au patrimoine mondial de l'humanité en 2004, le parc englobe la partie nord du plus grand lac naturel du pays, Thingvallavatn. Ses autres rives sont touchées par une diffusion des résidences secondaires, notamment des habitants de la toute proche capitale, mais la crise bancaire et financière de 2008 a ralenti l'essor immobilier. Une loi de 2005, réglementant l'urbanisation du lac, avait déjà enrayé le mouvement.

Si le statut d'espace protégé peut ainsi conférer davantage de valeur (ne serait-ce que par la fréquentation touristique accrue) à un lieu, il vise aussi à sauvegarder celles que celui-ci porte, d'un point de vue religieux, ethnique ou identitaire. Tous les hauts lieux du monde ne sont pas pour autant l'objet de préservation, le mont Sinaï (Égypte) ou le Kailas (sud-ouest de la Chine, au Tibet) étant dépourvus de telles zones. À l'inverse, d'autres sommets à forte charge symbolique sont placés sous protection : le volcan Lanín (ouest de l'Argentine), sacré pour les Mapuches, l'Ararat (est de la Turquie), en partie protégé par le parc national d'Agri Dagi, et le volcan Popocatépetl, au sud-est de Mexico, qui s'est réveillé en juillet 2012, au sein du parc national Iztaccíhuatl-Popocatépetl. Le 22 juin 2013, l'UNESCO a inscrit le mont Fuji (haut de 3 776 mètres et situé au centre du Japon) au patrimoine mondial de l'humanité ; les nombreux touristes et pèlerins (environ 200 000 visiteurs par an) font redouter une gestion difficile de sa fréquentation. ● **L. L., S. D., S. G. et S. H.**

POUR EN SAVOIR PLUS...

Lionel Laslaz (dir.), Samuel Depraz, Sylvain Guyot et Stéphane Héritier, *Atlas mondial des espaces protégés : Les sociétés face à la nature*, Autrement, 2012.

ESPACES PROTÉGÉS ET ENJEUX POLITIQUES

5 La biodiversité selon l'organisation WWF

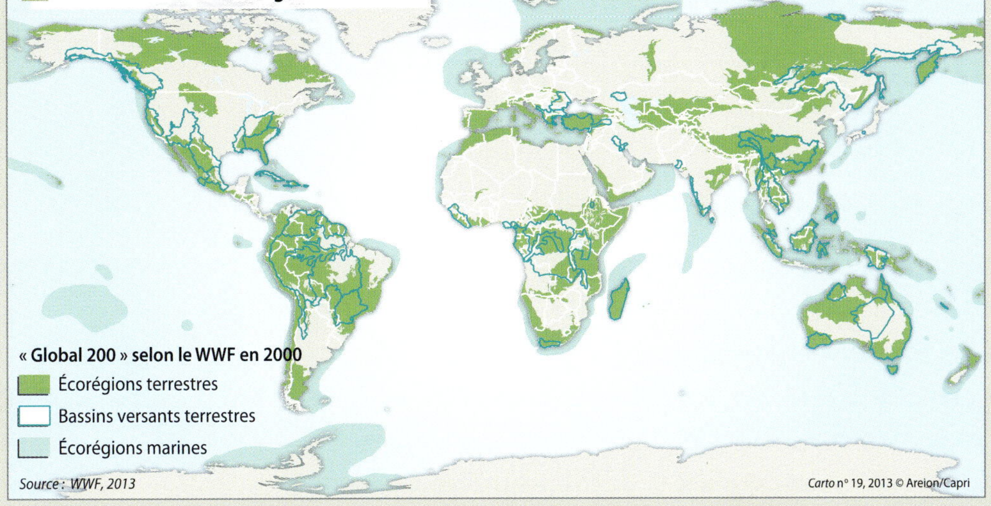

LES « GLOBAL 200 » DE WWF

Les États ne sont pas les seuls à pouvoir agir pour la défense de la nature. Certaines organisations internationales définissent les zones prioritaires de la protection à la surface du globe. C'est le cas du World Wildlife Fund (WWF), qui a établi les « Global 200 ». Il s'agit d'un total de 238 régions écologiques terrestres et marines, considérées comme exceptionnelles d'un point de vue biologique et dont la protection est jugée essentielle. Pour dresser cette liste, l'ONG s'est basée sur plusieurs critères, dont la richesse des espèces et leur caractère endémique, et la rareté de leur habitat. La majorité des 142 écorégions terrestres répertoriées se trouve en Asie.

6 Le parc de la paix nord-américain

D'après une carte de Stéphane Héritier, 2013, réalisée à partir de diverses sources canadiennes
Carto n° 19, 2013 © Areion/Capri

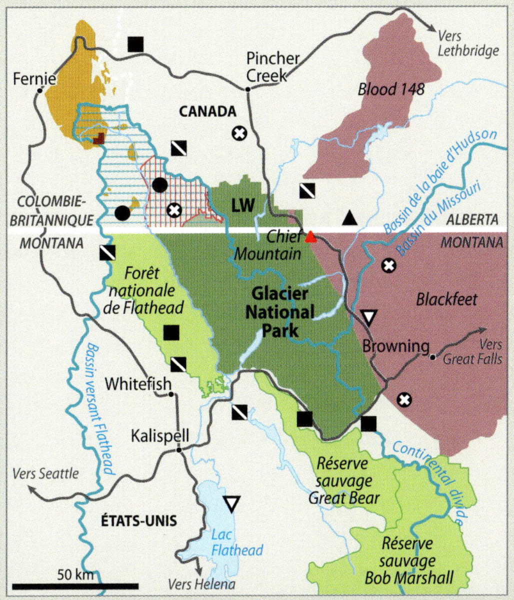

Caractéristiques générales

- Lacs et réservoirs
- Principales lignes de partage des eaux
- Gisements de charbon et de méthane
- Principales villes
- Frontière entre États
- Frontière entre provinces
- Routes principales
- Parcs nationaux (LW : Lacs Waterton)
- Parc provincial Akamina-Kishinena
- Projet d'extension du Parc national
- Autres espaces protégés
- Réserve indienne
- Aire de conservation du bassin versant Flathead (partie canadienne), sous protection légale (loi de la province de Colombie-Britannique, 2011)

Menaces liées aux activités anthropiques dans l'espace périphérique du Parc international de la paix (identifiées depuis les années 1990)

- Routes existantes et projets routiers : menaces de rupture des corridors fauniques et d'augmentation de la mortalité de la grande faune
- Projets miniers (mine de charbon à ciel ouvert) : menaces sur la qualité des eaux et la faune aquatique
- Projet d'exploitation de la mine Lodgepole par la méthode du « *mountain top removal* », abandonnée en 2012
- Secteurs d'exploitation élevée (activités agricoles et récréatives, extraction de gaz naturel, projet d'exploitation forestière)
- Fort développement (résidentiel, commercial et touristique, risque de réduction de l'espace vital pour la grande faune)
- En Alberta, la chasse au loup gris est autorisée (notamment pour les *ranchers*) pendant plusieurs mois de l'année, pas de quota maximum de chasse
- Introduction d'espèces allogènes invasives (faune aquatique par migration et flore par suite de pâturage aux limites des parcs)

7 Protection et urbanisation à Buenos Aires

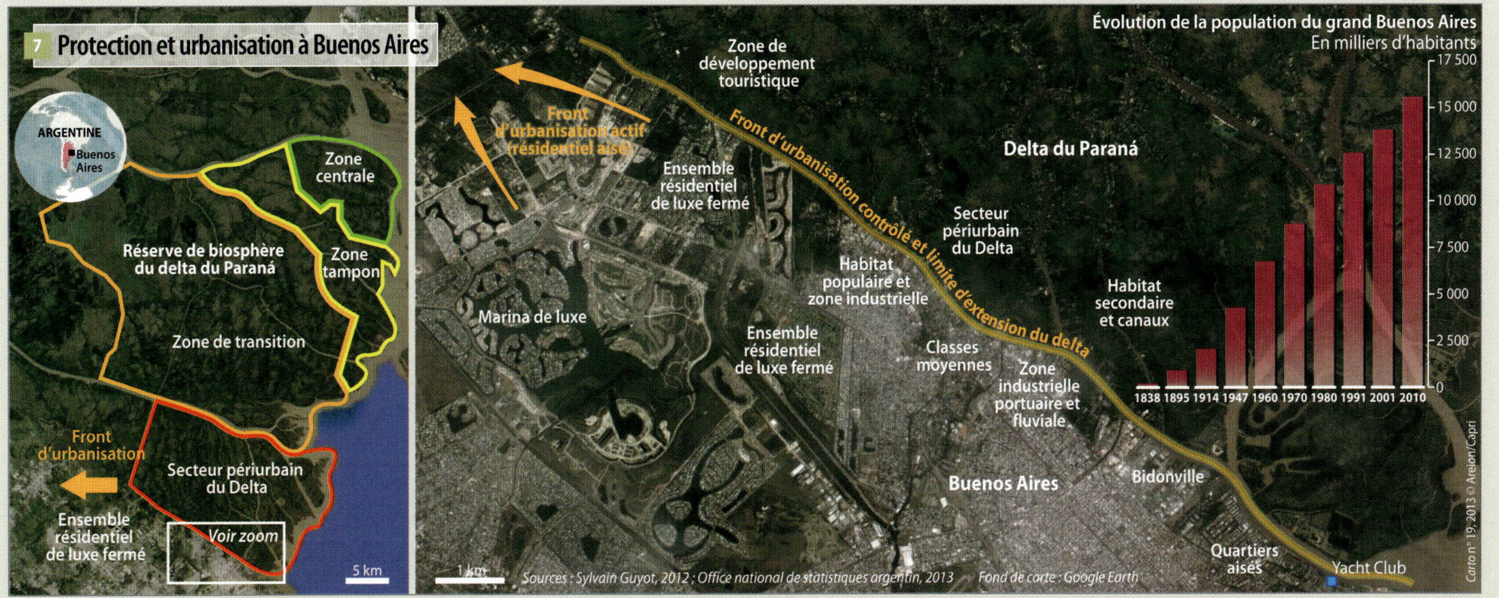

Forêts : un patrimoine mondial menacé

Elles sont un patrimoine nécessaire à l'équilibre de l'écosystème et à la bonne santé des êtres humains. Pourtant, les forêts sont menacées. Si le bois constitue une source non négligeable de développement économique, l'excès de son exploitation peut provoquer des déforestations irréparables. En novembre 2012, une équipe scientifique internationale a tiré la sonnette d'alarme : les arbres se meurent.

En 2010, les forêts occupaient 31 % des terres dans le monde (*cf. carte 2*), soit environ 4 milliards d'hectares, selon l'Organisation des Nations unies pour l'alimentation et l'agriculture (FAO). Plus de 60 % sont répartis dans dix pays du globe : Russie, Brésil, Canada, États-Unis, Chine, Australie, République démocratique du Congo, Indonésie, Pérou et Inde. Au Gabon, elles couvrent plus de 70 % du territoire.

Ces grands espaces boisés représentent avant tout une ressource vitale pour l'être humain, utilisée pour l'habitat, l'alimentation et les besoins énergétiques (*cf. carte 3*). Ainsi, le bois de chauffage, les élevages de bétail et les céréales que les individus consomment en sont issus. Les forêts procurent également la possibilité de respirer sainement. Métaphoriquement appelés les « poumons de la Terre », les arbres régulent, par le biais de la photosynthèse, la masse de dioxyde de carbone (CO_2) présente dans l'air. Ils stockent du CO_2 et en injectent une partie dans le sol par leurs racines ou lors de la décomposition (feuilles, brûlis). Il s'agit aussi d'un espace protecteur de la biodiversité, la forêt abritant un grand nombre d'insectes, de mammifères et d'oiseaux qui participent à une autorégulation naturelle de l'écosystème. Plus de 60 % des espèces animales y vivent. Elle est enfin le réservoir d'eau de pluie de la planète, qu'elle régule par évapotranspiration. Quant aux racines, elles permettent de stabiliser les terrains contre l'érosion.

LES ESPACES BOISÉS EN EUROPE

D'après un rapport de la FAO et de la Commission économique des Nations unies pour l'Europe (UNECE), les forêts du Vieux Continent représentent un quart des zones boisées mondiales (1). Le milliard d'hectares d'espaces forestiers européens est inégalement réparti,

1 L'évolution de la forêt et de son exploitation

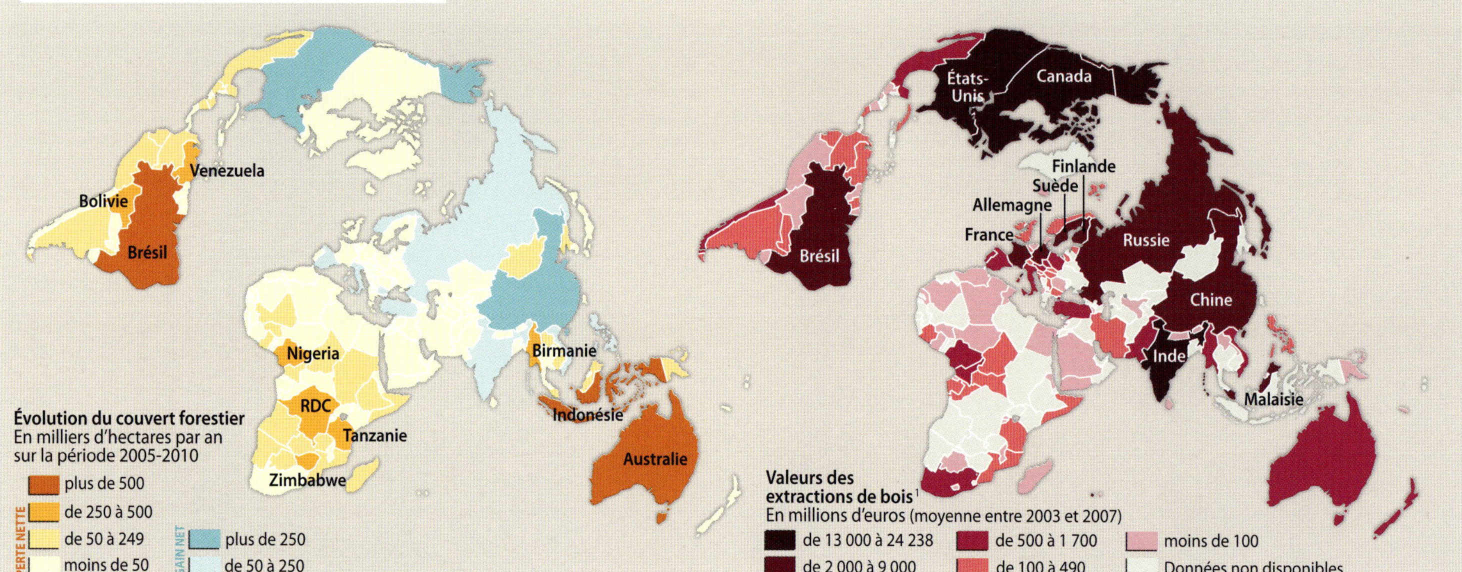

Source : FAO, Évaluation des ressources forestières mondiales 2010

1. Bois rond industriel, bois de chauffage et produits forestiers non ligneux (PFNL) *Carto* n° 15, 2013 © Areion/Capri

2 Près de 4 milliards d'hectares de forêt en 2010 sur la surface terrestre

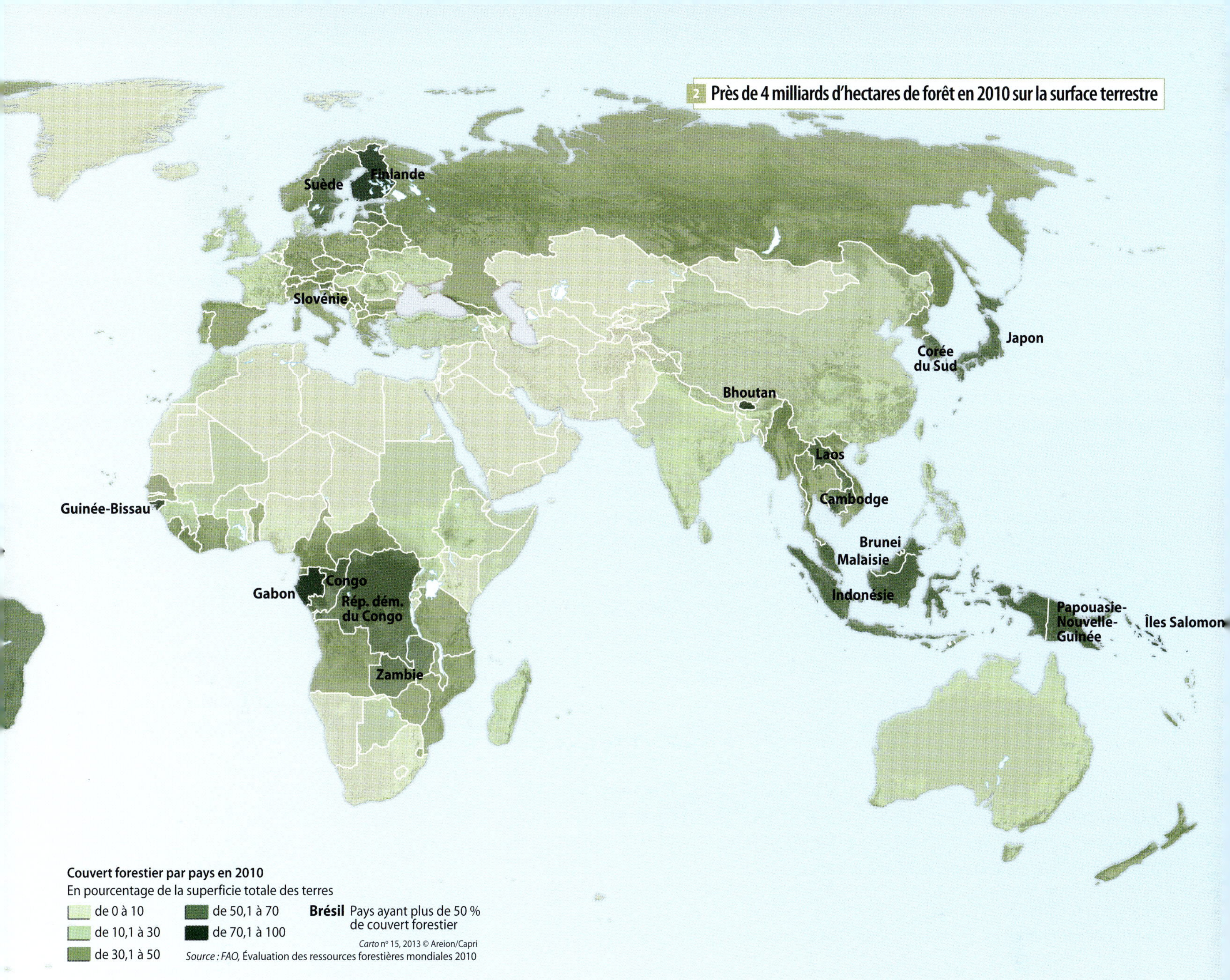

allant de 8 % en Irlande jusqu'à 70 % du territoire en Finlande. De leur côté, le Royaume-Uni et les Pays-Bas comptent parmi les pays d'Europe ayant perdu le plus de surface forestière.

Quant à la France (*cf. documents 4*), elle est le troisième État le plus boisé du continent, après la Finlande et la Suède, avec une superficie de 15 millions d'hectares, soit 27 % de son territoire. Les forêts couvrent entre 40 et 60 % des régions Aquitaine, Franche-Comté et Provence-Alpes-Côte d'Azur. Les trois quarts de cette surface appartiennent à quelque 3,5 millions de propriétaires privés, la majorité ayant des terres de moins d'un hectare. L'Hexagone vend son bois en dehors de ses frontières. Ainsi, entre janvier et août 2010, 60 000 mètres cubes de grumes de chêne et 140 000 mètres cubes de grumes de hêtre ont été écoulés vers la Chine. Par ailleurs, la bonne santé de la sylviculture attire les investisseurs et fait grimper les prix : en France, un hectare de forêt valait 3 960 euros en 2011, soit une hausse de 10,8 % par rapport à l'année précédente.

Excepté en Russie, 50 % des forêts d'Europe appartiennent à des personnes privées. Il s'agit d'un taux assez faible dans la mesure où les terres boisées russes représentent 80 % des forêts du continent. Toutefois, elles souffrent d'une gestion inégale : accessibles à l'ouest de l'Oural, elles sont difficiles à atteindre à l'est. Reconnues pour leur grande biodiversité, les forêts ont un poids important aux niveaux régional et mondial. Au nord comme dans le centre du Vieux Continent, leur protection prime sur les aspects économiques et sociaux. En effet, des programmes de gestion durable sont appliqués. En France, le Plan forestier national (2006-2015) se fonde sur un inventaire des ressources disponibles pour assurer un roulement dans la récolte du bois et ainsi donner à la forêt la possibilité de s'équilibrer. Au Maroc, les membres des communautés décrètent un calendrier et une liste de ce qu'elle peut offrir à l'être humain ; on parle alors de système « Agdal », ou « Hema » au Moyen-Orient. Toutefois, la gestion des zones forestières est très différente selon les régions du monde, ce qui met en danger le maintien de la biodiversité.

INDUSTRIE FORESTIÈRE ET COMMERCE ILLÉGAL

Dans chaque région du monde, la foresterie diffère (*cf. cartes 1*). Elle est notamment très présente dans les zones les plus pauvres, qui utilisent les forêts tant dans le quotidien que pour trouver un moyen de subsistance. Le commerce du bois dans l'économie mondiale représente 4 milliards de mètres cubes par an sur les 485 milliards disponibles dans le monde, selon la FAO. Les États-Unis, le Canada, la Russie, la Chine et le Brésil sont les plus gros producteurs de bois sous différentes formes (carton, papier, panneaux).

À cette activité se greffe le trafic illégal, qui représente plusieurs dizaines de milliards d'euros par an. Les coupes de bois se font hors des hectares certifiés ou avant que la forêt n'ait eu le temps de se régénérer. Les principaux foyers se situent au Brésil, en Chine, en République démocratique du Congo, en Biélorussie, en Indonésie et en Russie. Parmi les arbres exportés illégalement, le teck et le cèdre rouge sont les plus nombreux.
Sur le marché, le bois doit en principe porter un sigle prouvant sa traçabilité. L'écolabel Forest Stewardship Council (FSC) informe le consommateur des conditions dans lesquelles il a été coupé. Afin de l'obtenir, la durabilité de la forêt, le droit du travail et les lois nationales en vigueur doivent avoir été respectés. Ce label certifie 125 millions d'hectares dans 80 pays. À l'échelle européenne, le Pan European Forest Certification (PEFC) se fonde sur les mêmes obligations que son égal international et certifie 220 millions d'hectares de forêts. Le recours à des écolabels pour encourager la gestion durable de celle-ci soutient l'idée qu'il n'y a pas de normes suffisamment dissuasives ou du moins pas rigoureusement appliquées.
Cependant, des législations ont été mises en place pour réguler la coupe du bois, son commerce et toutes les activités dérivées de la foresterie. Ainsi, depuis mai 2003, la Commission européenne a instauré le plan « Forest Law Enforcement, Governance and Trade ». Ce dernier adopte une série de mesures qui touchent l'exploitation forestière de la récolte à l'export, en passant par le transport et la transformation. Cette action a pour but de garantir le respect des lois nationales en vigueur lors des coupes de bois, un marquage pour assurer son suivi et éviter la présence d'arbres protégés. En Australie, un projet de loi en cours depuis 2010 a finalement été promulgué le 28 novembre 2012 : selon l'Illegal Logging Prohibition Act, tout contrevenant qui importerait du bois illégal risque jusqu'à cinq ans de prison. Il convient de souligner que l'Australie fait partie des pays qui ne cessent de perdre des hectares de forêts. Cette déforestation est notamment due à un choix de cultures sur sol, mais également à un climat plutôt sec favorisant les incendies. Aux États-Unis, une loi visant la protection des ressources naturelles, le Lacey Act 2008, interdit la possession et le commerce du bois illégal.

LES MÉFAITS DE L'HUILE DE PALME

Originaire d'Afrique de l'Ouest et centrale, la culture du palmier à huile ne cesse de se développer (*cf. document 6 et carte 7*). Également produite en Indonésie, l'huile de palme est responsable des déforestations et de la mauvaise gestion des forêts. Pourtant, elle bénéficie de l'attention des investisseurs, notamment parce qu'il s'agit de l'oléagineux le plus rentable et le moins cher à cultiver. On parle d'ailleurs d'« or rouge », de la couleur des fruits dont est extraite l'huile. Quant aux feuilles, elles servent de toiture, et le tronc à la construction de maisons. Le Nigeria est le plus gros producteur du continent avec plus d'un million d'hectares

3 Le bois : principale ressource d'énergie renouvelable en Europe

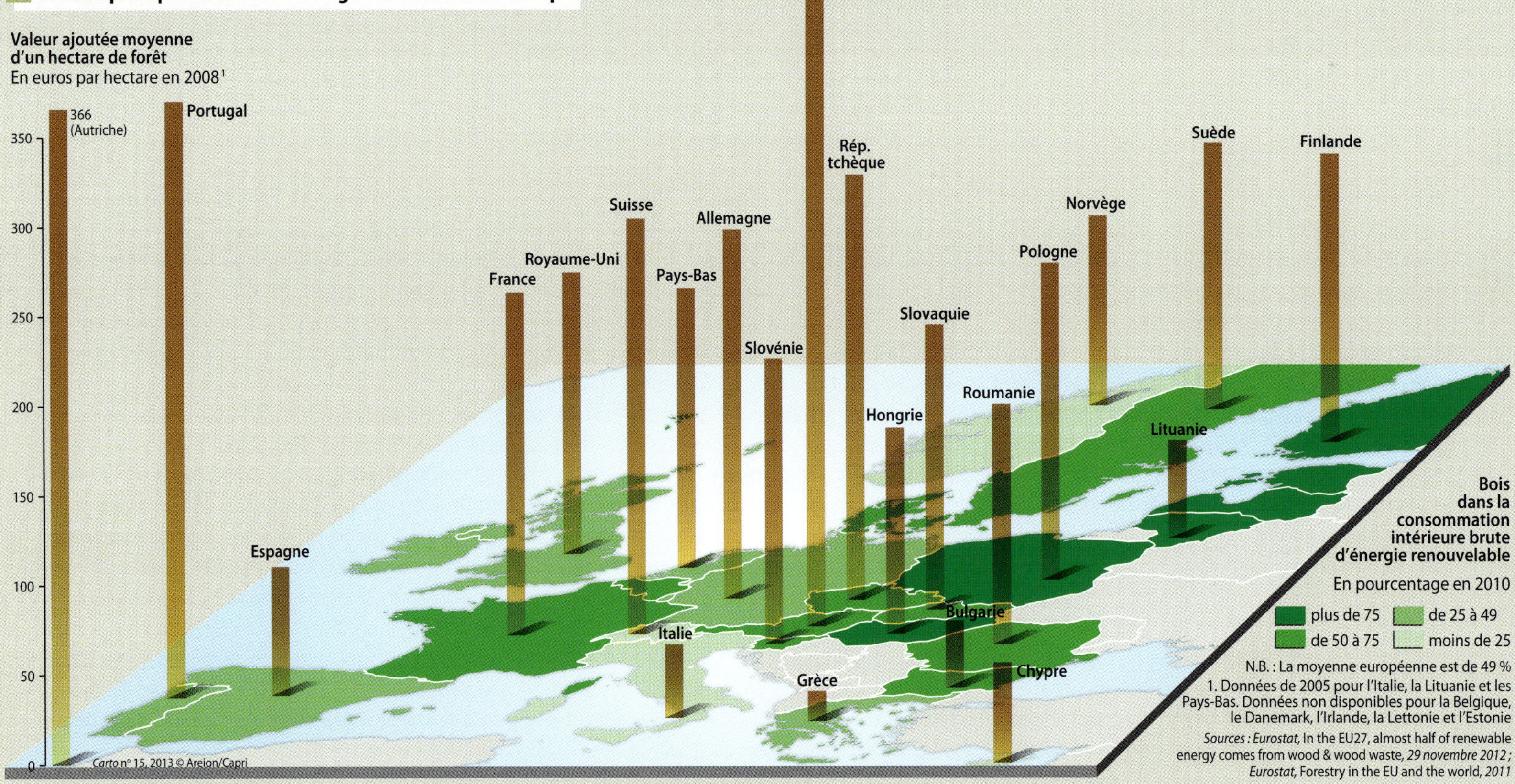

consacrés à cette culture et une récolte de 930 000 tonnes par an. Toutefois, cela ne représente que 2 % de la production mondiale en 2011 et les recettes reviennent principalement à des investisseurs étrangers, propriétaires des cultures. Ainsi, implantée au Nigeria et au Cameroun, la société Olam, géant agroalimentaire singapourien, s'est engagée en 2010 dans le projet « Olam Palm Gabon », en collaboration avec le gouvernement de Libreville. Il est question de l'exploitation de 300 000 hectares de forêt pour y cultiver des palmiers à huile et à caoutchouc. En Asie du Sud-Est, l'Indonésie et la Malaisie octroient la même surface de récolte que le Nigeria. Cela leur permet de produire en grosse quantité : ils ont généré 43 millions de tonnes d'huile de palme en 2011, selon l'ONG Greenpeace (2).

Les acheteurs d'oléagineux sont ceux qui ne le cultivent pas, comme les membres de l'Union européenne, ou ceux dont l'économie s'affirme, comme la Chine ou l'Inde. Par exemple, la République populaire a quasi quadruplé sa consommation, en passant de 1,6 million de tonnes en 2000 à 6,3 millions en 2010. L'huile de palme est utilisée dans l'alimentation et les cosmétiques. Il s'agit surtout d'un agrocarburant nécessaire au remplacement partiel des énergies fossiles.

Toutefois, malgré les bienfaits apparents sur le plan économique, sa culture est la première cause de déforestation en Indonésie et en Malaisie, selon les Nations unies. Ainsi, la première, également touchée par le commerce illégal de bois, a perdu près de 5 millions d'hectares de forêts, soit 9,2 % de son ensemble forestier, entre 2000 et 2008. Sous Suharto (1967-1998), elles ont enrichi l'élite du pays au détriment de la préservation de la biodiversité. Après la chute du régime, des actions en justice ont été engagées et des législations protégeant les espaces boisés adoptées. La déforestation en Indonésie a aussi pour conséquence l'extinction à venir de certaines espèces animales, comme l'orang-outan de Sumatra, dont le nombre d'individus a été divisé par sept entre le début et la fin des années 1990. En 2009, lors de la Conférence sur le climat de Copenhague (Danemark), Jakarta a annoncé un moratoire de deux ans sur les attributions de concessions forestières. Ce dernier fut appliqué à partir de mai 2010, avec l'aide de la Norvège.

Autre pays très touché par la déforestation, le Brésil, qui perd 3 millions d'hectares par an, selon la FAO. Le barrage du Belo Monte a notamment relancé la question de la pression de l'être humain sur la forêt. Condamné en novembre 2009 par la Cour interaméricaine des Droits de l'homme, le projet a finalement obtenu l'aval des pouvoirs publics : il s'agira du troisième plus grand barrage au monde après ceux des Trois Gorges (Chine) et d'Itaipu (frontière Brésil-Paraguay). Il permettra l'accès à une quantité énergétique importante, offrant de l'électricité à de nombreuses familles, mais porte atteinte aux populations locales et à leur mode de vie traditionnel. Par ailleurs, au début de sa mise en marche, prévue en 2015, le barrage devrait émettre énormément de gaz à effet de serre.

4 Le potentiel de la forêt française

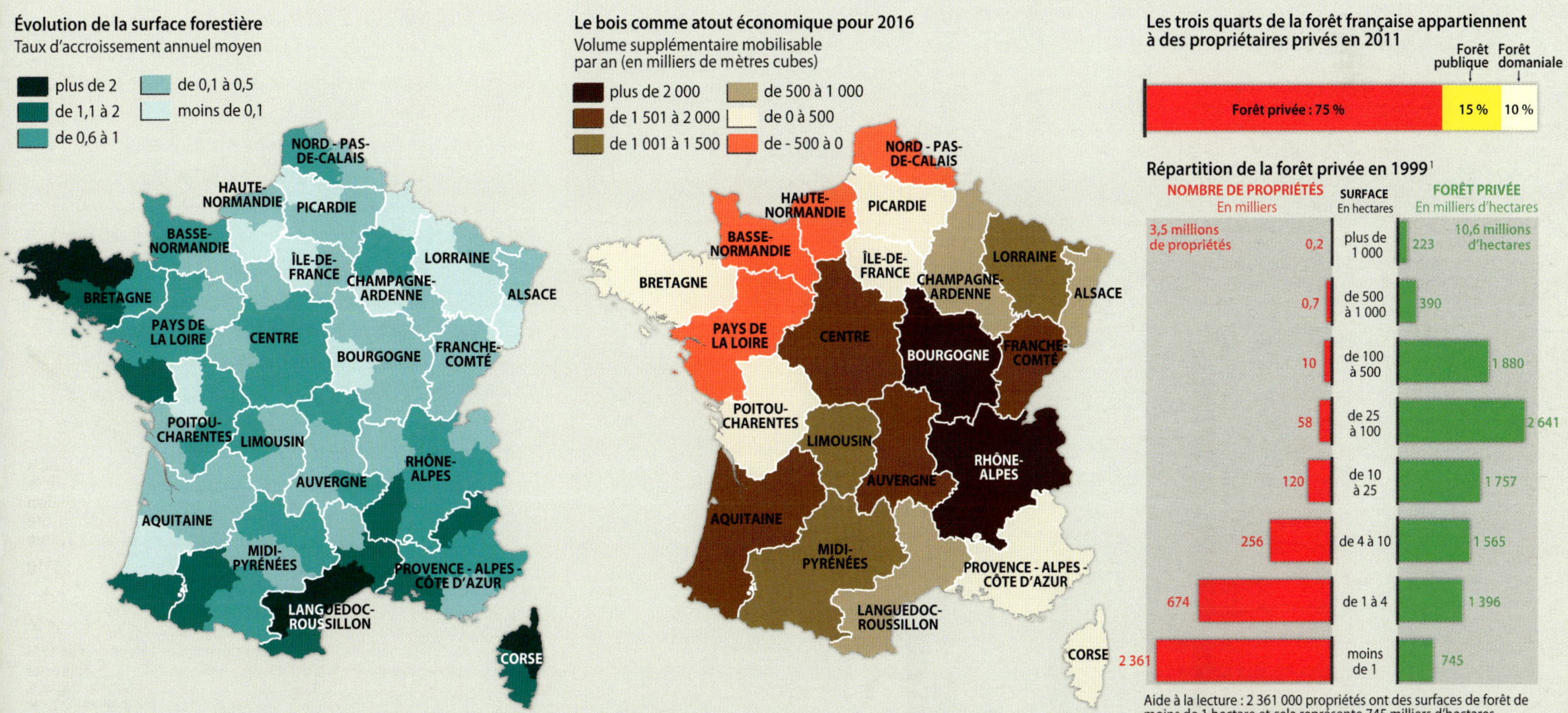

Aide à la lecture : 2 361 000 propriétés ont des surfaces de forêt de moins de 1 hectare et cela représente 745 milliers d'hectares

1. Le prochain recensement réalisé sur la forêt privée sera rendu public en septembre 2013

Carto n° 15, 2013 © Areion/Capri

Sources : Institut national de l'information géographique et forestière, La forêt en chiffres et en cartes, *2012 ; Forêt privée française,* Les chiffres clés de la forêt privée, *édition 2008-2009*

QUELLES SOLUTIONS ?

Le développement économique des pays du Sud explique en partie la déforestation, les populations ayant besoin de semer des cultures et de place pour le bétail. Toutefois, elle est également l'une des causes du réchauffement climatique. Selon le Groupe d'experts intergouvernemental sur l'évolution du climat (GIEC) de l'ONU, la déforestation est responsable de 17 % des émissions mondiales de gaz à effet de serre, soit plus que le secteur du transport. Afin de lutter contre celles-ci, un partenariat a été officiellement lancé le 27 mai 2010 à Oslo. Instauré par la Norvège et la France, le programme REDD (Réduction des émissions liées à la déforestation et à la dégradation des forêts) consiste en l'engagement d'un État donateur à financer le projet d'un pays bénéficiaire, généralement du Sud. Lors de la rencontre à Oslo, la somme de 4 milliards de dollars avait été réunie. Les fonds avaient été versés par des entreprises en manque de crédit carbone. Le programme ne fait pas uniquement appel aux États, mais aussi à des membres d'ONG, des compagnies et des institutions.

L'essence du programme est de relancer continuellement le débat législatif contre la déforestation dans le pays bénéficiaire. Le but est d'identifier les enjeux environnementaux pour ce dernier, tandis que d'autres problèmes seront révélés, notamment le fonctionnement politique, institutionnel et financier du gouvernement concerné. L'instauration de lois au sein de l'État dit « fragile » assurera le renforcement et la possibilité d'une gestion durable de la forêt (3).

> « Le développement économique des pays du Sud explique en partie la déforestation, les populations ayant besoin de semer des cultures et de place pour le bétail. »

Des activités de conservation des terrains boisés permettant d'augmenter les stocks de carbone forestier viennent se cumuler à ses missions de réduction d'émissions des gaz. Après avoir accueilli en 2010 la Conférence sur le climat à Cancún, le Mexique a déjà obtenu des subventions. Une autre solution est le reboisement, notamment pratiqué en Asie (*cf. document 5*).

5 Le reboisement : une solution contre la déforestation ?

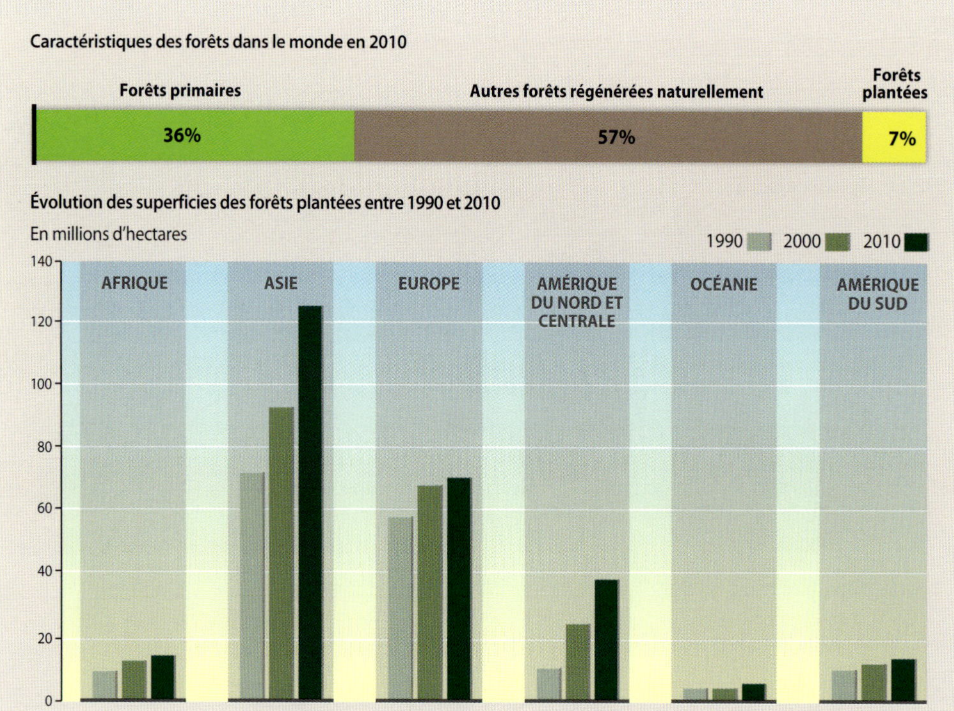

Source : FAO, Évaluation des ressources forestières mondiales 2010 — *Carto* n° 15, 2013 © Areion/Capri

Ainsi, en 2009, 590 millions de personnes ont planté 2,48 milliards d'arbres en Chine : le pays compte 61,69 millions d'hectares de forêts artificielles en 2012, selon des chiffres officiels.

Les problèmes posés par la déforestation et le réchauffement climatique sont de plus en plus au cœur des préoccupations internationales. En novembre 2012, une étude, à laquelle a participé l'Institut national de la recherche agronomique (INRA), a révélé que les deux tiers des arbres dans le monde sont menacés de dépérissement (4). Réalisées sur plus de 220 espèces situées dans 80 régions de la planète aux climats différents, les recherches démontrent que ces végétaux pourraient, à moyen terme, disparaître, victimes de la sécheresse. Si la situation se confirme, cela impliquerait la destruction de tous les écosystèmes et mettrait en péril l'être humain.

Les arbres retiennent avec les océans 50 % des émissions de CO_2 et, pour cela, doivent aspirer de plus en plus fort l'eau sous terre. Cet effort les conduit à aspirer des petites bulles d'air dans leurs systèmes internes. Ainsi, tout comme les individus, l'arbre souffrirait d'une embolie. Dans ce cas, il arrêterait de faire appel aux ressources extérieures et puiserait dans ses réserves. Une telle situation l'amènerait probablement à mourir. L'étude de l'INRA n'est pas la première dans ce genre : en 2010, une autre équipe était arrivée aux mêmes conclusions en se basant sur 88 zones forestières mondiales recensées depuis 1970. Et elle ne sera pas la dernière : le 7 décembre 2012, des scientifiques ont mis en garde contre la forte mortalité des arbres géants et anciens (vieux de 100 à 300 ans), sous toutes les latitudes, en Europe, en Amérique du Nord et du Sud, en Afrique, en Asie et en Australie. Les sorbiers d'Australie, les pins et les séquoias des États-Unis ainsi que les baobabs de Tanzanie sont les principales espèces en danger.

La volonté de se diriger vers une « économie verte » doit amener les États à trouver des solutions pour protéger les forêts, patrimoine nécessaire à l'équilibre de la biodiversité et de l'écosystème. ●

S. P.

NOTES

(1) FAO/UNECE, *State of Europe's Forests 2011*, 2012. Téléchargeable en anglais sur : www.unece.org/forests/fr/outputs/soef2011.html
(2) Greenpeace, *La dernière frontière de l'huile de palme. Comment l'expansion des plantations industrielles menace les forêts tropicales en Afrique*, septembre 2012.
(3) Centre d'analyse stratégique, *La lutte contre la déforestation dans les États fragiles : une vision renouvelée de l'aide au développement*, note de veille n° 180, 16 juin 2010.
(4) Brendan Choat, Hervé Cochard et Steven Jansen, « Global Convergence in the Vulnerability of Forests to Drought », in *Nature*, 21 novembre 2012.

FAUT-IL AVOIR PEUR DE L'HUILE DE PALME ?

L'OLÉAGINEUX LE PLUS CONSOMMÉ

L'huile de palme est l'oléagineux alimentaire le moins cher du monde et l'un des plus consommés. Ingrédient de cuisine traditionnelle en Afrique et en Asie, où se trouvent les plus gros producteurs, comme le Nigeria ou l'Indonésie, elle est extraite de la pulpe du fruit, une drupe ovoïde, d'un palmier. Elle est de couleur rouge. L'huile est utilisée pour les cosmétiques et les agrocarburants, mais principalement dans l'industrie agroalimentaire, car elle facilite la conservation des aliments. Toutefois, en raison de sa teneur en acides gras saturés, elle est accusée de favoriser les maladies cardiovasculaires. En 2013, le Sénat français avait souhaité adopter une taxe sur l'huile de palme. En vain. Les nutritionnistes rappellent qu'elle n'est pas nocive, mais qu'il ne faut pas en abuser.

6 Le marché de l'huile de palme

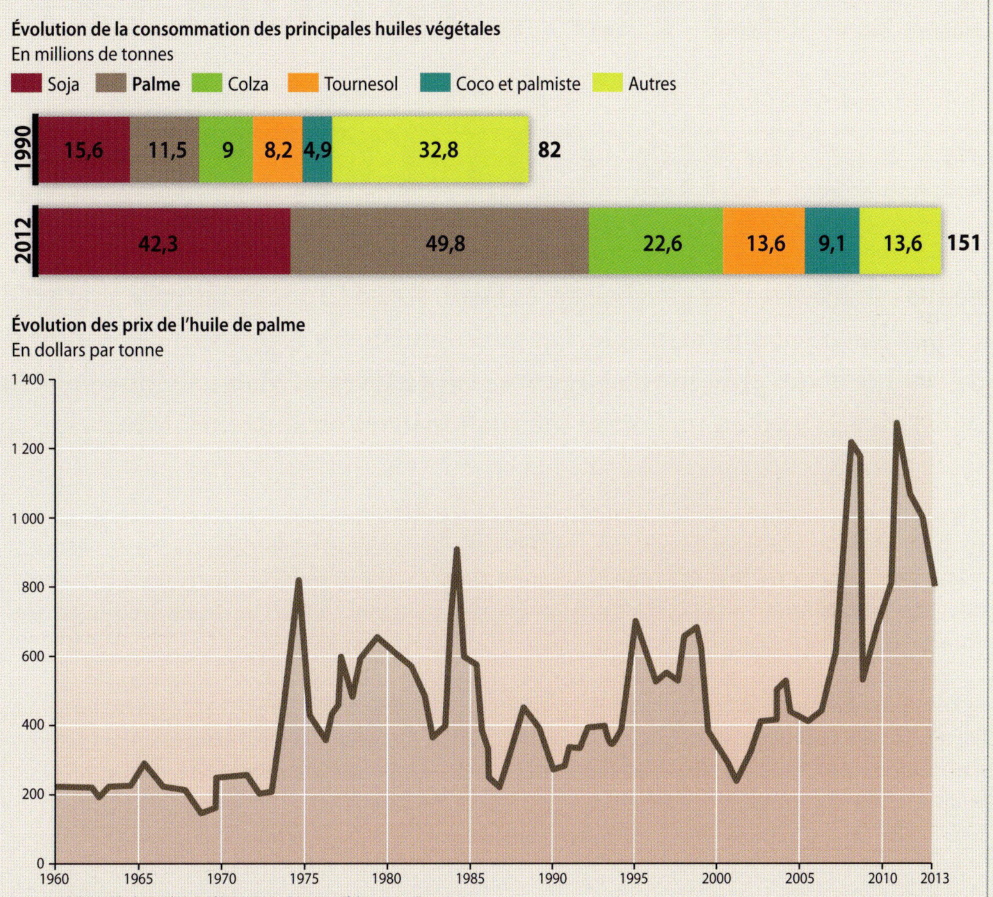

Source : Philippe Chalmin (dir.), CyclOpe 2013 : Crises et Châtiments, Economica

Carto, 2014 © Areion/Capri

7 Impact de l'huile de palme sur les grandes forêts mondiales

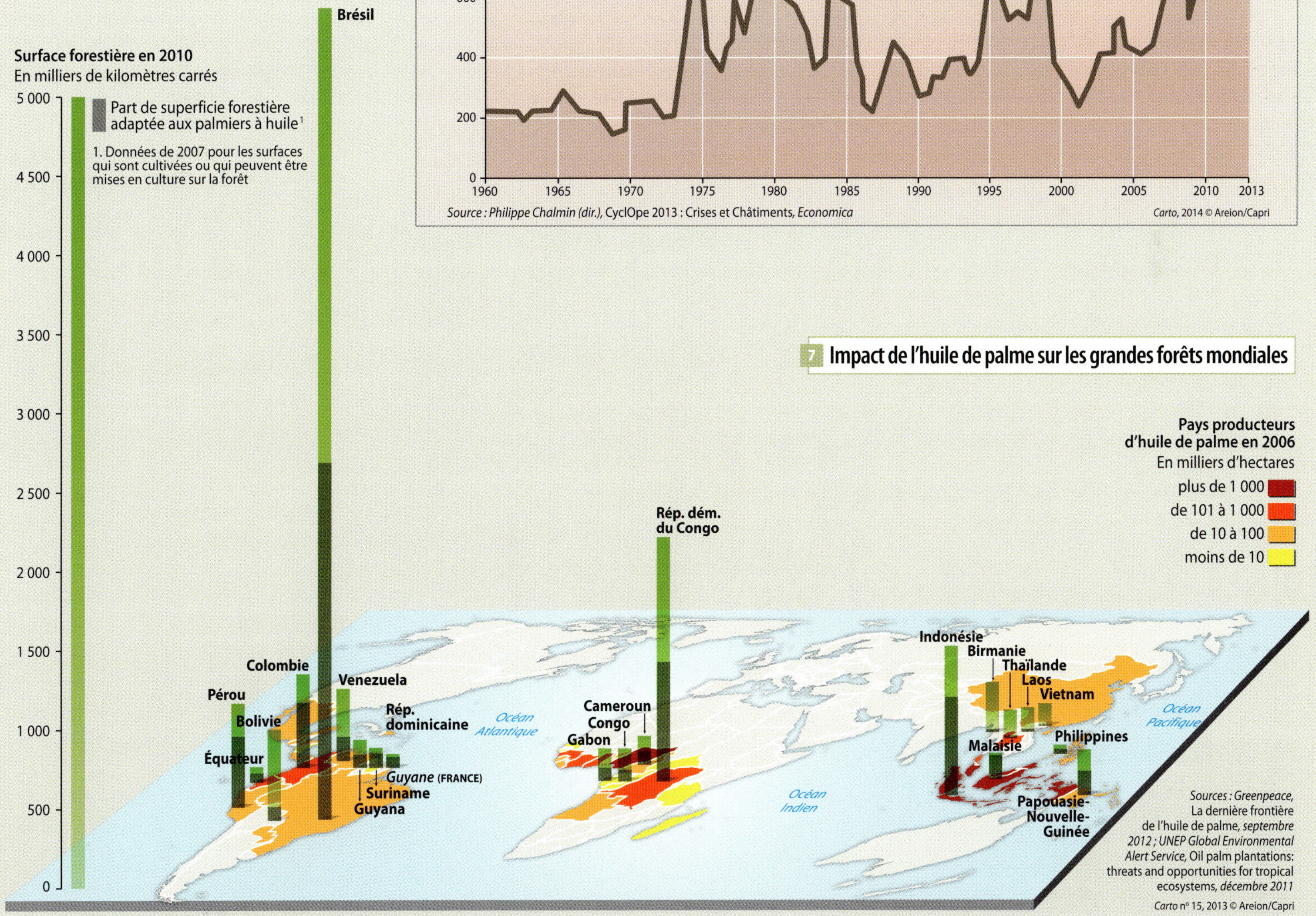

Sources : Greenpeace, La dernière frontière de l'huile de palme, septembre 2012 ; UNEP Global Environmental Alert Service, Oil palm plantations: threats and opportunities for tropical ecosystems, décembre 2011

Carto n° 15, 2013 © Areion/Capri

Le thé : un nectar soumis aux lois du marché

Le thé est la boisson la plus bue après l'eau. Né en Chine et assimilé à un art de vivre mêlant sérénité et harmonie, il a peu à peu conquis le monde. Les consommateurs apprécient ce produit reconnu pour ses vertus sur le plan de la santé et qui présente un large éventail de saveurs. Mais c'est aussi une industrie, aujourd'hui en pleine croissance, si bien qu'un Forum international des producteurs de thé a été créé le 23 janvier 2013.

Le thé s'obtient par l'infusion des feuilles du théier (*Camellia sinensis*), un arbuste taillé pour ne pas dépasser 1,5 mètre de hauteur en culture, mais pouvant atteindre 30 mètres à l'état sauvage. Il est notamment cultivé dans des zones montagneuses (jusqu'à plus de 2 000 mètres d'altitude). Les différentes sortes de thés proviennent du traitement varié que subissent les feuilles ; ils présentent aussi des caractéristiques distinctes selon la nature des sols, l'humidité ambiante, la chaleur et l'altitude. La théiculture est localisée dans l'Asie des moussons et dans les zones tropicales des autres continents.

La Chine est le berceau du thé, où il est connu depuis des millénaires. La légende raconte qu'il a été découvert par hasard en 2737 avant Jésus-Christ par l'empereur Shen Nong. Un jour, alors qu'il se reposait à l'ombre d'un théier sauvage, quelques feuilles seraient tombées dans sa tasse d'eau bouillante. Le souverain aurait bu le breuvage et en aurait apprécié la saveur, étant envahi par un sentiment de bien-être. C'est ainsi que serait née la coutume de boire du thé. Il est consommé dans le sud de la Chine depuis le Ve siècle av. J.-C., souvent accompagné d'épices, de plantes aromatiques, de

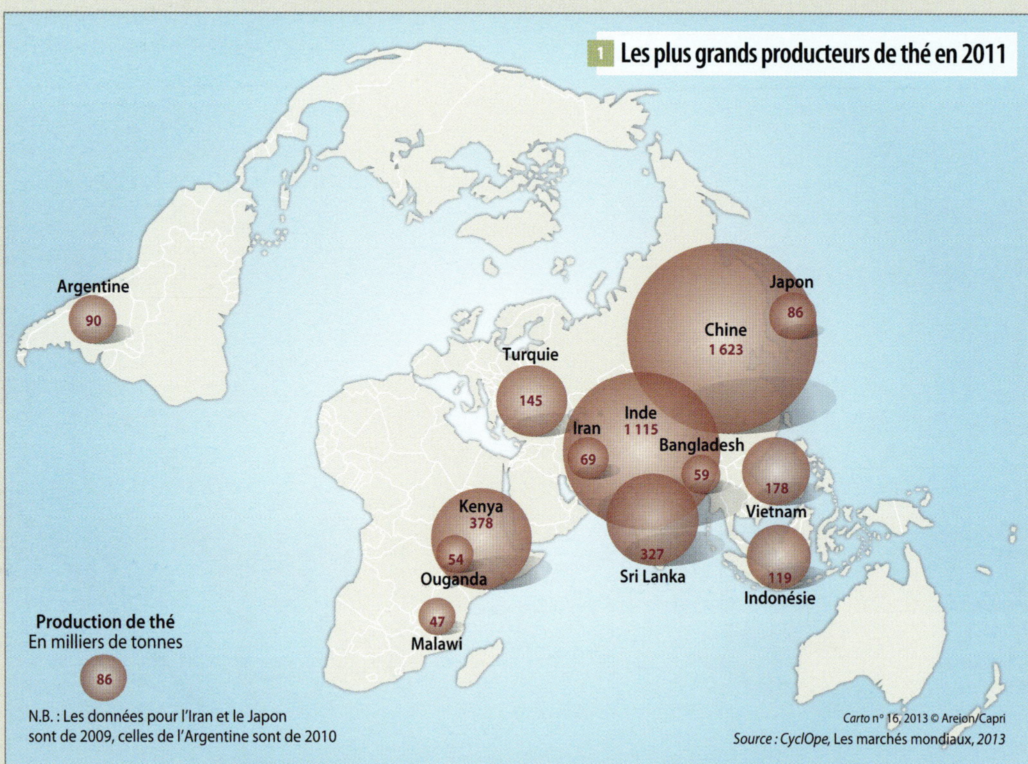

gingembre, de lait ou d'oignons. Popularisé sur le continent asiatique au cours du IVe siècle de notre ère, il faudra attendre la fin du XVIIe pour que son commerce à grande échelle apparaisse en Europe et en Amérique du Nord grâce à la Compagnie hollandaise des Indes orientales. Les Britanniques vont développer la théiculture en Inde et au Sri Lanka. Le thé est de nos jours la boisson nationale en Angleterre, la tradition du « *five o'clock tea* » ayant été introduite par la reine Victoria (1837-1901) au XIXe siècle.

Il existe six grandes catégories de thés dans le monde : noir, vert, rouge, blanc, bleu-vert et jaune. Seule la Chine en propose toutes les couleurs. Le noir représente plus de 60 % de la production et de la consommation mondiale et 80 % des échanges internationaux. Des fleurs ou des épices sont parfois ajoutées aux feuilles pour obtenir des boissons aromatisées. C'est le cas des thés au jasmin et à la menthe, et surtout Earl Grey (noir, parfumé à la bergamote). Il est de plus en plus d'usage de distinguer les thés « orthodoxes » et les « CTC » (*crush, tear and curl*, en anglais). Les premiers nécessitent un important travail manuel et conservent de larges feuilles, ce qui permet de révéler des arômes fins et subtils. C'est pourquoi ils affichent des cours plus élevés. Le Sri Lanka en est le premier pays producteur (*cf. document 5*). Les CTC sont le résultat d'un traitement mécanique des feuilles et sont souvent plus forts et colorés. De nouvelles tendances apparaissent : les thés glacés, les diététiques, les fruités et ceux aux épices, les mélanges de rooibos (originaires d'Afrique du Sud). Le secteur biologique se développe, notamment en Chine et en Inde.

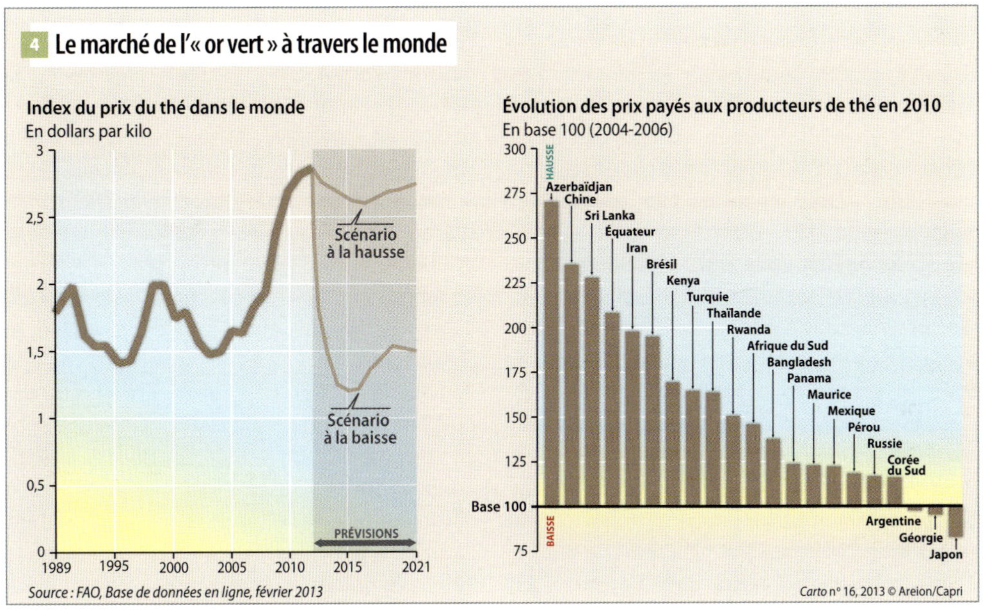

4 Le marché de l'« or vert » à travers le monde

LA CHINE, PREMIER PRODUCTEUR

En 2011, la production mondiale de thé a atteint 4,2 millions de tonnes. Les principaux producteurs sont la Chine, l'Inde, le Kenya et le Sri

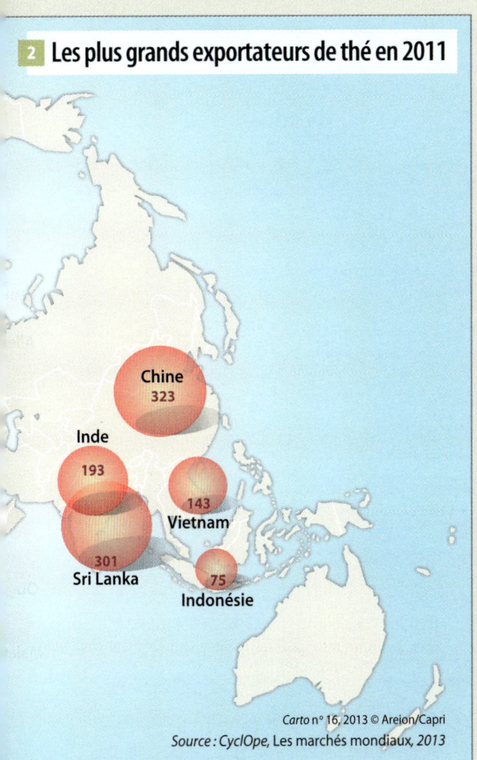

2 Les plus grands exportateurs de thé en 2011

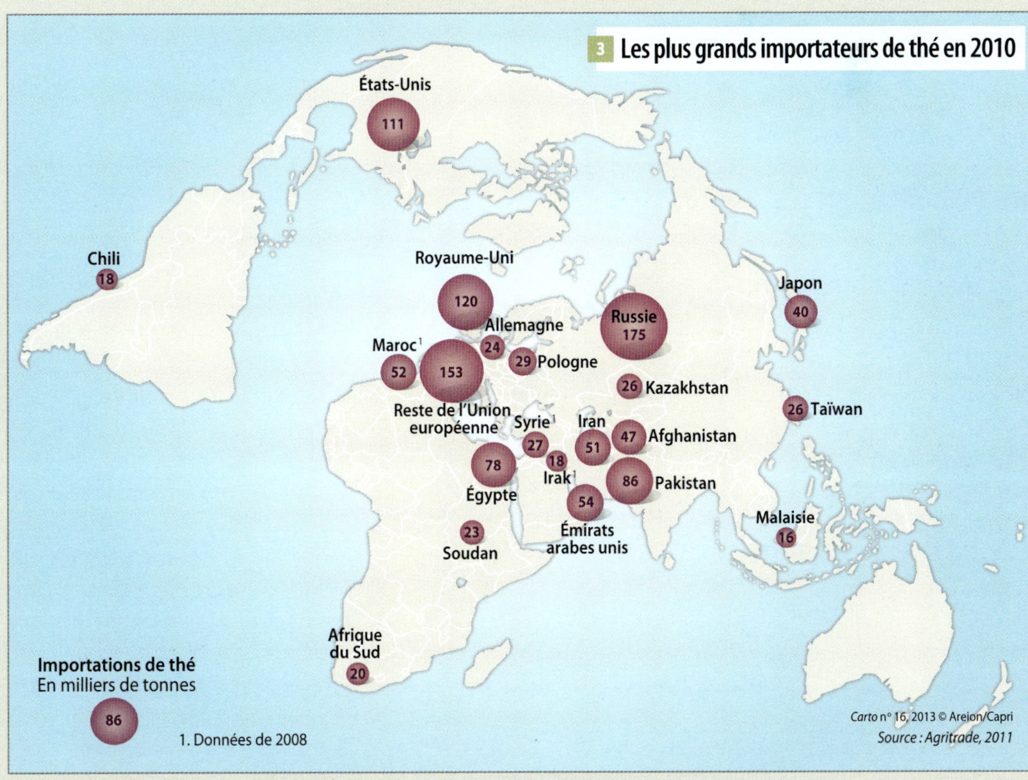

3 Les plus grands importateurs de thé en 2010

Lanka (*cf. carte 1*). Avec 1,6 million de tonnes, la République populaire occupe le premier rang. Toutefois, si elle reste exportatrice nette de thé noir, elle en vend de moins en moins à l'étranger en raison de la hausse de la consommation intérieure. Aussi, importe-t-elle des feuilles originaires du Sri Lanka, d'Inde ou du Kenya : 13 000 tonnes en 2012, contre 3 000 en 2009. La Turquie, le Vietnam, l'Indonésie, l'Argentine et l'Iran sont également d'importants pays producteurs et, comme la Chine et l'Inde, ils sont de grands consommateurs (*cf. carte 6*). Seulement 40 % de la production mondiale est destinée à l'exportation. Le Kenya s'est ainsi imposé comme le premier exportateur et une plaque tournante du commerce international (*cf. carte 2*). Les principaux acheteurs de feuilles kényanes sont le Pakistan et l'Égypte. C'est pourquoi les autorités de Nairobi s'inquiètent du climat politique tendu dans la république arabe, où l'état d'urgence a été décrété entre janvier et novembre 2013, une situation qui a eu des répercussions sur les ventes.

Par ailleurs, les deux tiers des importations de thé de l'Union européenne (UE) sont réalisés par le Royaume-Uni, qui est le pays où la consommation par habitant est la plus élevée (2,2 kilogrammes par an), précédée par la Russie et suivie par les États-Unis, le Pakistan et l'Égypte (*cf. carte 3*). Avec l'augmentation du pouvoir d'achat dans les États émergents, la demande est en constante croissance, en particulier en Asie et en Afrique, entraînant une hausse substantielle des prix (*cf. document 4*). Selon le Groupe intergouvernemental sur le thé de l'Organisation des Nations unies pour l'alimentation et l'agriculture (FAO) – forum de consultation et d'échanges sur les tendances de la production, la consommation, le commerce et la valeur de cette boisson –, la demande de thé noir est supérieure à l'offre depuis 2009. Les prix ont quasi doublé entre 2001 et 2011, passant de 1,56 à 2,85 dollars le kilogramme. Cette hausse s'explique aussi par le déclin des réserves dans des pays qui comptent parmi les principaux producteurs, comme le Kenya, le Sri Lanka et le Malawi, une diminution entraînée notamment par les mauvaises conditions climatiques.

L'essentiel de la vente de thé s'effectue lors d'enchères qui ont lieu chaque semaine à Dubaï (Émirats arabes unis), Calcutta (Inde), Mombasa (Kenya), Jakarta (Indonésie) et Colombo (Sri Lanka). Le commerce mondial repose principalement dans les mains de multinationales. Ces firmes commercialisent 85 % de la production : Unilever (Lipton), Associated British Foods plc (Twinings), Tata (Tetley)... L'approche de ces grandes entreprises n'a rien à voir avec les méthodes traditionnelles de fabrication du thé. Des tonnes de feuilles sont en effet acheminées vers des usines où plusieurs variétés sont mélangées, brassées et mises en sachets de deux grammes.

UNE CULTURE EXIGEANTE, UN SAVOIR-FAIRE MENACÉ

La culture du thé, particulièrement exigeante en main-d'œuvre, se fait dans le cadre d'exploitations familiales modestes ou de grandes plantations. Les petits producteurs assurent la majeure partie de la production mondiale. La cueillette est principalement manuelle et requiert habileté et précision. Ce sont essentiellement les femmes qui la réalisent à mains nues. Elle a lieu toute l'année en Inde et au Sri Lanka. Au Japon, la récolte n'est effectuée que trois ou quatre fois par an, à l'aide de machines sophistiquées.

Comme le vin, le thé est cultivé avec soin. Certains parlent de « sommellerie » : il possède ses cépages (que les spécialistes appellent « cultivar ») et ses millésimes. C'est le cas de certains Pu Er, un thé noir aux notes fruitées et

5 Les acteurs du thé à travers le monde

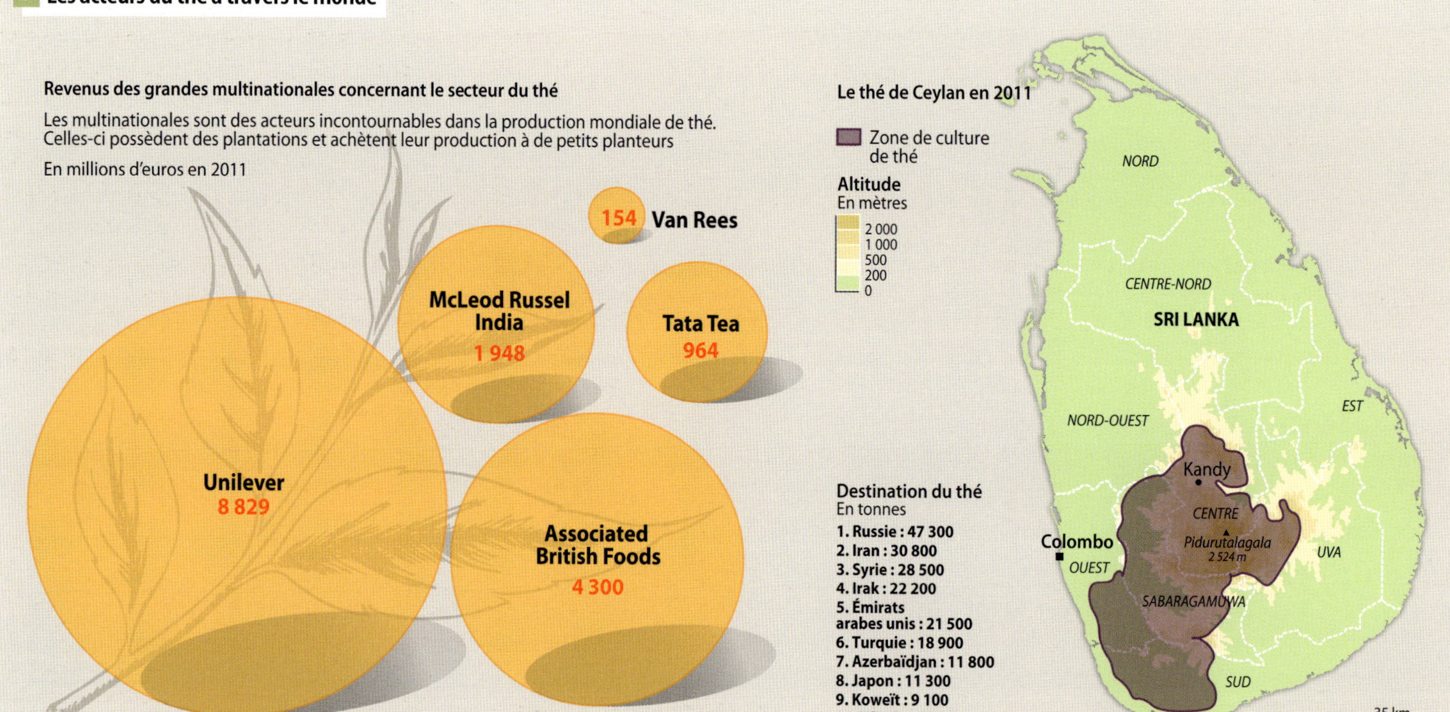

Sources : Agritrade, Note de synthèse : Secteur du thé, *octobre 2012 ; Ceylon Tea*, Sri Lanka Tea Industry, *février 2012*

Carto n° 16, 2013 © Areion/Capri

6 **Le thé, une denrée mondialisée**

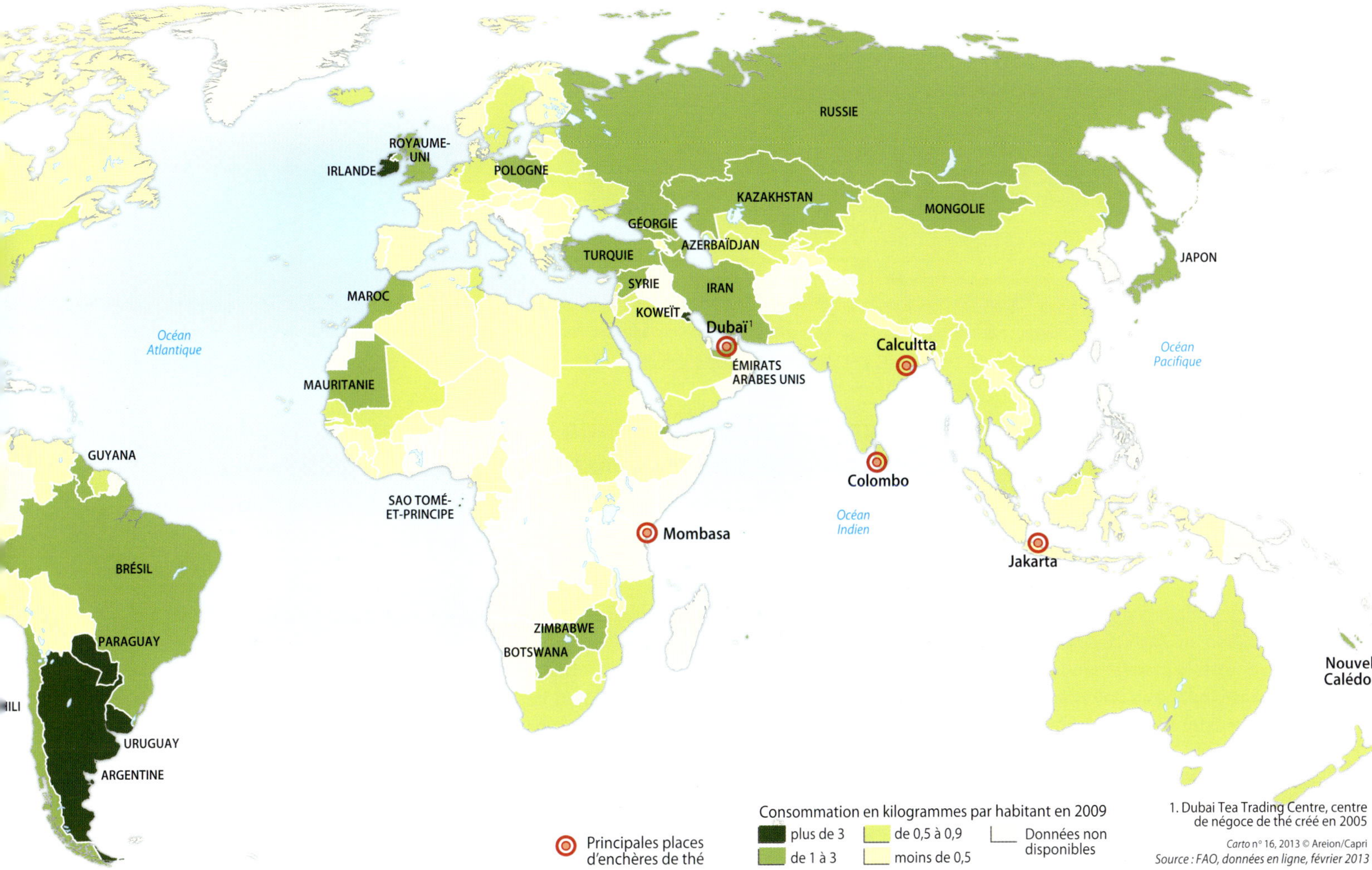

boisées originaire du Yunnan (Chine). Tels de grands crus, ils vieillissent en cave et se bonifient avec le temps. Il existe des millésimes de plus de cent ans d'âge qui peuvent atteindre des fortunes.

D'autres thés exceptionnels se distinguent par une surprenante complexité aromatique, comme le Nilgiri, l'Assam ou le Darjeeling en Inde. Ce dernier, noir, est considéré comme le « champagne des thés ». Les plantations de Darjeeling ont été installées par les Britanniques au début du XIXe siècle. La récolte requiert un savoir-faire qui se transmet de génération en génération. Comme pour un grand cru, une université forme des gestionnaires et des goûteurs. Toutefois, ces dernières années, cette réputation a été entamée. En effet, 9000 tonnes de Darjeeling sont produites par an, mais la quantité vendue sous cette appellation dans le monde est nettement plus importante – entre quatre et dix fois plus, selon les sources –, car certains commerçants n'hésitent pas à le mélanger à d'autres variétés moins prestigieuses. Cette pratique n'est désormais plus possible dans l'UE. Depuis 2011, le Darjeeling est le premier produit indien à bénéficier d'une « indication géographique contrôlée » délivrée par l'Union. Un accord de coopération visant à faire respecter cette nouvelle appellation a été signé en octobre 2012. Le problème des contrefaçons de thé se pose également dans d'autres parties du monde. En Chine, elles concernent les cultures haut de gamme comme le Long Jing (vert). Toutefois, dans des pays comme la Tanzanie, de fausses marques inondent les marchés locaux. Ces contrefaçons tirent à la baissent les prix des produits authentiques et de bonne qualité. De plus, elles sont faites à base de feuilles impropres à la consommation et peuvent nuire à la santé.

Les défis sociaux, économiques et environnementaux de la filière thé sont nombreux : compétition pour l'utilisation des terres, changement climatique, évolution du marché… Afin de mieux comprendre et d'appréhender les enjeux de ce secteur, des compagnies, comme Tata Global Beverages ou Unilever, et des ONG, telles que Rainforest Alliance, se sont réunies en 2011 autour du projet « Tea 2030 ». Cette coalition entend travailler à des solutions innovantes et assurer un avenir durable à l'industrie du thé. Par ailleurs, les principaux producteurs ont décidé de se rassembler au sein d'une plateforme mondiale. Après quatre-vingts ans de tentatives infructueuses, le Sri Lanka, l'Inde, le Kenya, l'Indonésie, le Rwanda et le Malawi, qui représentent plus de la moitié de la production mondiale de thé, sont parvenus à un accord et ont annoncé, le 23 janvier 2013, la création du Forum international des producteurs de thé. La Chine et l'Iran y participent en qualité d'observateurs. Ces États font face aux mêmes problèmes, notamment la hausse des coûts de fabrication. Ils travaillent à la mise en place de bonnes pratiques agricoles, dans un souci de développement durable. En effet, le respect de l'environnement est parfois mis en cause dans les plantations : usage excessif de pesticides, mauvaise utilisation des ressources en eau… En outre, ils souhaitent stimuler la demande pour augmenter les prix et comptent dans un premier temps orienter leurs efforts sur le partage de savoir-faire. ●

M. H.

POUR EN SAVOIR PLUS…

- Commission intergouvernementale sur le thé : www.fao.org/economic/est/est-commodities/tea/tea-meetings/teaigg20/fr/
- Dubai Tea Trading Centre : www.dmcc.ae/tea-about
- Pour tout savoir sur l'histoire du thé : http://laroute.duthe.free.fr/index.htm

Du cacao pour sauver la paix en Côte d'Ivoire

Le cacao occupe une place incontournable dans le développement socio-économique ivoirien. La culture de cette fève est au cœur des préoccupations gouvernementales : pour la Côte d'Ivoire, premier producteur et exportateur mondial, la modernisation du secteur s'impose comme un défi majeur. Aussi, avec une consommation de chocolat en hausse constante, l'« or brun » est-il plus que jamais convoité.

Avec 1,350 million de tonnes de fèves produites en 2011 (*cf. carte 1*), la Côte d'Ivoire est le premier producteur de la planète, devant l'Indonésie (712 200 tonnes) et le Ghana (700 000 tonnes), selon l'Organisation des Nations unies pour l'alimentation et l'agriculture (FAO). Différentes étapes de transformation ont lieu avant que le chocolat ne vienne ravir les papilles des consommateurs du monde entier, dont la majorité se trouvent en Europe (*cf. document 2*). Les fèves, extraites de la cabosse, fruit du cacaoyer, sont fermentées et séchées avant d'être broyées puis torréfiées. La culture du cacao a été introduite dans le pays africain en 1888, à Aboisso, au sud-est, par les négociants français Arthur Verdier (1835-1898) et Amédée Brétignières (1856-1890). Si historiquement les zones de production sont situées dans la région orientale de Daoukro, elles se sont progressivement déplacées vers l'ouest au fil des migrations internes, pour occuper une superficie de 2,49 millions d'hectares en 2011. La Côte d'Ivoire compte environ 600 000 chefs d'exploitations, mais près de 6 millions de personnes dépendent, directement ou indirectement, de la filière cacao. La fève est généralement produite par des familles, de façon traditionnelle, dans de petites plantations. Deux récoltes sont effectuées chaque année, d'octobre à mars puis de mai à août.

1 Une production de cacao concentrée dans l'hémisphère sud

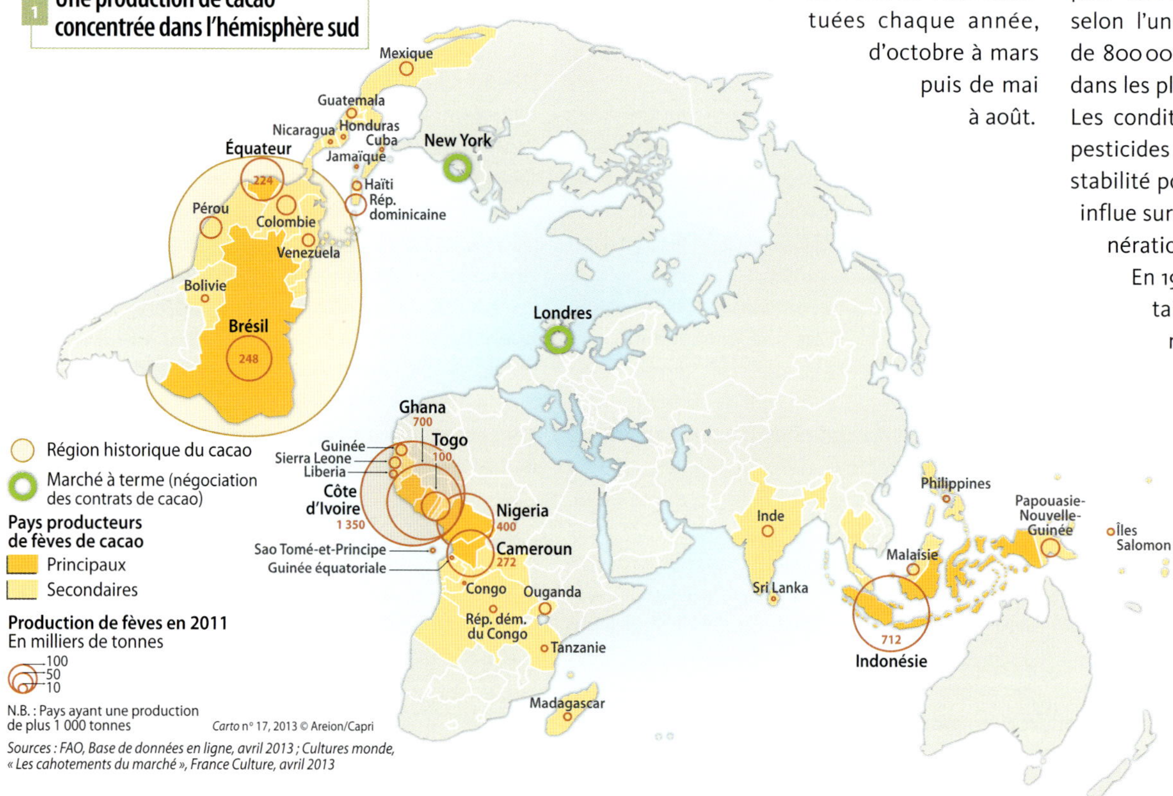

Sources : FAO, Base de données en ligne, avril 2013 ; Cultures monde, « Les cahotements du marché », France Culture, avril 2013

UN SECTEUR INSTABLE

De nombreux problèmes perdurent. La guerre civile (2002-2007), puis la crise politique de 2010-2011 qui a conduit à la chute du président Laurent Gbagbo et l'arrivée au pouvoir d'Alassane Ouattara ont fait naître des conflits fonciers entre Ivoiriens et étrangers, notamment des Burkinabés. Par ailleurs, les acheteurs de cacao souffrent du mauvais état des routes et du racket opéré par les soldats et les forces de police sur des barrages routiers illégaux. Le pays est ainsi confronté depuis 2002 à des flux de contrebande vers des États voisins comme le Ghana, où le prix des fèves est environ 25 % plus élevé. Le travail des enfants persiste : selon l'université américaine de Tulane, plus de 800 000 mineurs étaient exploités en 2009 dans les plantations de Côte d'Ivoire.

Les conditions climatiques, la disponibilité de pesticides ou de fertilisants, les maladies, la stabilité politique... : l'ensemble de ces facteurs influe sur les cours (*cf. document 3*) et la rémunération des cacaoculteurs.

En 1999, sous la pression du Fonds monétaire international (FMI) et de la Banque mondiale, les autorités ivoiriennes ont libéralisé le secteur cacao. Elles fixaient dès lors un prix indicatif d'achat au champ, mais qui était rarement respecté. Et cela n'a pas empêché des détournements de revenus, dont une part a servi au financement du conflit de 2002-2007. En 2011, après l'élection d'Alassane Ouattara, une réforme a été mise en place. Elle prévoit notamment de rétablir un organe de stabilisation et de

2 Les acteurs de la mondialisation du chocolat

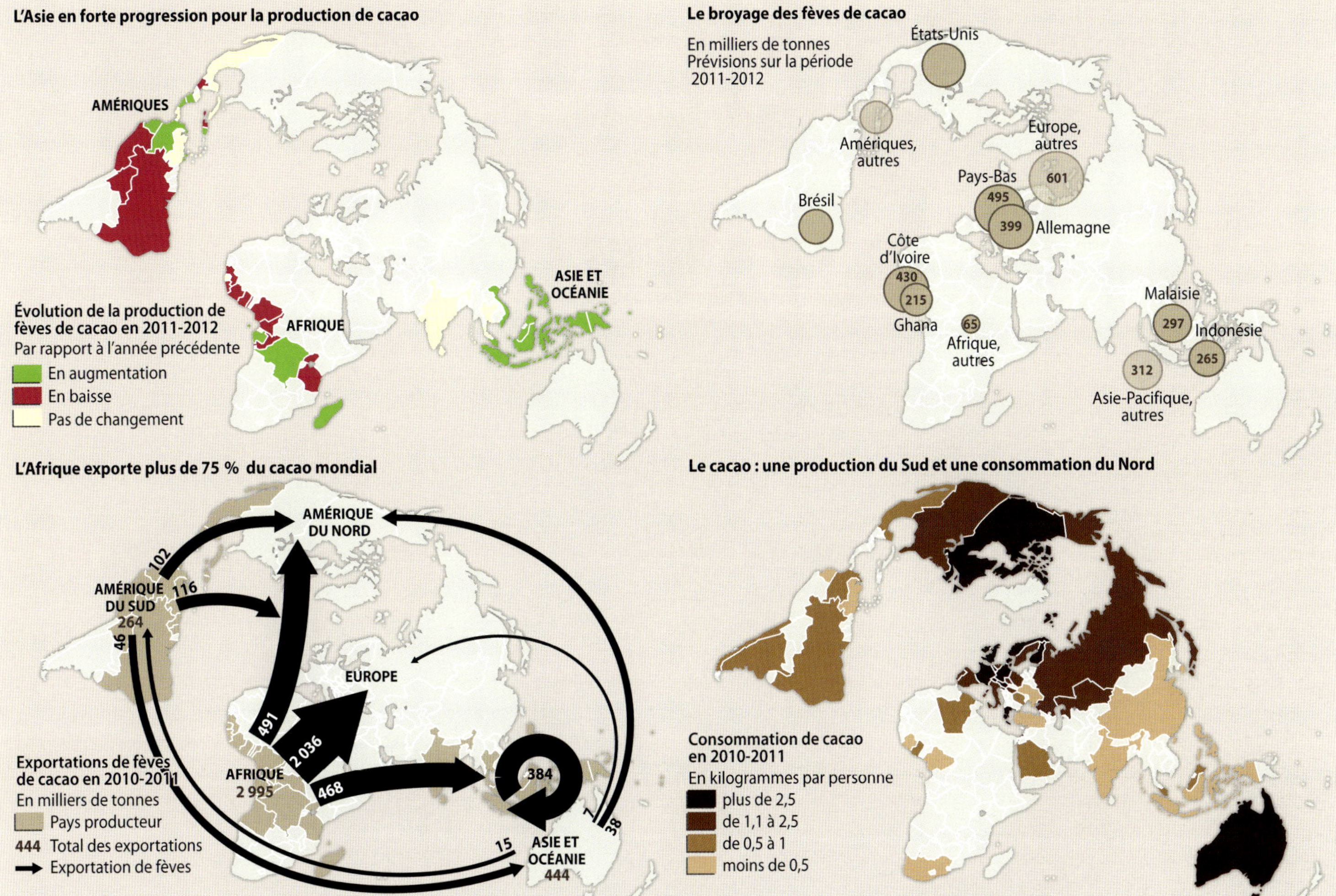

Sources : The International Cocoa Organization, The World Cocoa Economy: Past And Present, *juillet 2012 ; The International Cocoa Organization,* Quarterly Bulletin of Cocoa Statistics, *novembre 2012*

Carto n° 17, 2013 © Areion/Capri

régulation de la filière, ainsi que l'instauration d'un prix minimum garanti aux paysans, soit 50 % à 60 % du cours international. Ce changement était la condition à l'annulation de 4,4 milliards de dollars de dettes. Pour la récolte 2012-2013, le prix du kilogramme de cacao est fixé à 725 francs CFA (un peu plus d'un euro), une somme jugée faible par les producteurs.

VERS UNE FILIÈRE DURABLE ?

Face à une consommation de chocolat croissante, les grandes multinationales, comme Archer Daniels Midland ou Nestlé, cherchent à augmenter la productivité et la qualité du cacao, obligeant les producteurs à adopter de bonnes pratiques. La Côte d'Ivoire mise précisément sur l'agriculture pour relancer son économie. Un programme national d'investissement agricole (PNIA) a été adopté en 2010. Il prévoit 3,9 milliards de dollars d'investissements à l'horizon 2015. L'amélioration du rendement et de la qualité des cultures de cacao est l'un de ses objectifs. En effet, le vieillissement des arbres, le manque d'entretien dans les plantations et l'appauvrissement des sols menacent d'entraîner un déclin de la production. En outre, la qualité du cacao ivoirien est parfois jugée moindre que celle de ses voisins ou des concurrents asiatiques, notamment à cause de problèmes de séchage et de fermentation. Ces derniers sont principalement dus à l'attitude des travailleurs qui, mal rémunérés, ont laissé la qualité des fèves se dégrader. Aussi, le gouvernement de Yamoussoukro veut-il multiplier par cinq la productivité moyenne (400 kilogrammes par hectare en 2012) d'ici à 2015. La première conférence mondiale sur le cacao a été organisée en novembre 2012 à Abidjan, à l'initiative de l'Organisation internationale du cacao (ICCO, en anglais). Un plan d'action sur dix ans a été adopté pour assurer une économie durable de la filière. Les acteurs souhaitent notamment la rendre attractive pour les jeunes générations, qui préfèrent s'orienter vers des cultures plus rentables, comme le palmier à huile.

Après avoir vécu un « miracle économique » dans les années 1960 et 1970, lorsque le taux de croissance annuel dépassait les 6 %, la Côte d'Ivoire entend revenir au premier plan sur le continent africain et devenir un État émergent d'ici à 2020. Sa place sur le marché mondial du cacao constitue un atout majeur dans la poursuite de cette ambition.

M. H.

3 Le marché du cacao

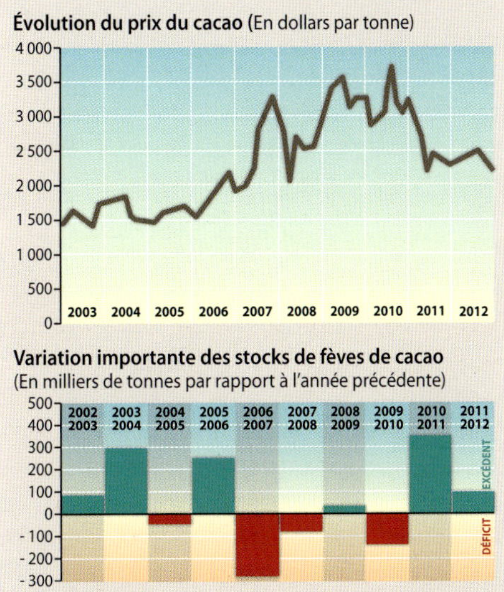

Source : ICCO, 2013

Carto n° 17, 2013 © Areion/Capri

ENJEUX INTERNATIONAUX

La crise économique n'est pas la même pour tous. Au-delà de ses effets sur les systèmes financiers et le quotidien des populations, il existe des produits qui se portent très bien. Les analyser est l'occasion de comprendre le fonctionnement de la mondialisation, en suivant par exemple les routes empruntées par les roses, les cosmétiques ou les jouets. Ce chapitre est aussi l'occasion de revenir sur de grandes questions transversales de géopolitique, comme le fonctionnement des systèmes pénitenciers dans le monde ou l'économie générée par l'aide humanitaire.

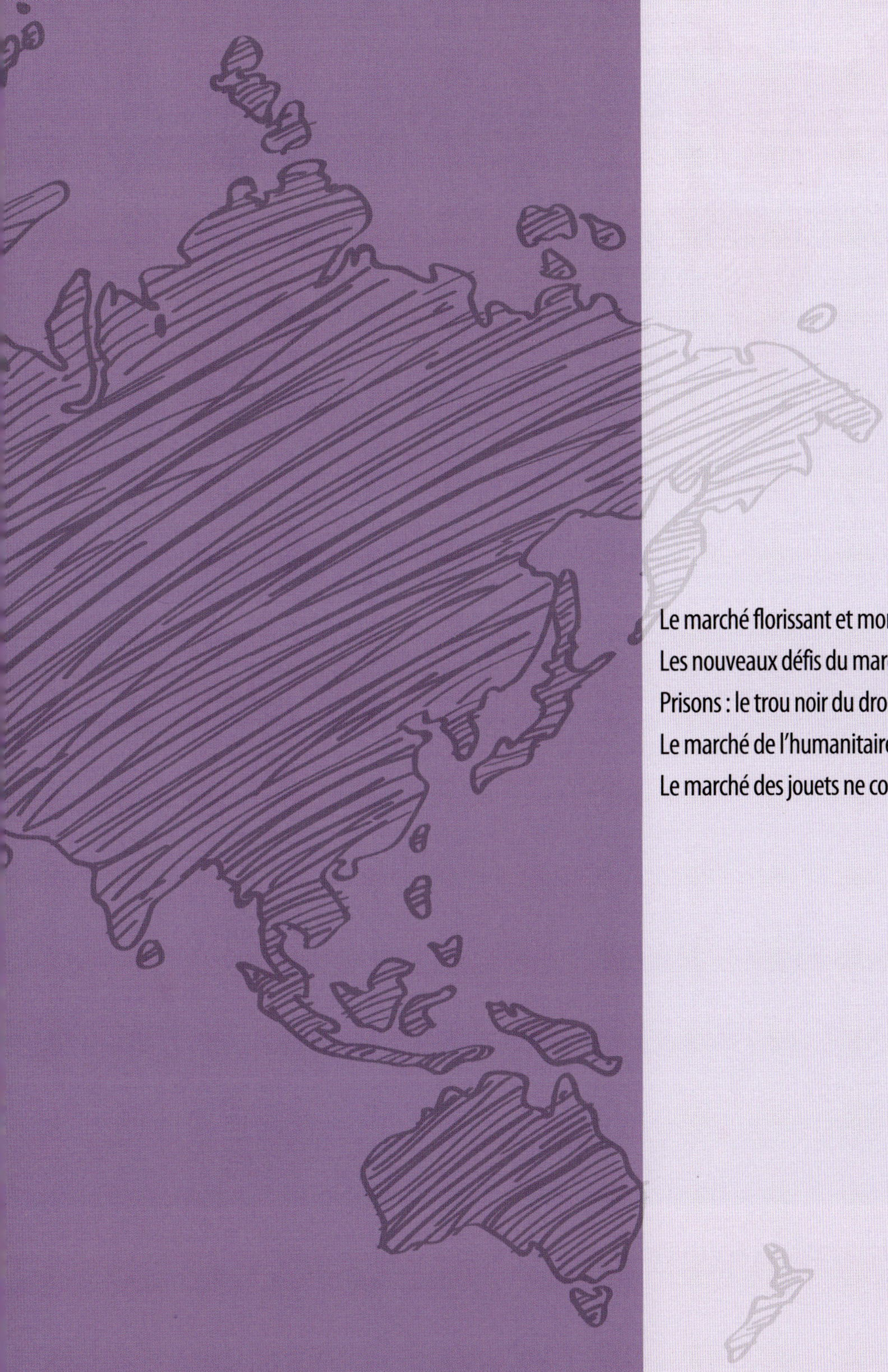

Le marché florissant et mondialisé de la rose

La rose coupée est le moteur d'une économie florissante. Pour la Saint-Valentin 2012, ceux des amoureux français qui n'avaient pas choisi l'explicite des *sex toys* pour déclarer leur flamme, préférant s'inscrire dans la lignée médiévale de l'amour courtois en offrant une rose, ont dépensé 18 millions d'euros. Ils contribuaient ainsi à un marché global annuel de 4 milliards de dollars, qui enregistre une croissance moyenne de 10 % par an.

À la suite d'une longue histoire, la classe moyenne occidentale s'est approprié la rose coupée comme l'un de ses accessoires métonymiques porteurs de valeurs. Au cœur de la culture aristocratique depuis le Moyen Âge, la rose a été démocratisée à l'époque contemporaine. La bourgeoisie au XIXe siècle, les classes moyennes européennes au XXe et celles des pays émergents au XXIe se sont mises à en offrir. Parallèlement, la production a glissé des Pays-Bas, des rives de la Méditerranée et des États-Unis vers certaines montagnes intertropicales : Équateur, Colombie, Kenya (*cf. document 1*), Zimbabwe, Ouganda et Éthiopie, notamment. Entre 2005 et 2010, la superficie plantée dans cette dernière est passée de 100 à 1 000 hectares, soit déjà la moitié de la kenyane ! Les États d'Afrique ont produit en 2012 un tiers des roses offertes en Europe, représentant une somme de 750 millions de dollars.

DE NOUVELLES TERRES DE PRODUCTION

Facteurs répulsifs et attractifs se combinent pour pousser à ces glissements productifs. À partir de 1973, l'augmentation des coûts de l'énergie et de main-d'œuvre, l'interdiction d'utilisation de certains intrants chimiques, la hausse des prix du foncier autour des grandes villes ont rendu la culture sous serre de plus en plus coûteuse en Occident, en particulier aux États-Unis et aux Pays-Bas. *A contrario*, les services écologiques rendus par certaines hautes terres équatoriales à la culture de la rose (lumière intense, zénithale et régulière tout au long de la journée comme de l'année, températures tropicales atténuées par l'altitude, disponibilités en eau) ont intéressé les investisseurs ; des conditions nécessaires, mais pas suffisantes, à leur installation.

1 Le Kenya et le marché de la rose

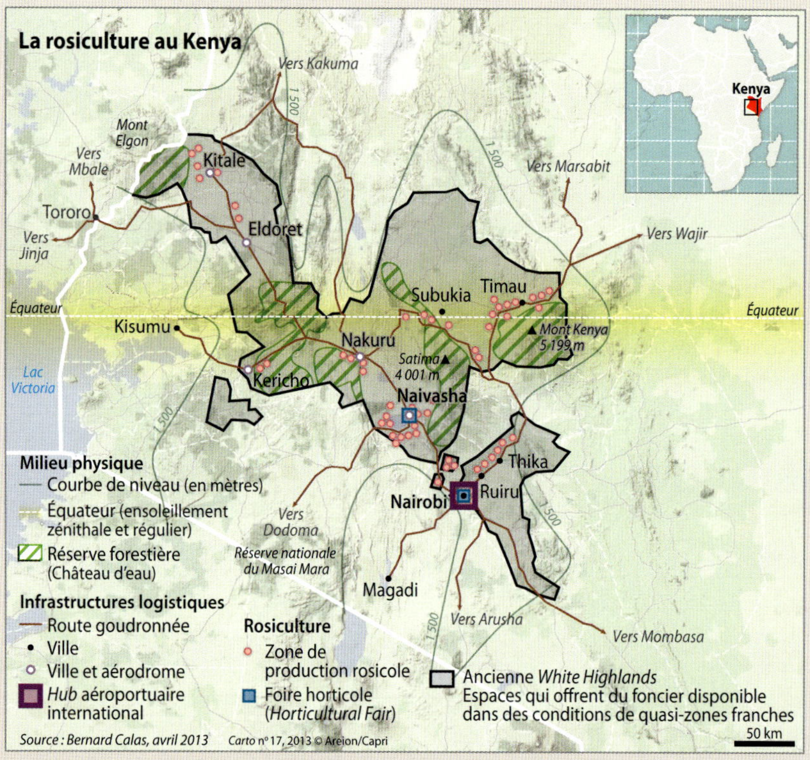

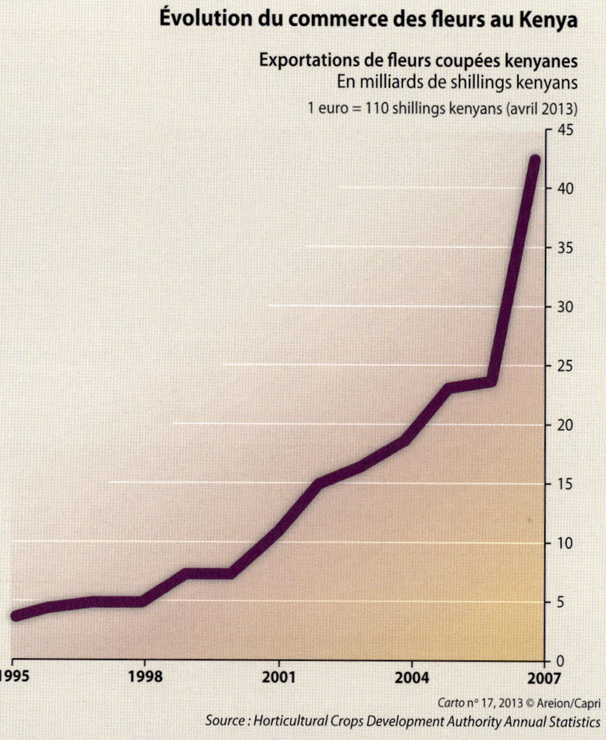

2 Les Pays-Bas : interface horticole mondiale

Une main-d'œuvre peu onéreuse, la disponibilité de domaines fonciers réservés depuis la colonisation (Équateur, Kenya, Zimbabwe) ou préemptés par l'État (Éthiopie), des dispositions fiscales intéressantes, mais aussi un niveau d'équipement logistique relativement bon et surtout la proximité d'un aéroport international transforment ces aménités physiques locales en avantages comparatifs globaux. Se construisent alors des systèmes productifs localisés où joue l'« effet *cluster* » (1).

Cette réussite repose sur la qualité voyageuse de la rose (fleur robuste, à la durée de vie en vase longue et facile à manipuler) et sur les progrès du fret aérien (respect des horaires, chaîne du froid, intégration aux filières de distribution) qui permettent à une tige et ses pétales d'égayer un intérieur arcachonnais au maximum quatre jours après avoir été coupée au Kenya. Cependant, hormis la production, les autres activités de la filière hautement stratégiques, comme la création de nouvelles variétés, très rentables grâce aux *royalties* qu'elles permettent de toucher, restent l'apanage des pays occidentaux, encore les principaux consommateurs mondiaux.

L'HÉGÉMONIE HOLLANDAISE REMISE EN QUESTION

Les Pays-Bas demeurent un pivot commercial international : 50 % des fleurs coupées dans le monde transitent par une de leurs criées coopératives (*cf. carte 2*). Chaque jour, 19 millions de fleurs (pas seulement des roses) passent par celles de la coopérative FloraHolland, dont la plus grande est située à Aalsmeer, au sud d'Amsterdam et de l'aéroport de Schiphol. Une myriade d'organisations professionnelles intervenant à tous les stades de la filière contribue au succès hollandais. Le volume des ventes de roses a augmenté de 15 % entre 2007 et 2011. Cependant, dans le même temps, la superficie des serres a diminué de moitié, passant de 800 à 400 hectares, mais la qualité et la rentabilité de la production n'ont jamais été aussi bonnes grâce à des variétés comme « Red Naomi » ou « Avalanche + ». Les obtenteurs réservent les meilleures, les plus récentes et les plus rentables aux producteurs occidentaux, ne laissant à ceux d'Afrique et d'Amérique du Sud que les moins nobles.

Cependant, cette hégémonie commerciale hollandaise est menacée. Des enchères concurrentes émergent, à Dubaï (Émirats arabes unis) et à Kumming (Chine). De nouvelles formes de mises en marché, plus flexibles, lient producteurs et consommateurs : un tiers des ventes mondiales de roses sont déjà des achats directs, sans passer par les enchères hollandaises. Avec les nouvelles contraintes de coûts, de délais de livraison et de flexibilité imposées par les distributeurs à leurs fournisseurs, le marché européen des fleurs coupées réduit ses circuits d'approvisionnement.

Au total, cette chaîne de coopération est exemplaire des modalités de la mondialisation par la disjonction croissante de la production et de la consommation, la distribution rapide, mais aussi la structuration par l'événementiel (foires, dates rituelles), par les efforts de certifications écologiques ou éthiques qui répondent à la contrainte médiatique. Car rien ne fait plus peur aux producteurs que les campagnes destinées à alerter les consommateurs sur les conditions de production. Ainsi, en 2006, la presse avait attaqué les « roses de la honte » israéliennes en dénonçant le fait que les serres étaient situées à la frontière avec Gaza et qu'elles consommaient une eau précieuse refusée aux Palestiniens. ● **B. C.**

NOTE

(1) On parle d'« effet *cluster* » lorsqu'un pôle, une région, regroupe différentes entreprises et/ou activités du même secteur, pouvant générer un avantage comparatif, par exemple la Silicon Valley, aux États-Unis.

Mondialisation du marché des fleurs coupées

Le marché des fleurs en France

En millions d'euros

Source : Les marchés de France AgriMer, février 2013 — Carto n° 17, 2013 © Areion/Capri

Évolution des exportations de fleurs coupées

En millions de kilogrammes

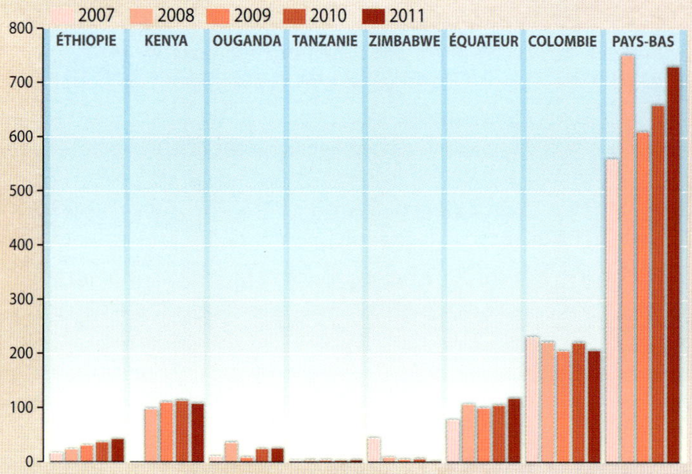

Source : Comtrade, avril 2013 — Carto n° 17, 2013 © Areion/Capri

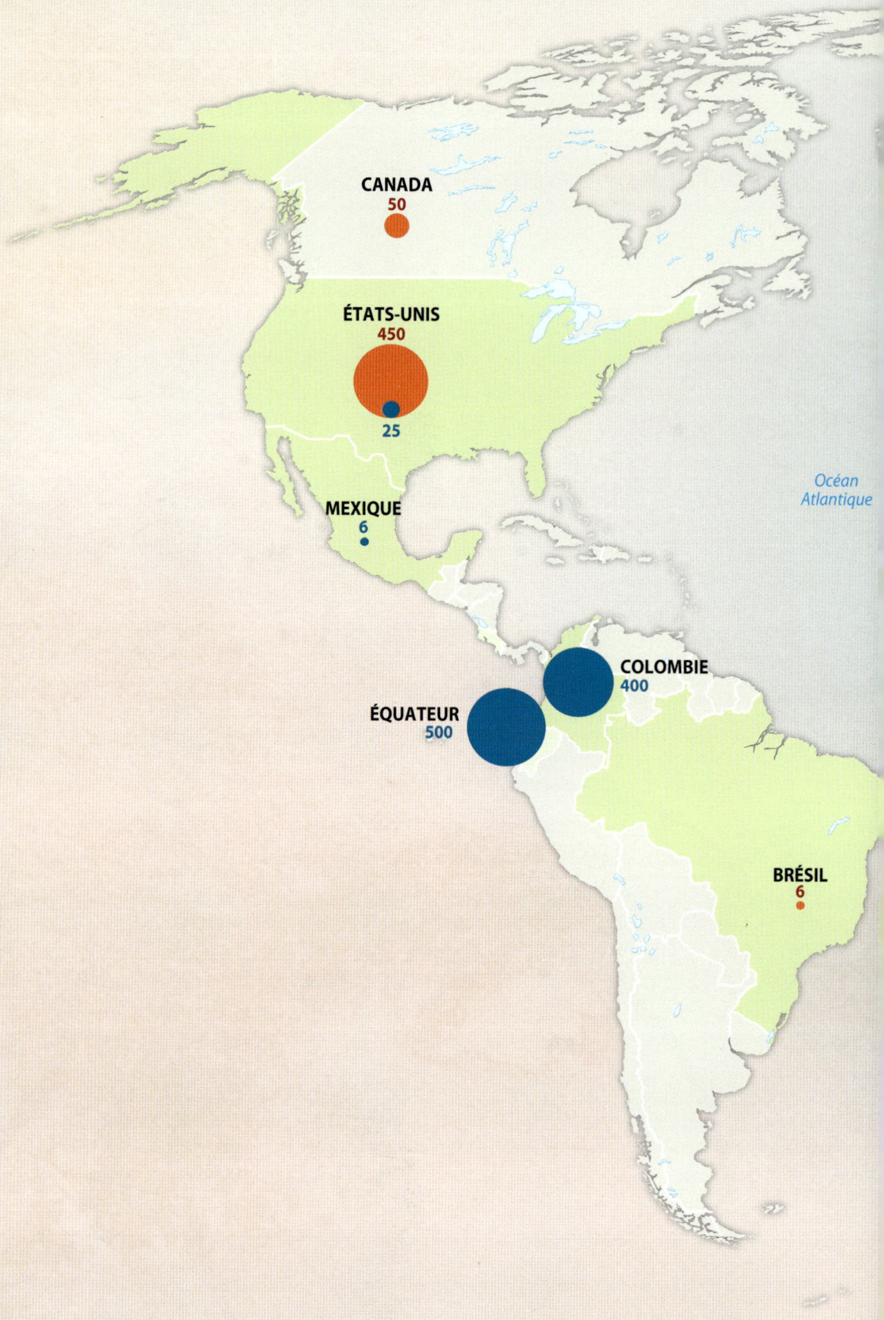

Les principaux marchés au cadran horticoles dans le monde

Chiffre d'affaires en millions d'euros en 2008

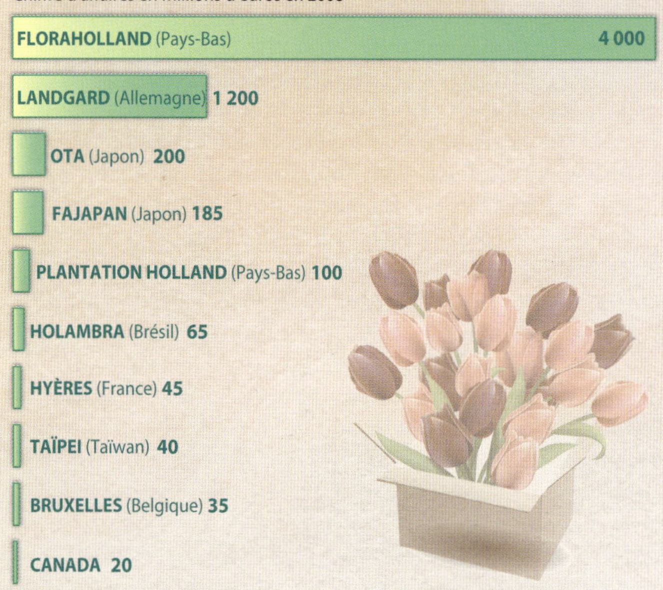

Source : Bernard Calas, avril 2013 — Carto n° 17, 2013 © Areion/Capri

Consommation moyenne en Europe de fleurs coupées entre 2009 et 2011

En euros par personne

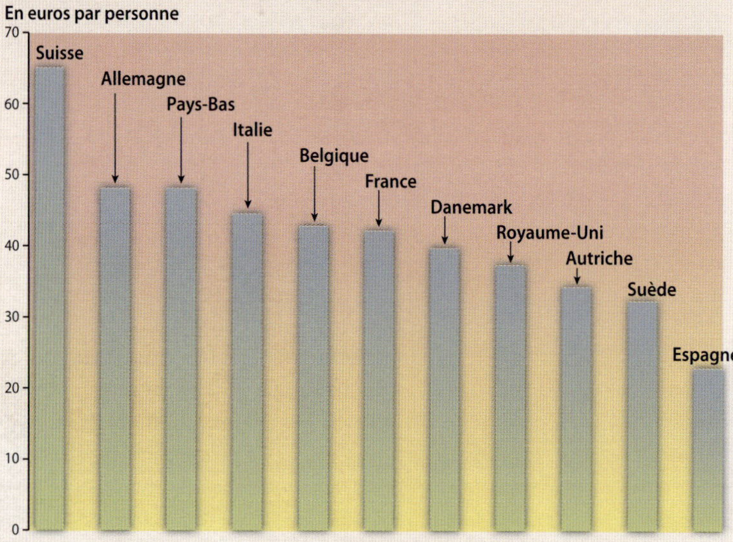

Source : CBI Tradewatch for Cut Flowers and Foliage, CBI Market Information Database, 2013 — Carto, 2014 © Areion/Capri

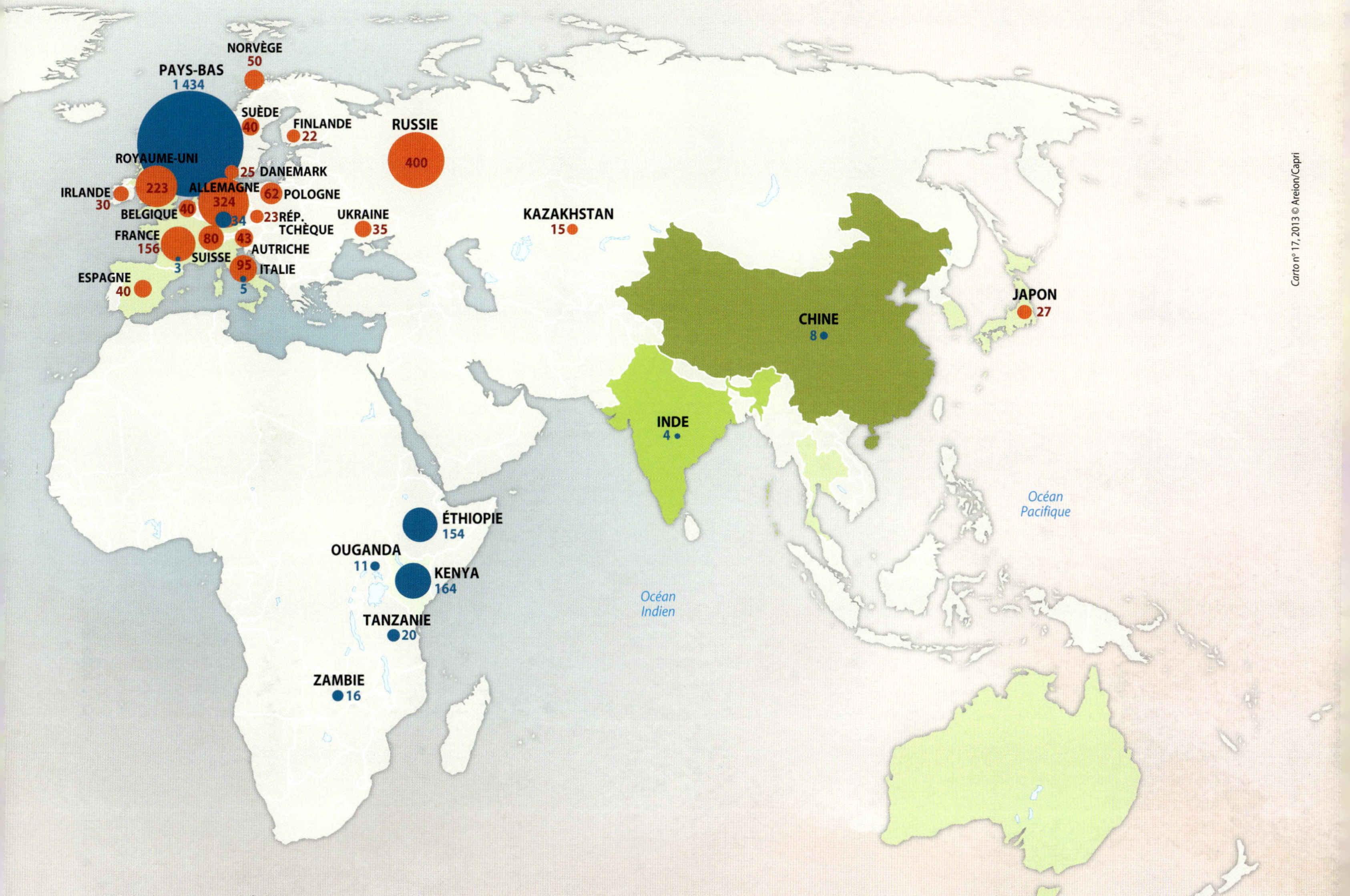

Principaux pays producteurs de fleurs coupées en 2007

En hectares

- 286 068 (Chine)
- de 30 000 à 65 000
- de 5 000 à 21 129
- moins de 5 000

Le marché des roses fraîches en 2010

En millions de dollars

- Principaux pays exportateurs de roses fraîches
- Principaux pays importateurs de roses fraîches

Sources : COMTRADE, consultation en ligne, avril 2013 ; Baris M. E. et Uslu A., « Cut flower production and marketing in Turkey », African Journal of Agricultural Research Vol. 4 (9), septembre, 2009

Destinations les plus importantes de fleurs coupées et de plantes en pot en provenance des Pays-Bas

En millions d'euros, en 2011

Source : FloraHolland, Facts and figures, 2011

Carto n° 17, 2013 © Areion/Capri

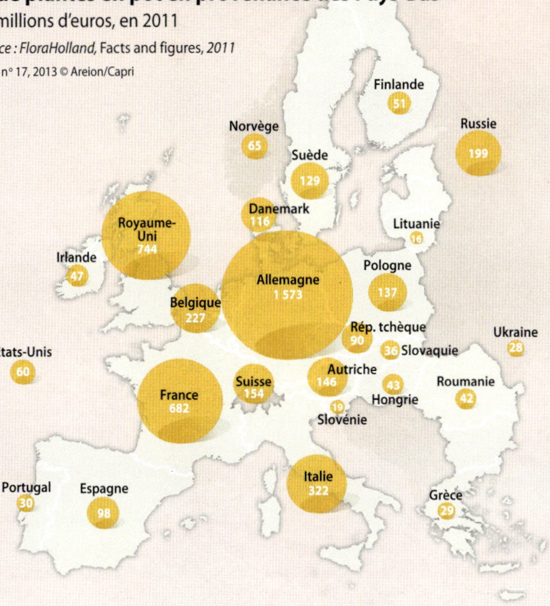

Top 15 des fleurs coupées vendues par FloraHolland

En millions d'euros, en 2011

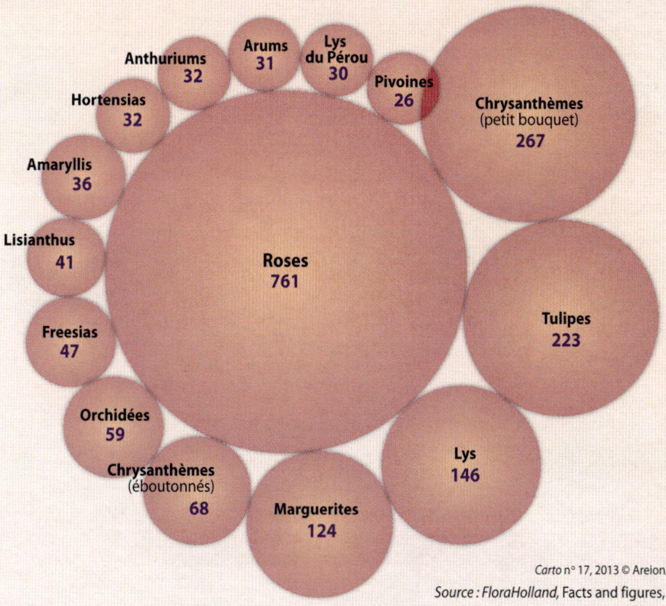

Carto n° 17, 2013 © Areion/Capri

Source : FloraHolland, Facts and figures, 2011

Les nouveaux défis du marché mondial des cosmétiques

En dépit d'un petit ralentissement en 2008 et en 2009, les cosmétiques font partie des secteurs qui ont peu souffert de la crise économique mondiale, atteignant une croissance de 4,6 % en 2012. Ils profitent d'une évolution constante des besoins et des dépenses de leur cible traditionnelle, les femmes, mais aussi des hommes, ainsi que de l'émergence de nouveaux marchés prometteurs, notamment en Asie-Pacifique.

En moyenne, 3 500 euros de produits cosmétiques sont vendus dans le monde chaque seconde, soit environ 108 milliards d'euros par an. Ils correspondent à un poste de dépense largement épargné par les ménages lors de la crise et le développement de nouveaux marchés assure une croissance importante au secteur.

L'Europe occupe une position dominante, notamment la France, premier producteur et premier exportateur de cosmétiques en 2012, avec environ 17 % des parts du marché, suivi par l'Allemagne et les États-Unis. Les ventes s'orientent toutefois de plus en plus vers les pays émergents, particulièrement en Asie-Pacifique, qui représente 34 % du marché en 2012 (*cf. carte 1*).

L'Oréal, l'un des groupes leaders avec Procter & Gamble et Unilever, y réalise 20,6 % de son chiffre d'affaires (branche cosmétique) en 2012, contre 35,6 % pour le Vieux Continent et 25 % pour l'Amérique du Nord. La compagnie française développe ses capacités en recherche et développement, avec notamment l'achat de laboratoires au Kenya et en Inde en 2013,

1 Les nouveaux marchés des cosmétiques

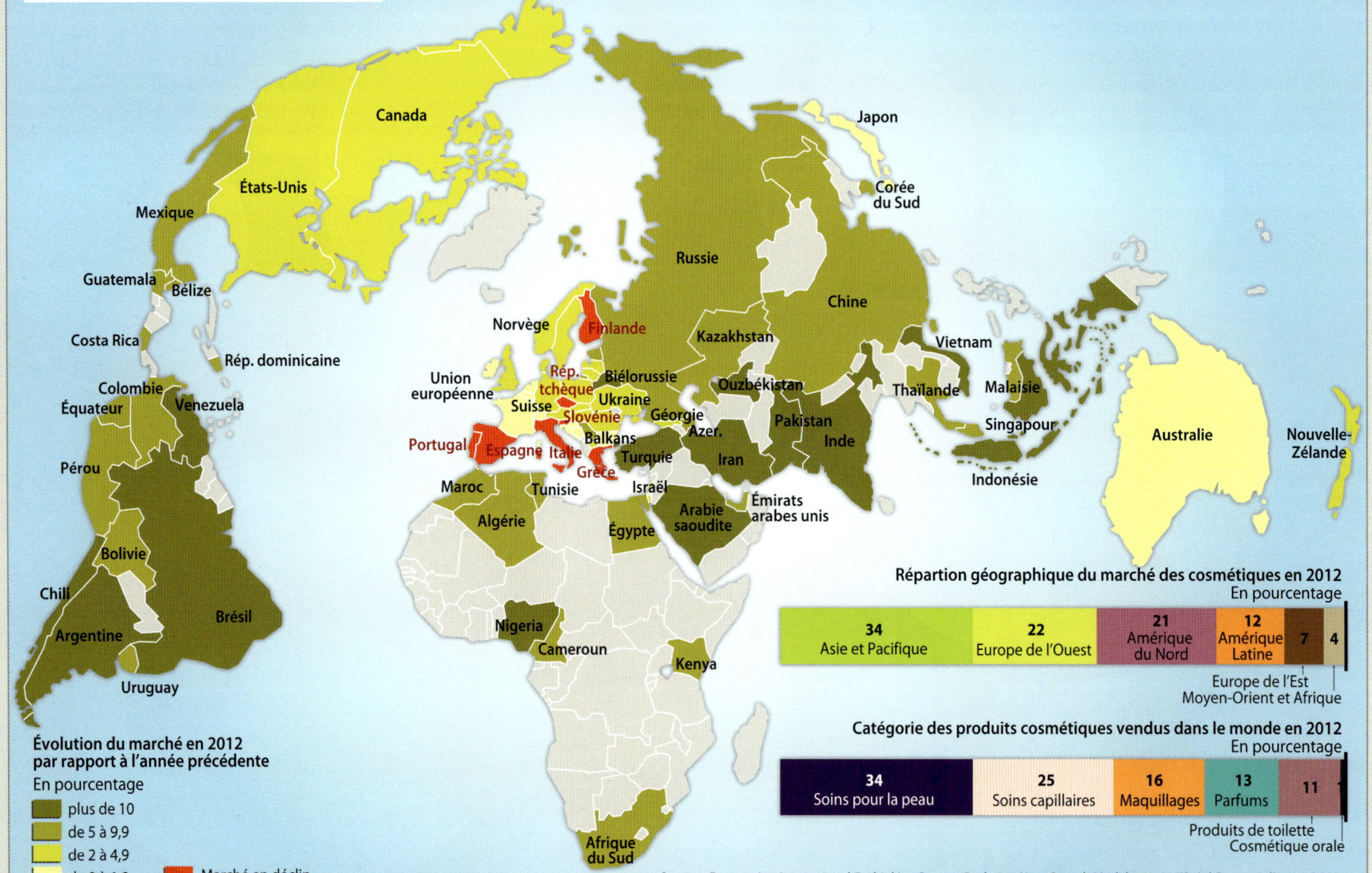

Carto n° 18, 2013 © Areion/Capri

Sources : Euromonitor International, Rethinking Beauty: Exploring New Growth Models, *2013 ; L'Oréal,* Rapport d'activité 2012

ainsi que l'ouverture, en novembre 2012, de sa plus grande usine en Indonésie, capable de produire jusqu'à 500 millions d'unités.

DES SOINS SPÉCIFIQUES

L'immense potentiel représenté par les marchés émergents pousse les entreprises à adopter des stratégies de marketing et de vente contrastées pour s'adapter aux demandes des clients et aux habitudes de consommation dans les pays concernés. Ainsi, les soins capillaires – les deuxièmes produits les plus vendus au monde après ceux pour la peau – atteignent 40 % du marché turc des cosmétiques, qui pèse environ un milliard d'euros en 2010 et croît rapidement. Dans de nombreux États asiatiques, en premier lieu la Chine, ce sont des produits parfois très spécifiques qui sont les plus demandés, comme les crèmes de blanchiment (*cf. carte 2*), même si celles-ci sont mises en cause de temps à autre par les autorités sanitaires pour leur utilisation de mercure (1). Au Brésil, le quatrième marché cosmétique derrière les États-Unis, le Japon et la République populaire, les dermatologues jouent un rôle important dans la détermination du choix des soins. C'est donc l'offre et le mode de vente qui doivent s'adapter.

Le maquillage se doit aussi de changer en fonction des modes locales. L'innovation pour se plier à la demande des marchés émergents est donc cruciale, bien qu'elle ne se traduise pas par une offre segmentée par région, mais par une concurrence et une évolution des produits constante à l'échelle internationale.

Le mode de vente progresse aussi avec le marché. S'il apparaît clair que, comme pour les autres secteurs, l'achat sur Internet est crucial pour elles, les entreprises s'implantent physiquement dans de nombreux pays. Le développement de magasins spécialisés est rapide : des marques comme Sephora ou Douglas se positionnent un peu partout. En 2011, The Body Shop, qui appartient à L'Oréal, a ouvert 23 nouvelles boutiques en Inde et 36 au Moyen-Orient. Les groupes haut de gamme s'adaptent à la demande dans les grands sites touristiques et les principaux aéroports, en embauchant par exemple des conseillers parlant le chinois et en proposant des offres particulières.

DE NOUVEAUX SECTEURS

Les femmes sont les premières consommatrices de cosmétiques, et les évolutions du marché s'adressent à elles en premier lieu. Une différenciation croissante se met en place, notamment en ce qui concerne les produits adaptés à la couleur de peau. Les produits biologiques se développent aussi rapidement, pour atteindre 10 % des parts de marché en 2010 en Europe et un chiffre d'affaires de 9,2 milliards de dollars. Enfin, une autre différentiation s'établit sur le type de produits en croissance. Les ventes haut de gamme ont par exemple crû en 2012 plus rapidement que les produits de masse dans 41 des 80 des pays étudiés par les analystes d'Euromonitor International (2).

Les marques de cosmétiques explorent toutefois de nouvelles potentialités dans d'autres catégories de la population. En 2011, une controverse naît ainsi lorsque le géant américain Walmart lance une ligne de beauté destinée aux fillettes âgées de huit à douze ans, cherchant à se positionner sur un marché évalué à 2 milliards de dollars. Bien que la marque mette l'accent sur le caractère écologique de ces produits, la vente de maquillage et de soins anti-âge à des préadolescentes suscite un débat sur l'âge approprié pour leur utilisation. La tendance à l'accroissement de ce marché semble cependant se confirmer avec l'importance des « conseils » pour jeunes gens dans les publications spécialisées ou en ligne.

Ce sont surtout les hommes qui constituent la cible de choix des marques de cosmétiques depuis quelques années. Si le maquillage masculin reste marginal, excepté pour des produits discrets comme l'anticernes, de plus en plus d'individus à travers le monde utilisent des soins pour la peau par exemple. La croissance des ventes de ce type de produits est plus rapide en Europe occidentale : 3,1 % contre 2 % pour l'ensemble des cosmétiques entre 2009 et 2010. Le marché mondial atteignait 29,6 milliards de dollars en 2010. Si la croissance en Europe demeure stable mais sans éclat, c'est en Asie que la hausse des ventes s'avère la plus importante : elle s'élève à 32 % en Inde en 2012. La Corée du Sud se révèle en 2012 le plus grand consommateur de soins pour la peau destinés aux hommes avec 21 % du marché, mais elle devrait être dépassée par la Chine en 2013. Les dépenses des Sud-Coréens promettent toutefois de rester les plus importantes : en effet, avec environ 500 dollars par an par habitant, elles sont en 2012 trois fois supérieures à celles des Européens les plus dépensiers, les Suisses. Économiser sur les soins cosmétiques n'est pas à l'ordre du jour, même en période crise, de sorte que le secteur se porte décidément bien. ●

C. R.

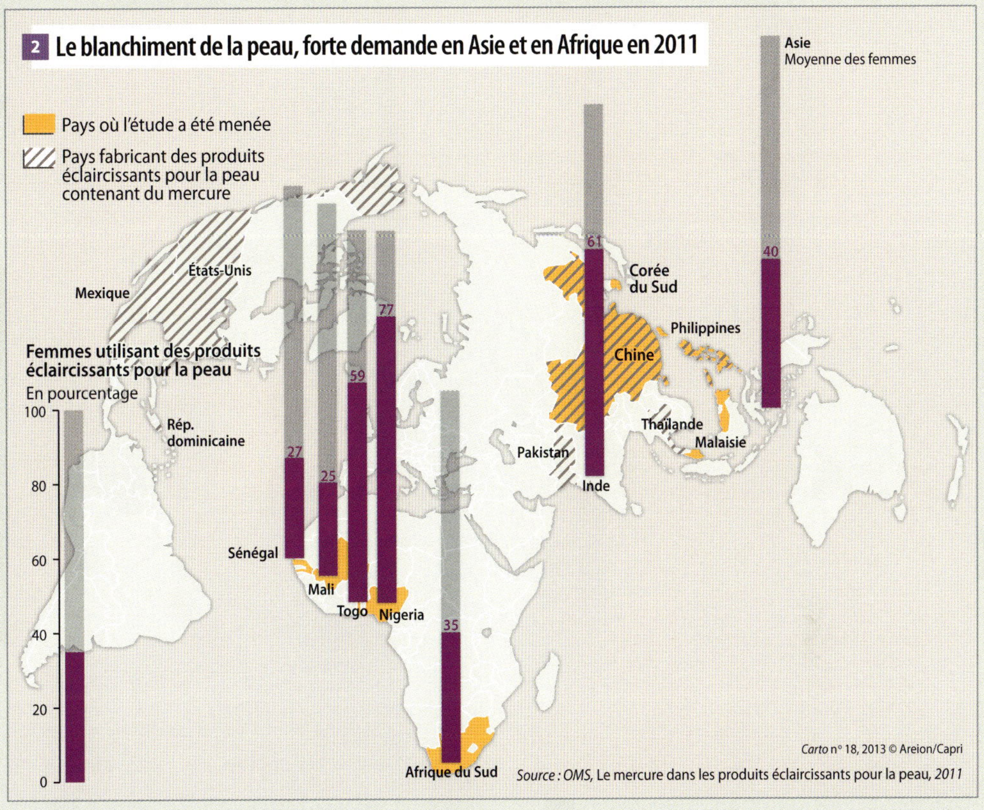

2 Le blanchiment de la peau, forte demande en Asie et en Afrique en 2011

Source : OMS, Le mercure dans les produits éclaircissants pour la peau, *2011*

NOTES

(1) Organisation mondiale de la santé, *Le mercure dans les produits éclaircissants pour la peau*, 2011. Téléchargeable sur : www.who.int/mediacentre/factsheets/fs361/fr

(2) Euromonitor International, *Rethinking Beauty: Exploring New Growth Models*, 2013.

Mondialisation des cosmétiques

Le marché porteur des cosmétiques haut de gamme

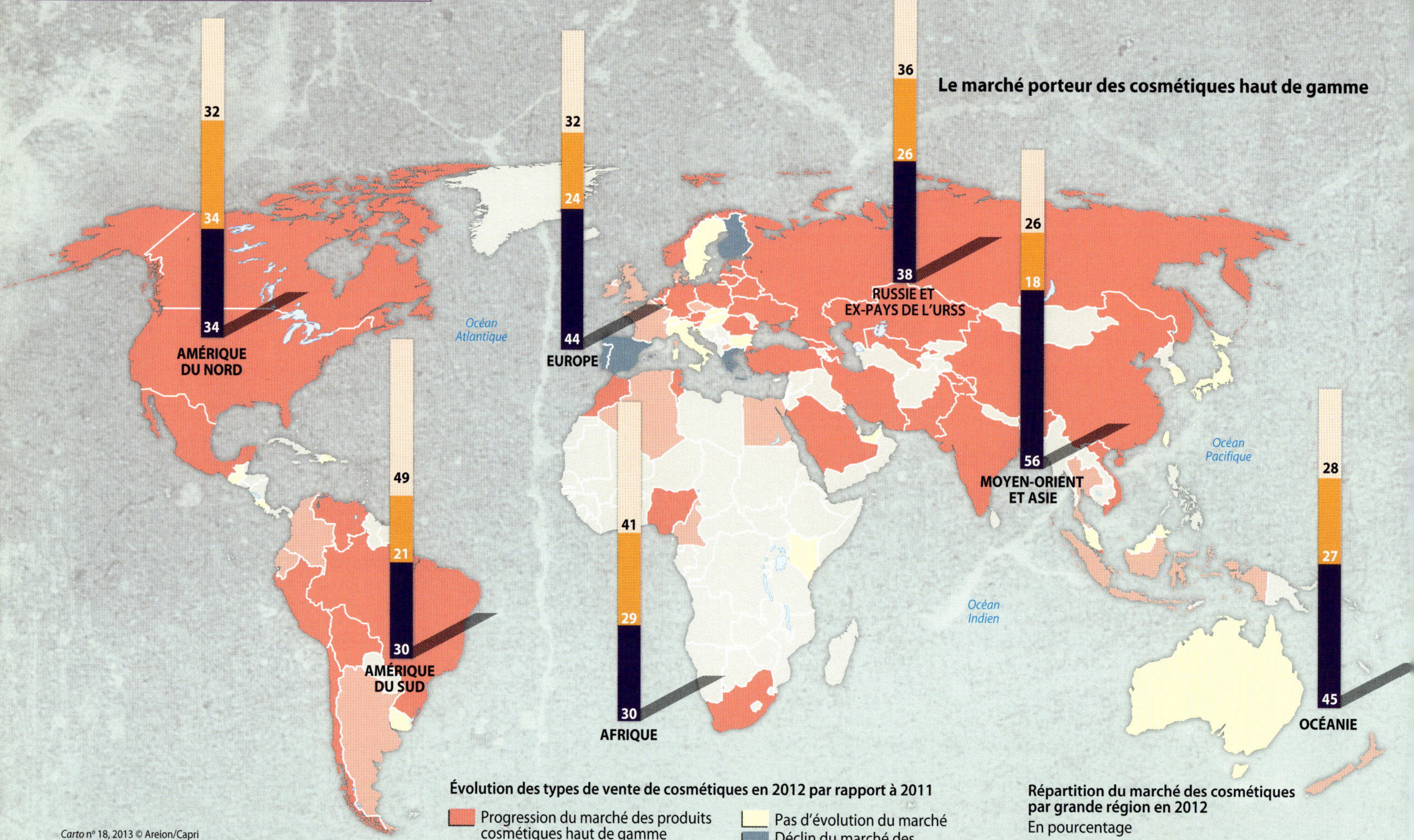

Carto n° 18, 2013 © Areion/Capri

Source : *Euromonitor International*, Rethinking Beauty: Exploring New Growth Models, *2013*

Évolution des types de vente de cosmétiques en 2012 par rapport à 2011

- Progression du marché des produits cosmétiques haut de gamme
- Progression du marché des produits cosmétiques de masse
- Pas d'évolution du marché
- Déclin du marché des cosmétiques haut de gamme
- Données non disponibles

Répartition du marché des cosmétiques par grande région en 2012

En pourcentage

- Soins pour la peau
- Maquillage
- Soins capillaires

Les dix premiers marchés de la cosmétique à travers le monde

- Top 5
- Top 10
- Principaux pays où se trouvent les sièges sociaux des grandes entreprises du secteur des cosmétiques

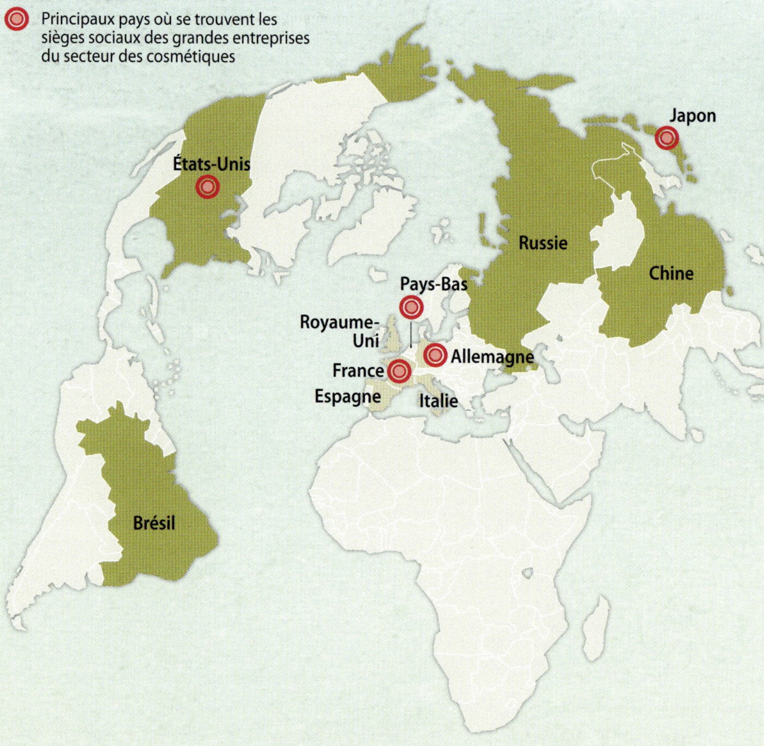

Sources : *L'Oréal*, Rapport d'activité 2012 ; *WWD Beauty Inc's Top 100, 2012*

Carto n° 18, 2013 © Areion/Capri

Les dix premiers acteurs mondiaux

Chiffre d'affaires en 2011, en milliards de dollars

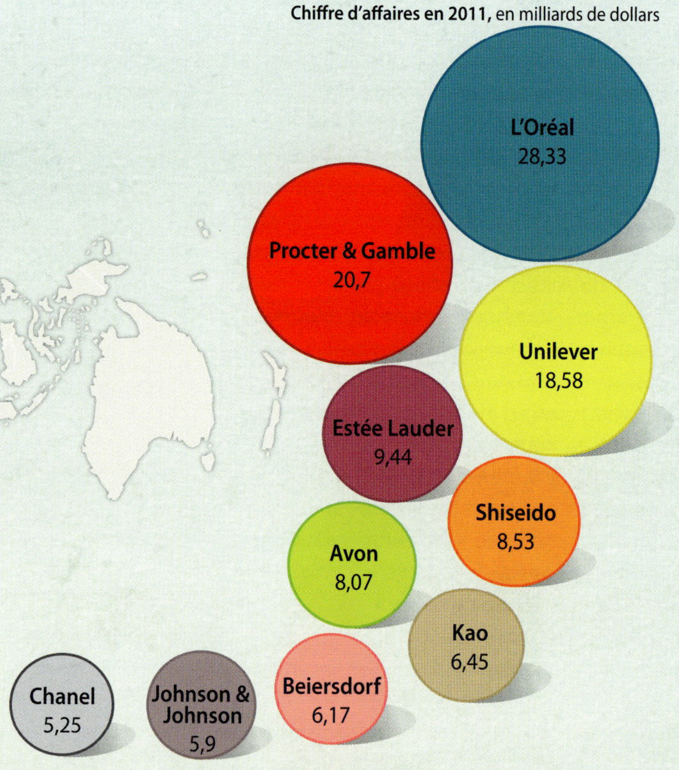

L'Oréal : le géant de l'industrie cosmétique

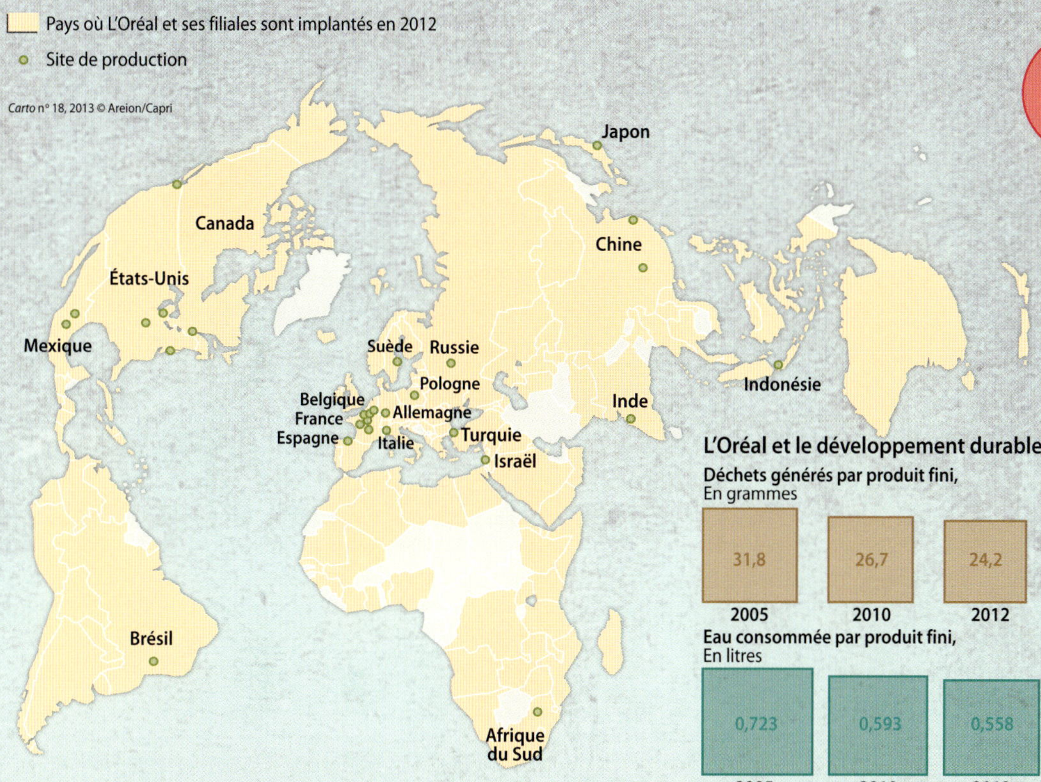

Les revenus du groupe L'Oréal

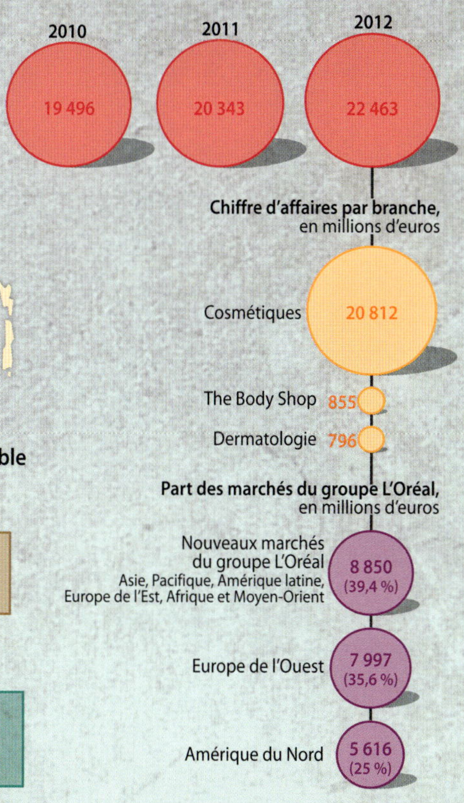

L'Oréal et le développement durable

Déchets générés par produit fini, En grammes

2005	2010	2012
31,8	26,7	24,2

Eau consommée par produit fini, En litres

2005	2010	2012
0,723	0,593	0,558

Sources : L'Oréal, Rapport d'activité 2012 *; L'Oréal,* Rapport Développement Durable 2012

Les hommes : un nouveau marché pour les cosmétiques

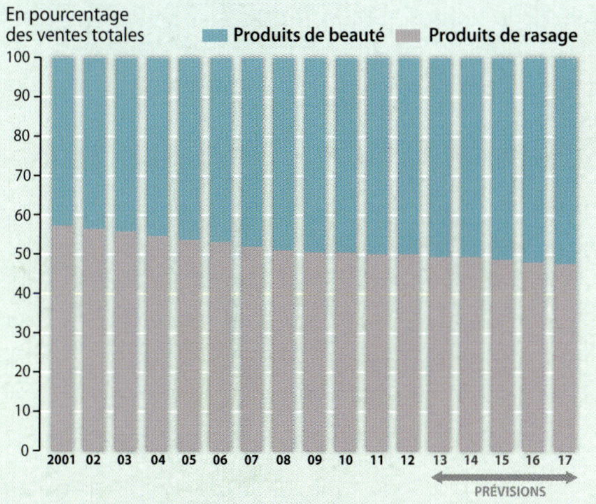

Le vernis à ongles : un marché en forte progression

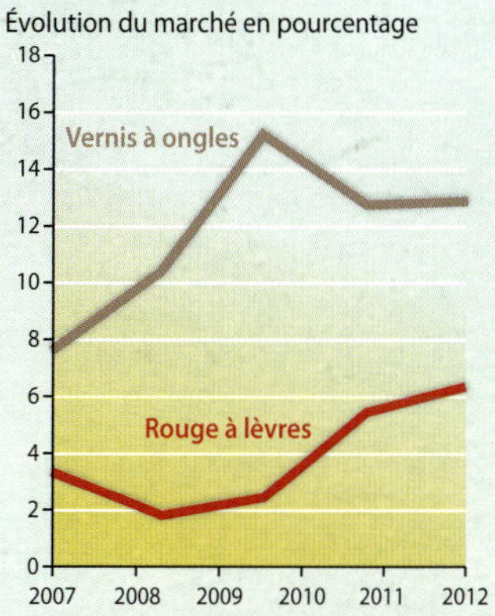

Dépenses en cosmétiques en Europe

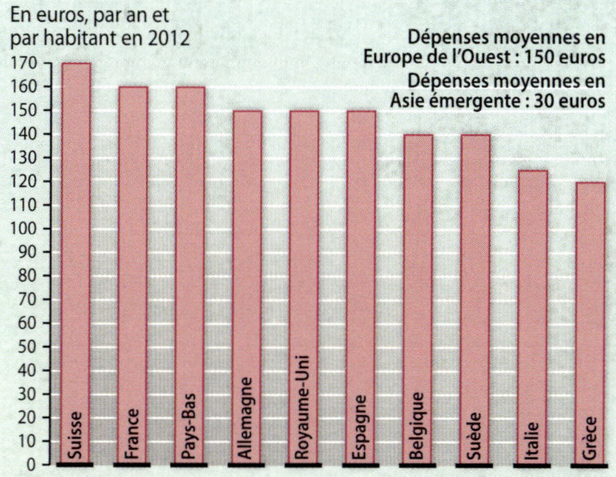

Évolution du marché des cosmétiques pour les hommes

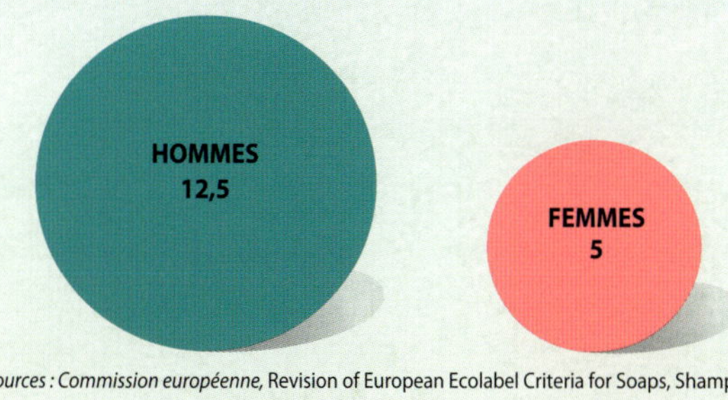

Écolabel européen par pays

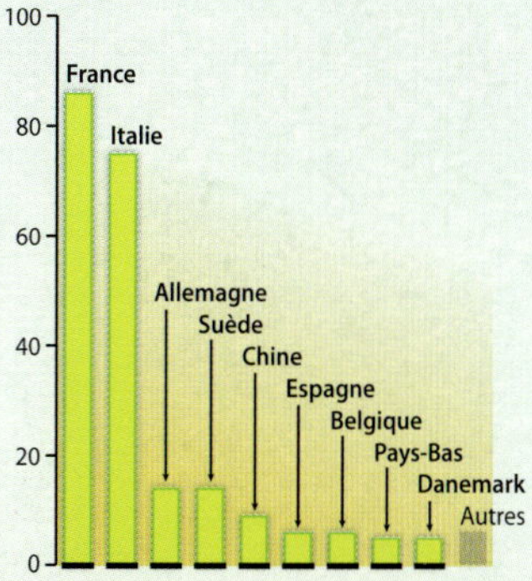

Entreprises européennes fabriquant des cosmétiques

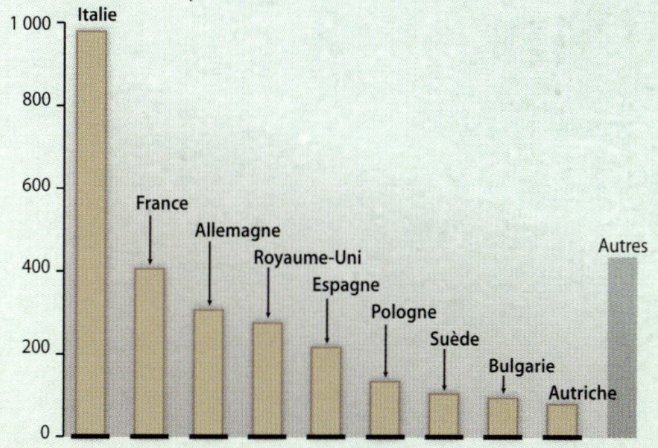

Sources : Commission européenne, Revision of European Ecolabel Criteria for Soaps, Shampoos and Hair Conditioners, *janvier 2012 ; Euromonitor International,* Rethinking Beauty: Exploring New Growth Models, *2013*

Prisons : le trou noir du droit des détenus

En décembre 2012, le contrôleur général des prisons françaises a publié un rapport accablant sur l'état du centre pénitentiaire des Baumettes à Marseille. Outre l'insalubrité des locaux, ce dernier affiche un taux de surpopulation de 145,8 %, la moyenne nationale étant de 117,3 % en 2012. Ce document soulève la question des conditions de détention et du respect de la dignité des prisonniers, des principes largement bafoués dans de nombreux pays.

La Cour européenne des Droits de l'homme (CEDH) a condamné la France à de multiples reprises, notamment pour violation de l'article 3 de la Convention européenne des Droits de l'homme qui interdit la torture et les traitements inhumains ou dégradants. L'Hexagone n'est pas le seul État à essuyer les remontrances de la CEDH. En janvier 2012, la Russie a fait l'objet d'un arrêt historique, donnant à Moscou un an pour prendre des mesures afin d'améliorer les conditions de détention. En janvier 2013, c'est l'Italie qui a reçu la même sentence après le dépôt d'une plainte de détenus qui vivaient dans une cellule de 9 mètres carrés à trois. Ces condamnations visent à éviter la multiplication d'affaires similaires en s'attaquant aux problèmes structurels à l'origine des violations.

1 La peine de mort toujours en vigueur en 2013

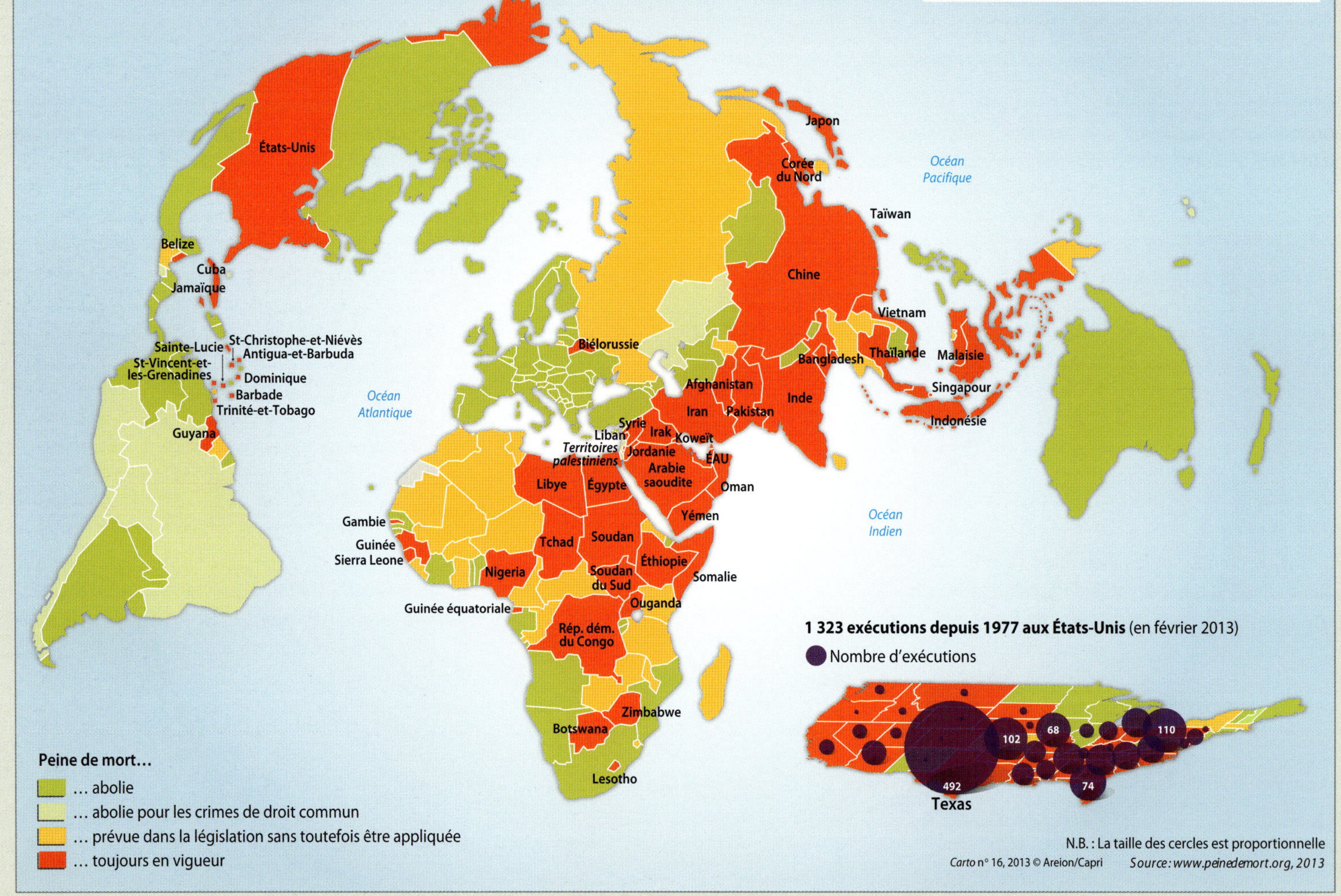

Carto n° 16, 2013 © Areion/Capri Source : www.peinedemort.org, 2013

L'« EXCEPTION PÉNALE » NORVÉGIENNE

Au-delà même de la question du traitement des prisonniers, celle de leur réinsertion dans la société après leur peine et des taux de récidive se pose avec une acuité croissante dans de nombreux États européens. Si les statistiques en ce domaine demeurent insuffisantes, des études mettent l'accent sur l'importance des conditions carcérales, du suivi après la sortie et des alternatives à la prison. C'est le cas de la conférence de consensus sur la prévention de la récidive, lancée en septembre 2012 en France. L'exemple de la Norvège, qui privilégie une approche du système pénitentiaire comme lieu de réhabilitation plutôt que de sanction, semble conforter cette idée. Le pays affiche un taux d'incarcération de 73 pour 100 000 habitants en 2011, soit 10 fois inférieur à celui des États-Unis (743), le plus élevé du monde. Il est de 96 en France. Le taux de récidive pour les crimes et les délits y est surtout moins important : près de 20 %, contre 60 % aux États-Unis et 46 % dans l'Hexagone. En Norvège, le faible nombre de détenus (3 692) permet d'importantes dépenses et les centres pénitentiaires ouverts, comme celui de l'île de Bastoy, représentent des modèles d'encouragement à la réinsertion, alors que la prison peut constituer une « école du crime » dans de nombreux pays.

Une longue incarcération avant le passage devant le tribunal, le surpeuplement et les mauvais traitements peuvent avoir des conséquences catastrophiques sur la socialisation des détenus. C'est notamment le cas en Amérique latine. Les conditions inhumaines d'enfermement s'ajoutent à une grande désorganisation de la justice et au contrôle de l'espace carcéral par des gangs, dont la protection peut s'avérer vitale pour les détenus. En 2012, quelque 600 meurtres ont été commis dans les prisons du Venezuela, pour 50 000 prisonniers et un taux de surpeuplement de 270 %. Les règlements de compte et les incendies, comme celui qui a causé la mort de plus de 350 individus en février 2012 au Honduras, se multiplient. Les autorités prennent toutefois conscience de la gravité de la situation et la République dominicaine a par exemple entamé en 2003 d'importantes réformes de son système carcéral. Elle a doublé ses dépenses par détenu, notamment en augmentant le salaire des employés et en développant l'accès aux études et à de nombreuses activités pour les détenus. Plus controversée, la méthode choisie pour limiter le surpeuplement est de refuser les condamnés si aucune place n'est disponible afin d'encourager les juges à ne choisir l'emprisonnement qu'en dernier recours. Le succès de ces réformes fait des émules dans le sous-continent, mais la lutte, très dure, menée contre le trafic de drogue rend difficile la diminution du surpeuplement dans plusieurs pays.

2 L'autre prison : les centres de rétention administrative pour les étrangers en France

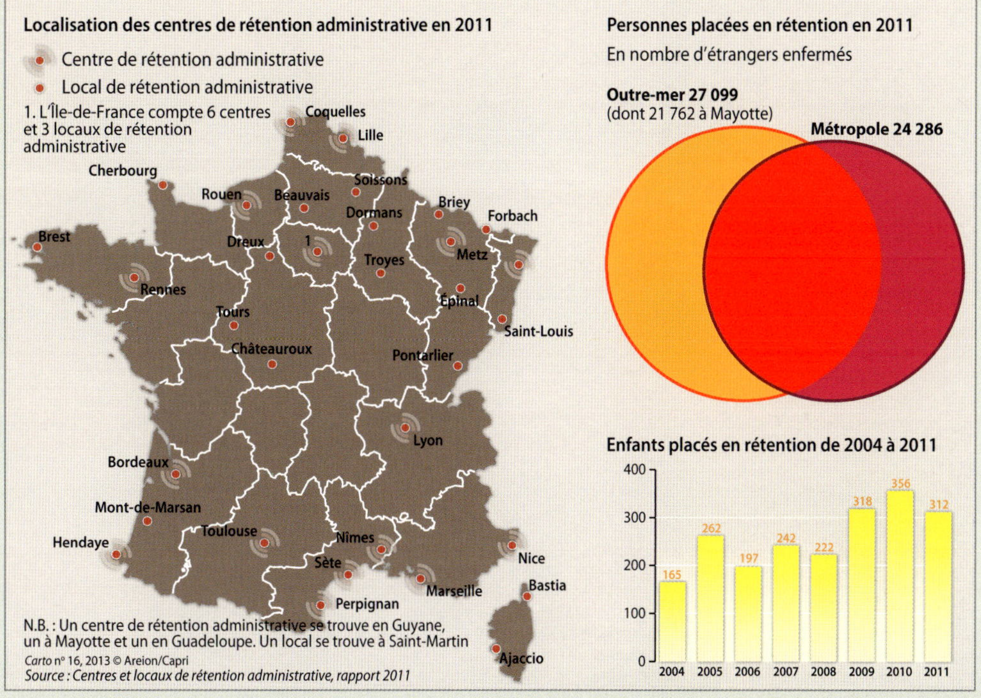

LA PROTECTION DES DÉTENUS

Au niveau international, de nombreux efforts sont menés pour uniformiser les droits des détenus. Le Comité européen pour la prévention de la torture, un organe du Conseil de l'Europe, a établi un ensemble de règles pour le respect de la dignité des personnes privées de liberté. Il estime notamment que la taille souhaitable d'une cellule individuelle est de 9 à 10 mètres carrés, et qu'un prisonnier doit disposer au minimum de 4 mètres carrés dans un dortoir.

Des ONG comme la Croix-Rouge effectuent en outre de nombreuses missions de contrôle en milieu carcéral. En 2009, l'organisation Human Rights Watch donne l'alerte sur l'existence de « prisons noires » en Chine, en violation des engagements pris par le pays pour le respect des Droits de l'homme et l'amélioration des conditions de détention. Ces centres, situés dans des bâtiments appartenant à l'État et répertoriés comme des hôpitaux psychiatriques, enferment principalement des citoyens venus demander réparation pour des abus perpétrés par l'administration. Le nombre de détenus condamnés en République populaire s'élève officiellement à 1,64 million en 2012, le chiffre le plus important après les États-Unis (2,24 millions).

L'Assemblée générale de l'ONU a voté en 2011 une résolution fondée sur les « Règles de Bangkok », qui ajoutent au dispositif de protection des détenus des conditions spécifiques pour les femmes emprisonnées. Elles sont 625 000 dans le monde (pour un total de 10,1 millions de prisonniers) et constituent dans 80 % des pays entre 2 et 9 % de la population carcérale. Les règles pour la protection des mineurs privés de liberté ont quant à elles été mises en place dès 1990 par les Nations unies, visant à prendre en compte leurs besoins. Il s'agit notamment de s'assurer que la prison soit pour eux le dernier recours possible et qu'ils aient accès à l'éducation, à la formation et aux loisirs. Le débat français actuel sur les centres éducatifs fermés et les établissements pénitentiaires pour mineurs a soulevé la question du bien-fondé de leur incarcération alors que les professionnels favorisent le suivi en milieu ouvert.

En dépit d'une prise de conscience croissante des manquements des États dans le respect des droits des prisonniers, l'amélioration du système carcéral est toutefois loin de constituer une priorité dans de nombreux pays. ● **C. R.**

Géographie mondiale des centres pénitentiaires

La population carcérale à travers le monde

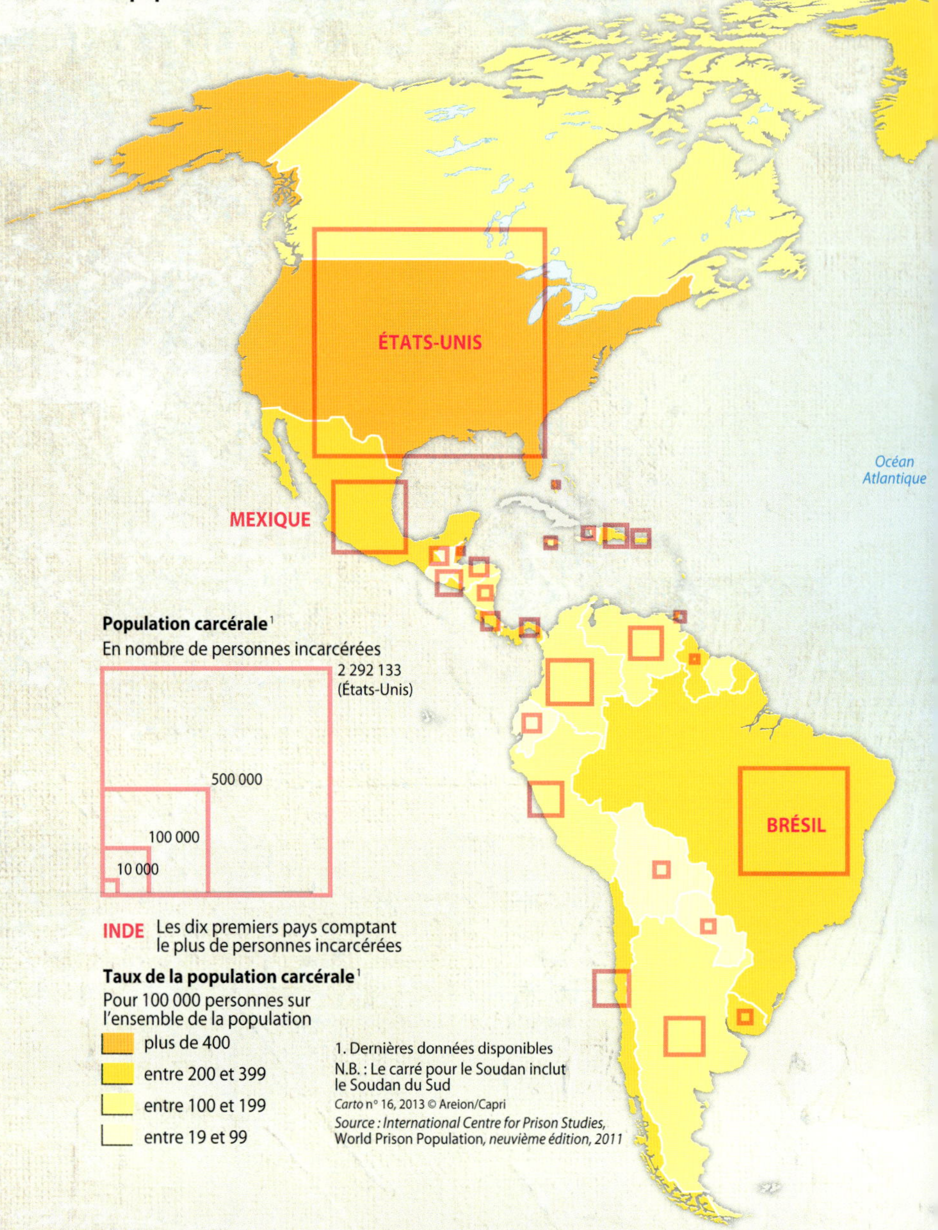

1. Dernières données disponibles
N.B. : Le carré pour le Soudan inclut le Soudan du Sud
Carto n° 16, 2013 © Areion/Capri
Source : International Centre for Prison Studies, World Prison Population, neuvième édition, 2011

Des policiers plus nombreux en Europe de l'Ouest

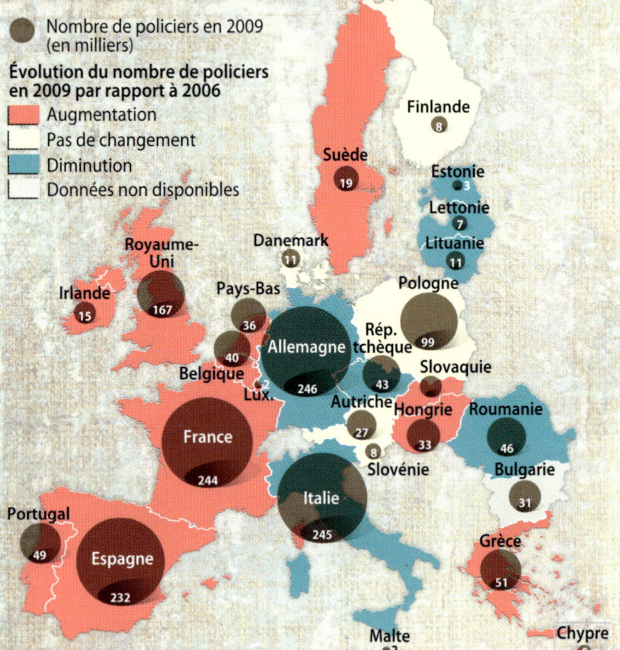

Source : Eurostat, Crime and Criminal Justice, *juin 2012*

Les infractions en baisse en Europe

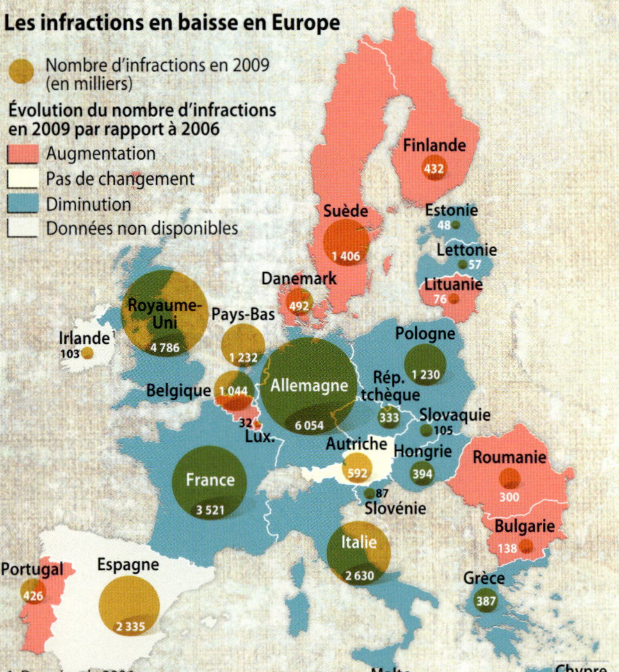

1. Données de 2006
Source : Eurostat, Crime and Criminal Justice, *juin 2012*

Forte progression de la population carcérale en Europe

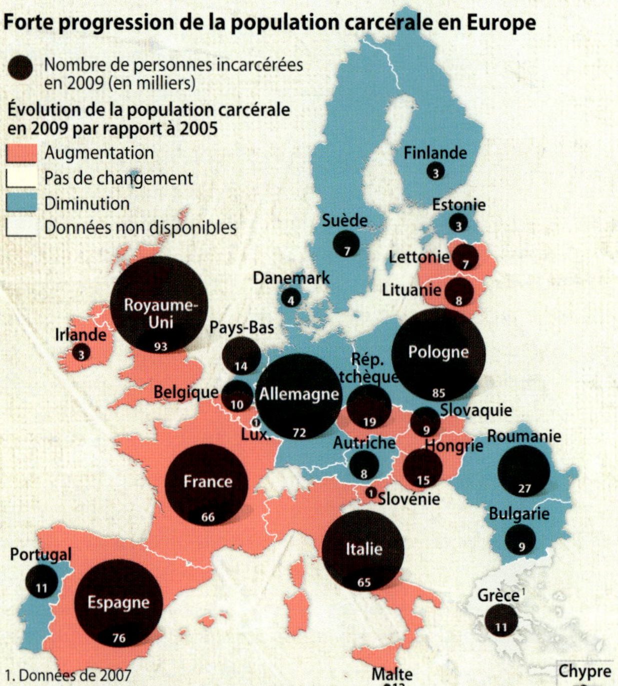

1. Données de 2007
Source : Eurostat, Crime and Criminal Justice, *juin 2012*

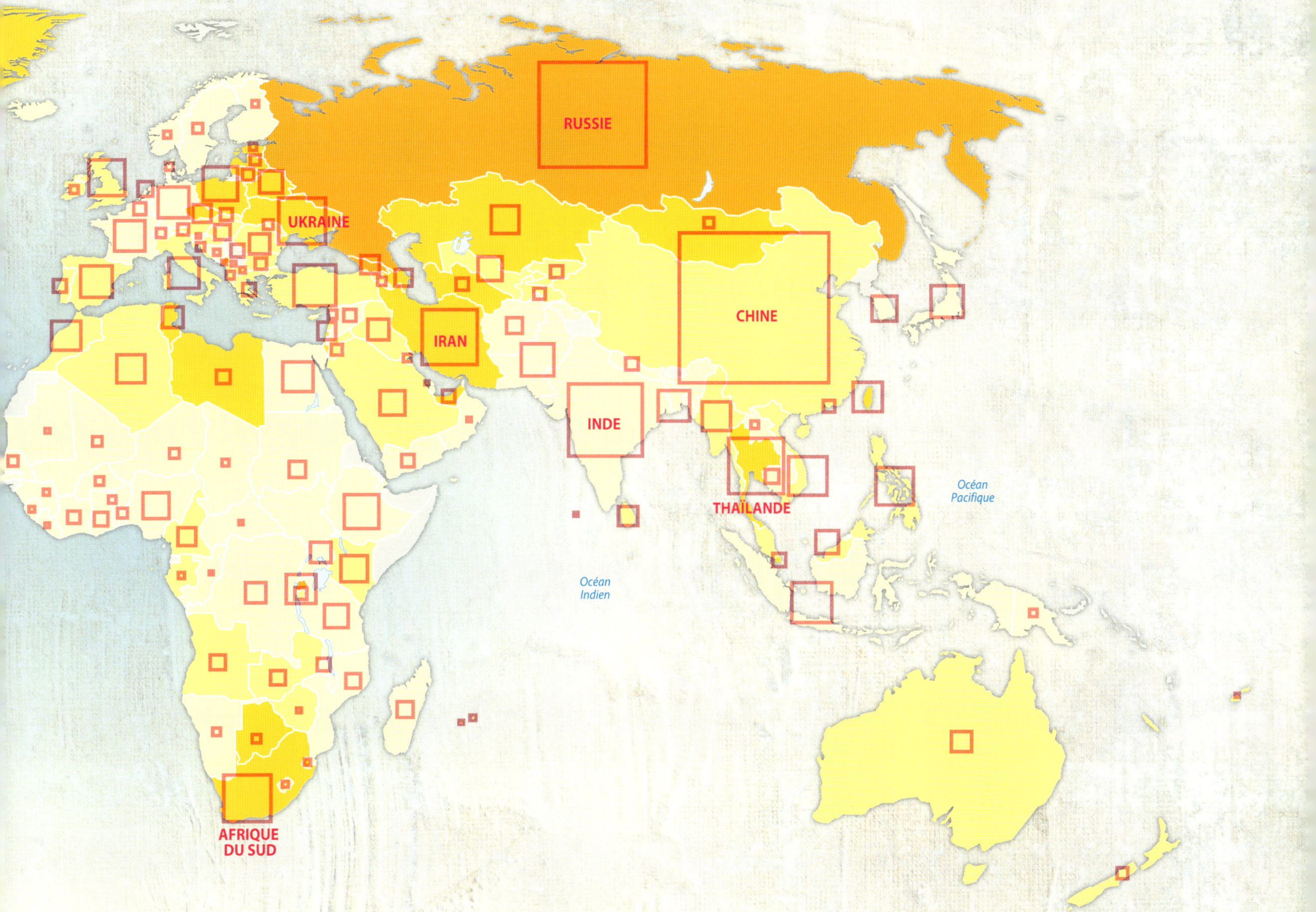

Les établissements pénitentiaires en France

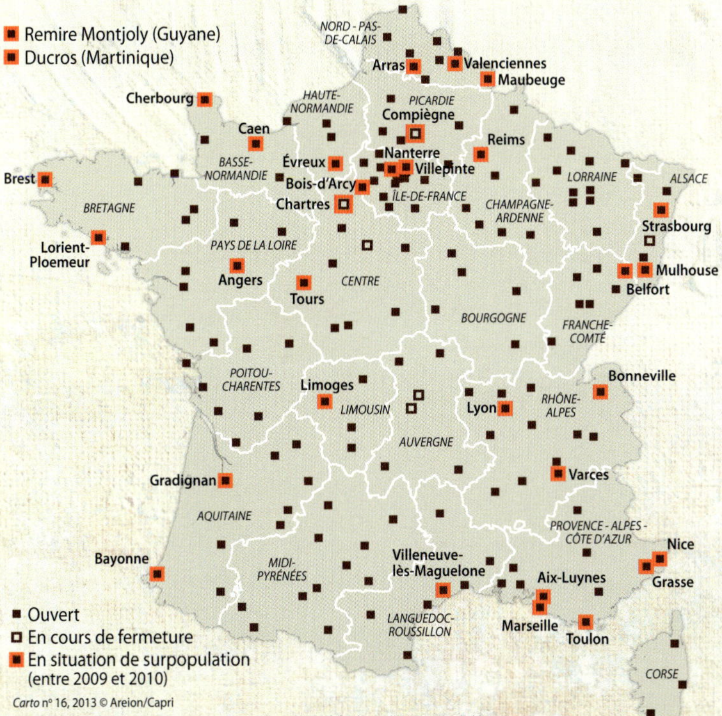

Carto n° 16, 2013 © Areion/Capri

Sources : Ministère de la Justice, 2013 ; Contrôleur général des lieux de privation de liberté

Panorama du milieu carcéral français en 2011

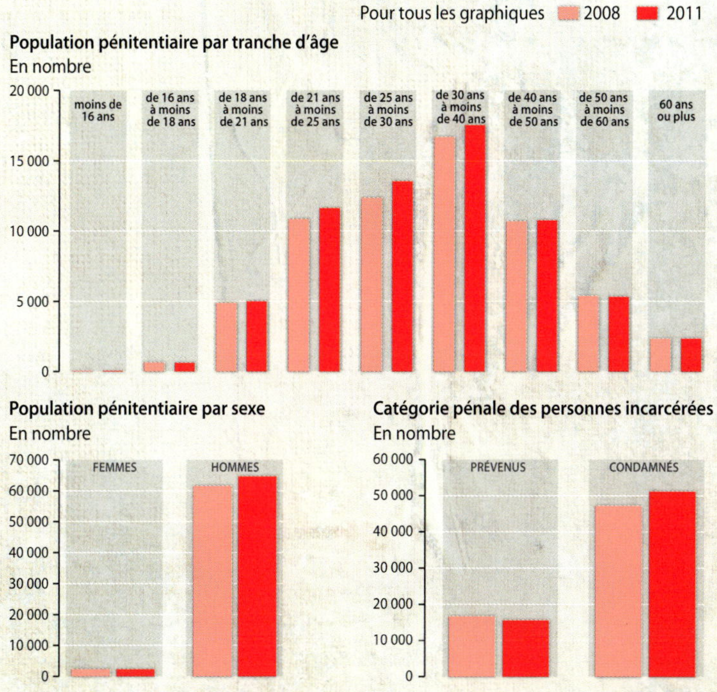

Source : INSEE, Population pénitentiaire en milieu fermé en 2011

Carto n° 16, 2013 © Areion/Capri

Le marché de l'humanitaire : vers une coopération Sud-Sud ?

Face aux nombreuses critiques et aux bouleversements de l'économie internationale, le marché de l'humanitaire évolue. La diminution de l'aide de 8 % entre 2011 et 2012, passant de 19,4 à 17,9 milliards de dollars (1), est principalement due à la baisse de l'apport des pays développés, mais d'autres acteurs prennent une importance croissante.

L'aide humanitaire se limite théoriquement à un soutien d'urgence et ponctuel visant à répondre à des situations de crise. En 2012, 76 millions de personnes ont eu besoin d'assistance humanitaire, soit 17 millions de moins que l'année précédente, selon les Nations unies. Son Processus d'appel consolidé (PAC), qui a pour objectif une meilleure coordination entre les différents efforts des ONG et des organisations internationales, s'est pourtant maintenu au même niveau. Le PAC permet une planification améliorée de la réponse aux besoins humanitaires et fournit un instrument de mesure du financement.

Depuis 1992, plus de 100 États donateurs ont contribué à 330 appels, pour un montant de 42 milliards de dollars (*cf. carte 1*). Le niveau de financement dépend toutefois largement du pays concerné et, pour les programmes de 2013 (*cf. document 2*), les objectifs atteints en octobre varient énormément, de 26 % pour Djibouti à 63,6 % pour le Soudan du Sud. Bien que ces aides répondent à des situations de crise ponctuelles, certains États comme la Somalie en ont besoin chaque année sur une période longue. En 2011, le pays qui a le plus reçu était le Pakistan (1,4 milliard de dollars).

1 Aide au développement et aide publique reçues en 2011

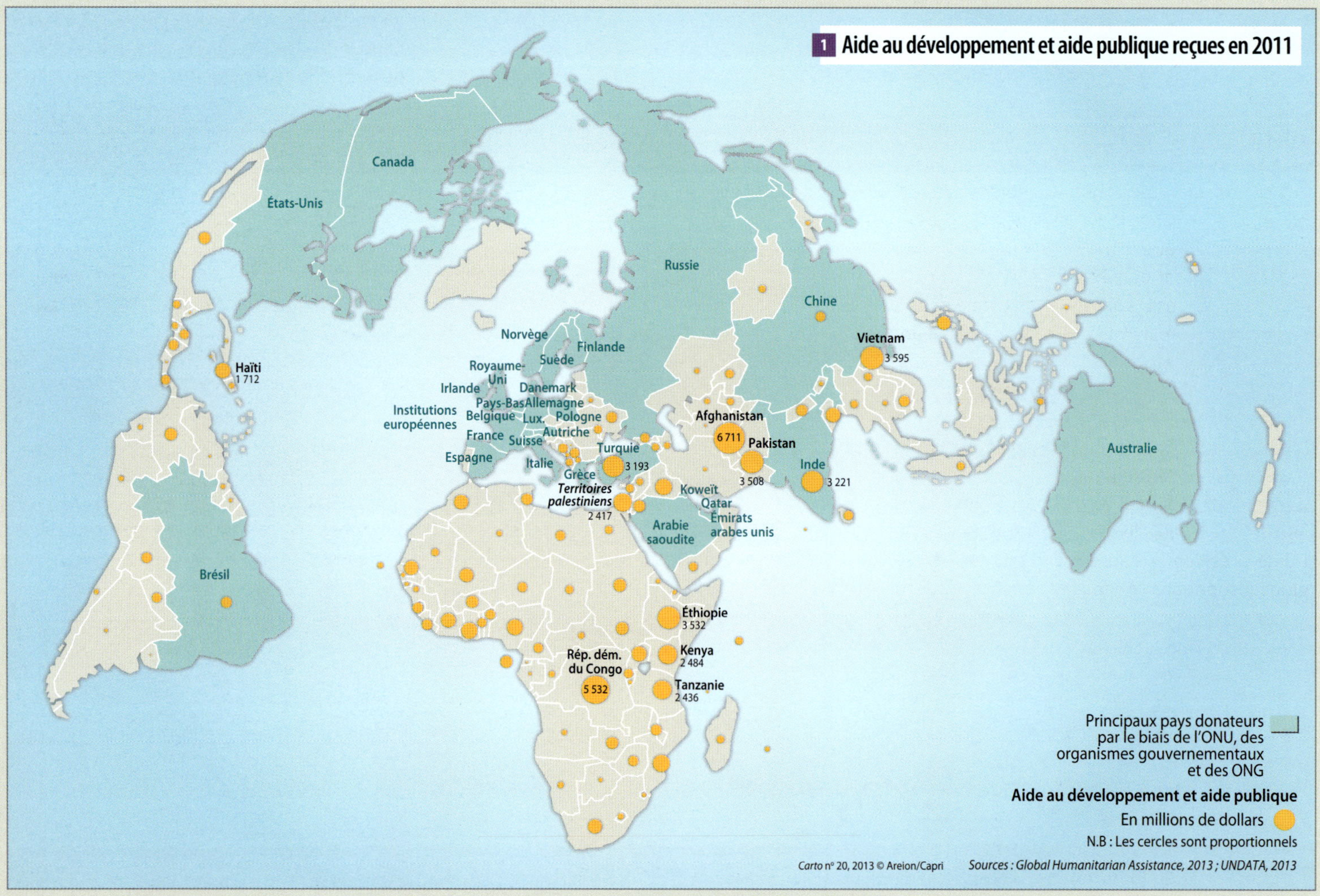

Carto n° 20, 2013 © Areion/Capri *Sources : Global Humanitarian Assistance, 2013 ; UNDATA, 2013*

L'assistance humanitaire est constituée de fonds fournis par les États, d'une part, et de donations individuelles et privées, d'autre part. Bien que plus difficiles à mesurer, ces dernières se sont élevées à 26 % de l'aide entre 2007 et 2011, et elles sont particulièrement sensibles aux catastrophes naturelles.

L'ÉMERGENCE DE NOUVEAUX ACTEURS

Les 27 membres du Comité d'aide au développement (CAD) de l'Organisation de coopération et de développement économiques (OCDE) fournissent plus de 90 % de l'aide humanitaire gouvernementale dans le monde. Parmi eux se trouvent les trois grands donateurs internationaux : les États-Unis, les institutions européennes (l'Union et 15 de ses pays membres font partie du CAD) et le Royaume-Uni. La France est en 12e position, avec 408 millions de dollars en 2012 (0,01 % du produit national brut, PNB). Cette situation évolue toutefois progressivement. L'apport du CAD a diminué de 11 % entre 2011 et 2012, passant de 13 milliards à 11,6 milliards de dollars. En parallèle, de nouveaux acteurs deviennent des fournisseurs majeurs. En 2012 par exemple, en réponse à la crise syrienne (2), la Turquie était le quatrième donateur. Avec 0,13 % de son PNB destiné à l'aide (1 milliard de dollars) et alors qu'elle en est aussi récipiendaire, c'est le troisième État le plus généreux après le Luxembourg et la Suède. Entre 2011 et 2012, les cinq gouvernements qui ont le plus augmenté leur apport en assistance humanitaire sont la Turquie, la Suisse, le Brésil, le Qatar et la Russie.

Outre la réponse aux situations de crise, la direction prise par l'aide internationale reflète souvent les intérêts politiques ou les affinités linguistiques et religieuses des donateurs. Les monarchies du golfe Persique, particulièrement l'Arabie saoudite, favorisent d'autres États musulmans, essentiellement le Pakistan, la Cisjordanie et la bande de Gaza, le Soudan, ainsi que la Syrie depuis le début de la guerre en 2011. L'aide brésilienne s'adresse en priorité aux régions lusophones (Angola, Mozambique, Timor oriental), puis aux Caraïbes et à l'Amérique latine. Les volontaires français s'engagent quant à eux principalement dans les anciennes régions colonisées par la France (Afrique de l'Ouest et Madagascar, Moyen-Orient).

Il semble aussi que le mode de calcul de l'aide humanitaire tende à favoriser les donations venues des États développés vers les organisations internationales et les ONG, sous-estimant les apports moins facilement mesurables.

2 Contributions humanitaires par programmes

Fonds récoltés au 29 octobre 2013, en milliers de dollars

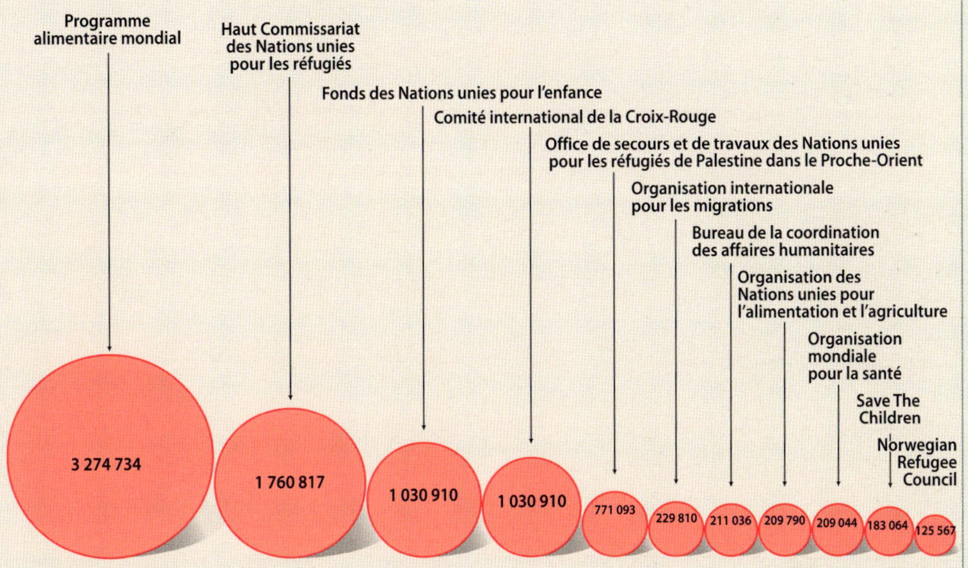

Source : OCHA, Financial Tracking Service, 2013

Carto n° 20, 2013 © Areion/Capri

Seuls les membres du CAD peuvent compter l'assistance aux réfugiés sur leur territoire dans le total fourni, alors que la majorité des pays d'accueil n'en font pas partie. Les importants programmes d'aide de la Chine sur le continent africain (1 673 entre 2000 et 2011) n'entreraient ainsi qu'en partie dans les règles de mesure de l'assistance humanitaire officielle de l'OCDE. La prise en compte de ces flux dans l'analyse de l'aide est donc limitée, alors qu'ils remettent partiellement en cause l'image de la politique internationale chinoise. Les pays les plus fragiles fournissent par ailleurs une réponse directe aux catastrophes qui les touchent sur leur territoire ; c'est le cas du Soudan, de l'Irak, du Népal, du Pakistan et du Kenya.

UNE STRATÉGIE DE PUISSANCE

L'émergence de nouveaux donateurs, notamment la Chine, l'Inde, la Russie et le Brésil, remet en outre en question certains principes de l'assistance internationale. Ils créent des modèles de coopération Sud-Sud. Pour ces États, l'augmentation de l'aide fait partie d'une stratégie politique visant à atteindre le rôle global auquel ils aspirent. Leur participation croissante au marché humanitaire mondial risque de rendre plus complexe la justification des programmes par les donateurs traditionnels occidentaux.

En dépit de ces évolutions, le marché humanitaire est toujours la cible de critiques. Celles-ci peuvent être très générales, dénonçant le principe même de l'aide comme un phénomène paternaliste ou néocolonial. Il s'apparenterait à un maintien dans l'assistanat des pays en développement, retirant aux États récipiendaires de nombreuses responsabilités. Les organisations humanitaires sont ainsi accusées de prendre insuffisamment en compte la culture et les rapports de pouvoir dans les communautés locales. D'autres détracteurs évoquent le fait que les appels à intervention sont souvent dépendants d'intérêts politiques.

L'augmentation du nombre d'ONG pendant les années 1980-1990 – elles sont entre 35 000 et 45 000 en 2012 – a pallié l'échec des apports directs des gouvernements récipiendaires, leur indépendance constituant une alternative crédible pour les donateurs, notamment pour les contributeurs privés et les États du CAD. Elles ont reçu 24 % des contributions entre 2007 et 2011, contre 53 % pour les organisations multilatérales, mais elles participent à nombre de programmes financés par ces dernières. Leur multiplication les encourage toutefois à se concentrer sur leur propre marketing et à travailler sur des projets qui répondent aux exigences et aux intérêts des institutions de financement plutôt qu'aux besoins locaux. ●

C. R.

NOTES

(1) Global Humanitarian Assistance, *Global Humanitarian Assistance Report 2013*, juillet 2013. Téléchargeable en anglais sur : www.globalhumanitarianassistance.org/report/gha-report-2013

(2) En date du 28 octobre 2013, la Turquie accueille 506 530 réfugiés syriens sur les 2 199 668 enregistrés par l'Agence des Nations unies pour les réfugiés.

Géographie de l'engagement humanitaire

Réponse humanitaire internationale entre 2007 et 2012

En milliards de dollars

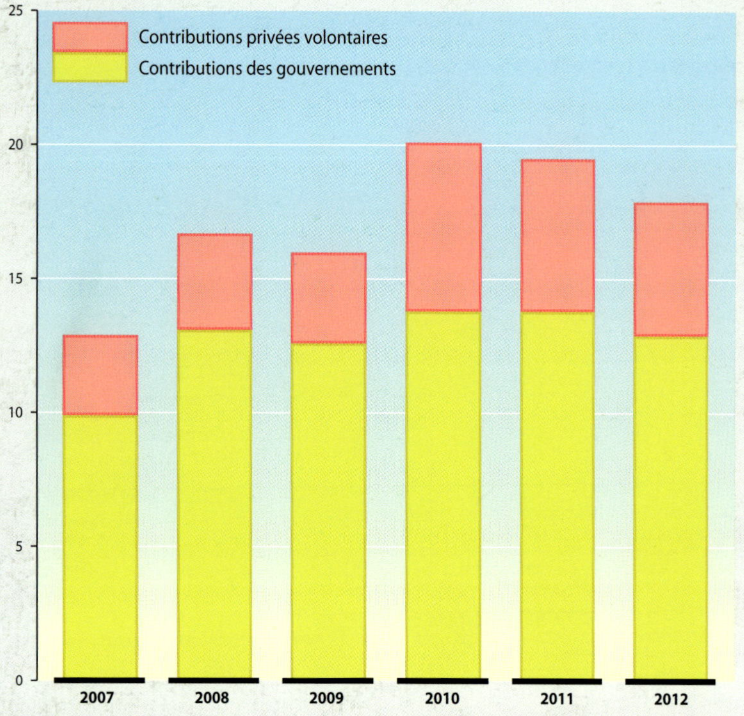

Évolution des appels aux dons par l'ONU

En pourcentage

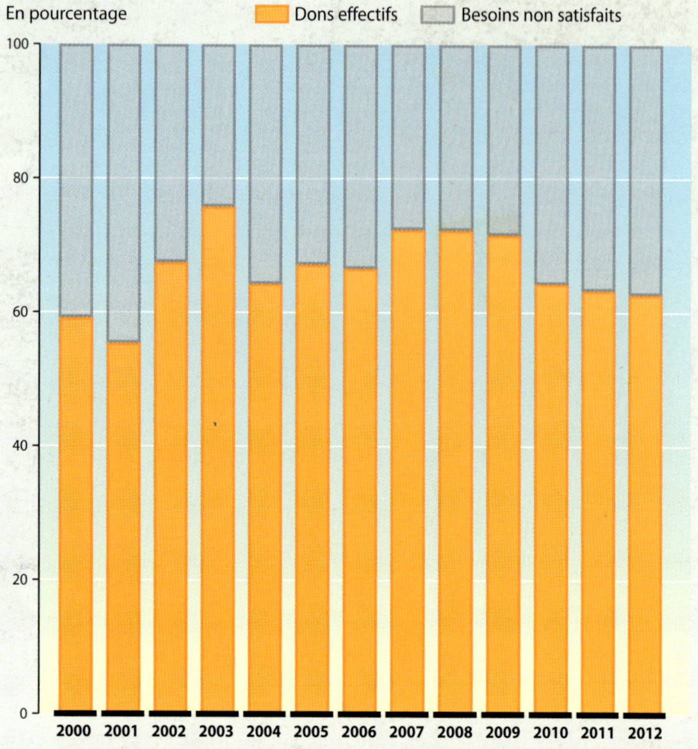

Financement de l'aide humanitaire en 2012

En millions de dollars

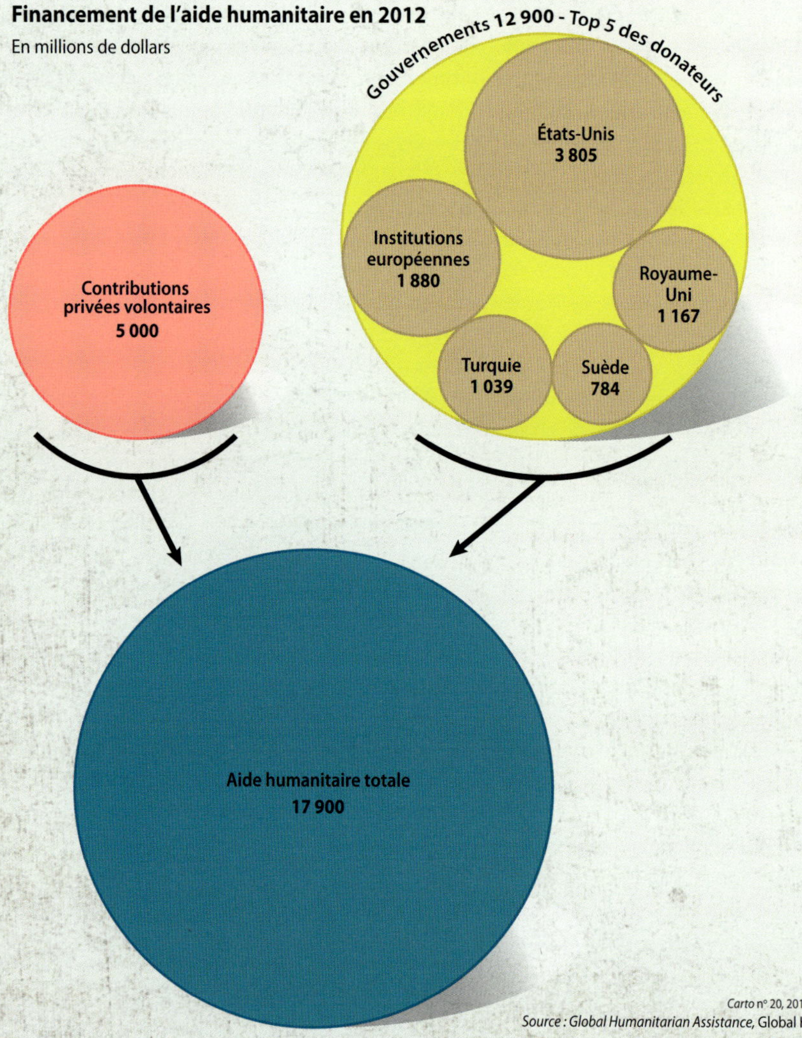

Qui reçoit l'aide humanitaire en 2011 ?

Top 5 des États qui reçoivent le plus d'aide humanitaire

En millions de dollars

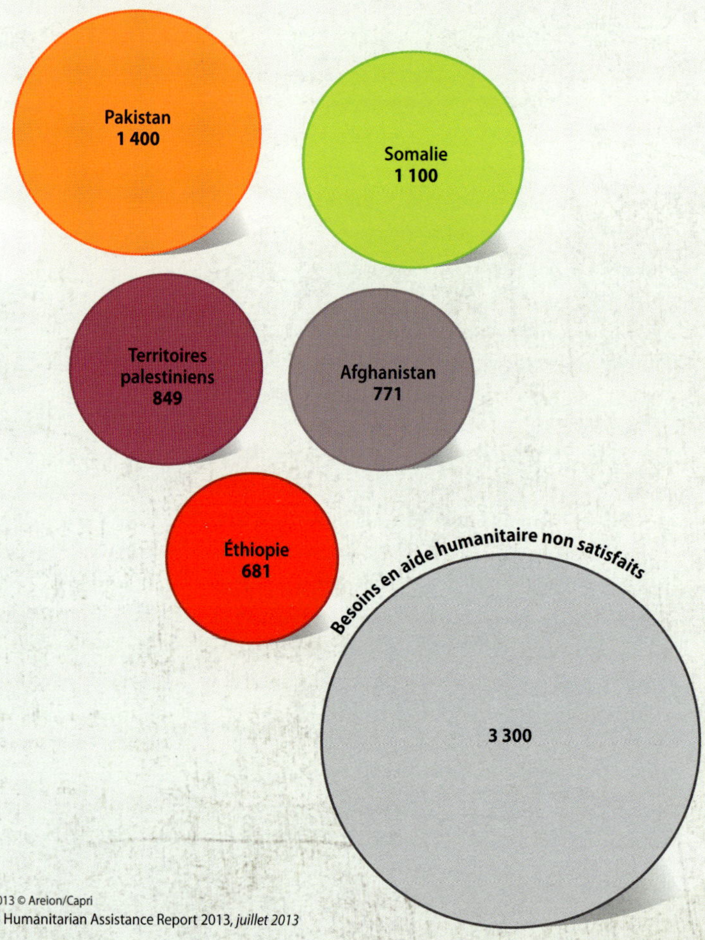

Carto n° 20, 2013 © Areion/Capri

Source : Global Humanitarian Assistance, Global Humanitarian Assistance Report 2013, *juillet 2013*

Les volontaires français en 2011

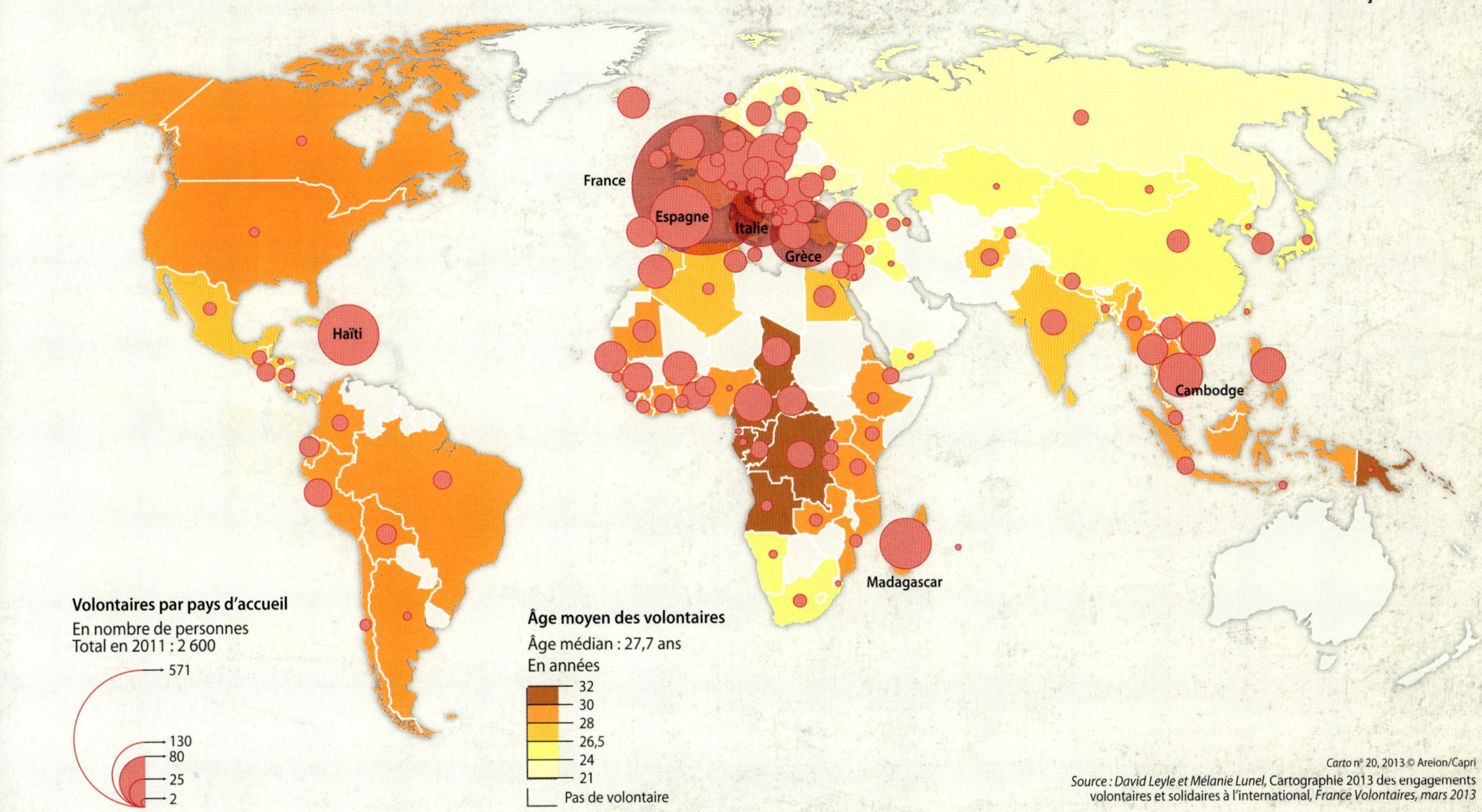

Carto n° 20, 2013 © Areion/Capri

Source : David Leyle et Mélanie Lunel, Cartographie 2013 des engagements volontaires et solidaires à l'international, *France Volontaires, mars 2013*

Attractivité du volontariat

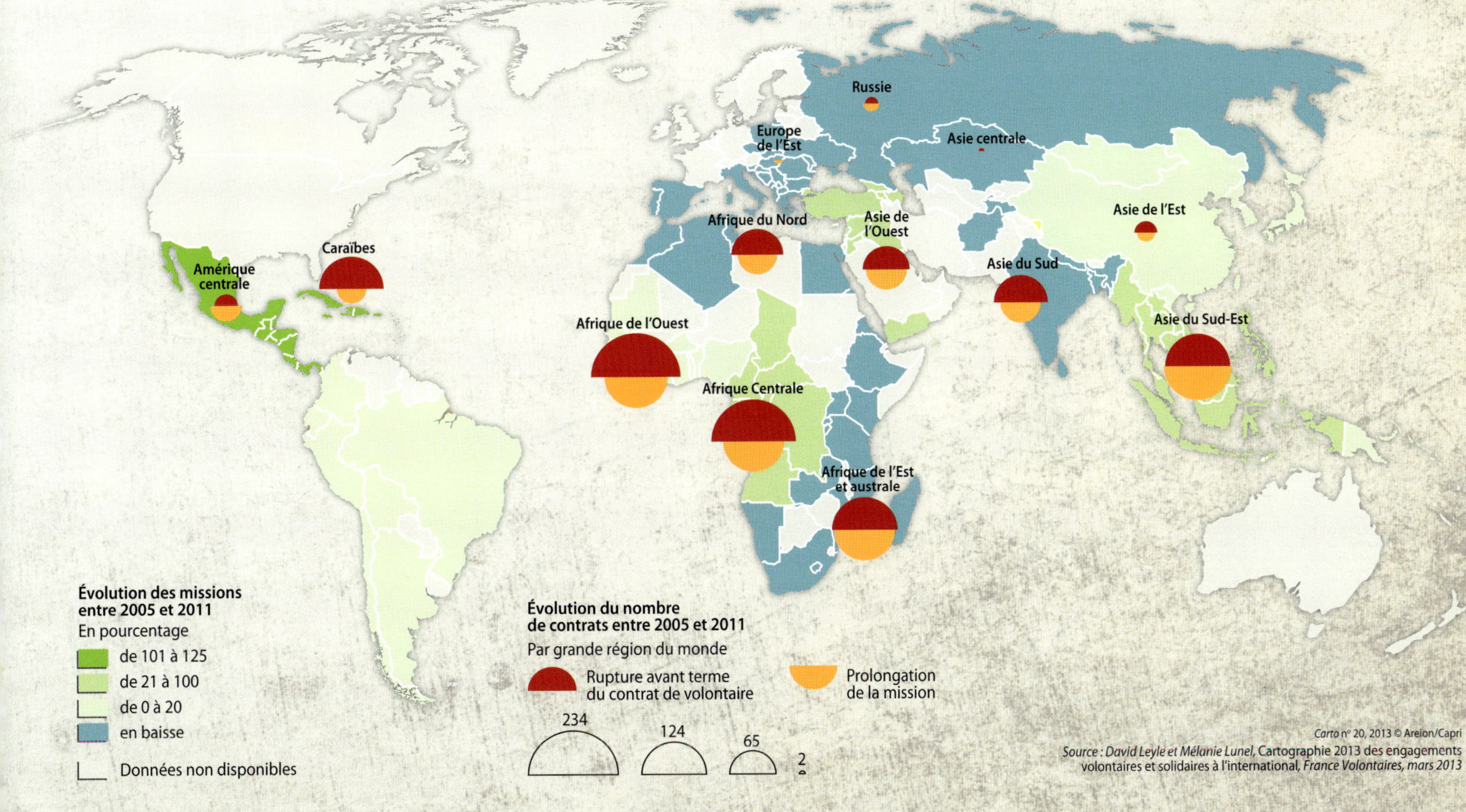

Carto n° 20, 2013 © Areion/Capri

Source : David Leyle et Mélanie Lunel, Cartographie 2013 des engagements volontaires et solidaires à l'international, *France Volontaires, mars 2013*

Le marché des jouets ne connaît pas la crise

Ce n'est pas un mystère : pour les distributeurs de jouets européens, les fêtes de Noël sont l'événement commercial le plus important de l'année. En effet, 60 % des ventes s'effectuent pendant les mois de novembre et décembre. Toutefois, en dépit de l'incertitude due aux conséquences de la crise économique, le secteur se porte bien, notamment grâce au marché asiatique.

Dans son ensemble, le jouet a été relativement épargné par le choc financier. Les réductions de dépenses pour les enfants sont limitées et les grandes marques sont moins susceptibles d'être touchées par un effet de substitution pour des produits meilleur marché. Ainsi, après avoir accusé une baisse de 1,1 % entre 2007 et 2008, le secteur des jouets a retrouvé la croissance dès l'année suivante. Celle-ci s'élevait à 4,7 % entre 2009 et 2010, pour une valeur totale de 83,3 milliards de dollars. En 2010, le marché se développe particulièrement en Océanie, avec un essor de 23 %, en Amérique latine (10,7 %) et en Asie (9,2 %) (*cf. carte 1*).

LES AUSTRALIENS : LES PLUS GÂTÉS

En 2010, les dix premiers pays consommateurs de jouets constituent les deux tiers du marché mondial. Le premier d'entre eux, les États-Unis, représente 27 % des achats internationaux, suivis par le Japon et la Chine. La France se place cinquième, derrière le Royaume-Uni et devant l'Allemagne. C'est l'Australie qui dépense le plus par enfant : en moyenne 486 dollars par an, contre 284 aux États-Unis et 307 en France. Dans l'Union européenne (UE), les cinq principaux États consommateurs de jouets comptent 73 % de la consommation totale, mais le marché a connu des résultats très variables en raison de la crise économique. En effet, alors que les ventes en valeur augmentaient dans trois pays, le Royaume-Uni (+ 3 %),

1 Le marché mondial des jouets en 2010

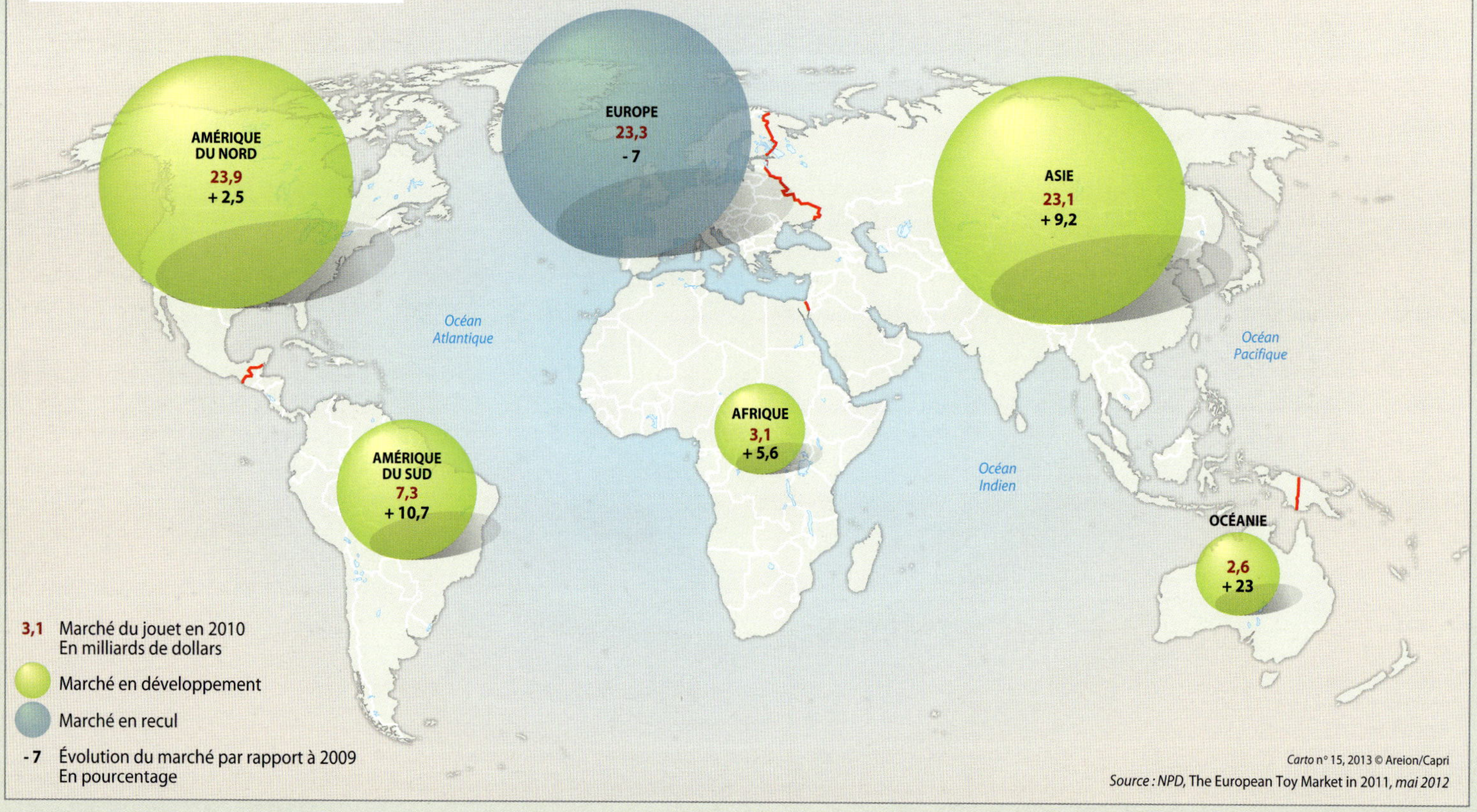

Carto n° 15, 2013 © Areion/Capri
Source : NPD, The European Toy Market in 2011, *mai 2012*

la France (+5%) et l'Allemagne (+7%), elles baissaient en Italie (-3%) et en Espagne (-7%). La consommation asiatique rattrape l'Europe avec plus de 23 milliards de dollars de dépenses totales en jouets. Les marchés indien et chinois offrent notamment d'importantes perspectives au secteur avec l'augmentation du niveau de vie. Avec environ 353 millions d'habitants de moins de 15 ans et des dépenses annuelles moyennes en jouets par enfant de 6 dollars, l'Inde donne de nouvelles ambitions aux producteurs. En Chine, où ces sommes déboursées s'élèvent à 23 dollars, la demande entre 2007 et 2012 a augmenté de 13% par an pour atteindre 11,5 milliards de dollars. Cette croissance en République populaire dépasse donc celle de la production annuelle, qui est pourtant de 8,8% au cours de la même période. Le géant asiatique manufacture 70% des jouets du monde en 2012, particulièrement dans la province de Guangdong. Celle-ci concentre en effet 43,3% des plus de 7300 entreprises et les deux tiers des 645000 employés spécialisés dans le jouet en Chine. Au Brésil, l'évolution du secteur se traduit par une multiplication par trois de la valeur des importations entre 2005 et 2010.

Si un quart des exportations des États-Unis sont destinées au Canada (382 millions de dollars), 88% des importations du plus grand marché mondial viennent de Chine (19 milliards de dollars de jeux et objets de divertissement). Sur les 22,2 milliards de dollars dépensés par les Américains en 2010, 85% des jouets achetés sont chinois. L'UE compte, elle aussi, principalement sur la Chine, avec 86,2% des 7 milliards de dollars d'importations totales en 2010. La majeure partie des échanges s'effectuent toutefois au sein même de l'UE. Par exemple, 85,8% des exportations et 30,6% des importations françaises se font avec d'autres pays membres.

2 Les dépenses prévues pour Noël dans le budget des ménages européens en 2012

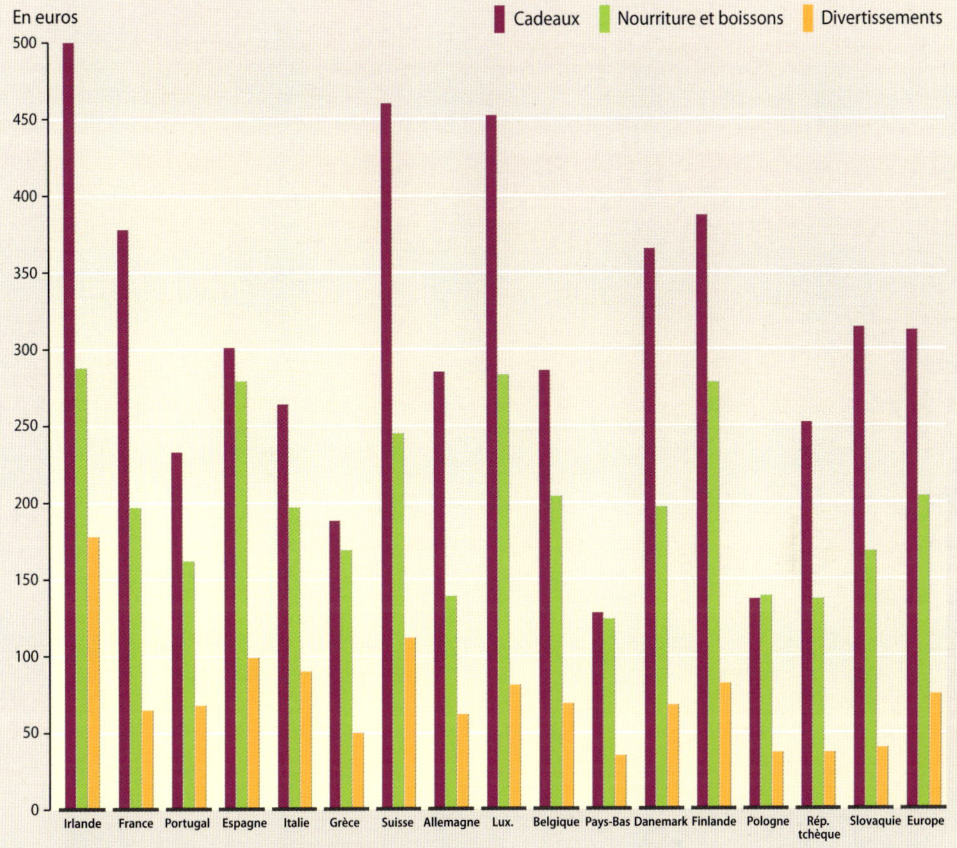

Source : Deloitte, Un Noël éclairé… et pas à n'importe quel prix, *novembre 2012*

Carto n° 15, 2013 © Areion/Capri

LES DÉFIS DU MARCHÉ EUROPÉEN

Les caractéristiques du marché des jouets dans l'UE en font un secteur très dynamique, mais il fait aussi face à d'importants défis. En effet, 60% des produits proposés en Europe sont nouvellement développés, marquant la centralité de la créativité pour des entreprises qui sont à 80% des PME de moins de 50 employés. Les Vingt-Sept imposent en outre des normes drastiques. La directive pour la sécurité des jouets votée par la Commission européenne et entrée en vigueur en juillet 2011 insiste ainsi sur la traçabilité, la labellisation en fonction de l'âge, l'absence d'éléments chimiques potentiellement dangereux et la limitation du bruit émis. Les producteurs doivent par ailleurs prendre en compte les évolutions démographiques. La baisse des naissances dans certains pays de l'UE pose de nouveaux défis à l'industrie du jouet et la pousse à s'orienter aussi vers un public adulte, notamment à travers des jeux de société. Si le taux de natalité est suffisant élevé en France (12,7‰ en 2012) pour rassurer les entreprises du secteur, ce n'est pas le cas en Allemagne par exemple (8,33‰). Enfin, le succès des jeux vidéo et électroniques concurrence les plus traditionnels. Si les grands classiques comme les jeux de société continuent d'attirer les acheteurs, certains producteurs se tournent vers la création de tablettes tactiles et d'applications spécialisées pour les enfants pour profiter de la nouvelle tendance.

Pour les distributeurs, le défi se situe plutôt au niveau du mode de vente. En Europe, la consommation en ligne se développe en effet rapidement, bien qu'avec d'importantes différences selon les pays. Elle constitue 13,3% des achats en Allemagne, 5,1% en France et seulement 0,3% en Espagne en 2010. Les magasins de jouets et les supermarchés restent les principaux distributeurs, mais la crise a limité les achats d'impulsion.

Enfin, face à une demande croissante dans ce sens, le secteur du jouet se doit de réfléchir aux représentations de genre véhiculées par les jeux pour enfants. En automne 2012, un grand distributeur français a ainsi publié un catalogue de Noël renversant les clichés de l'industrie, en montrant, par exemple, un garçon avec une poupée et une fille jouant aux voitures. Certains producteurs proposent des collections aux couleurs plus neutres et aux emballages moins marqués, évitant les petites filles en rose bonbon ravies de manier l'aspirateur. À l'inverse, certaines gammes peuvent être « féminisées » pour toucher une clientèle plus large, ce qui va à l'encontre des revendications des organisations féministes. L'objectif est en effet plutôt d'effacer les codes de genres associés aux jouets pour laisser le choix aux enfants. ●

C. R.

Les jouets « made in China » face au marché mondial

Évolution du marché mondial du jouet

En millions de dollars

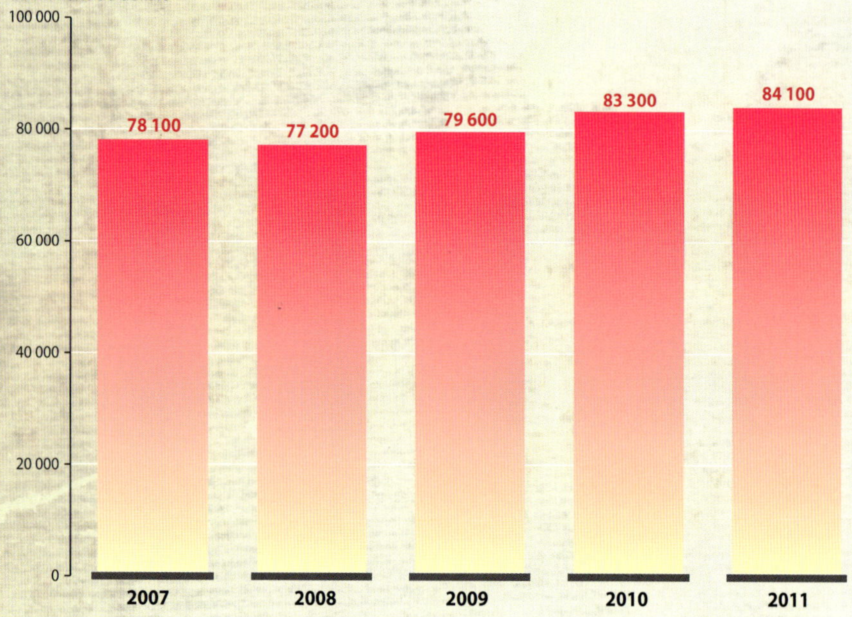

Quelques exemples d'évolution de marchés entre 2010 et 2011

En milliards de dollars

Évolution entre 2010 et 2011, en pourcentage

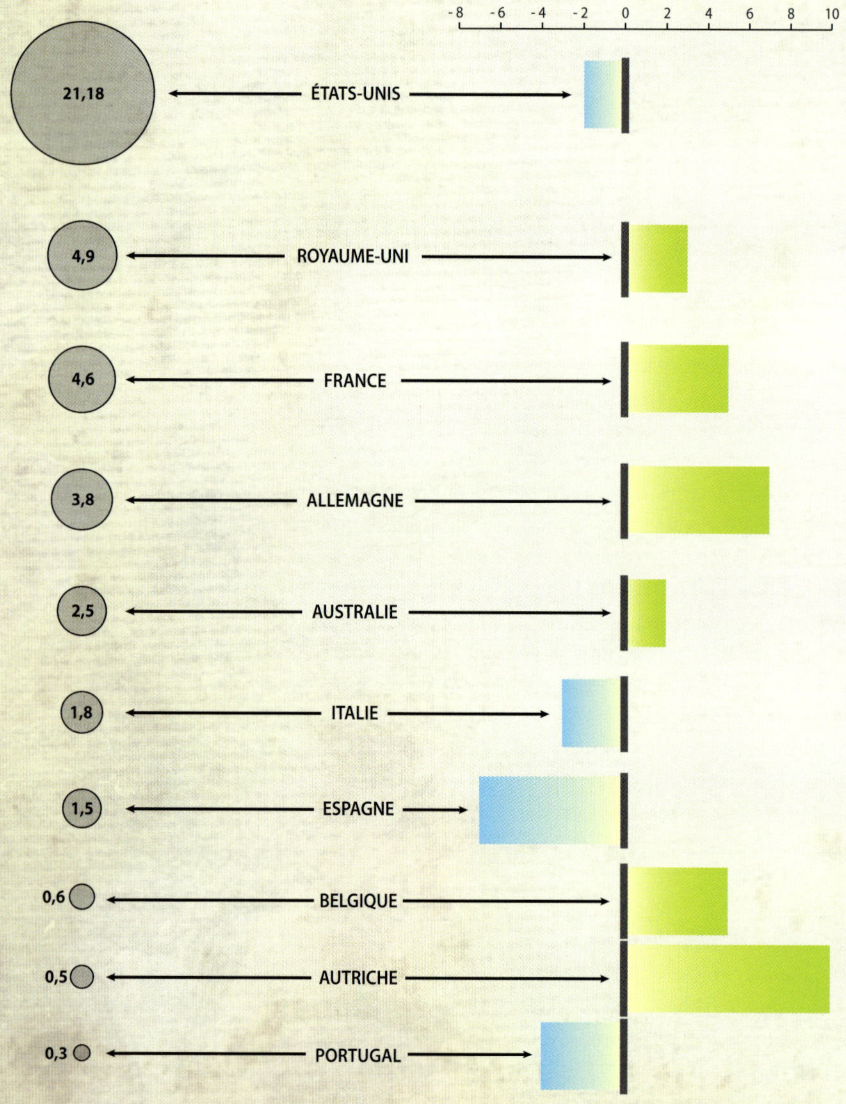

Source : NPD, The European Toy Market in 2011, *mai 2012*

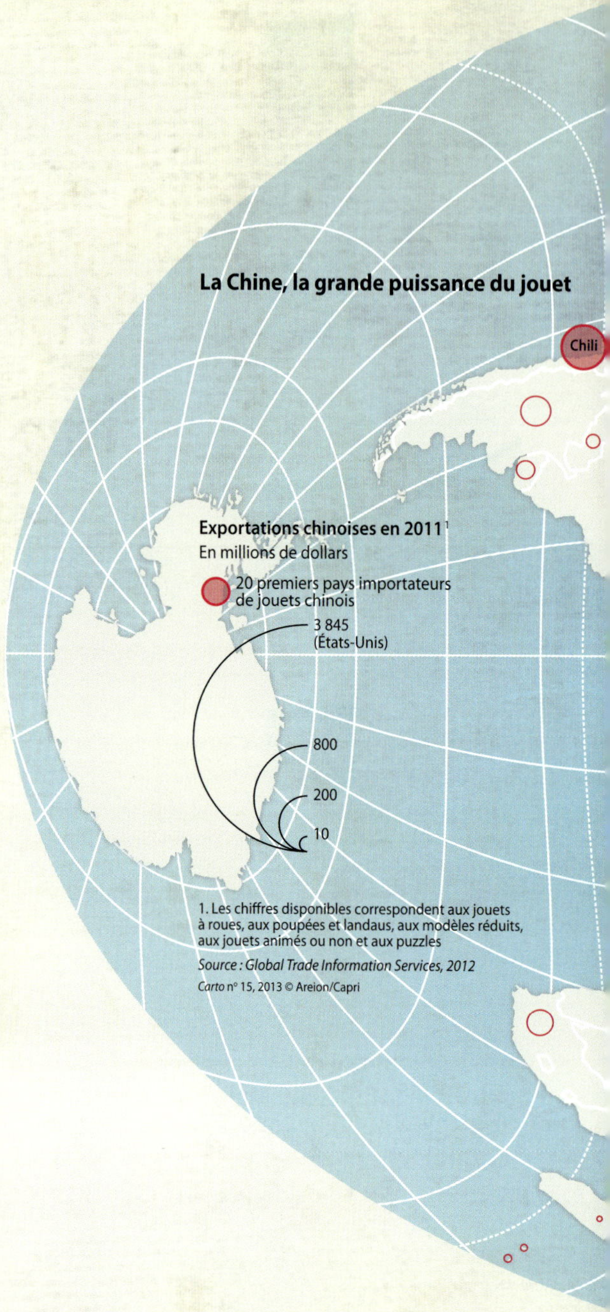

Panorama français du jouet en 2011

Les périodes des fêtes boostent les ventes
En pourcentage

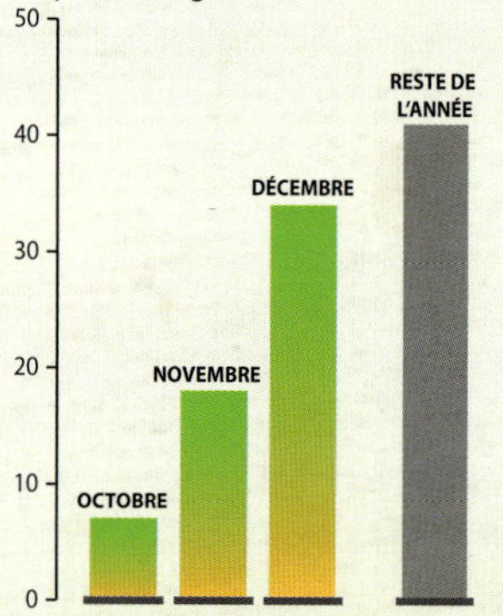

Source : FJP, Marché du jouet, *1er semestre 2012*

Importations de jouets
En pourcentage

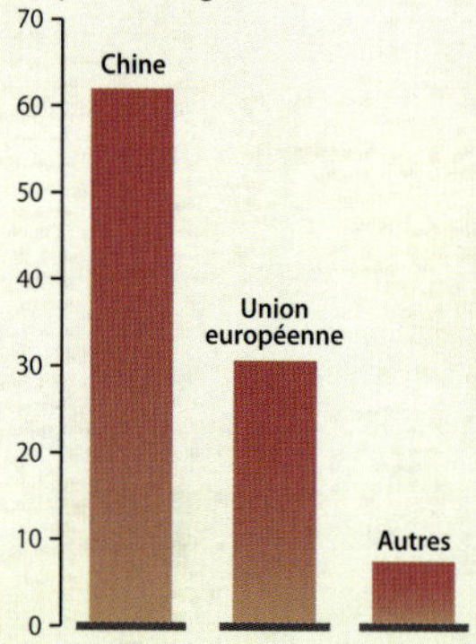

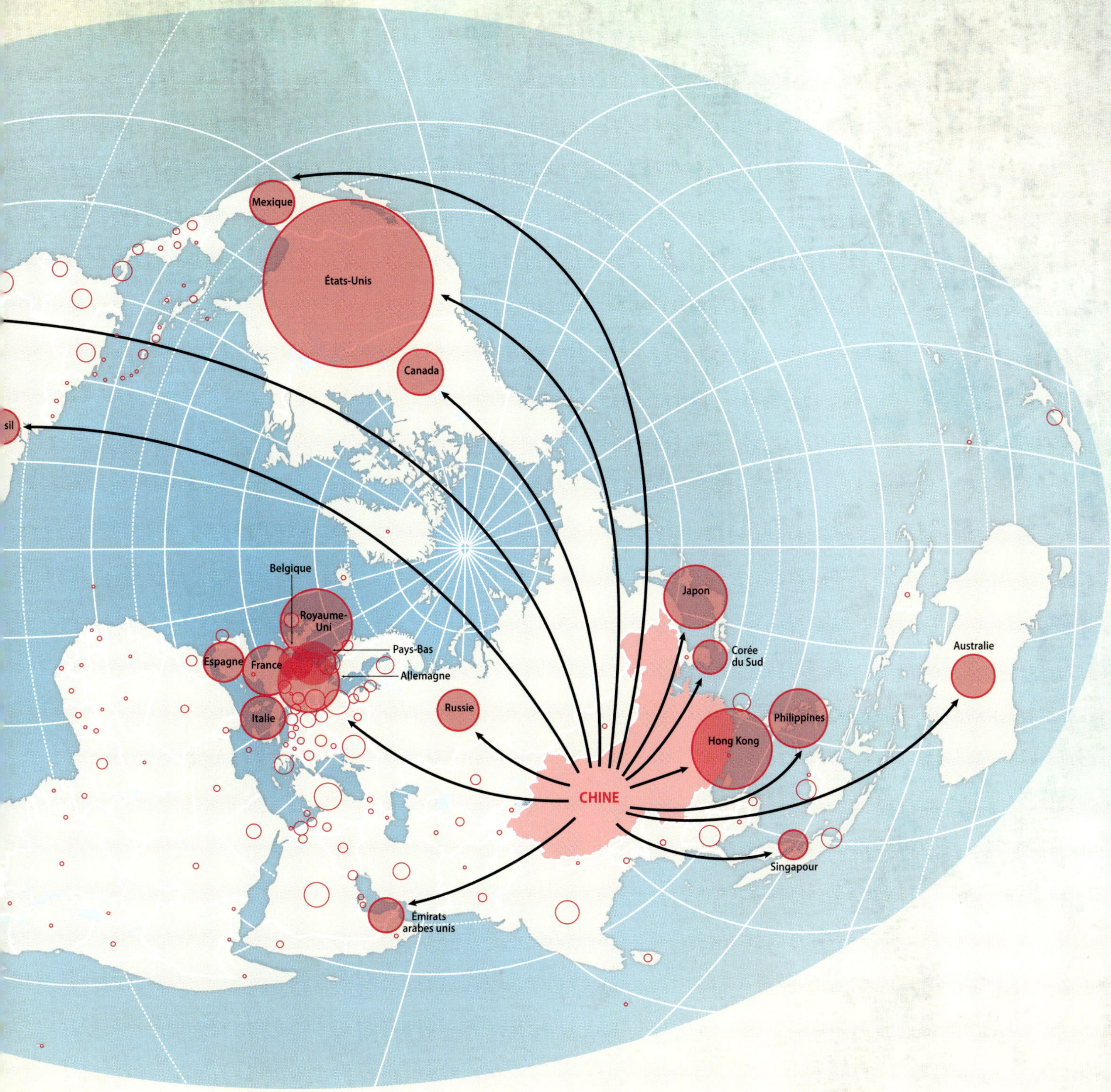

Exportations de jouets français
En pourcentage

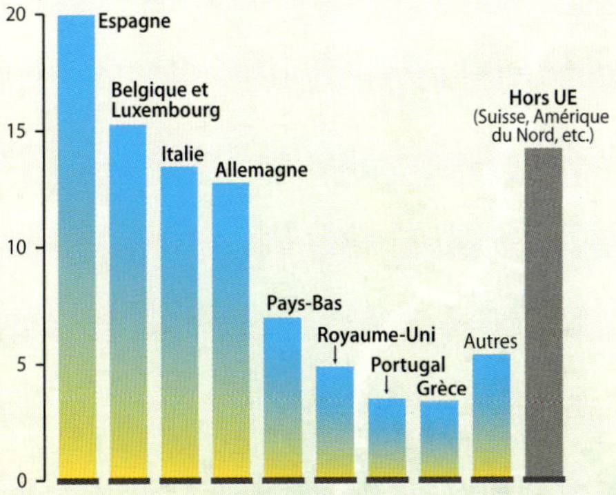

Où les Français achètent-ils leurs jouets ?
En pourcentage

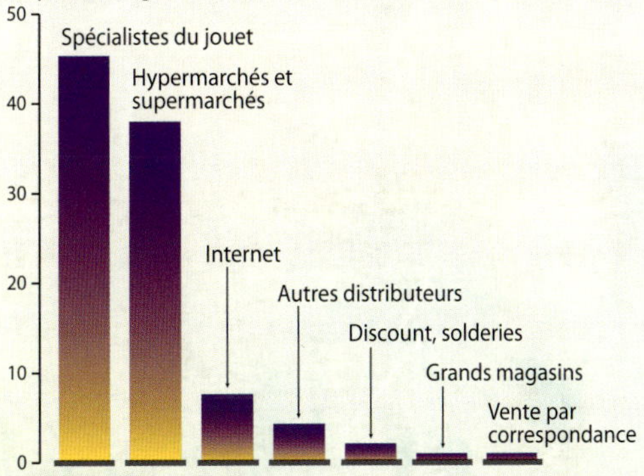

Répartition de la population enfantine
En pourcentage

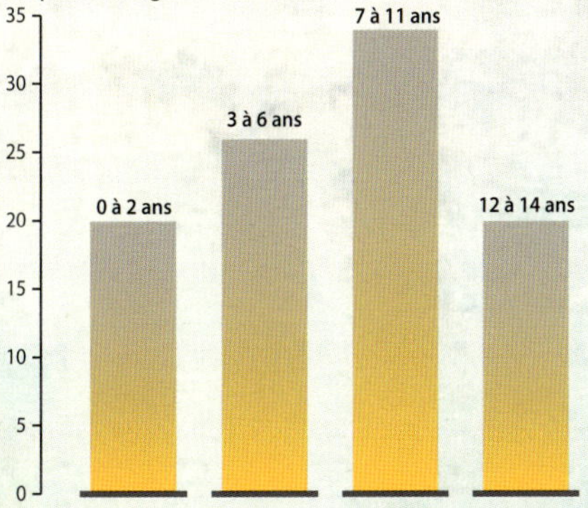

Carto n° 15, 2013 © Areion/Capri